에듀윌과 함께 시작하면,
당신도 합격할 수 있습니다!

자소서와 면접, NCS와 직무적성검사의 차이점이 궁금한
취준을 처음 접하는 취린이

대학 졸업을 앞두고 취업을 위해 바쁜 시간을 쪼개며
채용시험을 준비하는 취준생

내가 하고 싶은 일을 다시 찾기 위해
회사생활과 병행하며 재취업을 준비하는 이직러

누구나 합격할 수 있습니다.
이루겠다는 '목표' 하나면 충분합니다.

마지막 페이지를 덮으면,

에듀윌과 함께
취업 합격이 시작됩니다.

취업 1위

누적 판매량 242만 부 돌파
베스트셀러 1위 3,615회 달성

공기업 NCS | 100% 찐기출 수록!

    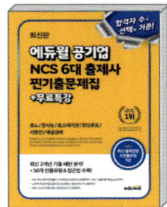

NCS 통합 기본서/실전모의고사	매1N	한국철도공사	부산교통공사	한국전력공사	한국가스공사	NCS 6대 출제사 찐기출문제집
피듈형	행과연형	휴노형 봉투모의고사	매1N Ver.2	서울교통공사	국민건강보험공단 한국수력원자력+5대 발전회사	한국수자원공사	한국수력원자력 한국토지주택공사	한국도로공사	NCS 10개 영역 기출 600제

대기업 인적성 | 온라인 시험도 완벽 대비!

20대기업 인적성 통합 기본서 | GSAT 삼성직무적성검사 통합 기본서 | 실전모의고사 | LG그룹 온라인 인적성검사 | SKCT SK그룹 종합역량검사 포스코 | 현대자동차(기아) | 농협은행 지역농협

영역별 & 전공 / 취업상식 1위!

    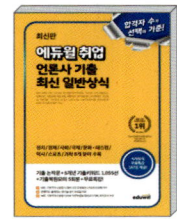

공기업 사무직 통합전공 800제 전기끝장 시리즈 ❶, ❷ | 이해황 독해력 강화의 기술 PSAT형 NCS 수문끝 | 공기업기출 일반상식 | 기출 금융경제 상식 | 언론사 기출 최신 일반상식

* 에듀윌 취업 교재 누적 판매량 합산 기준(2012.05.14~2024.10.31)
* 온라인 4대 서점(YES24, 교보문고, 알라딘, 인터파크) 일간/주간/월간 13개 베스트셀러 합산 기준(2016.01.01~2024.11.05 공기업 NCS/직무적성/일반상식/시사상식/ROTC/군간부 교재, e-book 포함)
* YES24 각 카테고리별 일간/주간/월간 베스트셀러 기록

더 많은
에듀윌 취업 교재

에듀윌 취업

취업 대세 에듀윌!
Why 에듀윌 취업 교재

**기출맛집 에듀윌!
100% 찐기출복원 수록**

주요 공·대기업 기출복원 문제 수록
과목별 최신 기출부터 기출변형 문제 연습으로 단기 취업 성공!

**공·대기업 온라인모의고사
+ 성적분석 서비스**

실제 온라인 시험과 동일한 환경 구성
대기업 교재 기준 전 회차 온라인 시험 제공으로 실전 완벽 대비

**합격을 위한
부가 자료**

교재 연계 무료 특강
+ 교재 맞춤형 부가학습자료 특별 제공!

eduwill

취업 1위

취업 교육 1위
에듀윌 취업 **무료 혜택**

교재 연계 강의

· 교재 연계 25년 4월 NCS 기출복원 모의고사 문제풀이 무료특강(5강)
· NCS 주요 영역 문제풀이 무료특강(19강)

※ 2025년 8월 8일에 오픈될 예정이며, 강의 명과 강의 오픈 일자는 변경될 수 있습니다.
※ 무료 특강 이벤트는 예고 없이 변동 또는 종료될 수 있습니다.

교재 연계 강의 바로가기

교재 연계 부가학습자료

다운로드 방법

STEP 1
에듀윌 도서몰
(book.eduwill.net) 로그인
→
STEP 2
도서자료실 →
부가학습자료
클릭
→
STEP 3
[2025 하반기 국민건강보험공단 실전모의고사] 검색

· 최신 개정 핵심법률 요약노트(PDF)
· 24년 4월 NCS+법률 기출복원 모의고사(PDF)
· NCS 주요 영역 문제풀이 256제(PDF)
· 인성검사·면접 대비 가이드(PDF)

1:1 학습관리
교재 연계 온라인스터디

참여 방법

STEP 1
신청서 작성
→
STEP 2
스터디 교재
구매 후 인증
(선택)
→
STEP 3
오픈채팅방
입장 및 스터디
학습 시작

※ 온라인스터디 진행 혜택은 교재 및 시기에 따라 다를 수 있습니다.
※ 오른쪽 QR 코드를 통해 신청하면 스터디 모집 시기에 안내 메시지를 받을 수 있습니다.

온라인스터디 신청

모바일 OMR
자동채점 & 성적분석 서비스

실시간 성적분석 방법

STEP 1
QR 코드 스캔
→
STEP 2
모바일 OMR
입력
→
STEP 3
자동채점 &
성적분석표
확인

※ 혜택 대상 교재는 본문 내 QR 코드를 제공하고 있으며, 교재별 서비스 유무는 다를 수 있습니다.
※ 응시내역 통합조회
　에듀윌 문풀훈련소 → 상단 '교재풀이' 클릭 → 메뉴에서 응시확인

· 2023, 2022, 2021 대한민국 브랜드만족도 취업 교육 1위 (한경비즈니스)/2020, 2019 한국브랜드만족지수 취업 교육 1위 (주간동아, G밸리뉴스)

세상을 움직이려면
먼저 나 자신을 움직여야 한다.

– 소크라테스(Socrates)

에듀윌
국민건강보험공단
실전모의고사

채용 정보

01 채용 일정

구분		공고일	채용인원	접수기간	필기시험	필기발표
2025년	상반기	2025.02.20.(목)	448명	2025.02.25.(화)~03.06.(목) 17:00	2025.04.12.(토)	2025.04.18.(금)
2024년	하반기	2024.08.14.(수)	450명	2024.08.19.(월)~08.28.(수) 17:00	2024.10.05.(토)	2024.10.11.(금)
	상반기	2024.03.13.(수)	445명	2024.03.18.(월)~03.27.(수) 17:00	2024.04.27.(토)	2024.05.03.(금)

02 응시 자격

※ 시기별 채용 직렬 상이, 상세 채용공고 확인 필수

직렬	응시 자격요건(서류 접수마감일 기준)
행정직	• 6급가: 해당사항 없음 • 6급나: 최종학력이 고등학교 졸업인 사람('25.2월 졸업예정자 포함)
건강직	다음 면허(자격증) 중 하나 이상 소지한 사람 - 간호사, 방사선사, 임상병리사, 영양사, 건강운동관리사, 보건교육사(2급 이상)
요양직	다음 면허(자격증) 중 하나 이상 소지한 사람 - 간호사, 물리치료사, 작업치료사, 사회복지사(2급 이상)
기술직	다음 자격증 중 하나 이상 소지한 사람 • 건축: 건축기사, 실내건축기사 • 전기: 전기기사, 전기공사기사 • 안전: 산업안전기사
전산직	다음 면허(자격증) 중 하나 이상 소지한 사람 - 정보처리기사, 전자계산기기사, 정보통신기사

03 채용 절차

※ 2025년 상반기 채용공고 기준, 상세 채용공고 확인 필수

채용 공고
홈페이지에 게시된 채용사이트를 통해 온라인 접수만 가능

→ **서류 전형(7배수)**
자격요건 확인 및 직무능력중심 평가항목별 정량·정성평가

→ **필기 전형(2.5배수)**
NCS 기반 직업기초능력 + 직무시험(국민건강보험법/노인장기요양보험법)

→ **인성검사 / 증빙 전형**
• 인성검사: 필기 합격자 전원 온라인 진행
• 증빙 전형: 입사지원서 허위기재 및 오기재 여부 확인

→ **면접 전형**
경험행동면접(BEI) + 상황면접(SI) + 토론면접(GD)

→ **최종 합격**
수습임용(3개월) 후 수습평가 결과에 따라 정규직 임용

최신 필기시험 구성 및 출제경향

01 2025년 상반기 필기시험 정보

❶ NCS 직업기초능력은 **영역 구분 없이** 하나의 문제지로 출제되었으며, **60분** 동안 풀이해야 함

직렬	시험내용	총 문항 수
행정직, 건강직, 요양직, 기술직	직업기초능력 응용모듈 60문항 (의사소통 20문항, 수리 20문항, 문제해결 20문항)	60문항
전산직	• 직업기초능력 응용모듈 15문항 (의사소통 5문항, 수리 5문항, 문제해결 5문항) • 전산개발 기초능력(C언어, JAVA, SQL) 35문항	50문항

❷ 직무시험은 **20분** 동안 관련 **법률 20문항**을 풀이해야 함
 • 행정직, 건강직, 기술직, 전산직: 국민건강보험법(시행령 및 시행규칙 제외)
 • 요양직: 노인장기요양보험법(시행령 및 시행규칙 제외)

❸ 2024년 상·하반기, 2025년 상반기 모두 직렬에 관계없이 오전(10:00~11:30)에 시험을 진행함

제1과목 NCS 기반 직업기초능력	직무시험 준비시간	제2과목 직무시험(법률)
60분	10분	20분

❹ **오답인 경우에도 감점은 없으며**, 과목당 **40% 이상**, 전 과목 총점의 **60% 이상**을 득점한 사람 중 고득점자 순으로 합격함

02 2025년 상반기 필기시험 출제영역별 출제경향

출제영역	출제경향
의사소통능력	지문의 길이가 이전보다 짧아지고 가독성도 대체로 좋아졌으나, 일부 지문은 잘 읽히지 않아 풀이 시간이 오래 걸렸다는 평이 많았다. 국민건강보험공단 사업 관련 보도자료뿐만 아니라 오피스텔, 보건의료 빅데이터 활용 등 현업과 관련된 지문을 활용한 제목/주제, 참·거짓, 질의응답 적절성, 흐름상 적절하지 않은 문장 삭제 유형이 주로 출제되었다. 전반적으로 평이하나 헷갈리는 선택지가 일부 있다는 평이 많았다.
수리능력	하나의 자료에 2~3문항이 연계된 형태로 출제되었다. 표와 그래프를 활용한 자료이해, 자료계산 및 자료변환을 요구하는 자료해석 유형으로 구성되었다. 증감률 계산, 분수 비교, 표를 그래프로 변환, 틀린 그래프 찾기 등 다양한 세부유형이 출제되었다. 특히 비율을 구하는 문항보다 단순히 대소를 비교하거나 사칙연산을 이용하는 문항의 비중이 높아, 복잡한 계산으로 시간이 소요되었던 이전 시험에 비해 빠르게 풀 수 있었으며, 난이도는 평이했다.
문제해결능력	하나의 자료에 2~3문항이 연계된 형태로 출제되었다. 적금 상품, 영유아검진, 외래진료 본인부담 차등화 제도 등 다양한 자료가 제시되었으며, 가독성이 떨어지는 자료가 많다는 평이 있었다. 날짜를 정확히 계산하거나 이율을 적용하여 만기 금액을 구하는 유형의 문항이 출제되었다. 자료를 기반으로 복잡한 계산이 요구되어, 이로 인해 시간 부족을 경험한 수험생이 많았다. 주어진 자료와 선택지를 꼼꼼하게 비교하여 해결해야 하는 유형도 다수 출제되었다.

교재 구성

최신 출제경향을 완벽 반영하여 구성한 실전모의고사

NCS 기출복원 모의고사 3회분 + 실전모의고사 2회분

2025년 4월, 2024년 10월에 시행된 필기시험의 NCS 기출복원 모의고사를 수록하였으며, 2024년 4월 시행된 필기시험의 NCS 기출복원 모의고사도 PDF로 추가 제공한다. 최신 출제 난이도 및 유형을 반영한 NCS 실전모의고사 2회분을 통해 실전 대비를 완벽하게 할 수 있도록 하였다. 고난도 실전모의고사를 1회분 포함하여 시험의 난이도가 높은 경우까지 대비할 수 있도록 하였다.

법률 모의고사 5회분 + 연습문제 100제

2025년 4월, 2024년에 시행된 필기시험의 기출 키워드 및 유형을 바탕으로 복원한 법률 모의고사를 통해 실전과 같이 연습할 수 있도록 하였다. 또한 국민건강보험법과 노인장기요양보험법의 연습문제를 각 50문항씩 총 100문항 제공하여 빈출되는 핵심 개념을 충분히 연습할 수 있도록 하였다.

■ 모바일 OMR 채점 서비스 제공
법률별(국민건강보험법·노인장기요양보험법) 수험생들이 모의고사 회차당 수록되어 있는 QR코드를 통해 접속하여 점수 및 타 수험생들과의 비교 데이터를 확인할 수 있도록 모바일 OMR 채점 및 성적분석 서비스를 제공한다.

전 문항 상세한 해설이 담긴 정답과 해설

QUICK해설

학습한 문제 중 아는 문제의 경우, 정답과 정답에 대한 핵심 해설이 담긴 QUICK해설을 빠르게 확인하여 넘어갈 수 있도록 구성하였다.

상세해설·오답풀이

수험생들이 어려운 문항까지 확실하게 파악할 수 있도록 상세한 해설과 오답풀이를 제공함으로써 오답인 이유까지 완벽하게 이해할 수 있도록 하였다.

차례

본문

1. 2025년 4월 시행 기출복원 모의고사(NCS+법률) ... 10
2. 2024년 10월 시행 기출복원 모의고사(NCS+법률) ... 76
3. 실전모의고사 1회(NCS+법률) ... 148
4. 실전모의고사 2회(NCS+법률) 고난도 ... 218
5. 법률 연습문제 100제 ... 294

[더 드림 PACK] 2024년 4월 시행 기출복원 모의고사(PDF)

정답과 해설

1. 2025년 4월 시행 기출복원 모의고사 ... 2
2. 2024년 10월 시행 기출복원 모의고사 ... 22
3. 실전모의고사 1회 ... 42
4. 실전모의고사 2회 고난도 ... 65
5. 법률 연습문제 100제 ... 90

국민건강보험공단
NCS+법률 실전모의고사

**2025년 4월 시행
기출복원 모의고사**

시험 구성 및 유의사항

- 2025년 4월에 시행된 국민건강보험공단 필기시험은 다음과 같이 출제되었습니다.

구분		문항 수	시간	비고
직업기초능력 응용모듈	의사소통능력	20문항	60분	객관식 사지선다형
	수리능력	20문항		
	문제해결능력	20문항		
직무시험(법률)	국민건강보험법(행정직/건강직/전산직)	20문항	20분	
	노인장기요양보험법(요양직)	20문항	20분	

※ 단, 전산직의 경우 직업기초능력 응용모듈 15문항 + 전산개발 기초능력 35문항 + 국민건강보험법 20문항으로 출제되었음

- 지원하시는 직렬에 따라 모의고사를 다음과 같이 활용하시기를 권장합니다.
  – 행정직/건강직/전산직(기술직): NCS + 쉬는 시간 10분 + '국민건강보험법' 학습
  – 요양직: NCS + 쉬는 시간 10분 + '노인장기요양보험법' 학습

직업기초능력 응용모듈

[01~02] 다음 글을 읽고 이어지는 질문에 답하시오.

오피스텔은 「건축법 시행령」에 따라 원칙적으로 '업무시설'로 분류되며, 주로 사무실이나 학원, 작업장 등 비주거용 공간으로 설계된다. 하지만 1~2인 가구의 증가와 소형 주택 수요 확대에 따라 실제로는 주거 목적으로 오피스텔을 이용하는 사례가 꾸준히 늘고 있다. 이처럼 오피스텔의 법적 용도와 실제 사용 용도가 불일치할 경우, 과태료 부과나 원상복구 명령 등 행정처분의 대상이 될 수 있어 오피스텔의 용도 구분에 대한 이해가 필요하다.

오피스텔을 정식 주거용으로 사용하기 위해서는 몇 가지 법적 요건을 충족해야 한다. 가장 기본적인 요건은 욕실, 취사시설, 창문 등 독립적인 주거 기능을 갖춘 설비가 있어야 한다는 것이다. 하지만 이러한 주거 설비만 갖췄다고 해서 모두 주거용으로 등록 가능한 것은 아니다. 특히 전용면적에 따라 주거용 등록 가능 여부는 달라지며, 이는 각 지방자치단체의 조례에 따라 기준이 조금씩 다를 수 있다.

전용면적 $40m^2$ 이하의 오피스텔은 일반적으로 「주택법」상 주택으로 인정되지 않으며, 대부분의 지방자치단체에서는 주거용 등록을 제한하고 있다. 이러한 소형 오피스텔은 주거 편의성이나 안전성 등의 측면에서 일정 기준에 미치지 못하는 경우가 많기 때문이다. 반면, 전용면적 $40m^2$ 초과 $60m^2$ 이하인 오피스텔은 일정 요건을 충족하면 주거용으로 등록할 수 있다. 이 경우 전입신고, 전기·수도요금, 도시가스 공급 등의 항목에서 일반 주택과 유사한 행정 처리가 가능하다. 전용면적 $60m^2$를 초과하는 오피스텔은 구조나 입지 조건 등을 고려할 때 실질적으로 주거용으로 사용되는 경우가 많으며, 등록 요건을 충족하면 주거용으로 전환하기도 비교적 용이하다. 다만, 실제로는 용도 변경 절차 없이 거주하는 경우가 많아, 위법 여부를 사전에 확인하는 것이 바람직하다.

업무용 오피스텔은 구조상 주거용 오피스텔과 유사할 수 있으나, 건축물대장에 '업무시설'로 등재된 경우 법적으로는 주거가 불가능하다. 특히 업무용 오피스텔은 주로 상업지역이나 준주거지역에 위치하며, 주차장 설치 기준이나 방음·단열 구조 등에서 주거용과 뚜렷한 차이가 있다. 또한 분양 시점부터 주거용 오피스텔과 업무용 오피스텔은 용도가 명확히 구분되어 있다. 이를 임의로 변경해 사용할 경우 과태료가 부과될 수 있으며, 그 외에도 취득세나 종합부동산세 같은 세제 적용에서 불이익이 발생할 수 있다.

최근에는 지방자치단체에서 오피스텔 용도 구분을 더욱 엄격하게 적용하고 있으며, 분양 단계부터 용도별로 별도 인허가 절차를 진행하고 있다. 이에 따라 실제 수요자는 계약 전 분양 공고문, 건축물대장, 토지이용계획확인서 등을 통해 해당 오피스텔의 용도를 정확히 파악해야 한다. 주거 목적이라면 '주거용 오피스텔'로 정식 등록되어 있는지를 반드시 검토해야 한다. 특히 취학 아동이 있는 가구의 경우, 주소 이전이 가능한 '주택' 등록 여부가 실제 생활 편의에 큰 영향을 미칠 수 있으므로, 단순 편의만 고려한 선택은 피해야 한다. 법적 용도와 실제 사용 용도의 불일치로 인해 발생하는 불이익은 결국 입주자가 감수해야 하기 때문이다.

01

주어진 글의 내용과 일치하지 않는 것을 고르면?

① 건축물대장상 용도와 실사용 용도 사이의 불일치로 인해 행정처분의 대상이 될 수 있다.
② 주거용 오피스텔은 전입신고 및 공공요금 처리에서 일반 주택과 동일한 기준이 적용된다.
③ 전용면적 $60m^2$를 초과하는 오피스텔은 일반적으로 주거용 전환이 가능하지만 자동 등록은 아니다.
④ 업무용 오피스텔은 구조상 유사하더라도 건축물대장상 용도가 다르면 주거용으로 사용할 수 없다.

02

다음 [표]는 주어진 글의 일부 내용을 정리한 표이다. ㉠~㉢ 중 적절하지 않은 것을 모두 고르면?

[표] 오피스텔 전용면적별 주거용 등록 가능 여부

오피스텔 전용면적	주거용 등록 가능 여부
$40m^2$ 이하	㉠ 설비 요건을 충족해도 주거용으로 등록되지 않는 경우가 많다.
$40m^2$ 초과 $60m^2$ 이하	㉡ 실사용 목적만 충족하면 주거용으로 등록 가능하다.
$60m^2$ 초과	㉢ 등록 요건을 충족한다면 주거용 전환이 비교적 쉬운 편이다.

① ㉠   ② ㉡   ③ ㉠, ㉡   ④ ㉡, ㉢

[03~04] 다음 글을 읽고 이어지는 질문에 답하시오.

　임상시험 연구계획은 새로운 치료법이나 약물, 의료기기 등의 안전성 및 효과를 평가하기 위한 체계적인 접근 방식을 제시한다. 연구계획서에는 연구의 목적, 방법, 대상자 선정 기준, 평가 지표, 데이터 수집 및 분석 방법 등이 구체적으로 담겨 있어, 연구의 신뢰성을 높이고 연구자가 설정한 목표를 효과적으로 달성할 수 있도록 돕는다.
　임상시험의 첫 번째 단계는 연구의 목적과 가설을 명확히 설정하는 것이다. (㉠) 특정 약물이 기존 치료법보다 우수한 효과를 보일 것이라는 가설을 세운 뒤, 이를 검증하기 위한 연구를 설계한다. 연구의 목적은 대개 치료 효과를 평가하거나 약물의 안전성을 확인하거나 질병 발생 위험을 낮추는 방법을 찾는 데 있다. 이러한 목적을 달성하기 위해 시험에 참여할 대상자 집단을 선정해야 한다. 대상자는 연구의 특성에 따라 달라지며, 특정 질병을 가진 사람만을 대상으로 하거나 성별, 나이, 건강 상태 등을 고려하여 선정할 수 있다.
　임상시험 연구방법에는 무작위 배정, 이중맹검, 대조군 설정 등이 있다. 무작위 배정은 연구 대상자를 두 개 이상의 그룹에 무작위로 배정하여 연구 결과에 영향을 줄 수 있는 외부 요인의 영향을 최소화하는 방법이다. 이중맹검은 연구자와 대상자 모두 자신이 속한 그룹 정보를 모르게 함으로써, 연구자의 편향을 방지하고 결과의 객관성을 높이는 방법이다. 대조군은 새로운 치료법과 비교할 기존 치료법을 적용받거나 가짜 약물을 투여받는 집단으로, 두 치료법 간의 차이를 평가하는 중요한 역할을 한다.
　연구가 진행되는 동안 어떤 기준으로 효과를 판단할 것인지를 의미하는 평가 지표도 매우 중요하다. 임상시험에서 사용되는 평가 지표는 1차 지표와 2차 지표로 나뉜다. 1차 지표는 연구의 주요 목표를 평가하는 데 사용되며, 약물의 효능을 측정하는 데 중요한 변수가 될 수 있다. 2차 지표는 추가적인 연구 목표나 부수적인 효과를 평가하는 데 사용된다. 예를 들어, 부작용의 빈도나 환자의 삶의 질 개선 정도를 측정할 수 있다.
　데이터 수집 및 분석 방법은 연구의 신뢰성을 결정하는 중요한 요소이다. 연구자는 데이터를 정확하고 체계적으로 수집해야 하며, 이를 위해 표준화된 절차를 따라야 한다. 데이터 분석에서는 통계적 방법을 활용하여 실험군과 대조군 간의 유의미한 차이를 확인한다. (㉡) 연구 결과가 우연에 의한 것인지 아니면 실제 효과가 있는지를 판단할 수 있다. 주로 사용되는 통계 방법으로는 t-검정, 분산 분석, 회귀 분석 등이 있다.
　마지막으로, 임상시험을 계획할 때 윤리적으로 반드시 고려해야 할 사항이 있다. 연구 대상자는 자발적으로 연구에 참여해야 하며, 연구의 목적과 절차, 예상되는 위험 등을 충분히 설명받고 동의해야 한다. 연구자는 대상자의 개인정보를 보호하고, 연구의 모든 과정에서 윤리적인 원칙을 준수해야 한다.
　이러한 임상시험 연구계획은 새로운 치료법 개발을 위한 중요한 첫걸음이며, 과학적 증거를 제공하여 의학 분야의 발전에 기여한다. 연구자는 연구계획서를 바탕으로 연구를 수행하고, 그 결과를 통해 실제 환자에게 도움이 되는 새로운 치료법을 개발한다.

03

주어진 글의 주제로 가장 적절한 것을 고르면?

① 임상시험의 역사
② 임상시험의 위험성
③ 임상시험의 발전 방향
④ 임상시험의 연구계획

04

주어진 글의 빈칸 ㉠, ㉡에 들어갈 접속어를 바르게 짝지은 것을 고르면?

	㉠	㉡
①	그리고	예를 들어
②	그래서	그러나
③	하지만	따라서
④	예를 들어	이를 통해

[05~06] 다음 글을 읽고 이어지는 질문에 답하시오.

　만성질환이란 오랜 시간에 걸쳐 진행되며 완치보다는 평생 동안 꾸준한 관리가 중요한 질환을 말한다. 대표적인 만성질환으로는 고혈압, 당뇨병, 골다공증이 있으며, 이러한 질환은 약물 복용만으로는 관리가 어렵기 때문에 생활습관 개선이 병행되어야 한다. 특히 운동은 만성질환 관리의 핵심 요소 중 하나로, 각 질환의 특성에 맞는 올바른 운동 방법과 주의사항을 정확히 숙지하고 실천하는 것이 중요하다.

　고혈압은 혈관 내 압력이 지속적으로 높은 상태를 말하며, 뇌졸중이나 심근경색과 같은 심혈관 질환으로 이어질 수 있다. 고혈압 환자에게는 걷기, 자전거 타기, 수영 등 중등도 강도의 유산소 운동이 혈압을 낮추는 데 효과가 있으며, 주 5회 이상 그리고 회당 30분 이상 꾸준히 운동하는 것이 권장된다. 단, 갑작스러운 고강도 운동은 오히려 혈압을 급상승시킬 수 있어 주의해야 하며, 운동 전후에는 반드시 스트레칭과 준비운동을 해주어야 한다. 만약 운동 중 어지럼증이나 가슴 통증이 발생하면 즉시 운동을 중단하고 의료진의 진단을 받아야 한다.

　당뇨병은 인슐린 분비 또는 기능 이상으로 인해 혈당 조절이 어려운 질환이다. 당뇨 환자에게 운동은 혈당 조절을 돕고 일정량의 인슐린을 투여하였을 때의 혈당 저하도를 의미하는 인슐린 감수성을 높이는 데 큰 도움이 된다. 유산소 운동뿐 아니라 가벼운 근력 운동도 혈당 안정에 효과적이다. 한편 인슐린이나 혈당강하제를 복용 중인 환자는 운동 전후 혈당을 확인하는 것이 특히 중요하고, 저혈당에 대비해 사탕, 주스와 같은 간단한 당분을 준비해두는 것이 좋다. 운동은 식후 1~2시간이 가장 적절하며, 발의 감각이 저하된 환자는 상처 예방을 위해 운동화 착용에 신경 써야 한다.

　골다공증은 뼈의 밀도가 낮아져 뼈가 약해지고 쉽게 골절될 위험이 있는 질환이다. 특히 노년층 여성에게 흔하게 나타나며, 운동을 통해 뼈의 강도를 유지하고 근육을 강화해 낙상 위험을 줄이는 것이 중요하다. 골다공증 환자에게는 걷기나 계단 오르기와 같은 체중 부하 운동, 가벼운 근력 운동, 그리고 요가나 태극권처럼 균형감각을 높이는 운동이 효과적이다. 하지만 낙상 위험이 높은 격렬한 운동이나 무거운 중량을 드는 운동은 피해야 하며, 부상 위험이 큰 활동도 삼가는 것이 좋다. 또한 뼈 건강을 위해 칼슘과 비타민D 섭취도 함께 고려할 필요가 있다.

　이처럼 만성질환 환자에게 운동은 단순한 체력 증진을 넘어, 질병의 진행을 억제하고 삶의 질을 높이는 핵심 관리 수단이다. 하지만 무리한 운동이나 자신의 건강 상태를 고려하지 않은 활동은 오히려 건강을 해칠 수 있으므로, 운동을 시작하기 전에 전문 의료진과 상담하고 본인에게 맞는 맞춤형 운동 계획을 세우는 것이 바람직하다. 꾸준함이 무엇보다 중요하며, 운동을 일상의 일부로 자연스럽게 받아들이는 노력이 필요하다.

05
주어진 글의 주제로 가장 적절한 것을 고르면?

① 운동 전후 혈당 안정화를 위한 방안
② 골다공증의 이해와 맞춤형 운동 계획
③ 만성질환 관리를 위한 질환별 운동법
④ 만성질환 환자에게 고강도 운동이 위험한 이유

06
주어진 글을 읽고 [보기]와 같이 발언했다고 할 때, 적절하지 <u>않은</u> 발언을 한 사람을 고르면?

―| 보기 |―
갑: 고혈압 환자에게는 갑작스러운 고강도 운동이 도움이 되므로, 운동 강도를 최대한 높여야 한다.
을: 당뇨병 환자는 운동 전후 혈당을 확인하고 저혈당에 대비해 당분을 준비하는 것이 좋다.
병: 골다공증 환자에게는 낙상 예방을 위해 무리가 가지 않는 범위에서 균형 감각을 높이는 운동이 도움이 된다.
정: 만성질환 환자는 운동을 통해 질병의 악화를 막고 삶의 질을 높일 수 있으므로 꾸준한 실천이 필요하다.

① 갑　　　　　　② 을　　　　　　③ 병　　　　　　④ 정

[07~08] 다음 글을 읽고 이어지는 질문에 답하시오.

[가] 포스트 팬데믹 시대의 건강보장 정책은 단순히 감염병 위기에 대응하는 것을 넘어서, 사회 전체의 건강 형평성과 보건의료 접근성 강화를 포괄하는 방향으로 확대되고 있다. (㉠), 정신건강 지원 확대, 만성질환자 관리체계 강화, 돌봄 공백 해소를 위한 지역사회 기반 보건서비스 확대 등이 필수 과제로 제시되었다. 아울러 건강보험 급여 체계의 지속가능성을 확보하기 위한 재정 구조 개편, 보험료 부과 형평성 강화, 예방 중심의 정책으로 전환하기 위한 데이터 기반 전략도 논의되었다. 국민건강보험공단은 이번 포럼에서 제시된 다양한 의견을 바탕으로, 정책 실행력 제고와 제도적 정비를 꾸준히 추진하겠다고 밝혔다. 이러한 변화는 단순한 위기 대응을 넘어, 우리나라 건강보장 제도의 미래를 구체화하는 전환점이 되고 있다.

[나] 이러한 문제의식 아래, 공단은 다양한 이해관계자와 함께 '포스트 팬데믹 건강보장 포럼'을 개최하였다. 이번 포럼에서는 건강보험 제도의 회복탄력성(resilience)을 강화하기 위한 여러 정책적 대안이 심도 있게 논의되었다. (㉡), 감염병과 같은 대규모 재난에 대비한 재정 운용 체계의 유연성, 긴급 상황 시 건강보험 급여 항목 조정의 신속성, 공공병원 중심의 감염병 대응 시스템 고도화 등이 주요 의제로 다루어졌다. 특히 민간 의료기관의 참여 유도를 위한 인센티브 구조 개선과 국립중앙의료원 중심의 위기 대응 컨트롤타워 역할 강화 방안도 함께 제시되었다. 국민건강보험공단은 이번 논의를 바탕으로, 구조적 개편을 통해 지속 가능한 건강보장 체계를 구축하는 데 집중할 계획이다.

[다] 코로나19 팬데믹은 단순한 감염병 유행을 넘어, 전 세계 보건의료 체계의 근본적 한계를 드러낸 사건이었다. 특히 초기 대응 과정에서는 백신 확보 지연, 치료제 접근성 문제, 병상 부족, 공공의료 인력의 과중한 업무 등 다중적 위기 상황이 동시다발적으로 발생했다. (㉢), 우리나라는 건강보험공단을 중심으로 한 전국민 단일 보험 체계와 상대적으로 높은 보장률 덕분에 초기 혼란을 일정 부분 통제할 수 있었다. 공단은 당시의 위기 대응 경험을 통해, 공공의료 인프라의 취약성과 지역 간 의료 격차, 감염병 대응 자원의 수도권 집중 문제 등을 장기 과제로 인식하고 있다. 또한 사회적 약자에게 더 가혹하게 작용한 위기를 계기로 건강보장의 형평성과 포용성을 재조명할 필요가 있다고 밝혔다.

[라] 정보 전달 체계 역시 팬데믹 시기 보건정책의 신뢰성을 확보하는 데 핵심 변수로 작용했다. (㉣), 위기 초반에는 정부 간 정보 조율의 미비와 지역 간 방역지침 혼선이 국민 불신을 키우는 요인이 되었다. 반면 중반 이후에는 단일 창구를 통한 정보 제공과 감염병 위험도 단계의 명확화, 지역 기반 커뮤니케이션 강화 등의 노력으로 신뢰 회복의 단초가 마련되었다. 공단은 이번 포럼에서 디지털 격차에 따른 정보 소외 문제와 고령층, 장애인 등의 취약계층이 겪은 정보 접근의 어려움을 주요 이슈로 다루었으며, 향후 보건정보 전달 방식 개선에 있어 기술적 효율성과 형평성 확보를 병행하겠다는 입장을 밝혔다.

07

주어진 글의 [가]~[라] 문단을 문맥상 바르게 나열한 것을 고르면?

① [가]-[나]-[라]-[다]
② [가]-[라]-[다]-[나]
③ [나]-[가]-[라]-[다]
④ [다]-[나]-[라]-[가]

08

주어진 글의 빈칸 ㉠~㉣에 들어갈 접속어를 바르게 짝지은 것을 고르면?

	㉠	㉡	㉢	㉣
①	한편	그러나	반면	게다가
②	따라서	예를 들면	그러나	특히
③	게다가	예를 들면	따라서	그러나
④	또한	예컨대	반면	한편

[09~11] 다음 글을 읽고 이어지는 질문에 답하시오.

요통은 전 세계적으로 가장 흔한 근골격계 질환 중 하나로, 대부분의 성인이 일생에 한 번 이상 경험할 정도로 흔하다. 요통의 원인은 다양하지만 대표적인 원인 중 하나는 추간판탈출증(일명 '디스크')이며, 나이가 들수록 흔해지는 척추관협착증도 주요 질환 중 하나다. ㉠ 이러한 질환은 단순한 통증을 넘어 일상생활에 불편을 주고, 직업 활동에도 큰 지장을 준다. 특히 진동에 반복적으로 노출되는 직종의 종사자에게 발병률이 더 높게 나타나 최근 이러한 직종에서의 산업재해 신청이 늘고 있다.

추간판탈출증은 척추뼈 사이의 추간판(디스크)이 노화나 외부 충격으로 인해 제자리를 벗어나 신경을 압박하는 질환이다. 주로 허리통증과 함께 다리로 퍼지는 방사통(좌골신경통)이 나타나며, 심한 경우 감각 저하나 근력 약화도 발생할 수 있다. 진동에 자주 노출되는 작업 환경은 추간판에 지속적인 압력을 가해 탈출 위험을 높인다. ㉡ 무거운 물건을 드는 작업은 요추에 일시적인 부담을 줄 수 있지만, 추간판탈출증의 주된 원인과는 직접적인 관련이 없다.

척추관협착증은 척추 내 신경이 지나가는 통로인 척추관이 좁아져 신경을 압박하는 질환이다. ㉢ 주로 중장년 이후에 많이 발생하며, 오래 서 있거나 걷는 동안 다리가 저리거나 아프다가 앉으면 증상이 완화되는 간헐적 파행이 특징이다. 척추의 퇴행성 변화가 주요 원인이며, 장시간 앉아 진동을 받는 작업 환경은 이러한 퇴행성 변화를 가속화시킬 수 있다.

특히 버스 운전자, 중장비 운전자, 트럭 운전자 등 고진동 업종 종사자들은 이러한 질환의 고위험군에 속한다. 이들은 장시간 같은 자세로 앉아 있으면서, 차량의 엔진과 노면으로부터 전달되는 지속적인 진동에 노출된다. 이러한 진동은 척추에 미세한 충격을 계속 가하고 추간판에 가해지는 압력을 높이며, 척추 주변의 근육과 인대에도 피로를 유발한다. ㉣ 연구에 따르면, 진동의 주파수와 노출 시간에 따라 디스크 변성과 요통 발생 위험이 유의하게 증가하는 것으로 나타났다. 뿐만 아니라, 버스 운전자들은 교대 근무와 불규칙한 휴식, 스트레스 등으로 인해 근골격계 건강을 관리할 여건이 부족한 경우가 많다. 최근 도로가 개선되며 운전자의 척추 건강 위험이 줄었다는 주장도 있지만, 실제 환자 수 추이를 보면 크게 유의미한 변화는 나타나지 않았다. 적절한 스트레칭이나 운동 부족, 잘못된 자세 유지 또한 요추 질환을 악화시키는 요인으로 작용한다.

따라서 고진동 업종 종사자에 대한 직무 적합성 평가와 근골격계 질환 예방 대책이 필요하다. 근무 환경을 개선하고, 운전 중 자세 변화와 휴식 시간 확보, 진동 완화 좌석 설치, 정기적인 건강검진 등을 통해 질환 발생률을 줄일 수 있다. 또한 작업자 교육을 통해 허리 건강에 대한 이해를 높이고, 예방적 운동을 생활화해야 한다.

09
주어진 글의 흐름상 밑줄 친 ㉠~㉣ 중 삭제해야 할 문장을 고르면?

① ㉠   ② ㉡   ③ ㉢   ④ ㉣

10
주어진 글의 내용과 일치하는 것을 고르면?

① 척추관협착증의 원인은 척추관이 넓어지는 것이다.
② 교대 근무는 근골격계 건강을 위협하는 요인이다.
③ 허리 구부림이 많은 업종에서 요통 관련 산업재해가 많다.
④ 최근 도로가 개선되며 버스 운전자의 요통 위험이 감소했다.

11
주어진 글을 읽고 [보기]의 사례를 위한 해결 방안으로 적절하지 않은 것을 고르면?

> ─┤ 보기 ├─
> 최근 조사에 따르면, 건설 현장의 중장비 운전자는 일반 도로를 운행하는 버스 운전자보다 허리 건강을 유지하는 데 더 큰 어려움을 겪는 것으로 나타났다. 이는 건설 현장의 특성상 노면이 고르지 않고, 중장비 차량이 강한 진동을 반복적으로 발생시키기 때문이다. 이러한 작업 환경은 특히 요추(허리뼈)에 지속적인 부담을 가해 건강을 쉽게 해칠 수 있다. 따라서 강한 진동에 반복적으로 노출되는 중장비 운전자를 위한 체계적인 대책 마련이 시급하다.

① 차량에 진동 완화 좌석을 설치한다.
② 예방적 차원에서 물리치료를 제공한다.
③ 작업자에게 정기적인 건강검진을 제공한다.
④ 작업 시간 중간에 충분한 휴식 시간을 제공한다.

[12~14] 다음 글을 읽고 이어지는 질문에 답하시오.

초고령사회 대비 AI 기반 복지·의료 통합 종합계획

　2025년이면 우리나라는 전체 인구 중 65세 이상 고령자가 20%를 넘는 '초고령사회'에 진입하게 된다. 이에 따라 정부는 기존 복지·의료 시스템의 한계를 보완하고, 지속 가능한 돌봄 체계 구축을 목표로 인공지능(AI) 기술을 접목한 종합계획을 수립하였다. 이 종합계획은 4대 전략과 12개 추진과제로 구성되며, 2035년까지 단계적으로 시행될 예정이다. 특히 의료 자원 부족과 인력 편중 문제를 AI로 해결하는 동시에, 고령층의 자립과 건강한 노후 지원을 위한 서비스 체계를 강화하는 데 중점을 두고 있다.

[가] 첫 번째 과제는 'AI 주치의 서비스' 도입이다. 이 서비스는 개인 건강 데이터를 실시간으로 수집·분석해 만성질환자에게 맞춤형 건강관리, 복약 지도, 응급상황 대응까지 제공한다. 2026년부터 시범사업으로 시작해 2028년까지 전국 60개 고령자 밀집 지역으로 확대할 예정이다. 정부는 이를 통해 응급실 재방문율 30% 감소, 복약 오류 50% 감소라는 정량 목표를 설정하였다. 해당 서비스는 향후 건강보험공단의 노인 건강관리 플랫폼과도 연동될 예정이다.

[나] 두 번째 과제는 'AI 돌봄 로봇 보급 확대' 사업이다. 2027년부터 시행되는 이 사업은 독거노인의 정서적 고립 완화, 응급상황 대응, 약 복용 관리 등 일상 돌봄을 수행할 수 있는 지능형 로봇을 2030년까지 약 25만 가구에 보급하는 것을 목표로 한다. 복지부는 이 로봇에 화상통화, 표정 인식, 감정 반응 알고리즘 등을 탑재하여 정서적 돌봄 기능을 실질적으로 강화하겠다고 밝혔다. 이를 통해 사회적 고립으로 인한 자살률을 20% 이상 감소시키는 효과가 기대된다.

[다] 세 번째로, 의료 현장의 업무 부담 완화를 위한 'AI 진료 보조 시스템'이 2025년부터 대형병원 15곳에 시범 도입된다. 이 시스템은 의료 영상 자동 판독, 진료기록 요약, 진단코드 제안, 치료 방안 추천 기능 등을 포함하며, 2030년까지 전국 상급 종합병원으로 확대 보급될 예정이다. 복지부는 해당 시스템을 통해 진료 오류를 줄이고 평균 진료시간을 15% 단축하여, 의료진 1인당 환자 수 증가에 대응할 수 있도록 한다는 계획이다.

[라] 마지막으로, 'AI 복지·의료 데이터 통합 플랫폼' 구축이 종합계획의 핵심 축으로 포함되어 있다. 이 플랫폼은 2025년부터 복지부, 건강보험공단, 지자체, 보건소 등 각 기관의 데이터를 연계·분석할 수 있도록 설계되며, 2029년까지 전국 243개 지자체와 256개 보건소를 연결하는 것을 목표로 한다. 이 시스템은 고위험군 자동 식별, 정책 우선순위 예측, 서비스 누락 감지 기능 등을 탑재할 예정이며, 초고령사회에 대응하는 정책 집행력 극대화를 위한 기반으로 활용된다.

　정부는 본 종합계획을 통해 노인 복지의 디지털 전환을 실현하고, 예측 기반의 예방 중심 복지 체계를 구현함으로써 돌봄 공백 최소화와 건강수명 연장, 의료 재정 절감을 동시에 달성할 수 있을 것으로 기대하고 있다. 특히 초고령사회 대응은 종합계획의 핵심 요소이며, AI 기술은 기존 복지 정책의 보완 수단을 넘어 필수 기반 기술로 간주된다.

12
다음 중 [가]~[라] 문단의 소제목으로 적절하지 않은 것을 고르면?

① [가] AI 기반 맞춤형 건강관리 서비스 도입
② [나] 정서 돌봄 로봇을 통한 고립 해소 및 일자리 창출
③ [다] 진료 효율화를 위한 AI 시스템 보급
④ [라] 데이터 통합을 통한 정책 집행 기반 구축

13
다음 중 주어진 글에 드러난 정책 방향과 다른 것을 고르면?

① 본 계획은 디지털 기술을 활용하여 복지 인력 수요를 완화하고 돌봄 자동화를 유도하려 한다.
② 초고령사회 대응은 종합계획의 일부이며, 인공지능은 정책 추진의 핵심 기반으로 간주된다.
③ 인공지능 기반 복지 체계는 예방 중심의 건강관리보다는 고위험군에 대한 사후 대응에 집중하고 있다.
④ AI 진료 보조 시스템은 진료의 질 향상과 의료진의 업무 부담 경감을 주요 목표로 삼는다.

14
다음 중 주어진 글의 내용과 일치하지 않는 것을 고르면?

구분	과제명	주요 내용 요약	시행 연도
①	AI 주치의 서비스	개인 건강 데이터 분석 기반 맞춤형 건강관리, 응급실 재방문율 30% 감소 및 복약 오류 50% 감소 목표	2026~2028년
②	AI 돌봄 로봇 보급 확대	독거노인 대상 정서적 상호작용 및 복약 관리, 약 15만 가구 보급 목표	2027~2030년
③	AI 진료 보조 시스템	진료기록 요약, 진단코드 제안 등 병원 내 업무 지원 평균 진료시간 15% 단축 목표	2025~2030년
④	AI 복지·의료 데이터 통합 플랫폼	고위험군 자동 식별 및 정책 우선순위 예측, 243개 지자체와 256개 보건소 데이터 연계 목표	2025~2029년

[15~17] 다음 보도자료를 읽고 이어지는 질문에 답하시오.

> **국민건강보험공단, 「공공데이터 개방·활용 유공기관」 선정**
> **건보공단, 「보건의료 빅데이터 활용 성과 공유 심포지엄」 성황리 개최**
> – '데이터 기반 행정 우수기관'으로서 행안부 장관 표창 수상
> 빅데이터·인공지능 기반 건강보험 서비스 혁신 및 건강보험 빅데이터 활용 우수 연구 성과 발표 –

 국민건강보험공단은 20일(수) 한국프레스센터 국제회의장에서 인공지능 시대의 빅데이터 활용 방안을 주제로 「2024년 보건의료 빅데이터 활용 성과공유 심포지엄」을 개최하고 성공적으로 마쳤다고 밝혔다. 이번 행사는 공단이 지난 2016년부터 개최해 온 정기 학술 발표회로, 보건의료 빅데이터 기반의 우수 연구 성과를 공유하고 건강보험 빅데이터의 활용 방안을 모색하기 위해 마련되었다. 올해는 질병관리청, 통계청 등 유관부처 관계자, 건강보험 데이터 활용 연구를 수행하는 의료계 및 학계 연구자 등 약 110여 명이 참여했다.

 이날 좌장은 연세대학교 G교수가 맡았으며, 1부의 '빅데이터·AI 기반 건강보험 서비스 혁신'을 주제로 한 전문가 발표와 2부의 '건강보험 빅데이터를 활용한 우수 연구 성과' 발표가 순서대로 진행되었다. 1부의 첫 발제를 맡은 서울대병원 B교수는 인공지능(AI) 기술을 통해 공단이 어떻게 데이터 기반의 가입자 맞춤형 서비스를 제공하고, 보험자의 역할을 보다 강화할 수 있을지에 대한 비전을 제시했다. 이어 경상국립대학교 K교수가 '소형 언어 모델(sLLM)을 활용한 건강보험 내·외부 서비스 향상'을 주제로 인공지능(AI) 기술을 통한 고객 서비스와 업무 효율성 증대 사례를 공유했다. 다음 발표자인 공단 빅데이터연구개발실장은 공단이 보유한 방대한 건강보험 데이터를 어떻게 인공지능(AI)를 통해 분석하고 활용할 수 있는지에 대한 방안을 발표하며 1부를 끝마쳤다.

 2부에서는 서울대학교 Y교수가 야간 인공조명이 인간의 건강에 미치는 영향에 대한 빅데이터 분석 결과를 공유하였다. 뒤이어 질병관리청 P과장이 결핵 빅데이터인 국가결핵통합자료원(K-TB-N Cohort) 구축을 통해 국가 결핵 관리 정책·사업의 효과를 평가하고, 정책을 수립·보완할 근거를 생산하는 등 이를 활용할 계획에 대해 발표했다. 마지막 순서는 공단 빅데이터연구개발실의 S팀장으로, 병원 내에서 발생하는 폐렴 데이터의 분석을 통해, 이를 예방하기 위한 실효성 있는 병원 내 감염관리 체계 마련 필요성 제시를 끝으로 발표가 마무리됐다.

 공단 기획상임이사는 개회사를 통해 "이번 심포지엄은 보건의료 분야에서의 빅데이터와 인공지능(AI) 활용 가능성을 넓히고, 건강보험 서비스를 더욱 발전시키기 위한 중요한 논의의 장이다."라고 강조하며, "앞으로도 공단은 이러한 기술을 적극 활용하여 국민이 체감할 수 있는 서비스를 제공하고 국민의 건강과 복지를 더욱 강화해 나가겠다."라고 전했다.

15
주어진 보도자료의 내용과 일치하지 않는 것을 고르면?

① K교수는 소형 언어 모델(sLLM)을 활용한 고객 서비스 및 업무 효율성 향상 사례를 소개했다.
② S팀장은 병원 내 폐렴 발생 데이터를 분석하여 감염관리 체계 마련의 필요성을 제시했다.
③ Y교수는 국가결핵통합자료원(K-TB-N Cohort)을 활용한 결핵 정책 수립 방안에 대해 발표했다.
④ B교수는 건강보험 가입자에게 인공지능 기술을 활용한 맞춤형 서비스를 제공하는 방안에 대해 발표했다.

16
주어진 보도자료를 바탕으로 추론할 수 있는 것을 고르면?

① 국민건강보험공단에서 인공지능 기술을 보건의료 분야에 실제로 적용한 사례는 아직 없다.
② 보건의료 빅데이터는 질병 연구뿐 아니라 정책 수립과 공공 서비스 개선에도 활용되고 있다.
③ 이번 심포지엄에서는 데이터 보안이나 개인정보 보호와 관련된 논의가 중점적으로 이루어졌다.
④ 빅데이터와 인공지능 기술은 향후 건강보험 운영에 큰 영향을 미치지 않을 가능성이 크다.

17
주어진 보도자료를 읽고 다음 [대화]를 나누었다고 할 때, 빈칸에 들어갈 내용으로 적절한 것을 고르면?

| 대화 |

김 부장: 오늘 국민건강보험공단에서 열린 심포지엄에 관한 보도자료를 읽었는데, 보건의료 빅데이터를 다양한 방식으로 활용하고 있더군요.
박 차장: 네, 저도 읽었습니다. 특히 인공지능을 이용한 발표들이 인상 깊었습니다.
김 부장: 맞습니다. (   )
박 차장: 네. 그래서 앞으로 건강보험 서비스가 더 정교해지고 개개인에게 최적화될 것으로 기대합니다.

---

① 보건의료 빅데이터는 연구자들에게만 제공되고 일반인은 접근할 수 없다고 하죠.
② 이번 심포지엄에서는 질병 연구보다는 해외 의료기술 소개가 중심이어서 흥미로웠어요.
③ 건강보험 데이터는 아직 분석할 수 있을 만큼 충분하지 않아서 활용이 제한적이라고 하죠.
④ 공단은 인공지능 기술로 빅데이터를 분석해서 가입자에게 맞춤형 서비스를 제공하려고 하더군요.

[18~20] 다음 글을 읽고 이어지는 질문에 답하시오.

　　국민건강보험공단은 정신건강의 예방과 조기 개입을 강화하기 위해 2023년부터 '마음건강사업'을 시행하고 있다. 이 사업은 건강검진 결과를 바탕으로 심리적 위험군을 선별하고, 대상자에게 맞춤형 상담 및 연계 서비스를 제공함으로써 정신질환의 조기 발견과 치료율 향상을 도모한다. 이는 공공 정신건강 관리 체계의 일환으로, 특히 기존에는 발견이 어려웠던 중·저위험군까지 포괄하여 예방 중심의 접근 방식을 제도화한 것이 핵심적인 특징이다.

　　마음건강사업은 건강검진 결과와 심리 상태를 기준으로 총 3가지 유형의 서비스로 구분되며, 각 유형별로 서비스 내용, 제공 인력, 횟수, 연계 범위 등이 체계적으로 설계되어 있다. 사업 대상자는 본인의 검사 결과와 일상 기능 수준에 따라 자동으로 유형이 분류되며, 유형별 서비스 제공 기준은 다음과 같다.

　　1유형은 심리 고위험군을 대상으로 한 집중 심층지원 서비스로, 우울증 선별검사 점수가 16점 이상이거나, 자살 위험이 높다고 판단될 경우에 해당된다. 대상자에게는 공단이 지정한 전문가에 의한 대면상담이 최대 5회까지 제공되며, 특히 상담 인력 자격 요건이 까다로워, 반드시 정신건강의학과 전문의 또는 임상심리상담사 1급을 소지한 자가 직접 서비스를 제공해야 한다. 상담 중 정신과적 치료가 필요하다고 판단되면 지역 의료기관으로 연계되며, 진료비 일부도 지원된다. 이 유형은 치료 이행률과 위기 개입 성공률이 높은 서비스로 평가받고 있다.

　　2유형은 심리 중위험군을 위한 심층 심리상담 서비스로, 우울증 선별검사 점수가 11~15점이거나, 일상 기능 저하 징후가 있으나 즉각적 의료 개입은 필요하지 않은 경우에 제공된다. 2유형은 임상심리상담사 2급 이상을 소지한 자가 상담을 담당하며, 전화·화상 상담 3회와 자가 심리관리 도구 제공이 기본 패키지로 구성된다. 상담 종료 후에는 정신건강의학과 진료나 지역 정신건강복지센터로 연계도 가능하다. 특히 최근에는 청년 및 취업준비생을 대상으로 한 우울 증상 완화 효과가 보고되면서 정책적 관심이 높아지고 있다.

　　3유형은 저위험군 또는 일반 성인을 위한 정신건강 예방·증진 서비스로, 건강검진 결과와 무관하게 상담을 희망하는 누구나 신청할 수 있다. 스트레스 완화, 수면 위생 개선, 감정 조절 훈련 등 실생활 중심의 프로그램으로 구성되어 있으며, 상담은 사회복지사 또는 정신건강 관련 교육을 이수한 자가 1회 제공한다. 서비스 만족도가 높아 중장년 남성층의 초기 상담 진입 장벽을 낮추는 효과가 있는 것으로 보고되고 있다.

　　참여 자격은 만 19세 이상의 성인으로, 최근 3년 이내 국민건강보험공단 건강검진 이력이 있어야 한다. 다만, 기존에 정신건강의학과 진단을 받고 현재 진료 중인 자는 중복 지원 대상에서 제외된다. 서비스 신청은 공단 홈페이지, 고객센터 전화, 또는 지역지사 방문을 통해 가능하며, 본인 부담금은 전혀 없고 공단이 전액 지원한다. 현재 이 사업은 2025년까지 3년간 시범 운영 중이며, 성과 평가에 따라 전국 단위 통합 제도로의 전환 여부가 검토될 예정이다.

18
주어진 글의 내용과 일치하지 않는 것을 고르면?

① 마음건강사업의 3유형은 상담 희망자 누구나 신청할 수 있으며, 1회 상담이 기본이다.
② 마음건강사업은 2025년까지 시범 운영 후, 전국 제도화 여부가 검토될 예정이다.
③ 2유형 서비스는 전화 또는 화상 상담 3회와 자가 심리관리 도구 제공이 포함된다.
④ 임상심리상담사 1급을 소지한 자에게 서비스를 받으려면 1유형의 서비스를 받아야 한다.

19
다음 중 마음건강사업 서비스 유형과의 연결이 적절하지 않은 것을 고르면?

① 우울증 선별검사 점수 17점, 자살 사고 있음, 전문의 대면 상담 희망 → 1유형
② 우울증 선별검사 점수 13점, 집중력 저하, 전화 상담과 자가 심리관리 도구 활용 희망 → 2유형
③ 건강검진 결과와 무관하게 스트레스 관리 상담을 1회 받고 싶은 일반 성인 → 3유형
④ 정신건강의학과에서 진단을 받고 현재 진료 중이며, 마음건강사업 추가 신청 희망 → 2유형

20
다음 중 마음건강사업 참여 기준에 부합하지 않는 사람을 고르면?

① 고등학교 졸업 후 공단 검진 이력이 없으며, 최근 우울감을 느껴 상담을 신청한 25세 대학생
② 2년 전 공단 검진 이력이 있고, 최근 수면장애로 2유형 서비스를 안내받은 33세 직장인
③ 최근 1년 내 공단 검진 이력이 있으며, 스트레스 관리 프로그램 신청을 희망하는 58세 주부
④ 공단 검진 결과 우울증 선별검사 점수가 고위험군에 해당하며, 전문의 상담을 희망하는 29세 취업준비생

[21~22] 다음은 2024년 의료보장 적용인구 10만 명당 주요 암 질환자 수를 지역별로 나타낸 자료이다. 이를 바탕으로 이어지는 질문에 답하시오.

[표] 2024년 지역별 의료보장 적용인구 10만 명당 주요 암 질환자 수(상위 5개 지역) (단위: 명)

순위	위암	간암	폐암	대장암	유방암	자궁암
전국	320	160	250	315	495	100
1	경북 390	전남 253	전남 320	강원 411	서울 568	부산 121
2	전북 380	강원 203	경북 305	경북 355	대전 510	광주 ( )
3	부산 375	경북 199	전북 298	부산 349	경기 505	전북 110
4	전남 370	부산 195	강원 295	전북 347	부산 502	대구 105
5	대전 360	광주 180	충남 267	전남 345	전북 498	강원 104

※ 단, 자궁암의 경우 각 지역의 여성 의료보장 적용인구만을 고려하여 집계함

21

주어진 자료에 관한 설명으로 옳은 것을 고르면?

① 전국 간암 질환자 수는 간암 질환자 수 상위 5개 지역의 간암 질환자 수 평균보다 많다.
② 2024년 부산 지역의 위암 질환자 수는 대장암 질환자 수보다 더 많다.
③ 유방암 질환자 수는 서울 지역이 전북 질환자 수보다 70명 더 많다.
④ 의료보장 적용인구 10만 명당 폐암 질환자 상위 5개 지역 중 전남 지역이 차지하는 비중은 22% 이상이다.

22

대구의 의료보장 적용인구는 220만 명으로 광주보다 100만 명 더 많다. 광주의 의료보장 적용인구 10만 명당 자궁암 질환자 수가 간암 질환자 수보다 60명 더 적다면, 대구의 자궁암 질환자 수는 광주의 자궁암 질환자 수보다 얼마나 많은지 고르면?(단, 모든 지역의 의료보장 적용인구 성비는 남녀 1:1이다.)

① 430명 ② 435명 ③ 440명 ④ 445명

[23~24] 다음은 국가별 의학 분야 기술격차를 나타낸 자료이다. 이를 바탕으로 이어지는 질문에 답하시오.

[그래프] 국가별 의학 분야 기술격차 (단위: 년)

23
주어진 자료를 보고 옳지 않은 것을 고르면?

① 한의학 분야에서 한국을 제외하고 기술격차가 가장 작은 나라는 중국이다.
② 재생의학 분야에서 중국과 독일은 기술격차가 가장 크다.
③ 미국은 한의학을 제외한 모든 분야에서 기술격차가 가장 작다.
④ 디지털헬스케어 분야에서 한국을 제외한 나머지 나라의 기술격차는 미국과 3년 이내이다.

24
다음 중 5개 의학 분야 기술격차 평균이 가장 작은 국가와 가장 큰 국가로 알맞게 짝지어진 것을 고르면?

① 미국 – 중국　　② 일본 – 한국　　③ 미국 – 독일　　④ 일본 – 독일

[25~26] 다음은 전국 18개 민자고속도로 통행료에 관한 자료이다. 이를 바탕으로 이어지는 질문에 답하시오.

[표] 전국 18개 민자고속도로 통행료 현황

지역	노선명	이용거리 (km)	현행 통행료 (원/대)	재정 기준 통행료 (원/대)
인천시	인천공항	38	6,900	2,900
충청도	천안-논산	81	9,400	4,500
경상도	대구-부산	82	10,500	4,500
서울시	서울외곽	36	3,200	2,900
경상도	부산-울산	48	4,000	3,400
강원도	서울-춘천	60	5,700	3,800
서울시	용인-서울	24	1,800	2,100
인천시	인천대교	20	5,500	1,900
경기도	서수원-평택	40	2,700	2,300
경기도	평택-시흥	42	2,900	2,800
경기도	수원-광명	28	2,600	2,200
강원도	광주-원주	57	4,200	3,400
경상도	부산신항	15	1,900	1,600
인천시	인천-김포	30	2,600	2,300
경상도	상주-영천	95	6,700	5,100
경기도	구리-포천	50	3,800	3,100
경기도	안양-성남	25	2,000	2,100
충청도	옥산-오창	12	1,500	1,400

※ 재정 기준 통행료: 정부가 도로 건설 및 유지 관리에 투입한 재정을 기준으로 책정하는 통행료

25
주어진 자료에 대한 설명으로 옳지 않은 것을 고르면?

① 민자고속도로가 가장 많은 지역의 1대당 현행 통행료 총합은 14,000원이다.
② 민자고속도로 중 현행 통행료와 재정 기준 통행료의 차이가 가장 큰 노선은 대구-부산이다.
③ 전국 18개 민자고속도로의 1대당 현행 통행료 총합은 77,000원 이상이다.
④ 재정 기준 통행료보다 현행 통행료가 더 적은 곳은 1곳이다.

26
다음 중 주어진 자료를 바탕으로 나타낸 그래프로 옳지 않은 것을 고르면?

① 민자고속도로 이용거리 상위 5개 노선

② 인천시 민자고속도로 현행 통행료의 노선별 비중

③ 경상도 민자고속도로 노선별 재정 기준 통행료

④ 경기도 민자고속도로 현행 통행료의 평균과 재정 기준 통행료의 평균

[27~28] 다음은 2022, 2023년의 연간 1인당 진료비 현황에 관한 자료이다. 이를 바탕으로 이어지는 질문에 답하시오.

[표] 2022, 2023년의 연간 1인당 진료비 현황 (단위: 천 명, 억 원)

구분	2022년				2023년			
	환자 수(비율)		진료비(비율)		환자 수(비율)		진료비(비율)	
계	49,213	100%	1,058,586	100%	48,919	100%	1,108,029	100%
100만 원 이하	26,585	54.0%	116,064	11.0%	25,389	51.9%	109,473	9.9%
100만 원 초과 300만 원 이하	14,736	29.9%	257,363	24.3%	15,209	31.1%	267,073	24.1%
300만 원 초과 500만 원 이하	3,968	8.1%	152,022	14.4%	4,138	8.5%	158,467	14.3%
500만 원 초과 1,000만 원 이하	2,436	4.9%	164,530	15.5%	2,593	5.3%	175,487	15.8%
1,000만 원 초과 2,000만 원 이하	845	1.7%	115,921	11.0%	906	1.9%	124,278	11.2%
2,000만 원 초과 3,000만 원 이하	263	0.5%	64,504	6.1%	278	0.6%	67,898	6.1%
3,000만 원 초과 4,000만 원 이하	195	0.4%	66,445	6.3%	200	0.4%	68,459	6.2%
4,000만 원 초과 5,000만 원 이하	76	0.2%	33,683	3.2%	82	0.2%	36,443	3.3%
5,000만 원 초과 1억 원 이하	91	0.2%	60,342	5.7%	103	0.2%	68,406	6.2%
1억 원 초과	18	0.0	27,711	2.6%	21	0.0	32,045	2.9%

27
다음 [보기] 중 주어진 자료에 관한 설명으로 옳은 것을 모두 고르면?

─ 보기 ─
㉠ 연간 1인당 진료비가 1억 원을 초과하는 환자 수는 2022년 대비 2023년에 20% 이상 증가하였다.
㉡ 2022년 연간 1인당 진료비가 300만 원 이하인 환자 수는 4,132만 명을 넘으며 전체의 약 83.96%를 차지한다.
㉢ 2023년 연간 1인당 진료비가 500만 원을 초과한 환자 수는 418만 명 이상으로 10% 미만이지만, 이들의 진료비는 57조 원을 넘어 50%를 초과하였다.

① ㉡ ② ㉢ ③ ㉡, ㉢ ④ ㉠, ㉡, ㉢

28
다음 중 2023년 환자 수 및 진료비의 구성비율을 나타낸 그래프로 옳은 것을 고르면?

[29~31] 다음은 2024년 지역별 일반인 심폐소생술 시행 건수와 시행률을 나타낸 자료이다. 이를 바탕으로 이어지는 질문에 답하시오.

[표1] 2024년 지역별 일반인 심폐소생술 시행 건수 (단위: 건)

서울	부산	대구	인천	광주	대전	울산	세종	경기
1,440	275	380	200	100	140	90	35	1,390
강원	충북	충남	전북	전남	경북	경남	제주	전국
250	150	260	200	130	200	280	80	5,600

[표2] 2024년 지역별 일반인 심폐소생술 시행률 (단위: %)

서울	부산	대구	인천	광주	대전	울산	세종	경기
35	16	32	15	11	24	18	14	25
강원	충북	충남	전북	전남	경북	경남	제주	전국
20	12	18	16	9	10	15	16	21

※ (일반인 심폐소생술 시행률)(%)=(일반인에 의해 심폐소생술이 시행된 환자 수)÷(일반인에 의해 발견되거나 목격된 환자 수)×100
※ 일반인은 '근무 중인 구급대원 및 의료인'을 제외한 사람으로 정의함

29
주어진 자료에 대한 설명으로 옳은 것을 고르면?

① 일반인 심폐소생술 시행 건수가 200건 이하인 지역은 11곳이다.
② 일반인 심폐소생술 시행률이 낮은 지역일수록 심폐소생술 시행 건수 역시 적다.
③ 일반인 심폐소생술 시행 건수가 가장 많은 지역이 전국에서 차지하는 비중은 26% 이상이다.
④ 일반인 심폐소생술 시행률이 가장 높은 상위 5개 지역의 총시행 건수는 3,600건이다.

30

다음 [표]는 2024년 4개 지역에서 일반인에 의해 심폐소생술이 시행된 환자 수와 발견되거나 목격된 환자 수를 정리한 자료이다. 주어진 지역 중 일반인에 의해 발견되거나 목격된 환자 수가 가장 많은 지역을 고르면?

[표] 2024년 4개 지역별 일반인에 의해 심폐소생술이 시행된 환자 수와 발견되거나 목격된 환자 수 (단위: 명)

구분	부산	인천	충북	충남
일반인에 의해 심폐소생술이 시행된 환자 수	3.2	3.3	2.76	3.78
일반인에 의해 발견되거나 목격된 환자 수	( )	( )	( )	( )

① 부산 ② 인천 ③ 충북 ④ 충남

31

다음 중 주어진 자료를 바탕으로 나타낸 그래프로 옳지 않은 것을 고르면?

① 2024년 6개 광역시 일반인 심폐소생술 시행 건수 (단위: 건)

② 2024년 일반인 심폐소생술 시행 건수 상위 5개 지역 (단위: 건)

③ 2024년 6개 광역시 일반인 심폐소생술 시행률 (단위: %)

④ 2024년 일반인 심폐소생술 시행 건수 상위 5개 지역의 심폐소생술 시행률 (단위: %)

[32~34] A국가에는 4개의 발전소가 있고, 이 중 가장 우수한 발전소를 선정하여 3년마다 한 번씩 국가 발전 지원금을 지원하고 있다. 다음 [그래프]는 이들 4개의 발전소에 대하여 5가지 항목에 대한 평가 결과를 나타낸 자료이다. 이를 바탕으로 이어지는 질문에 답하시오.

[그래프] A국가 4개 발전소의 항목별 평가 결과

32
주어진 [그래프]의 내용에 대하여 옳은 것을 [보기]에서 모두 고르면?

┤ 보기 ├
㉠ 네 발전소의 재정 점수 평균은 16점 미만이다.
㉡ 환경 영향에서 두 번째로 점수가 높은 곳은 K발전소이다.
㉢ 항목별 점수의 합계로 총점을 정할 경우 가장 점수가 낮은 곳은 G발전소이다.

① ㉠
② ㉡
③ ㉠, ㉡
④ ㉠, ㉡, ㉢

33

다음과 같이 항목별 가중치를 부여하여 점수의 총합이 가장 큰 발전소를 우수 발전소로 정할 때, 옳지 않은 것을 고르면?

[항목별 가중치]
- 재정: 20%
- 해외사업: 30%
- 환경 영향: 30%
- 시스템: 20%
- 주요 설비: 40%

① 네 발전소 모두 총점이 20점 이상이다.
② 점수의 총합이 두 번째로 높은 곳은 H발전소이다.
③ 네 발전소 중 총점이 1점 이상 차이 나는 곳은 없다.
④ G발전소의 총점은 K발전소의 총점보다 0.1점 높다.

34

다음과 같이 두 가지 방법으로 총점을 계산할 때, 우수 발전소로 선정되어 국가 발전 지원금을 받는 발전소를 각각 고르면?

[방법 1]
(총점)={(재정 점수)+(해외사업)}×30%+{(주요 설비 점수)+(시스템 점수)}×20%+(환경 영향)×50%

[방법 2]
먼저, 발전소별로 가장 높은 점수를 받은 항목을 제외한다. 그리고 나머지 항목에 대하여 점수가 낮은 순서대로 40%, 30%, 20%, 10%의 가중치를 적용한 뒤 항목별 점수를 합하여 총점을 구한다.

	[방법 1]	[방법 2]
①	H발전소	G발전소
②	G발전소	D발전소
③	K발전소	G발전소
④	H발전소	K발전소

[35~37] 다음은 2021~2025년 A, B지역의 본부별 덤프트럭 보유 현황을 나타낸 자료이다. 이를 바탕으로 이어지는 질문에 답하시오.

[표1] A지역 덤프트럭 보유 현황 (단위: 대)

구분	2021년		2022년		2023년		2024년		2025년	
	보유량	임대량	보유량	임대량	보유량	임대량	보유량	임대량	보유량	임대량
가 본부	17	12	20	15	20	12	21	16	24	18
나 본부	20	17	18	12	16	10	20	14	20	15
다 본부	24	21	25	18	25	20	27	18	30	24
라 본부	15	12	15	10	18	9	20	15	21	14

※ (임대율)(%)=(임대량)÷(보유량)×100

[표2] B지역 덤프트럭 보유 현황 (단위: 대)

구분	2021년		2022년		2023년		2024년		2025년	
	보유량	임대량	보유량	임대량	보유량	임대량	보유량	임대량	보유량	임대량
마 본부	12	10	12	8	14	10	15	12	15	12
바 본부	15	8	16	10	16	12	18	15	16	13
사 본부	20	12	18	9	15	9	16	11	20	17
아 본부	12	9	14	10	15	12	16	13	15	8
자 본부	18	12	16	15	20	15	24	18	30	24

※ (임대율)(%)=(임대량)÷(보유량)×100

35
주어진 자료에 대한 설명으로 옳은 것을 고르면?

① 2023년 마 본부의 임대율은 70% 이상이다.
② 2023년 A지역 본부 중 임대율이 가장 높은 곳은 나 본부이다.
③ 두 지역에서 덤프트럭 보유량이 꾸준히 증가한 본부는 1곳뿐이다.
④ 2025년 B지역의 덤프트럭 보유량은 4년 전 대비 25% 이상 증가하였다.

36

주어진 자료를 바탕으로 [보기]의 임대율을 계산할 때, 임대율이 높은 순서대로 나열된 것을 고르면?

| 보기 |
| ⊙ 2025년 자 본부 임대율   ⓒ 2021년 다 본부 임대율   ⓒ 2024년 바 본부 임대율 |

① ⓒ > ⊙ > ⓒ
② ⓒ > ⓒ > ⊙
③ ⓒ > ⊙ > ⓒ
④ ⓒ > ⓒ > ⊙

37

다음 중 주어진 자료를 바탕으로 나타낸 그래프로 옳지 <u>않은</u> 것을 고르면?

① 2022년 B지역 본부별 덤프트럭 보유량 비중 (단위: %)

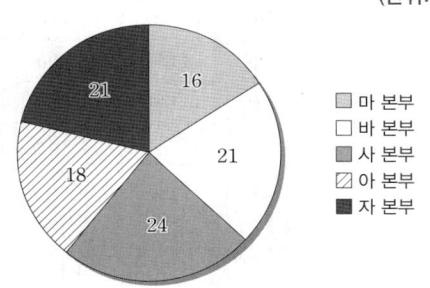

② A지역의 연도별 덤프트럭 보유량 증감 (단위: 대)

③ 2024~2025년 마, 바, 사 본부의 임대율 비교 (단위: %)

④ 2025년 A지역 본부별 덤프트럭 임대량 비중 (단위: %)

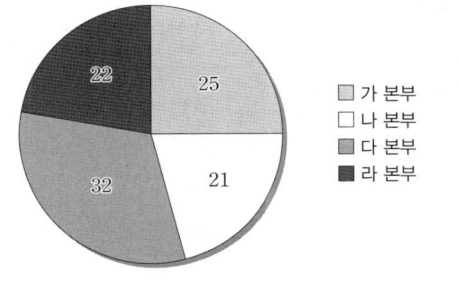

[38~40] 다음은 연도별 진료실적 및 주요 지표를 나타낸 자료이다. 이를 바탕으로 이어지는 질문에 답하시오.

[표] 연도별 진료실적 및 주요지표 (단위: 만 명, 만 건, 만 일, 조 원)

구분		2015년	2016년	2017년	2018년	2019년	2020년	2021년	2022년	2023년
환자 수	계	56.3	60.6	61.4	62.5	63.2	60.1	60.3	61.2	63.3
	입원	41	45	46	47	48	45	45	46	48
	외래	15.3	15.6	15.4	15.5	15.2	15.1	15.3	15.2	15.3
	약국	14.4	14.7	14.5	14.6	14.3	14.2	14.4	14.6	14.7
급여 건수	계	7,400	8,020	8,060	8,145	8,350	7,958	8,005	8,400	8,645
	입원	240	250	260	265	270	268	275	300	295
	외래	4,760	5,150	5,200	5,260	5,430	5,170	5,230	5,450	5,600
	약국	2,400	2,620	2,600	2,620	2,650	2,520	2,500	2,650	2,750
내원 일수	계	11,160	11,890	11,930	12,110	12,260	11,850	11,910	12,230	12,455
	입원	4,000	4,150	4,180	4,250	4,260	4,220	4,240	4,250	4,245
	외래	4,720	5,120	5,150	5,240	5,350	5,100	5,150	5,340	5,460
	약국	2,440	2,620	2,600	2,620	2,650	2,530	2,520	2,640	2,750
요양 일수	계	54,100	59,200	61,200	63,600	67,600	69,600	73,700	76,700	80,000
	입원	4,500	4,700	4,800	4,900	4,800	4,900	4,900	4,800	5,000
	외래	12,600	13,500	13,400	13,700	13,800	13,700	13,800	13,900	14,000
	약국	37,000	41,000	43,000	45,000	49,000	51,000	55,000	58,000	61,000
진료비	계	5.9	6.7	7	7.8	8.4	8.9	9.7	10.3	11.1
	입원	3.2	3.5	3.8	4.3	4.6	4.8	5.3	5.5	5.9
	외래	1.8	2	2.1	2.3	2.5	2.7	2.9	3.2	3.4
	약국	0.9	1.2	1.1	1.2	1.3	1.4	1.5	1.6	1.8
기금 부담금	계	5.8	6.6	6.9	7.7	8.4	8.8	9.4	10.1	10.8
	입원	3.2	3.6	3.7	4.2	4.5	4.7	5	5.3	5.7
	외래	1.7	1.9	2	2.2	2.5	2.6	2.8	3.1	3.3
	약국	0.9	1.1	1.2	1.3	1.4	1.5	1.6	1.7	1.8

※ 1) 환자는 수급권자를 의미함
2) 환자 수 합계는 약국을 제외함

38
주어진 자료에 대한 설명으로 옳은 것을 고르면?

① 약국의 진료비가 클수록 약국의 기금부담금 역시 크다.
② 2016~2023년 동안 총내원일수와 총요양일수의 전년 대비 증감추이는 동일하다.
③ 2023년 외래 급여건수의 전년 대비 증가율은 2023년 약국 급여건수의 전년 대비 증가율보다 낮다.
④ 2015~2023년 동안 총환자 수에 약국의 환자 수를 모두 포함시키면 총환자 수는 지속적으로 증가한다.

39
다음 [그래프]를 바탕으로 보고서를 작성할 때, 도출 가능한 항목을 고르면?

① 2023년 수급권자 1인당 내원일수
② 2021년 수급권자 1인당 진료비
③ 2020년 수급권자 1인당 급여비
④ 2017년 내원 1인당 진료비

40

다음 중 주어진 자료를 바탕으로 나타낸 그래프로 옳지 않은 것을 고르면?

① 2021~2023년 환자 수

② 2021~2023년 급여건수

③ 2021~2023년 진료비

④ 2021~2023년 기금부담금

[41~42] 다음은 국민건강보험공단에서 진행한 2025년 상반기 AI 관련 사업에 대한 세미나 만족도 조사에 관한 자료이다. 이를 바탕으로 이어지는 질문에 답하시오.

국민건강보험공단에서는 2025년 상반기 임직원 50명을 대상으로 AI 관련 사업에 대한 세미나를 진행하였고, 세미나가 끝난 후 세미나를 들은 임직원들을 대상으로 설문조사를 실시하였다. 설문 문항은 총 5문항이고 전반적인 세미나 만족도, 세미나를 진행한 강사의 전문성, 강의 장소 및 시간대에 관한 만족도, 세미나 내용의 도움 정도, 향후 타 강의 참여 의향에 관하여 질문하였다. 설문지는 각 문항에 대해 '매우 그렇다', '그렇다', '보통이다', '그렇지 않다', '매우 그렇지 않다'로 답변할 수 있도록 구성되었다. 아래의 [표]는 각 문항에 대하여 '매우 그렇다'와 '그렇다'라고 응답한 빈도와 백분율을 나타낸 것이다.

[표] 2025년 상반기 AI 관련 사업에 대한 세미나 만족도 조사 결과 – 긍정 답변

구분	빈도	백분율
1. 나는 전반적으로 세미나에 대해 만족한다.	30	㉠
2. 세미나를 진행한 강사의 전문성에 대해 만족한다.	25	㉡
3. 강의 장소와 시간에 대해 만족한다.	48	㉢
4. AI 관련 사업 세미나 내용은 향후 공단 업무를 수행하는 데 도움이 될 것이다.	41	㉣
5. 향후 AI 관련 세미나가 있다면 또 참여하고 싶다.	30	㉤

41

국민건강보험공단 인사팀에서 근무 중인 K씨는 각 만족도 문항의 긍정 답변에 대한 백분율을 산출하려고 한다. 주어진 [표]의 ㉠~㉤에 들어갈 내용을 바르게 나타낸 것을 고르면?

	㉠	㉡	㉢	㉣	㉤
①	30%	25%	48%	41%	30%
②	15%	12.5%	24%	20.5%	15%
③	35%	30%	53%	46%	35%
④	60%	50%	96%	82%	60%

42

국민건강보험공단은 2020년부터 매년 임직원들을 대상으로 AI 관련 사업 세미나 및 교육을 △△IT 교육 업체에 의뢰하여 진행하고 있는데, 매년 만족도 조사 결과를 통해 재계약 여부를 결정한다. 그런데 2025년 AI 관련 사업 세미나 만족도 조사 점수가 낮아 2026년 세미나를 △△IT 교육 업체에 의뢰해야 할지 고민 중이다. 국민건강보험공단이 만족도 점수의 통계 결과를 활용한 내용에 대해 가장 적절하게 나타낸 것을 고르면?

① 의사결정의 보조적인 수단으로 활용하였다.
② 표본을 통해 연구 대상 집단의 특성을 유추하였다.
③ 많은 수량적 자료를 처리할 수 있게 하고 쉽게 이해할 수 있는 형태로 축소하였다.
④ 관찰 가능한 자료를 통해 논리적으로 어떠한 결론을 추출 또는 검증하였다.

[43~44] 다음은 어느 병원의 의무기록 열람 및 사본발급에 관한 내용의 일부이다. 이를 바탕으로 이어지는 질문에 답하시오.

1. 발급 안내
 환자의 개인정보, 병력 및 가족력, 주된 증상, 진료정보, 진단 결과 등 치료에 관한 모든 정보가 기록된 환자의 진료기록은 개인의 비밀기록이므로 안전하게 보관되고 관리되어야 하며, 그 기록의 비밀은 유지되어야 합니다. 또한, 타 병원의 의무기록은 해당 병원에서만 발급 및 열람이 가능합니다.

2. 관련 근거
 의료법 제21조(기록 열람 등) 및 같은 법 시행규칙 제13조의 3에 따라 의무기록 열람 및 사본 교부는 환자의 동의가 있어야 하며 환자의 동의 없이는 그 누구도 의무기록을 열람하거나 사본을 발급받을 수 없습니다. 그러므로 의무기록 사본 발급 시에는 신청자의 신분을 반드시 확인하게 되어 있으며 환자 본인, 환자의 가족 또는 그 대리인은 아래의 필요 서류를 꼭 지참하시고 내원하셔야 합니다.

[표] 신청자별 의무기록 사본발급 시 필요 서류

신청자		필요 서류
환자	본인	1. 의무기록 열람 및 사본발급신청서 2. 본인 신분증
친족	환자의 배우자, 직계존속, 비속 또는 배우자족의 직계존속 * 형제자매	1. 의무기록열람 및 사본발급신청서 2. 환자가 자필서명 한 열람 및 사본발급동의서 3. 신청자와의 가족관계증명서 또는 주민등록표 등본 4. 신청자의 신분증 또는 사본 5. 형제자매 친족기준 증빙서류 6. 진료기록열람 및 사본 발급을 위한 확인서 * 형제자매: 5, 6번 추가서류 제출
지정 대리인	며느리·사위·지인·보험회사 등	1. 의무기록 열람 및 사본발급신청서 2. 환자가 자필서명 한 열람 및 사본발급 동의서, 위임장 3. 환자의 신분증 또는 사본 4. 신청자의 신분증 또는 사본

※ 환자사망 또는 의식불명 등 환자의 동의를 받을 수 없는 경우는 총무팀으로 문의하여 발급 진행

3. 구비서류 관련 안내 사항
 • 신분증 또는 신분증 사본은 반드시 사진이 있어야 합니다.
 • 동의서 및 위임장에는 반드시 환자의 자필서명과 작성 날짜가 있어야 합니다.
 • 동의서와 위임장에는 사본 발급 범위(기록 종류, 해당 기록 날짜 등)를 구체적으로 명시하여야 합니다.

43
다음 중 주어진 자료에 대한 설명으로 옳지 않은 것을 고르면?

① 환자 본인이 아니더라도 의무기록 사본발급 및 열람이 가능하다.
② 의무기록 사본은 환자의 동의 없이 병원에서 열람이 가능하다.
③ 해당 병원이 아닌 타 병원의 의무기록은 사본발급 및 열람할 수 없다.
④ 동의서 또는 위임장에는 반드시 환자의 도장이 찍혀 있어야 한다.

44
다음 [보기] 중 의무기록 열람 또는 사본발급 시 필요한 서류에 대한 설명으로 옳은 것을 모두 고르면?

┌─ 보기 ┐
㉠ 환자 본인의 경우 신청서 및 신분증만 제출하면 된다.
㉡ 환자의 누나인 경우 본인 신분증, 신청서, 가족관계증명서와 함께 환자 자필 서명의 발급 동의서가 있으면 된다.
㉢ 보험회사 직원의 경우 환자 및 본인 신분증과 신청서, 그리고 환자가 자필로 서명한 동의서 및 위임장이 있어야 한다.

① ㉠
② ㉠, ㉡
③ ㉠, ㉢
④ ㉠, ㉡, ㉢

[45~46] 다음은 P은행의 적금 상품에 관한 내용이다. 이를 바탕으로 이어지는 질문에 답하시오.

[표1] 적금 상품 기본조건

가입대상	개인
계약기간	24개월
가입금액	월 10만 원 이상, 최대 100만 원
거래방법	대면: 영업점 비대면: 인터넷/스마트뱅킹
적용금리	기본금리 3%＋우대금리 ※ 자세한 우대금리조건은 아래 거래조건참조 ※ 최고금리: 기본금리＋최대우대금리

[표2] 적금 상품 우대금리 및 지급방법

우대금리	① 비대면 가입 시 0.1% ② 당행 급여계좌 등록 시 0.2% ③ 만기 시 원금 1천만 원 이상 시 0.2% ④ 청약저축 통장 개설 시 0.1% ⑤ 체크카드 발급 시 0.1%
이자지급방식	만기일시지급식: 만기 또는 중도해지 요청시 이자율에 따라 지급
이자소득세율	15.4%적용 ※ 이자소득세: 세전이자소득×15.4%(1원단위 절상)
이자계산방식(세전)	약정예금액×약정이율×(계약일수 / 365일) ※ 계약일수는 약정일로부터 해지일 전까지 일수 ※ 약정이율은 만기 조건에 맞게 적용

45

주어진 자료를 보고 옳지 않은 것을 고르면?

① 최소한으로 가입할 수 있는 금액의 원금은 만기 시 240만 원이다.
② 최대로 받을 수 있는 적용금리는 3.7%이다.
③ 만기 시 이자가 세전 200만 원이라면 받게 될 세후 이자액은 169만 2천 원이다.
④ 중도에 해지할 경우 이자는 기본금리인 3%로 적용받게 된다.

46

A씨는 다음 [보기]와 같이 P은행의 적금에 가입했다. A씨가 만기 시 받게 될 이자 금액으로 옳은 것을 고르면?
(단, 해당 적금은 단리 방식으로 이자를 계산하여 만기 시 세금을 제외한 이자를 받게 된다.)

| 보기 |

A씨는 P은행에 적금을 가입했다. A씨는 매월 50만 원씩 24개월 동안 납입했으며, 가입 당시 가까운 지점에 가서 가입했다. 또한 주거래은행도 P은행으로 급여계좌로 등록 및 입출금이 편하도록 체크카드도 발급받았다.

① 355,540원　　② 370,130원　　③ 393,000원　　④ 420,000원

[47~48] 다음은 다제약물 관리사업 지역사회모형 자문약사 위촉에 관한 자료이다. 이를 바탕으로 이어지는 질문에 답하시오.

1. 개요
   - 역할: 사업 대상자의 가정방문상담, 유선 상담 등 서비스 제공
   - 위촉 기간: 위촉번호 발급 신청일 ~ 9999. 12. 31.
   - 위촉 요건: 약사면허증 소지자로서 해당 분야 경력 1년 이상인 자
   - 위촉 실시 기간: 연중 상시 접수

2. 절차

공단 본부	대한약사회 공단지역본부	위촉 희망 약사	지역약사회	공단지역본부
자문약사 위촉 계획 수립	자문약사 위촉 절차 안내	필수과목 수강 및 지역약사회에 필요서류 제출	위촉 명단 및 필요서류를 공단지역본부로 송부	자문약사 위촉 실시 및 전산등록 후 본부로 보고

  ※ 필요서류: 약사면허증·신분증·통장사본, 사업참여신청서, 개인정보수집이용동의서, 보안각서, 계좌입금의뢰신고서
  ※ 사업 미실시 지역의 약사회 회원도 위촉 가능, 활동 희망지역 관할 지역본부로 직접 요청

3. 지역본부 업무수행 절차
   - 약사 위촉 추천 요청: 지역본부 → 참여지역 대한약사회 지부
   - 위촉대상 명단 및 필요서류 접수: 대한약사회 지부 → 지역본부
   - 약사면허증 및 사업참여신청서 등 필수서류 징구

   [자문약사 제출 서류]
   ① 약사면허증·신분증·통장 사본
   ② 다제약물 관리사업 참여신청서 및 개인정보 수집·이용동의서
   ③ 보안각서
   ④ 계좌입금의뢰신고서

   - 위촉번호 발급 전산등록 …
     - 시작일: 위촉번호 발급 신청일
     - 종료일: 9999. 12. 31.로 입력
   - 위촉 자문약사 건강관리통합정보시스템 등록
     ※ 아이디 생성 및 계좌등록, 통장·신분증 사본 업로드 등
     - 전산 경로: 건강관리시스템 > 의료이용지원 > 다제약물 관리사업 > 상담전문가/기관관리 > 상담전문가/기관등록

[위촉장 발급 수여]
▶ 위촉장 제작 및 지역본부장 직인 날인
▶ 수여 일정 및 방법은 지역본부 일정에 따라 자율적으로 실시

- 위촉 결과보고: 매월 10일까지 본부 보고
  ※ 업무처리지침에 따라 해촉 사유 발생 시 해촉 보고
- 협조사항: 자문약사가 「개인정보보호법」을 위반하는 사례가 발생하지 않도록 개인정보 관리 철저

47
주어진 자료에 대한 설명으로 옳지 않은 것을 고르면?

① 지역약사회는 위촉자 명단과 필요서류를 공단지역본부로 전달해야 한다.
② 다제약물 관리사업이 진행되지 않는 지역의 약사에게는 해당하지 않는다.
③ 자문약사는 유선 및 방문상담을 진행할 때 정보보호에 특별히 신경 써야 한다.
④ 다제약물 관리사업 지역사회모형 자문약사에 위촉되고 특별한 사유가 없다면 해촉되지 않는다.

48
다음 [보기] 중 다제약물 관리사업 지역사회모형 자문약사 위촉 신청에 관한 내용으로 옳은 것을 모두 고르면?

┤ 보기 ├
㉠ 위촉 희망 약사는 적어도 경력이 1년 이상이어야 한다.
㉡ 공단지역본부는 자문약사를 위촉할 때 관련 시스템에 계좌를 등록해야 한다.
㉢ 위촉 희망 약사는 필수과목을 수강해야 하고 4개의 서류를 구비하여 지역약사회에 제출해야 한다.
㉣ 결격 사유가 없다면 공단본부장은 위촉 명단에 해당하는 약사에게 직인을 날인하여 지역본부 일정에 따라 위촉장을 수여한다.

① ㉠, ㉡   ② ㉠, ㉢   ③ ㉡, ㉣   ④ ㉢, ㉣

[49~51] 다음은 영유아 연령별 검진 항목과 예방접종에 관한 자료이다. 이를 바탕으로 이어지는 질문에 답하시오.

[표] 영유아 연령별 검강검진 및 예방접종 항목

연령	건강검진 주요 항목	필수 예방접종
4개월	시각/청각/성장발달 검사	DTaP 1차, IPV 1차, Hib 1차, B형간염 2차
9개월	성장, 발달선별, 행동/언어 평가	MMR 미접종, B형간염 3차, Hib 2차
12개월	시각/청각/구강, 발달 선별 평가	MMR 1차, 수두 1차, 폐렴구균 3차
18개월	자폐 선별, 행동·언어 발달 평가	DTaP 4차, IPV 3차, Hib 3차, 일본뇌염 1차
24개월	성장/비만, 행동 발달	A형간염 1차
30개월	행동/언어발달, 정서평가	A형간염 2차
36개월	청각검사, 성장발달 종합평가	DTaP 5차, 일본뇌염 (생백신) 2차
42개월	치아검사, 정서 및 사회성 평가	—
48개월	성장/비만, 시각검사, 언어종합평가	—
54개월	청력/행동, 준비도 검사	—
60~71개월	입학 전 건강상태 종합검진	MMR 2차, DTaP 5차, IPV 4차, 일본뇌염 추가접종

※ 기준 개월수가 지난 경우 마지막 검진 이후 다음 검진 항목도 12개월 이내에 검진 가능(단, 직전 검진 이후 최소 90일 이후에 다음 검진 가능)

49

주어진 자료를 보고 옳지 않은 것을 고르면?

① 18개월에는 자폐 선별 관련 건강검진과 함께 DTaP 4차, Hib 3차, 일본뇌염 1차 예방접종이 포함된다.
② 24개월에는 성장/비만 관련 건강검진이 이루어지며, A형간염 2차 예방접종이 포함된다.
③ 12개월에는 시각, 청각, 구강 관련 건강검진과 함께 MMR 1차와 수두 1차 예방접종이 포함된다.
④ 60~71개월에는 입학 전 건강상태 종합검진이 이루어지며, DTaP 5차와 IPV 4차 예방접종이 포함된다.

50

한 아이는 현재 50개월이고, 36개월에 검진을 받은 이후 처음 검사받는다. 이 아이가 받게 될 검진 항목으로 옳지 <u>않은</u> 것을 고르면?

① 청각검사, 치아검사
② 치아검사, 정서 및 사회성 평가
③ 정서 및 사회성 평가, 성장/비만 검사
④ 시각검사, 언어종합평가

51

한 아이가 7개월 15일 차에 영유아 검진을 받았다. 다음으로 영유아 검진을 받을 수 있는 가장 이른 날짜를 고르면?

① 8개월 0일 차
② 9개월 15일 차
③ 10개월 0일 차
④ 10개월 15일 차

[52~54] 다음은 임신 사전건강관리 지원사업에 관한 자료이다. 이를 바탕으로 이어지는 질문에 답하시오.

1. 신청 대상
    - 모든 20~49세 남녀 중 검사 희망자(결혼, 자녀 여부 불문)
        ※ 내국인 배우자가 있는 외국인도 지원 가능(별도 비자 조건 없음)
    - 주요 주기별 1회(최대 3회 지원)
        - 제1주기: 29세 이하
        - 제2주기: 30~34세
        - 제3주기: 35~49세

2. 검사 항목
    - 여성: 난소기능검사(AMH), 부인과 초음파(자궁, 난소 등)
    - 남성: 정액검사(정자 정밀형태검사)

3. 검사비 지원금액
    - 여성: 최대 13만 원
    - 남성: 최대 5만 원

4. 지원 절차

① 검사비 지원 신청	② 검사의뢰서 발급	③ 검사 및 결과 상담	④ 검사비 청구	⑤ 검사비 지급
e보건소 온라인 신청 또는 주소지 관할 보건소 방문 신청	신청 접수 및 검사의뢰서 발급 ※ 신청일로부터 5일 이내 소요 (주말 및 공휴일 제외)	검사 실시 및 결과 상담 ※ 신청일로부터 3개월 이내 검사 ※ 검사의뢰서 제시 필수 ※ 의료기관 예약 후 방문 권고	e보건소 또는 보건소 청구 ※ 검사일로부터 1개월 이내	제출서류 확인 후 지급 ※ 청구일로부터 3개월 이내
검사 희망자	지자체(보건소)	의료기관	대상자	지자체(보건소)

5. 지원 신청·청구 시 필수 제출서류

구분	내국인	외국인 [내국인 배우자와 혼인관계 (또는 예정)인 외국인]	청구
서류	① 신청서 ② 개인정보제공동의서 ③ 주민등록등본* *신청자가 외국인인 경우 본인 주민등록등본 제출 생략	① 신청서 ② 개인정보제공동의서 ③ 외국인등록사실증명 ④ 내국인 배우자의 주민등록등본 ⑤ 혼인관계증명서 또는 청첩장 등 혼인 증빙서류(내국인 배우자 주민등록등본상 혼인관계가 확인되지 않는 경우)	① 청구서 ② 외래 진료비 계산서·영수증 ③ 진료비 세부산정 내역서 ④ 본인명의 통장사본
비고	온라인 신청 시 제출 서류 없음	온라인 신청 시는 ④, ⑤만 제출	온라인 신청 시 ②, ③, ④만 제출

52
주어진 자료에 대한 설명으로 옳지 않은 것을 고르면?

① 29세 여성은 최대 2번까지 지원받을 수 있다.
② 검사비 지원금액의 최댓값은 여성이 남성보다 많다.
③ 결혼 예정인 외국인이 온라인 신청 시 혼인을 확인할 수 있는 서류를 제출해야 한다.
④ 내국인 배우자와 결혼한 외국인 신청자의 경우 주민등록등본은 배우자의 것만 제출해도 된다.

53
다음 [보기] 중 임신 사전 검사비를 지원받을 수 있는 사람을 모두 고르면?

―| 보기 |―
㉠ 1년 전에 검사비 지원을 받은 30세 미혼의 내국인 여성 A씨
㉡ 내국인 배우자와 결혼 예정이고 난소기능검사를 예약한 29세 외국인 여성 B씨
㉢ 10년 전 외국인 배우자와 결혼하였고 5년 전 검사비를 지원받은 40세 내국인 남성 C씨

① ㉡　　　② ㉢　　　③ ㉠, ㉡　　　④ ㉠, ㉢

54
주어진 자료와 아래의 [상황]을 바탕으로 할 때, 김씨가 검사비를 지급받은 날짜를 고르면?

―| 상황 |―
김씨는 2025년 6월 12일 e보건소에 온라인으로 검사비 지원을 신청하였더니 당일에 접수가 되었고 하루 뒤 검사의뢰서를 발급받았다. 그리고 의료기관이 확정되어 의뢰서를 발급받은 지 25일 뒤에 검사를 받을 수 있었다. 검사 후 일주일 뒤 김씨는 다시 온라인으로 서류를 제출하며 검사비를 청구하였고, 청구한 지 45일 뒤에 검사비를 받을 수 있었다.

① 2025년 8월 28일　　　② 2025년 8월 29일
③ 2025년 8월 30일　　　④ 2025년 8월 31일

[55~57] 다음은 외래진료 과다 이용자 본인부담률 차등화 제도에 관한 자료이다. 이를 바탕으로 이어지는 질문에 답하시오.

□ 외래진료 본인부담 차등화 제도 시행

1. 본인부담률 차등적용 기준(시행일: 2024년 7월 1일)
이 제도는 최근 1년간의 외래진료일수를 연령대별로 나누어 외래진료 과다 이용 여부를 판단하고 본인부담률을 차등 적용하는 제도입니다. 기본적으로 외래진료 시 본인부담률은 30%이나, 과다 이용자로 분류될 경우 본인부담률이 50%로 상향됩니다.

2. 연령대별 직전 1년간 외래진료일수 상위 30% 판정 기준
연령대별 외래진료일 수 상위 30% 기준은 20대의 경우 60일 이상, 30대의 경우 70일 이상이며, 40대는 78일 이상, 50대는 85일 이상, 60대는 91일 이상입니다.

3. 중증장애인 본인부담률 차등적용 기준
중증장애인의 경우 별도의 심의 절차 없이 외래진료 횟수에 따라 본인부담률이 차등 적용됩니다. 중증장애인의 외래진료일수가 해당 연령대의 기준일수에서 추가로 10일 미만으로 초과하면 30%, 10일 이상 30일 미만 초과 시 40%, 30일 이상 초과 시 50%의 본인부담률이 각각 적용됩니다.

4. 시행일 이전 외래진료 과다 이용자에 대한 추가 가산
제도 시행일 이전인 2024년 6월 30일까지 외래진료일수 상위 30% 기준을 초과한 경우, 산정된 본인부담률에 추가로 10%를 가산하여 적용합니다. 예를 들어, 20대가 2024년 6월 30일까지 총 65일의 외래진료를 받았다면, 2025년 의료비 본인부담률은 기존 50%에 10%를 가산한 60%가 적용됩니다.

55
주어진 자료를 보고 옳지 않은 것을 고르면?

① 의료비 본인부담률은 30~60%이다.
② 연령대가 높을수록 상위 30% 외래진료일수 기준이 높다.
③ 중증장애인이라도 상위 30% 외래진료일수보다 30일 이상 더 진료 받으면 50%의 본인부담률이 적용된다.
④ 시행일 이전의 외래진료일은 다음 해 본인부담률에 반영되지 않는다.

56

각 인원별 2025년 총의료비에 대한 본인부담금으로 옳지 않은 것을 고르면?

구분	연령대	2024년 외래진료일수	2025년 총의료비	비고
A	30대	75일	750,000원	'24.6.30.까지 외래진료 45일
B	40대	65일	1,200,000원	—
C	60대	110일	1,500,000원	중증장애인
D	50대	90일	1,000,000원	'24.6.30.까지 외래진료 86일

① A — 37만 5천 원 ② B — 36만 원 ③ C — 75만 원 ④ D — 60만 원

57

주어진 자료를 요약하여 표를 만들었을 때, 옳은 것을 고르면?

①

중증장애인 외래진료일수	본인부담률
기준일+5일	40%
기준일+20일	30%
기준일+65일	60%

②

연령대	직전 1년간 외래진료일수	본인부담률
20대	50일 이상	50%
30대	60일 이상	50%
40대	70일 이상	50%
50대	80일 이상	50%
60대	85일 이상	50%

③

구분	외래진료일수 기준 초과 여부	본인부담률
제도 시행일 이후 진료	상위 30% 외래진료일수 미만	30%
제도 시행일 이후 진료	상위 30% 외래진료일수 이상	50%
제도 시행일 이전 진료	상위 30% 외래진료일수 미만	40%
제도 시행일 이전 진료	상위 30% 외래진료일수 이상	50%

④

연령대	직전 1년간 외래진료일수	중증장애인 본인부담률
20대	100일	50%
30대	100일	50%
40대	100일	40%
50대	100일	40%
60대	100일	30%

[58~60] 다음은 저탄소 대응 전략 및 투자에 관한 자료이다. 이를 바탕으로 이어지는 질문에 답하시오.

저탄소 대응 전략은 크게 소극적 대응과 적극적 대응의 두 가지로 나눌 수 있다. 소극적 대응은 저탄소를 위한 방어 전략을 펼치는 것을 의미하고 적극적 대응은 저탄소를 위한 투자 전략이라고 할 수 있다. 소극적 대응은 기후변화의 영향을 줄이는 데 초점을 맞추고 있고, 적극적 대응은 저탄소 기술 개발 및 투자를 통해 탄소 배출을 줄이고 기후변화 대응 및 경제 성장을 추구하는 데 초점을 맞추고 있다. 그리고 국제 투자는 기후변화 대응을 위한 핵심적인 요소로, 국제 금융기관, 민간 투자자, 그리고 정부의 참여가 필요한 상황이다.

□ 소극적 대응(기후변화 영향 완화)
- 탄소 감축: 온실가스 배출을 줄이기 위한 홍보를 지속적으로 진행하고 여러 가지 정책을 수립한다.
- 인프라 구축: 기후변화로 인한 피해를 최소화하기 위한 정책을 수립하고 인프라를 구축한다.
- 국제 협력: 기후변화 문제 해결을 위한 국제적인 노력과 협력이 요구된다.

□ 적극적 대응(기후변화 대응 경제 성장)
- 저탄소 기술 개발: 저탄소 에너지 기술, 친환경 소재 기술, 탄소 포집 및 저장 기술 등의 다양한 기술 개발을 통해 탄소 배출을 줄이도록 한다.
- 저탄소 산업 투자: 재생에너지, 친환경 자동차, 탄소 포집 기술 등을 포함한 저탄소 산업에 적극적으로 투자한다.
- 탄소중립 목표 설정: 국가, 기업, 투자자들이 탄소중립 목표를 설정하고 이를 달성하기 위한 노력을 기울일 수 있도록 한다.

□ 국제 투자
- ESG 투자: 환경(Environment), 사회(Social), 지배구조(Governance)를 고려한 투자는 기후변화 대응에 필수적이다.
- 녹색 채권 발행: 기후변화 대응 프로젝트 투자를 위한 녹색 채권을 발행한다.
- 국제 금융기관의 역할: 세계은행, 아시아개발은행 등 국제 금융기관은 기후변화 대응을 위한 자금 지원 및 기술 지원을 담당하도록 한다.
- 민간 투자자의 역할: 민간 투자자들은 저탄소 산업, 재생에너지, 친환경 기술 등에 투자를 적극 확대해야 한다.

저탄소 대응은 소극적 대응과 적극적 대응을 함께 추진해야 하며, 국제 투자 역시 기후변화 대응의 핵심적인 요소이므로 국제적인 협력과 투자를 통해 기후변화 위기를 극복하고 지속 가능한 발전을 이루어야 한다.

58
저탄소 대응 전략에 관한 설명으로 옳은 것을 고르면?

① 저탄소 대응 전략 중 친환경 소재를 개발하는 것은 적극적 대응에 해당한다.
② 적극적으로 대응하지 않으면 저탄소를 위한 인프라를 구축하기 어렵다.
③ 저탄소 대응 전략에서 소극적 대응 전략보다는 적극적 대응 전략 위주로 진행되어야 한다.
④ 소극적으로 대응하지 않으면 대기업이 저탄소를 위한 산업에 투자하지 않게 된다.

59
주어진 자료를 바탕으로 할 때, 다음 [보기] 중 저탄소 대응 전략으로 옳은 것을 모두 고르면?

┌ 보기 ┐
- ㉠ 대기업 K회사는 ESG 경영을 통해 친환경 제품 개발을 연구 중이다.
- ㉡ A국가는 기후변화 대응 포트폴리오에 대한 투자를 위해 녹색 채권을 발행하였다.
- ㉢ B국가는 자본시장의 기후변화 대응을 촉진하기 위해 탈탄소 투자에 대한 인식을 제고하고 관련 투자를 활성화하도록 지시하였다.

① ㉠, ㉡　　② ㉠, ㉢　　③ ㉡, ㉢　　④ ㉠, ㉡, ㉢

60
다음 [그래프]는 2013~2023년의 한국 기후변화 성과지수 추이를 나타낸 것이다. 각 연도별 수치는 60개의 조사 대상 국가 중 한국의 순위를 나타낸다고 할 때, 주어진 자료와 [그래프]를 바탕으로 옳은 것을 고르면?

[그래프] 2013~2023년 한국 기후변화 성과지수 추이

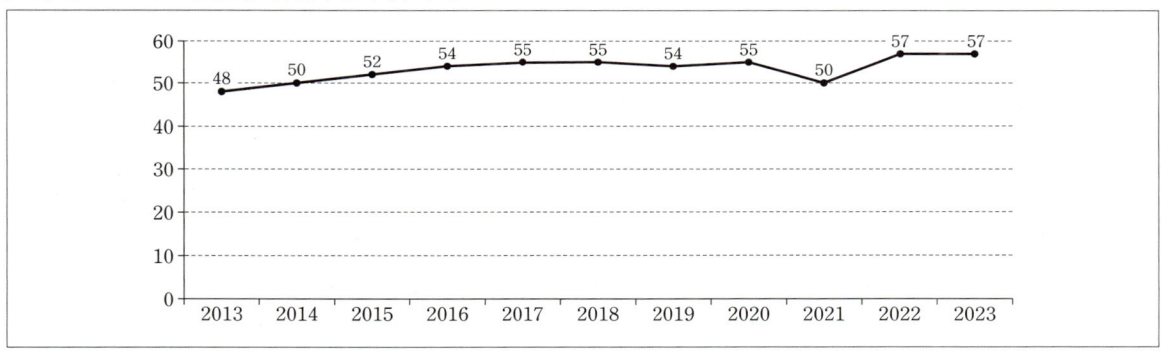

① 한국은 전반적으로 저탄소에 대한 대응이 바르게 진행되고 있지 않다고 볼 수 있다.
② 한국은 저탄소 대응 전략 등을 통한 기후변화 대응에 대한 성과가 조금씩 나타나고 있다고 해석할 수 있다.
③ 한국은 2013년부터 2016년까지 꾸준히 저탄소 대응 전략에 대한 투자가 이루어졌음을 알 수 있다.
④ 한국은 저탄소 대응을 위한 인프라 구축이 되어 있음을 알 수 있으므로 적극적 대응도 요구된다.

2025년 4월 시행 기출복원 모의고사
직무시험_국민건강보험법

01
국민건강보험법상 급여의 제한에 관한 설명으로 옳지 <u>않은</u> 것을 고르면?

① 고의 또는 중대한 과실로 공단이나 요양기관의 요양에 관한 지시에 따르지 아니한 경우 공단은 보험급여를 하지 아니한다.
② 공단은 보험급여를 받을 수 있는 사람이 다른 법령에 따라 국가나 지방자치단체로부터 보험급여에 상당하는 급여를 받거나 보험급여에 상당하는 비용을 지급받게 되는 경우에는 그 한도에서 보험급여를 하지 아니한다.
③ 공단은 가입자가 대통령령으로 정하는 기간 이상 보수 외 소득월액보험료를 체납한 경우 그 체납한 보험료를 완납할 때까지 그 가입자 및 피부양자에 대하여 보험급여를 실시하지 아니하여야 한다.
④ 공단은 가입자가 대통령령으로 정하는 기간 이상 세대 단위의 보험료를 체납한 경우 그 체납한 보험료를 완납할 때까지 그 가입자 및 피부양자에 대하여 보험급여를 실시하지 아니할 수 있다.

02
국민건강보험법상 다음 [보기]의 ㉠~㉣ 중 그 기한이 최대인 것을 고르면?

| 보기 |

- 자격을 얻은 경우 그 직장가입자의 사용자 및 지역가입자의 세대주는 그 명세를 보건복지부령으로 정하는 바에 따라 자격을 취득한 날부터 (㉠) 이내에 보험자에게 신고하여야 한다.
- 법무부장관 및 국방부장관은 직장가입자나 지역가입자가 제54조 제3호 또는 제4호에 해당하면 보건복지부령으로 정하는 바에 따라 그 사유에 해당된 날부터 (㉡) 이내에 보험자에게 알려야 한다.
- 자격이 변동된 경우 직장가입자의 사용자와 지역가입자의 세대주는 그 명세를 보건복지부령으로 정하는 바에 따라 자격이 변동된 날부터 (㉢) 이내에 보험자에게 신고하여야 한다.
- 자격을 잃은 경우 직장가입자의 사용자와 지역가입자의 세대주는 그 명세를 보건복지부령으로 정하는 바에 따라 자격을 잃은 날부터 (㉣) 이내에 보험자에게 신고하여야 한다.

① ㉠　　② ㉡　　③ ㉢　　④ ㉣

03
국민건강보험법상 다음 [보기]에서 ㉠, ㉡, ㉢을 모두 더한 숫자로 옳은 것을 고르면?

| 보기 |

제4조(건강보험정책심의위원회)
② 심의위원회는 위원장 1명과 부위원장 1명을 포함하여 (㉠)명의 위원으로 구성한다.
④ 심의위원회의 위원은 다음 각 호에 해당하는 사람을 보건복지부장관이 임명 또는 위촉한다.
  1. 근로자단체 및 사용자단체가 추천하는 각 (㉡)명
  3. 의료계를 대표하는 단체 및 약업계를 대표하는 단체가 추천하는 (㉢)명

① 32 ② 33 ③ 34 ④ 35

04
국민건강보험법상 다음 [보기]에서 정관과 설립등기에 포함되어야 할 사항이 각각 바르게 짝지어진 것을 고르면?

| 보기 |

㉠ 목적
㉡ 명칭
㉢ 이사회의 운영
㉣ 사무소의 소재지
㉤ 주된 사무소 및 분사무소의 소재지
㉥ 이사장의 성명·주소 및 주민등록번호

	정관	설립등기
①	㉠, ㉢	㉤, ㉥
②	㉠, ㉤	㉡, ㉢
③	㉡, ㉤	㉢, ㉥
④	㉢, ㉤	㉣, ㉥

05
국민건강보험법상 자격의 취득과 상실에 관한 설명으로 옳지 않은 것을 고르면?

① 가입자는 국내에 거주하게 된 날에 직장가입자 또는 지역가입자의 자격을 얻는다.
② 유공자등 의료보호대상자이었던 사람은 그 대상자에서 제외된 날에 자격을 얻는다.
③ 가입자는 사망한 날의 다음 날 자격을 잃는다.
④ 가입자는 국내에 거주하지 아니하게 된 날에 자격을 잃는다.

06

국민건강보험법상 다음 [보기]에서 ㉠, ㉡에 들어갈 숫자를 더한 것으로 옳은 것을 고르면?

―| 보기 |―

보험급여를 하지 아니하는 기간(이하 이 항에서 "급여제한기간"이라 한다)에 받은 보험급여는 다음 각 호의 어느 하나에 해당하는 경우에만 보험급여로 인정한다.
1. 공단이 급여제한기간에 보험급여를 받은 사실이 있음을 가입자에게 통지한 날부터 2개월이 지난 날이 속한 달의 납부기한 이내에 체납된 보험료를 완납한 경우
2. 공단이 급여제한기간에 보험급여를 받은 사실이 있음을 가입자에게 통지한 날부터 2개월이 지난 날이 속한 달의 납부기한 이내에 제82조에 따라 분할납부 승인을 받은 체납보험료를 (㉠)회 이상 낸 경우. 다만, 제82조에 따른 분할납부 승인을 받은 사람이 정당한 사유 없이 (㉡)회 이상 그 승인된 보험료를 내지 아니한 경우에는 그러하지 아니하다.

① 4　　　② 5　　　③ 6　　　④ 7

07

국민건강보험법상 보험료의 경감 등에 관한 설명으로 옳지 않은 것을 고르면?

① 섬·벽지(僻地)·농어촌 등 대통령령으로 정하는 지역에 거주하는 사람으로 보건복지부령으로 정하는 가입자에 대하여는 그 가입자 또는 그 가입자가 속한 세대의 보험료의 일부를 경감할 수 있다.
② 휴직자이며 보건복지부령으로 정하는 가입자에 대하여는 그 가입자 또는 그 가입자가 속한 세대의 보험료의 일부를 경감할 수 있다.
③ 보험료 납부의무자가 보험료의 납입 고지 또는 독촉을 종이문서로 받는 경우 대통령령으로 정하는 바에 따라 보험료를 감액하는 등 재산상의 이익을 제공할 수 있다.
④ 보험료 경감의 방법·절차 등에 필요한 사항은 보건복지부장관이 정하여 고시한다.

08
국민건강보험법상 다음 [보기]의 밑줄 친 ㉠~㉣ 중 옳은 것을 고르면?

┌ 보기 ┐
제101조의2(약제에 대한 쟁송 시 손실상당액의 징수 및 지급) ① 공단은 제41조의2에 따른 요양급여비용 상한금액의 감액 및 요양급여의 적용 정지 또는 제41조의3에 따른 조정(이하 이 조에서 "조정등"이라 한다)에 대하여 약제의 제조업자등이 청구 또는 제기한 「행정심판법」에 따른 행정심판 또는 「행정소송법」에 따른 행정소송에 대하여 행정심판위원회 또는 법원의 결정이나 재결, 판결이 다음 각 호의 요건을 모두 충족하는 경우에는 조정등이 집행정지된 기간 동안 공단에 발생한 손실에 상당하는 금액을 약제의 제조업자등에게서 징수할 수 있다.
  1. 행정심판위원회 또는 법원이 집행정지 결정을 한 경우
  2. 행정심판이나 행정소송에 대한 각하 또는 기각(㉠ 일부 기각은 제외한다) 재결 또는 판결이 확정되거나 청구취하 또는 소취하로 심판 또는 소송이 종결된 경우
② 공단은 제1항의 심판 또는 소송에 대한 결정이나 재결, 판결이 다음 각 호의 요건을 모두 충족하는 경우에는 조정등으로 인하여 약제의 제조업자등에게 발생한 손실에 상당하는 금액을 지급하여야 한다.
  1. 행정심판위원회 또는 법원의 집행정지 결정이 없거나 집행정지 결정이 취소된 경우
  2. 행정심판이나 행정소송에 대한 인용(㉡ 일부 인용은 제외한다) 재결 또는 판결이 확정된 경우
③ 제1항에 따른 손실에 상당하는 금액은 집행정지 기간 동안 공단이 지급한 요양급여비용과 집행정지가 결정되지 않았다면 공단이 지급하여야 할 요양급여비용의 차액으로 산정한다. 다만, 요양급여대상에서 제외되거나 요양급여의 적용을 정지하는 내용의 조정등의 경우에는 요양급여비용 차액의 ㉢ 100분의 40을 초과할 수 없다.
④ 제2항에 따른 손실에 상당하는 금액은 해당 조정등이 없었다면 공단이 지급하여야 할 요양급여비용과 조정등에 따라 공단이 지급한 요양급여비용의 차액으로 산정한다. 다만, 요양급여대상에서 제외되거나 요양급여의 적용을 정지하는 내용의 조정등의 경우에는 요양급여비용 차액의 ㉣ 100분의 20을 초과할 수 없다.

① ㉠   ② ㉡   ③ ㉢   ④ ㉣

09
국민건강보험법상 본인부담상한액에 관한 설명으로 옳은 것을 고르면?

① 본인이 연간 부담하는 제44조 제2항의 각 호의 금액의 합계액이 대통령령으로 정하는 금액(이하 해당 문항에서 "본인부담상한액"이라 한다)을 초과한 경우에는 공단이 그 초과 금액을 부담할 수 있다.
② ①의 경우 공단은 당사자에게 그 초과 금액을 통보하고, 이를 지급할 수 있다.
③ 본인부담상한액은 가입자의 소득수준 등에 따라 정한다.
④ 금액 및 합계액의 산정 방법, 본인부담상한액을 넘는 금액의 지급 방법 및 가입자의 소득수준 등에 따른 본인부담상한액 설정 등에 필요한 사항은 보건복지부령으로 정한다.

10
국민건강보험법상 다음 [보기]의 ㉠~㉢에 들어갈 숫자를 순서대로 올바르게 나열한 것을 고르면?

― 보기 ―

직장가입자인 근로자등이 그 사용관계가 끝난 날의 다음 날 지역가입자의 세대주는 그 명세를 보건복지부령으로 정하는 바에 따라 자격이 변동된 날부터 (㉠)일 이내에 보험자에게 신고하여야 한다.
사업장의 사용자는 휴업·폐업 등 보건복지부령으로 정하는 사유가 발생한 경우 그 때부터 (㉡)일 이내에 보건복지부령으로 정하는 바에 따라 보험자에게 신고하여야 한다.
요양기관은 신고한 내용(제45조에 따른 요양급여비용의 증감에 관련된 사항만 해당한다)이 변경된 경우에는 그 변경된 날부터 (㉢)일 이내에 보건복지부령으로 정하는 바에 따라 심사평가원에 신고하여야 한다.

	㉠	㉡	㉢
①	14	15	14
②	14	14	15
③	15	14	15
④	15	15	14

11
다음 [보기]의 사례와 관련한 내용으로 옳지 않은 것을 고르면?

― 보기 ―

공단은 A씨가 신고한 보수 또는 소득 등에 축소 또는 탈루(脫漏)가 있다고 인정하여 보건복지부장관을 거쳐 관련 사항을 문서로 국세청장에게 송부하였다. 그리고 국세청장은 송부 받은 내용에 대해 관련 법률에 따라 세무조사를 하였다.

① 공단은 제94조제1항에 따라 신고한 사항이나 제출받은 자료에 대하여 사실 여부를 확인할 필요가 있으면 소속 직원이 해당 사항에 관하여 조사하게 할 수 있다.
② 제95조제1항 및 제2항에 따른 송부 절차 등에 필요한 사항은 대통령령으로 정한다.
③ 공단은 제94조제1항에 따라 신고한 보수 또는 소득 등에 축소 또는 탈루(脫漏)가 있다고 인정하는 경우에는 보건복지부장관을 거쳐 소득의 축소 또는 탈루에 관한 사항을 문서로 국세청장에게 송부할 수 있다.
④ 국세청장은 송부 받은 사항에 대하여 「국세기본법」 등 관련 법률에 따른 세무조사를 하면 그 조사 결과 전체를 공단에 송부하여야 한다.

12

국민건강보험법상 이의신청에 관한 설명으로 옳지 않은 것을 고르면?

① 가입자 및 피부양자의 자격, 보험료등, 보험급여, 보험급여 비용에 관한 공단의 처분에 이의가 있는 자는 심사평가원에 이의신청을 할 수 있다.
② 이의신청은 처분이 있음을 안 날부터 90일 이내에 문서(전자문서를 포함한다)로 하여야 하며 처분이 있은 날부터 180일을 지나면 제기하지 못한다. 다만, 정당한 사유로 그 기간에 이의신청을 할 수 없었음을 소명한 경우에는 그러하지 아니하다.
③ 요양기관이 제48조에 따른 심사평가원의 확인에 대하여 이의신청을 하려면 같은 조 제2항에 따라 통보받은 날부터 30일 이내에 하여야 한다.
④ 제87조제1항부터 제4항까지에서 규정한 사항 외에 이의신청의 방법·결정 및 그 결정의 통지 등에 필요한 사항은 대통령령으로 정한다.

13

다음 [보기]는 국민건강보험법 제115조에 관한 내용이다. ㉠~㉣의 숫자를 모두 더한 것으로 옳은 것을 고르면?

─ 보기 ─

제115조(벌칙) ① 제102조제1호를 위반하여 가입자 및 피부양자의 개인정보를 누설하거나 직무상 목적 외의 용도로 이용 또는 정당한 사유 없이 제3자에게 제공한 자는 5년 이하의 징역 또는 (㉠)천만 원 이하의 벌금에 처한다.
③ 제96조의3제3항을 위반하여 공동이용하는 전산정보자료를 같은 조 제1항에 따른 목적 외의 용도로 이용하거나 활용한 자는 3년 이하의 징역 또는 (㉡)천만 원 이하의 벌금에 처한다.
④ 거짓이나 그 밖의 부정한 방법으로 보험급여를 받거나 타인으로 하여금 보험급여를 받게 한 사람은 2년 이하의 징역 또는 (㉢)천만 원 이하의 벌금에 처한다.
⑤ 다음 각 호의 어느 하나에 해당하는 자는 1년 이하의 징역 또는 (㉣)천만 원 이하의 벌금에 처한다.
  1. 제42조의2제1항 및 제3항을 위반하여 선별급여를 제공한 요양기관의 개설자

① 8   ② 9   ③ 10   ④ 11

14
다음 [보기]는 국민건강보험법상 가산금에 관한 조문이다. 밑줄 친 ㉠~㉣ 중 옳지 <u>않은</u> 내용을 고르면?

> 보기
>
> 제78조의2(가산금) ① 사업장의 사용자가 대통령령으로 정하는 사유에 해당되어 직장가입자가 될 수 없는 자를 제8조제2항 또는 제9조제2항을 위반하여 거짓으로 보험자에게 직장가입자로 신고한 경우 공단은 제1호의 금액에서 제2호의 금액을 뺀 금액의 ㉠ <u>100분의 10</u>에 상당하는 가산금을 그 사용자에게 부과하여 징수한다.
> 1. 사용자가 직장가입자로 신고한 사람이 직장가입자로 처리된 기간 동안 그 가입자가 제69조제5항에 따라 부담하여야 하는 보험료의 ㉡ <u>총액</u>
> 2. 제1호의 기간 동안 공단이 해당 가입자에 대하여 제69조제4항에 따라 산정하여 부과한 보험료의 총액
>
> ② 제1항에도 불구하고, 공단은 가산금이 소액이거나 그 밖에 가산금을 징수하는 것이 적절하지 아니하다고 인정되는 등 ㉢ <u>보건복지부령</u>으로 정하는 경우에는 징수하지 ㉣ <u>아니할 수 있다.</u>

① ㉠　　　　② ㉡　　　　③ ㉢　　　　④ ㉣

15
국민건강보험법상 벌금에 관한 설명으로 옳은 것을 고르면?

① 대행청구단체의 종사자로서 거짓이나 그 밖의 부정한 방법으로 요양급여비용을 청구한 자는 5년 이하의 징역 또는 5천만 원 이하의 벌금에 처한다.
② 제102조제2호를 위반하여 업무를 수행하면서 알게 된 정보를 누설하거나 직무상 목적 외의 용도로 이용 또는 제3자에게 제공한 자는 5년 이하의 징역 또는 5천만 원 이하의 벌금에 처한다.
③ 제47조제7항을 위반하여 대행청구단체가 아닌 자로 하여금 대행하게 한 자는 2년 이하의 징역 또는 2천만 원 이하의 벌금에 처한다.
④ 제93조를 위반한 사용자는 1년 이하의 징역 또는 1천만 원 이하의 벌금에 처한다.

16
국민건강보험법상 요양급여비용의 산정 등에 관한 설명으로 옳지 <u>않은</u> 것을 고르면?

① 요양급여비용은 공단의 이사장과 대통령령으로 정하는 의약계를 대표하는 사람들의 계약으로 정한다. 이 경우 계약기간은 2년으로 한다.
② 제45조1항에 따른 계약이 체결되면 그 계약은 공단과 각 요양기관 사이에 체결된 것으로 본다.
③ 제45조1항에 따른 계약은 그 직전 계약기간 만료일이 속하는 연도의 5월 31일까지 체결하여야 하며, 그 기한까지 계약이 체결되지 아니하는 경우 보건복지부장관이 그 직전 계약기간 만료일이 속하는 연도의 6월 30일까지 심의위원회의 의결을 거쳐 요양급여비용을 정한다.
④ 공단의 이사장은 재정운영위원회의 심의·의결을 거쳐 계약을 체결하여야 한다.

17
국민건강보험법상 실업자에 대한 특례에 관한 설명으로 옳지 <u>않은</u> 것을 고르면?

① 사용관계가 끝난 사람 중 직장가입자로서의 자격을 유지한 기간이 보건복지부령으로 정하는 기간 동안 통산 1년 이상인 사람은 지역가입자가 된 이후 최초로 지역가입자 보험료를 고지받은 날부터 그 납부기한에서 2개월이 지나기 이전까지 공단에 직장가입자로서의 자격을 유지할 것을 신청할 수 있다.
② 공단에 신청한 가입자는 제9조에도 불구하고 대통령령으로 정하는 기간 동안 직장가입자의 자격을 유지한다.
③ 임의계속가입자의 보수월액은 보수월액보험료가 산정된 최근 12개월간의 보수월액을 평균한 금액으로 한다.
④ 임의계속가입자의 보험료는 국민건강보험공단 이사장이 정하여 고시하는 바에 따라 그 일부를 경감할 수 있다.

18
국민건강보험법상 다음 [보기]의 밑줄 친 ㉠~㉣ 중 옳지 <u>않은</u> 것을 고르면?

―| 보기 |―
① 직장가입자의 보험료는 다음 각 호의 구분에 따라 그 각 호에서 정한 자가 납부한다.
  1. 보수월액보험료: 사용자. 이 경우 ㉠ <u>사업장의 사용자가 2명 이상인 때에는 그 사업장의 사용자는 해당 직장가입자의 보험료를 연대하여 납부한다.</u>
  2. ㉡ <u>보수 외 소득월액보험료: 직장가입자</u>
② ㉢ <u>지역가입자의 보험료는 그 가입자가 속한 세대의 지역가입자 대표가 납부한다.</u> 다만, 소득 및 재산이 없는 미성년자와 소득 및 재산 등을 고려하여 대통령령으로 정하는 기준에 해당하는 미성년자는 납부의무를 부담하지 아니한다.
③ 사용자는 보수월액보험료 중 직장가입자가 부담하여야 하는 그 달의 보험료액을 그 보수에서 공제하여 납부하여야 한다. ㉣ <u>이 경우 직장가입자에게 공제액을 알려야 한다.</u>

① ㉠   ② ㉡   ③ ㉢   ④ ㉣

19

국민건강보험법상 다음 [보기]에서 ㉠과 ㉡에 들어갈 내용으로 옳은 것을 고르면?

― 보기 ―

국가는 매년 예산의 범위에서 해당 연도 보험료 예상 수입액의 (㉠)에 상당하는 금액을 국고에서 공단에 지원한다. 올해 예상 수입액이 1,000억 원이라면, 국고에서 공단에 지원하는 금액은 (㉡)원이다

	㉠	㉡
①	100분의 14	140억
②	100분의 20	200억
③	100분의 40	400억
④	100분의 60	600억

20

국민건강보험법상 다음 [보기]의 ㉠~㉣ 중 위반사실의 공표 대상으로 옳지 않은 것을 고르면?

― 보기 ―

㉠ 관련 서류의 위조·변조로 요양급여비용을 거짓으로 청구하여 6개월의 업무정지를 받은 A요양기관이 거짓으로 청구한 금액이 1천 500만 원 이상인 경우

㉡ 관련 서류의 위조·변조로 요양급여비용을 거짓으로 청구하여 1년의 업무정지를 받은 B요양기관이 요양급여비용 총액 중 거짓으로 청구한 금액의 비율이 100분의 20 이상인 경우

㉢ 관련 서류의 위조·변조로 요양급여비용을 거짓으로 청구하여 과징금 처분을 받은 C요양기관이 거짓으로 청구한 금액이 1천 500만 원 이상인 경우

㉣ 관련 서류의 위조·변조로 요양급여비용을 거짓으로 청구하여 과징금 처분을 받은 D요양기관이 요양급여비용 총액 중 거짓으로 청구한 금액의 비율이 100분의 40 이상인 경우

① ㉠ ② ㉡ ③ ㉢ ④ ㉣

2025년 4월 시행 기출복원 모의고사
직무시험_노인장기요양보험법

01
노인장기요양보험법상 장기요양보험에 관한 설명으로 옳지 않은 것을 고르면?

① 장기요양보험사업은 보건복지부장관이 관장한다.
② 장기요양보험사업의 보험자는 공단으로 한다.
③ 장기요양보험의 가입자(이하 "장기요양보험가입자"라 한다)는 「국민건강보험법」 제5조 및 제109조에 따른 가입자로 한다.
④ 공단은 제3항에도 불구하고 「외국인근로자의 고용 등에 관한 법률」에 따른 외국인근로자 등 대통령령으로 정하는 외국인이 신청하는 경우 보건복지부령으로 정하는 바에 따라 장기요양보험가입자에서 제외할 수 없다.

02
노인장기요양보험법상 장기요양기관의 의무 등에 관한 설명으로 옳지 않은 것을 고르면?

① 장기요양기관은 수급자로부터 장기요양급여신청을 받았다면 항상 장기요양급여를 제공하여야 한다.
② 장기요양기관은 제23조제5항에 따른 장기요양급여의 제공 기준·절차 및 방법 등에 따라 장기요양급여를 제공하여야 한다.
③ 장기요양기관의 장은 장기요양급여를 제공한 수급자에게 장기요양급여비용에 대한 명세서를 교부하여야 한다.
④ 장기요양기관의 장은 장기요양급여 제공에 관한 자료를 기록·관리하여야 하며, 장기요양기관의 장 및 그 종사자는 장기요양급여 제공에 관한 자료를 거짓으로 작성하여서는 아니 된다.

03
다음 [보기]의 밑줄 친 ㉠~㉢ 중 옳지 않은 것을 고르면?

보기
제10조(장애인 등에 대한 장기요양보험료의 감면) 공단은 「장애인복지법」에 따른 장애인 또는 이와 유사한 자로서 ㉠ 대통령령으로 정하는 자가 장기요양보험가입자 또는 그 피부양자인 경우 제15조제2항에 따른 수급자로 결정되지 못한 때 ㉡ 보건복지부령으로 정하는 바에 따라 장기요양보험료의 ㉢ 전부 또는 일부를 ㉣ 감면할 수 있다.

① ㉠   ② ㉡   ③ ㉢   ④ ㉣

04
다음 노인장기요양보험법에서 사용하는 용어의 정의에 관한 내용 중 옳지 않은 것을 고르면?

① "노인등"이란 65세 이상의 노인 또는 65세 미만의 자로서 치매·뇌혈관성질환 등 대통령령으로 정하는 노인성 질병을 가진 자를 말한다.
② "장기요양급여"란 제15조제2항에 따라 6개월 미만 동안 혼자서 일상생활을 수행하기 어렵다고 인정되는 자에게 신체활동·가사활동의 지원 또는 간병 등의 서비스나 이에 갈음하여 지급하는 현금 등을 말한다.
③ "장기요양사업"이란 장기요양보험료, 국가 및 지방자치단체의 부담금 등을 재원으로 하여 노인등에게 장기요양급여를 제공하는 사업을 말한다.
④ "장기요양기관"이란 제31조에 따른 지정을 받은 기관으로서 장기요양급여를 제공하는 기관을 말한다.

05
다음 [보기]의 ㉠~㉣ 중 장기요양인정 신청을 할 수 없는 경우를 고르면?

보기
㉠ 치매를 앓고 있는 장기요양보험가입자 49세 남성 A씨
㉡ 노인성 질병이 없는 장기요양보험가입자 61세 여성 B씨
㉢ 「의료급여법」 제3조제1항에 따른 수급권자인 75세 여성 C씨
㉣ 장기요양보험 가입자의 피부양자인 66세 남성 D씨

① ㉠   ② ㉡   ③ ㉢   ④ ㉣

06

노인장기요양보험법상 폐쇄회로 텔레비전에 관한 설명으로 옳은 것을 고르면?

① 국가 및 지자체는 노인학대 방지 등 수급자의 안전과 장기요양기관의 보안을 위하여 개인정보보호법 및 관련 법령에 따른 폐쇄회로 텔레비전을 설치·관리하여야 한다.
② 장기요양기관을 운영하는 자는 폐쇄회로 텔레비전에 기록된 영상정보를 60일 이상 보관하여야 한다.
③ 국가 또는 지방자치단체는 폐쇄회로 텔레비전 설치비의 일부를 지원하여야 한다.
④ 폐쇄회로 텔레비전의 설치·관리 기준 및 동의 또는 신고의 방법·절차·요건, 영상정보의 보관기준 및 보관기간 등에 필요한 사항은 대통령령으로 정한다.

07

노인장기요양보험법상 다음 [보기]의 빈칸에 들어갈 용어로 옳은 것을 고르면?

─| 보기 |─

공단은 등급판정위원회가 장기요양인정 및 등급판정의 심의를 완료한 경우 지체 없이 다음 각 호의 사항이 포함된 (   )를 작성하여 수급자에게 송부하여야 한다.
1. 장기요양등급
2. 장기요양급여의 종류 및 내용
3. 그 밖에 장기요양급여에 관한 사항으로서 보건복지부령으로 정하는 사항

① 장기요양인정서 ② 장기요양신청서
③ 장기요양인증서 ④ 장기요양판정서

08

노인장기요양보험법상 장기요양급여의 종류에 관한 설명으로 옳지 않은 것을 고르면?

① 단기보호: 수급자를 하루 중 일정한 시간 동안 장기요양기관에 보호하여 신체활동 지원 및 심신기능의 유지·향상을 위한 교육·훈련 등을 제공하는 장기요양급여
② 방문요양: 장기요양요원이 수급자의 가정 등을 방문하여 신체활동 및 가사활동 등을 지원하는 장기요양급여
③ 방문목욕: 장기요양요원이 목욕설비를 갖춘 장비를 이용하여 수급자의 가정 등을 방문하여 목욕을 제공하는 장기요양급여
④ 기타재가급여: 수급자의 일상생활·신체활동 지원 및 인지기능의 유지·향상에 필요한 용구를 제공하거나 가정을 방문하여 재활에 관한 지원 등을 제공하는 장기요양급여로서 대통령령으로 정하는 것

09
다음 [보기]에서 장기요양기관으로 지정받을 수 없는 경우를 고르면?

―| 보기 |―
㉠ 망상, 환각 등으로 독립적으로 일상생활을 영위하는 데 중대한 제약이 있지만 전문의가 장기요양기관 설립·운영 업무에 종사하는 것이 적합하다고 인정한 취업준비생 A씨
㉡ 무리한 투자를 하다가 파산선고를 받고 복권되지 아니한 회사원 B씨
㉢ 사기를 저질러 금고 이상의 실형을 선고받고 그 집행이 종료된 날부터 5년이 경과된 주부 C씨
㉣ 불법촬영 행위로 금고 이상의 형의 집행유예를 선고받고 그 유예기간이 끝난 대학생 D씨

① ㉠ ② ㉡ ③ ㉢ ④ ㉣

10
노인장기요양보험법상 변경지정 및 변경신고에 관한 설명으로 옳지 않은 것을 고르면?

① 장기요양기관의 장은 시설 및 인력 등 보건복지부령으로 정하는 중요한 사항을 변경하려는 경우에는 보건복지부령으로 정하는 바에 따라 특별자치시장·특별자치도지사·시장·군수·구청장의 변경지정을 받아야 한다.
② 제1항에 따른 사항 외의 사항을 변경하려는 경우에는 대통령령으로 정하는 바에 따라 특별자치시장·특별자치도지사·시장·군수·구청장에게 변경신고를 하여야 한다.
③ 제1항 및 제2항에 따라 변경지정을 하거나 변경신고를 받은 특별자치시장·특별자치도지사·시장·군수·구청장은 지체 없이 해당 변경 사항을 공단에 통보하여야 한다.
④ 정당한 사유 없이 제33조를 위반하여 변경지정을 받지 아니하거나 변경신고를 하지 아니한 자 또는 거짓이나 그 밖의 부정한 방법으로 변경지정을 받거나 변경신고를 한 자에게는 500만 원 이하의 과태료를 부과한다.

11
노인장기요양보험법상 다음 [보기]에서 옳지 않은 것이 모두 몇 개인지 고르면?

┌─ 보기 ───┐
㉠ 공단은 「장애인복지법」에 따른 장애인 또는 이와 유사한 자로서 대통령령으로 정하는 자가 장기요양보험가
  입자 또는 그 피부양자인 경우 제15조제2항에 따른 수급자로 결정되지 못한 때 보건복지부령으로 정하는
  바에 따라 본인부담금의 일부를 감면하거나 이에 갈음하는 조치를 할 수 있다.
㉡ 공단은 장기요양급여를 받은 금액의 총액이 보건복지부장관이 정하여 고시하는 금액 이하에 해당하는 수
  급자가 가족 등으로부터 제23조제1항제1호 가목에 따른 방문요양에 상당한 장기요양을 받은 경우 대통령
  령으로 정하는 바에 따라 장기요양보험료의 전부 또는 일부를 감면할 수 있다.
㉢ 시설급여 중 하나인 방문요양은 장기요양요원이 수급자의 가정 등을 방문하여 신체활동 및 가사활동 등을
  지원하는 장기요양급여이다.
㉣ 시설급여는 장기요양기관에 장기간 입소한 수급자에게 신체활동 지원 및 심신기능의 유지·향상을 위한 교
  육·훈련 등을 제공하는 장기요양급여이다.
└──┘

① 없음   ② 1개   ③ 2개   ④ 3개

12
노인장기요양보험법상 업무정지, 지정취소 및 과징금에 관한 설명으로 옳지 않은 것을 고르면?

① 지정취소를 받은 후 3년이 지나지 아니한 자(법인인 경우 그 대표자를 포함한다)는 제31조에 따른 장기요양기관으로 지정받을 수 없다.
② 특별자치시장·특별자치도지사·시장·군수·구청장은 제37조제1항제4호에 해당하는 행위를 이유로 업무정지명령을 하여야 하는 경우로서 그 업무정지가 해당 장기요양기관을 이용하는 수급자에게 심한 불편을 줄 우려가 있는 등 보건복지부장관이 정하는 특별한 사유가 있다고 인정되는 경우에는 업무정지명령을 갈음하여 거짓이나 그 밖의 부정한 방법으로 청구한 금액의 5배 이하의 금액을 과징금으로 부과할 수 있다.
③ 특별자치시장·특별자치도지사·시장·군수·구청장은 제37조제1항에 따른 장기요양기관 지정취소 또는 업무정지명령에 해당하는 처분 또는 공표를 하려는 경우에는 청문을 하여야 한다.
④ 특별자치시장·특별자치도지사·시장·군수·구청장은 제37조제1항 각 호의 어느 하나(같은 항 제4호는 제외한다)에 해당하는 행위를 이유로 업무정지명령을 하여야 하는 경우로서 그 업무정지가 해당 장기요양기관을 이용하는 수급자에게 심한 불편을 줄 우려가 있는 등 보건복지부장관이 정하는 특별한 사유가 있다고 인정되는 경우에는 업무정지명령을 갈음하여 2천만 원 이하의 과징금을 부과할 수 있다.

13
노인장기요양보험법상 다음 [보기]의 ㉠~㉢에 들어갈 숫자의 총합으로 옳은 것을 고르면?

| 보기 |

제46조(장기요양위원회의 구성) ① 장기요양위원회는 위원장 1인, 부위원장 (㉠)인을 포함한 16인 이상 (㉡)인 이하의 위원으로 구성한다.
② 위원장이 아닌 위원은 다음 각 호의 자 중에서 보건복지부장관이 임명 또는 위촉한 자로 하고, 각 호에 해당하는 자를 각각 동수로 구성하여야 한다.
  1. 근로자단체, 사용자단체, 시민단체(「비영리민간단체 지원법」 제2조에 따른 비영리민간단체를 말한다), 노인단체, 농어업인단체 또는 자영자단체를 대표하는 자
  2. 장기요양기관 또는 의료계를 대표하는 자
  3. 대통령령으로 정하는 관계 중앙행정기관의 고위공무원단 소속 공무원, 장기요양에 관한 학계 또는 연구계를 대표하는 자, 공단 이사장이 추천하는 자
③ 위원장은 보건복지부차관이 되고, 부위원장은 위원 중에서 위원장이 지명한다.
④ 장기요양위원회 위원의 임기는 (㉢)년으로 한다. 다만, 공무원인 위원의 임기는 재임기간으로 한다.

① 23　　　　② 24　　　　③ 25　　　　④ 26

14
다음 [보기]의 ㉠~㉢ 중 노인장기요양보험법상 공단이 관장하는 업무에 관한 내용으로 옳지 않은 것이 모두 몇 개인지 고르면?

| 보기 |

㉠ 장기요양요원에 대한 건강검진 등 건강관리를 위한 사업
㉡ 장기요양보험료의 부과·징수
㉢ 신청인에 대한 조사
㉣ 등급판정위원회의 운영 및 장기요양등급 판정
㉤ 장기요양요원의 권리 침해에 관한 상담 및 지원
㉥ 장기요양급여의 관리 및 평가
㉦ 수급자 및 그 가족에 대한 정보제공·안내·상담 등 장기요양급여 관련 이용지원에 관한 사항
㉧ 재가 및 시설 급여비용의 심사 및 지급과 특별현금급여의 지급
㉨ 장기요양인정서의 작성 및 개인별장기요양이용계획서의 제공
㉩ 장기요양요원의 역량강화를 위한 교육지원
㉪ 장기요양보험가입자 및 그 피부양자와 의료급여수급권자의 자격관리
㉫ 노인성질환예방사업

① 2개　　　　② 3개　　　　③ 4개　　　　④ 5개

15
다음 [보기]에서 노인장기요양보험법상 과태료에 관한 내용으로 옳지 않은 것을 모두 고르면?

┤ 보기 ├

㉠ 폐업·휴업 신고 또는 자료이관을 하지 아니하거나 거짓이나 그 밖의 부정한 방법으로 신고한 자에게는 300만 원 이하의 과태료를 부과한다.
㉡ 행정제재처분을 받았거나 그 절차가 진행 중인 사실을 양수인 등에게 지체 없이 알리지 아니한 자에게는 300만 원 이하의 과태료를 부과한다.
㉢ 거짓이나 그 밖의 부정한 방법으로 장기요양급여비용 청구에 가담한 사람에게는 300만 원 이하의 과태료를 부과한다.
㉣ 변경지정을 받지 아니하거나 변경신고를 하지 아니한 자 또는 거짓이나 그 밖의 부정한 방법으로 변경지정을 받거나 변경신고를 한 자에게는 500만 원 이하의 과태료를 부과한다.
㉤ 장기요양기관에 관한 정보를 게시하지 아니하거나 거짓으로 게시한 자에게는 500만 원 이하의 과태료를 부과한다.
㉥ 수급자에게 장기요양급여비용에 대한 명세서를 교부하지 아니하거나 거짓으로 교부한 자에게는 500만 원 이하의 과태료를 부과한다.

① ㉠, ㉡, ㉢
② ㉠, ㉢, ㉣
③ ㉡, ㉢, ㉣
④ ㉣, ㉤, ㉥

16
노인장기요양보험법상 다음 [보기]의 밑줄 친 ㉠~㉣ 중 옳지 않은 것이 모두 몇 개인지 고르면?

┤ 보기 ├

제53조(등급판정위원회의 운영) ① 등급판정위원회 위원장은 위원 중에서 특별자치시장·특별자치도지사·시장·군수·구청장이 위촉한다. 이 경우 제52조제2항 단서에 따라 2 이상의 특별자치시·특별자치도·시·군·구를 통합하여 하나의 등급판정위원회를 설치하는 때 ㉠ <u>해당 특별자치시장·특별자치도지사·시장·군수·구청장 중 1인</u>이 위촉한다.
② 등급판정위원회 회의는 ㉡ <u>구성원 과반수의 출석</u>으로 개의하고 ㉢ <u>출석위원 과반수의 찬성</u>으로 의결한다.
③ 이 법에 정한 것 외에 등급판정위원회의 구성·운영, 그 밖에 필요한 사항은 ㉣ <u>대통령령</u>으로 정한다.

① 0개 ② 1개 ③ 2개 ④ 3개

17

다음 [보기]에서 ㉠~㉢에 해당되는 주체를 바르게 짝지은 것을 고르면?

┤ 보기 ├

만수 씨(75세)는 최근 뇌졸중 후유증으로 인해 거동이 불편해져 장기요양 등급 판정을 받았으며 장기요양보험 제도를 통해 요양시설에서 신체활동 지원과 일상생활 도움을 받고 있다.
이 제도를 원활히 운영하기 위해 세 주체가 각각 역할을 수행한다.

[㉠ 정책 수립 및 제도 설계]
↓
[㉡ 자격 관리, 보험료 징수, 병원에 비용 지급]
↓
[㉢ 보험료 납부, 의료서비스 이용]

이처럼 장기요양보험은 정책 수립에서부터 운영 및 이용에 이르기까지 단계별 주체가 체계적으로 연결되어 있다.

	㉠	㉡	㉢
①	보건복지부장관	국민건강보험공단	장기요양보험가입자
②	국민건강보험공단	보건복지부장관	장기요양보험가입자
③	보건복지부장관	장기요양보험가입자	국민건강보험공단
④	국민건강보험공단	장기요양보험가입자	보건복지부장관

18

노인장기요양보험법상 벌칙 및 양벌규정에 관한 설명으로 옳지 않은 것을 고르면?

① 거짓이나 그 밖의 부정한 방법으로 장기요양급여비용을 청구한 자는 3년 이하의 징역 또는 3천만 원 이하의 벌금에 처한다.
② 법인의 대표자, 법인이나 개인의 대리인·사용인 및 그 밖의 종사자가 그 법인 또는 개인의 업무에 관하여 제67조에 해당하는 위반행위를 한 때에는 그 행위자를 벌하는 외에 그 법인 또는 개인에 대하여도 해당 조의 벌금형을 과한다.
③ 법인의 대표자는 직원의 위반행위를 몰랐다면 해당 행위로 인한 처벌을 피할 수 있다.
④ 거짓이나 그 밖의 부정한 방법으로 장기요양급여를 받거나 다른 사람으로 하여금 장기요양급여를 받게 한 자는 1년 이하의 징역 또는 1천만 원 이하의 벌금에 처한다.

19
다음 [보기]의 빈칸에 들어갈 내용으로 옳은 것을 고르면?

> **보기**
> 제61조(보고 및 검사) ① 보건복지부장관, 특별시장·광역시장·도지사 또는 특별자치시장·특별자치도지사·시장·군수·구청장은 다음 각 호의 어느 하나에 해당하는 자에게 보수·소득이나 그 밖에 보건복지부령으로 정하는 사항의 보고 또는 자료의 제출을 명하거나 소속 공무원으로 하여금 관계인에게 질문을 하게 하거나 관계 서류를 검사하게 할 수 있다.
> 1. (   )
> 2. 피부양자
> 3. 의료급여수급권자

① 장기요양급여를 받은 자
② 장기요양기관 및 의료기관
③ 장기요양보험가입자
④ 장기요양기관의 장

20
노인장기요양보험법상 장기요양기관 지정의 취소 등에 관한 설명으로 옳은 것을 고르면?

① 장기요양기관의 종사자 등이 폭언, 협박, 위협 등으로 수급자의 정신건강에 해를 끼치는 정서적 학대행위를 한 경우 특별자치시장·특별자치도지사·시장·군수·구청장은 장기요양기관의 지정을 취소하거나 6개월의 범위에서 업무정지를 명할 수 있다.
② ①의 경우 장기요양기관의 장이 그 행위를 방지하기 위하여 해당 업무에 관하여 상당한 주의와 감독을 게을리 한 경우는 제외한다.
③ 장기요양기관의 종사자 등이 수급자의 신체에 폭행을 가하거나 상해를 입히는 행위를 한 경우 특별자치시장·특별자치도지사·시장·군수·구청장은 장기요양기관의 지정을 취소하거나 3개월의 범위에서 업무정지를 명할 수 있다.
④ 장기요양기관의 종사자 등이 수급자에게 성적 수치심을 주는 성폭행, 성희롱 등의 행위를 한 경우 특별자치시장·특별자치도지사·시장·군수·구청장은 장기요양기관의 지정을 취소하여야 한다.

모바일 OMR 채점 서비스

정답만 입력하면 채점에서 성적분석까지 한 번에 쫙!

- ☑ [QR 코드 인식 ▶ 모바일 OMR]에 정답 입력
- ☑ 실시간 정답 및 영역별 백분율 점수 위치 확인
- ☑ 취약 영역 및 유형 심층 분석
- ※ 유효기간: 2026년 5월 31일

▶ 국민건강보험법

eduwill.kr/CVzp

▶ 노인장기요양보험법

eduwill.kr/UVzp

국민건강보험공단
NCS+법률 실전모의고사

**2024년 10월 시행
기출복원 모의고사**

시험 구성 및 유의사항

- 2024년 기준 국민건강보험공단 필기시험은 다음과 같이 출제되었습니다.

구분		문항 수	시간	비고
직업기초능력 응용모듈	의사소통능력	20문항	60분	객관식 사지선다형
	수리능력	20문항		
	문제해결능력	20문항		
직무시험(법률)	국민건강보험법(행정직/건강직/전산직)	20문항	20분	
	노인장기요양보험법(요양직)	20문항	20분	

※ 단, 전산직의 경우 직업기초능력 응용모듈 15문항 + 전산개발 기초능력 35문항 + 국민건강보험법 20문항으로 출제되었음

- 지원하시는 직렬에 따라 모의고사를 다음과 같이 활용하시기를 권장합니다.
  - 행정직/건강직/전산직(기술직): NCS + 쉬는 시간 10분 + '국민건강보험법' 학습
  - 요양직: NCS + 쉬는 시간 10분 + '노인장기요양보험법' 학습

직업기초능력 응용모듈

[01~02] 다음 글을 읽고 이어지는 질문에 답하시오.

임상시험의 목적은 해당 의료기기의 안전성과 유효성 평가에 대하여 구체적으로 기술하는 것이다. 배경에는 임상시험을 실시하게 된 동기를 포함하여, 제품의 일반적인 사항과 해당 제품의 개발 경위, 임상시험용 의료기기의 작용 원리, 설계 및 디자인의 특성, 원자재와 화학적 구성 요소, 성능, 새로운 제조 방법 등 특이사항을 함께 기재한다.

[가] 피험자(Subject)란 임상시험에 참여하는 임상시험용 (㉠) 대조시험용 의료기기의 적용 대상이 되는 사람을 말하며, 시험 책임자는 피험자의 인권 보호를 위하여 임상시험의 목적에 적합한 피험자의 건강 상태, 증상, 성별, 연령 및 동의 능력 등 임상시험 참여에 대한 적합 여부를 신중하게 검토하여야 한다. 피험자의 선정 기준과 제외 기준을 제시하여야 하며, 시험군과 대조군을 포함한 피험자 수 및 그 근거를 통계학적 방법에 따라 설정한다.

[나] 부작용이나 이상반응 발생 등으로 인해 임상시험을 진행할 수 없거나 임상시험의 진행이 피험자의 안전을 위협하여 그 진행을 멈추는 것을 '중지'라 하며, 임상시험 개시부터 완료까지 중지될 수 있는 세부사항을 '중지 기준'에 제시한다. '중지 처리'에서는 중지 기준에 따른 유효성 평가 통계처리 시 그 산입 여부와, 피험자별 중지 사유를 포함한 관련 임상시험 자료의 처리 방법을 제시한다. 또 '탈락'이란 피험자의 요구 또는 중대한 임상시험 계획서 위반 등의 사유로 임상시험이 완료되지 못한 경우를 말한다. 그 분류 기준은 '탈락 기준'에, 탈락의 사유와 관련 임상시험 자료의 처리 방법은 '탈락 처리'에 구체적으로 제시한다.

[다] 이상반응(이상의료기기반응, 심각한 이상반응 및 이상의료기기반응 포함)이 발생했을 때 의료기기법 시행규칙 제32조(부작용 보고)에 의거, 정한 기간 내에 최대한 빨리 보고되어야 하며, 이상반응 등에 대한 의학적 소견 정도와 임상시험용 의료기기와의 인과 관계를 평가하여 증례기록서에 기록하여야 한다. (㉡) 이러한 평가가 일관되게 이루어지도록 인과 관계에 대한 명확한 평가 기준을 제시하여야 한다.

[라] 시험 책임자는 시행규칙 제13조 제1항 제4호의 규정에 따라 임상시험을 시작하기 전에 피험자로부터 동의를 받고 이를 문서화할 때, 헬싱키 선언에 근거한 윤리적 원칙과 기준을 준수하여야 하며 피험자에게 주어지는 동의서 서식, 피험자 설명서 및 그 밖의 문서화된 정보는 심사위원회의 승인을 받아야 한다. 피험자 동의와 관련한 준수사항은 의료기기법 시행규칙 별표2의 2(피험자의 동의)에서 정하고 있다.

01

다음 중 [가]~[라] 문단의 중심 내용으로 적절하지 않은 것을 고르면?

① [가]: 피험자의 선정 기준, 제외 기준, 인원 및 근거
② [나]: 중지 및 탈락 기준
③ [다]: 이상반응에 대한 보고 및 인과 관계에 대한 평가 기준
④ [라]: 피해자 보상에 대한 규약

02

주어진 글의 빈칸 ㉠, ㉡에 들어갈 접속어를 바르게 짝지은 것을 고르면?

	㉠	㉡
①	또는	그러나
②	그러나	또는
③	또는	따라서
④	따라서	그리고

[03~04] 다음 글을 읽고 이어지는 질문에 답하시오.

　지금까지 많은 의료기관에서는 건강보험 적용 시 환자로부터 주민등록번호 등을 제시받아 진료를 수행해 왔다. 편의성은 있었지만, 이로 인해 건강보험 무자격자가 타인의 명의를 도용하여 건강보험 급여를 받는 등 제도를 악용하는 사례가 지속적으로 발생해 왔다. 최근 5년간 건강보험공단은 연평균 3만 5천 건의 도용 사례를 적발하고, 약 8억 원의 환수를 결정했다. (㉠) 이는 도용이 명백한 경우를 적발한 것으로 실제 도용 사례는 훨씬 많을 것으로 추정된다. 이러한 악용 사례를 방지하고 건강보험 제도의 공정성을 제고하기 위해, 의료기관에서 건강보험 적용 시 본인 확인을 의무화하는 내용으로 국민건강보험법이 개정(법률 제19420호)되었으며, 5월 20일부터 전국 의료기관에서 시행되었다.

　건강보험 본인 확인 의무화 제도가 시행되면 건강보험 무자격자의 부정수급을 차단해 건강보험 재정의 누수를 방지하는 효과가 있다. 또한, 정확한 본인 확인을 통해 안전한 의료 이용이 가능해지며, 건강보험증 대여·도용으로 인한 약물 오남용을 사전에 예방할 수도 있다. 의료계는 해당 제도가 실효성 대비 국민적 불편이 크고, 환자와 의사 사이의 갈등을 유발할 거라는 우려를 지속 제기했지만 정부는 기존 계획대로 제도를 추진했다.

　개원가에서는 예견된 환자의 불만이 가장 큰 고민거리이다. 아직 대국민 홍보가 충분히 이뤄지지 않은 시점에서 환자와의 갈등이 두렵다는 반응이 대부분이다. 할 수 있는 일이라곤 안내문을 통해 환자의 이해를 구하는 것뿐이다. 당장 본인 확인이 어려운 환자의 경우, 급여를 적용하지 않고 진료한 뒤 2주 안에 신분증 등으로 다시 본인 확인을 하면 환급이 가능하다. (㉡) 개원가 입장에서는 매달 재청구 작업을 해야 하고, 그만큼 청구절차도 늦어질 수 있다. 진료를 거부할 수도 없는 의원 입장에선 새로운 제도를 일일이 환자에게 설명해야 한다는 점이 큰 부담이다.

　환자의 불만을 받아내고, 추가되는 행정 부담이 큰 반면 비용 대비 효과는 그리 크지 않을 거라는 진단도 나온다. 애초에 도용을 방지하는 일은 국가의 책무일뿐더러, 각 의료기관의 부담과 제도 홍보에 투입되는 비용까지 고려하면 비용 대비 효과가 미미할 거라는 것이 의료계의 판단이다. 한편 건보공단은 요양기관 대상 포스터와 리플릿, 삼각대를 제작, TV·라디오 광고 등 대대적 대국민 홍보에 나섰다.

　정부의 허술한 인증 시스템도 문제가 되고 있다. 신분증 외 본인 확인 수단으로 인정되는 '모바일 건강보험증 앱'의 경우, 인증 번호를 타인에게 전달하는 방식으로 다른 사람의 휴대전화에 모바일 건강보험증이 문제없이 설치된다. 결국 허술한 인증 서비스로, 실효성은 낮은 상태에서 의료기관과 국민적 불편만 가중될 것이라는 비판이 커지고 있는 상태다.

03
주어진 글을 읽고 이해한 내용으로 적절한 것을 고르면?

① 건강보험공단이 밝힌 3만 5천 건의 도용 사례는 실제 도용 사례보다 더 많이 잡은 추정치이다.
② 의료계는 건강보험 본인 확인 의무화 제도가 실질적인 효과가 적다는 이유로 반대하고 있다.
③ 건강보험 본인 확인 의무화 제도 시행 전에는 의료기관에서 본인 확인을 할 방법이 없었다.
④ 건강보험 본인 확인 의무화 제도가 시행된 이후 다른 사람의 신분증을 도용할 방법이 전혀 없다.

04
주어진 글의 빈칸 ㉠과 ㉡에 공통으로 들어갈 접속어로 적절한 것을 고르면?

① 그러나　　　② 그리고　　　③ 그래서　　　④ 그러므로

[05~06] 다음 글을 읽고 이어지는 질문에 답하시오.

　헬스케어 산업에서도 AI 기술의 접목이 빠르게 진행되고 있다. AI 기술은 방대한 양의 의료 데이터를 구축하고 이를 분석 및 해석함으로써 각종 질병의 예방, 진단, 치료, 관리 등 의료 서비스의 전 주기에 걸쳐 혁신적인 변화를 만들어 내고 있다.
　AI 헬스케어는 기존의 헬스케어 산업에 AI 기술을 접목하여 제공하는 의료 서비스를 의미한다. AI 기술을 통해 환자의 진료기록, 보험청구 정보, 학술 논문 등과 같은 기존의 의료 데이터뿐만 아니라 생체 데이터, 라이프로그, 유전체 정보 등 기존에 확보하기 어려웠던 새로운 데이터까지 수집 및 통합하고, 이를 분석하여 환자에게 적절한 진단과 치료를 제공한다.
　AI 기술 기반의 다양한 기술이 헬스케어 분야에 적절하게 활용되면 다음과 같은 혁신적인 서비스가 제공될 수 있다. 먼저, AI 헬스케어는 개인의 생활패턴을 분석하여 맞춤형 건강관리를 코칭하고, 의료 서비스를 추천하는 등의 의사결정을 지원하며, 딥러닝 기반의 학습 및 가설 검증을 통해 새로운 치료법 개발을 추진할 수 있을 것으로 예상된다.
　또한 예측 모델링을 통한 환자 대기 시간 감소나 진료과목별 지식 공유로 의사 간의 협진 활성화, 만성질환에 대한 실시간 원격 모니터링 등의 프로세스 효율화도 이루어 낼 수 있다. 그 외에도 개인의 생활 패턴 및 생체 정보 등 데이터를 기반으로 한 개인 맞춤형 치료나 수술 후 합병증 예측, 환자별 맞춤 관리 등 기존에 시도하기 어려웠던 신규 제품 및 서비스를 개발하는 데에도 도움을 줄 것으로 기대한다.
　AI 헬스케어 산업의 실현에는 기술의 발전이 큰 역할을 하고 있다. 딥러닝 기반 자연어 처리, 영상 인식, 음성 인식 등 대표적인 AI 기술이 급격히 발전하면서 그동안 개념적으로만 논의되었던 여러 서비스가 빠르게 현실화되고 있다. 헬스케어 산업은 복잡하고 예측하기 어려운 환자의 상황에 대응해야 하므로, 지금까지는 타 산업 대비 인간의 두뇌와 손이 상대적으로 많이 사용되는 노동집약적 산업으로 여겨졌다. 하지만 AI 분야의 발전은 기존 헬스케어 산업의 틀을 깨고 혁신 속도를 가속화하며, 나아가 운영 모델 전체를 변화시키고 있다.
　대표적으로 딥러닝 기술은 의료 데이터의 분석 및 해석을 자동화하여 개인화된 의료 서비스를 제공하는 데 기여할 수 있다. 예를 들어 영상 인식 기술은 의료 영상을 분석하여 질병의 조기 진단을 돕는 등 의료진의 업무를 지원하고 의사의 판단을 보조하는 데 활용될 수 있다. 또한 자연어 처리 기술은 의료 기록의 자동 분석 및 요약에 사용될 수 있으며, 음성 인식 기술은 환자와 의료진 간의 의사소통을 향상시킨다. 마지막으로 최근 주목받고 있는 거대 언어 모델은 환자 상태와 관련된 기록을 요약하고 처방에 필요한 정보를 효율적으로 판단하여 진단의 속도와 정확도를 높이고 환자별 맞춤 치료법을 제시할 것으로 보인다.

05

주어진 글의 제목으로 가장 적절한 것을 고르면?

① AI 헬스케어란 무엇인가?
② AI 헬스케어의 역사는 어떠한가?
③ AI 헬스케어의 시대는 도래할 것인가?
④ AI 헬스케어의 문제점으로 어떤 것이 있을까?

06

주어진 글을 읽고 답할 수 없는 질문을 고르면?

① AI 헬스케어가 개인에게 어떤 서비스를 제공할까?
② AI 헬스케어가 병원에게 어떤 서비스를 제공할까?
③ AI 헬스케어에 어떤 AI 기술이 활용될 수 있을까?
④ AI 헬스케어의 발전을 저해하는 요소는 어떤 것일까?

[07~08] 다음 글을 읽고 이어지는 질문에 답하시오.

치매는 우리에게 가장 무서운 병이었던 '암'과 어깨를 나란히 하며 현대인에게 공포를 안겨주고 있다. 인구의 노령화가 진행됨에 따라 우리나라 치매 환자 수는 해가 갈수록 급속도로 늘고 있다. 통계청 장래인구추계에 따르면, 65세 이상의 고령 인구는 2022년 900만 명을 넘어 인구의 17.5%를 차지하고 노인에게 흔한 노인성 질병인 치매를 앓고 있는 고령자도 꾸준히 증가할 것으로 보인다.

누구나 경험하는 '건망증' 증상이 자주 나타나면 치매 전조 증상이 아닐까 걱정하지만, 단순한 건망증과 치매에 의한 병적인 기억장애는 다르다. 건망증은 사소한 내용은 잊지만 중요하다고 생각하는 것은 비교적 잘 기억한다. 반면 초기 치매의 기억장애는 중요한 사건과 함께 최근 사건을 주로 잊는다. 건망증은 기억 속에 있는 것을 다시 꺼내는 데 문제가 발생하며, 치매는 받아들인 정보를 뇌에 입력하는 과정 자체가 불가능하다. 물론 단순한 건망증과 치매를 구분하기 위해서는 병원을 찾아 검사를 받는 것이 확실한 방법이다.

치매를 일으키는 원인 질환은 백여 가지다. 이 중 가장 흔한 원인은 퇴행성 뇌질환인 알츠하이머병이다. 전체 치매 환자의 50~70%를 차지할 만큼 흔하며 점진적이고 진행성이다. 1907년 독일 의사인 알로이스 알츠하이머 박사가 최초로 발견해 '알츠하이머병'이라고 이름 붙였다. 이 질환은 기억력뿐 아니라 언어능력, 판단력 등 일상 기능 전반을 저하시킨다. 과거 미국의 대통령 레이건도 알츠하이머 치매로 10년간 투병한 바 있다. 알츠하이머 치매 환자의 뇌를 검사하면 특징적인 뇌 병리 소견과 함께 신경세포 사멸로 인한 뇌의 위축이 보인다.

알츠하이머 치매 외에도 루이소체 치매, 파킨슨병 치매 등이 있다. 파킨슨병은 떨림이나 손발·관절의 마비, 언어장애 등 신체를 움직이는 데 어려움을 겪는 것이 특징이다. 국민건강보험공단에 따르면 국내 파킨슨병 환자 수는 2016년 9만 6,764명에서 2021년에는 11만 6,504명으로 5년 사이에 약 20% 증가한 것으로 나타났다. 파킨슨병 환자의 30~40%는 말기에 치매 증상을 보인다. 파킨슨병 환자가 늘어남에 따라 치매 환자 발생도 증가하는 추세다. 또 반대로 알츠하이머병 환자의 일부는 병이 진행하면서 파킨슨병의 증상을 보일 수도 있다. 한편 알츠하이머 치매와 파킨슨병 치매에는 차이점이 존재한다. (㉠)

치매를 일으키는 또 다른 원인 질환으로는 혈관성 치매가 있다. 혈관성 치매는 뇌졸중, 뇌경색, 뇌출혈 등 소위 '중풍'이라고 부르는 뇌혈관 질환이 선행되어 뇌 조직의 일부가 손상되면서 뇌 기능에 문제가 생겨 나타나는 치매다. 혈관성 치매는 우리나라에서 알츠하이머 치매에 이어 두 번째로 많다. 혈관성 치매는 알츠하이머 치매와 같이 점진적으로 진행할 수 있고 또 갑자기 시작해 계단식으로 악화하는 사례도 많다.

07
주어진 글에 추가할 수 있는 내용으로 적절하지 않은 것을 고르면?

① 치매 검사의 과정과 방법
② 치매 환자가 늘어나고 있는 까닭
③ 치매를 예방하는 데 도움이 되는 운동
④ 치매의 위험인자인 비만, 고혈압, 당뇨병

08
주어진 글의 빈칸 ㉠에 들어갈 내용으로 가장 적절한 것을 고르면?

① 루이소체 치매는 파킨슨병 치매와 같이 알파-시뉴클린이 대뇌에 쌓여 발생한다.
② '나비처럼 날아서 벌처럼 쏜다'던 세계적인 권투선수 알리 역시 파킨슨병을 앓았다.
③ 파킨슨병 치매가 알파-시뉴클린 단백질이 대뇌에 쌓여 발생하는 것이라면 알츠하이머 치매는 노인반이나 신경섬유다발로 인한 것이다.
④ 심평원 통계를 살펴보면 2020년 파킨슨병 환자 중 남성 11.4%(5,267명), 여성 15.2%(9,900명)가 동반 질환으로 치매를 진단받았다.

[09~11] 다음 보도자료를 바탕으로 이어지는 질문에 답하시오.

보건복지부는 2024년 7월 1일부터 제2차 '아동치과주치의 건강보험 시범사업'(이하 '시범사업')을 실시한다고 밝혔다. 해당 시범사업은 '21년도에 도입되었으며, 참여 아동에게 2년 8개월 동안 학기마다 1회(최대 6회) 주치의를 통한 포괄적인 구강관리 서비스를 제공하여 아동 스스로 올바른 구강관리 습관을 길러 건강한 치아를 유지할 수 있도록 도와주는 사업이다.

※ 1학기(3~8월), 2학기(9월~다음연도 2월), 다만, '24년도 1학기는 7~8월로 함
※ 구강관리 서비스: 문진, 시진, 구강위생검사로 구강 건강 상태 및 구강관리 습관을 평가하고 결과에 따라 구강관리 계획을 수립, 칫솔질 교육, 치면세마, 불소도포 등 제공

㉠ 2차 시범사업부터는 그간 광주광역시, 세종특별자치시로 한정되었던 사업지역을 기초단위 지방자치단체(시·군·구)를 포함한 9개 지역으로 확대하고, 대상도 종전 초등학교 4학년 외 초등학교 1학년도 포함하는 것으로 확대한다.

[표] 제2차 아동치과주치의 시범사업 주요 변경사항

구분	1차 시범사업	2차 시범사업
사업 기간	'21년 5월~'24년 4월	'24년 7월~'27년 2월
대상아동 확대	'21년 기준, 초등 4학년 아동	초등 1학년, 4학년 아동 ('24년 1·4학년, ▶ '25년 1·2·4·5학년, ▶ '26년 초등학생 전 학년)
사업지역 확대	광주광역시, 세종특별자치시	광주광역시, 세종특별자치시, 서울특별시, 대전광역시, 원주시, 장성군, 경주시, 의성군, 김해시
본인부담률	10% 적용 (의료급여수급권자와 차상위계층은 면제)	

㉡ 치과주치의 이용을 원하는 아동(법정대리인)은 국민건강보험공단 누리집 등*을 통해 이용할 치과의원을 찾아보고 방문하여 치과의원 주치의에게 등록을 신청하면 방문 당일에도 서비스를 이용할 수 있다. 본인부담금은 구강건강관리료 비용의 10%이며 의료급여수급권자와 차상위계층의 경우 면제된다.

* (홈페이지) www.nhis.or.kr > 건강iN > 검진기관·병·(의)원 찾기 > 병·(의)원 정보 > 아동치과주치의 의료기관 찾기
  (모바일앱) The건강보험 > 건강iN > 검진기관·병·(의)원 찾기 > 특성병원 > 아동치과주치의 치과의원

㉢ 또한, 아동치과주치의로 활동하고자 하는 치과의사는 대한치과의사협회 누리집(www.kda.or.kr)에서 아동치과주치의 교육이수 후, 국민건강보험공단 요양기관정보마당**에 아동치과주치의로 직접 등록하면 된다.

** 교육이수 후 3일 이내 알림문자(알림톡) 발송 > 문자수신 후 요양기관정보마당에 등록 즉시 서비스 제공 가능
   요양기관정보마당(http://medicare.nhis.or.kr/portal) > 아동치과 > 아동치과주치의 등록관리

㉣ 서비스 시행 항목 중 치면세균막검사(PHP index)가 불가할 경우, 허가된 전용 착색제가 없거나 유효기간이 경과된 경우에는 음식물잔사지수를 측정하여 평가할 수 있다. 치면별 음식물잔사 개인별 합산 점수는 0~18점이며, 양호(0~6점), 보통(7~12점), 개선 필요(13~18점)로 평가해야 한다.

보건복지부 배경택 건강정책국장은 "제2차 시범사업으로 아동치과주치의 사업 대상이 대폭 확대되어, 더 많은 아동들이 올바른 구강관리에 도움을 받을 수 있게 되었다."라며 "아동기의 예방적 구강관리로 평생 건강한 치아를 유지하여 국민건강 증진에 기여할 수 있을 것으로 기대한다."라고 밝혔다.

09
주어진 보도자료의 제목으로 가장 적절한 것을 고르면?

① 아동치과주치의 건강보험 적용 논란
② 아동치과주치의 건강보험 시범사업 효과
③ 아동치과주치의 건강보험 시범사업 시행
④ 아동치과주치의 건강보험 시범사업 확대 실시

10
주어진 보도자료의 흐름상 밑줄 친 ㉠~㉣ 중 삭제해야 할 문장을 고르면?

① ㉠　　　　　② ㉡　　　　　③ ㉢　　　　　④ ㉣

11
주어진 보도자료를 바탕으로 아동치과주치의 건강보험 시범사업에 대해 잘못 이해한 것을 고르면?

① 2024년도 1학기는 두 달만 진행한다.
② 2025년에는 짝수 학년만 적용받는다.
③ 치과주치의 이용을 원할 경우 치과의원 주치의에게 등록 신청 후 당일에도 진료를 받을 수 있다.
④ 의료급여수급권자의 경우 진료에 대한 비용은 청구되지 않는다.

[12~14] 다음 글을 읽고 이어지는 질문에 답하시오.

[가] 알레르기 비염은 원인 항원에 대해 코 점막이 과민반응을 일으켜 나타난다. 알레르기 유발 물질이 콧속에 들어오면 체내 화학물질인 히스타민이 분비되며, 코 안에 점액이 생성되고 점막이 붓는 염증 반응으로 나타난다. 갑작스럽고 반복적인 재채기, 맑은 콧물, 코막힘, 코 가려움증 등의 증상 중 2가지 이상이 하루 1시간 이상 나타나면 알레르기 비염을 의심한다. 하루 중 아침에 증상이 가장 심하며, 보통 봄·가을 등 일교차가 큰 환절기에 악화한다. 코에 나타나는 증상 외에도 눈이 가렵고 충혈되는 증상을 동반하기도 하지만 감기처럼 발열이나 근육통 등의 증상은 없어 가볍게 여기기 쉬운 질환이다.

[나] 알레르기 비염은 세균이나 바이러스가 일으키는 감기와 다르게 유전적 요인과 집먼지진드기, 꽃가루, 곰팡이, 동물의 털, 비듬 등 환경적 요인이 주요 원인으로 꼽힌다. 따라서 정확한 진단을 위해서는 증상뿐만 아니라 가족력이나 생활환경에 대한 이해가 필요하다. 알레르기 비염이 발병하면 평생 지속되는 경우가 많으므로 최대한 빠르게 전문의를 찾아 진단받고 적절한 치료를 받는 것이 좋다.

[다] 아토피 피부염으로 알려진 알레르기 피부염은 알레르기 비염, 알레르기 결막염과 함께 대표적인 알레르기 질환 중 하나로 꼽힌다. 아토피 피부염은 나이가 들수록 발생 빈도가 점점 줄지만 간혹 소아에서 성인에 이르기까지 좋아지고 나빠지기를 반복하면서 만성적인 경과를 보이기도 한다. 세계적으로 소아에게 알레르기 피부염이 발생하는 비율은 전체의 약 10~30%로 추산한다. '국제 소아천식 및 알레르기 질환의 역학조사(ISSAC)'에 따르면 2010년 초등학생의 36.5%가 알레르기 피부염으로 진단받은 병력이 있었는데, 이는 2000년의 24.9%보다 현저히 증가한 수치다.

[라] 알레르기 피부염은 유전 요인과 환경 요인, 환자의 면역학적 이상과 피부 보호막 이상 등 여러 가지 원인이 복합적으로 작용해 나타나는 것으로 알려졌다. 알레르기 피부염은 가족력과도 관련이 있다. 양쪽 부모가 다 알레르기 피부염이 있으면 자녀의 75%에서, 부모 중 한 쪽만 있을 경우는 50% 정도가 증상을 보이는 것으로 알려져 있다. 최근에는 환경 요인의 중요성이 강조되고 있다. 농촌의 도시화, 산업화 및 핵가족화로 인한 인스턴트 식품 섭취의 증가, 실내외 공해에 의한 알레르기 물질의 증가 등이 알레르기 피부염 발병과 밀접한 관련이 있다. 알레르기 피부염의 가장 큰 특징은 심한 가려움증과 외부 자극이나 알레르기 유발 물질에 대한 매우 민감한 반응이다. 가려움증은 보통 저녁에 심해지고, 이때 피부를 긁으면 피부의 습진성 변화가 발생한다. 그리고 습진이 심해지면 다시 가려움증이 더욱 두드러지는 악순환이 반복된다.

알레르기 피부염은 혈액검사, 피부 단자 검사, 음식물 알레르기 검사 등으로 진단한다. 치료는 증상의 발현과 악화를 예방하기 위해 원인과 유발 인자를 제거하고, 적절한 목욕 및 보습제 사용을 통해 피부를 튼튼하고 청결하게 유지하는 것이다. 2차 피부 감염증을 예방하기 위해서 필요한 경우 국소 스테로이드제, 국소 칼시뉴린 억제제, 항히스타민제, 면역조절제, 항바이러스제 등을 적절하게 사용한다. 갑자기 열이 오르고 진물이 나고 통증이 생기는 등 감염 증상이 발생하면 빠른 치료를 위해 반드시 병원을 찾아 진료를 받아야 한다.

12
다음 중 [가]~[라] 문단의 중심 내용으로 적절하지 않은 것을 고르면?

① [가]: 알레르기 비염의 증상
② [나]: 알레르기 비염의 원인
③ [다]: 알레르기 피부염의 증상
④ [라]: 알레르기 피부염의 원인

13
주어진 글의 내용과 일치하지 않는 것을 고르면?

① 재채기나 콧물이 난다고 하더라도 무조건 알레르기 비염은 아닐 수 있다.
② 알레르기 피부염으로 인한 가려움증은 아침에 제일 심하다.
③ 아토피 피부염의 발생 빈도는 성인보다 소아나 청소년에서 더 높다.
④ 알레르기 피부염이 심할 경우 스테로이드제나 항히스타민제를 쓸 수 있다.

14
주어진 글을 읽고 답할 수 있는 질문을 고르면?

① 아토피 피부염을 일으키는 항원 물질을 무엇이라 할까?
② 알레르기 피부염 환자가 계속 증가하는 이유는 무엇일까?
③ 알레르기 치료를 위한 면역치료는 어떤 과정으로 진행될까?
④ 알레르기를 치료하지 않으면 어떤 질병으로 발전할 수 있을까?

[15~17] 다음 글을 읽고 이어지는 질문에 답하시오.

> 상병수당이란 근로자가 업무와 관련 없는 부상·질병으로 경제활동이 어려운 경우 치료에 집중할 수 있도록 소득을 보전해주는 제도이다. ㉠ 2022년 7월 4일부터 서울 종로구 등 10개 지역*을 대상으로 2년간 13,105건이 지급되었으며, 평균 18.7일간 평균 86만 2,574원(2024. 6. 21. 기준)이 지급되었다.
>
> * (1단계) 서울 종로구, 경기 부천시, 충남 천안시, 전남 순천시, 경북 포항시, 경남 창원시
>   (2단계) 대구 달서구, 경기 안양시, 경기 용인시, 전북 익산시
>
> ㉡ 기존 1단계 및 2단계 시범사업은 그대로 운영할 방침이다. 상병수당 3단계 시범사업은 신규 4개 지역의 소득 하위 50% 취업자 대상이며 지급 금액은 당해 최저임금의 60%로 기존 시범사업과 동일하다.
> ※ (연령) 15세 이상 65세 미만, (지급 금액) 2024년 기준 일 47,560원
>
> ㉢ 정부는 1·2단계 시범사업 운영 시 주요 현장 의견 및 건의사항을 반영하여, 아프면 쉴 수 있는 국민이 더 많아질 수 있도록 제도를 개선하였다. 7월 1일부터 취업자 기준 완화, 재산 기준 폐지, 최대보장일수 확대 등 제도 개선안을 시행하였다.
>
> 우선, 건강보험 직장가입자 또는 고용·산재보험 가입자는 기존에 1개월(30일)간 가입자격을 유지해야 신청 가능했으나, 직전 2개월(60일) 중 30일 이상 자격 유지 시 신청이 가능하도록 기준을 완화하여 진입장벽을 낮추었다.
> ※ 일용근로자(단기 노무제공자)는 직전 1개월(30일) 중 10일 이상 또는 직전 2개월(60일) 중 20일 이상 근로 및 고용·산재보험 가입자격 유지 시 가능
>
> 또한 2단계 및 3단계 시범사업에 적용되는 소득 및 재산 기준** 중 재산 기준을 폐지하고 각 지역별 최대보장일수를 30일 더 연장***(총 150일)하여 보장혜택을 확대하였다. ㉣ 상병수당으로 신청된 주요 질환은 '목·어깨 등 손상 관련 질환'이 29.9%, '근골격계 관련 질환'이 27.0%, '암 관련 질환'이 19.4%로 나타났다.
> ** 기준중위소득 120% 이하(가구 합산 건강보험료 기준) & 가구 재산 7억 원 이하
> *** (1단계) 120일(부천, 포항, 순천, 창원), 150일(종로, 천안), (2단계) 150일(안양, 달서, 용인, 익산)
>
> 보건복지부는 "지난 2년간 1만 3천여 건의 상병수당 지급을 통하여 업무 이외의 부상이나 질병으로 근로를 할 수 없게 된 분들이 아프면 쉴 권리를 보장받으셨다고 생각한다."라고 말했다. 그리고 "보건복지부는 3단계 시범사업 지역 확대를 통하여 더 많은 국민이 혜택을 받을 수 있도록 차질 없이 운영해 나가겠다."라고 밝혔다.

15

주어진 글의 내용과 일치하는 것을 고르면?

① 상병수당 1단계 시범사업은 2020년부터 2년간 유지되었다.
② 상병수당 3단계 시범사업에서 상병수당을 제공받을 수 있는 지역은 총 14개 지역이다.
③ 상병수당 2단계 시범사업부터는 소득 및 재산에 관계없이 상병수당 지급이 가능하다.
④ 상병수당 3단계 시범사업에서 지급금액은 1단계 시범사업의 지급금액인 47,560원과 같다.

16
주어진 글의 흐름상 밑줄 친 ㉠~㉣ 중 삭제해야 할 문장을 고르면?

① ㉠ ② ㉡ ③ ㉢ ④ ㉣

17
주어진 글과 [보기]를 바탕으로 할 때, 상병수당에 대한 설명으로 적절하지 <u>않은</u> 것을 고르면?

— 보기 —

〈붙임〉 상병수당을 지원하는 상병의 범위·요건(대기 기간, 최대 보장 기간, 급여 기간)에 따른 모형 구분, 모형별 정책효과 비교·분석
① (근로활동불가 모형) 상병으로 인한 근로활동불가 기간 판정을 위해 상병수당 신청용 진단서 발급·제출 후 건보공단에서 의료인증 심사
② (의료이용일수 모형) 의료이용일수(입·내원일수)에 대해 급여 지급하므로 의무기록(입·퇴원확인서, 외래 진료확인서 등) 제출하여 신청

[표] 상병수당 시범사업 모형

구분	1단계			2단계		3단계
대상 지역	부천, 포항	종로, 천안	순천, 창원	안양, 달서	용인, 익산	지역 생략
소득 기준	제한 없음			소득 하위 50%		
적용 모형	근로활동 불가모형	근로활동 불가모형	의료이용 일수모형	근로활동 불가모형	의료이용 일수모형	근로활동 불가모형
요양 방법 (입원, 외래, 재택)	제한 無	제한 無	입원 (+연계 외래)	제한 無	입원 (+연계 외래)	제한 無
대기 기간	7일	14일	3일	7일	3일	7일
최대 보장 기간	120일	150일	120일	150일	150일	150일

① 종로에서는 15일 이상 연속하여 일을 하지 못하는 경우 상병수당 신청이 가능하다.
② 상병수당 시범사업 2단계부터 모든 지역에서 최대 보장 기간을 150일로 하고 있다.
③ 용인에서 근로자가 입원하여 일을 하지 못하는 상황이라도 소득이 상위 51%면 상병수당 신청이 불가능하다.
④ 부천에서는 택배기사가 골절로 병원에 입원하여 일을 하지 못하는 경우에만 상병수당을 지급받을 수 있다.

[18~20] 다음 글을 읽고 이어지는 질문에 답하시오.

우리 국민건강보험법은 "공단은 ㉠ 속임수나 그 밖의 부당한 방법으로 보험급여를 받은 사람이나 보험급여 비용을 받은 요양기관에 대하여 그 보험급여나 보험급여 비용에 상당하는 금액의 전부 또는 일부를 징수한다."라고 명시하여, 소위 부당이득금 환수, 요양급여 환수 제도를 두고 있다. 쉽게 말해 개인이든 병원이든 정당한 요건과 절차를 갖추었을 때만 건강보험급여 혜택을 받아야 하는 것이고, 그렇지 않고 거짓말 등 속임수를 이용하여 건강보험급여나 요양급여 등 혜택을 받은 경우라면 부당한 것임이 명백하기 때문에, 다시 뱉어내야 한다는 취지이다.

[가] 이러한 경우 원고가 행한 진료행위 자체는 의료기관 개설자격이 있는 원고 명의로 개설된 의료기관 내에서 의료인인 원고에 의하여 정상적으로 행해졌으므로, 그로 인한 진료비 청구는 환수 대상이 아니라고 주장하는 경우도 있지만, 원고가 의료법상 의료기관의 개설자가 될 수 없는 자에게 고용되어 그가 개설한 의료기관에서 의료행위를 실시한 경우에는, 그 의료기관은 국민건강보험법상 요양기관이 될 수 없기 때문에 요양급여 비용을 청구할 수 없는데도 원고가 해당 환자들을 진찰한 다음 피고에게 요양급여 비용 등을 청구하여 지급받은 행위는 '사위 기타 부당한 방법으로 요양급여 비용을 받은 경우'에 해당한다는 판례가 있다.

[나] 한편 의료인이 아닌 자가 의료인을 고용하여 의료인의 명의로 의료기관을 개설하여 실질적으로 요양급여 비용이 의료인이 아닌 자에게 귀속되었다 하더라도, 건강보험공단에 대한 관계에서 요양급여 비용을 청구하여 지급받은 자는 개설명의인인 의료인이므로, 그 반환의 성격을 띤 부당이득 징수의 대상인 요양기관 역시 '그 개설명의인인 의료인'이라고 볼 수밖에 없다.

[다] 이 밖에 의료기관 행정소송에서 압도적 다수를 차지하고 있는 예는 의료기관이 '사위 기타 부당한 방법'으로 보험급여 비용을 받아, 이를 원인으로 요양기관의 업무를 정지하거나 과징금 부과, 요양급여 등 환수하는 처분 등에 대한 취소 소송이다.

[라] 이러한 부당이득의 징수처분은 '부당하게 발생한 이득을 환수하는 처분'이 아니라 관련 법령에 의하여 '요양급여 비용으로 지급될 수 없는 비용임에도 불구하고 그것이 지급된 경우 이를 원상회복하는 처분'이어서 그 요건이나 행사 방법 등을 민사상 부당이득 반환 청구와 동일하게 볼 수 없으므로, 원고에게 실제로 이득이 발생했는지 여부는 고려할 사항이 아니다. 즉 요양급여 비용 환수처분의 취지는 부당하게 지급된 요양급여 비용을 원상회복하고자 하는 것이므로 특별한 사정이 없는 한 그 전액을 징수하는 것이 원칙이다.

18
주어진 글을 읽고 이해한 내용으로 적절하지 않은 것을 고르면?

① 속임수나 거짓말로 보험급여를 받는 사람이나 보험급여 비용을 받는 요양기관이 있다.
② 보험급여의 부당이득은 애초에 지급될 수 없는 비용이 지급된 것이므로 전액 환수하는 것이 원칙이다.
③ 의료기관의 부당이득 환수 과정에서 불법이 확인되면 요양기관의 업무를 정지하거나 과징금을 부과할 수 있다.
④ 보험급여 부당이득의 환수는 피고가 실제로 의료행위가 있었다면 청구 사유가 거짓이라고 할지라도 원고는 환수받을 수 없다.

19

주어진 글의 [가]~[라] 문단을 문맥상 바르게 나열한 것을 고르면?

① [가]-[나]-[다]-[라]
② [나]-[가]-[다]-[라]
③ [라]-[가]-[다]-[나]
④ [라]-[나]-[가]-[다]

20

다음 [보기]가 밑줄 친 ㉠에 대한 설명일 때, 적절하지 않은 것을 고르면?

| 보기 |

- 허위 청구: 청구 원인이 되는 실제 존재하지 않은 사실을 관련 서류의 거짓 작성 또는 속임수 등의 부정한 방법에 의해 허위로 존재한 것으로 하여 진료비를 청구하는 행위
- 부당 청구: 청구 원인이 되는 사실관계는 실제 존재하나, 요양급여가 건강보험 및 의료법 등 관계법령을 위반하여 부정하게 이루어지는 등 허위 청구 외 부정하게 이루어진 진료비 청구 행위
- 사위 기타 부당한 방법으로 보험급여비용을 받는 경우
  예) 비상근인력에 의하여 건강검진을 한 행위, 검사 미필 장비를 사용하여 건강검진을 한 행위, 검진 대상자들에게 지정된 항목 이외의 치료를 종용하는 등의 행위

① 입원 및 내원 일수를 실제보다 부풀려 청구한 경우는 허위 청구에 해당한다.
② 약제 및 치료 재료 실거래가를 속여 청구하는 경우 부당 청구에 해당한다.
③ 부당 청구의 경우 환자나 의료기관이 그 금액을 직접 수령했을 때에만 해당한다.
④ 신고 및 검사 측정 의무를 이행하지 않은 장비를 사용하고 진료비를 청구한 경우 사위 기타 부당한 방법에 해당한다.

[21~22] 다음 [표]는 2018~2022년 영양소별 1일 섭취량 추이에 관한 자료이다. 이를 바탕으로 이어지는 질문에 답하시오.

[표] 2018~2022년 영양소별 1일 섭취량 추이

구분	2018년	2019년	2020년	2021년	2022년
에너지(kcal)	2,042.6	2,004.7	1,959.2	1,899.5	1,862.8
단백질(g)	74.8	75.5	74.3	74.0	72.1
지방(g)	49.3	52.6	54.2	51.5	52.3
포화지방산(g)	16.0	17.0	17.5	16.5	16.6
단일 불포화지방산(g)	16.3	17.1	18.2	17.0	17.1
다가 불포화지방산(g)	12.4	13.0	13.0	12.8	13.2
n-3 지방산(g)	1.9	1.8	1.8	1.9	1.9
n-6 지방산(g)	10.5	11.1	11.1	10.9	11.2
콜레스테롤(mg)	265.6	278.2	273.1	267.4	279.6
탄수화물(g)	293.5	278.2	267.5	262.5	254.7
식이섬유(g)	23.5	25.1	24.7	24.4	23.0
당(g)	59.2	62.2	58.4	57.6	58.0
칼슘(mg)	517.3	492.1	486.6	486.3	488.4
인(mg)	1,080.5	1,091.9	1,072.5	1,070.1	1,041.6
나트륨(mg)	3,488.4	3,455.6	3,350.4	3,224.1	3,213.3
칼륨(mg)	2,726.0	2,779.4	2,686.2	2,676.5	2,598.8
마그네슘(mg)	313.3	305.0	295.6	298.4	287.7
철(mg)	12.1	9.8	9.8	10.0	9.5
아연(mg)	10.7	10.5	10.4	10.3	10.0
비타민A(μgRAE)	383.6	390.3	399.9	401.1	389.9
비타민D(mg)	3.4	3.2	3.1	3.0	3.0
비타민E(mg α-TE)	6.7	7.2	7.1	7.1	7.1
티아민(μg)	1,376.3	1,222.3	1,189.1	1,181.1	1,127.2
리보플라빈(μg)	1,667.9	1,660.0	1,664.3	1,650.0	1,625.4
나이아신(mg)	13.9	13.2	13.0	13.3	12.7
엽산(μgDFE)	311.4	309.8	297.4	301.7	295.8
비타민C(mg)	61.3	67.7	61.1	67.3	68.0

21

주어진 자료에 대한 설명으로 옳지 않은 것을 고르면?

① 매년 비타민C 섭취량은 비타민D 섭취량의 20배 이상이다.
② 2022년 콜레스테롤 섭취량은 4년 전 대비 14mg 증가하였다.
③ 2022년 에너지 섭취량은 전년 대비 36.7kcal 감소하였다.
④ 조사 기간 동안 아연의 섭취량은 점차 감소하는 추세이다.

22

2020년에 주요 영양소인 단백질, 지방, 탄수화물의 섭취량 중 탄수화물의 비중을 고르면?(단, 계산 시 소수점 둘째 자리에서 반올림한다.)

① 66.8%   ② 67.6%   ③ 68.1%   ④ 69.3%

[23~24] 다음 [표]는 품목별 수출입 실적에 관한 자료이다. 이를 바탕으로 이어지는 질문에 답하시오.

[표] 품목별 수출입 실적

(단위: 천 달러, %)

구분		수출		수입		무역수지
		실적	전년 대비 증가율	실적	전년 대비 증가율	
스포츠 용품	소계	285,195	9.6	2,833,210	20.7	−2,548,015
	골프용품	126,692	14.1	931,473	25.9	−804,781
	당구용품	7,027	49.2	12,358	−24.6	−5,331
	배드민턴용품	37	−32.2	41,106	57.8	−41,069
	볼링용품	2,116	11.3	23,414	−4.4	−21,299
	수상스포츠용품	12,973	113.3	100,450	50.1	−87,477
	스키용품	1,217	140.0	23,049	60.4	−21,832
	스포츠잡화	39,694	34.8	1,286,202	33.9	−1,246,508
	야구용품	150	−29.6	10,207	7.7	−10,056
	탁구용품	1,485	8.6	17,116	55.2	−15,631
	테니스용품	22	−76.4	15,242	27.4	−15,219
	헬스용품	77,439	−0.2	346,565	−21.6	−269,125
	기타	16,342	−40.1	26,029	9.5	−9,686
레저 용품	소계	200,569	−1.6	779,324	4.6	−578,754
	낚시용품	123,395	−8.5	218,506	5.0	−95,111
	등산용품	1,354	−25.4	36,422	96.1	−35,068
	사격용품	3	−	741	−7.1	−738
	자전거용품	4,406	9.5	209,913	5.0	−205,506
	캠핑용품	45,281	22.5	268,119	−2.7	−222,838
	개인여행품	26,130	0.0	45,622	7.8	−19,492

23
주어진 자료에 대한 설명으로 옳지 <u>않은</u> 것을 고르면?

① 테니스용품의 무역수지는 야구용품의 무역수지보다 5,163천 달러 더 적다.
② 레저용품 중 수입 실적이 가장 많은 품목은 낚시용품이다.
③ 스포츠잡화는 수입 실적과 수출 실적이 모두 전년 대비 증가했다.
④ 스포츠용품 중 수출 실적의 전년 대비 증가율이 가장 큰 품목은 스키용품이다.

24
다음 중 용품별 수출 실적과 수입 실적의 비중을 나타낸 그래프로 옳지 <u>않은</u> 것을 고르면?(단, 소수점 둘째 자리에서 반올림한다.)

[25~26] 다음 [표]는 시도별 어획량에 관한 자료이다. 이를 바탕으로 이어지는 질문에 답하시오.

[표] 시도별 어획량 (단위: 마리, kg)

구분	2024.01		2024.02		2024.03		2024.04		2024.05		2024.06	
	마릿수	중량	마릿수	중량	마릿수	중량	마릿수	중량	마릿수	중량	마릿수	중량
합계	1,216,281	441,657.5	1,368,790	385,467.5	1,408,706	439,308.5	1,649,364	576,259.5	1,806,040	743,181.1	3,322,911	1,034,087.4
부산	75,464	30,525.4	83,477	23,720.2	83,481	28,598.7	54,340	19,677.3	64,312	23,651	198,304	54,629.7
인천	7,778	5,295.4	—	—	5,886	4,311.1	40,447	27,398.1	71,444	87,839.8	83,959	68,988.8
울산	13,751	3,417.9	7,387	1,816.1	6,902	1,688.2	7,146	2,228.3	8,540	2,762	10,854	4,208.9
경기	2,888	1,207.8	2,030	754.1	4,955	1,505.8	15,714	8,322	24,077	25,570.4	22,089	21,547.1
강원	118,517	42,217.4	517,941	95,520.5	84,780	40,836.9	67,749	51,414	69,557	23,559	89,797	29,154.6
충남	68,616	35,262.8	48,571	25,488.7	83,881	31,978.1	253,318	89,262	275,045	179,435	406,307	168,329.7
전북	17,544	14,345.2	11,510	8,325.5	20,766	6,227.7	146,414	43,987	88,381	56,493.1	92,311	57,580.3
전남	227,756	105,713.2	190,426	78,195.4	300,260	124,315.7	255,296	117,881	329,757	136,551.1	678,014	261,820.1
경북	69,646	37,883.7	95,117	39,544.9	109,355	37,553.3	136,084	28,954.4	102,443	30,832.5	109,856	34,525.3
경남	532,675	104,126.2	335,267	73,648.4	582,485	113,370.4	597,040	154,110.6	682,153	151,123.4	1,441,173	287,748.6
제주	81,646	61,662.5	77,064	38,453.7	125,955	48,922.6	75,816	33,024.8	90,331	25,363.8	190,247	45,554.3

25

2024년 상반기 전국에서 어획한 총 마릿수를 고르면?

① 10,772,092마리
② 10,784,182마리
③ 10,796,364마리
④ 10,801,454마리

26
다음 중 시도별 어획 중량의 전월 대비 증감량을 나타낸 그래프로 옳지 <u>않은</u> 것을 고르면?

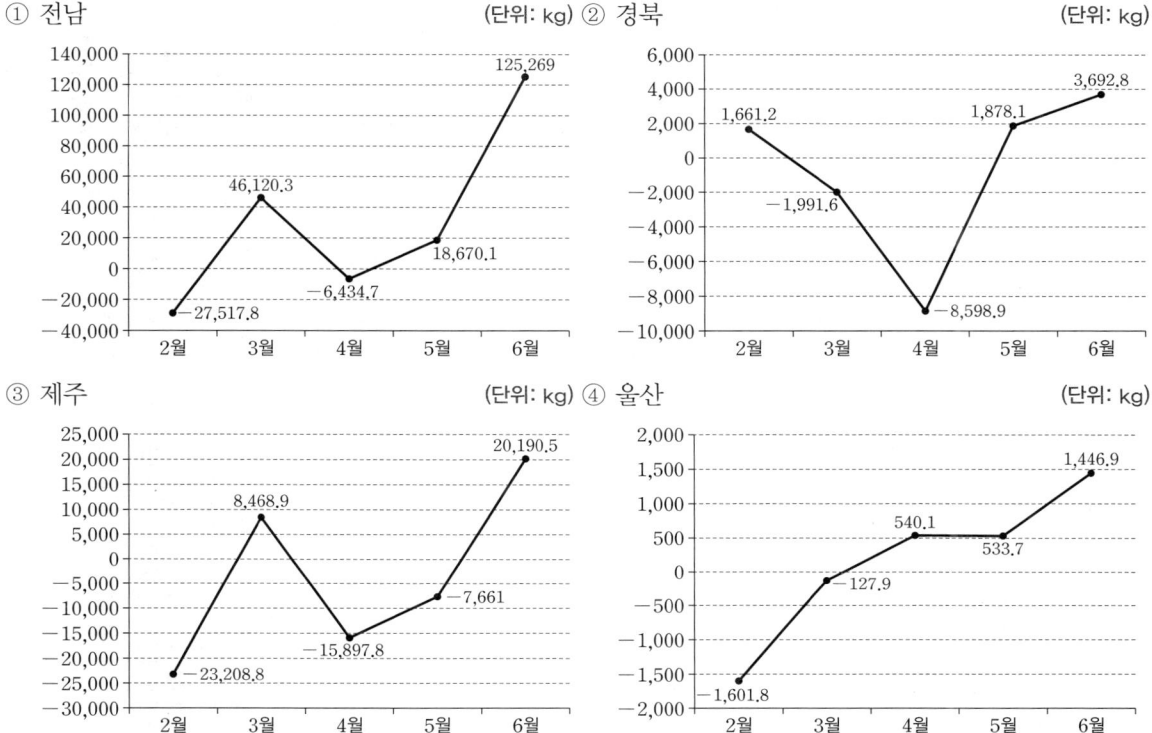

[27~29] 다음 [표]는 전국의 유병률과 유병일수에 관한 자료이다. 이를 바탕으로 이어지는 질문에 답하시오.

[표] 유병률 및 유병일수

(단위: %, 일)

구분		2020년			2022년			2024년		
		유병률	유병자의 평균 유병일수	유병자의 평균 와병일수	유병률	유병자의 평균 유병일수	유병자의 평균 와병일수	유병률	유병자의 평균 유병일수	유병자의 평균 와병일수
전체	계	25.0	9.9	0.5	26.5	9.6	0.4	29.0	9.6	0.4
성별	남자	22.8	9.9	0.5	25.7	9.6	0.4	27.3	9.5	0.4
	여자	27.1	9.8	0.5	30.7	10.0	0.5	30.7	9.8	0.4
세대	1인 가구	38.9	11.3	0.6	38.3	10.9	0.4	38.5	11.1	0.4
	1세대 가구	43.2	11.2	0.4	40.8	11.0	0.4	43.7	11.1	0.3
	2세대 가구	17.3	8.5	0.6	18.9	8.1	0.5	21.5	8.1	0.4
	3세대 이상 가구	21.8	9.1	1.0	24.6	9.2	0.5	28.9	8.3	0.4
연령	0~9세	8.1	4.4	0.6	12.0	5.1	0.5	18.1	5.2	0.7
	10~19세	6.2	5.4	0.6	8.4	4.6	0.5	10.5	4.9	0.3
	20~29세	8.8	6.5	0.9	10.7	6.0	0.4	10.1	5.8	0.6
	30~39세	12.1	7.0	0.5	12.7	6.1	0.6	13.6	6.5	0.4
	40~49세	18.0	7.9	0.6	18.9	7.5	0.6	19.6	7.6	0.5
	50~59세	28.8	9.3	0.4	28.6	9.2	0.4	30.7	8.9	0.3
	60~64세	57.1	11.6	0.5	56.7	11.6	0.4	58.2	11.6	0.3
	65세 이상	64.2	12.0	0.5	64.7	11.9	0.4	64.6	11.9	0.4
교육 정도	초졸 이하	56.0	11.9	0.5	56.7	12.0	0.5	57.8	11.9	0.4
	중졸	37.1	10.9	0.4	39.0	11.0	0.3	44.2	11.1	0.3
	고졸	24.4	9.5	0.5	26.1	9.3	0.4	28.8	9.6	0.3
	대졸 이상	17.0	8.3	0.6	18.7	7.8	0.5	20.6	8.0	0.4
종사 상의 지위	임금 근로자	20.1	8.7	0.4	21.4	8.6	0.4	23.7	8.7	0.2
	고용주	21.6	9.3	0.8	22.5	8.9	0.3	28.1	9.0	0.3
	자영자	33.4	10.6	0.3	33.6	10.2	0.2	36.7	10.4	0.2

27

주어진 자료에 대한 설명으로 옳지 않은 것을 고르면?

① 조사 기간 동안 1세대 가구의 유병률은 항상 40% 이상이다.
② 조사 기간 동안 유병자의 평균 와병일수는 임금 근로자나 자영자보다 고용주가 항상 더 많다.
③ 2024년 중졸의 유병률은 대졸 이상의 유병률보다 23.6%p 더 높다.
④ 조사 기간 동안 0~9세 유병자의 평균 유병일수는 증가하고 있다.

28

다음 [보기]의 ⊙~©의 값을 크기순으로 바르게 나열한 것을 고르면?

┤ 보기 ├

- 2022년 남자 유병자의 평균 유병일수에서 평균 와병일수를 제외하면 (⊙)일이다.
- 2024년 고용주 유병자의 평균 유병일수에서 평균 와병일수를 제외하면 (ⓒ)일이다.
- 2020년 50~59세 유병자의 평균 유병일수에서 평균 와병일수를 제외하면 (©)일이다.

① ⊙ > ⓒ > ©   ② ⊙ > © > ⓒ   ③ © > ⊙ > ⓒ   ④ © > ⓒ > ⊙

29

다음 중 주어진 자료를 나타낸 그래프로 옳은 것을 고르면?

① 2022년 연령별 유병률

② 2020년 세대별 유병자의 평균 유병일수

③ 조사 기간별 남자 유병률

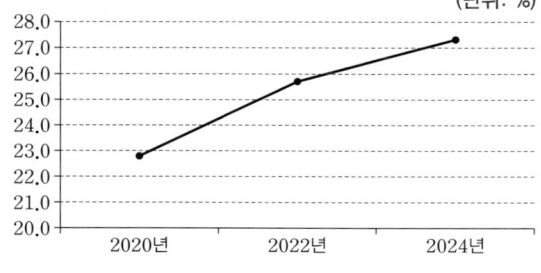

④ 2022년 교육정도별 유병자의 평균 와병일수

[30~32] 다음 [표]는 거주지역별 주택 소유 현황에 관한 자료이다. 이를 바탕으로 이어지는 질문에 답하시오.

[표] 거주지역별 주택 소유 현황
(단위: 가구)

구분	2019년 주택소유가구	2019년 무주택가구	2020년 주택소유가구	2020년 무주택가구	2021년 주택소유가구	2021년 무주택가구	2022년 주택소유가구	2022년 무주택가구	2023년 주택소유가구	2023년 무주택가구
전국	11,456,266	8,886,922	11,730,171	9,196,539	12,062,871	9,385,592	12,232,407	9,541,100	12,454,684	9,618,474
서울	1,894,875	2,001,514	1,928,074	2,054,216	1,974,544	2,072,255	1,991,345	2,107,473	1,998,410	2,143,249
부산	799,696	577,334	809,380	595,657	822,769	608,596	831,691	616,134	845,691	616,713
대구	563,282	405,338	569,624	416,192	579,620	421,311	586,337	424,497	603,118	430,120
인천	650,209	470,367	659,295	487,905	677,602	506,008	690,709	522,022	707,563	534,605
광주	338,980	248,179	343,671	255,546	354,979	260,714	360,687	262,565	365,849	261,753
대전	326,384	282,659	330,682	300,526	338,038	302,047	342,702	303,772	348,061	306,748
울산	279,906	157,188	286,134	157,953	289,774	161,658	291,610	162,388	292,530	165,599
세종	69,400	60,264	73,011	66,095	77,538	67,757	87,761	66,258	91,053	65,391
경기도	2,745,423	2,162,237	2,842,747	2,255,684	2,960,542	2,330,120	3,023,928	2,383,035	3,117,074	2,382,950
강원도	363,552	270,390	378,696	282,343	391,373	283,355	400,237	284,658	407,225	291,185
충청북도	382,876	271,837	394,482	284,440	405,681	289,930	411,548	293,316	421,750	298,481
충청남도	504,574	359,528	517,605	374,617	529,443	386,191	535,466	395,904	549,179	399,452
전라북도	439,491	298,816	448,731	306,844	458,116	314,355	456,701	320,979	464,828	321,947
전라남도	449,851	291,175	464,463	297,055	477,123	300,235	481,045	303,600	489,842	303,407
경상북도	675,292	427,642	688,989	442,830	707,840	448,805	711,656	454,650	712,910	453,684
경상남도	831,804	489,409	850,274	499,881	868,473	510,509	875,525	517,083	883,584	520,892
제주도	140,671	113,045	144,313	118,755	149,416	121,746	153,459	122,766	156,017	122,298

30
주어진 자료에 대한 설명으로 옳은 것을 고르면?

① 2023년 전국 주택소유가구 중 서울 주택소유가구는 10% 미만이다.
② 세종을 제외하고 2019년 주택소유가구가 가장 적은 지역은 울산이다.
③ 2021년 전라남도와 전라북도의 무주택가구의 차는 14,020가구이다.
④ 조사 기간 동안 경기도의 무주택가구가 가장 많은 연도는 2022년이다.

31

수도권의 무주택가구 수 현황을 나타낸 [표]가 다음과 같을 때, 빈칸에 들어갈 값으로 옳지 않은 것을 고르면?(단, 수도권은 서울, 경기도, 인천을 의미한다.)

[표] 2019~2023년 수도권의 무주택가구 수 (단위: 가구)

구분	2019년	2020년	2021년	2022년	2023년
가구 수	4,634,118	㉠	㉡	㉢	㉣

① ㉠: 4,797,805
② ㉡: 4,908,383
③ ㉢: 5,010,630
④ ㉣: 5,060,804

32

다음 중 주어진 자료를 나타낸 그래프로 옳지 않은 것을 고르면?

① 광주 무주택가구의 전년 대비 증감량

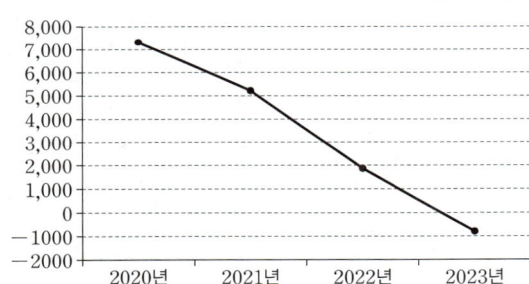

② 전라남도 주택소유가구의 전년 대비 증감량

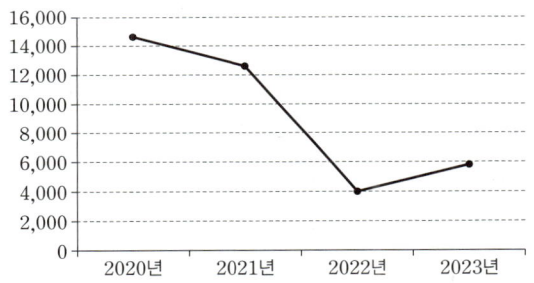

③ 강원도 주택소유가구의 전년 대비 증감량

④ 충청북도 무주택가구의 전년 대비 증감량

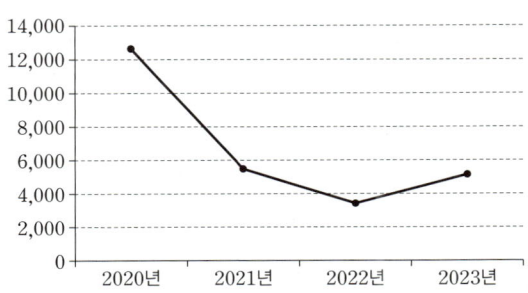

[33~35] 다음 [표]는 서울시의 행정구역별 인플루엔자 예방 접종률에 관한 자료이다. 이를 바탕으로 이어지는 질문에 답하시오.

[표] 서울시의 행정구역별 인플루엔자 예방 접종률 (단위: 명, %)

구분	2019년 응답자 수	2019년 접종률	2020년 응답자 수	2020년 접종률	2021년 응답자 수	2021년 접종률	2022년 응답자 수	2022년 접종률	2023년 응답자 수	2023년 접종률
합계	22,881	40.0	22,862	45.5	22,897	47.9	22,926	43.4	22,922	44.9
강남구	921	38.7	916	46.5	925	46.7	916	47.9	923	47.1
강동구	919	42.3	916	46.2	917	51.4	921	43.6	919	43.3
강북구	917	38.4	915	47.0	914	47.8	918	47.8	916	46.8
강서구	917	40.8	911	49.1	918	45.4	917	44.0	915	44.1
관악구	915	37.3	916	40.9	919	46.6	916	41.2	918	41.5
광진구	917	40.5	921	44.4	917	46.8	918	46.5	916	42.9
구로구	911	37.6	912	44.4	915	40.2	916	36.1	915	43.7
금천구	916	40.2	916	43.1	916	47.6	915	41.8	915	43.0
노원구	918	44.0	916	48.3	916	49.2	917	40.3	916	43.9
도봉구	911	40.8	908	46.1	913	50.6	911	44.8	916	47.7
동대문구	917	38.3	916	42.0	917	48.5	916	43.2	921	43.8
동작구	915	45.9	916	44.5	915	48.8	915	43.9	915	50.0
마포구	911	40.4	902	40.5	918	52.3	915	44.2	915	41.2
서대문구	913	39.1	920	44.8	915	45.5	916	39.3	915	42.9
서초구	913	41.9	911	47.7	912	48.9	927	46.9	918	51.8
성동구	915	37.0	915	46.2	916	49.7	916	42.1	919	48.1
성북구	916	38.9	917	48.2	911	43.3	915	43.2	915	47.7
송파구	922	38.8	926	45.1	924	50.2	930	43.8	924	45.4
양천구	914	42.1	914	47.1	915	45.8	916	42.6	915	42.1
영등포구	913	42.4	907	41.9	910	49.2	915	42.7	917	43.1
용산구	919	32.7	915	38.9	914	46.8	919	41.5	920	46.7
은평구	914	38.1	918	49.7	915	49.8	916	42.6	915	43.4
종로구	911	38.9	914	37.8	911	40.3	916	42.5	914	42.8
중구	911	36.1	909	44.6	920	50.9	913	48.1	912	48.7
중랑구	915	40.7	915	49.2	914	52.8	916	43.6	918	44.1

33
주어진 자료에 대한 설명으로 옳지 않은 것을 고르면?

① 조사 기간 동안 매년 구로구의 응답자 수는 꾸준히 증가하고 있다.
② 2023년에 응답자 수가 가장 많은 구와 적은 구의 차는 12명이다.
③ 2019년에 접종률이 가장 높은 구는 동작구이다.
④ 조사 기간 동안 용산구의 총응답자 수는 4,587명이다.

34
연도별 서울시 전체 응답자 중 접종자 수를 나타낸 자료가 다음과 같을 때, 빈칸에 들어갈 값으로 옳지 않은 것을 고르면?(단, 계산 시 소수점 첫째 자리에서 반올림한다.)

(단위: 명)

구분	2019년	2020년	2021년	2022년	2023년
접종자 수	㉠	㉡	10,968	㉢	㉣

① ㉠: 9,152 ② ㉡: 10,402 ③ ㉢: 9,948 ④ ㉣: 10,292

35
다음 중 주어진 자료를 나타낸 그래프로 옳지 않은 것을 고르면?

① 관악구 접종률의 전년 대비 증감량 (단위: %p)

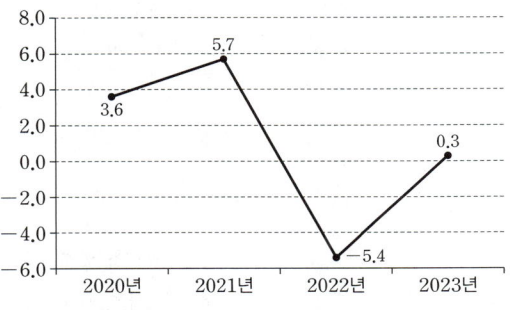

② 영등포구 응답자 수의 전년 대비 증감량 (단위: 명)

③ 성북구 접종률의 전년 대비 증감률 (단위: %)

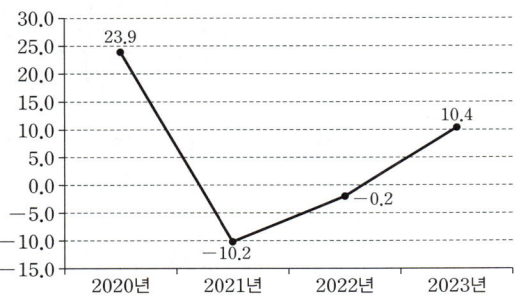

④ 광진구 응답자 수의 전년 대비 증감률 (단위: %)

[36~38] 다음 [표]는 전국 및 특별시, 광역시 주요 암질환 급여현황에 관한 자료이다. 이를 바탕으로 이어지는 질문에 답하시오.

[표] 전국 및 특별시, 광역시 주요 암질환 급여현황

구분		2021년					2022년				
		환자 수 (명)	입내원 일수 (일)	요양급여 일수 (일)	진료비 (천 원)	급여비 (천 원)	환자 수 (명)	입내원 일수 (일)	요양급여 일수 (일)	진료비 (천 원)	급여비 (천 원)
전국	위암	168,509	2,185,231	16,445,780	663,293,900	596,444,470	168,428	2,115,633	16,600,585	653,433,432	587,741,423
	간암	82,668	1,744,599	20,268,396	742,744,390	678,934,013	83,220	1,692,699	20,718,546	763,498,922	696,991,274
	폐암	117,709	2,866,138	16,860,455	1,288,337,399	1,192,131,795	124,758	2,829,244	17,737,847	1,374,320,168	1,270,794,372
	대장암	159,817	3,044,905	14,082,735	973,214,394	883,705,073	164,244	2,985,572	14,458,233	960,072,711	871,963,892
	유방암	233,504	4,292,951	54,902,957	1,420,610,986	1,274,139,373	248,098	4,423,588	59,141,362	1,502,557,233	1,346,118,520
	자궁경부암	26,519	445,892	2,940,378	124,224,341	112,884,953	26,462	422,286	2,882,280	116,947,904	106,081,315
서울	위암	29,180	322,353	2,625,748	108,816,908	97,852,817	29,182	310,283	2,689,139	106,976,447	96,275,381
	간암	14,234	277,155	3,536,689	126,178,061	115,123,623	14,317	270,669	3,635,684	132,232,311	120,672,530
	폐암	21,849	468,886	2,959,317	230,178,734	213,060,733	23,282	466,475	3,094,364	247,023,651	228,577,706
	대장암	30,950	502,800	2,456,871	181,215,203	164,863,035	31,558	490,679	2,523,722	177,385,528	161,278,812
	유방암	50,161	770,634	11,264,962	278,670,973	249,086,326	52,935	774,984	12,066,237	287,898,208	257,113,096
	자궁경부암	4,813	71,275	516,781	22,054,958	19,955,164	4,739	69,859	506,244	20,979,958	18,953,832
부산	위암	12,647	194,781	1,457,352	55,519,813	50,035,428	12,633	185,773	1,449,054	55,383,828	49,960,836
	간암	6,533	166,412	1,608,891	65,675,518	60,350,448	6,664	163,374	1,689,541	70,603,589	64,855,043
	폐암	7,773	216,555	1,268,396	93,789,394	86,719,689	8,282	215,929	1,331,771	99,020,205	91,487,007
	대장암	11,230	261,741	1,274,554	78,515,482	71,421,601	11,507	251,652	1,312,515	75,820,281	68,812,723
	유방암	14,842	332,776	3,808,754	103,693,194	92,509,918	15,791	343,524	4,145,309	111,892,635	99,953,371
	자궁경부암	2,079	41,854	305,390	11,193,723	10,159,223	2,059	36,208	285,371	10,051,658	9,121,002
대구	위암	7,512	98,526	921,281	29,689,044	26,893,883	7,531	99,272	941,178	29,806,486	26,972,765
	간암	3,589	73,965	821,405	29,370,200	27,092,954	3,606	72,860	825,201	30,625,944	28,130,019
	폐암	5,513	143,750	838,416	64,168,085	59,824,591	5,779	144,049	876,906	65,677,274	61,069,578
	대장암	7,064	143,182	684,249	40,796,750	37,432,209	7,156	141,419	701,559	41,231,677	37,818,557
	유방암	10,624	202,404	2,275,506	64,693,020	58,747,148	11,166	213,970	2,449,792	69,676,696	63,200,145
	자궁경부암	1,319	19,299	122,511	4,800,439	4,408,137	1,349	19,728	122,218	5,026,340	4,581,689

인천	위암	8,090	104,069	702,494	35,084,485	31,866,567	8,228	102,899	719,982	35,199,232	32,002,528
	간암	4,117	86,961	1,042,888	40,672,633	37,548,949	4,130	81,910	1,036,242	40,334,366	37,117,373
	폐암	5,886	145,871	869,739	74,320,877	69,402,197	6,406	143,011	912,742	80,782,750	75,185,632
	대장암	8,776	169,791	956,959	58,257,038	53,087,085	9,071	156,151	948,089	53,519,247	48,852,281
	유방암	13,088	251,493	3,338,794	86,048,410	77,967,895	13,863	249,631	3,504,129	88,568,157	80,157,083
	자궁경부암	1,331	22,746	176,814	6,949,885	6,386,405	1,391	20,146	164,982	6,501,094	5,978,695
광주	위암	4,337	98,263	442,979	19,025,975	16,793,466	4,257	92,724	408,368	18,449,783	16,263,731
	간암	2,268	70,020	567,001	21,109,173	19,072,887	2,282	63,267	560,141	21,406,025	19,309,257
	폐암	3,290	118,107	516,367	36,538,971	33,393,940	3,132	111,323	532,531	36,173,008	33,152,888
	대장암	3,725	121,825	388,348	25,905,403	23,339,152	3,870	117,995	380,665	26,890,950	24,196,247
	유방암	5,799	252,334	1,509,690	46,716,920	41,205,966	6,283	264,966	1,669,727	49,902,458	44,176,158
	자궁경부암	872	25,758	92,838	4,063,725	3,609,426	835	22,065	81,791	3,865,543	3,440,814
대전	위암	5,296	56,228	492,193	16,411,451	14,694,279	5,343	58,789	504,749	17,330,197	15,496,981
	간암	1,824	38,975	470,355	16,468,326	15,074,907	1,859	36,879	486,305	16,790,621	15,312,001
	폐암	2,987	71,546	402,144	32,811,297	30,454,459	3,216	71,938	443,226	36,159,706	33,455,004
	대장암	4,084	77,362	407,860	25,145,917	22,885,842	4,223	75,687	421,245	24,331,906	22,159,838
	유방암	6,517	115,594	1,609,083	36,125,804	31,893,129	7,069	121,060	1,784,642	39,159,077	34,506,221
	자궁경부암	643	12,378	71,011	3,410,025	3,109,872	675	11,956	79,122	3,164,410	2,883,799
울산	위암	3,404	36,358	290,139	12,525,856	11,330,991	3,401	36,865	300,919	12,362,729	11,272,925
	간암	1,582	31,702	380,679	13,248,555	12,113,191	1,629	32,294	409,546	14,541,096	13,327,182
	폐암	2,236	52,242	282,461	23,357,027	21,565,877	2,392	51,321	281,638	24,097,428	22,233,347
	대장암	2,562	45,607	210,844	14,261,356	12,963,027	2,608	46,959	233,061	14,273,454	13,072,020
	유방암	4,828	75,609	1,083,972	25,597,692	22,818,775	5,101	79,448	1,191,025	27,114,942	24,062,113
	자궁경부암	468	8,124	53,267	2,297,720	2,084,040	456	7,557	56,560	1,715,887	1,559,773

36

주어진 자료에 대한 설명으로 옳지 않은 것을 고르면?

① 2021년과 2022년에 암종별 전국 환자 수의 순위는 동일하다.
② 2022년 대구의 유방암 환자 수는 전년 대비 522명 증가하였다.
③ 2022년 대전의 대장암 요양급여 일수 대비 입내원 일수의 비율은 약 18%이다.
④ 2021년 부산의 폐암 진료비와 급여비의 차는 7,069,705천 원이다.

37

2022년 서울시의 암종별 환자 수 대비 진료비를 나타낸 자료가 다음과 같을 때, 빈칸에 들어갈 값으로 옳지 <u>않은</u> 것을 고르면?(단, 계산 시 원 단위 이하 절사한다.)

[표] 2022년 서울시 암종별 환자 수 대비 진료비   (단위: 천 원/명)

구분	환자 수 대비 진료비	구분	환자 수 대비 진료비
위암	3,660	대장암	(㉡)
간암	(㉠)	유방암	(㉢)
폐암	10,610	자궁경부암	(㉣)

① ㉠: 9,230 ② ㉡: 5,620 ③ ㉢: 5,450 ④ ㉣: 4,420

38

다음 중 주어진 자료를 나타낸 그래프로 옳지 <u>않은</u> 것을 고르면?

① 2021년 부산의 암종별 환자 수 비율 (단위: %)

② 2022년 전국의 암종별 진료비 전년 대비 증감량 (단위: 천 원)

③ 2021년 울산의 암종별 입내원일수 (단위: 일)

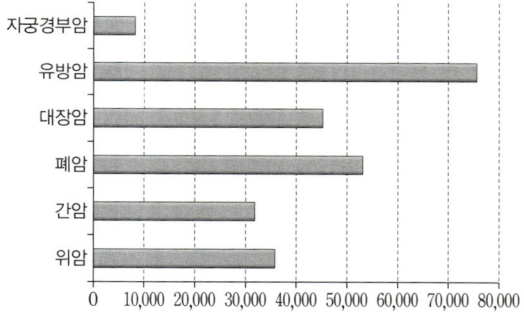

④ 2022년 광주의 암종별 급여비 (단위: 백만 원)

[39~40] 다음 [표]는 2024년 상반기 산지 쌀값에 관한 자료이다. 이를 바탕으로 이어지는 질문에 답하시오.(단, 산지 쌀값은 매월 5일, 15일, 25일에만 조사한다.)

[표] 2024년 상반기 산지 쌀값   (단위: 원)

기준일	1월		2월		3월		4월		5월		6월	
	금회가격	전회가격	금회가격	전회가격	금회가격	전회가격	금회가격	전회가격	금회가격	전회가격	금회가격	전회가격
5일	49,164	49,408	48,378	48,699	48,317	48,417	47,926	48,192	47,500	47,608	46,968	47,179
15일	48,958	49,164	48,375	48,378	48,338	48,317	47,868	47,926	47,372	47,500	46,794	46,968
25일	48,699	48,958	48,417	48,375	48,192	48,338	47,608	47,868	47,179	47,372	46,594	46,794

39
주어진 자료에 대한 설명으로 옳은 것을 고르면?

① 2024년 5월 25일 산지 쌀값은 전회 가격 대비 173원 하락했다.
② 2024년 상반기에 조사한 산지 쌀값 중 가장 저렴한 가격은 46,794원이다.
③ 2023년 12월 25일 조사한 산지 쌀값은 49,408원이다.
④ 2024년 2월에는 산지 쌀값이 점차 하락하였다.

40
2024년 4월에 조사한 산지 쌀값의 평균과 2024년 3월에 조사한 산지 쌀값의 평균의 차를 고르면?(단, 계산 시 소수점 첫째 자리에서 반올림한다.)

① 468원　　　　　② 474원　　　　　③ 479원　　　　　④ 481원

[41~42] 다음은 ESG 친환경대전 참여기업 모집에 관한 자료이다. 이를 바탕으로 이어지는 질문에 답하시오.

□ 추진개요
  ○ 사 업 명: 사회적경제 ESG 친환경대전 지원사업
  ○ 사업기간: 2X24년 10월 10일(목) ~ 12일(토) 10:00~17:00/△△관 A홀
  ○ 지원내용: ESG 친환경대전 참가를 통한 홍보 및 판로 지원
  ○ 지원분야: ESG 친화기업관과 독립부스 운영
    – 국내 최대 규모 환경 분야 ESG 박람회 참여
    ※ 2X23년 친환경대전 참가기업 189개사(전년 대비 20% 증가), 총 55,608명 관람(전년 대비 40% 증가)

[표] 2X24년 사회적경제 ESG 친환경대전 지원사업 추진(안)

구분	서울특별시 ESG 친화기업관	독립부스(기업별)
지원규모	10개	10개
지원내용	① ESG 친환경대전 전시 부스와 홍보 및 판로 지원 ② ESG컨설팅, 수출·구매 상담회 등 부대행사 참가 지원 ③ 공공기관 ESG 혁신밋업데이 상담 지원 ④ 방문기업 대상 ESG 친환경대전 혁신투어 지원 ⑤ 참여 및 방문기업 대상 ESG 진출전략 설명회 지원 ⑥ 사회적경제기업 온라인쇼핑몰 특별기획전 운영	

  ○ 지원대상: 서울 소재 사회적경제기업, 소셜벤처 등 20개 내외
    – ESG 친화기업관 내 10개, 독립부스 10개 지원

[지원대상 신청요건]
  ■ 2X24년 센터로부터 1개 이상의 사업을 지원받은 기업은 본 사업에 참가신청 불가
  ■ 서울 소재 사회적경제기업: 서울시 사회적경제 조례 제3조 2항에 해당되는 (예비)사회적기업, (사회적)협동조합, 마을기업, 자활기업, 소셜벤처
  ■ 서울 소재 소셜벤처: 당해연도 '소셜벤처기업 판별통지서' 제출 기업 또는 소셜벤처기업 자가진단표에 부합하는 기업
    ※ 소셜벤처기업 자가진단표의 사회성 및 혁신성장성이 각각 70점 이상으로, 혁신성장성의 경우 70점 미만이더라도 심사위원회에서 신청기업 사업내용의 구체성·타당성 및 사업 모델의 수익성·지속가능성을 검토하여 소셜벤처로 인정
  ■ 환경문제를 해결하는 비즈니스모델을 보유한 서울 소재 친환경분야 사회적경제기업, 소셜벤처

□ 모집개요
  ○ 모집대상: 서울 소재 사회적경제기업, 소셜벤처 등
  ○ 모집기간: 공고일로부터 2X24년 9월 4일(수) 17:00까지
  ○ 지원규모: 총 20개(ESG 친화기업관 내 10개, 독립부스 10개)
  ○ 지원내용: ESG 친환경대전 참가를 통한 홍보 및 판로 지원
  ○ 지원분야: ESG 친화기업관과 독립부스 운영
  ○ 신청방법: E-mail 제출(제출서류 포함)
    – 메일로 제출 시 파일명 "사회적경제 ESG 친환경대전 지원사업×신청기업명" 표기
    – 제출 이후 담당자를 통하여 유선으로 접수 확인 필수

[표] 사회적경제 ESG 친환경대전 지원사업 지원분야

구분	ESG 친화기업관(총 12부스)	독립부스(1부스)
지원규모	10개(친화기업관 내)	10개(기업별 지원)

※ 1부스 총 면적은 9m²(3m×3m)이며, 부스장치물(벽체, 간판, 조명, 안내데스크 및 의자) 포함

□ 추진절차
  ○ 공개모집: ESG 친환경대전 지원사업 참여기업 공개모집(8월)
  ○ 선정평가: ESG 친환경대전 지원사업 참여기업을 위한 선정심사위원회 평가(9월 초 예정)

─────[평가 내용 및 방법]─────

■ 신청기업의 제출서류 적격 검토와 ESG 친환경대전 참여의 적합성, 경쟁력, 확장성, 기대효과 등 선정심사위원회*를 통해 종합평가 실시
  * 선정심사위원회는 센터 선정심사위원POOL에서 7명을 신청기업의 추천을 통해 선정 및 구성

─ 평가절차: 1차 적격검토(담당자) → 2차 서면심사(선정심사위원회)
─ 평가기준: 총 100점(정량평가 30점 + 정성평가 70점)
  ※ 평가점수 70점 이상인 선정기업의 고득점 순으로 친화기업관(10개)과 독립부스(10개)로 배정

41

주어진 자료에 대한 설명으로 옳지 않은 것을 고르면?

① 지원대상은 서울에 위치한 기업에 한정된다.
② 모집 마감일로부터 약 4주 뒤 ESG 친환경대전이 개최된다.
③ ESG 친환경대전 지원사업 신청은 이메일을 통해 가능하다.
④ ESG 친환경대전의 부스 내에는 간판과 조명, 의자가 포함된다.

42

주어진 자료에 따라 2X22년 친환경대전 관람인원은 몇 명이었는지 고르면?

① 34,755명   ② 35,128명   ③ 37,326명   ④ 39,720명

[43~44] 다음은 초등학생 무료 구강검진에 관한 자료이다. 이를 바탕으로 이어지는 질문에 답하시오.

◇◇도 초등학생 무료 구강검진 안내

□ 개요

기간	대상	장소
2024. 5. 2. ~ 11. 30.	초등학교 4학년생(특수학교 포함) 만 10세 학교 밖 청소년*, 미등록 이주아동 *학교 밖 청소년은 관할 보건소로 문의(주소 및 연령 확인)	치과 주치의 지정 의료기관 ※ 시·군 관계없이 ◇◇도 내 지정 의료기관 이용 가능

□ 서비스 비용: 검진비 무료(1인당 4만 원을 ◇◇도 및 시군 지원)
  ※ 단, 사업에서 제공하는 서비스 외 치료가 필요한 경우 치료비는 보호자가 부담

□ 서비스 내용: 치과주치의검진 또는 학생구강검진 중 1가지 선택(중복 참여 불가)

구분		치과주치의검진	학생구강검진
구강검진		문진 및 기본구강검사 프라그 등 구강위생검사(PHP index)	문진 및 기본구강검사
구강보건교육		구강위생관리 바른 식습관 불소 이용법 ※ 온라인 교육 및 교육용 리플릿 제공	미실시
예방 진료	필수	전문가 구강위생관리 불소도포	
	필요 시	치아홈 메우기 단순 치석제거 파노라마 촬영 ※ 치과주치의 소견에 따라 필요 시 제공	
온라인 서비스		온라인 필수 교육 문진표 작성 검진 결과 통보서 확인	

□ 서비스 제공 순서

1	휴대폰 앱 다운로드 ※ 5.2.부터 다운로드 가능
2	휴대폰 앱 가입 → 로그인 → 학생 인증 ※ 학생 정보 오기입 시 학생 인증 불가
3	사업신청 및 개인정보 활용 동의 → 문진표 작성 → 온라인 구강보건교육(약 5분 소요) 이수
4	치과주치의 의료기관 확인 및 예약 ※ 전화예약 필수: 사전예약 없이 치과방문 시 치과주치의 검진 불가
5	치과 방문 및 치과주치의 검진
6	구강검진결과통보서 확인 → 맞춤형 온라인 구강보건교육

□ 서비스 관련 문의
- 문의처: ◇◇도 의료원
- 문의 가능 시간: 월~금 09:00~17:00(점심시간 12:30~13:30 제외)

43
주어진 자료에 대한 설명으로 옳은 것을 고르면?

① 초등학생 무료 구강검진 기간 시작 전날부터 휴대폰 앱 다운로드가 가능하다.
② 기본구강검사는 어떤 서비스를 선택하여도 공통으로 제공받을 수 있다.
③ 초등학생 무료 구강검진 서비스 관련 문의는 평일, 주말 관계없이 가능하다.
④ 거주지역 내 지정 의료기관에서만 사전 전화 예약하여 이용할 수 있다.

44
다음 중 무료로 제공 받을 수 있는 서비스가 아닌 것을 고르면?

① 불소 이용법 교육
② 파노라마 촬영
③ 치아 스케일링
④ PHP index 검사

[45~46] 다음은 외국인 근로자 장기요양보험 가입제외에 관한 자료이다. 이를 바탕으로 이어지는 질문에 답하시오.

외국인 근로자 장기요양보험 가입제외 안내

1. 관련 규정
   - 노인장기요양보험법 제7조(장기요양보험)
   - 노인장기요양보험법 시행령 제3조의2(외국인의 범위)
   - 노인장기요양보험법 시행규칙 제1조의2(외국인의 장기요양보험가입 제외절차 등)

2. 대상
   - 직장가입자인 외국인근로자 중 아래의 체류자격에 해당되는 자
     D-3(산업연수생), E-9(비전문취업), H-2(방문취업)
   - 상기 체류자격 이외의 직장가입자 외국인 및 재외국민, 지역가입자는 신청대상이 아님

3. 장기요양보험 가입제외일(자격상실일)
   - 외국인근로자 장기요양보험 가입제외 신청서를 국민건강보험공단에 제출한 날(신청일). 다만, 직장가입자 자격취득 신고일로 부터 14일 이내에 신청한 경우에는 그 자격취득일

4. 장기요양보험 재가입일(자격취득일)
   - 외국인근로자 장기요양보험 가입제외자 중 체류자격이 D-3(산업연수생), E-9(비전문취업), H-2(방문취업) 이외의 체류자격으로 변경 시, 공단에 장기요양보험 적용을 신청한 날 또는 공단이 확인한 날

5. 신청방법
   - 신청하고자 하는 대상자가 '외국인 근로자 장기요양보험 가입제외신청서'를 작성하여 사용주에게 제출하고, 사용주가 외국인 근로자 장기요양보험 가입제외신청서에 외국인등록증 사본을 첨부하여 관할 국민건강보험공단에 제출하여 신청함

6. 유의사항
   - 직장가입자가 장기요양보험에서 제외된 경우, 그 직장가입자의 피부양자도 장기요양보험에서 제외됨
   - 장기요양보험가입만 제외되며, 건강보험 자격은 계속 유지됨
   - 가입제외된 자는 직장가입자 유지기간 동안은 장기요양보험을 재가입 할 수 없음. 다만, 체류자격이 D-3(산업연수생), E-9(비전문취업), H-2(방문취업) 이외의 체류자격으로 변경 시 공단에 장기요양보험 재가입을 신청해야 함
   - 장기요양보험가입 제외된 자는 직장을 바꾸어도 계속 장기요양보험가입이 제외됨

[표] 직장가입자 건강보험료

구분	전체 보험료율	가입자부담 보험료율	사용자부담 보험료율	국가부담 보험료율
일반 근로자	7.09%	3.545%	3.545%	-
공무원	7.09%	3.545%	-	3.545%
사립학교교원	7.09%	3.545%	2.127%	1.418%

※ 건강보험료(월)=보수월액×보험요율, 장기요양보험료(월)=보수월액×장기요양보험료율(0.9182%)
※ 장기요양보험료는 가입자가 모두 부담
※ 건강보험료와 장기요양보험료 모두 원 단위 이하 절사

45

주어진 자료에 대한 설명으로 옳지 않은 것을 고르면?

① 외국인근로자 장기요양보험 가입제외는 지역가입자인 외국인근로자에 한한다.
② 외국인근로자 장기요양보험에 가입이 제외된 자는 직장가입자 유지기간 동안은 재가입할 수 없다.
③ 외국인근로자가 직장가입자 자격 취득 신고일 5일 후 장기요양보험 가입제외를 신청한 경우 자격취득일로부터 장기요양보험 자격상실이 된다.
④ 외국인근로자 장기요양보험 가입제외를 신청하기 위해서는 대상자가 사용주에게 서류를 작성하여 제출해야 한다.

46

체류자격이 H-1인 외국인근로자 A씨는 외국인근로자 장기요양보험 가입제외 신청을 하였다. A씨의 보수월액이 2,789,000원이라고 할 때, A씨 본인이 부담해야 하는 월 건강보험료와 장기요양보험료에 대한 설명으로 옳은 것을 고르면?

① 월 건강보험료는 98,870원이고, 장기요양보험료는 없다.
② 월 건강보험료는 98,870원이고, 장기요양보험료는 25,608원이다.
③ 월 건강보험료는 197,740원이고, 장기요양보험료는 없다.
④ 월 건강보험료는 197,740원이고, 장기요양보험료는 25,608원이다.

[47~48] 다음은 업무용 차량 임차 규정에 관한 자료이다. 이를 바탕으로 이어지는 질문에 답하시오.

제1조(용어의 정의) 이 조건에서 사용하는 용어의 정의는 다음과 같다.
1. "임대차"라 함은 여객자동차운수사업법에 따른 "자동차 대여"에 의하여 차량을 임대하고 임차하는 일체의 행위를 말하며, 차량유지관리서비스를 포함한다.
2. "발주자"(임차자)라 함은 ◇◇공사 사장 또는 그 위임을 받은 자를 말한다.
3. "계약상대자"(자동차 대여사업자)라 함은 당사 또는 그 위임을 받은 자와 자동차 임대계약을 체결한 자를 말한다.
4. "운영부서"라 함은 임차자동차의 운영·관리에 대한 구체적인 지시·명령을 행하는 부서를 말한다.

제2조(계약상대자 조건) 계약상대자의 조건은 다음과 같다.
1. 계약일 현재 대여용 차량을 5,000대 이상 보유하여야 한다.
2. 전국 지점망을 갖춘 업체로서 차량 공급 및 상시점검서비스가 가능하여야 한다.

제3조(임대차 차량) 1. 임대차 되는 차량의 기준은 다음과 같다.

연번	모델명	수량	연식	연료	옵션
1	M	3	2022년식	휘발유	자동변속기
2	R	1	2024년식	경유	스마트키
3	S	2	2023년식	경유	전, 측, 후 썬팅
4	C	2	2024년식	경유	자동변속기

2. 임대차 되는 차량은 네비게이션, 블랙박스를 지급하여야 한다.

제4조(계약기간) 임대차 계약기간은 발주자가 차량을 인수한 날로부터 3년간으로 한다.

제5조(임차료, 대금의 지급 및 정산) 1. 월 임차료는 차량비, 자동차의 고장수리 및 부품교환, 정비비(각종 오일 소모품 일체 교환 및 보충), 제세 및 보험료 등이 포함된 금액을 말한다.
2. 차량운행과 관련된 유류비, 주차비 등은 "발주자"의 부담으로 한다.
3. 계약상대자는 매월 말일을 기준으로 익월 5일 이내에 운영부서에 대금을 청구(전자세금계산서 발행)한다. 단, 임차기간이 1개월 미만일 경우에는 일할계산(해당월의 총일수 기준)하여 지급한다.

제6조(납품장소 및 납품기일) 임차차량의 납품장소는 ◇◇공사 본사로 하고, 납품기일은 계약체결일로부터 30일 이내에 공급하여야 하며, 불가항력적인 사유에 의거 납기 조정이 필요한 경우 발주자와 협의하여 정하고 조정된 납기에도 불구하고 지연된 경우에는 개별차량의 임차계약금액에 1일당 지체상금율 0.25%를 적용한다.

제7조(자동차 관리) 1. 자동차 대여사업자와 임대하는 자동차의 소유자는 반드시 동일하여야 하며, 자동차 대여사업자는 임대자동차의 자동차등록증 사본 및 보험가입증명서를 용역개시일 전에 발주자에게 제출하여야 한다.
2. 임차하는 자동차의 각종 고장수리비 및 부품교환비, 정비비(각종 오일, 소모품 일체 교환 및 보충), 제세 및 보험료는 계약상대자가 부담한다.

3. 계약상대자는 사고 발생 시 즉시 사고처리가 가능하도록 조치하여야 한다.
4. 차량의 고장이나 사고 발생으로 차량 수리에 소요되는 시간이 8시간 이상인 경우 계약상대자는 동급차종으로 즉시 대차하여야 하며, 대차하지 못하였을 경우에는 월 임차료(30일 기준)의 1.5배를 발주자에게 배상하여야 한다.
5. 발주자는 차량 운행 중에 발생한 응급처치 및 소액수리를 계약상대자에게 사전통보 후 선처리 할 수 있으며, 계약상대자는 발주자가 이 증빙서를 제출하면 7일 이내에 그 비용을 지급하여야 한다.
6. 동절기에는 차량의 안전사고 예방을 위하여 발주자 운영부서 요청 시 스노우타이어 또는 스노우체인을 적기에 공급·교체하여야 한다.
7. 스노우타이어의 경우 교체 후 교체한 타이어를 즉시 공사와 다른 장소에 보관하여야 한다.

제8조(자동차의 점검 및 검사) 1. 계약상대자는 자동차가 항상 최적의 상태를 유지하도록 월 1회 이상의 정기점검 및 수시점검을 하여야 한다.
2. 자동차의 점검 및 검사는 계약상대자의 책임으로 실시하며, 발주자는 이에 필요한 시간을 할애하여야 한다.

제9조(자동차보험 및 사고처리) 계약상대자는 자동차손해배상보장법에 의한 책임보험과 자동차 종합보험(대인, 대물, 자손, 자차)에 가입된 자동차를 발주자에게 임대하여야 하며, 발주자는 손해보험약관에 명시된 해석과 보장보험의 범위내에서 보험보상을 받는다.
1. 운전자는 발주자 측 임직원 및 발주자 업무와 직접적으로 관련이 있는 자를 포함한다.
2. 운전자 연령: 만 21세 이상 한정운전 특약
3. 대인보상한도: 무한
4. 대물보상한도: 1사고당 3억 원
5. 자손보상한도: 사망·후유장애 1인당 1억 원, 부상 1인당 3,000만 원
6. 무보험차 상해: 1사고당 최고 2억 원
7. 자차보상한도: 자차보험 필수가입 단, 자기부담금은 1건당 100,000원으로 한다.
8. 긴급출동서비스 보험가입

제10조(권리의무 양도금지) 1. 계약상대자는 발주자의 사전동의 없이 계약상의 모든 권리의무를 제3자에게 양도하거나 담보로 제공할 수 없다.
2. 계약상대자는 회사 명칭 또는 대표자 변경이 있는 때는 즉시 발주자에게 문서로 통지하여야 하며, 이때 동 계약과 관련한 모든 권리의무 관계는 승계된 것으로 본다. 단, 통보문서 접수 전에 발생하는 모든 책임은 계약상대자에게 귀속된다.

47
주어진 자료에 대한 설명으로 옳지 않은 것을 고르면?

① 임차자가 동절기에 요청하는 경우에는 계약상대자가 스노우타이어나 스노우체인을 알맞은 시기에 공급해야 한다.
② 월 임차료에는 자동차의 소모품 교환 및 보충 비용이 모두 포함된다.
③ 임대차 되는 자동변속기 차량은 총 2대이다.
④ 자동차 대여사업자는 사고 한 번당 최고 2억 원의 무보험차 상해 보험에 가입된 자동차를 임대해야 한다.

48
다음은 모델별 1개월당 임차대금이다. R자동차의 임차기간이 6월 5일부터 6월 30일까지라고 할 때, 계약상대자에게 R자동차의 임차료로 지불해야 할 금액을 고르면?(단, 계산은 원단위 이하 절사하여 구한다.)

(단위: 원/대)

모델명	1개월당 임차대금
M	290,000
R	350,000
S	320,000
C	360,000

① 291,660원　　② 293,330원　　③ 303,330원　　④ 326,660원

[49~51] 다음은 주택용 전기요금에 대한 자료이다. 이를 바탕으로 이어지는 질문에 답하시오.

- 전기요금의 구조: 기본요금＋전력량요금＋기후환경요금＋연료비조정요금
- 기후환경요금: 깨끗하고 안전한 에너지 제공에 소요되는 비용(RPS, ETS, 석탄발전 감축비용)
  - 부과방식: 기후환경요금 단가×사용전력량
- 연료비조정요금: 연료비 변동분(석탄, 천연가스, 유류)을 반영하는 요금
  - 부과방식: 연료비조정단가×사용전력량

주택용 전력(저압)

- 주거용 고객(아파트 고객 포함), 계약전력 3kW 이하의 고객
- 독신자 합숙소(기숙사 포함) 또는 집단주거용 사회복지시설로서 고객이 주택용 전력의 적용을 희망하는 경우 적용
- 주거용 오피스텔 고객(주거용 오피스텔: 주택은 아니지만 실제 주거용도로 이용되는 오피스텔)

[표1] 주택용 전력(저압) 하계(7. 1. ~ 8. 31.) 전기요금

구간		기본요금(원/호)	전력량 요금(원/kWh)
1	300kWh 이하	910	120.0
2	301~450kWh	1,600	214.6
3	450kWh 초과	7,300	307.3

※ 슈퍼유저요금: 하계(7~8월) 1,000kWh 초과 전력량요금은 736.2원/kWh 적용

[표2] 주택용 전력(저압) 기타계절(1. 1. ~ 6. 30., 9. 1. ~ 12. 31.) 전기요금

구간		기본요금(원/호)	전력량 요금(원/kWh)
1	200kWh 이하	910	120.0
2	201~400kWh	1,600	214.6
3	400kWh 초과	7,300	307.3

※ 슈퍼유저요금: 동계(12~2월) 1,000kWh 초과 전력량요금은 736.2원/kWh 적용

주택용 전력(고압)

- 고압으로 공급받는 가정용 고객에게 적용

[표3] 주택용 전력(고압) 하계(7. 1. ~ 8. 31.) 전기요금

구간		기본요금(원/호)	전력량 요금(원/kWh)
1	300kWh 이하	730	105.0
2	301~450kWh	1,260	174.0
3	450kWh 초과	6,060	242.3

※ 슈퍼유저요금: 하계(7~8월) 1,000kWh 초과 전력량요금은 601.3원/kWh 적용

[표4] 주택용 전력(고압) 기타계절(1. 1. ~ 6. 30., 9. 1. ~ 12. 31.) 전기요금

구간		기본요금(원/호)	전력양 요금(원/kWh)
1	200kWh 이하	730	105.0
2	201~400kWh	1,260	174.0
3	400kWh 초과	6,060	242.3

※ 슈퍼유저요금: 동계(12~2월) 1,000kWh 초과 전력량요금은 601.3원/kWh 적용

전기요금 복지할인 안내

- 주거용 주택용 사용가구(단, 사회복지시설은 일반용 포함)를 대상으로 함
- 장애인: "장애인복지법"에서 정한 장애의 정도가 심한 장애인
- 국가유공자: "국가유공자등예우 및 지원에 관한 법률"에서 정한 1~3급 상이자
- 상이유공자: "5.18민주유공자예우에 관한 법률"에서 정한 1~3급 상이자
- 기초생활수급자: "국민기초생활보장법" 제7조 1항 1호~4호에 해당하는 수급자
  1. 생계급여, 2. 주거급여, 3. 의료급여, 4. 교육급여
- 독립유공자: "독립유공자 예우에 관한 법률"에 의한 독립유공자 또는 유족 1인
- 사회복지시설: 사회복지사업법에 의한 사회복지시설, 다만 다음 법령에 해당하는 복지시설은 제외
  - 노인복지법 제32조의 제1항 제3호의 노인복지주택
  - 노인복지법 시행규칙 제14조 제1항 제1호 라목의 유료양로시설
  - 노인복지법 시행규칙 제18조 제1항 제1호 라목의 유료노인요양시설
  ※ 입소자에게 분양 또는 임대한 시설이거나, 입소자로부터 입소비용 전부를 수납하여 운영하는 시설
- 차상위계층: "국민기초생활법"에서 정한 차상위계층으로 다음 법령에 따라 지원받는 자
  - 국민기초생활법
  - 국민건강보험법 시행령 별표2 제3호 라목
  - 장애인복지법 제49조, 제50조
  - 국민기초생활보장법 시행규칙 제38조 제4항
- 자녀이상가구: "자(子)" 3인 이상 또는 "손(孫)" 3인 이상 가구
- 대가족: 가구원수가 5인 이상인 가구
- 출산가구: 출생일로부터 3년 미만인 영아가 1인 이상 포함된 가구
- 생명유지장치: 산소발생기, 인공호흡기 등 생명유지장치 사용하는 가구
- 할인율 및 한도 설정에 따른 월 전기요금 할인
  - 장애인, 유공자, 기초수급(생계, 의료): 월 16,000원 한도
  - 기초수급(주거, 교육): 월 10,000원 한도
  - 차상위계층: 월 8,000원 한도
  - 대가족, 3자녀, 출산가구: 월 16,000원 한도

49
주어진 자료에 대한 설명으로 옳지 않은 것을 고르면?

① 계약전력이 3kW를 초과하는 고객은 주택용 고압 전력을 공급받는다.
② 장애인복지법 제50조에 따라 지원받은 차상위계층은 전기요금 복지할인을 받을 수 있다.
③ 연료비조정요금은 사용전력량에 비례하여 부과된다.
④ 주택용 전력으로 동일한 전력량을 사용하는 경우 저압보다 고압 전기요금이 더 비싸다.

50
다음 중 한 달에 16,000원의 전기요금 복지할인을 받는 사람을 고르면?(단, 모두 주거용 주택용 전기를 사용하고 있다.)

① 2년 전 출생한 자녀를 두고 있는 A씨
② 국민기초생활보장법 제7조 1항 2호에 해당하는 수급자 N씨
③ 입소자로부터 입소비용 전부를 수납해 유료노인요양시설을 운영하는 G씨
④ 국민기초생활법에 의해 차상위계층으로 지원받는 H씨

51
주거용 오피스텔에 거주 중인 A씨는 1월 한 달간 1,050kWh의 전력을 사용하였다. 기후환경요금의 단가는 9원, 연료비조정요금의 단가는 5원이라고 할 때, A씨가 지불해야할 1월 전기요금을 바르게 계산한 것을 고르면?(단, 최종 전기요금은 원단위 이하 절사한다.)

① 274,570원　　　② 296,010원　　　③ 310,110원　　　④ 322,660원

[52~54] 다음은 숙련기능인력 점수제 평가에 관한 자료의 일부이다. 이를 바탕으로 이어지는 질문에 답하시오.

□ 적용대상
- 체류자격: 비전문취업(E-9), 선원취업(E-10), 방문취업(H-2)
- 취업기간: 최근 10년 간 5년 이상 합법적으로 취업활동을 계속하고 있을 것
  ※ 다만 취업 기간이 4년 이상이더라도 사회통합프로그램 3단계 이상을 이수한 경우 취업기간을 충족한 것으로 봄
- 제외: 형사범, 세금체납자, 출입국관리법 4회 이상 위반한 자 및 3개월 이상 불법체류 이력이 있는 자
  ※ 형사범은 벌금형(벌금액 50만 원 이상)이상을 말하며, 세금을 완납한 사람은 신청 가능

□ 점수요건: 총 170점 만점 기준으로, 다음 두 가지 조건 중 하나를 충족해야 함
  1. 산업 기여 가치 '연간소득' 점수가 10점 이상인 자로 총 득점이 45점 이상인 자
  2. 미래 기여 가치 합계 점수가 35점 이상인 자로 총 득점이 66점 이상인 자

가. 기본항목: 최대 95점
  1) 산업 기여 가치
   ◆ 연간소득: 최대 20점

구분	3,300만 원 이상	3,000만 원 이상	2,600만 원 이상
배점	20점	15점	10점

   ※ 신청일 기준 최근 2년 각 2,600만 원 이상의 연간소득(세무서발행 소득금액증명원 기준)이 있는 경우에 한하며, 2년 치 평균 금액을 소득으로 산정하여 배점 부여

  2) 미래 기여 가치
   ◆ 숙련도: 최대 20점

구분	자격증 소지			기량검증 통과
	기사	산업기사	기능사	
배점	20점	15점	10점	10점

   ※ 항목 간 중복 산정 불가(가장 높은 점수치 하나만 산정 가능)

   ◆ 학력: 최대 10점

구분	학사	전문학사	고졸
배점	10점	10점	5점

   ※ 항목 간 중복 산정 불가(가장 높은 점수치 하나만 산정 가능)
   ※ 취득 지역은 국내외 불문하되 정규과정만 해당

   ◆ 연령: 최대 20점

구분	~24세	~27세	~30세	~33세	~36세	~39세
배점	20점	17점	14점	11점	8점	5점

   ※ 출생일 산입하여 만 나이로 계산

◆ 한국어능력: 최대 25점

구분	5급/5단계 이상	4급/4단계 이상	3급/3단계 이상	2급/2단계 이상
배점	20점	15점	10점	5점

나. 선택항목: 최대 75점

◆ 근속 기간: 동일업체 근속 기간에 따라 연도별로 최대 10점

※ 법무부에 고용된 사실을 신고한 기간이 1년이 넘으면 1점, 2년이 넘으면 2점을 부여하며, 민원인이 별도 제출할 서류는 없고 가점부분에 기재로 갈음

◆ 보유 자산: 최대 35점

구분	2년 이상 국내 정기적금 ①					국내 자산 ②		
	1억 원 이상	8천만 원 이상	6천만 원 이상	4천만 원 이상	2천만 원 이상	1억 원 이상	8천만 원 이상	5천만 원 이상
배점	15점	12점	9점	7점	5점	20점	15점	10점

※ ①과 ②간 중복 산정 가능(단, 이 경우 ②는 ①금액을 제외한 금액만 인정)
※ ①는 월 단위 적립식 적금을 말하며 월 적립금이 80만 원 이상인 경우만 해당
※ ②는 신청일 기준 1년 이상 보유 중인 본인소유 부동산(토지/주택/건물)만 해당

◆ 최근 10년 이내 국내 관련분야 근무경력: 최대 20점

구분	뿌리산업 분야 및 농, 축산, 어업, 조선업, 내항상선 분야			일반 제조업, 건설업 분야 등		
	8년 이상	6년 이상	4년 이상	8년 이상	6년 이상	4년 이상
배점	20점	15점	10점	20점	10점	5점

※ 항목 간 중복 산정 불가(가장 높은 점수치 하나만 산정 가능)

◆ 관련 직종 국내 교육 또는 연수경험: 최대 10점

구분	국내 교육경험 ①		국내 연수경험 ②	
	학사이상 취득	전문학사 취득	1년 이상	6개월~1년 미만
배점	10점	8점	5점	3점

※ 항목 간 중복 산정 불가(가장 높은 점수치 하나만 산정 가능)
※ ①은 국내 대학에서 정규과정 유학하고 해당 직종관련 전문학사 이상 학위취득자만 해당
※ ②는 국내 사설기관연수(D-4-6)자격 연수허용기관에서의 해당 직종관련 연수만 인정

다. 감점항목: 최대 50점

구분	출입국관리법 위반 ①			기타 국내 법령 위반 ②		
	1회	2회	3회 이상	1회	2회	3회 이상
배점	5점	10점	50점	5점	10점	50점

※ ①과 ②간 합산 점수를 적용
※ ① 신청일 기준 10년 이내 위반 횟수만 기산하며 처벌여부와 상관없이 위반이 확정된 건은 모두 포함(처분면제, 과태료 포함)하며, 4회 이상 위반자는 신청 제한
※ ② 10년 이내 위반 횟수만 기산하되 관할사무소에서 체류허가로 심사결정한 경우에 한함

52
주어진 자료에 대한 설명으로 가장 옳지 않은 것을 고르면?

① 출입국관리법 위반은 처벌여부와 상관없이 위반이 확정된 건이 4회 이상이면 평가 대상에서 제외된다.
② 연간소득이 3,300만 원 이상인 근로자는 다른 점수와 관계없이 점수요건을 만족한다.
③ 최근 10년 중 6년 동안 합법적인 취업이 계속된 근로자는 평가 대상이 된다.
④ 점수제 평가 신청일 기준 2년 동안 보유 중인 본인 소유 건물은 국내 자산으로 인정받을 수 있다.

53
다음은 숙련기능인력 점수제 평가에 신청한 A씨에 대한 자료이다. A씨가 받는 기본항목에 대한 총점으로 옳은 것을 고르면?

- 국적: 베트남
- 학력: 자국 고등학교 졸업
- 최근 5년간 연간소득
- 나이: 만 31세
- 자격증: 한국어능력 3급 및 조선산업기사 자격증 소지

구분	2020년	2021년	2022년	2023년	2024년
연간 소득	2,600만 원	2,900만 원	3,000만 원	3,100만 원	3,400만 원

① 51점　　② 56점　　③ 61점　　④ 65점

54
B씨의 법 위반 기록이 다음과 같을 때, B씨의 총 감점 점수를 고르면? (단, 신청일은 2024년 5월 1일이다.)

구분	위반 내용	구분	위반 내용
2011년	7월 출입국관리법 위반(처분면제)	2017년	6월 국내 법령 위반(체류허가)
2013년	1월 출입국관리법 위반(과태료) 12월 국내 법령 위반(체류허가)	2019년	2월 국내 법령 위반(체류허가)
		2023년	1월 출입국관리법 위반(처분면제)

① 15점　　② 25점　　③ 40점　　④ 50점

[55~57] 다음은 에너지바우처에 관한 자료이다. 이를 바탕으로 이어지는 질문에 답하시오.

1. **에너지바우처란?**
   국민 모두가 시원한 여름, 따뜻한 겨울을 보낼 수 있도록 에너지 취약계층을 위해 에너지바우처를 지급하여 전기, 도시가스, 지역난방, 등유, LPG, 연탄을 구입할 수 있도록 지원하는 제도

2. **신청안내**
   - 신청기간: 2024.5.29.(수)~2024.12.31(화)
   - 신청방법
     - 방문(주민등록상 거주지 읍·면·동 행정복지센터(수급자 본인 또는 대리인))신청
     - 직권신청: 담당 공무원이 전화 또는 개별접촉 등을 통해 대상자의 동의(구두 또는 서면)을 얻어 직권신청 가능
     - 온라인신청: 복지 홈페이지에서 신청 가능
   - 구비서류
     - 공통서류: 에너지이용권 발급 신청서(읍면동 비치), 전기요금고지서(여름 바우처) 또는 에너지 요금고지서(겨울 바우처)
     - 대리신청: 대상자(수급자) 위임장, 대리인의 신분증 사본

3. **지원대상**: 소득기준과 가구원특성기준을 모두 충족하는 가구
   - 소득기준: '국민기초생활보장법'에 따른 생계·의료·주거·교육급여 수급자
   - 가구원특성기준: 주민등록표상의 수급자(본인) 또는 세대원이 다음 어느 하나에 해당하는 경우
     - 노인: 주민등록기준 1959.12.31 이전 출생자
     - 영유아: 주민등록기준 2017.01.01 이후 출생자
     - 장애인: '장애인복지법'에 따라 등록된 장애인
     - 임산부: 임신 중이거나 분만 후 6개월 미만인 여성
     - 중증질환자, 희귀질환자, 중증난치질환자: 국민건강보험법 시행령에 따른「본인일부부담금 산정특례에 관한 기준」[별표3], [별표4], [별표4의2]를 가진 사람
     - 한부모가족: '한부모가족지원법' 제5조 및 제5조의2에 해당하는 자
     - 소년소녀가정: 보건복지부에서 정한 아동분야 사업 중 소년소녀가정 지원 대상에 해당하는 사람('아동복지법' 제3조에 의한 가정위탁보호 아동을 포함)
     ※ 단, 세대원 모두가 보장시설 수급자인 경우 지원 대상에서 제외
   - 다음의 경우, 동절기 에너지바우처 중복 지원 불가함
     - 「긴급복지지원법」에 따라 동절기 연료비['24년 10월 ~]를 지원받은 자(세대)
     - 24년도 등유바우처를 발급받은 자(세대)
     - 24년 연탄쿠폰을 발급받은 자(세대)

4. **지원금액**

구분	1인 세대	2인 세대	3인 세대	4인 이상 세대
하절기	55,700원	73,800원	90,800원	117,000원
동절기	254,500원	348,700원	456,900원	599,300원

※ 희망세대에 한해 하절기에 동절기 바우처 4만 5천 원 당겨쓰기 가능(총지원금액은 동일)
※ 하절기 바우처 사용 후 남은 잔액은 동절기에 사용 가능

55
주어진 자료에 대한 설명으로 옳은 것을 고르면?

① 올해 연탄쿠폰을 지원받은 사람도 동절기 에너지바우처를 지원받을 수 있다.
② 에너지바우처의 대리신청을 위해 필요한 서류는 총 4가지이다.
③ 에너지바우처의 신청기간은 약 6개월이다.
④ 1인 세대는 총 350,200원의 에너지바우처를 지원받을 수 있다.

56
에너지바우처 소득 기준을 만족하는 A~D가구 중 에너지바우처 지원대상이 아닌 가구를 고르면?

① 지난달 출산한 아내가 있는 3인 가구 A
② 장애인복지법에 의해 등록된 장애인 1인 가구 B
③ 출생일이 1959년 12월 30일인 아버지를 둔 4인 가구 C
④ 홀어머니와 본인, 동생이 보장시설 수급자인 3인 가구 D

57
에너지바우처 지원 대상자에 해당하는 3인 세대 B가구는 에너지바우처를 신청한 뒤 하절기에 73,800원을 사용한 상태이다. 겨울이 되어 B가구가 동절기 에너지 바우처를 사용하고자 할 때, 사용 가능한 최대 금액을 고르면?

① 422,500원　　② 456,900원　　③ 473,900원　　④ 547,700원

[58~60] 다음은 고속도로 통행료 감면 제도 연장에 관한 자료이다. 이를 바탕으로 이어지는 질문에 답하시오.

친환경차·화물차 고속도로 통행료 감면 제도 연장
12일부터 「유료도로법 시행령」 개정안 입법예고
친환경 자동차 3년 연장, 심야운행 화물차 2년 연장

□ 정부가 민생안정을 위한 정책의 일환으로 올해 말 일몰 예정인 고속도로 통행료 감면제도를 연장한다.
   ㅇ 이번 조치는 안전한 고속도로 환경 조성과 국민부담 완화 그리고 정부의 정책 방향을 종합적으로 검토한 결과이다.

□ 국토교통부는 11월 12일부터 12월 12일까지 유료도로법 시행령 개정안을 입법예고한다.
   주요 내용은 다음과 같다.

첫 번째, 친환경차 통행료 감면은 3년 연장하되 감면율은 점진적 축소한다.
   ㅇ 국토교통부는 '17년부터 친환경차 보급을 지원하기 위해 친환경차에 대하여 고속도로 통행료를 감면(50%)하는 제도를 운영 중이며, 그간 2차례 연장하였고 올해 말에는 해당 감면제도가 종료될 예정이었다.
   ㅇ 이에, 국토교통부는 친환경차 보급 지원 필요성 등을 종합적으로 검토하여, 감면기간을 '27년까지 3년 연장하기로 하였다.
   ㅇ 다만, 친환경차 감면액은 지속적으로 증가*했으나, 고속도로 통행료가 9년째 동결되어 고속도로 유지관리 재원이 제한적인 상황이므로, 유지관리 부실 우려 등을 고려하여 감면 비율은 매년 점진적으로 축소할 계획이다.
      * 친환경차 감면액: '17년 2억 원 → '18년 27억 원 → '19년 80억 원 → '20년 129억 원 → '21년 219억 원 → '22년 426억 원 → '23년 626억 원
   ㅇ 아울러, 감면 축소로 확보되는 재원 일부는 장애인 렌트차량 통행료 감면** 등 취약계층 지원을 위한 제도에 활용될 전망이다.
      ** 현재 장애인 차량 통행료 감면 대상은 장애인 또는 세대원이 소유하는 차량

[표1] 친환경차 연도별 감면율(안)

연도	현행	'25년	'26년	'27년
감면율(%)	50	40	30	20

※ 대상: 「친환경자동차법」에 따른 전기자동차 및 수소전기자동차가 전자기적 지급수단(하이패스 등)을 이용하여 통행료 납부하는 경우

두 번째, 심야운행 화물차 감면은 동일 조건으로 2년 연장한다.
   ㅇ 화물차 심야할인 제도는 화물차 심야운행을 유도해 교통을 분산하고, 물류비용 경감을 통한 국민 부담 완화 등을 위해 '00년 도입했다. 그간 12차례 할인을 연장했고, 올해 말 해당 감면제도가 종료될 예정이었다.

[표2] 심야운행 화물차 감면제도

심야시간*** 이용비율(%)	100~70	70~20	20 미만
통행료 할인율(%)	50	30	0

※ 이용비율 계산법: 할인시간대 통행시간÷전체 고속도로 이용시간
*** 심야시간 기준: 폐쇄식 고속도로 기준 21:00~06:00이며, 개방식 고속도로는 23:00~05:00에 통과 시 50% 일괄 할인

○ 이에, 국토교통부는 최근 지속되는 고물가 상황으로 인한 화물업계의 부담 측면과 물류비 상승 가능성 등을 고려하여 해당 감면제도를 연장하기로 하였다.

이와 함께, 비상자동제동장치(AEBS[△])를 장착한 버스에 대해 신청한 날('18년 6월부터 '23년 12월까지)로부터 1년간 통행료를 30% 감면하는 제도는 이미 신규 신청기간이 종료('23. 12. 31.)되어 사실상 종료된 사항으로 관련 규정도 정비한다.

△ Advanced Emergency Breaking System: 전방 충돌 상황을 감지해 자동으로 정지하는 장치

출처: 정책브리핑, 국토교통부, 친환경차·화물차 고속도로 통행료 감면 제도 연장

58

주어진 자료에 대한 설명으로 옳지 않은 것을 고르면?

① 전방 충돌 상황을 감지해 자동으로 정지하는 장치를 장착한 버스에 대해 통행료를 감면하는 제도는 2024년 12월까지 시행되었다.
② 유료도로법 시행령 개정안은 11월 12일부터 전문을 확인할 수 있다.
③ 2017년과 2024년 친환경차 고속도로 통행료 감면율은 동일하다.
④ 2023년 친환경차 감면액은 2년 전 대비 190% 이상 증가하였다.

59

다음은 서울에서 동해까지 이동하였을 때 부과되는 차종별 고속도로 통행요금이다. 2종 친환경차를 운행 중인 Y씨가 2025년과 2027년에 각각 동일하게 서울에서 동해까지 이동하였다고 할 때, 각 해에 납부해야 하는 통행요금을 바르게 짝지은 것을 고르면?

구분	1종	2종	3종	4종	5종
통행요금	12,600원	12,800원	13,300원	17,400원	20,500원

    2025년   2027년
① 7,680원   10,240원
② 7,680원   2,560원
③ 5,120원   5,560원
④ 6,400원   10,240원

60

화물차를 운행하는 E씨의 하루 운행 내역이 다음과 같을 때, E씨가 감면받을 수 있는 통행료 할인율을 고르면?(단, E씨는 폐쇄식 고속도로를 이용하였다.)

11. 20. 18:30	고속도로 진입
11. 21. 02:00	고속도로 통행료 납부 및 출차

① 50%   ② 40%   ③ 30%   ④ 0%

01

국민건강보험법상 약제에 대한 요양급여비용 상한금액의 감액 등에 관한 설명으로 옳지 않은 것을 고르면?

① 보건복지부장관은 약제에 대하여 요양급여비용 상한금액의 100분의 30을 넘지 아니하는 범위에서 그 금액의 일부를 감액할 수 있다.
② 보건복지부장관은 요양급여비용의 상한금액이 감액된 약제가 감액된 날부터 5년의 범위에서 대통령령으로 정하는 기간 내에 다시 감액의 대상이 된 경우에는 요양급여비용 상한금액의 100분의 40을 넘지 아니하는 범위에서 요양급여비용 상한금액의 일부를 감액할 수 있다.
③ 보건복지부장관은 요양급여비용의 상한금액이 감액된 약제가 감액된 날부터 5년의 범위에서 대통령령으로 정하는 기간 내에 다시 위반과 관련된 경우에는 해당 약제에 대하여 1년의 범위에서 기간을 정하여 요양급여의 적용을 정지할 수 있다.
④ 요양급여비용 상한금액의 감액 및 요양급여 적용 정지의 기준, 절차, 그 밖에 필요한 사항은 대통령령으로 정한다.

02

국민건강보험법상 다음 [보기]에서 재정운영위원회에 관한 설명으로 옳은 것을 모두 고르면?

―― 보기 ――
㉠ 요양급여비용의 계약 및 결손처분 등 보험재정에 관련된 사항을 심의·의결하기 위하여 공단에 재정운영위원회를 둔다.
㉡ 재정운영위원회의 위원장은 위원 중에서 호선(互選)한다.
㉢ 재정운영위원회 위원(공무원인 위원은 제외한다)의 임기는 2년으로 한다. 다만, 위원의 사임 등으로 새로 위촉된 위원의 임기는 전임위원 임기의 남은 기간으로 한다.
㉣ 재정운영위원회의 운영 등에 필요한 사항은 대통령령으로 정한다.

① ㉠, ㉢
② ㉡, ㉣
③ ㉠, ㉡, ㉣
④ ㉠, ㉡, ㉢, ㉣

03

국민건강보험법상 직장가입자로 볼 수 없는 자를 고르면?

① 고용기간이 1개월 이상인 일용근로자
② 「병역법」에 따른 현역병, 전환복무된 사람 및 군간부후보생
③ 「병역법」에 따른 현역병 중 지원에 의해 임용된 하사
④ 선거에 당선되어 취임하는 공무원으로서 매월 보수 또는 보수에 준하는 급료를 받는 사람

04

국민건강보험공단의 정관상 설립 및 등기에 관한 사항으로 옳은 것을 고르면?

① 국민건강보험공단의 설립등기에는 목적, 명칭, 이사장의 성명 및 주소지 사항을 포함하지만 주민등록번호는 개인정보보호법에 의하여 제외한다.
② 국민건강보험공단은 단일 보험자 형태로 관리 및 운영되고 있다.
③ 국민건강보험공단은 정관을 변경하려면 보건복지부장관의 허가를 받아야 한다.
④ 국민건강보험공단의 해산에 관하여는 정관으로 정한다.

05

국민건강보험법상 다음 중 가장 먼저 부과해야 되는 것을 고르면?

① 보험료
② 국세
③ 저당권
④ 사채(私債)

06

다음 [보기]에서 국민건강보험법상 권리구제(이의신청)의 기한이 90일 이내에 해당되는 것을 모두 고르면?

┤ 보기 ├

ㄱ. 심사평가원의 확인에 대한 건
ㄴ. 가입자 및 피부양자의 자격, 보험료, 보험급여, 보험급여 비용에 관한 공단의 처분 건
ㄷ. 심판청구에 관한 건
ㄹ. 행정소송에 관한 건

① ㄱ, ㄹ
② ㄴ, ㄷ
③ ㄱ, ㄴ, ㄹ
④ ㄱ, ㄴ, ㄷ, ㄹ

07

다음 [보기]에서 국민건강보험법상 장애인 보조기기에 관한 설명으로 옳은 것을 모두 고르면?

┤ 보기 ├

ㄱ. 공단은 「장애인복지법」에 따라 등록한 장애인인 가입자 및 피부양자에게는 「장애인·노인 등을 위한 보조기기 지원 및 활용촉진에 관한 법률」에 따른 보조기기에 대하여 보험급여를 할 수 있다.
ㄴ. 장애인인 가입자 또는 피부양자에게 보조기기를 판매한 자는 가입자나 피부양자의 위임이 있는 경우 공단에 보험급여를 직접 청구할 수 있다. 이 경우 공단은 지급이 청구된 내용의 적정성을 심사하여 보조기기를 판매한 자에게 보조기기에 대한 보험급여를 지급할 수 있다.
ㄷ. 보조기기에 대한 보험급여의 범위·방법·절차에 따른 보조기기 판매업자의 보험급여 청구, 공단의 적정성 심사 및 그 밖에 필요한 사항은 보건복지부령으로 정한다.

① ㄱ
② ㄱ, ㄴ
③ ㄴ, ㄷ
④ ㄱ, ㄴ, ㄷ

08
국민건강보험법상 다음 내용에 해당하는 벌금 금액을 고르면?

거짓이나 그 밖의 부정한 방법으로 보험급여를 받거나 타인으로 하여금 보험급여를 받게 한 사람

① 10,000,000원
② 20,000,000원
③ 30,000,000원
④ 40,000,000원

09
다음 [보기]는 국민건강보험법상 서류 보존 의무 기간 관련 항목이다. 보존기간 5년에 해당되는 것을 모두 고르면?

┤ 보기 ├
㉠ 요양급여 비용의 청구에 관한 서류
㉡ 약국 등 보건복지부령으로 정하는 요양기관 처방전
㉢ 자격 관리 및 보험료 산정 등 건강보험에 관한 서류
㉣ 본인 납입 영수증

① ㉠
② ㉠, ㉡
③ ㉠, ㉡, ㉢
④ ㉠, ㉡, ㉢, ㉣

10
다음 [보기]의 설명 중 국민건강보험법상 급여의 제한 대상에 해당되는 경우를 모두 고르면?

┤ 보기 ├
㉠ 고의 또는 중대한 과실로 인한 범죄행위에 그 원인이 있는 경우
㉡ 고의 또는 중대한 과실로 요양기관의 요양에 관한 지시에 따르지 아니한 경우
㉢ 고의 또는 중대한 과실로 문서와 그 밖의 물건의 제출을 거부하는 경우
㉣ 업무 또는 공무로 생긴 장애·질병·부상·재해·사망으로 다른 법령에 따른 보험급여나 보상(報償) 또는 보상(補償)을 받게 되는 경우

① ㉠, ㉡
② ㉢, ㉣
③ ㉠, ㉡, ㉢
④ ㉠, ㉡, ㉢, ㉣

11
다음 [보기]에서 국민건강보험법상 고액·상습체납자 인적사항 공개에 대한 내용으로 옳은 것이 몇 개인지 고르면?

| 보기 |

㉠ 총액이 1천만 원 이상인 체납자의 인적사항 등에 대한 공개 여부를 심의하기 위하여 개인정보공개심의위원회를 둔다.
㉡ 공단은 총액이 1천만 원 이상인 체납자가 체납된 보험료, 연체금과 체납처분비와 관련하여 국민건강보험법에 따른 이의신청이나 심판청구를 제기한 경우에는 인적사항 등을 공개하지 아니한다.
㉢ 공단은 인적사항 등의 공개대상자에게 공개대상자임을 서면이나 구두로 반드시 통지함으로써 증명의 기회를 부여하여야 하며, 통지일로부터 1년이 경과한 후 체납액의 납부 이행 등을 감안하여 공개대상자를 선정한다.
㉣ 총액이 1천만 원 이상인 체납자의 인적사항 등의 공개는 관보에 게재하거나 공단 인터넷 홈페이지에 게시하는 방법에 따른다.
㉤ 공단은 국민건강보험법에 따른 납부기한의 다음 날부터 1년이 경과한 보험료, 연체금과 체납처분비의 총액이 1천만 원 이상인 체납자가 납부능력이 있음에도 불구하고 체납한 경우 그 인적사항 등을 공개하여야 한다.

① 1개
② 2개
③ 3개
④ 4개

12
국민건강보험법상 금융정보제공에 대한 설명으로 옳지 않은 것을 고르면?

① 공단은 지역가입자의 재산보험료부과점수 산정을 위하여 필요한 경우 「신용정보의 이용 및 보호에 관한 법률」 및 「금융실명거래 및 비밀보장에 관한 법률」에도 불구하고 지역가입자가 제출한 동의 서면을 전자적 형태로 바꾼 문서에 의하여 「신용정보의 이용 및 보호에 관한 법률」에 따른 신용정보집중기관 또는 금융회사 등의 장에게 금융정보등을 제공하도록 요청할 수 있다.
② 금융정보등의 제공을 요청받은 금융기관등의 장은 「신용정보의 이용 및 보호에 관한 법률」 및 「금융실명거래 및 비밀보장에 관한 법률」에 의거 명의인의 금융정보등을 제공하면 아니된다.
③ 금융정보등을 제공한 금융기관등의 장은 금융정보등의 제공 사실을 명의인에게 통보하여야 한다.
④ 금융정보등의 제공 요청 및 제공 절차 등에 필요한 사항은 대통령령으로 정한다.

13
다음 [보기]에서 국민건강보험법상 약제에 대한 과징금 100분의 60을 넘지 <u>않는</u> 범위에 해당하는 사례를 모두 고르면?

┤ 보기 ├
㉠ 환자 진료에 불편을 초래하는 등 공공 복리에 지장을 줄 것으로 예상되는 때
㉡ 국민건강에 심각한 위험을 초래할 것이 예상되는 등 특별한 사유가 있다고 인정되는 때
㉢ 국민건강보험 공단에 업무상 피해를 주는 경우가 인정되는 때
㉣ 건강보험법에 관한 정관을 위반하는 경우

① ㉠
② ㉡
③ ㉠, ㉡, ㉢
④ ㉠, ㉡, ㉢, ㉣

14
국민건강보험법상 피부양자 적용 대상으로 옳지 <u>않은</u> 것을 고르면?

① 직장가입자의 배우자
② 직장가입자의 직계존속
③ 직장가입자의 형제의 배우자
④ 직장가입자의 형제·자매

15
국민건강보험법상 다음 [보기]의 설명 중 옳은 것을 고르면?

┤ 보기 ├
㉠ 요양급여를 결정함에 있어 경제성 또는 치료효과성 등이 불확실하여 그 검증을 위하여 추가적인 근거가 필요한 경우에만 주기적으로 요양급여의 적합성을 평가하여 요양급여 여부를 다시 결정하고, 요양급여의 기준을 조정하여야 한다.
㉡ 선별급여 중 자료의 축적 또는 의료 이용의 관리가 필요한 경우에는 보건복지부장관이 해당 선별급여의 실시 조건을 사전에 정하여 이를 충족하는 요양기관만이 해당 선별급여를 실시할 수 있다.
㉢ 선별급여를 실시하는 요양기관은 해당 선별급여의 평가를 위하여 해당 선별급여의 실시를 제한할 수 있다.
㉣ 선별급여의 실시 조건, 자료의 제출, 선별급여의 실시 제한 등에 필요한 사항은 대통령령으로 정한다.

① ㉠ ② ㉡ ③ ㉢ ④ ㉣

16
국민건강보험법상 구상권 및 수급권에 관한 설명으로 옳은 것을 고르면?

① 공단은 제3자의 행위로 보험급여사유가 생겨 가입자 또는 피부양자에게 보험급여를 한 경우에는 그 급여에 들어간 비용 한도에서 그 당사자에게 손해배상을 청구할 권리를 얻는다.
② 보험급여를 받은 사람이 제3자로부터 이미 손해배상을 받은 경우에는 공단은 그 배상액 한도에서 보험급여를 한다.
③ 보험급여를 받을 권리는 양도하거나 압류할 수 있다.
④ 요양비 등 수급계좌에 입금된 요양비등은 압류할 수 없다.

17
다음 [보기]에서 국민건강보험법상 본인부담상한액 초과금이 얼마인지 고르면?

보기
홍길동 씨는 직장가입자이며 척추 및 요추 수술로 290만 원의 본인부담금을 3차 요양기관에 지출하였다. 현재 연평균 건강보험료 분위는 4구간(6~7분위) 289만 원에 해당된다.(3차 요양기관 진료 및 입원·수술 시 본인부담금 30% 가액 적용한다.)

① 10,000원
② 13,000원
③ 2,900,000원
④ 2,890,000원

18
다음 [보기]에서 직장가입자인 A씨가 부담해야 할 보수월액보험료는 얼마인지 고르면?(단, 2024년 기준 건강보험료율은 7.09%이다.)

보기
중소기업에 근무 중인 A씨는 한 달 기준으로 세전 300만 원의 급여를 받고 있다.

① 212,700원
② 106,350원
③ 80,500원
④ 45,212원

19
다음 [보기]의 사례에 부과될 수 있는 최대 과징금으로 옳은 것을 고르면?

┌ 보기 ┐
(가) A요양기관은 환자 진료에 불편을 초래하는 등 공공복리에 지장을 줄 것으로 예상되어 과징금을 부과 받았으며, 해당 약제에 대한 요양급여비용 총액은 1억 원이다.
(나) B요양기관은 국민 건강에 심각한 위험을 초래할 것이 예상되는 등 특별한 사유가 있다고 인정되어 과징금을 부과 받았으며, 해당 약제에 대한 요양급여비용 총액은 5천만 원이다.

	(가)	(나)
①	3,000만 원	2억 원
②	1억 원	3,000만 원
③	3,000만 원	1억 원
④	2억 원	3,000만 원

20
다음 [보기]에서 휴직자 보험료 납부 금액은 얼마인지 고르면?(단, 2024년 기준 건강보험료율은 7.09%이다.)

┌ 보기 ┐
한 달 전부터 휴직중인 임거정 씨는 회사로부터 월 급여 500만 원(세전)을 받고 있었다.

① 354,500원　　　　　　　② 192,700원
③ 177,250원　　　　　　　④ 88,625원

2024년 10월 시행 기출복원 모의고사
직무시험_노인장기요양보험법

01
다음 [보기]의 빈칸 ㉠~㉥에 들어갈 숫자의 총합으로 옳은 것을 고르면?

─ 보기 ─

노인장기요양보험법 제55조(심사청구)
② 제1항에 따른 심사청구는 그 처분이 있음을 안 날부터 (㉠)일 이내에 문서(「전자정부법」 제2조제7호에 따른 전자문서를 포함한다)로 하여야 한다.
④ 심사위원회는 위원장 1명을 포함한 (㉡)명 이내의 위원으로 구성한다.
노인장기요양보험법 제56조(재심사청구) ① 제55조에 따른 심사청구에 대한 결정에 불복하는 사람은 그 결정통지를 받은 날부터 (㉢)일 이내에 장기요양재심사위원회(이하 "재심사위원회"라 한다)에 재심사를 청구할 수 있다.
② 재심사위원회는 보건복지부장관 소속으로 두고, 위원장 1인을 포함한 (㉣)인 이내의 위원으로 구성한다.
노인장기요양보험법 제67조(벌칙) ① 다음 각 호의 어느 하나에 해당하는 자는 (㉤)년 이하의 징역 또는 (㉥) 천만 원 이하의 벌금에 처한다.
   1. 거짓이나 그 밖의 부정한 방법으로 장기요양급여비용을 청구한 자

① 256 ② 266 ③ 276 ④ 286

02
다음 [보기]에서 노인장기요양보험법상 장기요양인정 신청 등에 대한 대리가 가능한 사람을 모두 고르면?

─ 보기 ─
㉠ 본인의 가족이나 친족
㉡ 사회복지전담공무원
㉢ 치매안심센터의 장
㉣ 특별자치시장·특별자치도지사·시장·군수·구청장이 지정하는 자

① ㉠, ㉢
② ㉡, ㉣
③ ㉠, ㉡, ㉢
④ ㉠, ㉡, ㉢, ㉣

03

다음 [보기]에서 노인장기요양보험법상 장기요양사업 실태조사에 관한 설명으로 옳은 것을 모두 고르면?

┤ 보기 ├
㉠ 장기요양등급판정위원회의 판정에 따라 장기요양급여를 받을 사람의 규모, 그 급여의 수준 및 만족도에 관한 사항
㉡ 장기요양기관에 관한 사항
㉢ 장기요양요원의 근로조건, 처우 및 규모에 관한 사항
㉣ 그 밖에 장기요양사업에 관한 사항으로서 대통령령으로 정하는 사항

① ㉠, ㉢
② ㉡, ㉣
③ ㉠, ㉡, ㉢
④ ㉡, ㉢, ㉣

04

노인장기요양보험법상 장기요양위원회의 구성에 관한 설명으로 옳지 않은 것을 고르면?

① 장기요양위원회는 위원장 1인, 부위원장 1인을 포함한 16인 이상 22인 이하의 위원으로 구성한다.
② 대통령령으로 정하는 관계 중앙행정기관의 고위공무원단 소속 공무원, 장기요양에 관한 학계 또는 연구계를 대표하는 자, 공단 이사장이 추천하는 자는 보건복지부장관의 임명 또는 위촉으로 위원장이 아닌 위원이 된다.
③ 위원장은 보건복지부장관이 되고, 부위원장은 위원 중에서 위원장이 지명한다.
④ 장기요양위원회 위원의 임기는 3년으로 한다. 다만, 공무원인 위원의 임기는 재임기간으로 한다.

05

노인장기요양보험법상 부당이득으로 보기 어려운 경우를 고르면?

① 연 한도액 범위를 초과하여 장기요양급여를 받은 경우
② 장기요양급여의 제한 등을 받을 자가 장기요양급여를 받은 경우
③ 거짓이나 그 밖의 부정한 방법으로 재가 및 시설 급여비용을 청구하여 이를 지급받은 경우
④ 거짓이나 그 밖의 부정한 방법으로 의사소견서등 발급비용을 청구하여 이를 지급받은 경우

06

노인장기요양보험법상 위반사실 등의 공표에 관한 설명으로 옳지 않은 것을 고르면?

① 보건복지부장관 또는 특별자치시장·특별자치도지사·시장·군수·구청장은 장기요양기관이 거짓으로 재가·시설 급여비용을 청구하였다는 이유로 특히 거짓으로 청구한 금액이 2천만 원 이상인 경우 위반사실, 처분내용, 장기요양기관의 명칭·주소, 장기요양기관의 장의 성명등을 공표하여야 한다.
② 보건복지부장관 또는 특별자치시장·특별자치도지사·시장·군수·구청장은 장기요양기관이 자료제출 명령에 따르지 아니하거나 거짓으로 자료제출을 한 경우나 질문 또는 검사를 거부·방해 또는 기피하거나 거짓으로 답변하였을 경우 위반사실, 처분내용, 장기요양기관의 명칭·주소, 장기요양기관의 장의 성명, 그 밖에 다른 장기요양기관과의 구별에 필요한 사항으로서 대통령령으로 정하는 사항을 공표하여야 한다.
③ 보건복지부장관 또는 특별자치시장·특별자치도지사·시장·군수·구청장은 공표 여부 등을 심의하기 위하여 공표심의위원회를 설치·운영할 수 있다.
④ 공표 여부의 결정 방법, 공표 방법·절차 및 공표심의위원회의 구성·운영 등에 필요한 사항은 대통령령으로 정한다.

07

다음 [보기]에서 노인장기요양보험법상 장기요양기관의 지정 취소 또는 6개월의 범위의 업무정지에 해당하는 것을 모두 고르면?

──┤ 보기 ├──
㉠ 본인부담금을 면제하거나 감경하는 행위를 한 경우
㉡ 수급자를 소개, 알선 또는 유인하는 행위 및 이를 조장하는 행위를 한 경우
㉢ 폐업 또는 휴업 신고를 하지 아니하고 1년 이상 장기요양급여를 제공한 경우
㉣ 시정명령을 이행하지 아니하거나 회계부정 행위가 있는 경우
㉤ 정당한 사유 없이 공단의 장기요양급여 평가를 거부·방해 또는 기피하는 경우

① ㉠, ㉡, ㉢
② ㉡, ㉢, ㉣
③ ㉠, ㉡, ㉣, ㉤
④ ㉠, ㉡, ㉢, ㉣, ㉤

08

다음 [보기]에서 노인장기요양보험법상 영상정보의 열람금지 제외에 해당하는 경우로 옳지 않은 것을 모두 고르면?

―| 보기 |―
㉠ 범죄의 수사와 공소의 제기 및 유지, 법원의 재판업무 수행을 위하여 필요한 경우
㉡ 수급자가 수급자의 보호자의 안전을 확인할 목적으로 요청하는 경우
㉢ 수급자가 자신의 재산상 이익을 위해 본인과 관련된 사항을 확인할 목적으로 요청하는 경우
㉣ NGO 단체등이 「노인복지법」에서 정하는 노인의 안전업무 수행을 위하여 요청하는 경우

① ㉠, ㉡
② ㉠, ㉣
③ ㉡, ㉢
④ ㉡, ㉣

09

다음 [보기]에서 노인장기요양보험법상 부당이득에 따른 징수 대상이 아닌 사람을 모두 고르면?

―| 보기 |―
- 갑: 1년 전부터 뇌졸중으로 방문간호를 받고 있다.(현재 재판에 계류 중)
- 을: 7년 전부터 파킨슨 질환으로 방문요양을 받고 있다.(현재 고소득자)
- 병: 3년 전부터 알츠하이머 질환으로 방문간호를 받고 있다.(현재 60세)
- 정: 5년 전부터 치매로 방문요양을 받고 있다.(현재 보험료 체납 중)

① 갑, 정
② 갑, 을, 병
③ 갑, 병, 정
④ 갑, 을, 병, 정

10

노인장기요양보험법상 500만 원 이하의 과태료를 부과하는 경우가 아닌 것을 고르면?

① 장기요양급여 제공 자료를 기록·관리하지 아니하거나 거짓으로 작성한 사람
② 폐쇄회로 텔레비전을 설치하지 아니하거나 설치·관리의무를 위반한 자
③ 폐업·휴업 신고 또는 자료이관을 하지 아니하거나 거짓이나 그 밖의 부정한 방법으로 신고한 자
④ 행정제재처분을 받았거나 그 절차가 진행 중인 사실을 양수인등에게 지체 없이 알리지 아니한 자

11
다음은 장기요양등급 판정 절차를 도식화한 것이다. 이와 관련한 내용으로 옳지 <u>않은</u> 것을 고르면?

① 공단은 제14조에 따른 조사가 완료된 때 조사결과서, 신청서, 의사소견서, 그 밖에 심의에 필요한 자료를 등급판정위원회에 제출하여야 한다.
② 등급판정위원회는 신청인이 제12조의 신청자격요건을 충족하고 3개월 이상 동안 혼자서 일상생활을 수행하기 어렵다고 인정하는 경우 심신상태 및 장기요양이 필요한 정도 등 대통령령으로 정하는 등급판정기준에 따라 수급자로 판정한다.
③ 등급판정위원회는 제2항에 따라 심의·판정을 하는 때 신청인과 그 가족, 의사소견서를 발급한 의사 등 관계인의 의견을 들을 수 있다.
④ 공단은 장기요양급여를 받고 있거나 받을 수 있는 자가 거짓이나 그 밖의 부정한 방법으로 장기요양인정을 받은 경우로 의심되는 경우에는 제14조제1항 각 호의 사항을 조사하여 그 결과를 등급판정위원회에 제출하여야 한다.

12
노인장기요양보험법상 등급판정위원회의 설치에 관한 내용으로 옳은 것을 고르면?
① 장기요양인정 및 장기요양등급 판정 등을 심의하기 위하여 보건복지부에 장기요양등급판정위원회를 둔다.
② 등급판정위원회는 특별자치시·특별자치도·시·군·구 단위로 설치한다. 다만, 인구 수 등을 고려하여 하나의 특별자치시·특별자치도·시·군·구에 2 이상의 등급판정위원회를 설치하거나 2 이상의 특별자치시·특별자치도·시·군·구를 통합하여 하나의 등급판정위원회를 설치할 수 있다.
③ 등급판정위원회는 위원장 1인을 포함하여 22인의 위원으로 구성한다.
④ 등급판정위원회 위원의 임기는 2년으로 하되, 한 차례만 연임할 수 있다. 다만, 공무원인 위원의 임기는 재임기간으로 한다.

13
노인장기요양보험법상 장기요양지원센터에 관한 설명으로 옳은 것을 고르면?

① 공단은 장기요양요원의 권리를 보호하기 위하여 장기요양요원지원센터를 설치·운영할 수 있다.
② 장기요양요원지원센터는 장기요양요원에 대한 건강검진 등 건강관리를 위한 사업을 실시한다.
③ 장기요양요원의 업무 등에 필요하여 보건복지부령으로 정하는 사항을 할 수 있다.
④ 장기요양요원지원센터의 설치·운영 등에 필요한 사항은 대통령령으로 정하는 바에 따라 해당 지방자치단체의 조례로 정한다.

14
노인장기요양보험법상 행정제재처분 효과의 승계에 관한 설명으로 옳은 것을 고르면?

① 행정제재처분의 효과는 그 처분을 한 날부터 장기요양기관을 양도한 경우 양수인 등에게 2년간 승계된다.
② 행정제재처분의 절차가 진행 중일 때에는 장기요양기관 폐업 후 3년 이내에 같은 장소에서 장기요양기관을 운영하는 자 중 종전에 위반행위를 한 자(법인인 경우 그 대표자는 제외한다)나 그 배우자 또는 직계혈족에 대하여 그 절차를 계속 이어서 할 수 있다.
③ 법인이 합병된 경우 합병으로 신설되거나 합병 후 존속하는 법인이 양수, 합병 또는 운영 시에 행정제재처분 또는 위반사실을 알지 못하였음을 증명하는 경우 행정제재처분의 효과는 그 처분을 한 날부터 3년간 승계된다.
④ 행정제재처분을 받았거나 그 절차가 진행 중인 자는 보건복지부령으로 정하는 바에 따라 지체 없이 그 사실을 양수인등에게 알려야 한다.

15
다음 [보기]에서 노인장기요양보험법상 장기요양급여의 제한에 해당되는 사람을 모두 고르면?

┤ 보기 ├
- 갑: 부정한 방법으로 장기요양급여비용을 받는 데 가담함
- 을: 고의로 사고를 발생시켜 장기요양인정을 받음
- 병: 공단이 자료 제출을 요구했지만 이를 거절함
- 정: 거짓으로 문서를 위조하여 급여 대상자로 선정됨

① 갑, 을
② 병, 정
③ 갑, 을, 병
④ 갑, 을, 병, 정

16
다음 [보기]에서 노인장기요양보험법상 장기요양기관 지정시 고려사항에 해당되는 것을 모두 고르면?

―┤ 보기 ├―
㉠ 장기요양기관을 운영하려는 자의 장기요양급여 제공 이력
㉡ 장기요양기관을 운영하려는 자가 장기요양기관의 운영과 관련된 법에 따라 받은 행정처분의 내용
㉢ 장기요양기관의 운영 계획
㉣ 해당 지역의 노인인구 수, 치매 등 노인성질환 환자 수 및 장기요양급여 수요 등 지역 특성

① ㉠, ㉢
② ㉡, ㉢
③ ㉡, ㉣
④ ㉠, ㉡, ㉢, ㉣

17
다음 [보기]에서 노인장기요양보험법상 폐쇄회로 텔레비전의 설치 등에 관한 설명으로 옳은 것은 몇 개인지 고르면?

―┤ 보기 ├―
㉠ 장기요양기관을 운영하는 자는 노인학대 방지 등 수급자의 안전과 장기요양기관의 보안을 위하여 「통신비밀 보호법」 및 관련 법령에 따른 폐쇄회로 텔레비전을 설치·관리하여야 한다.
㉡ 장기요양기관을 운영하는 자가 수급자 전원 또는 그 보호자 일부의 동의를 받아 특별자치시장·특별자치도지사·시장·군수·구청장에게 신고한 경우 폐쇄회로 텔레비전을 설치·관리하지 않아도 된다.
㉢ 폐쇄회로 텔레비전을 설치·관리하는 자는 노인학대 방지 등 수급자의 안전과 장기요양기관의 보안을 위하여 최대한의 영상정보만을 적법하고 정당하게 수집하고, 목적 외의 용도로 활용하지 아니하도록 하여야 한다.
㉣ 장기요양기관을 운영하는 자는 폐쇄회로 텔레비전에 기록된 영상정보를 90일 이상 보관하여야 한다.
㉤ 국가 또는 지방자치단체는 폐쇄회로 텔레비전 설치비의 전부 또는 일부를 지원하여야 한다.
㉥ 폐쇄회로 텔레비전의 설치·관리 기준 및 동의 또는 신고의 방법·절차·요건, 영상정보의 보관기준 및 보관기간 등에 필요한 사항은 보건복지부령으로 정한다.

① 0개
② 1개
③ 2개
④ 3개

18
노인장기요양보험법상 장기요양인정 신청의 조사에 관한 설명으로 옳지 않은 것을 고르면?

① 공단은 제13조제1항에 따라 신청서를 접수한 때 보건복지부령으로 정하는 바에 따라 소속 직원으로 하여금 다음 각 호의 사항을 조사하게 하여야 한다. 다만, 지리적 사정 등으로 직접 조사하기 어려운 경우 또는 조사에 필요하다고 인정하는 경우 특별자치시·특별자치도·시·군·구에 대하여 조사를 의뢰하거나 공동으로 조사할 것을 요청할 수 있다.
② 공단 또는 제1항 단서에 따른 조사를 의뢰받은 특별자치시·특별자치도·시·군·구는 조사를 완료한 때 조사결과서를 작성하여야 한다. 조사를 의뢰받은 특별자치시·특별자치도·시·군·구는 지체 없이 공단에 조사결과서를 송부하여야 한다.
③ 공단은 제1항 각 호의 사항을 조사하는 경우 공정한 조사를 위하여 2명 이상의 외부 직원이 조사할 수 있도록 노력하여야 한다.
④ 조사를 하는 자는 조사일시, 장소 및 조사를 담당하는 자의 인적사항 등을 미리 신청인에게 통보하여야 한다.

19
다음 [보기]에서 노인장기요양보험법상 1년 이하의 징역 또는 1천만 원 이하의 벌금에 해당되는 것을 모두 고르면?

─┤ 보기 ├─
㉠ 정당한 사유 없이 장기요양급여의 제공을 거부한 자
㉡ 거짓이나 그 밖의 부정한 방법으로 장기요양급여를 받거나 다른 사람으로 하여금 장기요양급여를 받게 한 자
㉢ 정당한 사유 없이 권익보호 조치를 하지 아니한 자
㉣ 수급자가 부담한 비용을 정산하지 아니한 자

① ㉠, ㉢
② ㉡, ㉢
③ ㉡, ㉣
④ ㉠, ㉡, ㉢, ㉣

20
다음 [보기]에서 각각의 항목에 해당하는 과태료의 총합으로 옳은 것을 고르면?(단, 부과기준은 상한액으로 한다.)

─┤ 보기 ├─
• 행정제재처분을 받았거나 그 절차가 진행 중인 사실을 양수인 등에게 지체 없이 알리지 아니한 자
• 거짓이나 그 밖의 부정한 방법으로 수급자에게 장기요양급여 비용을 부담하게 한 자
• 폐쇄회로 텔레비전을 설치하지 아니하거나 설치·관리의무를 위반한 자
• 폐쇄회로 텔레비전의 영상정보 열람 요청에 응하지 아니한 자

① 1,200만 원
② 1,600만 원
③ 1,800만 원
④ 2,000만 원

도중에 포기하지 말라.
망설이지 말라.
최후의 성공을 거둘 때까지 밀고 나가자.

– 헨리 포드(Henry Ford)

모바일 OMR 채점 서비스

정답만 입력하면
채점에서 성적분석까지 한 번에 쫙!

☑ [QR 코드 인식 ▶ 모바일 OMR]에 정답 입력
☑ 실시간 정답 및 영역별 백분율 점수 위치 확인
☑ 취약 영역 및 유형 심층 분석
※ 유효기간: 2026년 5월 31일

▶ 국민건강보험법

eduwill.kr/rVzp

▶ 노인장기요양보험법

eduwill.kr/QVzp

국민건강보험공단
NCS+법률 실전모의고사

실전 1회

시험 구성 및 유의사항

- 2024년 기준 국민건강보험공단 필기시험은 다음과 같이 출제되었습니다.

구분		문항 수	시간	비고
직업기초능력 응용모듈	의사소통능력	20문항	60분	객관식 사지선다형
	수리능력	20문항		
	문제해결능력	20문항		
직무시험(법률)	국민건강보험법(행정직/건강직/전산직)	20문항	20분	
	노인장기요양보험법(요양직)	20문항	20분	

※ 단, 전산직의 경우 직업기초능력 응용모듈 15문항 + 전산개발 기초능력 35문항 + 국민건강보험법 20문항으로 출제되었음

- 지원하시는 직렬에 따라 모의고사를 다음과 같이 활용하시기를 권장합니다.
  - 행정직/건강직/전산직(기술직): NCS + 10분 휴식 + '국민건강보험법' 학습
  - 요양직: NCS + 10분 휴식 + '노인장기요양보험법' 학습

실전모의고사 [1회]
직업기초능력 응용모듈

정답과 해설 P.42

[01~02] 다음 보도자료를 읽고 이어지는 질문에 답하시오.

국민건강보험공단(이하 건보공단)은 2024년 11월부터 지역가입자의 건강보험료를 산정할 때 2023년도 귀속 소득(국세청 신고)과 2024년도 재산과표(지방자치단체 기준) 자료를 반영한다고 밝혔다. 이번 조치는 2024년 11월부터 2025년 10월까지 적용될 예정이다.

○ 건강보험료 산정 기준 변경 내용
　　건보공단은 지역가입자의 보험료 산정 시 최신 소득·재산 부과자료를 적용하여 보다 정확한 부과 체계를 운영하고 있다. 이번 변경 사항은 다음과 같다.
　－ 소득 반영: 사업자가 2024년 5월 말까지 국세청에 신고한 2023년도 귀속 소득을 바탕으로 10월 중 건보공단이 자료를 통보받아 11월 보험료부터 적용
　－ 재산 반영: '2024년 6월 1일 기준으로 확정된 재산세 과표 금액(지방자치단체 통보)'을 적용하여 11월 보험료부터 반영

○ 2024년 11월 평균 보험료 변동 및 원인
　　건보공단에 따르면, 2024년 11월 지역가입자의 평균 보험료는 8만 7,299원으로, 전년 대비 3,713원(4.1%) 감소했다. 이는 최근 5년간 가장 낮은 수준으로, 보험료 변동의 주요 원인은 다음과 같다.
　－ 소득보험료 증가: 금융소득 증가 등의 영향으로 전체 지역가입 세대(896만 가구)의 소득보험료가 평균 6,308원 증가
　－ 보험료 감액률 조정: 부과체계 개편에 따른 감액률 감소로 일부 세대(71만 가구)의 보험료가 평균 7,698원 증가
　－ 보험료 감소 요인: 재산 기본공제 확대(5천만 원 → 1억 원), 자동차 보험료 폐지 등의 정책으로 340만 세대의 재산보험료가 평균 2만 6,066원 감소
　　이러한 변화가 반영되면서 전체 평균 보험료는 오히려 낮아지는 결과를 보였다.

○ 보험료 조정·정산 신청 확대
　　건보공단은 휴·폐업, 소득 감소 등의 사유가 있는 경우 증빙서류를 제출하면 조정·정산 신청이 가능하다고 밝혔다. 11월에는 2023년도 1~12월 보험료를 조정받은 대상자에 대해 국세청 소득자료를 반영하여 보험료를 재산정하며, 이에 따라 추가 부과 또는 환급이 이루어진다. 또한 2025년 1월 1일부터 '국민건강보험법 시행령' 개정에 따라 조정·정산 신청 가능한 소득 종류와 사유가 확대된다. 특히 재산을 매각한 경우, 증빙서류를 제출하면 가까운 공단 지사에서 보험료 조정 신청이 가능하다.

　　건보공단은 2024년 11월분 건강보험료 납부 기한이 12월 10일까지이며, 앞으로도 보험료 부과체계를 개선하여 공정성과 형평성을 지속적으로 높일 것이라고 밝혔다. 소득 중심 부과체계 개편을 추진하여 국민의 부담을 줄이고, 합리적인 건강보험료 부과 방안을 마련할 계획이다.

01

주어진 보도자료의 제목으로 가장 적절한 것을 고르면?

① 건강보험료 산정 기준 변경과 그에 따른 영향
② 국민건강보험공단, 보험료 감면 정책 확대
③ 건강보험료 부과체계의 지속적인 개편과 문제점
④ 2024년 건강보험료 조정: 소득과 재산 반영 변화

02

주어진 보도자료를 바탕으로 추론할 수 없는 것을 고르면?

① 소득이 일정하지 않은 지역가입자는 변경된 보험료를 확인한 후 조정·정산을 신청할 가능성이 있다.
② 소득·재산 반영 기준이 개편되면서 일부 가입자는 보험료가 증가할 수도 있지만, 전체 평균 보험료는 전년보다 감소할 가능성이 있다.
③ 2024년 11월 이후 건강보험료 산정 방식이 변경됨에 따라, 일부 직장가입자는 보험료 부담이 증가할 가능성이 크다.
④ 건강보험료 부과체계 개편이 지속적으로 이루어질 경우, 향후 소득 중심의 부과 방식이 더욱 강화될 가능성이 있다.

[03~04] 다음 글을 읽고 이어지는 질문에 답하시오.

　1인 가구는 외식 비율이 높고 건강한 식생활 실천율이 낮아 전반적으로 가장 건강하지 않은 식습관을 지닌 것으로 나타났다. 올바른 식습관은 소중한 건강을 지키는 첫걸음이다. 그렇다면 건강한 식습관은 어떻게 실천해야 할까?
　㉠ 가장 먼저 올바른 식습관을 실천하려면 과일과 채소는 반드시 챙겨야 한다. 서울연구원이 2010년부터 2019년까지 10년간 성인인 서울시민 1만 1,918명을 대상으로 식습관을 분석한 결과, 과일 및 채소를 1일 500g 이상 섭취하는 비율은 1인 가구가 29.3%, 2인 가구가 39.3%, 3인 가구가 40.7%로 나타났다. 즉, 1인 가구의 과일, 채소 섭취 비율이 가장 낮음을 알 수 있다.
　과일과 채소가 풍부한 식단은 심혈관질환과 암은 물론 사망의 주요 원인으로 꼽히는 만성 질환 위험을 낮추는 데 도움을 준다. ㉡ 세계보건기구(WHO)는 날마다 최소한 400g의 과일, 채소 섭취를 권고한다. 미국심장협회가 정한 지침에 따르면 하루 평균 권고 섭취량은 과일의 경우 사과 1개, 포도 16알, 바나나 1개, 딸기 4개 등이며 채소의 경우엔 잎채소 1컵(날 것), 피망 1/2개, 당근 1개 등이다. 반면 한국영양학회선 채소의 경우 시금치 1접시(날것 70g), 배추김치 1접시(40g), 과일의 경우 사과 1/2개(100g), 귤 1개(100g), 포도 15알(100g) 등을 1회 분량으로 정하고 있다.
　또한, 하루 세 끼를 제때 챙겨 먹고 가공식품보다 원재료를 사용한 음식을 섭취하는 것이 좋다. 인스턴트 음식보다 밥을 챙겨 먹으며 고기, 생선, 달걀, 두부, 콩, 유제품 중 한 가지 이상을 식사 메뉴에 꼭 포함해 영양 불균형을 예방하고, 되도록 천천히 식사해 폭식과 과식을 피하는 것이 바람직하다. ㉢ 수분이 부족하면 쉽게 피로해지고 건강상 많은 위험이 생긴다. 특히 고령자는 치아가 불편해 음식물을 씹는 데 어려움을 느끼면서 균형 잡힌 식사를 하지 못할 수 있다. 이 경우 근력이 부족해지면서 몸의 노화가 빨라질 뿐만 아니라 치매와 같은 인지기능 저하도 발생할 수 있으므로 질긴 고기 대신 달걀이나 연두부, 두유처럼 소화가 잘되는 단백질 음식으로 식단을 구성해보자. 또한 발효 식품도 챙겨야 한다. 발효 식품은 장내 미생물들의 건강한 구성을 돕고 면역 체계, 신체의 신진대사 기능 등에도 유익하다.
　한편, 혼밥 횟수가 늘어날수록 스트레스와 우울증이 증가하는 것으로 나타났다. 또 혼밥은 고혈압과 대사증후군 발생 위험도 높여 하루 두 끼를 혼자 식사하는 사람의 대사증후군 발생 위험은 지인과 함께 식사하는 사람의 1.3배로 집계됐다. ㉣ 혼밥은 간편식으로 한 끼를 해결하기 쉬워 영양소가 고루 갖춰지지 않은 식사를 하게 된다. 혼밥이 편해도 건강을 지키려면 지인, 가족 등과 같이 먹는 시간을 반드시 가져야 한다. 일정한 간격으로 날짜를 정해 함께 식사하는 즐거움을 누려보자.

03

주어진 글의 흐름상 밑줄 친 ㉠~㉣ 중 삭제해야 할 문장을 고르면?

① ㉠　　　　　② ㉡　　　　　③ ㉢　　　　　④ ㉣

04

주어진 글의 내용과 일치하지 <u>않는</u> 것을 고르면?

① 서울시민 중 과일 및 채소를 1일 500g 이상 섭취하는 3인 가구는 그렇지 않는 3인 가구보다 많다.
② 밥을 다른 사람과 함께 먹으면 대사증후군 발생 위험도가 상대적으로 낮아진다.
③ 한국영양학회에서 정한 1회 분량의 과일에는 포도 100g이 포함된다.
④ 발효 식품을 챙겨 먹으면 신체의 신진대사 기능에 도움을 받을 수 있다.

[05~06] 다음 글을 읽고 이어지는 질문에 답하시오.

　누구나 한 번쯤 겪는 어지럼증은 경증부터 중증까지 원인과 증상이 천차만별이라 각별히 주의해야 한다. 빈혈이나 귀에 돌이 생긴 '이석증'이 아닐 수도 있기에 무엇보다 정확한 진단을 받는 것이 중요하다.
　어지럼증은 성인의 20%가 1년에 한 번 이상 경험할 정도로 흔한 증상이다. 대개 어지럼증을 빈혈과 연관 지어 생각하지만, 빈혈은 어지럼증의 원인 중 하나일 뿐이다. 어지럼증은 빙빙 도는 느낌부터 핑 도는 느낌, 머리가 어질어질한 느낌까지 증상이 다양해 정확한 진단이 어려운 경우가 많다. 심한 어지럼증이라도 심각한 질환이 아닐 수 있고, 가벼운 어지럼증이라도 중추성 신경계 이상처럼 수술이나 집중치료가 필요한 경우도 있어 정확한 감별 진단이 중요하다. 어지럼증을 유발하는 대표적 기관은 귀(말초성), 뇌(중추성), 심장, 눈 등이며, 어지럼증은 원인에 따라 크게 중추성 신경계 질환과 말초성 전정기관 장애로 구분한다.
　말초성 전정질환에는 이석증, 전정신경염, 메니에르병, 미로염(내이염), 진주종, 외림프 누공 등이 있다. 급성 회전성 어지럼증을 호소하는 환자의 대부분은 말초성 전정질환으로, 그중에서도 이석증이 가장 흔하다. 속귀에 문제가 생긴 경우 어지럼증 외에도 청력 감소, 이명, 귀의 충만감 같은 증상을 동반할 수 있다. 반면 중추성 신경계 질환으로 어지럼증을 동반하는 경우 전정편두통, 소뇌동맥이 막히거나 터지는 뇌졸중, 뇌기저동맥 폐색, 척추동맥 박리 등이 있다. 따라서 중추성 원인에 의한 어지럼증은 신속한 치료가 필요하다. 중추성 어지럼증은 말초성과 달리 두통, 의식 변화, 어눌한 말투, 사지감각 저하·마비, 힘 빠짐 등의 증상을 동반하는 경우가 흔하므로, 어지럼증과 함께 이런 증상이 나타난다면 즉시 응급실로 가야 한다.
　이 밖에도 움직이지 않고 오래 서 있는 자세, 과호흡, 감정적 스트레스에 의한 실신성 어지럼증, 운동 전달·균형을 담당하는 고유 수용체 감각, 소뇌 등에 이상이 생겼을 때 발생하는 평형장애에 의한 어지럼증이 있다. 어지럼증 환자 10명 중 5~6명은 말초성 전정질환, 1명은 중추성 신경계 질환, 1.5명은 정신과적 문제로 인해 어지럼증이 발생하는 것으로 보고되었으며, 나머지 1~3명은 원인이 밝혀지지 않았다. 과거 뇌졸중을 앓았거나 고혈압·당뇨 등 뇌졸중 위험이 높은 만성질환 환자는 반드시 전문의에게 진료받아야 한다. 위험 요인이 없는 젊은 층은 귀와 연관된 질환이거나 생리적 실신성 어지럼증이 원인인 경우가 많으므로 누워서 안정을 취하거나, 수분을 충분히 섭취한 뒤 증상이 호전되기를 기다려보는 것도 방법이다. 하지만 증상의 빈도가 잦고 심하면 전문의에게 진찰을 받아보는 것이 좋다.

05
주어진 글의 제목으로 가장 적절한 것을 고르면?

① 말초성 전정질환에 의한 어지럼증
② 뇌졸중 위험이 높은 만성질환 환자, 어지럼증 주의해야
③ 신속한 치료가 필요한 중추성 어지럼증
④ 다양한 어지럼증의 원인과 증상

06
주어진 글을 읽고 이해한 내용으로 적절하지 않은 것을 고르면?

① 급성 회전성 어지럼증을 호소하는 이들은 이석증을 앓고 있을 확률이 높다.
② 소뇌에 이상이 발생하여도 어지럼증을 느낄 수 있다.
③ 말투가 어눌해지면서 어지럼증이 발생한다면 중추성 어지럼증인 경우가 많다.
④ 귀에 이상이 생겨 어지럼증을 느끼면 말초성 신경계 이상이라 할 수 있다.

[07~08] 다음 보도자료를 읽고 이어지는 질문에 답하시오.

건보공단, 2023년 담배소송 세미나 개최
― 담배와 암의 개별적 인과관계 … 흡연 폐해의 책임은 누구에게 ―

☐ 담배회사를 상대로 손해배상 청구 소송을 진행하고 있는 국민건강보험공단(이하 공단)이 흡연과 암 발병의 인과관계를 규명하고, 사법부의 인식 전환을 촉구하기 위해 '2023년 담배소송 세미나'를 개최하였다.
  ○ 공단은 8월 31일(목), '담배와 암의 개별적 인과관계'를 주제로 담배소송 세미나를 개최하여 '고도흡연자 흡연경험 심층분석' 연구결과를 공유하고, 관련 전문가들과 토론을 통해 흡연 폐해의 발생 원인과 책임 소재를 다시 한번 확인하였다.

☐ 공단은 2014년 담배회사(○○사, □□사, ◇◇사)를 상대로 533억 원의 손해배상청구 소송을 제기하였으나, 2020년 11월 1심 재판부는 "소송대상자들의 개개인의 생활습관과 유전, 주변 환경, 직업적 특성 등 흡연 이외에 다른 요인들에 의해 발병했을 가능성을 배제할 수 없다"며 공단의 청구를 기각한 바 있다.
  ○ 이에 공단은 즉각 항소하여 2023년 8월 현재 항소심이 진행되고 있으며, 지난해 고도흡연자 30명을 대상으로 일대일 심층 면담을 진행하는 등 질적 연구를 수행하였다. (㉠)

☐ 공단 이사장은 개회사를 통해 "소송 제기 당시 1조 7천억 원이었던 흡연으로 인한 진료비가 2021년 3조 5천억 원까지 두 배 이상 증가하였고, 흡연으로 인한 피해는 계속 커지고 있기에 담배소송 1심 결과가 매우 아쉽다."면서, "오늘 세미나를 통해 흡연 폐해 발생의 정확한 사실관계를 알릴 예정이며, 담배소송 승소와 효과적인 금연 정책 추진을 위하여 참석해주신 전문가분들과 국민 여러분의 많은 관심과 지지가 필요하다."고 당부했다. (㉡)

☐ 발제자인 한국금연운동협의회 이강숙 회장은 '폐암, 후두암 환자의 흡연력 심층 추적'이라는 주제로 담배소송 1심 재판부 판단이 잘못되었음을 지적하고, 고도흡연자 중 일부 대상자들은 흡연과 폐암 등 질병 간 인과관계가 있음을 확인하였다고 밝혔다.
  ○ 흡연과 담배소송 대상 암종(폐암 중 소세포암·편평상피세포암, 후두암 중 편평세포암)은 특이성이 매우 높다고 인정되며, 이러한 진실을 외면하지 않는 정의로운 재판부가 필요할 때라고 압박하였다.

☐ 또한, 덕성여자대학교 문화인류학과 김▽▽ 교수는 과거 흡연자들이 온전히 개인의 자율적인 선택에 의하여 흡연을 시작하고 지속했는지에 대한 의문점을 제기하며, 과연 이들의 암 발병에 대한 책임을 누가 져야 하는가에 대하여 되물었다. (㉢)

☐ 토론자인 연세대학교 보건대학원 지☆☆ 교수는 흡연자의 폐암 발생 기여도가 소세포암은 97.8%, 편평상피세포암은 95.9% 이상을 차지할 정도로 높다고 강조하며, 담배소송 대상자들의 폐암과의 인과성이 부정되어선 안 된다며 항소심 법원의 인식 전환을 촉구했다. (㉣)

☐ 공단은 향후 1심에서 제출된 증거가 담배소송 항소심에서 면밀히 검토되도록 재판부를 설득할 것이며, 그 외에도 담배회사 내부 연구문서 등 추가적인 증거를 찾기 위한 노력도 병행할 예정이라고 밝혔다.
  ○ 아울러, 관련 학회·전문가들과의 연대 및 다각적 홍보를 통해 흡연의 폐해를 널리 알려, 흡연에 대한 국민과 재판부의 인식을 전환시켜 담배소송 항소심의 승소를 위해 최선을 다하겠다고 덧붙였다.

07

주어진 보도자료의 흐름상 빈칸 ㉠~㉣ 중 [보기]의 문장이 삽입될 가장 적절한 위치를 고르면?

┤ 보기 ├─

　　폐암의 일반적인 잠복기는 최대 30년이며, 과거 우리나라의 사회적 흡연 환경과 흡연자 진술을 토대로 봤을 때 담배 위해성에 대한 정확한 정보가 전달되지 않았다는 것이 핵심내용이다.

① ㉠　　　　　　　② ㉡　　　　　　　③ ㉢　　　　　　　④ ㉣

08

주어진 보도자료의 내용과 일치하지 않는 것을 고르면?

① 건보공단은 여러 방면의 홍보를 통해 흡연의 폐해를 널리 알릴 계획이다.
② 건보공단은 2023년에 고도흡연자 30명을 대상으로 일대일 심층 면담을 진행하였다.
③ 편평세포암은 흡연과 담배소송 대상 암종에 포함된다.
④ 건보공단은 담배소송 세미나에서 전문가들과 토론을 진행하였다.

[09~11] 다음 글을 읽고 이어지는 질문에 답하시오.

전 세계적으로 소아청소년 비만이 지속적으로 증가하고 있다. 우리나라도 예외는 아니다. 2022년 11월 발표된 교육부 '2021년 학생건강검사 표본통계' 결과에 따르면 소아청소년 비만 비율은 2019년보다 약 4%p 증가한 19%에 달하는 것으로 드러났다. 이는 소아청소년 5명 중 1명이 비만이라는 의미로, 소아청소년에게 비만이 그만큼 흔한 질환임을 보여준다.

[가] 소아청소년 비만은 유전적 요인과 환경적 요인 등이 복합적으로 작용해 나타난다. 유전적 요인으로 인한 비만은 여러 유전적 변이와 환경의 상호작용으로 비만 발생 가능성이 커지는 경우다. 부모 모두 비만이면 자녀의 80% 정도에서 비만이 발생하고, 부모 중 한쪽이 비만이면 자녀의 40% 정도에서 비만이 발생한다고 알려졌다. 반면, 부모 모두 비만이 아니면 자녀의 7% 정도에서만 비만이 발생한다고 한다.

[나] 비만은 단순히 체중이 많이 나가는 것이 아니라 몸에 체지방이 과도하게 축적된 상태를 말한다. 영아나 소아 때의 비만은 지방세포의 수가 늘어나는 경우가 많고, 성인비만은 지방세포의 크기가 커지는 경우가 많다. 청소년 시기의 비만은 이 두 가지 유형이 섞여 있다. 소아청소년 비만은 체질량지수(체중을 키의 제곱으로 나눈 값, BMI) 백분위수, 표준 체중, 피부 주름 두께 측정 등으로 진단한다. 이 중 가장 많이 사용하는 방법은 체질량지수 백분위수다. 소아청소년은 한창 성장하고 있으므로 성장이 모두 끝난 성인처럼 일괄적 기준치를 적용하기 어렵다. 이에 성별과 나이에 따른 성장 정도를 고려해 비만 여부를 확인한다.

[다] 유전적 요인 외에 환경적 요인도 소아청소년 비만의 원인이다. 가족이 공유하는 생활환경과 유전적 소인이 합쳐지면 비만 가능성이 커진다고 본다. 가정의 사회경제적 수준, 주거지 주변의 환경도 소아청소년기 비만에 영향을 미친다. 생활 습관 또한 비만의 주요 원인으로 꼽힌다. 섭취 열량보다 소비 열량이 적으면 남은 에너지가 몸에 저장되는데, 이같이 에너지가 몸에 저장되는 생활 습관은 비만의 원인이 된다. 신체 활동량 감소, 고열량 및 고당질 식품 섭취, 잦은 간식 섭취, TV 시청과 컴퓨터 및 스마트폰 사용의 증가, 짧은 수면 등이 이에 속한다.

[라] 흔히 소아청소년 비만은 성별-나이별 성장도표를 이용해 체질량지수 85백분위수 이상은 '비만 위험군(과체중)', 95백분위수 이상은 '비만'으로 본다. 쉽게 말해 같은 성별과 나이의 아이 전체를 100명으로 잡고 체질량지수가 낮은 아이부터 큰 아이까지 순서대로 했을 때 85번째부터는 비만 위험군, 95번째부터는 비만으로 판단하는 것이다.

소아청소년 비만으로 인한 합병증은 동맥경화가 대표적이다. 성인 동맥경화의 대부분은 어린 시절부터 시작된다고 알려졌다. 또한 소아청소년 비만이 있으면 당뇨병이 발생하기도 하는데, 과식을 할 경우 췌장의 인슐린 분비에 문제가 생겨 제2형 당뇨병이 올 수 있다. 소아청소년 비만 합병증으로 지방간도 있다. 지방간은 지방간에서 그치지 않고 지방성 간염, 지방성 섬유화, 지방성 간경화로 진행할 수 있으니 조심해야 한다. 소아청소년 비만으로 인한 내분비 기능 이상은 고혈압을 초래하는 원인이다. 이외에도 소아청소년 비만은 수면 무호흡증, 월경 이상, 여드름 등 피부 문제, 관절 문제 등 여러 신체적 질환을 가져온다. 고독과 우울감, 자존감 저하, 사회적 위축 등 심리적 문제를 동반하기도 한다.

09
주어진 글의 [가]~[라] 문단을 문맥상 바르게 나열한 것을 고르면?

① [가]-[나]-[다]-[라]
② [나]-[가]-[라]-[다]
③ [나]-[라]-[가]-[다]
④ [라]-[나]-[다]-[가]

10
주어진 글의 주제로 가장 적절한 것을 고르면?

① 소아비만에 대한 오해
② 소아비만의 개념과 특징
③ 전 세계 소아비만의 실태
④ 소아비만을 예방하는 방법

11
주어진 글을 바탕으로 [보기]와 같은 의견에 반박한다고 할 때 적절하지 않은 것을 고르면?

| 보기 |
"어릴 때 뚱뚱한 건 키로 갑니다. 따라서 소아비만은 걱정하지 않아도 됩니다."

① 소아청소년이라고 해서 지방간이나 높은 혈압, 높은 공복혈당 등 위험요소가 없는 것이 아니다.
② 소아청소년 비만으로 인한 내분비 기능 이상은 고혈압을 초래하는 원인이 되며 각종 성인병이 소아청소년 비만에서 비롯될 수 있다.
③ 소아비만으로 인해 지방세포의 수가 늘어나면 성인이 되어서 체중을 줄인다 하더라도 지방세포의 수는 감소하지 않으므로 다량의 열량이 공급되면 또다시 비만이 될 위험이 있다.
④ 소아청소년 비만을 개선하기 위해 식이 조절과 활동량 증가 등의 생활습관 개선은 생각처럼 쉽지 않으므로 지방흡수억제제나 식욕억제제 등을 이용한 약물 치료를 필수로 해야 한다.

[12~14] 다음 글을 읽고 이어지는 질문에 답하시오.

[가] 코로나19의 확산 이후 이를 악용한 스팸 메일과 문자가 급증하고 있다. (㉠) '감염자 및 접촉자 신분 확인하기'와 같은 내용으로 온 문자나 이메일에 첨부된 인터넷 주소(URL)에 접속을 유도하여 개인정보를 입력하게 하는 식이다. 이처럼 사람들의 관심을 끌 만한 내용을 통해 악성코드를 심고 개인정보를 빼내는 것을 '사회공학(Social engineering) 해킹'이라고 한다. 사회공학은 고도의 기술과 장비를 통해 컴퓨터의 비밀번호를 풀어내고 방화벽을 뚫는 일반적인 해킹과 달리 사람을 속여 정보를 빼돌리는 기법을 말한다. 사회공학을 통한 대표적인 해킹 수법으로는 피싱(Phishing), 스미싱(Smishing), 보이스피싱(Voice phishing) 등을 들 수 있다.

[나] 피싱은 개인정보(Private data)와 낚시(Fishing)의 합성어로, 은행이나 정부기관으로 위장한 사이트로 연결되는 링크를 이메일로 보내 접속을 유도한 뒤 계좌번호와 주민등록번호 등 개인정보를 탈취하는 것을 말한다. (㉡) 스미싱은 문자메시지(SMS)와 피싱의 합성어로, 문자에 첨부된 파일이나 URL에 접속하면 스마트폰에 악성코드가 설치되는 문자를 무작위로 전송하는 수법이다. 마지막으로 보이스피싱은 전화로 피해자를 속이는 경우다. 최근에는 보이스피싱을 통해 피싱 사이트로 유도하는 등 복합적인 수법이 쓰이기도 한다.

[다] 이와 같이 사회공학을 이용한 해킹은 모두 '연구(Research)-관계 형성(Developing trust)-공격(Exploiting trust)-활용(Utilizing trust)'의 단계를 거친다. (㉢) 어떤 기업의 영업 정보를 빼내려는 해커가 있다고 하자. 해커는 먼저 해당 기업의 전산 시스템을 연구해 USB 메모리 관련 보안 규정이 없다는 것을 알아낸 후, 이 점을 이용해 악성코드를 담은 USB 메모리를 목표한 회사에 보낸다. USB 메모리를 받은 직원이 내용을 확인하기 위해 업무용 컴퓨터에 연결하면 백도어가 설치되고, 해커는 이를 통해 전산 시스템에 접근한 후 영업 정보를 얻을 수 있다. 이런 단순한 수법에 넘어갈까 싶지만 의외로 피해 사례가 드물지 않다. 한 기업에서는 거래처의 납품대금 계좌가 변경됐다는 이메일을 받고 수백억 원을 보낸 경우도 있다.

[라] 전문가들은 이런 피해를 막기 위해 온라인에는 되도록 개인정보를 올리지 말고, 확실하지 않은 문자나 이메일의 첨부파일을 내려받지 않아야 한다고 조언한다. 랜섬웨어, 지능형지속공격(APT), 스마트폰 해킹 등의 상당수는 공개된 SNS와 블로그 등에서 입수한 개인정보를 바탕으로 사회공학을 활용해 이루어지기 때문이다. (㉣) 발신자가 불분명한 사이트나 링크는 접속하지 말고, 의심스러운 전화나 이메일을 받으면 반드시 공공기관이나 회사 내 보안팀 등과 상의해야 한다. 또한 문제가 생겼을 경우 KISA 개인정보 침해신고센터, 경찰청 사이버안전국, 금융감독원 등으로 연락하면 도움을 받을 수 있다.

12
다음 중 [가]~[라] 문단의 소제목으로 적절하지 <u>않은</u> 것을 고르면?

① [가]: 사회공학 해킹의 개념
② [나]: 사회공학 해킹의 유형별 피해 현황
③ [다]: 사회공학 해킹의 단계와 사례
④ [라]: 사회공학 해킹의 예방 및 대처 방법

13
주어진 글을 바탕으로 추론할 수 <u>없는</u> 것을 고르면?

① 랜섬웨어는 사회공학 해킹으로 발생한 것이 아닌 경우도 있다.
② 스미싱과 보이스피싱을 동시에 사용하는 범죄도 있다.
③ 피싱은 정부기관을 대상으로 한다는 점에서 스미싱과 차이가 있다.
④ 보이스피싱은 '연구-관계 형성-공격-활용'의 단계를 거친다.

14
주어진 글의 빈칸 ㉠~㉣에 들어갈 접속어 중 그 의미가 비슷한 것끼리 묶은 것을 고르면?

① ㉠, ㉡   ② ㉠, ㉢   ③ ㉡, ㉣   ④ ㉢, ㉣

[15~17] 다음 보도자료를 읽고 이어지는 질문에 답하시오.

보건복지부	보도자료	
	보도일시	배포 즉시
	배포일	2024. ○. ○○.(금)

[A]

 디지털 헬스케어 분야에서 가명정보를 활용한 연구를 활성화하고 개인정보 보호를 강화하기 위해 의료데이터의 가명처리 방법 등을 개선한 「보건의료데이터 활용 가이드라인」 개정안을 마련하고 1월 19일(금)부터 1월 29일(월)까지 의견수렴 기간을 갖는다.

 이번 개정안은 개인정보는 안전하게 보호하면서도 연구 목적 등 법률이 허용한 범위 내에서 보건의료데이터 활용이 활성화되도록 유전체 데이터 등 비정형데이터의 가명처리 범위를 확대하고, 데이터 제공기관의 책임 범위를 명확화하는 등 현장 애로사항을 해소하는 데 중점을 뒀다.

 먼저, 유전체 데이터는 데이터 파일 형태*에 따라 염기서열 및 메타데이터 내 주요 식별정보는 제거하거나 대체하는 방식 등으로 가명처리하여 활용할 수 있도록 개선했다. 동시에, 연구 목적으로 활용하더라도 데이터 접근 권한을 통제하고 폐쇄환경에서 활용하도록 하는 등 정보보호를 위한 안전조치는 강화했다.
*NGS 기반 유전자 검사를 통해 생성된 FASTQ/SAM/BAM/VCF 파일 및 검사기록지

 진료기록 등 자유입력 데이터는 자연어 처리기술 등을 활용하여 정형데이터로 변환 후 식별정보 삭제, 대체 등을 거쳐 가명처리하여 활용하도록 안내하였다. 또한, 음성 데이터의 경우에도 관련 기술을 활용하여 문자열로 변환한 후 식별정보 삭제, 대체 등 가명처리하거나 필요 시 추가로 노이즈 방식 등을 활용하도록 규정하였다.

 아울러, 가명정보 처리에 관한 개인정보 파기, 개인정보 처리 방침의 공개사항에 가명정보 처리에 대한 사항 포함 등 개정된 「개인정보 보호법」 변경사항을 반영하였다.

 그 밖에 의료기관 등 보건의료데이터 제공기관의 과도한 부담으로 데이터 활용이 위축되지 않도록 가명정보 처리 및 제공과정에서의 법적책임 범위를 명확히 하는 등 현장 애로사항을 해소하기 위해 노력하였다.

가명정보 처리·활용 시	가명정보 처리·활용 과정에서 의도치 않게 특정 개인을 알아볼 수 있는 정보가 생성되었다는 사실만으로 가명정보를 처리한 자 또는 해당 가명정보를 제공한 자를 처벌하지 않음(단, 해당 정보의 처리를 즉시 중지하고, 지체없이 회수·파기하여야 함)
가명정보 제3자 제공 시	가명정보를 제공받은 자의 안전조치 미이행 등으로 가명정보 유출 등의 문제가 발생하였거나 고의로 재식별 행위를 하는 등 그 행위 주체의 위법으로 발생한 사안에 대해서는 해당 행위자만 제재함

 이번 개정안은 의료계·산업계·학계·공공기관 등 의료데이터 활용 현장 간담회를 거쳐 마련됐다. 개정안에 대한 상세한 사항은 '보건복지부 누리집 – 알림 – 공지사항'에서 확인할 수 있으며, 의견은 보건복지부 보건의료데이터진흥과로 제출하면 된다.

15
주어진 보도자료를 읽고 [A]에 들어갈 제목으로 가장 적절한 것을 고르면?

① 보건의료데이터 활용 가이드라인 도입을 위한 현장 의견 수렴
② 보건의료데이터 가명처리 방법 개선, 개인정보 보호하고 데이터 활용 활성화
③ 보건복지부, 의료데이터 및 인공지능 연구개발 현장 방문 및 기업 간담회 개최
④ 안전한 보건의료데이터의 산업적 활용을 위한 혁신포럼 개최

16
주어진 보도자료를 바탕으로 추론할 수 있는 것을 고르면?

① 가명정보 처리 과정에서 의도치 않게 특정 개인에 대한 식별정보가 포함되었다면 해당 정보는 회수하지 않을 수 있다.
② 유전체 데이터를 연구 목적으로 활용할 경우 해당 데이터는 누구나 열람할 수 있다.
③ 의료기관으로부터 보건의료데이터를 제공받은 기업에서 가명정보 유출이 일어난 경우, 제공 의료기관도 처벌 대상에 해당한다.
④ FASTQ 파일 내 염기서열 정보는 처리 목적과 직접적으로 관계된 경우 대체하는 방식으로 활용할 수 있다.

17
주어진 보도자료에 다음과 같은 [표]를 삽입하고자 할 때, ㉠~㉢ 중 적절하지 <u>않은</u> 것을 모두 고르면?

[표] 비정형데이터 가명처리 방안 개정 전·후 비교

구분	개정 전	개정 후
유전체 데이터	널리 알려진 질병의 유전자 변이 유무 확인 등 예외적인 경우를 제외하고 가명처리 유보	㉠ NGS 기반 유전자 검사를 통해 생성된 표준화된 SAM, VCF 등은 메타데이터 및 염기서열에 대한 가명처리
자유입력 데이터	가명처리 유보	㉡ 식별정보 삭제 및 대체 후 자연어 처리 기술 등의 방법으로 정형데이터로 변환
음성 데이터	가명처리 유보	㉢ 음성인식 기술 이용하여 텍스트 처리한 뒤 자유입력 데이터 가명처리 방법으로 처리(필요 시 노이즈 방식 등 활용)

① ㉠   ② ㉡   ③ ㉠, ㉢   ④ ㉡, ㉢

[18~20] 다음 자료를 읽고 이어지는 질문에 답하시오.

□ 국민건강보험공단은 11월부터 전국 178개 지사, 55개 출장소 및 5개 외국인민원센터에 디지털창구 시스템을 오픈한다고 밝혔다. ㉠ 디지털창구 시스템은 디지털 플랫폼 정부 정책에 발맞춰 행정업무 프로세스를 혁신하여 민원 편의를 개선하고, 업무 효율성을 높이기 위한 것이다. 그간 방문 후 수기로 종이신고서를 작성하여 처리하던 민원 방식을 디지털 프로세스로 전환하여, 태블릿 모니터를 통해 전자서식을 접수하고 문서스캐너를 통해 종이서류를 전자문서화하는 등 디지털창구 시스템을 통해 전자기록물로 관리할 수 있는 시스템을 구축하였다.

□ 디지털창구 시스템을 이용하여 지사 내방민원의 방문상담, 서식접수 및 처리, 행정안전부와의 연계를 통한 전자문서 수신, 기록물 보관을 모두 원스톱으로 처리할 수 있다. ㉡ 이전에는 민원인이 종이서식과 관련 구비서류를 미리 준비하여 공단에 제출해야 했으나, 이제는 자격·부과·보험급여 등 다빈도 서식 11종을 종이서식 대신 전자서식으로, 수기서명 대신 전자서명으로 접수하여 처리할 수 있다. 또한, 정부24의 전자문서지갑과 디지털창구 시스템을 연계하여 가족관계증명서, 주민등록표 등본과 같은 각종 민원서식을 바로 디지털창구에서 확인하여 첨부할 수 있도록 구현하였다. 디지털창구 시스템으로 접수·처리한 서식과 구비서류는 종이로 보관·편철할 필요 없이 전자기록물로 보관할 수 있으며, 민원처리 내역은 신청한 지사가 아니더라도 모든 지사에서 조회할 수 있어 빠르고 편리하게 상담할 수 있다.

□ 공단은 안정적인 시스템 도입을 위해 지난 23년 7월부터 4개월간 8개 지사에서 시범운영을 거친 후 11월부터 순차적으로 전국 지사로 확대 운영한다. 시범운영 결과 업무 전반의 편리성 개선, 업무처리 시간 단축, 종이문서 업무 효율성 개선, 민원상담 활용도 등에서 상당한 효과가 있는 것으로 나타났으며, 이에 따라 방문민원의 편의성과 업무 효율성이 크게 향상할 것으로 기대하고 있다. 특히 종이기록물 생성, 보관, 폐기 등의 단순 행정업무가 감소함에 따라 지사 현장의 업무부담이 획기적으로 경감할 것으로 보인다. ㉢ 공공데이터인 식품영양성분 통합 DB를 적용함으로써 제공되는 정보의 정확도를 높였으며, 향후 지속적인 업데이트도 가능하다.

□ 공단 관계자는 "디지털창구 시스템의 도입으로 지사 내방업무에 대한 국민편의성을 향상하고, 종이 없는 디지털 종합민원실의 구현으로 ESG 실현을 위해 힘쓰겠다."고 밝혔다. ㉣ 공단은 전국 지사 확대를 23년 말까지 완료한 후, 24년에 고도화를 통해 서식을 43종으로 확대하고, AI OCR(문자인식 시스템)을 도입하는 등 시스템을 확대 구축할 예정이다.

18
주어진 자료의 흐름상 밑줄 친 ㉠~㉣ 중 삭제해야 할 문장을 고르면?

① ㉠　　　　　② ㉡　　　　　③ ㉢　　　　　④ ㉣

19
주어진 자료의 내용과 일치하는 것을 고르면?

① 디지털창구 시스템은 23년 7월까지 시범운영 되었다.
② 외국인민원센터는 디지털창구 시스템 도입 대상에 해당하지 않는다.
③ 디지털창구 시스템에는 정부 부처와 연계한 민원처리 서비스가 포함된다.
④ 시스템 도입으로 한동안 단순 행정업무가 일시적으로 증가할 것으로 예상된다.

20
주어진 자료를 읽고 이해한 내용으로 적절하지 않은 것을 고르면?

① 남원지사에서 신청한 민원 처리 내역은 나주지사에서도 확인할 수 있다.
② 가족관계증명서는 디지털창구 시스템상에서 바로 첨부할 수 있는 서식이다.
③ 디지털창구 시스템으로 자격신청을 하고자 할 경우 수기서명 하지 않아도 된다.
④ 시범운영 기간 동안 디지털창구 시스템 이용 시 AI OCR 등록이 필수적이었다.

[21~22] 다음 [표]는 전국 보건소 수에 관한 자료이다. 이를 바탕으로 이어지는 질문에 답하시오.

[표] 전국 보건소 수 (단위: 개)

구분	2017년	2018년	2019년	2020년	2021년	2022년
전국	3,531	3,553	3,564	3,571	3,587	3,599
서울	43	47	50	53	55	59
부산	33	34	34	37	39	44
대구	28	28	29	28	28	27
인천	69	69	69	69	69	69
광주	22	23	23	24	24	24
대전	20	20	19	19	20	20
울산	24	25	25	25	25	25
세종	18	18	19	19	19	19
경기	335	339	343	344	349	346
강원	249	253	254	254	254	256
충북	270	270	271	270	272	272
충남	403	406	406	408	409	411
전북	409	410	410	405	406	409
전남	567	569	569	570	572	573
경북	560	560	560	560	560	557
경남	417	417	417	419	419	421
제주	64	65	66	67	67	67

21
주어진 자료에 대한 설명으로 옳지 않은 것을 고르면?

① 2018년에 보건소 수가 전년 대비 증가한 지역은 10곳이다.
② 2021년에 전국 보건소 중 경북의 비중은 전년 대비 감소했다.
③ 2019년에 경기 보건소 수의 전년 대비 증감률은 제주보다 낮다.
④ 조사 기간 동안 매년 보건소 수가 가장 많은 지역은 가장 적은 지역의 30배 이상이다.

22
2020년 보건소 수 상위 4개 지역 중 2018년 대비 2022년 보건소 수의 증감률이 가장 큰 지역을 고르면?(단, 계산 시 소수점 둘째 자리에서 반올림한다.)

① 전남　　　　　② 전북　　　　　③ 경북　　　　　④ 충남

[23~24] 다음 [표]는 지역별 봉사활동 횟수에 관한 자료이다. 이를 바탕으로 이어지는 질문에 답하시오.

[표] 지역별 봉사활동 횟수 (단위: 회)

구분	2018년	2019년	2020년	2021년	2022년
전국	73,380	73,191	20,591	21,589	27,289
서울	15,544	15,117	4,637	4,408	5,417
부산	5,300	5,452	1,429	1,619	2,053
대구	3,921	4,020	1,197	1,804	2,172
인천	4,247	4,178	988	975	1,505
광주	3,582	3,275	1,031	1,097	1,229
대전	2,858	2,784	797	886	1,043
울산	3,093	3,086	809	846	1,283
세종	189	184	55	66	61
경기	10,910	11,351	2,842	2,866	4,021
강원	2,262	2,282	686	749	951
충북	1,805	1,728	441	489	688
충남	3,293	3,376	1,019	1,120	1,202
전북	2,196	2,148	606	656	753
전남	3,808	3,655	1,120	1,048	1,235
경북	3,755	3,861	1,071	1,291	1,429
경남	5,183	5,276	1,445	1,287	1,792
제주	1,434	1,418	418	382	455

23

주어진 자료에 대한 설명으로 옳지 <u>않은</u> 것을 고르면?

① 2022년 전국 봉사활동 횟수 중 서울의 비중은 전년 대비 0.3%p 이상 감소했다.
② 조사 기간 동안 서울과 경기의 봉사활동 횟수 차이는 매년 1,500회 이상이다.
③ 강원의 연평균 봉사활동 횟수는 세종보다 1,200회 이상 많다.
④ 2019~2021년 동안 봉사활동 횟수가 전년 대비 매년 감소한 지역은 4곳이다.

24

다음 [보기] 중 전년 대비 증감률을 <u>잘못</u> 나타낸 그래프의 개수를 고르면?(단, 계산 시 소수점 둘째 자리에서 반올림한다.)

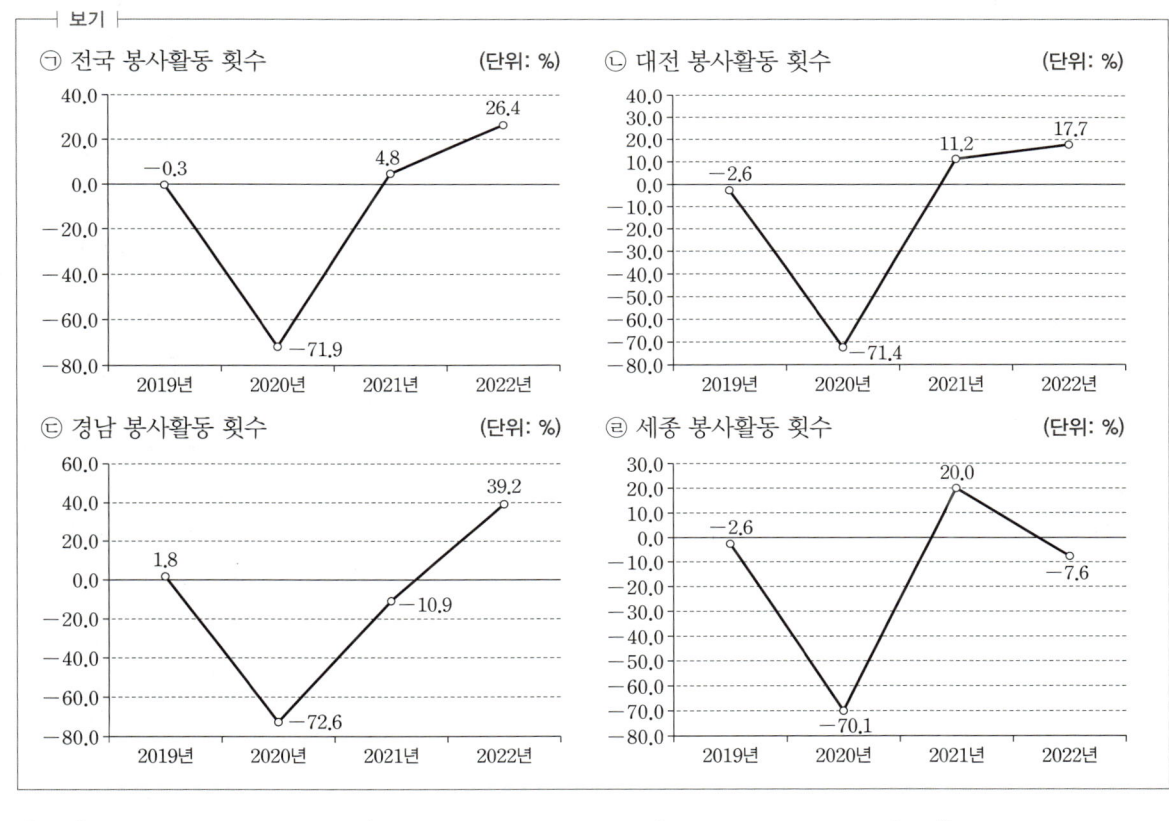

① 0개　　　② 1개　　　③ 2개　　　④ 3개

[25~26] 다음 [표]는 가구특성별 기초생활수급자 수에 관한 자료이다. 이를 바탕으로 이어지는 질문에 답하시오.

[표1] 전국 가구특성별 기초생활수급자 수 (단위: 명)

구분	2018년	2019년	2020년	2021년	2022년
합계	1,165,175	1,281,759	1,459,059	1,637,569	1,699,497
노인세대	337,788	391,096	439,135	518,799	546,697
일반세대	340,597	359,017	407,012	442,202	446,158
장애인세대	211,010	219,889	229,395	236,581	233,683
모자세대	135,862	143,810	163,950	176,319	179,653
부자세대	38,095	40,368	45,097	48,824	48,525
소년소녀가정	2,972	2,467	2,214	1,892	1,517
미혼부모세대	550	479	478	3,491	3,536
조손세대	7,632	7,665	7,595	7,657	6,877
기타 세대	90,669	116,968	164,183	201,804	232,851

[표2] 서울 가구특성별 기초생활수급자 수 (단위: 명)

구분	2018년	2019년	2020년	2021년	2022년
합계	197,278	221,695	260,795	289,518	298,093
노인세대	58,799	69,677	81,484	92,926	96,363
일반세대	60,256	65,323	77,202	84,131	84,986
장애인세대	31,139	32,898	34,863	35,987	35,482
모자세대	23,760	24,400	27,079	28,279	28,255
부자세대	5,894	6,178	6,863	7,235	7,003
소년소녀가정	311	264	246	219	199
미혼부모세대	71	62	64	493	496
조손세대	893	936	928	1,001	900
기타 세대	16,155	21,957	32,066	39,247	44,409

25
주어진 자료에 대한 설명으로 옳지 않은 것을 고르면?

① 2020년에 서울 기초생활수급자 수가 전년 대비 증가한 가구특성은 7가지이다.
② 조사 기간 동안 매년 서울 부자세대 기초생활수급자는 일반세대의 8% 이상이다.
③ 조사 기간 동안 전국 모자세대 기초생활수급자의 전년 대비 증감률이 가장 큰 해는 2021년이다.
④ 2019년에 전국 기초생활수급자 중 노인세대의 비중은 전년 대비 약 1.5%p 증가했다.

26
2018년 서울 기초생활수급자의 가구특성별 비중을 나타낸 그래프로 옳지 않은 것을 고르면?(단, 계산 시 소수점 둘째 자리에서 반올림한다.)

[27~28] 다음 [표]는 전국의 지역별 직장어린이집 수에 관한 자료이다. 이를 바탕으로 이어지는 질문에 답하시오.

[표] 지역별 직장어린이집 수 (단위: 개소)

구분	2019년	2020년	2021년	2022년
전국	1,153	1,216	1,248	1,291
서울	265	288	296	304
부산	55	57	59	60
대구	36	38	37	41
인천	71	76	76	80
광주	32	29	27	27
대전	58	59	61	62
울산	35	36	37	37
세종	15	15	16	16
경기	268	284	291	300
강원	41	45	52	57
충북	35	36	39	38
충남	52	53	55	58
전북	28	31	32	33
전남	31	34	36	36
경북	55	56	55	58
경남	58	60	60	62
제주	18	19	19	22

27

다음 [보기]의 빈칸 ㉠~㉢ 값을 크기가 큰 순으로 바르게 나열한 것을 고르면?(단, 계산 시 소수점 둘째 자리에서 반올림한다.)

┤ 보기 ├
- 전국 직장어린이집의 2019년 대비 2022년의 증감률은 (㉠)%이다.
- 전국 직장어린이집 중 2020년에 부산과 인천이 차지하는 비중은 (㉡)%이다.
- 충북 직장어린이집의 2019년 대비 2021년의 증감률은 (㉢)%이다.

① ㉠ > ㉡ > ㉢
② ㉠ > ㉢ > ㉡
③ ㉡ > ㉢ > ㉠
④ ㉢ > ㉡ > ㉠

28

다음 [그래프]가 어떤 지역의 연도별 직장어린이집 전년 대비 증감률을 나타낸 자료일 때, A와 B에 해당하는 지역을 고르면?

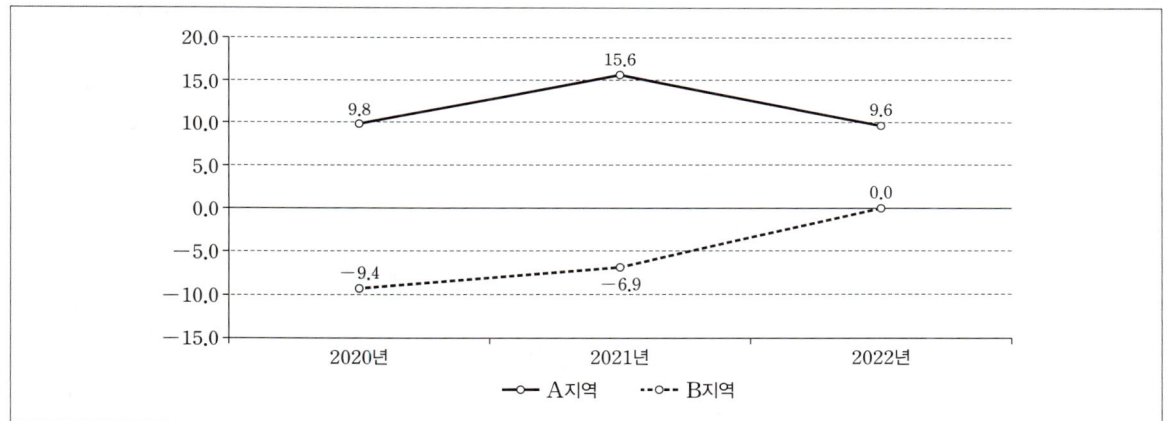

[그래프] 연도별 직장어린이집 전년 대비 증감률 (단위: %)

	A지역	B지역
①	강원	전남
②	경기	전남
③	강원	광주
④	경기	광주

[29~31] 다음 [표]는 연도별 요양급여비 및 요양기관 현황에 관한 자료이다. 이를 바탕으로 이어지는 질문에 답하시오.

[표1] 연도별 요양급여비 추이 (단위: 억 원, %)

구분	2020년	2021년	2022년	2023년	2024년
진료비	882,000	935,000	1,025,000	1,125,000	908,000
(증감률)	(5.0)	(6.0)	(9.6)	(9.8)	(−)
급여비	663,000	702,000	768,000	845,000	654,000
(증감률)	(2.0)	(5.9)	(9.4)	(10.0)	(−)

※ 작성기준일은 2024년 9월 30일임
※ 괄호 안의 수치는 전년 대비 증감률을 계산한 결과임

[표2] 연도별 요양기관 현황 (단위: 개)

구분	계	상급종합병원	종합병원	병원	요양병원	정신병원	의원	치과병원	치과의원	조산원	한방병원	한의원	보건기관	약국
2024년	102,971	50	329	1,410	1,360	265	36,500	242	19,100	15	600	14,700	3,400	25,000
2023년	101,852	45	327	1,400	1,390	255	35,700	240	19,000	15	580	14,800	3,400	24,700
2022년	100,138	45	323	1,395	1,435	255	34,900	235	18,800	10	540	14,500	3,400	24,300
2021년	98,366	45	320	1,390	1,460	250	33,900	231	18,600	20	550	14,400	3,400	23,800
2020년	96,766	40	318	1,500	1,580	—	33,100	228	18,200	20	480	14,600	3,400	23,300

29
주어진 자료에 대한 설명으로 옳지 않은 것을 고르면?

① 2021~2023년 동안 진료비와 급여비는 지속적으로 증가하였다.
② 요양기관이 두 번째로 많은 해에 진료비와 급여비의 차는 27조 원 이상이다.
③ 요양급여비 추이를 볼 때, 급여비는 2024년까지 지속적으로 증가할 것으로 예상할 수 있다.
④ 2021~2024년 동안 전년 대비 증가한 치과병원 수는 종합병원 수보다 매년 높다.

30

2019년 요양급여비 중 진료비와 급여비의 차액을 고르면? (단, 계산시 소수점 둘째 자리에서 반올림한다.)

① 17조 원 ② 18조 원 ③ 19조 원 ④ 20조 원

31

한방병원과 한의원이 한방기관에서 차지하는 비중을 연도별로 비교하여 나타낸 그래프로 옳은 것을 고르면?

① 2020~2024년 한방기관 중 한방병원 비중 (단위: %)

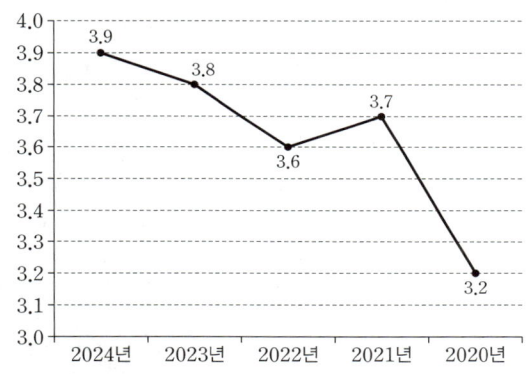

② 2020~2024년 한방기관 중 한방병원 비중 (단위: %)

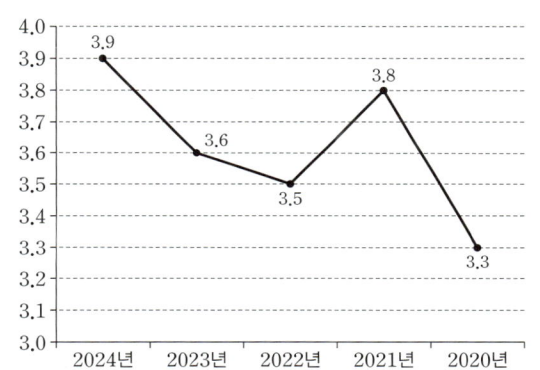

③ 2020~2024년 한방기관 중 한의원 비중 (단위: %)

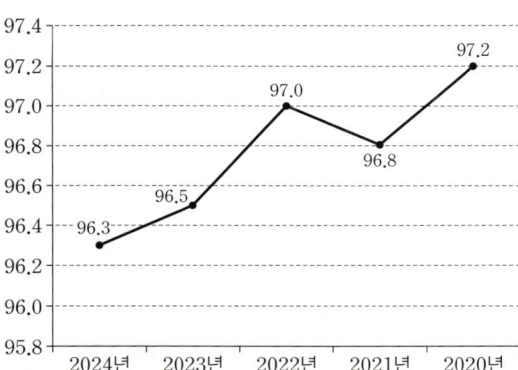

④ 2020~2024년 한방기관 중 한의원 비중 (단위: %)

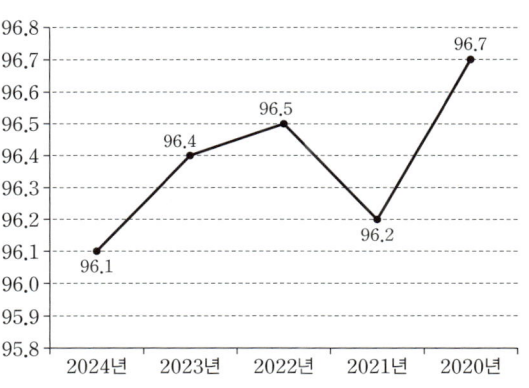

[32~34] 다음 [표]는 식중독 발생현황 및 원인균 규명률에 관한 자료이다. 이를 바탕으로 이어지는 질문에 답하시오.

[표1] 시도별·연도별 식중독 발생현황 (단위: 건, 명)

구분	2018년		2019년		2020년		2021년	
	발생 건수	환자 수	발생 건수	환자 수	발생 건수	환자 수	발생 건수	환자 수
전국	358	11,343	280	4,029	164	2,534	243	5,156
서울	54	2,142	36	719	13	214	26	581
부산	19	637	15	263	17	248	29	916
대구	10	245	11	157	9	74	6	219
인천	32	334	17	397	4	128	5	99
광주	5	43	8	53	5	70	11	50
대전	1	4	6	64	3	52	4	12
울산	6	102	3	20	4	32	1	5
세종	3	184	1	( )	1	6	2	258
경기	77	4,551	56	705	40	743	42	1,161
강원	12	308	18	190	6	60	16	270
충청	( )	452	36	655	13	280	41	820
전라	50	530	23	314	20	157	21	248
경상	57	1,579	44	425	22	348	( )	464
제주	10	232	6	62	7	122	8	53

[표2] 시도별·연도별 식중독 원인균 규명률 (단위: %)

구분	2018년	2019년	2020년	2021년
전국	63.0	64.3	70.7	76.3
서울	65.0	66.7	61.5	76.9
부산	58.0	60.0	35.3	48.3
대구	60.0	45.5	88.9	100.0
인천	69.0	76.5	75.0	100.0
광주	60.0	37.5	80.0	63.6
대전	100.0	33.3	33.3	25.0
울산	83.0	66.7	75.0	0.0
세종	67.0	100.0	100.0	100.0
경기	56.0	69.6	70.0	85.7
강원	58.0	72.2	100.0	100.0
충청	71.0	73.7	90.9	90.9
전라	60.0	28.6	90.0	75.0
경상	61.0	55.6	53.8	57.1
제주	50.0	16.7	71.4	62.5

※ 원인균 규명률(%) = $\dfrac{\text{원인병원체 규명 건수}}{\text{전체 식중독 발생 건수}} \times 100$

32

주어진 자료에 대한 설명으로 옳지 <u>않은</u> 것을 고르면?

① 2020년 울산에서 발생한 식중독 발생 건수 중 원인병원체 규명 건수는 3건이다.
② 2018년 충청의 식중독 발생 건수는 20건이다.
③ 조사 지역 중 2019년에 원인균 규명률이 가장 낮은 지역은 제주이다.
④ 2020년 전국의 식중독 환자 수는 전년 대비 35% 이상 감소하였다.

33

2021년 일부 지역의 인구 백만 명당 식중독 환자 수가 다음과 같을 때, 2021년 대전의 인구수와 울산의 인구수의 차를 고르면?

[표] 인구 백만 명당 식중독 환자 수 (단위: 명)

구분	서울	부산	대구	인천	광주	대전	울산
환자 수	61	273	92	34	35	8	4

① 9만 명 ② 15만 명 ③ 25만 명 ④ 32만 명

34

다음 중 연도별 전국의 식중독 발생 건수당 환자 수를 나타낸 그래프로 옳은 것을 고르면?(단, 소수점 첫째 자리에서 반올림한다.)

①

②

③

④
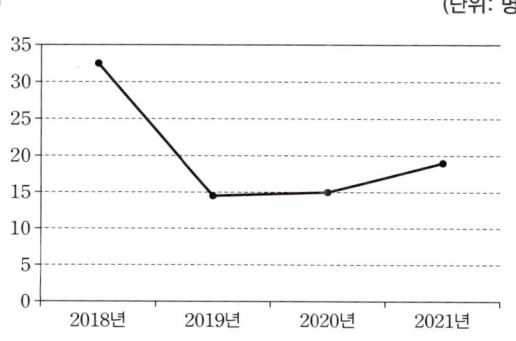

[35~37] 다음 [표]는 전국의 의료기관 병상 수에 관한 자료이다. 이를 바탕으로 이어지는 질문에 답하시오.

[표] 지역별 의료기관 병상 수 (단위: 개)

구분	2018년	2019년	2020년	2021년	2022년
전국	63,924	62,240	63,417	63,551	63,133
서울	8,333	8,283	8,617	8,973	8,749
부산	4,009	3,957	3,656	3,621	3,585
대구	3,654	3,547	3,800	3,923	3,825
인천	1,380	1,338	1,406	1,379	1,361
광주	2,753	2,771	2,797	2,736	2,837
대전	3,129	2,958	3,018	2,982	2,956
울산	130	130	157	157	148
세종	0	0	259	399	451
경기	9,096	8,504	9,107	9,186	9,014
강원	3,882	3,618	3,565	3,382	3,336
충북	2,917	2,815	2,815	2,919	2,879
충남	3,601	3,451	3,572	3,369	3,301
전북	3,466	3,458	3,554	3,515	3,503
전남	5,228	5,159	4,746	4,678	4,746
경북	4,512	4,481	4,516	4,690	4,716
경남	6,385	6,340	6,365	6,213	6,243
제주	1,449	1,430	1,467	1,429	1,483

35
주어진 자료에 대한 설명으로 옳지 않은 것을 고르면?

① 조사 기간 동안 병상 수 상위 3개 지역은 매년 동일하다.
② 조사 기간 동안 부산의 병상 수와 충남의 병상 수 차이가 100개 미만인 해는 2020년뿐이다.
③ 2020년 경북 병상 수의 전년 대비 증감률은 경남보다 크다.
④ 2021년 병상 수의 전년 대비 증감폭이 가장 큰 지역은 경북이다.

36

2019~2022년 동안 전국 의료기관 병상 수 중 서울이 차지하는 비중의 전년 대비 증감폭이 가장 큰 해를 고르면?(단, 계산 시 소수점 둘째 자리에서 반올림한다.)

① 2019년　　　② 2020년　　　③ 2021년　　　④ 2022년

37

다음 중 연도별 의료기관 병상 수를 나타낸 그래프로 옳지 않은 것을 고르면?

① 2018년

② 2019년

③ 2021년

④ 2022년

[38~40] 다음 [표]는 약국의 월별 청구 건수와 진료비에 관한 자료이다. 이를 바탕으로 이어지는 질문에 답하시오.

[표1] 약국의 월별 청구 건수 (단위: 천 건)

구분	2019년	2020년	2021년	2022년
1월	43,825	45,320	30,449	35,949
2월	35,552	36,043	29,363	35,108
3월	42,325	32,007	36,930	48,508
4월	47,249	31,534	37,780	44,018
5월	45,802	34,899	35,328	39,979
6월	38,832	35,984	35,941	37,054
7월	41,644	36,135	35,359	40,388
8월	39,421	33,363	33,871	43,255
9월	41,014	35,160	35,263	40,978
10월	45,151	33,861	37,130	41,441
11월	44,650	35,802	40,072	44,146
12월	48,028	34,533	38,317	47,892

[표2] 약국의 월별 진료비 (단위: 천만 원)

구분	2019년	2020년	2021년	2022년
1월	152,516	156,882	142,061	164,319
2월	125,683	140,501	136,865	154,607
3월	143,114	139,349	162,927	190,413
4월	154,428	138,898	160,522	180,638
5월	153,142	143,354	154,071	175,773
6월	136,734	149,029	159,384	167,767
7월	151,334	152,633	161,348	175,469
8월	144,751	144,184	158,208	186,600
9월	144,476	154,312	159,136	179,317
10월	156,255	144,435	161,984	177,035
11월	150,944	148,539	169,189	185,404
12월	161,842	157,233	173,125	196,718

38

주어진 자료에 대한 설명으로 옳지 <u>않은</u> 것을 고르면?

① 2021년 3월의 약국 청구 건수는 전월 대비 25% 이상 증가했다.
② 조사 기간 동안의 12월 평균 약국 진료비는 1월보다 2,000억 원 이상 많다.
③ 2022년의 약국 진료비는 매월 전년 동월 대비 증가했다.
④ 약국 진료비는 매년 12월에 가장 많다.

39

2022년 8월 약국 청구 건수의 2019년 동월 대비 증감률과 2022년 2월 약국 진료비의 2019년 동월 대비 증감률의 합을 고르면?(단, 계산 시 소수점 둘째 자리에서 반올림한다.)

① 27.3% ② 30.2% ③ 32.7% ④ 33.4%

40

다음 중 약국의 월별 청구 건수 1건당 진료비를 나타낸 그래프로 옳지 <u>않은</u> 것을 고르면?(단, 계산 시 소수점 둘째 자리에서 반올림한다.)

① 10월 약국 청구 건수 1건당 진료비 (단위: 만 원)

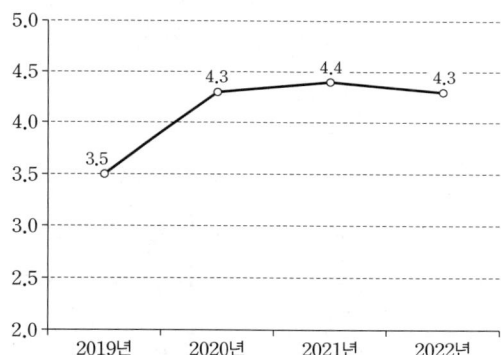

② 4월 약국 청구 건수 1건당 진료비 (단위: 만 원)

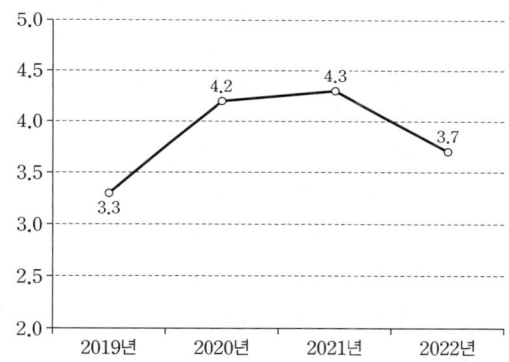

③ 9월 약국 청구 건수 1건당 진료비 (단위: 만 원)

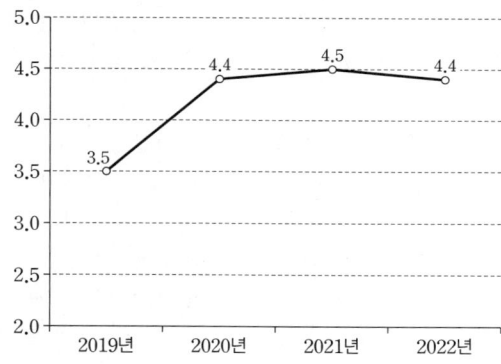

④ 1월 약국 청구 건수 1건당 진료비 (단위: 만 원)

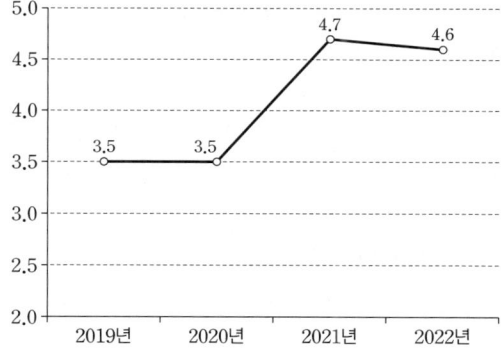

[41~42] 다음은 어느 공기업의 보수 규정 중 일부 내용을 발췌한 자료이다. 이를 바탕으로 이어지는 질문에 답하시오.

제7조(통상임금) 통상임금의 산정은 고용노동관계법령 및 고용노동부장관 예규 통상임금산정지침에 의한다.

제8조(임원의 연봉) 임원의 연봉은 별표1-1의 임원 연봉기준표 범위 내에서 여성가족부와 협의 조정한다.

제9조(직원의 연봉) ① 직원의 연봉은 별표1-2의 직원 연봉기준표 범위 내에서 매년 협의 조정하되, 이에 필요한 사항은 원장이 따로 정한다.

② 공무직 및 기간제근로자의 연봉에 대해 필요한 사항은 원장이 따로 정한다.

제9조의2 (시간선택제근무를 하는 직원 등의 연봉 지급) 인사규정 제5조 제3항에 해당하는 직원에게는 통상적인 근무시간을 근무할 경우 받을 연봉월액을 기준으로 근무시간에 비례하여 연봉월액을 지급한다.

제10조(지급원칙) ① 채용, 승진, 징계처분, 휴직, 복직 및 퇴직 등에 따른 연봉 및 기타 수당은 인사발령 일자를 기준으로 계산하여 지급한다.

② 보수계산에 있어서 10원 미만의 단수는 이를 절사한다.

③ 보수의 일할 계산은 그 달의 일수로 나누어 계산한다.

④ 제1항에도 불구하고 다음 각 호의 어느 하나에 해당하는 경우에는 면직된 날이 속하는 달의 보수 전액을 지급한다.

  1. 재직 중 공무로 사망하여 면직(그 달 1일자로 면직되는 경우는 제외)된 경우

  2. 직원이 공무상 질병 또는 부상으로 재직 중 사망하여 면직(그 달 1일자로 면직되는 경우는 제외)된 경우

제11조(연봉의 조정 및 시기) ① 연봉은 매년 1월 1일을 기준으로 하며, 임원은 「공기업·준정부기관 임원 보수지침」을 준용하여 조정하고, 직원은 평가 등급별 결과 등을 반영하여 조정한다.

② 연봉 계약기간 중일지라도 다음 각 호의 연봉 조정사유가 발생할 경우 연봉을 조정할 수 있다.

  1. 승진, 강임 등 인사상 신분 변동이 있을 경우

  2. 기 책정된 연봉액의 결정사유가 허위, 부정한 방법 등으로 왜곡되었을 경우

  3. 기타 연봉 조정 사유가 있다고 인정되는 경우

제12조(연봉의 통보) 직원과의 연봉 계약은 '연봉결정통지서'를 개별 통보함으로써 갈음한다.

제13조(연봉조정 이의절차) ① 직원은 책정된 연봉액에 대하여 이의가 있을 경우, 연봉 통보일로부터 7일 이내에 1차적으로 인사담당부서장과의 협의를 실시하고, 협의에 의하여 조정이 이루어지지 않았을 경우 최초 통보일로부터 14일 이내에 인사담당부서장에게 서면으로 이의신청을 하여야 한다.

② 인사담당부서장은 이의신청서를 받은 경우 인사위원회 심의를 거쳐 14일 이내에 심의결과를 당해 직원에게 통보하여야 한다.

제14조(연봉 미확정시의 연봉지급) 연봉조정이 안 된 경우 연봉 만료일부터 연봉조정기간까지는 진흥원이 통보한 연봉액을 지급한다. 단, 연봉이 조정, 확정될 시에는 확정된 후 최초 급여 지급일 또는 당해 연도 1월 급여지급일부터 소급하여 정산한다.

제15조(결근자에 대한 연봉지급) 결근일수가 당해 직원의 연차휴가 및 특별휴가 소요일수를 초과한 경우와 무단 결근한 경우에는 그 초과한 결근 일수에 대하여 연봉 및 기타 수당을 일할 계산하여 이를 지급하지 아니한다. 다만, 가족수당은 예외로 한다.

제16조(휴직자에 대한 연봉지급) 휴직기간에 대하여는 다음 각 호를 제외하고는 보수를 지급하지 아니한다.

  1. 업무상 부상 또는 질병으로 인한 휴직: 「산업재해보상보험법」 및 관계법령의 규정에 따라 처리하고 보상한다.

    2. 업무이외 부상 또는 질병으로 인한 휴직: 휴직기간이 1년 이하인 경우 연봉의 70퍼센트 지급, 휴직기간이 1년 초과 2년 이하인 경우 연봉의 50퍼센트 지급
제17조(출산전후휴가 중 연봉지급) 출산전후휴가 중 최초 60일(한번에 둘 이상 자녀를 임신한 경우에는 75일)은 유급으로 하고 통상임금을 지급한다.
제18조(신규채용 직원에 대한 연봉지급) ① 신규채용 직원의 연봉 결정은 인사규정 제10조 제1항의 규정에 의한 경력환산기준표에 의해 경력연수를 산정하여 별표1-2의 직원 연봉기준표 범위 내에서 협의 조정하여 지급하며, 다음 연도 연봉산정의 기준이 된다.
제19조(승진·강임자에 대한 연봉지급) ① 승진자의 연봉은 승진 당시 연봉에 별표3에서 정한 승진반영기준표를 반영한 연봉으로 지급한다.
② 제1항에 따라 책정된 승진자의 연봉이 별표1-2의 직원 연봉기준표에서 승진된 직급의 상한을 초과하는 경우, 승진자의 연봉은 승진된 직급의 상한으로 한다.
③ 강임자의 연봉은 강임되기 전의 연봉에 해당하는 금액을 지급하되, 강임된 직급에서의 연봉 상한액을 초과할 수 없다.

41
주어진 자료를 읽고 보인 반응으로 적절하지 않은 것을 고르면?

① 연봉이나 수당은 인사발령 일자를 기준으로 일할 계산하여 지급하는군.
② 재직 중 공무로 사망하여 면직된 경우 특별한 이유가 없으면 면직된 달의 보수 전액을 받을 수 있겠군.
③ 출산전후휴가 중 최소 2달은 통상임금을 지급받을 수 있겠군.
④ 임·직원 연봉은 연봉기준표 범위 내에서 원장이 정하도록 되어 있군.

42
다음 [보기] 중 보수를 지급받을 수 있는 경우는 몇 개인지 고르면?

┤ 보기 ├
㉠ 공무상 부상으로 재직 중 사망에 이르러 면직된 경우
㉡ 연봉액의 결정사유가 부정한 방법으로 이루어진 경우
㉢ 연봉액에 이의 제기를 하였으나 연봉조정이 안 된 경우
㉣ 아픈 가족을 간병하기 위해 1년 동안 휴직한 경우
㉤ 업무이외 부상으로 6개월 동안 휴직한 경우

① 2개 ② 3개 ③ 4개 ④ 5개

[43~44] 다음은 2024년 4월 △△ 대학병원의 신경외과 담당의사별 진료 시간에 관한 안내문이다. 이를 바탕으로 이어지는 질문에 답하시오.

[담당의사별 4월 진료 시간]

구분	A과장		B과장		C과장		D과장	
	오전	오후	오전	오후	오전	오후	오전	오후
월요일	진료	수술	진료	수술	수술	진료	진료	수술
화요일	수술	진료	진료	수술	진료	수술	진료	수술
수요일	진료	수술	수술	진료	진료	수술	진료	수술
목요일	수술	진료	진료	수술	수술	진료	진료	수술
금요일	진료	수술	수술	진료	진료	수술	진료	수술
토요일	진료 또는 수술		진료		진료 또는 수술		수술	
토요일 휴무	넷째 주		둘째 주		첫째 주		셋째 주	

※ 토요일 진료 시간: 09:00~13:00
※ 평일 진료 시간: 09:00~12:30/14:00~18:00 (점심시간: 12:30~14:00)
※ 접수 가능 시간: 09:00~12:00/14:00~17:30

[기타 안내 사항]
- 2024년 4월 15일(수)~18일(토)은 병원 내부 공사로 인해 외래 진료 및 수술, 신규 환자 접수는 불가합니다.
- MRI 및 CT 촬영은 최소 3일 전 예약을 하셔야 합니다.
- 외래 진료 시 MRI 등 영상 자료가 있어야 합니다(필요한 경우에 한함).
- 초진의 경우, 건강보험증을 지참하고 원무과에서 접수하시기 바랍니다. 접수 후 진료실에서 진료를 마친 환자분께서는 다시 원무과로 오셔서 진료비를 수납 후, P창구에서 처방전을 받아 약을 받아 가시기 바랍니다. 예약 또는 재진인 환자분은 곧바로 진료실로 가셔서 진료 후 원무과에 수술 또는 영상 촬영 여부를 알려주시고, 수술인 경우 H창구에서 입원 수속을 하시고, 영상 촬영이 필요하신 분은 영상센터로 가시어 안내를 받으시기 바랍니다.

43
주어진 안내문에 대한 설명으로 옳지 않은 것을 고르면?

① 2024년 4월 D과장의 토요일 휴무일은 병원 내부 공사 일정과 겹친다.
② 평일에 D과장을 제외한 세 명은 모두 오전의 진료 일정이 오후의 수술 일정보다 많다.
③ 일주일 전 예약을 하고 찾아온 환자는 원무과를 거치지 않고 곧장 진료실에 가면 된다.
④ 평일의 진료 시간 및 접수 가능 시간은 모두 점심시간 전이 점심시간 후보다 각각 30분씩 짧다.

44
주어진 안내문과 다음 [상황]을 바탕으로 옳은 내용을 고르면?

┌─ 상황 ├─
K씨는 평소 앓고 있던 허리 디스크를 치료받기 위하여 2024년 4월에 수술을 하기로 결정하였다. 그래서 그는 △△ 대학병원 신경외과의 A과장이나 C과장에게 가급적 오전에 수술 받기를 원한다.

① 이번 달에 수술을 받을 수 있는 토요일은 모두 두 번 있다.
② 수요일과 금요일에는 K씨가 원하는 시간에 수술을 받을 수 없다.
③ 평일 중 원하는 시간에 수술을 받을 수 있는 요일은 월요일과 목요일뿐이다.
④ 20일에 MRI 촬영 예약을 하여 23일에 MRI 촬영 및 진료 후 다음 날인 24일에 수술을 할 수 있다.

[45~46] 다음 자료를 바탕으로 이어지는 질문에 답하시오.

건강생활실천지원금제 시범사업 개요

○ 사업 목적
  건강관리 실천의 주체로서 개인의 자기주도적인 건강생활 실천 동기 유발을 통해 질병 발생 예방, 불필요한 의료비 지출 감소에 기여

○ 사업 내용
  건강생활 실천 활동과 건강 개선 결과에 따라 포인트 제공, 포인트 적립 후 지정한 사용처(온라인 쇼핑몰 등)에서 사용

○ 대상
건강위험요인이 있는 건강보험 가입자·피부양자
  - 예방형: 일반건강검진 수검자 중 건강위험그룹(BMI, 혈압, 혈당) 대상
  - 관리형: 일차의료 만성질환관리 시범사업 등록 환자(고혈압, 당뇨병) 대상

○ 지역
예방형 15개, 관리형 109개 시·군·구

지역	예방형(15개)	관리형(109개)('23.12.28~)
서울	노원구	노원구, 강남구 등 24개
경기인천	경기 안산시, 경기 부천시	경기 안산시, 경기 부천시 등 29개
충청권	대전 대덕구, 충북 충주시, 충남 청양군(부여군 포함)	대전 대덕구, 충북 청주시, 충남 천안시 등 10개
전라권	광주 광산구, 전북 전주시(완주군 포함), 전남 완도군	광주 광산구, 전북 전주시, 전남 목포시 등 15개
경상권	부산 중구, 대구 남구, 대구 달성군, 경남 김해시	부산 북구, 대구 남구, 대구 달성군, 경남 김해시 등 29개
강원제주권	원주시, 제주시	원주시, 강릉시 2개

※ 관리형 시범사업 지역은 일차의료 만성질환관리 시범사업 지역과 일치함

○ 포인트 적립·사용 기준(관리형)

항목		포인트 적립 기준
참여 포인트	참여 신청	5천 점
	케어플랜	5천 점
출석 포인트		매일 10점(모바일 앱 로그인 시 부여)
실천 포인트	걸음 수	케어플랜 목표 달성(일 100점)
	자가측정	주 2회까지 인정(회당 250점)
	교육	연간 1~5회(회당 4천 점)
점검평가 포인트		참여 기간(1년) 종료 시 1만 점(연간 평가 2회 이상 시 지급)
총 적립 한도		8만 점(1년)
포인트 사용		1천 점 이상 적립(참여 포인트 제외)

45
주어진 자료를 읽고 이해한 내용으로 옳은 것을 고르면?

① 전남 목포시는 예방형 시범사업 지역에 해당한다.
② 참여 기간 동안 점검평가에 3회 참여하였다면 총 8천 점이 적립된다.
③ 일차의료 만성질환관리 시범사업은 109개 시·군·구를 그 대상 지역으로 한다.
④ 예방형은 대상 지역에 거주하는 건강보험 가입자 또는 피부양자라면 누구나 참여할 수 있다.

46
관리형 시범사업에 참여한 A씨가 참여 기간인 1년 동안 달성한 내역 다음과 같을 때, A씨에게 적립된 총 포인트는 얼마인지 고르면?(단, 한 달은 4주로 계산한다.)

항목		달성 여부 및 일수
참여 여부	참여 신청	○
	케어플랜	○
총 출석일(로그인)		280일
목표 걸음 수 달성 일		240일
총 유효 자가측정 횟수		매주 3회
총 교육 참여 횟수		4회
총 점검평가 참여 횟수		2회

① 75,800점　　② 77,800점　　③ 80,000점　　④ 86,800점

[47~48] 다음 보도자료는 자립준비청년 의료비 지원 사업에 대한 내용이다. 이를 바탕으로 이어지는 질문에 답하시오.

> 건강보험 가입 자립준비청년의 의료비 부담이 대폭 줄어들 예정이다. 보건복지부는 23년 11월 13일부터 '자립준비청년 의료비 지원 사업' 신청 접수를 개시한다고 밝혔다. 신청을 통해 지원 대상자로 결정되면, 12월 1일자 진료분부터 의료비 지원을 적용받을 수 있다.
>
> 이번에 신설되는 자립준비청년 의료비 지원 사업은 건강보험 가입 자립준비청년이 의료급여2종과 유사한 수준으로 의료서비스를 이용할 수 있도록 건강보험 본인일부부담금을 지원하는 사업이다. 구체적인 사업 내용은 다음과 같다.
>
> 1. 지원 대상
>
> 지원 대상은 보호종료일로부터 과거 2년 이상 아동복지시설이나 위탁가정에서 보호를 받다가 보호종료된 자립준비청년으로, 자립수당 사업과 동일하다. 다만, 대상자가 건강보험 직장·지역가입자 또는 피부양자 자격인 경우에 한하여 지원되며, 의료급여 수급자나 차상위 본인부담경감 대상자는 해당 제도를 통해 이미 낮은 본인부담율이 적용되므로 지원에서 제외된다.
>
> 2. 지원 기간
>
> 지원 기간은 보호종료 후 5년이다. 지원 개시일은 의료비 지원 대상자로 지원 결정된 날의 다음날부터이며, 지원 종료일은 보호종료일로부터 60개월이 속하는 달의 마지막 날이다. 신청자별 지원 개시일과 지원 종료일은 별도로 통보된다.
>
> 3. 지원 내용
>
> 입원·외래 진료를 받거나 약국에서 의약품을 조제 받는 경우 일반 건강보험 가입자는 본인일부부담금으로 요양기관 종별, 입원·외래 여부 등에 따라 요양급여비용 총액의 20~60%를 부담해야 하지만, 자립준비청년 의료비 지원 대상자는 14%만 부담하면 된다. 일반 건강보험 가입자 본인일부부담금과의 차액은 국고에서 정산되며, 의료비 지원이 적용되는 진료 횟수나 지원금액에 제한은 없다.
>
> 4. 신청 절차
>
> 2023년 11월 13일부터 개시하는 신청 접수는 11월 기준 자립수당 수급 중인 자립준비청년(단, 2019년 1월 1일 이후 보호종료자에 한함)을 대상으로 하며, 온라인 신청창구에 접속하여 신청하면 된다. 12월 이후 신규 보호종료 예정인 경우에는 자립수당 신청 시 관할 지방자치단체 담당 공무원이 의료비 지원 사업도 함께 신청할 수 있도록 안내할 예정이다.

47

주어진 자료를 읽고 이해한 내용으로 옳지 않은 것을 [보기]에서 모두 고르면?

⊣ 보기 ⊢
㉠ 2019년 3월 29일에 보호종료되어 건강보험 직장가입자에 해당하는 자립준비청년은 신청 대상에 해당한다.
㉡ 자립준비청년 의료비 지원 대상자는 1년에 최대 8회의 진료에 대한 지원금을 신청할 수 있다.
㉢ 의료급여 수급자에 해당하는 자립준비청년은 지원사업 신청 대상에서 제외된다.

① ㉠　　　　　　　② ㉡　　　　　　　③ ㉡, ㉢　　　　　　　④ ㉠, ㉡, ㉢

48

주어진 자료를 이해하기 위해 다음 [보기]의 내용을 추가한다고 할 때, 빈칸에 들어갈 금액을 고르면?

⊣ 보기 ⊢
예를 들어, 종합병원에서 외래진료를 받고 요양급여비용 총액이 20만 원 나온 경우, 일반건강보험 가입자가 본인일부부담금으로 10만 원을 부담해야 한다면 자립준비청년 의료비 지원 대상자는 (　　　　)원만 부담하면 된다.

① 2,800　　　　　　② 14,000　　　　　　③ 28,000　　　　　　④ 50,000

[49~51] 다음은 청년마음건강지원사업에 관한 자료이다. 이를 바탕으로 이어지는 질문에 답하시오.

■ 청년마음건강지원사업(바우처)
　심리적 어려움을 가진 청년이라면 누구나 전문적인 심리상담을 받을 수 있도록 지원하는 사업

■ 지원대상: 만 19세 이상 34세 이하 청년, 소득(재산) 기준 없음
　※ 행정적 부담을 고려하여 만 나이는 출생연도 기준을 적용, 즉 만 19세는 2003년생 1. 1.~12. 31. 출생한 자 모두 해당

■ 우선 지원대상
　• (1순위) 자립준비청년(아동복지시설 등에서 만 18세 이상 만기 퇴소 또는 연장보호 종료된 청년)
　• (2순위) 정신건강복지센터에서 연계 의뢰한 청년
　• (3순위) 일반청년

■ 지원내용: 3개월(10회)간 주 1회 심리상담서비스 지원
　• 사전·사후검사도 서비스 제공 횟수에 포함
　• 사후검사 결과에 따라 연장 가능

■ 서비스 가격(회당)

구분	서비스 가격	비고	서비스 제공 인력 기준
A형	60,000원 (정부지원 90% +본인부담 10%)	일반적 심리 문제를 겪고 있으나 정신건강 관련 진료 등에 대한 부담감 없이 전문심리상담 서비스를 받고자 하는 경우	정신건강전문요원, 임상심리사, 전문상담교사, 청소년상담사, 상담분야를 전공(심리·상담학과 등)하고 실무경력(학사 2년, 석사 1년)이 있는 자
B형	70,000원 (정부지원 90% +본인부담 10%)	자립준비청년, 정신건강복지센터 방문자 등 서비스 욕구가 높거나 상대적으로 높은 수준의 상담서비스가 필요한 경우	정신건강전문요원, 임상심리사 1급, 상담분야를 전공(심리·상담학과 등)하고 실무경력(학사 4년, 석사 3년, 박사 1년)이 있는 자

　※ A, B형은 이용자가 서비스 신청 시 선택
　※ 자립준비청년은 서비스 유형에 관계없이 본인부담금 면제

■ 신청기간: 2022년 5월 한달간

■ 신청장소: 주민등록상 거주지 주민센터 직접 방문 혹은 온라인 신청
　※ 온라인 신청: 차세대 사회보장 정보시스템과의 연계 일정에 따라 복지로 이용 신청 가능, 추후 일정 안내

■ 신청권자: 본인, 친족 또는 법정 대리인, 담당 공무원(직권 신청)
　※ 친족(민법 제777조): 배우자, 8촌 이내의 혈족, 4촌 이내의 인척

■ 처리 절차

구분	주체	내용
신청 및 접수 (주민센터 또는 복지로)	본인·대리인, 담당공무원	• 신청서 및 이용자 유의사항 안내 동의서 작성 제출 • 차세대 사회보장 정보시스템과의 연계 일정에 따라 복지로 이용 신청 가능, 추후 일정 안내
이용자 선정 및 통지	시·군·구 담당자	• 자격 및 우선지원 대상 확인 • 예산상황 등 고려하여 이용자 선정 • 신청자에게 선정결과 통지 및 서비스 제공기관(상담기관) 정보 안내
상담기관 선택 및 서비스 이용계약	이용자 ↔ 제공기관	• 개인정보활용동의서, 서비스제공계약서 등 관련 서류 작성 • 이용자가 서비스 제공기관(상담기관) 직접 선택 및 상담
본인부담금 납부 (자립준비청년 제외)	이용자 ↔ 제공기관	• 서비스 제공기관(상담기관)에 본인부담금 납부 • 이용자에 본인부담금 영수증 발급
서비스 이용 및 종료	이용자 ↔ 제공기관	• 서비스제공계약에 따라 서비스 제공 • 서비스지원 기간 만료 시 자동 종료(사후검사 결과에 따라 서비스 연장)

■ 관련 문의: 시 복지정책과(☎888-××××), 구·군 지역사회서비스 투자사업 담당 부서

49

주어진 자료를 통해 대답할 수 없는 질문을 고르면?

① 청년마음건강지원 서비스를 지원받게 되면 저는 얼마를 지불해야 하나요?
② 청년마음건강지원 서비스를 저희 이종사촌 형이 대신 신청해줄 수 있을까요?
③ 청년마음건강지원 서비스를 신청하면 전문상담교사로부터 심리상담을 받을 수 있나요?
④ 청년마음건강지원 서비스를 온라인으로 신청하면 상담 일정을 어디서 확인할 수 있나요?

50
청년마음건강지원사업의 비용에 관한 내용으로 옳은 것을 [보기]에서 모두 고르면?

> **보기**
> ㉠ 자립준비청년이 청년마음건강지원 서비스를 1회 지원받았을 때의 본인부담금은 7천 원이다.
> ㉡ 청년마음건강지원 서비스 B형을 주 1회씩 10회 지원받았을 때의 정부지원금은 60만 원 이상이다.
> ㉢ 상담심리학을 전공하고 석사 2년의 실무경력이 있는 사람에게 심리상담 서비스를 3개월간 10회 받으면 지원대상 청년은 총 6만 원을 지불해야 한다.
> ㉣ 청년마음건강지원 서비스 A형을 선택하여 사전검사 이후 3회의 심리상담서비스를 지원받았을 때의 서비스 가격은 총 18만 원이다.

① ㉠, ㉡   ② ㉠, ㉣   ③ ㉡, ㉢   ④ ㉢, ㉣

51
청년마음건강지원사업의 처리 절차에 대한 설명으로 옳은 것을 고르면?

① 서비스 지원 기간은 최대 3개월이다.
② 일반청년은 이용자 대상에서 제외된다.
③ 이용자가 개인정보활용동의서 등을 작성하고 나면 직접 상담기관을 선택할 수 있다.
④ 본인부담금을 납부해야 하는 경우에는 정신건강복지센터에서 안내한 은행 계좌로 입금 후 영수증을 발급받을 수 있다.

[52~54] 다음 안내문을 읽고 이어지는 질문에 답하시오.

돌봄시설 종사자 잠복결핵감염 검진 사업

□ 사업 목적
  ○ 잠복결핵감염 검진 의무가 있는 돌봄시설 중 검사 접근성이 낮은 종사자의 잠복결핵감염 검진·치료 지원을 통해 결핵을 선제적으로 예방하고자 함

□ 사업 내용
  ○ 결핵 발병시 파급력이 큰 신생아 및 영유아 등 돌봄시설❶ 종사자 중 검사 접근성이 떨어지는 취약계층❷ 종사자 대상 잠복결핵감염 검진 실시
    ❶ 의료기관(신생아실·신생아중환자실), 산후조리원, 어린이집, 유치원, 아동복지시설
    ❷ 임시일용직 근로자로 고용계약 기간이 1년 미만인 자 또는 일정한 사업장 없이 매일 고용되어 일한 대가를 받고 일하는 자
    — 잠복결핵감염 검사 양성자에게 활동성결핵을 배제하기 위한 흉부 X선 검사
    — 최종 잠복결핵감염자로 확인된 사람에게 치료 또는 결핵예방 관리 지원

□ 사업 현황
  ○ 총 56,804명 검진 실시, 잠복결핵감염 양성자 14,654명(양성률 25.8%) 확인하여 치료 및 예방관리 교육, 9명의 결핵환자 발견

[표] '23년 돌봄시설 종사자 잠복결핵감염 검진사업 현황   (단위: 명)

검진목표	검진현황			
	검사자	양성자*	잠복결핵감염자**	결핵환자***
41,000	56,804	14,654	14,645	9

※ '23년 12월 20일 기준 잠정통계
* 잠복결핵감염 검사에서 양성으로 확인된 사람
** 잠복결핵감염 양성인 사람 중 흉부 X선 검사를 실시하여 활동성결핵이 배제된 사람
*** 잠복결핵감염 검사 결과 양성으로 확인되어, 추가 검사를 시행하여 결핵을 진단받은 사람

잠복결핵감염 검진 및 치료 안내

□ 잠복결핵감염 개요

잠복결핵감염은 결핵균에 감염되어 체내에 소수의 살아있는 균이 존재하나 외부로 배출되지 않아 타인에게 전파되지 않으며, 증상이 없고, 항산균 검사와 흉부 X선 검사에서 정상인 경우

[참고] 잠복결핵감염과 결핵의 비교

구분	잠복결핵감염	결핵
증상 유무	전혀 없음	2주 이상 기침, 발열, 수면 중 식은땀, 가슴 통증(흉통), 체중감소, 피로, 식욕감퇴, 객혈 등의 증상이 하나 이상 발생 * 초기 무증상인 경우도 있음
전염성 여부	전혀 없음	전염성결핵인 경우 기침이나 대화를 통해 공기중 전파
신고 의무	해당 없음	감염병의 예방 및 관리에 관한 법률 및 결핵예방법에 따른 의무

□ 잠복결핵감염 검진

○ (접촉자 검진) 전염성 결핵환자와 접촉하여 결핵에 감염되기 쉬운 대상자는「결핵예방법」에서 정하는 기준에 따라 잠복결핵감염 검진을 실시
※ 전염성결핵환자의 가족 및 최근 접촉자, 집단시설에서 생활을 같이한 자

○ (의무검진 대상) 결핵 발생위험과 발생 시 집단내 전파위험이 큰 집단시설 종사자를「결핵예방법」에서 의무검진대상으로 규정하고 있음

> 1.「의료법」제3조에 따른 의료기관 2.「모자보건법」제15조에 따른 산후조리업
> 3.「초·중등교육법」제2조에 따른 학교 4.「유아교육법」제7조에 따른 유치원
> 5.「영유아보육법」제10조에 따른 어린이집 6.「아동복지법」제52조에 따른 아동복지시설

□ 잠복결핵감염 치료

○ (치료 대상) 잠복결핵감염은 감염성 질환이 아니므로 충분한 사전 설명과 자발적 동의에 의한 치료를 실시하되, 전염성 결핵환자와 접촉한 자, 면역저하자 등 결핵발병 고위험군과 결핵 발병 시 파급력이 큰 집단시설 종사자는 치료 시행 권고

○ (치료 방법) 표준 잠복결핵감염 치료 방법*에 따라 치료 실시, 치료 시작 이후 2주, 4주 및 치료 종료 시까지 매달 주치의 진료와 추적검사 실시
* 이소니아지드/리팜핀 3개월(3HR), 리팜핀 4개월(4R), 이소니아지드 9개월(9H) 요법 중 선택

○ (치료비 지원) 선제적이며 적극적인 치료를 시행함으로써 결핵 예방과 결핵 전파 차단 도모를 위해 잠복결핵감염 치료비를 산정특례(건보재정)로 적용하여 본인부담금 모두 지원
※ 잠복결핵감염 상병으로 치료를 받는 경우(단, 결핵발병 고위험 성인 및 전염성 결핵환자의 접촉자는 잠복결핵감염 검사 결과 양성 여부와 관계없이 지원)

52
주어진 안내문을 읽고 판단한 내용으로 옳은 것을 고르면?

① 잠복결핵감염 검진 사업의 검진목표 대비 검사자 수는 약 138%이다.
② 잠복결핵은 감염성 질환에 해당한다.
③ 잠복결핵감염 여부를 판단하기 위해서는 흉부 X선 검사를 진행해야 한다.
④ 검진 사업 결과 잠복결핵감염자이지만 결핵환자는 아닌 사람은 총 14,654명이다.

53
주어진 안내문을 읽고 추론한 내용으로 옳지 않은 것을 고르면?

① 발열을 동반한 결핵환자의 경우 의무적으로 신고를 해야 한다.
② 전염성 결핵환자와 접촉한 경우 잠복결핵감염 검사 결과가 음성이라도 치료비를 산정특례로 적용받을 수 있다.
③ 임시일용직 근로자이면서 고용계약 기간이 1년인 경우 취약계층 종사자에 해당한다.
④ 검진 사업 결과 잠복결핵감염 결과가 음성인 사람은 70% 이상이다.

54
다음 [보기] 중 잠복결핵감염 검진 의무 대상자에 해당하는 사람은 몇 명인지 고르면?

  ─┤ 보기 ├──
  ㉠ 초등학교에서 근무하는 영양사
  ㉡ 유치원에서 근무하는 유치원 보조교사
  ㉢ 학원에서 근무하는 강사
  ㉣ 안과에서 근무하는 간호사
  ㉤ 어린이놀이터 관리자

① 2명　　　② 3명　　　③ 4명　　　④ 5명

[55~57] 다음은 아이행복카드에 관한 자료이다. 이를 바탕으로 이어지는 질문에 답하시오.

1. 아이행복카드란
   - 만 0세부터 만 5세까지 취학 전 아동을 대상으로 정부에서 제공하는 보육료·유아학비 지원서비스를 이용할 수 있는 카드(2015년도 도입)
   - 아이행복카드 금융기관: ('15.1월부터) KB국민, 우리, 하나, NH농협, 신한, 비씨, 롯데카드

2. 도입배경: 어린이집과 유치원 간 이동 시 카드를 교체해야 하는 불편을 개선하기 위해 기존 아이사랑카드(보육료 지원)와 아이즐거운카드(유아학비 지원)를 아이행복카드 하나로 통합
   → 기존 아이사랑카드 소지자도 카드 교체 없이 어린이집에서 계속 사용 가능
   　　보육료를 전자카드(신용·체크·전용카드) 형태로 부모에게 직접 지원하는 방식
   ※ 전용카드: 아동단독세대, 복지시설입소아동, 보호시설입소 동반아동, 신용불량자에 한하여 읍·면·동 주민센터 또는 금융사 영업점에서 신청 가능

3. 발급 신청대상자: 어린이집에 다니며 정부 보육료를 지원받는 모든 아동의 부모

4. 발급 신청장소: 주소지 읍·면·동 주민센터
   ※ 복지로(http://www.bokjiro.go.kr)를 통한 온라인 신청도 가능하나, 다문화보육료와 장애아보육료를 지원받으려는 비등록 장애아의 경우 방문신청만 가능

5. 발급 신청서류
   - 사회복지서비스 및 급여 제공(변경) 신청서
   - 바우처카드 발급 신청 및 개인신용정보의 조회·제공·이용 동의서
   - 카드연결계좌 통장 또는 통장사본 확인(사본 제출 불필요)
   - 신청인 본인을 확인할 수 있는 신분증(주민등록증, 운전면허증 등) 확인
   ※ 단, 경우에 따라 장애진단서 및 특수교육 대상자 선정·결정 통지서, 혼인관계증명서, 난민인정증명서 제출 필요

6. 결제방법
   방문결제(매달 어린이집 방문), ARS결제(1566-0244), 인터넷결제(http://www.childcare.go.kr), 스마트폰 결제(아이사랑포털에 회원 가입 시)
   - 아이행복카드 결제 시에만 보육료 지원 가능하며 일반 카드로는 보육료 지원 불가
   - 정부지원 보육료와 부모부담금 총액이 동시에 결제되나 부모에게는 부모부담금만 청구
   ※ 카드사·영업점을 통해 발급된 아이행복카드만으로는 보육료가 지원되지 않으며, 읍·면·동 주민센터 또는 복지로를 통해 보육료가 신청된 경우에 한해 지원

55

주어진 자료에 대한 설명으로 옳은 것을 고르면?

① 스마트폰이 있으면 누구나 별도의 절차 없이 결제를 할 수 있다.
② 기존 아이사랑카드를 아이행복카드로 교체하지 않아도 어린이집 유아학비를 결제할 수 있다.
③ 정부지원 보육료와 부모부담금이 모두 있는 경우에는 부모부담금만 결제된다.
④ 아이행복카드를 발급받기 위해서는 주소지 읍·면·동 주민센터를 방문해야 한다.

56

아이행복카드 발급에 대한 설명으로 옳은 것을 [보기]에서 모두 고르면?

┌─ 보기 ├─
㉠ 난민도 아이행복카드를 발급받을 수 있다.
㉡ 아이행복카드를 발급받으려면 적어도 2개 이상의 서류를 제출해야 한다.
㉢ 카드를 발급 받으려면 카드연결계좌 통장 또는 통장사본을 제출해야 한다.
㉣ 아직 등록되지 않은 장애아의 보육료를 지원받으려면 반드시 주소지의 주민센터를 방문해야 한다.

① ㉠, ㉡, ㉢　　② ㉠, ㉡, ㉣　　③ ㉠, ㉢, ㉣　　④ ㉡, ㉢, ㉣

57

주어진 자료와 다음 [상황]을 바탕으로 할 때, 옳은 것을 고르면?

| 상황 |

A씨는 아이행복카드를 △△은행에서 체크카드로 발급받아 사용하였다. △△은행에서 아이행복카드를 체크카드로 발급받으면 아이행복카드의 기본적인 혜택에 다음과 같은 혜택을 추가로 받을 수 있다.

구분	할인율	전월 이용실적	할인 한도
인터넷 쇼핑몰(G마켓, 옥션), 약국 업종	건당 3만 원 이상 이용 시 5% 할인	10만 원 이상	건당 최대 10만 원 월 최대 30만 원

① A씨가 지난달에 아이행복카드로 50만 원을 결제하였고, 이번 달에 약국에서 24,000원의 약을 구입한다면 1,200원의 할인 혜택을 받을 수 있다.

② A씨가 지난달에 아이행복카드로 8만 원을 결제하였고, 이번 달에 G마켓에서 120만 원어치 물건을 구입한다면 6만 원의 할인 혜택을 받을 수 있다.

③ A씨가 지난달에 아이행복카드로 11만 원을 결제하였고, 이번 달 두 번에 걸쳐 옥션에서 각각 240만 원과 180만 원어치의 물건을 구입한다면 총 21만 원의 할인 혜택을 받을 수 있다.

④ A씨가 지난달에 아이행복카드로 18만 원을 결제하였고, 이번 달 세 번에 걸쳐 옥션에서 각각 120만 원, 20만 원, 300만 원어치의 물건을 구입한다면 총 17만 원의 할인 혜택을 받을 수 있다.

[58~60] 다음은 금연치료 지원사업에 관한 자료이다. 이를 바탕으로 이어지는 질문에 답하시오.

1. 사업의 개요

흡연자의 금연 노력을 신속하게 지원하기 위해 공단 사업비 형태로 '금연치료 건강보험 지원사업' 실시 중(2015.02.25.부터)

- 8~12주 기간 동안 6회 이내의 진료·상담과 금연치료 의약품 또는 금연보조제(니코틴 패치, 껌, 정제) 구입비용 지원
- 금연치료를 위한 병·의원 3회차 방문부터 본인부담 면제(약국 포함)

  의료기관 (의사) 금연진료상담 + 의약품 처방 or 보조제 상담, (약사) 조제/판매

  공단

연 3회 지원	6회 이내 금연상담	56~84일 처방	인센티브 지급
참여 등록	(1~2회) 본인부담 20% (3~6회) 본인부담 없음	1회 최대 4주 이내 처방	(기준) 상담횟수 또는 투약일수 만족 (지급) 본인부담금 환급

2. 제공기관 및 지원대상

- (제공기관) 공단에 금연치료 지원사업 참여 신청한 모든 병·의원, 보건소, 보건지소 등
- (지원대상) 금연치료 참여 의료기관에 방문하여 등록한 금연치료를 희망하는 모든 흡연자에 대해 지원(1년에 3번까지 지원)
  ※ 예정된 차기 진료일로부터 1주 이상 의료기관을 방문하여 진료받지 않은 경우 프로그램 탈락으로 간주하여 1회차 지원 종료
- 흡연자 1인당 최대 18회 진료·상담 및 36주 처방 가능

3. 지원내용

- 진료·상담: 8~12주 기간 동안 6회 이내의 범위에서 의료진이 적정한 주기로 니코틴중독 평가 등 금연 유지를 위한 상담 제공
- 금연진료·상담료: 최초상담료와 금연유지상담료로 구분하고, 건강보험공단에서 80% 지원(참여자 20% 부담)

구분	금연(단독)진료			금연(동시)진료		
	계	공단	본인	계	공단	본인
최초진료	22,830원	18,330원	4,500원	22,830원	19,830원	3,000원
유지상담	14,290원	11,590원	2,700원	14,290원	12,490원	1,800원

※ 의료급여수급자 및 저소득층(건강보험료 하위 20% 이하)은 진료·상담료 전액 지원
※ 금연진료를 타상병과 동시에 진료하는 '금연동시진료'와 금연진료만 행하는 '금연단독진료'로 구분

- 약국 금연관리료: 금연치료의약품, 금연보조제 등 사용안내 및 복약지도 관련 비용으로 공단에서 80% 지원(참여자 20% 부담)

구분	금연치료의약품			금연보조제		
	계	공단	본인	계	공단	본인
약국 금연관리료	8,100원	6,500원	1,600원	2,000원	1,600원	400원

※ 의료급여수급자 및 저소득층은 약국 금연관리료 전액 지원

- 금연치료의약품/금연보조제: 1회 처방당 4주 이내의 범위(총 12주)에서 금연치료의약품 및 금연보조제 (패치, 껌, 정제) 구입 비용 지원
  - 금연치료의약품: 약가 상한액의 80%를 공단에서 지원(참여자 20% 부담)

구분		금연치료의약품	
		부프로피온	바레니클린
약가 상한액		정당 516원	정당 1,100원
본인부담금	건강보험	정당 100원	정당 220원
	의료급여/저소득층	(없음)	(없음)

  - 금연보조제: 일당 지원액을 초과하는 경우 본인 부담

구분		금연보조제 (니코틴패치, 껌, 사탕)	비고
지원액	건강보험	일(日)당 1,500원	지원액을 초과하는 비용은 본인이 부담
	의료급여/저소득층	일(日)당 2,940원	

4. 금연치료 지원사업
- 금연프로그램을 모두 이수한 경우 1~2회에 본인이 부담한 비용의 100%(이수 이수 인센티브) 지급
- 이수조건
  1) 6회 상담 완료 또는
  2) 치료제별로 투약일수 만족
  3) 부프로피온 – 56일 이상 투약 완료
  4) 바레니클린 – 84일 투약 완료
  5) 보조제(패치, 껌, 사탕) – 84일 투약 완료
- 신청방법: 우편, 팩스, 유선, 방문, 대표홈페이지, The건강보험(앱)
- 접수처: 관할지사 또는 고객센터
  ※ 단, 고객센터는 유선접수만 가능(☎1577-○○○○)

58
금연치료 지원사업에 대한 내용으로 옳은 것을 고르면?

① 금연프로그램을 모두 이수하면 지원자는 누구나 지원금액을 받게 된다.
② 이수 인센티브를 받기 위해서는 관할지사 또는 고객센터에 방문하면 된다.
③ 금연보조제나 금연치료 의약품을 구입해야만 금연프로그램을 이수할 수 있다.
④ 신청자가 금연 껌에 관한 사용안내 비용을 약국에 지불해야 하는 경우 400원만 내면 된다.

59
주어진 자료를 바탕으로 할 때, 다음 사례 중 잘못된 것을 고르면?

① 저소득층인 A씨는 무료로 금연단독진료를 받을 수 있었다.
② B씨는 금연치료의약품인 바레니클린 20정을 투약받고 880원을 지불하였다.
③ C씨는 10주 동안 병원에서 6회에 걸쳐 금연진료 및 상담을 받고 본인부담금을 환급받았다.
④ D씨는 업무 때문에 2주간 참여 의료기관에 방문하지 못하여 금연프로그램에 탈락하게 되었다.

60
다음 [상황]에서 최씨가 현재까지 지불한 본인부담금은 얼마인지 고르면?

┌─ 상황 ┐
직장인 최씨는 금연치료 지원사업으로 시행되는 금연프로그램에 참여하였다. 그는 5주 동안 매주 수요일마다 병원에 방문하여 진료 및 상담을 받았고, 그때마다 금연치료의약품인 부프로피온을 21정씩 처방받았다. 의약품을 처음 처방받았을 때 그는 제대로 금연하기 위해 약사에게 복약지도를 받은 바 있고, 병원에서는 금연단독진료를 받았다. 최씨는 의료급여수급자나 저소득층이 아니기에 본인부담금을 지불한 상황이다.

① 8,700원   ② 12,100원   ③ 22,900원   ④ 27,400원

2023년 5월 시행 기출복원 모의고사
직무시험_국민건강보험법

01
국민건강보험법상 보험료 부담에 대한 설명으로 옳지 않은 것을 고르면?

① 직장가입자의 보수월액보험료는 직장가입자와 사업주가 각각 보험료액의 100분의 50씩 부담한다.
② 국민건강보험의 직장가입자 보험료는 노사가 1/2씩 부담하지만 사립학교 교직원은 국가가 30% 부담한다.
③ 직장가입자의 보수 외 소득월액보험료는 직장가입자가 부담한다.
④ 지역가입자의 보험료는 그 가입자가 속한 세대의 지역가입자 전원이 연대하여 부담한다.

02
국민건강보험법에 대한 내용으로 옳지 않은 것을 고르면?

① 「의료급여법」에 따라 의료급여를 받는 사람은 건강보험의 가입자가 될 수 없다.
② 보건복지부장관은 국민건강보험종합계획에 따라 연도별 시행계획에 따른 추진실적을 매년 평가하여야 한다.
③ 건강보험 가입자는 국내에 거주하지 아니하게 된 날에 그 자격을 잃는다.
④ 건강보험정책에 관한 사항을 심의·의결하기 위하여 보건복지부장관 소속으로 건강보험정책심의위원회를 둔다.

03
국민건강보험법상 요양급여에 해당하지 않는 것을 고르면?

① 예방·재활
② 이송(移送)
③ 요양병원간병비
④ 처치·수술 및 그 밖의 치료

04
다음 [보기]에서 국민건강보험법상 국민건강보험종합계획에 포함되어야 할 사항을 모두 고르면?

┌─ 보기 ├─────────────────────────────────┐
│ ㉠ 보험료 부과체계에 관한 사항
│ ㉡ 요양급여비용에 관한 사항
│ ㉢ 취약계층 지원에 관한 사항
│ ㉣ 건강보험에 관한 통계 및 정보의 관리에 관한 사항
└───┘

① ㉠, ㉡
② ㉠, ㉢, ㉣
③ ㉡, ㉢, ㉣
④ ㉠, ㉡, ㉢, ㉣

05
국민건강보험법상 국민건강보험공단이 관장하는 업무에 해당하지 않는 것을 고르면?

① 가입자 및 피부양자의 자격관리
② 자산의 관리·운영 및 증식사업
③ 의료시설의 운영
④ 요양급여비용의 심사

06
국민건강보험법상 건강보험심사평가원의 업무에 해당하는 것을 고르면?

① 요양급여의 적정성 평가
② 가입자의 자격 관리
③ 보험급여의 관리
④ 보험료의 부과·징수

07

다음 [보기]에서 국민건강보험법상 보험료 경감대상자를 모두 고르면?

| 보기 |
| ⊙ 휴직자
| ⓒ 60세인 자
| ⓒ 장애인복지법에 따라 등록한 장애인
| ⓔ 섬·벽지·농어촌 등 대통령령이 정하는 지역에 거주하는 자

① ⊙, ⓒ
② ⓒ, ⓒ
③ ⓒ, ⓔ
④ ⊙, ⓒ, ⓔ

08

국민건강보험법상 과징금에 대한 설명으로 옳지 않은 것을 고르면?

① 보건복지부장관은 요양기관이 업무정지 처분을 하여야 하는 경우로서 그 업무정지 처분이 해당 요양기관을 이용하는 사람에게 심한 불편을 주거나 보건복지부장관이 정하는 특별한 사유가 있다고 인정되면 업무정지 처분을 갈음하여 속임수나 그 밖의 부당한 방법으로 부담하게 한 금액의 5배 이하의 금액을 과징금으로 부과·징수할 수 있다.

② 보건복지부장관은 약제를 요양급여에서 적용 정지하는 경우 국민 건강에 심각한 위험을 초래할 것이 예상되는 등 특별한 사유가 있다고 인정되는 때에는 요양급여의 적용 정지에 갈음하여 대통령령으로 정하는 바에 따라 해당 약제에 대한 요양급여비용 총액의 100분의 60을 넘지 아니하는 범위에서 과징금을 부과·징수할 수 있다.

③ 보건복지부장관은 과징금 부과 대상이 된 약제가 과징금이 부과된 날부터 5년의 범위에서 대통령령으로 정하는 기간 내에 다시 환자 진료에 불편을 초래하는 등 공공복리에 지장을 줄 것으로 예상되는 때에 따른 과징금 부과 대상이 되는 경우에는 대통령령으로 정하는 바에 따라 해당 약제에 대한 요양급여비용 총액의 100분의 350을 넘지 아니하는 범위에서 과징금을 부과·징수할 수 있다.

④ 보건복지부장관은 약제를 요양급여에서 적용 정지하는 경우에 따른 과징금을 납부하여야 할 자가 납부기한까지 이를 내지 아니하면 업무정지 처분을 하거나 국세 체납처분의 예에 따라 이를 징수한다.

09
다음 [보기]에서 국민건강보험법상 직장가입자 보험료 중 A씨의 본인부담금을 고르면?

┤ 보기 ├
A 씨는 현재 근로자로 근무중에 있고, 보수월액은 3,000,000원이다. A 씨는 주말에 아르바이트로 소득월액이 1,000,000원(연소득 2,000만 원 미만)이 발생하였다.
※ 국민건강보험법상의 보험료율은 7%로 가정함

① 105,000원
② 210,000원
③ 140,000원
④ 280,000원

10
다음 [보기]에서 국민건강보험법상 요양기관에 해당하는 것을 모두 고르면?

┤ 보기 ├
㉠ 「약사법」 제91조에 따라 설립된 한국희귀·필수의약품센터
㉡ 「의료법」 제35조에 따라 개설된 부속 의료기관
㉢ 「사회복지사업법」 제34조에 따른 사회복지시설에 수용된 사람의 진료를 주된 목적으로 개설된 의료기관
㉣ 「지역보건법」에 따른 보건지소
㉤ 「농어촌 등 보건의료를 위한 특별조치법」에 따라 설치된 보건진료소

① ㉠, ㉡, ㉢
② ㉠, ㉣, ㉤
③ ㉠, ㉡, ㉣, ㉤
④ ㉠, ㉡, ㉢, ㉣, ㉤

11
국민건강보험법상의 요양비 지급에 관한 내용으로 옳지 않은 것을 고르면?

① 공단은 이 법에 따라 지급의무가 있는 요양비 또는 부가급여의 청구를 받으면 지체 없이 이를 지급하여야 한다.
② 공단은 이 법에 따른 보험급여로 지급되는 현금을 받는 수급자의 신청이 있는 경우에는 요양비등을 수급자 명의의 지정된 계좌로 입금하여야 한다.
③ 공단은 정보통신장애나 그 밖에 대통령령으로 정하는 불가피한 사유로 요양비등수급계좌로 이체할 수 없을 때에는 직접 현금으로 지급하는 등 보건복지부령으로 정하는 바에 따라 요양비등을 지급할 수 있다.
④ 요양비등수급계좌가 개설된 금융기관은 요양비등수급계좌에 요양비등만이 입금되도록 하고, 이를 관리하여야 한다.

12
다음 [보기]에서 국민건강보험법상 요양급여 항목에 포함되는 것을 모두 고르면?

── 보기 ──
㉠ 진찰·검사
㉡ 약제(藥劑)·치료재료의 지급
㉢ 처치·수술 및 그 밖의 치료
㉣ 예방·재활

① ㉠, ㉡
② ㉡, ㉢
③ ㉡, ㉢, ㉣
④ ㉠, ㉡, ㉢, ㉣

13
다음 [보기]에서 국민건강보험법상 보험료등의 납입고지에 관한 사항으로 옳은 것을 모두 고르면?

── 보기 ──
㉠ 징수하려는 보험료 등의 종류
㉡ 납부해야 하는 금액
㉢ 납부기한 및 장소
㉣ 납세자의 인적사항

① ㉠, ㉡
② ㉠, ㉡, ㉢
③ ㉡, ㉢, ㉣
④ ㉠, ㉡, ㉢, ㉣

14
국민건강보험법상 건강보험정책심의위원회에 관한 설명으로 옳지 않은 것을 고르면?

① 건강보험정책에 관한 사항을 심의·의결하기 위하여 보건복지부장관 소속으로 건강보험정책심의위원회를 둔다.
② 심의위원회는 위원장 1명과 부위원장 1명을 포함하여 25명의 위원으로 구성한다.
③ 심의위원회의 위원장은 보건복지부장관이 된다.
④ 심의위원회 위원(중앙행정기관 소속 공무원 위원은 제외)의 임기는 3년으로 한다. 다만, 위원의 사임 등으로 새로 위촉된 위원의 임기는 전임위원 임기의 남은 기간으로 한다.

15
국민건강보험법상 요양기관의 선별급여 실시에 대한 관리에 관한 설명으로 옳지 않은 것을 고르면?

① 선별급여 중 자료의 축적 또는 의료 이용의 관리가 필요한 경우에는 보건복지부장관이 해당 선별급여의 실시 조건을 사전에 정하여 이를 충족하는 요양기관만이 해당 선별급여를 실시할 수 있다.
② 선별급여를 실시하는 요양기관은 해당 선별급여의 평가를 위하여 필요한 자료를 제출하여야 한다.
③ 보건복지부장관은 요양기관이 선별급여의 실시 조건을 충족하지 못하거나 자료를 제출하지 아니할 경우에는 해당 선별급여의 실시를 취소하여야 한다.
④ 선별급여의 실시 조건, 자료의 제출, 제3항에 따른 선별급여의 실시 제한 등에 필요한 사항은 보건복지부령으로 정한다.

16
국민건강보험법상 권리구제에 관한 설명으로 옳지 않은 것을 고르면?

① 국민건강보험공단의 처분에 이의가 있는 자는 공단에 이의신청을 할 수 있다.
② 이의신청은 처분이 있은 날로부터 180일을 지나면 제기하지 못하는 것이 원칙이다.
③ 이의신청에 대한 결정에 불복하는 자는 건강보험분쟁조정위원회에 심판청구를 할 수 있다.
④ 심사평가원의 처분에 불복하는 자는 행정소송을 제기할 수 없다.

17

국민건강보험법상 '요양기관 현황에 대한 신고'에 대한 설명으로 빈칸에 들어갈 내용을 고르면?

- 요양기관은 요양급여비용을 최초로 청구하는 때에 요양기관의 시설·장비 및 인력 등에 대한 현황을 (㉠)에 신고하여야 한다.
- 요양기관은 신고한 내용이 변경된 경우에는 그 변경된 날부터 (㉡) 이내에 보건복지부령으로 정하는 바에 따라 (㉠)에 신고하여야 한다.

	㉠	㉡
①	국민건강보험공단	15일
②	건강보험심사평가원	15일
③	국민건강보험공단	30일
④	건강보험심사평가원	30일

18

다음 [보기]에서 국민건강보험법상의 공단의 임원에 관한 설명으로 옳은 것을 모두 고르면?

보기
㉠ 공단은 임원으로서 이사장 1명, 이사 14명 및 감사 1명을 둔다.
㉡ 이사장은 임원추천위원회가 복수로 추천한 사람 중에서 보건복지부장관의 제청으로 대통령이 임명한다.
㉢ 상임이사는 보건복지부령으로 정하는 추천 절차를 거쳐 이사장이 임명한다.
㉣ 감사는 임원추천위원회가 복수로 추천한 사람 중에서 기획재정부장관의 제청으로 대통령이 임명한다.
㉤ 이사장의 임기는 3년, 이사(공무원인 이사는 포함)와 감사의 임기는 각각 2년으로 한다.

① ㉠, ㉡, ㉢
② ㉢, ㉣, ㉤
③ ㉠, ㉡, ㉢, ㉣
④ ㉠, ㉢, ㉣, ㉤

19
국민건강보험법상 국민건강보험공단의 정관에 포함되지 않는 것을 고르면?

① 임직원에 관한 사항
② 보험료 및 보험급여에 관한 사항
③ 이사장의 성명·주소 및 주민등록번호
④ 이사회의 운영

20
국민건강보험법상 벌칙에 대한 설명으로 옳지 않은 것을 고르면?

① 모든 사업장의 근로자를 고용하는 사용자는 그가 고용한 근로자가 이 법에 따른 직장가입자가 되는 것을 방해하거나 자신이 부담하는 부담금이 증가되는 것을 피할 목적으로 정당한 사유 없이 근로자의 승급 또는 임금 인상을 하지 아니하거나 해고나 그 밖의 불리한 조치를 취하여 위반한 사용자는 1년 이하의 징역 또는 1천만 원 이하의 벌금에 처한다.
② 요양기관이 요양·약제의 지급 등 보험급여에 관하여 소속 공무원이 관계인에게 질문 및 보고 또는 서류 제출을 하지 아니한 자, 거짓으로 보고하거나 거짓 서류를 제출한 자, 검사나 질문을 거부·방해 또는 기피한 자는 1년 이하의 징역 또는 1천만 원 이하의 벌금에 처한다.
③ 「의료법」 제52조에 따른 의료기관 단체를 위반하여 대행청구단체가 아닌 자로 하여금 대행하게 한 자는 1년 이하의 징역 또는 1천만 원 이하의 벌금에 처한다.
④ 대행청구단체의 종사자로서 거짓이나 그 밖의 부정한 방법으로 요양급여비용을 청구한 자는 3년 이하의 징역 또는 3천만 원 이하의 벌금에 처한다.

2023년 5월 시행 기출복원 모의고사
직무시험_노인장기요양보험법

01
다음 [보기]에서 노인장기요양보험법상 등급판정위원회에 대한 설명으로 옳지 않은 것은 몇 개인지 모두 고르면?

┌ 보기 ┐
㉠ 등급판정위원회는 위원장 1인을 포함하여 10인의 위원으로 구성한다.
㉡ 노인장기요양보험법에 따른 사회복지사는 공단 이사장의 위촉으로 등급판정위원회 위원이 될 수 있다.
㉢ 등급판정위원회 위원의 임기는 3년으로 하되, 두 차례 연임할 수 있다.
㉣ 의료법에 따른 의료인 중 간호사는 등급판정위원회 위원이 될 수 없다.

① 1개 ② 2개 ③ 3개 ④ 4개

02
노인장기요양보험법상 장기요양급여의 종류에 대한 설명으로 옳지 않은 것을 고르면?

① 방문목욕이란 장기요양요원이 목욕설비를 갖춘 장비를 이용하여 수급자의 가정 등을 방문하여 목욕을 제공하는 장기요양급여를 말한다.
② 주·야간보호란 수급자를 하루 중 일정한 시간 동안 장기요양기관에 보호하여 신체활동 지원 및 심신기능의 유지·향상을 위한 교육·훈련 등을 제공하는 장기요양급여이다.
③ 장기요양기관에 장기간 입소한 수급자에게 신체활동 지원 및 심신기능의 유지·향상을 위한 교육·훈련 등을 제공하는 장기요양급여는 시설급여이다.
④ 통합재가서비스를 제공하는 장기요양기관은 대통령령으로 정하는 인력, 시설, 운영 등의 기준을 준수하여야 한다.

03

노인장기요양보험법상 다음 [보기]의 벌금을 합한 총액을 고르면?(단, 벌금은 최대 금액을 적용한다.)

> 보기
> - 거짓말로 장기요양급여를 받은 A 씨
> - 행정제재처분을 받아 절차가 진행 중인 사실을 양수인 등에게 알리지 않은 B 씨
> - 거짓말로 장기요양기관을 지정받아 운영한 C 씨
> - 요양 기관 보호를 위해 설치한 폐쇄회로 텔레비전을 직원들 감시에 이용한 D 씨
> - 자신이 운영하는 장기요양기관에 대한 정보를 과장하여 거짓말로 게시한 E 씨

① 4,000만 원 ② 5,000만 원 ③ 5,500만 원 ④ 6,000만 원

04

노인장기요양보험법상 외국인 장기요양에 대한 사항으로 옳지 않은 것을 고르면?

① 장기요양보험가입 제외를 신청하려는 외국인은 외국인근로자 장기요양보험 가입제외 신청서를 「국민건강보험법」에 따른 국민건강보험공단에 제출하여야 한다.
② 신청을 받은 공단은 행정 정보의 공동이용을 통하여 외국인등록사실증명을 확인하여야 한다. 다만, 신청인이 확인에 동의하지 아니하거나 확인이 불가능한 경우에는 외국인등록증 등 관련 서류를 첨부하도록 하여야 한다.
③ 신청한 외국인은 그 신청일에 장기요양보험가입자에서 제외되는 것으로 한다.
④ 공단은 「외국인근로자의 고용 등에 관한 법률」에 따른 외국인근로자 등 보건복지부령으로 정하는 외국인이 신청하는 경우 장기요양보험가입자에서 제외할 수 있다.

05
노인장기요양보험법상 공단으로부터 지급받는 특별현금급여의 종류가 나머지와 다른 것을 고르면?

① 수급자가 장기요양기관이 아닌 노인요양시설 등의 기관 또는 시설에서 재가급여 또는 시설급여에 상당한 장기요양급여를 받은 때
② 도서·벽지 등 장기요양기관이 현저히 부족한 지역에 거주하는 수급자가 가족 등으로부터 방문요양에 상당한 장기요양급여를 받은 때
③ 천재지변으로 장기요양기관이 제공하는 장기요양급여를 이용하기가 어렵다고 보건복지부장관이 인정하는 자가 가족 등으로부터 방문요양에 상당한 장기요양급여를 받은 때
④ 신체·정신 또는 성격 등 대통령령으로 정하는 사유로 인하여 가족 등으로부터 장기요양을 받아야 하는 자가 가족 등으로부터 방문요양에 상당한 장기요양급여를 받은 때

06
노인장기요양보험법상 장기요양보험가입의 자격에 관한 사항으로 국민건강보험법의 조항을 준용하지 않는 것을 고르면?

① 소액처리
② 결손처분
③ 장기보험료 등의 납부 및 징수
④ 피부양자의 자격취득 및 상실

07

다음 [보기]에서 노인장기요양보험법상 장기요양기관의 지정에 관한 사항으로 옳은 것을 모두 고르면?

| 보기 |
| ㉠ 장기요양기관을 운영하려는 자는 시, 도지사의 지정을 받아야 한다.
| ㉡ 장기요양기관으로 지정을 받을 수 있는 시설은 노인복지법을 근거로 한다.
| ㉢ 장기요양기관을 지정한 때 지체 없이 지정 명세를 보건복지부에 통보해야 한다.
| ㉣ 장기요양기관의 지정절차와 관련하여 그 밖에 필요한 사항은 대통령령으로 정한다.

① ㉠
② ㉡
③ ㉠, ㉢
④ ㉠, ㉡, ㉣

08

노인장기요양보험법상 장기요양급여 제공의 기본원칙으로 옳지 <u>않은</u> 것을 고르면?

① 장기요양급여는 노인 등이 자신의 의사와 능력에 따라 최대한 자립적으로 일상생활을 수행할 수 있도록 제공해야 한다.
② 장기요양급여는 노인 등의 심신 상태, 생활환경과 노인 등 및 그 가족의 욕구, 선택을 종합적으로 고려하여 필요한 범위 안에서 이를 적정하게 제공해야 한다.
③ 장기요양급여는 노인 등이 가족과 함께 생활하면서 가정에서 장기요양을 받는 재가급여를 우선적으로 제공해야 한다.
④ 장기요양급여는 노인 등의 심신 상태나 건강 등이 악화되지 않도록 보건서비스와 연계하여 이를 제공해야 한다.

09
노인장기요양보험법상 다음 [대화]의 ㉠~㉣ 중 옳지 않은 것을 고르면?

대화
길동: ㉠ 뇌경색 수술을 받고 나서 요즘 움직이는 것이 몹시 힘들어. 요즘 국가에서 장기요양보험을 해준다는데 혹시 나도 해당이 될까? 몽룡: 글쎄, 일단 ㉡ 읍사무소에 의사 소견서 첨부해서 신청을 해보게나. 길동: 요즘 한의원에 다니는데 ㉢ 한의사가 발급한 소견서는 안 되나? 몽룡: 나도 그건 잘 모르겠네. 그리고 자네가 직접 가기 힘드니 자네 ㉣ 아들에게 대신 신청해 달라고 말해보게.

① ㉡   ② ㉠, ㉣   ③ ㉡, ㉢   ④ ㉡, ㉣

10
다음 [보기]에서 노인장기요양보험법상 장기요양위원회의 구성에 대한 설명으로 옳지 않은 것을 모두 고르면?

보기
㉠ 장기요양위원회는 위원장 1인, 부위원장 1인을 포함한 15인 이상 21인 이하의 위원으로 구성한다. ㉡ 위원장은 보건복지부장관이 되고, 부위원장은 위원 중에서 위원장이 지명한다. ㉢ 장기요양위원의 임기는 5년으로 한다. 다만, 공무원인 위원의 임기는 재임기간으로 한다. ㉣ 노인단체, 농어업인단체 또는 자영자단체를 대표하는 자는 보건복지부장관의 임명 또는 위촉으로 위원장이 아닌 위원이 될 수 없다.

① ㉠   ② ㉠, ㉡   ③ ㉠, ㉡, ㉢   ④ ㉠, ㉡, ㉢, ㉣

11
노인장기요양보험법상 장기요양기관의 시설 및 인력에 관한 변경에 대한 내용으로 옳지 않은 것을 고르면?

① 장기요양기관의 장은 시설 및 인력 등 중요한 사항을 변경하려는 경우에는 시장, 군수, 구청장의 변경 지정을 받아야 한다.
② 변경 시 관련 사항 외는 시장, 군수, 구청장에게 변경 신고를 해야 한다.
③ 변경 지정, 변경 신고는 보건복지부령으로 정한다.
④ 변경 지정, 변경 신고를 받은 시장, 군수, 구청장은 지체 없이 해당 변경 사항을 상급기관인 보건복지부에 보고해야 한다.

12
노인장기요양보험법상의 행정제재처분 효과의 승계자로 볼 수 없는 사람을 고르면?

① 장기요양기관을 양도한 경우 양수인
② 법인이 합병된 경우 합병으로 신설되거나 합병 후 존속하는 법인
③ 장기요양기관 폐업 후 다른 장소에서 장기요양기관을 운영하는 자
④ 종전에 행정제재처분을 받은 자나 그 배우자 또는 직계혈족

13
노인장기요양보험법상 전자문서 사용에 대한 설명으로 옳은 것을 고르면?

① 장기요양사업에 관련된 각종 서류의 기록, 관리 및 보관은 대통령령으로 정하는 바에 따라 전자문서로 한다.
② 공단 및 장기요양기관은 장기요양기관의 지정신청, 재가·시설 급여비용의 청구 및 지급, 장기요양기관의 재무·회계정보 처리 등에 대하여 전산매체 또는 전자문서 교환방식을 이용하여야 한다.
③ 정보통신망 및 정보통신서비스 시설이 열악한 지역 등 건강보험공단이사장이 정하는 지역의 경우 전자문서·전산매체 또는 전자문서 교환방식을 이용하지 아니할 수 있다.
④ 공단은 장기요양사업 수행에 필요하다고 인정할 때 장기요양 부양자에게 자료를 요구할 수 있다.

14
다음 [보기]에서 노인장기요양보험법상 청문 실시와 관련된 내용으로 옳은 것을 모두 고르면?

---- 보기 ----
㉠ 폐업 또는 휴업 신고를 하지 아니하고 1년 이상 장기요양급여를 제공하지 아니한 경우
㉡ 거짓으로 청구한 금액이 1천만 원 이상인 경우
㉢ 거짓으로 청구한 금액이 장기요양급여비용 총액의 100분의 10 이상인 경우
㉣ 장기요양기관의 종사자가 부정한 방법으로 재가급여비용 또는 시설급여비용을 청구하는 행위에 가담한 경우 해당 종사자가 장기요양급여를 제공하는 것을 1년의 범위에서 제한하는 처분

① ㉡, ㉢
② ㉢, ㉣
③ ㉡, ㉢, ㉣
④ ㉠, ㉡, ㉢, ㉣

15
다음 [보기]에서 노인장기요양보험법상 요양보호사의 업무로 볼 수 없는 것을 모두 고르면?

— 보기 —
㉠ 화분 옮기기/ 물주기
㉡ 밭일 돕기
㉢ 가족들 김장 해주기
㉣ 수급자 속옷 빨아주기

① ㉠, ㉢   ② ㉡, ㉣   ③ ㉠, ㉡, ㉢   ④ ㉠, ㉡, ㉢, ㉣

16
노인장기요양보험법상 심사청구 및 재심사 청구에 대한 설명으로 옳지 않은 것을 고르면?

① 장기요양급여 또는 장기요양보험료 등에 관하여 그 처분에 이의가 있는 자는 공단에 심사청구를 할 수 있다.
② 심사청구는 그 처분이 있음을 안 날부터 90일 이내에 문서로 해야 한다.
③ 심사청구를 하기 위하여 공단에 장기요양심사위원회를 두며 위원장 1명을 포함한 50명 이내의 위원으로 구성한다.
④ 재심사 청구는 공단에 소속된 장기요양재심사위원회에 청구할 수 있으며 구성, 운영, 그 밖에 필요한 사항은 대통령령으로 정한다.

17
노인장기요양보험법상 재가급여비용의 산정방법에 대한 설명으로 옳지 않은 것을 고르면?

① 방문요양 및 방문간호는 방문당 제공 시간을 기준으로 산정한다.
② 주·야간보호는 장기요양 등급 및 1일당 급여제공 시간을 기준으로 산정한다.
③ 방문목욕은 방문당 제공 시간을 기준으로 산정한다.
④ 단기보호는 장기요양 등급 및 급여제공 일수를 기준으로 산정한다.

18
노인장기요양보험법상 500만 원 이하의 과태료가 부과될 수 있는 경우로 적절하지 <u>않은</u> 것을 고르면?

① 행정제재처분을 받았거나 그 절차가 진행 중인 사실을 양수인 등에게 지체 없이 알리지 아니한 자
② 거짓이나 그 밖의 부정한 방법으로 장기요양급여비용 청구에 가담한 사람
③ 노인장기요양보험 또는 이와 유사한 용어를 사용한 자
④ 폐쇄회로 텔레비전을 설치하지 아니하거나 설치·관리의무를 위반한 자

19
노인장기요양보험법상 본인부담금 전부 부담에 대한 설명으로 옳지 <u>않은</u> 것을 고르면?

① 급여의 범위 및 대상에 포함되지 아니하는 장기요양급여는 수급자 본인이 전부 부담한다.
② 수급자가 장기요양인정서에 기재된 장기요양급여의 종류 및 내용과 다르게 선택하여 장기요양급여를 받은 경우 그 차액은 전부 수급자 본인이 부담한다.
③ 장기요양급여의 월 한도액을 초과하는 장기요양급여는 수급자 본인이 전부 부담한다.
④ 월 소득인정액이 도시평균근로자 월급액보다 높을 경우 그 차액은 전부 수급자 본인이 부담한다.

20
노인장기요양보험법상 장기요양인정의 신청에 대한 내용으로 옳지 <u>않은</u> 것을 고르면?

① 장기요양인정을 신청하는 자는 공단에 보건복지부령으로 정하는 바에 따라 장기요양인정신청서에 의사 또는 한의사가 발급하는 소견서를 첨부하여 제출해야 한다.
② 거동이 현저히 불편하거나 도서, 벽지에 거주하는 자는 신청서를 제출하지 아니하여도 된다.
③ 의사 소견서에 관련 되어 발급 비용, 비용부담 방법 등은 보건복지부령으로 정한다.
④ 의사 소견서는 공단이 등급판정위원회에 자료를 제출하기 전까지 제출할 수 있다.

모바일 OMR 채점 서비스

정답만 입력하면
채점에서 성적분석까지 한 번에 쫙!

- [QR 코드 인식 ▶ 모바일 OMR]에 정답 입력
- 실시간 정답 및 영역별 백분율 점수 위치 확인
- 취약 영역 및 유형 심층 분석

※ 유효기간: 2026년 5월 31일

▶ 국민건강보험법

eduwill.kr/O66p

▶ 노인장기요양보험법

eduwill.kr/U66p

국민건강보험공단
NCS+법률 실전모의고사

실전 2회
[고난도]

시험 구성 및 유의사항

- 2024년 기준 국민건강보험공단 필기시험은 다음과 같이 출제되었습니다.

구분		문항 수	시간	비고
직업기초능력 응용모듈	의사소통능력	20문항	60분	객관식 사지선다형
	수리능력	20문항		
	문제해결능력	20문항		
직무시험(법률)	국민건강보험법(행정직/건강직/전산직)	20문항	20분	
	노인장기요양보험법(요양직)	20문항	20분	

※ 단, 전산직의 경우 직업기초능력 응용모듈 15문항 + 전산개발 기초능력 35문항 + 국민건강보험법 20문항으로 출제되었음

- 지원하시는 직렬에 따라 모의고사를 다음과 같이 활용하시기를 권장합니다.
  – 행정직/건강직/전산직(기술직): NCS + 10분 휴식 + '국민건강보험법' 학습
  – 요양직: NCS + 10분 휴식 + '노인장기요양보험법' 학습

실전모의고사 [2회]
직업기초능력 응용모듈 고난도

[01~02] 다음 보도자료를 읽고 이어지는 질문에 답하시오.

□ 국민건강보험공단(이하 공단)은 사용량-약가 연동 '유형 다' 협상 결과, 57개 제품군(134개 품목)에 대한 협상을 모두 완료하였고, 합의 약제의 약가는 9월 5일자로 일괄 인하될 예정이라고 밝혔다.
　○ 사용량-약가 연동 '유형 다' 협상은 연 1회 실시하며, 전체 등재약제 약 2만 3천 개 품목 중 협상에 의하지 않고 등재된 약제로 '22년도 청구금액이 '21년도 청구금액 대비 '60% 이상 증가한 경우' 또는 '10% 이상 증가하고 그 증가액이 50억 원 이상인 경우'에 제약사와 공단이 협상을 통해 약가를 인하하는 제도로서 건강보험 재정 절감에 기여하고 있다.

□ 올해는 40개 제약회사와 57개 제품군 134개 품목에 대해 전원 합의를 완료하였다. 이에 따라 연간 약 281억 원의 건강보험 재정 절감이 예상되고, 이는 지난 5년('18~'22년)간 평균 절감액인 약 267억 원보다 14억 원 정도 증가한 수치다.
　○ 특히 올해는 국민 다빈도 사용 약제가 협상 대상에 다수 포함되어 국민의 절반에 이르는 약 2천 2백만 명의 환자가 약품비 완화 혜택을 볼 것으로 예상된다.

□ 이번 협상에서 가장 큰 쟁점은 코로나19 관련 약제 협상으로, 지난해 한○○ 총리가 중대본회의에서 직접 사용량-약가 연동의 완화를 언급하는 등 각계에서 이와 관련한 협상 결과에 관심이 높았다.
　○ 공단은 코로나19 초기인 '20.12월 선제적으로 감염병 관련 약제 인하율을 완화할 수 있도록 지침을 개정하였고, 이를 바탕으로 약 1년에 걸쳐 복지부·제약협회와의 긴밀한 협의를 통해 인하율 보정 방안에 대한 합의를 올 4월에 이끌어냈다.
　　– 합의안 도출 과정에서 제약업계의 의견을 전향적으로 수용하여 기존 수급 모니터링 감기약뿐 아니라 항생제까지 보정 대상에 포함하였으며, 보정 방안 역시 제약사별로 유리한 방안을 채택 가능하도록 하였다.
　○ 그 결과, 기준 대비 평균 70% 완화된 인하율을 적용하였고 18개 제약사와 22개 약제에 대해 전원 합의를 완료하였다.

□ 공단 약제관리실장은 "코로나19라는 국가적 위기에서 적극 협조해준 제약사의 어려움에 공감과 고마움을 표한다."며,
　○ "약품비 지출 효율화 및 필수 약제의 안정적 공급은 공단 약제관리실의 존재 이유이며, 올해 감기약 협상안 도출 과정 및 협상 결과는 이러한 목표를 위해서 공단과 제약사의 유기적 협력 및 상시 소통이 중요함을 보여주는 중요한 사례"라며 공단-제약사 간 협력의 중요성을 다시 한번 강조했다.

01

주어진 보도자료의 주제로 가장 적절한 것을 고르면?

① 국민건강보험공단, 사용량-약가 연동 협상으로 134품목 약가 인하
② 코로나19 관련 약제 협상, 사용량-약가 연동 협상의 가장 큰 쟁점으로 떠올라
③ 국민건강보험공단, 연간 약 281억 원의 건강보험 재정 절감 예상
④ 국민건강보험공단, 국가적 위기 상황에 적극 협조한 제약사들에게 고마움 표해

02

주어진 보도자료를 읽고 이해한 내용으로 적절하지 않은 것을 고르면?

① 이번 합의안이 도출되기 이전에는 항생제가 보정 대상에 포함되지 않았다.
② 22년도 청구금액이 21년도 청구금액 대비 60% 이상 증가하였으나, 그 증가액이 30억 원인 경우 이번 협상을 통해 약가가 인하되지 않는다.
③ 국민건강보험공단 약제관리실은 필수 약제의 안정적 공급을 위한 업무를 담당한다.
④ 사용량-약가 연동 협상 결과로 약품비 완화 혜택을 받는 대상은 2천만 명 이상으로 예상된다.

[03~04] 다음 글을 읽고 이어지는 질문에 답하시오.

　오늘날 기업들은 직원의 건강을 유지, 개선하기 위해 건강관리실 등을 운영하며 많은 노력을 기울이고 있다. 현재 공단 본부는 1,600여 명의 직원을 비롯해 협력업체 직원을 포함하여 2,000여 명의 인원이 근무하고 있지만, 그간 외상이나 질환이 발생했을 때 신속한 응급처치 관리가 부재했던 것이 사실이다. 공단은 산업안전보건법상 보건실 설치 의무 대상 기관이 아니었기에 본부 12층 휴게실에 일반의약품을 비치하고 직원이 자율적으로 이용하게 운영되어 왔다. 이후 안전관리실 보건관리부가 발족되면서 구성원들의 건강한 복지를 조직 차원에서 관리한다는 취지에서 보건실 운영에 대한 대대적인 개선 작업에 돌입했다.
　2023년 10월 16일 개소해 한 달간 시범운영을 거친 보건실은 2023년 11월 16일 본격적인 운영을 시작했고, 직원들이 이용하는 데 불편함이 없도록 간호사 면허가 있는 보건관리부 직원이 상주하고 있다. 기존 무인의무실로 자율 운영되던 형태에서 보건인력이 투입돼 응급처치, 투약 등 가벼운 의료 행위가 가능하며, 이 밖에 질병 예방 및 건강 증진을 위한 건강관리서비스가 제공되고 심신 안정을 위한 응급병상도 설치돼 있다. (　㉠　)
　보건실의 새로운 변화를 주도한 안전관리실 보건관리부는 보건실의 기능을 의료처치와 건강관리 등 크게 두 가지로 나누어 의무실과 건강관리실의 기능을 함께 갖춘 형태를 구상했다. 의료처치를 위해서는 일반의약품 제공, 찰과상 소독, 염좌 등 가벼운 부상처치를 제공하며, 건강관리를 위해서는 건강종합측정기를 통한 혈압, 스트레스, 체성분, 신장 측정 등 자가건강관리를 가능케 해 만성질환 등을 사전에 예방할 수 있도록 했다. 또한 두통이나 어지럼증 등으로 안정이 필요하거나 약물 복용 후 경과 관찰이 필요한 경우에는 최대 한 시간까지 보건실 내에 마련된 안정실을 이용할 수 있으며, 디스크 같은 근골격계 질환 증상이 있는 경우에는 전담직원의 안내에 따라 척추온열치료기 이용이 가능하다. 이 외에 건강상담과 건강관리 프로그램을 위한 상담실도 마련돼 있다. (　㉡　)
　공단 본부 보건실이 남다른 의미를 가지는 부분은 시범운영 기간을 통해 임직원의 다양한 목소리를 경청했다는 점이다. 보건관리부 직원이 상주하고는 있지만, 행정업무를 병행하다 보니 구성원들에게 가장 필요한 보건서비스가 무엇인지를 면밀히 살피기 위해 시범운영 기간이 필요하다는 판단을 내렸고, 이에 23일 동안 보건실을 이용한 417명의 임직원의 현황을 꼼꼼하게 모니터 했다.
　해당 기간 동안 감기 환자가 50%를 차지했고, 소화불량, 생리통, 두통 환자가 그 뒤를 이었으며, 그 밖에 다래끼, 멀미, 낙상 등 여러가지 증상이 파악돼 이와 관련한 의약품을 비치했다. 또한 혈당 측정과 약물에 대한 문의가 많았단 점도 최대한 반영했다. (　㉢　) 현재 당뇨가 있거나 대사증후군 위험요인을 보유하고 있는 직원, 임신 중기에 접어들어 혈당이 오른 임산부 등 혈당 모니터링을 희망하는 직원이 적지 않았다. 아울러 감기약이나 소화제처럼 자주 쓰는 약물 이외에도 다래끼 약이나 구내염 가글, 멀미약 등 다양한 약물 구비를 희망하는 직원도 상당수였다. 이 같은 직원들의 의견을 적극 반영해 보건실이 본격 운영되는 시기부터 공복 또는 식후 2시간 혈당 측정 지원을 시작했고, 의약품 및 의약외품을 60종까지 확대, 구비하고 있다. (　㉣　)
　본부 인근에 약국이나 병원이 없다 보니 평소 직원들이 느끼는 불편함이 많았는데, 의료처치뿐만 아니라 건강관리서비스가 모두 가능한 보건실이 생겨 매우 편리하고 좋다는 의견이 대다수다. 현재까지 61일간 누적 1,082명이 보건실을 다녀갔고, 이는 본부 정원의 약 60%에 해당하는 비중으로 많은 직원들이 이용 중임을 확인할 수 있어서 안전관리실 보건관리부의 보람 또한 크다. 얼마 전에는 직원이 출근길에 넘어져 보건실에 방문했는데, 의식을 잃고 쓰러지는 아찔한 상황이 발생했다. 이때 보건실의 신속한 대처 덕분에 위기 상황을 무사히 넘긴 일도 있었다. 이런 경험들을 통해 보건실 역할의 중요성을 재차 확인한 만큼 보건실은 직원들의 예방적 건강관리에도 많은 노력을 기울일 계획이다.

03

주어진 글의 흐름상 [보기]의 문장이 들어갈 가장 적절한 위치를 고르면?

> [보기]
>
> 다만, 보건실에는 약물 처방이 가능한 의사가 없고 약사법에 따라 의약품 조제가 불가능하기 때문에 누구나 약국에서 구매가 가능한 일반의약품만 비치되어 있다.

① ㉠　　　　　② ㉡　　　　　③ ㉢　　　　　④ ㉣

04

주어진 글의 내용과 일치하지 <u>않는</u> 것을 고르면?

① 공단 보건실의 본격적인 운영은 2023년에 시작되었다.
② 보건실의 시범운영 기간 동안 보건실을 가장 많이 이용한 환자는 감기 환자이다.
③ 2023년에 공단은 산업안전보건법상 보건실 설치 의무 대상 기관이 되었다.
④ 두통으로 안정이 필요한 경우 한 시간 동안 보건실 내 안정실을 이용할 수 있다.

[05~06] 다음 보도자료를 읽고 이어지는 질문에 답하시오.

건보공단, 바이오헬스 산업계 대상 데이터 제공 사업설명회 개최
− 국내 최초 산업계 대상 맞춤형 데이터 제공으로 혁신적 제품개발 적극 지원 −

□ 국민건강보험공단은 8월 18일(금) 15시 바이오헬스 산업계 대상 '건강보험 빅데이터 기반 맞춤형 데이터 제공' 사업설명회를 개최한다.
  ㅇ 이번 사업설명회는 건강보험 빅데이터를 활용하고자 하는 제약사, 의료기기 기업, 디지털 헬스케어 기업 등을 대상으로 공단의 개방형·맞춤형 익명DB* 사업을 소개하고 활용을 독려하기 위해 기획되었다.
    * 개방형 익명DB는 전체 급여 의약품·의료기기의 전반적인 시장 동향을 파악할 수 있도록 구축하여 공개하는 자료이며, 맞춤형 익명DB는 기업별 자료 활용목적 및 신청내용에 맞추어 개별적으로 구축하여 제공 예정
  ㅇ 개방형·맞춤형 익명DB는 공단이 이미 개방 중인 가명데이터에 비해 간소화된 절차로 신속하게 활용할 수 있고, 개인정보 유출의 위험도 방지할 수 있어 산업계의 폭넓은 활용이 기대된다.

□ 본 사업설명회에서는 건강보험 빅데이터에 대한 설명과 함께 개방형·맞춤형 익명DB의 구축 기준, 신청·제공 절차 등을 자세히 소개할 예정이며, 신청자 이용가이드북을 배포할 예정이다.
  ㅇ 건강보험 빅데이터 활용에 관심이 있는 산업계 담당자는 누구나 참석이 가능하며, 사업설명회 안내문 및 참석신청서는 공단 홈페이지* 공지사항에서 확인할 수 있다.
    * 대표 홈페이지 및 자료공유서비스 홈페이지

□ 공단 정○○ 이사장은 "이번 사업설명회를 통해 바이오헬스 산업계가 공단이 보유한 우수한 빅데이터를 적극적으로 활용할 수 있는 기회가 되길 바란다."며,
  ㅇ "공단은 산업계의 의견을 수렴하여 활용도 높은 데이터를 지속적으로 개방함으로써 바이오헬스 산업 발전과 국민 건강증진에 기여하겠다."라고 밝혔다.

[붙임] 바이오헬스 산업계 대상 익명DB 제공 사업설명회 참고자료

□ 설명회 개요
  ㅇ (목적) 바이오헬스 산업계 대상 건강보험 빅데이터 기반 맞춤형 데이터 구축·제공 사업 홍보 및 설명
  ㅇ (일시·장소) '23.8.18.(금) 15:00~, ◇◇대학교 S빌딩 대회의실
  ㅇ (참석대상) 제약사, 의료기기 기업 등 바이오헬스 산업계
  ㅇ (주요내용) 건강보험 빅데이터(가명자료) 설명 및 활용 방법 소개, 개방형·맞춤형 익명DB* 사업 소개, 신청자 이용 가이드라인(v1.0) 배포 등
    * 다른 정보를 사용하여도 더 이상 개인을 식별할 수 없는 정보로, 통계값 등이 있음
    * 건강보험 빅데이터: 건강보험 자격, 보험료, 보험급여, 건강검진, 장기요양 등 공단이 업무를 수행하는 과정 중 발생되는 데이터 중 일부를 연구용DB로 구축한 자료
      - 2002년부터 현재까지의 자료를 전국민 코호트 형태로 구축하였으며, 가명처리된 개인단위의 자료로 이루어져 있음
      - 자격·보험료DB, 보험급여DB(진료내역, 시술·처치, 약처방 내역), 건강검진DB, 노인장기요양DB 등으로 이루어짐

□ 주요내용

  ○ (개방형 익명DB 사업 소개) 개방형 익명DB* 접근 방법, 구축 기준, 구축결과, 업데이트 주기 등 설명
    * 국내 급여 의약품·의료기기의 전반적인 시장 경향을 파악할 수 있도록 주성분코드(성분단위)·치료재료코드(중분류단위) 등으로 구축한 익명DB

  ○ (맞춤형 익명DB 사업 소개) 맞춤형 익명DB* 신청 방법, 구축·제공 절차, 구축 기준, 활용 가능한 데이터 등 설명
    * 건강보험 빅데이터를 활용하여 산업계의 신청 내용에 따라 구축한 익명DB로, 기존 공단의 가명정보 연구DB에 비해 간소화된 절차를 통해 제공
    예) 2018~2022년 인공무릎관절 이식 환자의 월별/연령대별/치료재료코드(5단)별/시도별/요양기관 종별 청구건수, 환자 수 및 총진료비

05

주어진 보도자료를 근거로 판단한 내용으로 옳지 않은 것을 고르면?

① 사업설명회 참석신청서는 자료공유서비스 홈페이지에서 확인할 수 있다.
② 사업설명회의 참석대상에는 제약사, 의료기기 기업뿐만 아니라 디지털 헬스케어 기업도 포함된다.
③ 개방형 익명DB에는 국내 급여 의약품의 치료재료코드가 성분단위로 구축되어 있다.
④ 맞춤형 익명DB는 신청자에 따라 DB의 내용이 달라질 수 있다.

06

다음 중 건강보험 빅데이터 및 개방형·맞춤형 익명DB로 확인할 수 없는 내용을 고르면?

① 2024년 20대 감기 환자 수
② 2001년 인공무릎관절 이식 환자의 월별 총 진료비
③ 2010년 30대 통풍 환자의 12월 약처방내역
④ 2005년 서울시 치매환자의 시술내역

[07~08] 다음 글을 읽고 이어지는 질문에 답하시오.

㉠ 2024년, 국내 노인인구는 1,000만 명 시대를 맞는다. 통계청이 발표한 '2023년 고령자 통계'에 따르면 우리나라는 2025년엔 65세 노인 비율이 20.6%인 초고령사회에 진입하게 된다. 고령층에 대한 의료와 돌봄에 대한 수요가 폭발적으로 증가함에 따라 국민건강보험은 한국형 노인 의료·돌봄 통합지원 모델 정립을 위한 시범사업을 시행하고 있다.

노인 의료·돌봄 통합지원은 돌봄이 필요한 노인이 병원이나 시설이 아닌 살던 곳에서 건강하게 생활할 수 있도록 주거, 보건의료, 요양, 돌봄 서비스를 통합적으로 연계, 제공하는 사회서비스 정책이다. 제도의 성공적인 운영과 안정적인 안착을 위해 2023년 7월부터 2025년 12월까지 2년 6개월간 12개의 지자체를 대상으로 시범사업을 시행하고 있으며, 이 기간 동안 의료, 요양, 돌봄 분야 서비스 간 연계체계 구축과 방문의료 서비스 확충에 중점을 둔다.

시범사업 지역의 75세 이상 어르신들을 대상으로 대상자의 욕구에 맞는 의료·요양·돌봄 서비스를 연계·제공한다. ㉡ 또한 공단은 전 국민의 건강·장기요양 빅데이터를 보유하고 있는 보험자로서 시범사업에 직접 참여해 서비스 전달체계 및 연계체계 정립 등의 업무를 수행하고 있다. 살던 곳에서의 건강한 노후 생활을 위한 기반 마련을 위해 2018년 복지부가 '지역사회 통합돌봄 기본계획'을 발표하고 공단의 직접 참여와 지원을 요청함에 따라 2019년 5월 임시조직이 신설됐고, 올해 시범사업의 운영방향에 맞춰 조직 명칭을 '의료요양돌봄연계추진단'으로 변경, 운영하게 되었으며 또한 시범사업 12개 지역의 지사에 의료요양돌봄연계 전담팀을 꾸렸다.

㉢ 세계에서 가장 빠르게 늙어가는 나라, 노인 1인 가구의 가파른 증가 등 국민이 생각하는 노후는 매우 불안하다. 돌봄이 필요한 어르신이 살던 곳에서 계속 생활하기란 의료, 장기요양 또는 복지서비스 중 어느 하나만 제공되어서는 절대 불가능하다. 이 모든 서비스가 대상자를 중심으로 통합적으로 연계·지원되어야 지역사회에서의 건강한 노후생활을 보장할 수 있다. 의료요양돌봄연계추진단은 공단의 건강, 장기요양 고유 사업과 지자체 사업 간 상호 연계체계 구축 업무를 담당하는 가운데 안정적인 제도화를 위해 공단-지자체 공동업무시스템 구축, 홍보, 교육, 통계 관리 등의 업무를 수행하고 있다.

2023년 7월부터 시행된 시범사업을 통해 공단은 대상자 중심의 의료요양돌봄 서비스 연계체계를 마련했고, 공단 빅데이터를 활용한 선제적 대상자 발굴로 대상자의 욕구와 필요에 맞는 연계를 수행하고 있다. 2024년 새해에도 대상자 중심의 의료요양돌봄 서비스 연계체계의 기반을 더욱 확립하고, 업무기능 개선, 데이터 연계를 통한 대상자 정보 통합관리 등을 위한 노인의료돌봄 통합지원 정보시스템의 고도화를 추진할 예정이다.

㉣ 시범사업은 의료와 돌봄서비스의 연계를 통해 건강한 지역사회 노후생활이 가능한 기본적 노인 의료·돌봄 통합지원 모델을 정립하는 것이 취지이다. 시범사업을 통해 전국적으로 확산 가능한 기본적인 노인 돌봄 모형이 구축돼 어르신들이 소망하는 대로 살던 곳에서 건강한 노후를 보낼 수 있기를 기대한다.

07
주어진 글을 읽고 다음 [보기]와 같이 A~D 4명이 대화하였을 때, 잘못 이야기하고 있는 사람을 고르면?

> 보기
> A: 국민건강보험공단은 노인이 살던 곳에서 계속 살 수 있도록 지원하는 것을 목표로 하고 있구나!
> B: 국민건강보험공단은 데이터를 바탕으로 체계적인 서비스를 제공하려고 하고 있어.
> C: 국민건강보험공단이 자발적으로 이렇게 좋은 일을 시작하다니! 노인들에게 너무 좋은 제도야.
> D: 이 시범사업이 잘 정착하려면 지자체의 도움이 필요할 것 같아.

① A ② B ③ C ④ D

08
주어진 글의 흐름상 밑줄 친 ㉠~㉣ 중 삭제되어야 할 문장을 고르면?

① ㉠ ② ㉡ ③ ㉢ ④ ㉣

[09~10] 다음 글을 읽고 이어지는 질문에 답하시오.

올해부터 그동안 자녀 수와 관계없이 동일하게 지급했던 '첫만남이용권'을 둘째 이상 아동에는 100만 원 '더' 지원한다. (㉠) 어린이집 평가등급제 대신 서술형 평가결과로 신뢰성 있는 정보를 확인할 수 있고, 노인복지주택에 함께 입소할 수 있는 연령은 24세 미만으로 완화한다.

'장애아동 복지지원법' 개정으로 장애가 있다고 인정해 지원할 수 있는 장애미등록 아동의 연령기준을 9세 미만으로 확대해 서비스 지원 기반도 강화한다. 이밖에도 식품 등의 표시·광고에 '마약' 관련 용어를 사용하지 않도록 권고하는 동시에 이 용어를 변경하는 경우 관련 비용을 지원할 방침이다.

저출산·고령사회 기본법 개정에 따라 올해 1월 1일 이후 출생한 둘째 이상 아동의 첫만남이용권 지원액을 상향 지급할 수 있는 근거를 마련했다. 이에 기존에는 출생 순서에 무관하게 200만 원을 지급했으나 올해는 둘째 아이부터 300만 원으로 인상해 다자녀 출산 가정의 양육 부담 완화에 기여한다. (㉡) 출산 직후 지원 받는 첫만남이용권 200만 원(첫째)~300만 원(둘째 이상)을 포함해 0~1세 영아기 지원액을 2,000만 원 +α 수준(부모급여 1,800만 원+첫만남이용권 200~300만 원)으로 확대한다.

국민건강보험법 개정으로 외국인 피부양자 요건(국내 거주 6개월 등)을 신설해 형평성 있는 건강보험제도 운영의 기반을 수립했다. 또한 국민건강보험공단과 건강보험심사평가원이 요양기관 현지조사 업무를 지원할 수 있는 법적 근거를 명확히 했다. 한편 영유아보육법 개정으로 어린이집 평가등급제는 폐지되고, 영역별로 서술형 평가결과를 공표하게 됐다. 이를 통해 보육교사-영유아 간의 상호작용 등 영유아 부모들이 어린이집을 선택함에 있어 신뢰성 있는 정보를 제공할 수 있을 것으로 기대된다.

노인복지주택 입소자격자와 함께 입소할 수 있는 자녀·손자녀의 연령 제한을 현행 19세 미만에서 24세 미만으로 완화하고, 장애가 있는 자녀·손자녀는 연령 제한 없이 동반 입소할 수 있도록 개선했으며, 정신질환자의 권익 보호 강화 및 지역사회 복귀 촉진을 위한 동료지원쉼터·절차조력제도 등도 법적 근거를 마련했다. (㉢) 트라우마 대응에 대한 국가책임을 강화하기 위해 국가 트라우마센터의 역할에 심리지원 전문인력에 대한 교육 및 훈련을 추가했다.

장애아동 복지지원법에서는 장애 등록을 하지 않더라도 장애가 있다고 예외적으로 인정해 지원할 수 있는 아동의 연령을 현행 6세 미만에서 9세 미만으로 확대한다. 이에 따라 장애가 예견되는 아동에 대한 서비스 지원 기반을 강화했고, 국가 및 지자체가 발달재활서비스 제공기관의 서비스 수준 및 종사자 전문성 등을 평가하며 이 결과를 공개할 수 있는 근거를 마련했다.

노인장기요양보험법에서는 노인장기요양 재가급여를 통합·제공하는 통합재가서비스(AIP, Aging In Place)의 법적 근거를 신설했다. 통합재가서비스는 방문요양·목욕·간호, 주야간보호, 단기보호 등 장기요양 수급자가 원하는 다양한 서비스를 하나의 장기요양기관에서 편리하게 이용할 수 있는 제도다. 이로써 의료·요양 등 복합적 지원이 필요한 장기요양 재가급여 수급자가 지역사회에서 계속 거주하면서 이러한 서비스를 받을 수 있을 것으로 기대된다. 아울러 지방자치단체장이 장기요양기관을 지정할 때 지역의 노인성질환 환자 수를 검토하도록 하는 등 노인장기요양 서비스 질을 향상시킬 수 있는 기반을 마련했다.

이밖에도 암관리법을 개정해 국가나 지자체가 소아청소년 암진료 체계구축에 필요한 비용을 지원할 수 있는 근거 규정을 마련했다. 이는 지난해 발표한 필수의료지원 대책과 소아의료체계 개선대책의 후속 조치로, 소아청소년 암환자와 가족이 거주지 인근에서 안정적으로 치료받을 수 있는 환경을 조성하고자 신설한 것이다.

09
주어진 글에 대한 설명으로 옳은 것을 고르면?

① 올해 태어난 둘째와 셋째 아이는 서로 다른 지원액을 받게 된다.
② 장기요양기관당 하나의 재가서비스를 제공할 수 있다.
③ 9세 이상의 장애 아동에 대한 서비스 지원이 강화되었다.
④ 암관리법 개정을 통해 청소년 암환자 가족은 거주의 안정을 얻을 수 있다.

10
주어진 글의 빈칸 ㉠~㉢에 들어갈 말을 바르게 짝지은 것을 고르면?

	㉠	㉡	㉢
①	또한	특히	더불어
②	또한	한편	하지만
③	그리고	한편	오히려
④	그리고	특히	그래서

[11~12] 다음 보도자료를 읽고 이어지는 질문에 답하시오.

운전면허 갱신 기간 연장 및 75세 이상 고령운전자 교육 개선

□ 그간 조치사항

- (75세 미만) '20년 갱신(적성검사) 대상자(58만 4천여 명) 갱신 기간 종료일을 '20년 말까지 연장
  ※ <1차> '20.6월 말까지 연장 / <2차> '20.12월 말까지 연장
- (75세 이상) '고령자 교통안전교육'이 전면 중단('20.2.6.~)됨에 따라, 해당 대상자(16천여 명) 갱신(적성검사) 기간을 '21년 말까지 연장
- 치매안심센터(보건소) 진단검사의 활용*이 가능하도록 도로교통법령을 개정하고, 비대면 온라인 교육 시스템을 구축
  * '치매안심센터 등'에서 받은 치매진단검사 결과지를 제출하면, 면허시험장에서 실시하는 '인지능력 자가진단'(1시간)을 면제할 수 있도록 시행규칙 개정('20.9.25. 시행)

□ 추가 조치 이후

- (전체 대상자) '21년 상반기 갱신(적성검사) 대상자(32만 1천여 명) 갱신 기간 종료일을 '21년 6월 말까지 최대 6개월을 일괄 연장
  ※ 하반기 추가 연장 여부는 코로나19 추이에 따라 추가 검토
- (75세 이상*) △기존 방식(2시간, 대면) 또는 △치매안심센터 등**에서 치매진단검사 실시 + 온라인 교육(2시간, 비대면)을 받는 방법 중 하나를 택하도록 선택권을 부여하고, 인원이 분산될 수 있도록 개선('21.1.4. 시행)
  * 75세 이상은 '고령자 교통안전교육'을 이수하여야 면허 취득·갱신이 가능('19.1.1.시행)
  ** 보건복지부에서 운영하는 '치매안심센터' 또는 의원·병원·종합병원

[붙임] 고령자 교통안전교육 관련 안내(상세)

1. 치매안심센터(보건소) 등에서 치매검사를 받을 경우

1단계	2단계	3단계
치매진단검사 실시	교육장/온라인 교육 중 선택	적성검사(갱신)
지역 치매안심센터 치매진단검사 실시 후 교통안전교육기관 제출용 치매진단검사 결과지 발급 및 지참	'안전운전 통합민원' 고령운전자 교육장(30개소) https://www.safedriving.or.kr 예약 필수 '도로교통공단 이러닝 센터' 고령운전자(의무) 교육 https://trafficedu.koroad.or.kr	면허시험장/경찰서 방문 <준비물> ① 교통안전교육기관 제출용 치매선별검사 결과지 ② 운전면허증 ③ 사진(3.5×4.5cm) 2장 ④ 수수료(현금/카드 가능) ⑤ 건강검진 결과지

2. 치매안심센터(보건소) 등을 방문하지 않고 면허시험장을 방문할 경우

1단계	2단계	3단계
교육장/온라인 교육 중 선택	치매진단검사 실시	적성검사(갱신)

1단계		2단계		3단계
'안전운전 통합민원' 고령운전자 교육장(30개소) https://www.safedriving.or.kr 예약 필수	⇨	도로교통공단 안전교육부에서 실시	⇨	면허시험장/경찰서 방문 <준비물> ① 운전면허증 ② 사진(3.5×4.5cm) 2장 ③ 수수료(현금/카드 가능) ④ 건강검진 결과지
'도로교통공단 이러닝 센터' 고령운전자(의무) 교육 https://trafficedu.koroad.or.kr	⇨	시험장 방문 후 민원부에서 실시	⇨	

11
주어진 자료에 대한 설명으로 적절하지 않은 것을 고르면?

① 2020년에는 운전면허 갱신 기간 종료일이 75세를 기점으로 달랐지만 추가 조치 이후에는 나이와 상관없이 일괄적으로 연장되었다.
② 75세 이상은 치매진단검사를 받은 후 결과지를 제출하면 인지능력 자가진단이 면제된다.
③ 75세 이상이 운전면허를 갱신하려면 고령자 교통안전교육은 오프라인과 온라인 교육 모두 이수해야 한다.
④ 고령자 교통안전교육 시 인원이 너무 많이 몰릴 경우 분산될 수 있도록 조치를 취할 것이다.

12
주어진 자료를 바탕으로 75세 이상 고령자인 민원인과 안내원의 대화 중 적절하지 않은 것을 고르면?

민원인: 제가 운전면허를 갱신하기 위해서는 치매검사를 받아야 하는데요. 어떻게 해야 하나요?
안내원: 지역 치매안심센터에서 치매진단검사를 실시하신 후에 치매진단검사 결과지를 지참하고 고령운전자 의무 교육을 받으시면 됩니다. ··· ①
민원인: 치매선별검사 결과지는 일정한 양식이 있나요?
안내원: 교통안전교육기관 제출용으로 발급받으시면 됩니다. ·· ②
민원인: 고령자 의무 교육은 어디서 받나요?
안내원: 안전운전 통합민원 고령운전자 교육장에서 받으시거나 도로교통공단 이러닝 센터에서 온라인으로 받으실 수 있습니다. ··· ③
민원인: 고령운전자 의무 교육을 온라인으로 이수하고 치매진단검사를 받지 않은 경우 어떻게 해야 하나요?
안내원: 시험장에 방문하신 후 도로교통공단 안전교육부에서 치매진단검사를 실시하시면 됩니다. ············ ④

[13~14] 다음 보도자료를 읽고 이어지는 질문에 답하시오.

의료 이용 적으면 건보료 일부 환급 … 암 등의 약제비 부담도 지속 완화

　정부가 필수의료 등 저평가 항목을 집중 인상할 수 있도록 수가 결정구조를 개편해 중증·응급환자·수술 등 필수의료 분야에 대한 보상을 강화한다. 이에 종별 환산지수 계약에 따른 행위별 수가의 일괄 인상 구조를 탈피하고, 업무 강도가 높고 자원 소모가 많으나 상대적으로 저평가된 항목의 상대가치 점수를 집중 인상한다. 또한 연간 의료 이용이 현저히 적은 가입자에게는 전년도에 납부한 보험료의 10%에 해당하는 금액을 연간 12만 원 한도의 바우처로 지원한다.

　보건복지부는 '국민건강보험법' 제3조의2에 따라 건강보험의 건전한 운영을 위해 이같은 내용의 '제2차 국민건강보험 종합계획(2024~2028)'을 발표, 중장기 건강보험 정책 방향을 제시했다. 이번 종합계획은 가입자 및 공급자 단체, 관계기관, 전문가 등을 대상으로 한 8차례 추진단·자문단 회의와 정책토론회 및 건강보험정책심의위원회 논의를 통해 다양한 의견을 수렴해 마련했다. 최근 지역·필수의료 공백, 필수의약품 부족 등 의료공급 위기는 국민의 생명·건강에 중대한 위협이 되고 있다. 또한 인구 고령화와 저출산에 따른 인구 감소와 1인 가구의 증가 등으로 인한 사회 전반의 축소(다운사이징)가 급격하게 진행되면서 건강보험의 지속가능성에 대한 우려가 제기되고 있다. 그럼에도 종전 건강보험 정책은 보장률 제고에 편중돼 ▲수도권·대형병원 쏠림에 따른 지역의료 공백 ▲진료량 감소 및 보상수준 불균형으로 인한 필수의료 기피 ▲본인부담 감소로 인한 불필요한 의료 이용 증가 등 현행 지불제도가 유발하는 구조적 문제는 더 악화된 상황이다. 이에 정부는 이번 계획에서 건강보험 체계를 근본적으로 전환해 변화하는 여건 속에 현재 세대와 미래 세대가 모두 건강보험 혜택을 공평하게 누리면서도 지속 가능하도록 건강보험 제도를 운영하기로 했다.

◆ 건강보험 지불제도 개혁

　의료서비스의 적정 공급과 정당한 보상을 위해 건강보험 지불제도 개혁을 추진한다. 행위별 수가의 틀을 넘어 진료량보다는 의료의 질과 성과 달성에 따라 차등 보상을 제공하는 대안적 지불제도 도입을 추진한다.

* ① 필수의료 집중 인상, ② 보완형 공공정책수가, ③ 대안적 지불제도(대안형, 공공정책수가, 묶음수가 등)

　대안적 지불제도는 어린이 공공전문진료센터 사후보상 시범사업, 중증진료체계 강화 시범사업, 지역의료 혁신 시범사업 등이 있다. 특히 지불제도 개혁을 위한 모형 개발, 시범사업 등을 지원하기 위해 혁신계정을 도입하고, 심사·평가도 성과 중심의 통합적 체계로 전환한다. 공통지표는 평가통합포털을 통한 공통지표 선정·활용해 유사지표에 대한 평가 반복 등에 따른 요양기관의 행정부담을 완화하고, '투입·구조·과정지표' 위주에서 '성과지표' 중심으로 평가지표를 재정비한다. 성과보상은 의료질 평가지원금 등은 기관별 성과에 비례한 보상으로 개편하고 각종 평가 관련 재원을 통합해 1조 5,000억 원 규모의 재원을 조성한다.

◆ 의료서비스 지원체계 개선

　의료격차 해소와 건강한 삶 보상을 위해 의료서비스 지원체계를 개선한다. 우선 국립대병원 등 거점기관 중심으로 지역 의료기관 간 연계·협력을 강화해 생애·질병 단계별로 필요한 의료를 적시에 제공할 수 있는 전달체계를 구축한다.

['급성기 – 회복기 – 만성기'의 질병 단계별 의료전달체계 구조]

　연간 의료 이용이 적은 가입자는 연간 12만 원 한도의 바우처로 지원하고, 건강생활실천지원금 지원 대상을 늘리는 등 자기 주도적 건강관리에 대한 혜택을 확대한다. 아울러 맞춤형 건강검진 및 다제약물 관리 등 만성질환에 대한 포괄적 관리체계를 구축하고, 정신·여성·아동 건강관리 서비스 확대 및 노년층 욕구에 부합하는 거주지 중심 생애말기 의료 지원을 추진하는 등 예방과 통합적 건강관리 지원도 강화한다. 특히 본인부담상한제와 재난적의료비 지원을 지속 확대하고, 보험료 체납에 따른 급여 제한을 최소화하는 등 취약계층을 위한 의료안전망을 개선한다. 국민의 생존을 위협하는 암, 희귀난치질환 등에 대한 약제비 부담을 지속적으로 완화하고, 급성기 환자의 간병 부담 완화를 위해 간호·간병 통합서비스를 확대하는 등 과도한 의료비 부담을 방지하기 위한 방안도 강구한다.

◆ 건강보험재정 효율적 관리

　의료남용을 철저히 차단하고 국민과 국가가 부담할 수 있는 범위 내에서 보험재정을 효율적으로 관리한다. 이에 환자에게 불리한 비급여 선택을 방지하기 위해 비급여 진료 정보를 충분히 제공하고, 금융위원회와 협력해 실손보험 개선체계를 구축한다. 도수치료, 백내장 수술 등 비중증 과잉 비급여 진료는 급여·비급여 혼합진료 금지 적용을 추진하고, 재평가를 통해 비급여 진료도 퇴출 기전을 마련하는 등 비급여 관리를 대폭 강화한다. OECD 평균보다 현저히 많은 병상과 장비 수는 적정하게 관리하고, '현명한 선택 캠페인(choosing wisely campaign)'의 일환으로 적정의료 목록을 보급해 의료서비스 과잉 공급을 방지한다. 한편 우리나라의 연간 외래이용횟수가 OECD 평균의 3배 수준으로 높은 점 등을 감안해 분기별로 의료 이용량 및 의료비 지출에 대한 알림서비스를 제공하고, 과다 이용 시에는 본인부담을 높이는 등 합리적 의료 이용을 유도한다. 아울러 기존 급여 항목의 재평가를 주기적으로 실시해 의학적 효과나 경제성이 떨어지는 항목은 가격을 조정하거나 퇴출하는 기전을 확립한다. 유튜버 등 새로운 형태의 소득에 대한 보험료 부과방식을 검토하고, 일시납부, 소득 발생·보험료 부과 간 시차 최소화 등을 통해 납부 편의를 개선한다. 재정지표 공개도 확대하고 국회보고 절차를 강화하는 등 더욱 투명하고 신뢰도 높은 보험재정 운영·관리 체계도 마련한다.

◆ 의료 혁신 지원

　필수의약품 등 안정적 공급체계를 구축하고 치료기회 확대를 위한 의료 혁신을 지원한다. 코로나19와 러시아-우크라이나 전쟁 등 외부 요인으로 인해 글로벌 공급망 위기가 발생하더라도 보건안보를 유지하기 위해서는 필수의약품 등 안정적 공급체계 확보가 중요하다. 이에 꼭 필요한 의약품 등을 안정적으로 공급할 수 있도록 국산 원료의 사용을 유도하고, 국내 생산 기반시설(인프라) 유지를 위해 약가를 우대하는 등 다각적 지원을 강구한다. 현재 치료법이 없는 질환의 치료 기회를 열어주거나 기존 치료법보다 현저히 효과가 우수한 혁신적 의료기술은 등재기간 단축, 경제성 평가 완화, 가격 우대 등을 통하여 신속하게 도입될 수 있도록 지원한다. 특히 연구개발(R&D) 투자, 필수의약품 공급, 일자리 창출 등을 통하여 보건의료 혁신을 주도하고 안정적 공급망 구축에도 기여하는 기업에게 가격 우대 등 혜택을 제공하는 방안을 검토한다. 이와 함께 개인정보 보호를 확실히 하면서도 공익적·과학적 연구와 자기 주도 건강관리를 위한 건강보험 데이터 개방·활용은 확대하여 보건의료 혁신을 선도한다.

　박○○ 복지부 제2차관은 "이번 계획을 통해 꼭 필요한 의료를 튼튼히 보장하고, 합리적으로 가격을 조정해 의료 공급을 정상화하겠다"며 "불필요한 의료쇼핑 등 의료 남용은 줄이고, 안정적인 공급망과 의료혁신 지원체계를 구축해 미래에도 계속 누릴 수 있는 건강보험 기반을 마련하겠다"고 강조했다. 아울러 "국민이 적정하게 받고 있는 건강보험 혜택을 계속 지원하고, 필수의료 등 국민의 생명·건강과 직결되나 충분히 공급되지 못하고 있는 영역에는 5년 동안 10조 원 이상을 집중 지원하겠다"면서 "이를 통해 지난 1일 발표한 필수의료 정책 패키지를 포함해 그동안의 필수의료 대책이 안정적 재정 지원하에 차질 없이 추진하겠다"고 덧붙였다.

13

주어진 보도자료를 읽고 이해한 내용으로 옳지 <u>않은</u> 것을 고르면?

① 건강보험 지불제도 개혁을 통해 평가를 성과지표 중심에서 과정지표 위주로 재정비할 계획이다.
② 향후에는 소득이 발생하는 유튜버들도 보험료가 부과될 수 있다.
③ 국산 원료를 사용한 의약품은 글로벌 공급망 위기가 발생하더라도 안정적인 공급이 가능하다.
④ 제2차 국민건강보험 종합계획은 2024년부터 5년간의 계획이다.

14

주어진 보도자료를 근거로 추론한 내용으로 옳은 것을 고르면?

① 개인정보 보호를 위해 건강보험과 관련된 데이터의 활용은 다소 축소될 것이다.
② 의료서비스 지원체계 개선을 통해 질병의 회복기 단계에서는 상급종합 의료기관의 진료가 이루어질 예정이다.
③ 전년도에 95만 원의 보험료를 납부한 가입자가 연간 의료 이용이 현저히 적다면 9만 5천 원의 바우처를 지원받을 수 있다.
④ 국민의 건강에 직접적으로 영향을 주지만 충분히 공급되지 못하고 있는 영역에는 연간 평균 10조 원 이상을 집중 지원할 계획이다.

[15~17] 다음 안내문을 읽고 이어지는 질문에 답하시오.

국민건강보험공단은 국민의 건강권을 보장하고 의료비 부담을 완화하기 위해 다양한 건강보험 복지 지원 정책을 시행하고 있다. 공단은 의료비 지원, 산모·신생아 건강관리, 장기요양보험 등을 통해 사회적 안전망을 구축하고, 국민이 보다 안정적으로 의료 서비스를 이용할 수 있도록 지원하고 있다.

1. 재난적 의료비 지원 사업
　공단은 과도한 의료비 부담으로 인해 치료를 포기하는 상황을 방지하고자 재난적 의료비 지원 사업을 운영하고 있다.
　1) 지원 대상
　　• 소득 기준 중위소득 100% 이하 가구
　　• 중증질환(암, 희귀·중증 난치성 질환 등) 및 고액의 치료비가 발생하는 질환
　　• ㉠ 만 65세 이상 노인 또는 만 65세 미만 노인성 질환자
　2) 지원 내용
　　• 본인 부담 의료비가 가구 소득의 일정 비율을 초과하는 경우 지원
　　• 연간 지원 한도 내에서 입원·외래 의료비 일부 보조

2. 산모·신생아 건강관리 지원 사업
　공단은 출산 후 산모와 신생아의 건강을 보호하고, 가정 내 돌봄 부담을 줄이기 위해 산모·신생아 건강관리 지원 사업을 운영하고 있다.
　1) 지원 대상
　　• 출산 후 일정 기간 동안 산모와 신생아를 돌볼 필요가 있는 가구
　　• ㉡ 다태아 출산, 저소득층, 장애 산모 등 추가 지원 대상 포함
　2) 지원 내용
　　• 전문 건강관리사가 가정을 방문하여 산모 회복 및 신생아 돌봄 지원
　　• 서비스 제공 기간 및 지원 범위는 대상자의 경제적·사회적 상황에 따라 차등 적용

3. 예방적 건강관리 사업
㉢ 공단은 의료비 부담을 줄이고 국민의 건강 증진을 도모하기 위해 예방적 건강관리 사업을 시행하고 있다.
　1) 건강검진 사업
　　• 정기 건강검진을 통해 만성질환 및 암 등의 조기 발견 지원
　　• 직장가입자, 지역가입자, 피부양자 대상 건강검진 실시
　2) 금연·비만 예방 프로그램
　　• 금연 치료 지원 사업 운영
　　• ㉣ 비만 예방 및 만성질환 관리를 위한 생활습관 개선 프로그램 제공

15

주어진 안내문의 내용과 일치하지 않는 것을 고르면?

① 건강보험 복지 정책은 의료비 지원뿐만 아니라 예방 및 돌봄 서비스를 포함한다.
② 산모·신생아 건강관리 지원 사업은 출산 후 의료비 지원을 제공한다.
③ 재난적 의료비 지원 사업은 과도한 의료비 부담이 발생한 경우 지원될 수 있다.
④ 건강검진 사업은 직장가입자뿐만 아니라 지역가입자도 포함된다.

16

주어진 안내문의 흐름상 ㉠~㉣ 중 삭제되어야 할 문장을 고르면?

① ㉠ ② ㉡ ③ ㉢ ④ ㉣

17

주어진 안내문을 바탕으로 추론할 수 없는 것을 고르면?

① 재난적 의료비 지원을 받은 A씨는 본인 부담 의료비가 가구 소득 대비 일정 비율을 초과했을 가능성이 있다.
② 건강검진을 받은 B씨는 질병 예방을 위해 추가적인 생활습관 개선 프로그램을 이용할 수 있다.
③ 출산 후 산모·신생아 건강관리 지원을 신청한 C씨는 건강관리사의 도움을 받아 산모 회복을 지원받았을 가능성이 있다.
④ 비만 예방 프로그램을 신청한 D씨는 체중 감량 목표를 달성하지 못할 경우 건강보험료 할증 대상이 된다.

[18~20] 다음 글을 읽고 이어지는 질문에 답하시오.

[가] 약물 치료와 함께 일상에서 면역력을 높이고 염증 반응을 줄이는 생활 습관을 유지하면 증상 완화에 도움을 받을 수 있다. 먼저 흡연은 크론병의 위험 요인 중 하나이므로 크론병 진단을 받았다면 금연은 필수이다. 신체 면역력을 높이기 위해서는 적절한 운동과 충분한 수면을 지켜야 한다. 트랜스지방과 포화지방은 염증 반응을 일으킬 수 있으므로 이들 성분이 다량 함유된 패스트푸드, 인스턴트식품, 인공감미료, 육류 등의 섭취는 줄이는 것이 좋다. 염증성 장질환은 조기 진단과 적절한 치료가 이루어지면 큰 불편 없이 일상을 살아갈 수 있으므로 미리 위축되거나 초조해하지 말고 지켜야 할 치료법과 생활 습관을 꾸준히 실천해 보자.

[나] 크론병은 식도, 위, 소장, 대장, 항문에 이르기까지 소화관 전체에 염증이 나타날 수 있다. 크론병이라는 이름은 질환에 대해 처음으로 논문을 작성한 크론 박사의 이름을 따서 붙여졌다. 과거에는 서양에서 많이 발병했지만 최근에는 식습관, 생활 환경 등이 서구화되면서 아시아에서도 환자가 급증하고 있다. ㉠ 우리나라의 경우 10~30대의 젊은 연령에서 환자 수가 늘고 있으며, 그중 20대 환자가 가장 많다. 크론병은 궤양성 대장염과 달리 염증 부위가 연속되지 않고 여러 부위에 떨어져 발생하는 경우가 많으며, 염증이 점막층, 점막하층, 근육층, 장막층 등 장벽 전 층에 침범하는 특징을 지닌다. 염증은 주로 소장과 대장에 많이 나타나는데 주요 증상은 설사, 복통, 식욕 감퇴, 체중 감소, 미열, 구토 등이다. 장외 증상으로는 관절, 눈, 피부, 간, 신장, 항문 등에 이상이 발생할 수 있다. 증상의 종류와 정도는 환자마다 다양한데 때로는 서서히, 때로는 급속히 나타난다. 크론병은 궤양성 대장염에 비해 환자의 고통이 더 심한 경우가 많으며, 장기적인 경과와 치료에 대한 반응도 좋지 않아 수술에 이르는 사례가 많다. 크론병 역시 호전과 재발을 반복한다.

[다] ㉡ 염증성 장질환은 장 내부에 비정상적인 염증이 반복되는 만성 질환으로, 우리 몸을 보호하는 면역체계가 장 점막을 외부 물질로 오인해 공격하면서 염증 반응을 일으키는 것이다. 염증성 장질환의 정확한 발병 원인은 아직 밝혀지지 않았지만 유전적 요인, 환경적 요인, 장내 미생물과 인체 면역시스템 사이의 이상 반응 등이 복합적으로 관여해 발병하는 것으로 추정하고 있다. 염증성 질환의 종류에는 크게 궤양성 대장염과 크론병이 있다.

[라] 염증성 장질환은 감염성 장염, 과민성 장증후군 등 보통의 장질환과 증상이 비슷해 초기에 증상이 나타났을 때 대수롭지 않게 넘어가거나 다른 질환으로 오해하곤 한다. 때문에 질환이 악화된 후에야 병원을 찾아 진단 시기가 늦어지는 사례도 많다. 복통, 설사, 혈변 등의 증상이 지속되거나 관절, 피부, 눈 등에 이상이 동반되면 병원에서 검사를 받는 것이 바람직하다. ㉢ 크론병은 염증이 생긴 일부분을 잘라내는 수술을, 궤양성 대장염은 대장을 들어내는 수술을 한다. 수술은 염증 부위를 온전히 제거한다는 점에서 치료 효과는 높지만 일상생활에 불편함이 뒤따를 수 있다. 염증성 장질환 치료는 염증 정도, 발병 부위, 합병증 등을 고려해 진행되며 약물치료와 수술치료가 있다. 특히 병에 대한 연구가 활발히 이루어져 다양한 치료법이 개발되어 있으므로 적절한 치료를 꾸준하게 받는다면 증상 없이 정상적인 활동도 가능하다. 하지만 증상이 좋아졌다 나빠졌다를 반복하기 때문에 임의로 치료를 중단하면 재발 및 합병증 발생 위험이 높아진다.

[마] 궤양성 대장염은 대장에 국한돼 염증이 발생하는 질환이다. 대장의 벽은 점막층, 점막하층, 근육층, 장막층 등 4개 층으로 구성돼 있는데, 궤양성 대장염은 가장 안쪽 층인 점막층과 점막하층에 염증이 생기며 염증 부위가 연속된다. 연속된다는 것은 염증 부위가 크든 작든 모두 이어져 있다는 의미다. 증상은 대장의 침범 범위와 염증 정도에 따라 다르지만 주로 지속적인 혈변, 설사, 대변 절박증(대변을 참지 못함), 변을

보고도 시원하지 않은 후중감, 복통 등이다. 이러한 증상은 몸 전체에도 영향을 미쳐 발열, 식욕 부진, 체중 감소, 전신 쇠약감, 구토 등의 전신 증상을 동반하기도 한다. ㉣ 때로는 장외증상이라고 하여 장 이외에 관절, 눈, 피부, 간, 신장 등에 이상을 불러오기도 한다. 증상 정도 역시 환자에 따라 다른데, 증상이 거의 없는 경우도 있고 심하면 응급 수술이 필요할 정도로 위중한 사례도 있다. 특히 환자들의 증상이 호전과 재발을 반복하며 만성으로 이어지기에 지속적인 관리가 필요하다.

18
주어진 글의 [가]~[마] 문단을 문맥상 바르게 나열한 것을 고르면?

① [나]-[라]-[가]-[마]-[다]
② [다]-[라]-[가]-[나]-[마]
③ [다]-[마]-[나]-[라]-[가]
④ [마]-[나]-[다]-[라]-[가]

19
염증성 장질환 진단을 받은 A~D환자 4명이 다음 [보기]와 같이 대화를 나누었다고 할 때, 적절하지 않은 발언을 한 사람을 고르면?

| 보기 |

A환자: 궤양성 대장염과 크론병의 차이점은 염증 분포의 연속성 여부이군요.
B환자: 최근 아시아에서 크론병 환자 수가 늘어난 이유는 식습관의 영향도 있겠군요.
C환자: 염증성 장질환으로 떨어진 신체 면역력을 올리기 위해 매일 아침 조깅을 1시간씩 해야겠어요.
D환자: 트랜스지방과 포화지방은 염증 반응을 일으키므로 패스트푸드와 인스턴트식품을 줄이고 육류 섭취를 늘려야겠어요.

① A환자　　② B환자　　③ C환자　　④ D환자

20
주어진 글의 흐름상 밑줄 친 ㉠~㉣ 중 삭제해야 할 문장을 고르면?

① ㉠　　② ㉡　　③ ㉢　　④ ㉣

[21~22] 다음 [표]는 연령별 퇴원환자 수 및 퇴원율에 관한 내용이다. 이를 바탕으로 이어지는 질문에 답하시오.

[표1] 연령별 퇴원환자 수 (단위: 천 명)

구분	2016년	2017년	2018년	2019년	2020년	2021년
전체	7,109	7,131	7,224	7,225	6,216	6,222
0~14세	829	680	669	599	319	292
15~24세	431	402	379	355	280	272
25~34세	520	485	444	448	389	402
35~44세	716	710	685	669	566	567
45~54세	1,083	1,083	1,053	1,027	908	892
55~64세	1,318	1,403	1,470	1,496	1,355	1,329
65~74세	1,076	1,121	1,167	1,219	1,150	1,217
75세 이상	1,136	1,247	1,357	1,412	1,249	1,251

[표2] 연령별 퇴원율 (단위: 명)

구분	2016년	2017년	2018년	2019년	2020년	2021년
전체	13,882	13,868	14,001	13,979	12,000	12,030
0~14세	12,104	10,080	10,028	9,318	5,061	4,758
15~24세	6,456	6,186	6,047	5,842	4,749	4,847
25~34세	7,456	7,065	6,493	6,509	5,599	5,764
35~44세	8,734	8,714	8,524	8,467	7,320	7,446
45~54세	12,565	12,466	12,136	11,696	10,414	10,333
55~64세	18,484	18,967	19,014	18,890	16,839	16,256
65~74세	27,300	27,699	28,090	28,099	24,739	24,424
75세 이상	40,320	41,212	42,128	42,197	35,701	34,908

※ 퇴원율(명): 인구 10만 명당 퇴원환자 수

21
주어진 자료에 대한 설명으로 옳지 <u>않은</u> 것을 고르면?

① 2017년 75세 이상 퇴원환자의 전년 대비 증감률은 퇴원율의 전년 대비 증감률보다 크다.
② 2018년 퇴원율의 전년 대비 증감폭이 가장 큰 연령은 75세 이상이다.
③ 2020년 54세 이하 퇴원환자는 55세 이상 퇴원환자보다 130만 명 이상 적다.
④ 모든 연령에서 2016년 대비 2020년 퇴원률은 감소했다.

22
다음 중 2021년의 연령별 인구를 나타낸 그래프로 옳은 것을 고르면?(단, 계산 시 소수 첫째 자리에서 반올림한다.)

[23~24] 다음 [표]와 [그래프]는 자원봉사 인증요원에 관한 자료이다. 이를 바탕으로 이어지는 질문에 답하시오.

[표] 자원봉사 인증요원   (단위: 명)

구분	2017년	2018년	2019년	2020년	2021년	2022년
전국	44,250	23,535	24,479	27,797	29,722	22,510
서울	8,002	3,342	3,256	4,008	4,222	2,706
부산	2,390	1,485	1,580	1,864	2,047	1,628
대구	1,899	1,139	1,265	1,380	1,427	1,172
인천	1,982	1,195	1,237	1,379	1,450	1,112
광주	2,449	1,619	1,634	1,799	1,941	1,429
대전	2,582	1,229	1,276	1,376	1,419	1,005
울산	1,327	748	835	924	971	838
세종	115	74	80	93	97	69
경기	6,867	3,478	3,438	3,923	4,034	3,145
강원	1,820	885	913	1,097	1,336	1,074
충북	1,451	912	999	1,069	1,125	870
충남	2,186	1,399	1,497	1,699	1,884	1,413
전북	2,236	941	1,069	1,141	1,248	891
전남	2,262	1,506	1,653	1,711	1,771	1,491
경북	2,783	1,613	1,709	1,888	2,068	1,612
경남	2,600	1,376	1,482	1,746	1,912	1,496
제주	1,299	594	556	700	770	559

※ 인증요원은 사회복지, 보건의료, 기타로 구분함
※ 광역시: 부산, 대구, 인천, 광주, 대전, 울산

[그래프] 전국 자원봉사 사회복지 인증요원   (단위: 명)

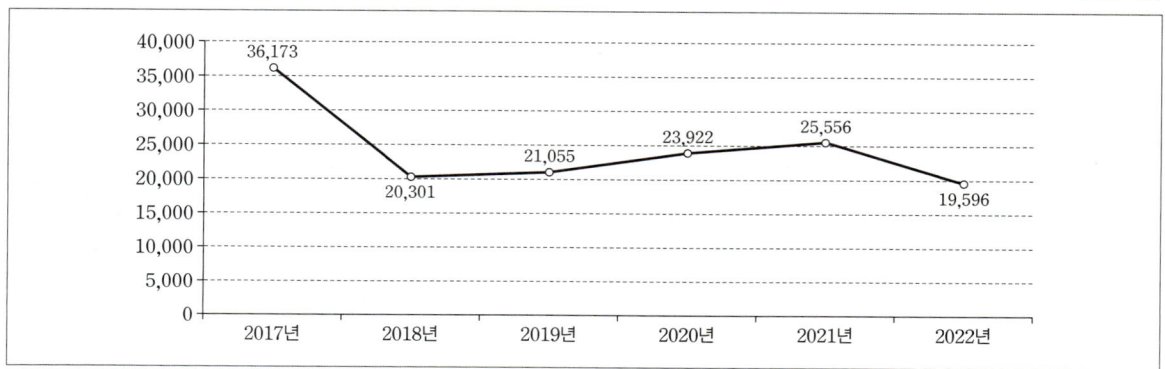

23

주어진 자료에 대한 설명으로 옳지 않은 것을 고르면?

① 광역시 중 2021년 자원봉사 인증요원의 전년 대비 증감률이 가장 높은 지역은 광주이다.
② 조사 기간 동안 대구의 자원봉사 인증요원이 인천보다 많은 해는 3개년이다.
③ 2020년에 자원봉사 인증요원은 모든 지역에서 전년 대비 증가했다.
④ 2018~2021년 동안 전국 자원봉사 사회복지 인증요원의 전년 대비 증가율이 가장 높은 해는 2020년이다.

24

전년 대비 증가하면 +1, 감소하면 −1, 동일하면 0으로 나타낼 때, 전국 자원봉사 인증요원 중 사회복지 인증요원이 차지하는 비중의 전년 대비 증감을 나타낸 그래프로 옳은 것을 고르면?(단, 계산 시 소수점 둘째 자리에서 반올림한다.)

①
②
③
④

[25~26] 다음 [표]는 2022년 금액 상위 100대 효능군별 현황에 대한 자료의 일부이다. 이를 바탕으로 이어지는 질문에 답하시오.

[표] 2022년 금액 상위 100대 효능군별 현황(상위 30개) 중 급여의약품 공급실적 (단위: 백만 원, %, 개)

연번	효능군	공급금액			품목수
		금액	구성비	누적비	
	전체	19,616,000	100.00	—	16,800
1	혈압강하제	1,679,000	8.6	8.6	2,200
2	동맥경화용제	1,498,000	7.6	16.2	800
3	항악성종양제	1,225,000	6.2	22.4	500
4	소화성궤양용제	1,070,000	5.5	27.9	1,500
5	기타의 화학요법제	1,036,000	5.3	33.2	800
6	주로 그람양성, 음성균에 작용하는 것	1,025,000	5.2	38.4	1,200
7	당뇨병용제	905,000	4.6	43.0	700
8	해열·진통·소염제	816,000	4.2	47.2	100
9	기타의 중추신경용약	751,000	3.8	51.0	600
10	기타의 순환계용약	614,000	3.1	54.1	500
11	따로 분류되지 않는 대사성 의약품	535,000	2.7	56.9	400
12	안과용제	514,000	2.6	59.5	600
13	정신신경용제	478,000	2.4	61.9	600
14	기타의 혈액 및 체액용약	446,000	2.3	64.2	200
15	진행거담제	438,000	2.2	66.4	500
16	기타의 비뇨생식기관 및 항문용약	437,000	2.2	68.7	300
17	X선조용제	427,000	2.2	70.8	150
18	혈액세제류	326,000	1.7	72.5	50
19	자격요법제	315,000	1.6	74.1	50
20	기타의 소화기관용약	302,000	1.5	75.6	400
21	간장질환용제	294,000	1.5	77.1	200
22	항전간제	242,000	1.2	78.4	250
23	기타의 조직세포의 치료 및 진단	230,000	1.2	79.5	50
24	단백아미노산제제	200,000	1.0	80.6	150
25	혈액대용제	183,000	0.9	81.5	100
26	기타의 알레르기용약	177,000	0.9	82.4	300
27	항히스타민제	173,000	0.9	83.3	250
28	효소제제	148,000	0.8	84.0	80
29	기타의 호르몬제	144,000	0.7	84.8	100
30	기타의 인공관류용제	143,000	0.7	85.5	70

25

주어진 자료에 대한 설명으로 옳지 <u>않은</u> 것을 고르면?

① 공급금액이 가장 큰 5대 급여의약품은 금액 상위 100대 효능군별 공급금액의 33% 이상을 차지한다.
② 금액 상위 100대 효능군별 상위 30위권 내에 속하지 않는 공급의약품은 14% 이상을 차지한다.
③ 공급금액이 1조 원 이상인 급여의약품의 총 공급금액은 7조 6천억 원 이상이다.
④ 금액 상위 100대 효능군별 상위 10위권 내 급여의약품의 공급금액은 적어도 각각 3% 이상을 차지한다.

26

다음 [보기] 중 주어진 자료에 대한 설명으로 옳은 것을 모두 고르면?

┌ 보기 ┐
㉠ 금액 상위 100대 효능군별 현황에서 품목수가 가장 많은 급여의약품은 혈압강하제이다.
㉡ 금액 상위 100대 효능군별 현황에서 상위 30위권 급여의약품의 총 공급금액은 196,160억 원이다.
㉢ 금액 상위 100대 효능군별 상위 30위권 내 급여의약품은 순위가 한 단계 낮아질 때마다 적어도 10억 원 이상은 감소했다.

① ㉡   ② ㉢   ③ ㉠, ㉢   ④ ㉠, ㉡, ㉢

[27~28] 다음 [표]는 아동복지시설 입소자 및 퇴소자 수에 관한 자료이다. 이를 바탕으로 이어지는 질문에 답하시오.

[표1] 아동복지시설 입소자 수   (단위: 명)

구분	2015년	2016년	2017년	2018년	2019년
서울	1,982	1,807	1,639	1,291	1,246
부산	148	104	170	182	171
대구	165	207	270	197	211
인천	172	210	186	131	201
광주	91	141	175	99	94
대전	302	239	365	282	272
울산	30	40	69	17	29

[표2] 아동복지시설 퇴소자 수   (단위: 명)

구분	2015년	2016년	2017년	2018년	2019년
서울	2,039	1,834	1,894	1,451	1,482
부산	287	214	307	295	232
대구	176	214	277	225	243
인천	203	209	222	146	185
광주	144	153	210	133	115
대전	352	236	378	303	296
울산	20	46	57	29	28

27

2019년 아동복지시설 입소자 상위 4개 지역 중 연평균 퇴소자와 연평균 입소자 수의 차이가 가장 큰 지역의 차이 값을 고르면?

① 113명　　　　　② 129명　　　　　③ 139명　　　　　④ 147명

28

다음 중 주어진 자료를 나타낸 그래프로 옳은 것을 고르면? (단, 계산 시 소수점 첫째 자리에서 반올림한다.)

① 대구 아동복지시설의 연도별 입소자 및 퇴소자 수

② 연도별 퇴소자 수

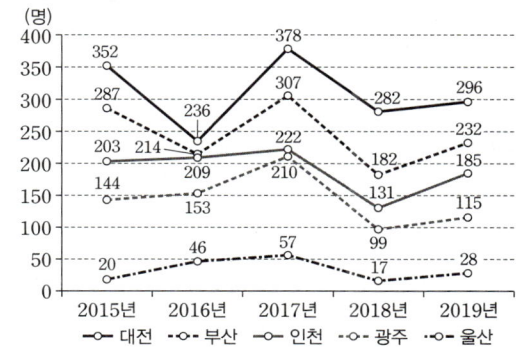

③ 2018년 지역별 아동복지시설 퇴소자 수 비중

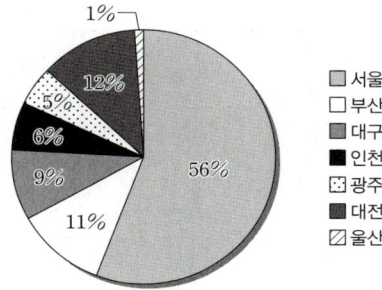

④ 2015년 지역별 아동복지시설 입소자 수 비중

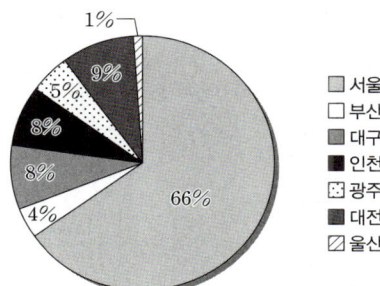

[29~31] 다음 [표]는 장기요양기관에 종사하는 인력 현황을 나타낸 자료이다. 이를 바탕으로 이어지는 질문에 답하시오.

[표1] 시기에 따른 직종별 종사자 현황 (단위: 명)

구분	2017년	2018년	2019년	2020년	2021년 상반기
합계	377,177	421,316	492,125	503,969	538,301
사회복지사	18,535	22,305	26,395	30,268	32,220
의사(계약의사 포함)	2,198	2,210	2,358	2,312	2,433
간호사	2,791	2,999	3,312	3,504	3,606
간호조무사	9,845	10,726	12,054	13,221	13,805
물리(작업)치료사	2,024	2,122	2,350	2,558	2,656
요양보호사	340,624	379,822	444,525	450,970	507,316
영양사	1,160	1,132	1,131	1,136	1,136

[표2] 2021년 상반기 지역별 종사자 현황 (단위: 명)

구분	사회복지사	의사(계약의사 포함)	간호사	간호조무사	물리(작업)치료사	요양보호사	영양사
합계	32,220	2,433	3,606	13,805	2,656	507,316	1,136
서울	4,123	228	554	1,508	256	82,627	84
부산	1,879	78	130	465	131	34,316	57
대구	1,545	128	172	610	119	23,063	55
인천	1,936	145	224	947	178	31,323	64
광주	980	37	119	280	53	18,391	21
대전	950	87	154	446	84	17,172	48
울산	438	30	47	193	40	7,678	19
세종	117	9	13	43	8	1,672	4
경기	7,588	606	909	4,139	822	116,369	225
강원	1,260	125	212	571	123	15,692	68
충북	1,270	130	130	657	105	16,275	45
충남	1,739	152	148	796	128	25,092	80
전북	1,785	119	156	697	116	22,705	67
전남	1,717	170	139	660	119	22,840	59
경북	2,376	194	213	926	175	32,541	111
경남	2,178	143	181	692	138	35,362	94
제주	339	52	105	175	61	4,198	35

29
주어진 자료에 대한 설명으로 옳지 <u>않은</u> 것을 고르면?

① 물리(작업)치료사는 2017년 대비 2019년에 16% 이상 증가하였다.
② 2021년 상반기에 경남에 근무하는 영양사는 전체 영양사의 8% 이상이다.
③ 2021년 상반기에 서울에 근무하는 사회복지사는 전체 사회복지사의 14% 미만이다.
④ 2021년 상반기에 세종에 근무하는 장기요양기관 종사자 중 요양보호사의 비중은 90% 이상이다.

30
다음 중 2017년 대비 2018년에 장기요양기관 종사자 인력 증감률이 가장 작은 직종을 고르면?

① 의사　　　② 간호사　　　③ 물리치료사　　　④ 영양사

31
다음 중 요양보호사를 제외한 연도별 장기요양기관 종사자 비율을 나타낸 그래프로 옳지 <u>않은</u> 것을 고르면?

[32~34] 다음 [표]는 연도별 대한적십자사 헌혈 현황에 관한 자료이다. 이를 바탕으로 이어지는 질문에 답하시오.

[표1] 지역별 대한적십자사 헌혈 건수 (단위: 건)

구분	2019년	2020년	2021년
합계	2,613,901	2,435,210	2,426,779
서울중앙	251,035	222,024	216,484
서울남부	214,734	190,301	176,386
서울동부	259,856	231,788	230,555
부산	213,561	197,302	194,786
대구·경북	232,481	196,373	225,330
인천	158,392	165,074	166,763
울산	91,599	82,518	83,549
경기	211,170	225,902	225,736
강원	153,606	140,670	134,293
충북	94,251	85,748	84,573
대전·세종·충남	248,778	238,825	233,429
전북	108,903	102,770	102,915
광주·전남	206,605	183,153	185,298
경남	132,957	131,089	124,647
제주	35,973	41,673	42,035

[표2] 대한적십자사 헌혈 방법별 건수 (단위: 건)

구분	2019년	2020년	2021년
합계	2,613,901	2,435,210	2,426,779
전혈헌혈	1,962,045	1,835,060	1,847,184
성분헌혈	651,856	600,150	579,595

32

주어진 자료에 대한 설명으로 옳지 않은 것을 고르면?

① 2019년에 경기의 헌혈 건수는 전북의 1.7배 이상이다.
② 2020~2021년 동안 전혈헌혈의 비중은 전년 대비 늘어나고 있다.
③ 2020년 서울의 헌혈 건수는 63만 건 이상이다.
④ 2019~2021년 동안 경남과 부산의 헌혈 건수의 차이는 점점 줄어들고 있다.

33

2019년 대비 2021년 서울 지역의 헌혈 건수 감소율이 큰 순서대로 나열한 것을 고르면?

① 서울남부 > 서울동부 > 서울중앙
② 서울남부 > 서울중앙 > 서울동부
③ 서울중앙 > 서울남부 > 서울동부
④ 서울중앙 > 서울동부 > 서울남부

34

다음 [그래프]가 2021년 A, B지역의 헌혈 건수의 전년 대비 증가율을 나타낸 자료일 때, A와 B에 해당하는 지역을 바르게 짝지은 것을 고르면?(단, 지역의 순서는 고려하지 않는다.)

[그래프] A, B지역의 헌혈 건수 증가율 (단위: %)

	A지역	B지역
①	충북	인천
②	강원	인천
③	충북	제주
④	부산	제주

[35~37] 다음 [표]와 [그래프]는 외래진료 인원과 진료비에 관한 자료이다. 이를 바탕으로 이어지는 질문에 답하시오.

[표] 외래진료 인원 (단위: 천 명)

구분	2019년	2020년	2021년	2022년
전국	64,797	61,611	62,897	67,066
서울	14,774	13,914	14,259	15,232
부산	4,082	3,869	3,911	4,102
대구	3,220	3,037	3,109	3,241
인천	3,492	3,301	3,373	3,712
광주	2,059	1,937	1,960	2,047
대전	2,110	1,984	1,995	2,105
울산	1,304	1,246	1,244	1,304
세종	434	444	474	542
경기	15,203	14,660	15,187	16,287
강원	1,859	1,755	1,773	1,917
충북	1,925	1,826	1,848	1,983
충남	2,569	2,449	2,483	2,657
전북	2,057	1,967	1,970	2,092
전남	2,110	2,032	2,022	2,127
경북	2,985	2,798	2,823	3,007
경남	3,776	3,619	3,653	3,818
제주	838	773	813	893

[그래프] 2022년 외래진료비 (단위: 십억 원)

※ 2022년 전체 외래진료비는 78,578십억 원임

35
주어진 자료에 대한 설명으로 옳지 <u>않은</u> 것을 고르면?

① 2022년 서울과 경기의 외래진료비 합은 나머지 15개 지역의 합보다 8,000십억 원 이상 적다.
② 2021년 외래진료 인원의 전년 대비 증감률은 서울이 경기보다 높다.
③ 매년 외래진료 인원이 가장 많은 지역은 가장 적은 지역의 30배 이상이다.
④ 2021년에 외래진료 인원이 전년 대비 증가한 지역은 15개이다.

36
2022년의 외래진료 인원 상위 4개 지역 중 외래진료 인원 1명당 외래진료비가 가장 큰 지역을 고르면?

① 경기　　　　② 서울　　　　③ 부산　　　　④ 인천

37
다음 [보기] 중 지역별 외래진료 인원의 비중을 <u>잘못</u> 나타낸 그래프의 개수를 고르면?(단, 계산 시 소수점 둘째 자리에서 반올림한다.)

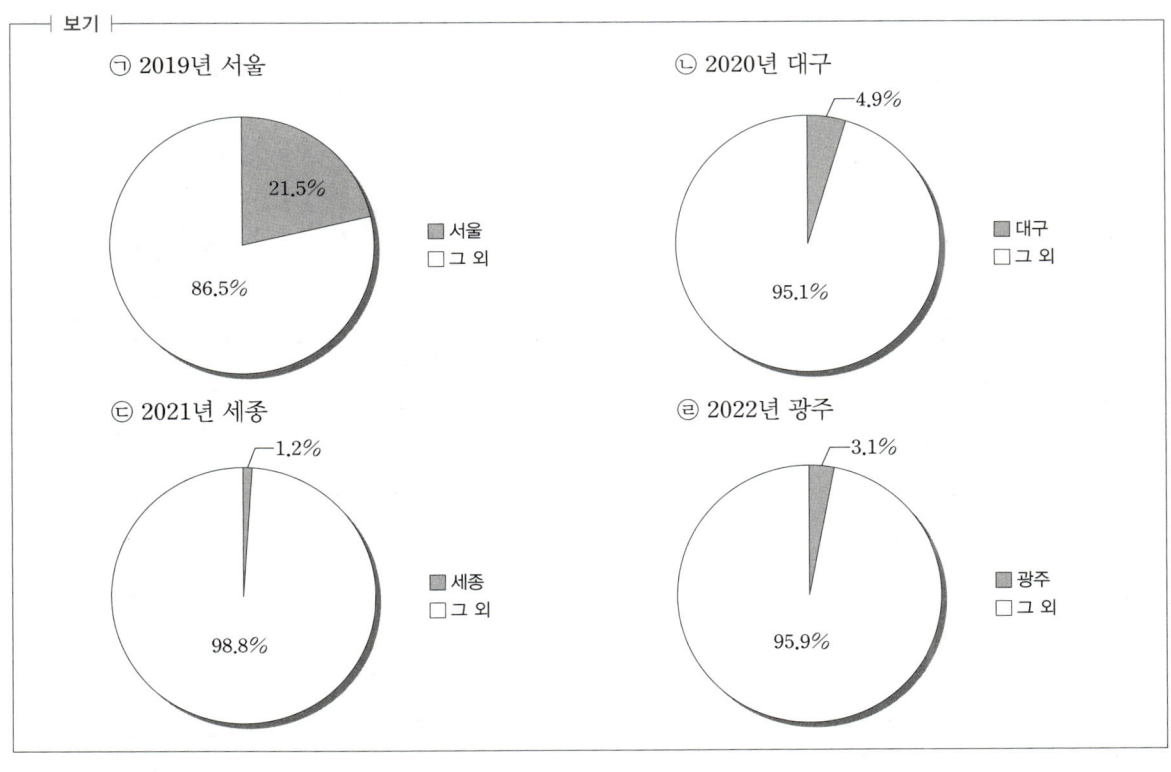

① 0개　　　　② 1개　　　　③ 2개　　　　④ 3개

[38~40] 다음 [표]는 위생용품 수입액 상위 10개 수입 현황에 대한 자료이다. 이를 바탕으로 이어지는 질문에 답하시오.

[표1] 위생용품 수입액 상위 10개 항목
(단위: 만 달러)

구분	2019년 품목	2019년 수입액	2020년 품목	2020년 수입액	2021년 품목	2021년 수입액	2022년 품목	2022년 수입액
합계	-	24,021	-	29,605	-	33,811	-	34,942
1위	일회용 기저귀	14,222	일회용 기저귀	16,106	일회용 기저귀	16,666	일회용 기저귀	17,875
2위	세척제	2,588	세척제	3,949	세척제	5,912	일회용 컵	4,180
3위	일회용 컵	2,166	일회용 젓가락	2,965	일회용 컵	3,286	일회용 젓가락	3,579
4위	일회용 젓가락	2,044	일회용 컵	2,585	일회용 젓가락	3,245	세척제	2,503
5위	일회용 빨대	1,067	일회용 빨대	1,199	일회용 빨대	1,321	화장지	1,814
6위	일회용 면봉	843	일회용 면봉	1,172	일회용 타월	1,280	일회용 빨대	1,758
7위	일회용 타월	630	일회용 타월	1,045	일회용 면봉	1,126	일회용 타월	1,504
8위	일회용 종이냅킨	177	일회용 종이냅킨	250	물티슈용 마른 티슈	454	일회용 면봉	1,140
9위	일회용 이쑤시개	164	일회용 이쑤시개	194	일회용 종이냅킨	265	일회용 종이냅킨	316
10위	화장지	120	일회용 숟가락	140	화장지	256	일회용 행주	273

[표2] 위생용품 수입액 상위 10개 수입량
(단위: 톤)

구분	2019년	2020년	2021년	2022년
합계	99,095	99,073	106,898	105,191
1위	50,718	45,603	47,948	45,918
2위	4,263	4,445	6,307	13,141
3위	11,097	22,972	15,612	24,121
4위	20,702	13,555	24,096	5,986
5위	3,588	3,359	3,326	2,417
6위	2,992	2,945	4,232	3,962
7위	2,871	3,710	2,871	4,748
8위	1,047	1,097	65	2,980
9위	1,130	923	1,151	1,249
10위	687	464	1,290	669

38
주어진 자료에 대한 설명으로 옳지 않은 것을 고르면?

① 2021년 위생용품 수입액 상위 5개 항목의 수입액 합계는 전년 대비 12% 이상 증가했다.
② 2020년 위생용품 수입액 상위 10개 수입량 중 상위 5개 수입량 합계는 전년 대비 증가했다.
③ 2022년 일회용 종이냅킨 수입액은 전년 대비 15% 이상 증가했다.
④ 조사 기간 동안 매년 수입액 상위 5위 내인 위생용품은 4개이다.

39
연도별로 위생용품 수입액 상위 10개 항목 중 6~10위를 차지한 항목의 수입액 합계가 전체에서 차지하는 비중이 큰 순서대로 나타낸 것을 고르면?

① 2021년＞2022년＞2020년＞2019년
② 2022년＞2021년＞2020년＞2019년
③ 2022년＞2021년＞2019년＞2018년
④ 2021년＞2020년＞2019년＞2022년

40
다음 중 위생용품 수입액 상위 10개 항목의 수입액과 수입량의 전년 대비 증가율을 나타낸 그래프로 옳은 것을 고르면?(단, 계산 시 소수점 둘째 자리에서 반올림한다.)

[41~42] 다음은 요양원 입소 및 비용에 관한 자료이다. 이를 바탕으로 이어지는 질문에 답하시오.

1. 요양원 입소

    공단에서 받은 '개인별장기요양이용계획서'를 작성하면 장기요양등급 및 본인부담률을 확인할 수 있다. 일반적으로 국민건강보험공단을 통해 최소 80%에서 최대 100%의 국가 지원을 받게 되며, 장기요양등급에 따른 수가를 기준으로 하므로 대부분의 요양원 및 공동생활가정의 입소 비용은 동일하다. 다만, 식사재료비, 상급침실료, 이·미용비, 계약의사 진료비 및 약제비 등의 비급여 항목에서 차이가 발생할 수 있다.

2. 장기요양 3, 4등급의 이용
    - 장기요양등급이 3등급 또는 4등급인 경우에도 요양원(시설급여)을 이용할 수 있다. 다만, 국민건강보험공단 장기요양보험에 '장기요양 급여종류·내용변경신청'을 하고 시설급여를 인정받아야 한다.
    - 제출 서류
        - 장기요양 급여종류·내용변경신청
        - 사실확인서 (제출 필요시)
    - 요양원 입소대상자 자격
        ① 주수발자인 가족 구성원으로부터 수발이 곤란한 경우
            - 주수발자인 가족 구성원으로부터 방임 또는 유기되거나 학대받을 가능성이 높은 때
            - 주수발자인 가족 구성원의 직장, 질병, 해외 체류 등의 사유로 수발이 곤란한 때
            - 독거이며 가까운 거리에 수발할 수 있는 가족(주수발자)이 없을 때
        ② 주거환경이 열악하여 시설 입소가 불가피한 경우
        ③ 치매 등에 따른 문제행동으로 재가급여를 이용할 수 없는 경우
            - 치매 증상이 확인된 경우
            - 치매 증상 요건이 확인되지 않았으나 수급자의 문제행동으로 가족의 수발 부담이 크고 스트레스가 심한 상태에 있는 때

3. 시설급여 이용 비용

구분	요양원			노인요양공동생활가정		
등급	1등급	2등급	3~5등급	1등급	2등급	3~5등급
1일 비용	78,250원	72,600원	66,950원	68,780원	63,820원	58,830원

※ 기초생활수급자의 경우 100% 무료이고, 비급여는 별도이므로 전액 본인이 부담해야 함
※ 일반대상자는 본인부담률이 20%이고, 감경대상자는 감경률에 따라 12% 또는 8%가 적용됨

41
주어진 자료에 대한 설명으로 옳지 않은 것을 고르면?

① 장기요양등급에 관계없이 요양원 비용은 비급여 항목을 제외하면 모두 동일하다.
② 기초생활수급자라 하더라도 요양원 이용 시 비용이 발생할 수 있다.
③ 치매 증상이 확인되고 장기요양등급이 4등급이면 시설급여를 이용할 수 있다.
④ 장기요양 3등급인 경우 국민건강보험공단에서 인정하는 경우에 한하여 요양원을 이용할 수 있다.

42
다음 [보기] 중 시설급여 이용 비용에서 본인부담금 총액이 가장 적은 경우를 고르면?(단, 한 달을 30일로 계산하고, 언급되지 않은 내용에 대해서는 시설급여 이용 조건을 만족한다고 가정한다.)

보기

㉠ 장기요양등급이 1등급이고 일반대상자인 A씨가 요양원을 6개월 이용하는 경우
㉡ 본인부담율이 8%인 감경대상자 B씨가 장기요양등급 4등급을 받고 노인요양공동생활가정을 12개월간 이용하는 경우
㉢ 본인부담율이 12%인 감경대상자 C씨가 장기요양등급 2등급을 받고 요양원을 10개월간 이용하는 경우
㉣ 장기요양등급 5등급이고 일반대상자인 D씨가 노인요양공동생활가정을 8개월 이용하는 경우

① ㉠　　　　② ㉡　　　　③ ㉢　　　　④ ㉣

[43~44] 다음 보도자료를 읽고 이어지는 질문에 답하시오.

□ 보건복지부는 국민기초생활보장제도 생계·의료급여 수급자에 대한 자동차재산 기준을 완화하기 위하여 관련 고시 개정안을 행정예고('23.11.23.~12.13.)한다고 밝혔다.

□ 개정안의 주요 내용은 다음과 같다.
  ○ 저출산 상황 등을 고려하여 다인(6인 이상)·다자녀(3명 이상) 수급가구 자동차에 대한 일반재산 환산율(월 4.17%) 적용 기준을 완화한다.
    − 근로유인 확대를 위해 생업용 자동차 1대는 재산가액 산정에서 제외(현행 50%만 산정)하고, 생업용 자동차 중 승용자동차의 기준도 완화한다.
  ○ 이번 고시 개정을 통해 기존 자동차 보유가구에 대한 생계급여 지급액이 늘어나고, 신규로 수급 혜택을 받는 가구도 늘어날 것으로 기대된다.

〈자동차재산 기준(일반재산 소득환산율(4.17%) 적용) 개선사항〉

구분		현행	개선('24년~)
다인·다자녀	승용 자동차	배기량 1,600cc 미만 승용자동차 중 차령 10년 이상 또는 가액 200만 원 미만	배기량 2,500cc 미만(7인승 이상)으로 차령 10년 이상 또는 가액 500만 원 미만
	승합 자동차	배기량 1,000cc 미만 승합자동차 중 차령 10년 이상 또는 가액 200만 원 미만	소형 이하 승합자동차이면서 차령 10년 이상 또는 가액 500만 원 미만
생업용 자동차		배기량 1,600cc 미만(승용자동차의 경우) 1대의 자동차 가액 50% 재산범위 제외(나머지 50%에 대해 일반재산 환산율 적용)	배기량 2,000cc 미만(승용자동차의 경우) 1대의 자동차 가액 100% 재산 산정 제외

※ 다인·다자녀 수급가구 개선 사례
(현행) 아내, 자녀 3명과 함께 사는 5인 가구 A 씨는 수입이 월 180만 원이나, 소유하고 있는 차량가액이 100% 월 소득으로 환산되어 생계급여 탈락
(개선) '24년부터 다자녀 가구는 2,500cc 미만의 자동차에 대하여 차량가액의 4.17%만 월 소득으로 환산되어 소득인정액이 감소, 생계급여 수급 가능

※ 생업용 자동차 개선 사례
(현행) 생업용으로 자동차를 이용하고 있는 B 씨는 자동차 배기량 기준을 초과하여 차량가액이 100% 월 소득으로 환산되어 생계급여 탈락
(개선) '24년부터 2,000cc 미만의 생업용 자동차 1대는 재산 산정에서 100% 제외되어 소득인정액이 감소, 생계급여 수급 가능

43

주어진 보도자료에 대한 설명으로 옳은 것을 고르면?

① 2018년식으로 차량가액이 600만 원인 승합자동차는 일반재산 소득환산율이 적용된다.
② 자동차재산 기준 변화로 생계급여 혜택을 받는 가구가 감소할 것으로 예상된다.
③ 다른 조건이 동일하다면 2,000cc 자동차를 소유한 다자녀 가구는 소득인정액이 감소할 것이다.
④ 1,500cc 생업용 승용자동차는 기준 변경 전 재산 산정 대상에서 제외되었다.

44

주어진 보도자료에 따를 때, 다음 [보기]의 A씨 사례에서 ㉠, ㉡에 들어갈 금액을 바르게 짝지은 것을 고르면?

―| 보기 |―
아내와 자녀 2명과 함께 살고 있는 A씨는 생계급여 수급자이며, 생업용 자동차로 2018년식 배기량 1,998cc, 차량가액 1,000만 원인 승용자동차 1대를 소유하고 있다. 개선 전 A씨의 차량은 재산가액 산정 시 월 (㉠)만 원으로 환산되었으나, 개선 후의 산정 금액은 월 (㉡)만 원이다.

	㉠	㉡
①	500	0
②	1,000	500
③	500	250
④	1,000	0

[45~46] 다음은 요양급여비용 부담에 관한 자료이다. 이를 바탕으로 이어지는 질문에 답하시오.

○ 요양급여비용의 부담: 요양급여를 받은 자는 국민건강보험법 제44조에 따라 그 비용의 일부만을 본인이 부담한다. 본인이 부담하는 비용은 요양 기관의 청구에 의하여 가입자 또는 피부양자가 요양 기관에 지불한다.

○ 본인 일부 부담금(국민건강보험법 시행령 제19조 제1항)
  ① 입원 진료: 요양급여비용 총액의 20%
  - CT, MRI, PET 등 보건복지부 장관이 정하는 의료 장비: 외래 본인 부담률
  - 식대: 총액의 50%
  - 차상위 건강보험 전환자는 아래에 따른다.

구분		본인 부담금
기본(E)		요양급여비용 총액의 14%(정신과 입원 진료 10%, 등록 희귀난치성 질환자 10%) + 기본 식대 20%(가산 식대는 전액 청구)
장애인(F)	본인 부담금	기본 식대 20%
	장애인 의료비	요양급여비용 총액의 14%(정신과 입원 진료 및 등록 희귀난치성 질환자 10%)
자연분만 산모, 6세 미만 아동		기본 식대 20%

※ E: 만성 질환자, F: 장애인 만성 질환자

② 외래 진료: 요양 기관 종별 및 소재지에 의거

기관 종류	소재지	환자 구분	본인 부담액
상급종합병원	모든 지역	일반 환자	진찰료 총액 + (요양급여비용 총액 - 진찰료 총액) × 60/100
		의약 분업 예외 환자	진찰료 총액 + (요양급여비용 총액 - 약값 총액 - 진찰료 총액) × 60/100 + 약값 총액 × 30/100
종합병원	동 지역	일반 환자	요양급여비용 총액 × 50/100
		의약 분업 예외 환자	(요양급여비용 총액 - 약값 총액) × 50/100 + 약값 총액 × 30/100
	읍면 지역	일반 환자	요양급여비용 총액 × 45/100
		의약 분업 예외 환자	(요양급여비용 총액 - 약값 총액) × 45/100 + 약값 총액 × 30/100
병원, 치과병원, 한방병원, 요양병원	동 지역	일반 환자	요양급여비용 총액 × 40/100
		의약 분업 예외 환자	(요양급여비용 총액 - 약값 총액) × 40/100 + 약값 총액 × 30/100
	읍면 지역	일반 환자	요양급여비용 총액 × 35/100
		의약 분업 예외 환자	(요양급여비용 총액 - 약값 총액) × 35/100 + 약값 총액 × 30/100
의원, 치과의원, 한의원, 보건의료원	모든 지역	모든 환자	요양급여비용 총액 × 30/100
보건소, 보건지소, 보건진료소	모든 지역	모든 환자	요양급여비용 총액 × 30/100

③ 약국 본인 부담금: 요양급여비용 총액의 30%
　　단, 경증 질환(52개)으로 상급종합병원 또는 종합병원 외래 진료 시 발급된 원외 처방에 의해 약국 조제 시 본인 부담률 차등 적용(상급종합병원: 50%, 종합병원: 40%)
④ 산정특례 미등록 암 환자: 요양급여비용 총액의 20%
　　미등록 희귀난치성 질환자: 요양급여비용 총액의 30~60%

45
주어진 자료에 대한 설명으로 옳은 것을 고르면?

① 일반 환자는 의약 분업 예외 환자보다 더 낮은 요율의 요양급여비용을 지불한다.
② 약국에서 발생한 본인 부담금이 요양급여비용 총액의 30%가 아닌 질환도 있다.
③ 미등록 희귀난치성 질환자는 한의원에서 외래 진료를 받은 환자보다 항상 낮은 요율의 요양급여비용을 지불한다.
④ 동일한 행위에 대하여 장애인 만성 질환자는 장애인이 아닌 차상위 건강보험 만성 질환자보다 항상 적은 요양급여비용을 지불한다.

46
다음과 같이 요양급여 수급자인 A~D가 외래 진료를 이용했을 때, 본인 부담금이 가장 적은 경우를 고르면?

① A: 상급종합병원을 이용하고, 진찰료 10만 원, 요양급여비용 15만 원인 일반 환자
② B: S읍 종합병원을 이용하고, 요양급여비용 15만 원인 일반 환자
③ C: Y동 치과병원을 이용하고, 요양급여비용 15만 원, 약값 3만 원인 의약 분업 예외 환자
④ D: M동 한의원을 이용하고, 요양급여비용 20만 원인 일반 환자

[47~48] 다음은 지역 건강보험료 경감에 관한 자료이다. 이를 바탕으로 이어지는 질문에 답하시오.

구분		적용 요건				구비 서류
65세 이상 노인	적용 대상	가입자 중 65세 이상 노인이 있는 세대				없음
	적용 방법	일괄 적용				
	적용 시기	주민등록상 만 65세가 도래한 날이 속한 달의 다음 달부터 적용 (1일인 경우 그 달부터 적용)				
	적용 기준	소득금액과 과표재산 요건이 동시에 충족되어야 함				
	경감 기준	경감 등급	1등급	2등급	3등급	
		경감률	30%	20%	10%	
		소득금액	360만 원 이하			
		과표재산	6천만 원 이하	9천만 원 이하	13.5천만 원 이하	
70세 이상 노인	적용 대상	70세 이상 노인 가입자만 있는 세대 (부부인 경우 배우자가 70세 이하라도 인정 가능)				없음
	적용 방법	일괄 적용				
	적용 시기	주민등록상 만 70세가 도래한 날이 속한 달의 다음 달부터 적용 (1일인 경우 그 달부터 적용)				
	적용 기준	소득금액과 과표재산 요건이 동시에 충족되어야 함				
	경감 기준	경감률	30%			
		소득금액	360만 원 이하			
		과표재산	13.5천만 원 이하			
등록 장애인	적용 대상	가입자 중 등록 장애인이 있는 세대				장애인 등록증 (행정 기관)
	적용 방법	일괄 적용				
	적용 시기	사유 발생일이 속한 달의 다음 달부터 적용(1일인 경우 그 달부터 적용)				
	적용 기준	소득금액과 과표재산 및 장애 등급 요건이 동시에 충족되어야 함				
	경감 기준	경감 등급	1등급	2등급	3등급	
		경감률	30%	20%	10%	
		장애 등급	1~2등급	3~4등급	5~6등급	
		소득금액	360만 원 이하			
		과표재산	13.5천만 원 이하			
55세 이상 여자 단독 세대	적용 대상	55세 이상 65세 미만 여자로만 구성되어 있는 단독 세대 ※ 가족관계증명서상 직계비속이 확인된 경우 경감이 불가하고, 출가한 딸(주민등록거주 불명등록, 실종신고, 행방불명 등)만 있는 경우에는 인정				가족관계증명서
	적용 방법	가입자 신청(신청서는 따로 있지 않으며, 구비 서류만 준비한 후 신청 가능)				
	적용 시기	신청일이 속한 다음 달부터 적용(1일인 경우 신청일이 속한 달부터 적용)				
	적용 기준	소득금액과 과표재산 요건이 동시에 충족되어야 함				

	경감 기준	경감 등급	1등급	2등급	3등급
		경감률	30%	20%	10%
		소득금액	360만 원 이하		
		과표재산	6천만 원 이하	9천만 원 이하	13.5천만 원 이하
사업장 화재 및 부도	적용 대상	사업장 화재, 부도: 사업소득 500만 원 초과 세대만 해당			사업장 화재사실 확인원 또는 부도증명원
	적용 방법	가입자 신청(신청서는 따로 있지 않으며, 구비 서류만 준비한 후 신청 가능)			
	적용 시기	신청일이 속한 달의 다음 달부터 적용(1일인 경우 그 달부터 적용) ※ 화재, 부도로 인한 경감은 사유 발생일로부터 1년 이내에 신청하여야 하며 (1년 경감 적용), 동일 사유로 재신청할 수 없음			
	경감률	30%			
유의사항		• 소득금액은 제40조의2 제2항의 규정에 의한 종합소득, 농업소득이며, 종합소득에 포함된 연금 소득 중 장애연금 및 유족연금은 제외함 • 동시에 두 항목 이상 경감 대상에 해당하는 경우, 경감률이 높은 항목을 적용함			

47

다음 [보기]의 갑, 을, 병의 지역 건강보험료 경감률이 높은 순으로 바르게 나열된 것을 고르면?(단, 과표재산 이외의 다른 사항은 고려하지 않으며, 언급되지 않은 모든 사항은 적용 요건에 해당한다고 가정한다.)

┌ 보기 ┐
- 갑: 68세 노인, 과표재산 6천만 원
- 을: 3등급 등록 장애인, 과표재산 12천만 원
- 병: 59세 여자 단독 세대, 과표재산 12천만 원

① 갑-을-병
② 갑-병-을
③ 을-갑-병
④ 을-병-갑

48

주어진 자료에 대한 설명으로 옳지 않은 것을 고르면?

① 세대원 중 만 65세 이상 노인이 1명이라도 있으면 보험료를 경감받을 수 있다.
② 적용 기준 요건이 되는 소득금액을 산정할 때에는 장애연금이나 유족연금도 포함된다.
③ 장애인 경감을 받기 위해서는 반드시 행정 기관에서 발급받은 장애인 등록증을 구비해야 한다.
④ 70세 이상 가입자만 있는 세대에서 부부 중 한 명만 만 70세가 넘어도 보험료 할인이 적용된다.

[49~50] 다음 보도자료를 읽고 이어지는 질문에 답하시오.

중증장애인 근로자 출·퇴근 교통비 지원 5만 원 → 7만 원으로

"저는 지적장애인으로 지적장애 두 자녀와 A사업장에 함께 근무 중입니다. 매일 왕복 54km의 거리를 출·퇴근하고 있어 1인당 4,000원씩 발생하는 버스요금에 부담을 느꼈으나 출·퇴근 교통비를 지원받으면서 경제적으로 많은 도움이 되고 있습니다"

고용노동부와 한국장애인고용공단은 올해 1월부터 중증장애인 근로자 출·퇴근 교통비 지원을 기존 매월 5만 원에서 7만 원으로 인상했다고 23일 밝혔다. 이 사업은 지난 2021년에 시범 도입했는데, 특히 지난해 지원대상을 최저임금적용 제외자에서 기초생활수급 및 차상위계층까지 확대한 결과 지원 인원이 10.6배 증가한 것으로 나타났다. 중증장애인 근로자 출·퇴근 비용지원은 저소득 중증장애인 근로자의 근로의욕을 높이고 안정적으로 직장생활을 할 수 있도록 출·퇴근에 소요되는 버스비, 택시비, 자가용 주유비 등의 교통 실비를 지원하는 사업이다. 이에 최저임금적용 제외자(장애로 근로능력이 현저히 낮아 인가 후 최저임금 적용이 제외된 자), 기초생활수급 또는 차상위계층 중증장애인 근로자 등을 대상으로 한다.

한편 이번 인상은 중증장애인 평균 출·퇴근 교통비가 전 국민 평균에 비해 높고, 평균 사용금액도 점차 증가하고 있는 상황을 고려한 것이다.

[중증장애인근로자 출·퇴근비용 지원 사업 안내 세부내용]

신청대상
- 「장애인고용촉진 및 직업재활법」상 · 중증장애인 중 고용보험가입자로,
- 「최저임금법」에 따른 최저임금 적용 제외 인가자 또는
- 국민기초생활수급자 및 차상위 계층에 해당하는 자

신청방법
- 지원신청: 공단 지역본부 및 지사
- 카드신청: 우리은행 또는 우체국
- 제출서류: 신청서·근로계약서 및 통장사본
  ※ 신청서식은 공단 홈페이지(www.kcod.cr.kr) 서식자료실 등 참고

지원 내용
- 매월 7만 원 한도 내에서 출·퇴근 교통비로 사용한 비용 지원
- 버스, 지하철, 기차, 택시(장애인콜택시 포함), 유류비, 유료도로 이용료 등 지원
  ※ 유류비는 자차, 직계 및 동거가족 이외 지원 불가
- 전용카드(U&I우리카드, 우체국 동행 체크카드) 발급 후 사용한 내역에 대해 공단에서 정산 후 익월 지급

지원절차

지원 신청 (중증장애인 근로자) → 지원 접수 (공단 지사) → 지원 결정 및 홍보 (공단 지사) → 교통비 사용카드 신청 (중증장애인 근로자) → 교통비 사용카드 발급 (카드사) → 지원금 지급 (공단 지사)

고용노동부 한국장애인고용공단

임○○ 고용부 통합고용정책국장은 "이번 지원단가 인상으로 저소득 중증장애인 근로자가 안정적인 직업생활을 영위하는 데에 많은 도움이 되길 기대한다"고 밝혔다. 이어 "우정사업본부와 협력해 지난해 12월 선불충전형전용카드를 출시하고, 보건복지부와의 홍보 연계 등을 통해 더 많은 저소득 중증장애인이 편하게 혜택 받을 수 있도록 적극 노력하겠다"고 덧붙였다.

49

주어진 보도자료를 근거로 판단한 내용으로 옳지 않은 것을 고르면?

① 장애로 근로능력이 현저히 낮은 사람들은 인가 후 최저임금을 적용받지 않을 수 있다.
② 중증장애인 근로자 출·퇴근 교통비 지원 사업이 시범 도입되었을 때는 지원 대상이 최저임금적용 제외자로 한정되어 있었다.
③ 출퇴근 교통비는 사용한 내역에 대해 공단에서 정산 후 익월에 지급받게 된다.
④ 중증장애인근로자 출·퇴근비용 지원을 받기 위해서는 필요한 서류는 신청서와 근로계약서이다.

50

다음은 A씨의 5월 출·퇴근 교통비 사용 내역이다. A씨가 중증장애인근로자 출·퇴근비용 지원 사업 대상자에 해당할 때, A씨가 지급받게 될 지원 금액을 고르면?

날짜	사용처	사용금액
5월 6일	버스	3,000원
5월 9일	장애인콜택시	12,380원
5월 15일	유류비(동거가족 소유 차량)	21,850원
5월 19일	지하철	2,800원
5월 21일	유류비(비동거가족 소유 차량)	8,900원
5월 25일	유료도로 이용료(본인 소유 차량)	2,600원
5월 30일	택시	18,600원

① 39,380원　　② 61,230원　　③ 63,730원　　④ 70,000원

[51~52] 다음은 노인요양시설에 관한 자료이다. 이를 바탕으로 이어지는 질문에 답하시오.

1. 시설 기준

시설	입소자 30명 이상	입소자 10명 이상 30명 미만
침실	○	○
사무실	○	
요양보호사실	○	○
자원봉사자실	○	
의료 및 간호사실	○	○
물리치료실	○	○
프로그램실	○	○
식당 및 조리실	○	○
비상 재해 대비시설	○	○
화장실	○	○
세면장 및 목욕실	○	○
세탁장 및 세탁물 건조장	○	

2. 시설 상세 요건
   (1) 세탁물을 전량 위탁 처리 시: 세탁장 및 세탁물 건조장을 두지 않을 수 있음
   (2) 의료기관 일부를 시설로 신고 시: 물리치료실, 조리실, 세탁장 및 세탁물 건조장 공동 사용 가능
      ― 다만, 공동으로 사용하려는 물리치료실이 시설의 침실과 다른 층에 있는 경우에는 입소자의 이동이 가능하도록 경사로 또는 엘리베이터를 설치하여야 한다.
   (3) 집단급식소 신고대상 여부의 확인
      ― 식품위생법상 1회 50명 이상(종사자 포함)에게 식사를 제공하는 경우 집단급식소 신고대상이므로 설치신고 전 관할 시·군·구 식품위생 담당과 문의하여 관련 준수사항 확인 필요
      ※ 식품위생법 제2조(정의), 제88조(집단급식소) 및 동법 시행령 제2조(집단급식소의 범위), 동법 시행규칙 제94조(집단급식소의 신고 등)
   (4) 노인요양시설 안에 두는 치매전담실의 경우에는 다음의 요건을 갖추어야 한다.
      ㈎ 정원 1명당 면적이 1.65m2 이상인 공동거실을 갖출 것
      ㈏ 치매전담실 입구에 출입문을 두어 공간을 구분하되, 화재 등 비상시에 열 수 있도록 할 것
      ㈐ 공동으로 사용할 수 있는 화장실과 간이욕실(세면대를 포함한다. 이하 같다)을 갖출 것. 다만, 침실마다 화장실과 간이욕실이 있는 경우에는 그렇지 않다.

3. 직원의 자격 기준

직종	자격 기준
시설장	「사회복지사업법」에 따른 사회복지사 자격증 소지자 또는 「의료법」 제2조에 따른 의료인
사회복지사	「사회복지사업법」에 따른 사회복지사 자격증 소지자
물리치료사	「의료기사 등에 관한 법률」에 따른 물리치료사 또는 작업치료사 면허 소지자
요양보호사	「노인복지법」에 따른 요양보호사 자격증 소지자

4. 인력배치 기준

직종	입소자 30명 이상	입소자 10명 이상 30명 미만
시설장	1명	1명
사무국장	1명(입소자 50명 이상인 경우로 한정함)	1명
사회복지사	1명(입소자 100명 초과할 때마다 1명 추가)	
의사 또는 계약 의사	1명 이상	1명
간호사 또는 간호조무사	입소자 25명당 1명	1명
물리치료사	1명(입소자 100명 초과할 때마다 1명 추가)	
요양보호사	입소자 2.3명당 1명 (치매전담실은 2명당 1명)	입소자 2.3명당 1명 (치매전담실은 2명당 1명)
사무원	1명(입소자 50명 이상인 경우로 한정함)	
영양사	1명(급식 인원이 50명 이상인 경우로 한정함)	
조리원	입소자 25명당 1명	1명
위생원	1명(입소자 100명 초과할 때마다 1명 추가)	
관리인	1명(급식 인원이 50명 이상인 경우로 한정함)	

51

주어진 자료에 대한 설명으로 옳지 않은 것을 고르면?

① 치매전담실에는 공동으로 사용할 수 있는 간이욕실이 없을 수도 있다.
② 노인요양시설에 근무하는 직원은 모두 법에서 정하는 자격을 지닌 사람이어야 한다.
③ 입소자 정원이 25명인 노인요양시설에서는 영양사, 위생원, 관리인을 따로 배치하지 않아도 된다.
④ 입소자 정원이 20명인 노인요양시설에는 요양보호사실이나 자원봉사자실을 따로 설치하지 않아도 된다.

52

다음 [보기] 중 자료에 주어진 기준에 맞지 않는 노인요양시설의 수를 고르면?

┤ 보기 ├

㉠ 입소자 정원이 30명인데 사무원을 두지 않은 시설 A
㉡ 입소자 정원이 100명이고 세탁장 및 세탁물 건조장을 설치하지 않은 시설 B
㉢ 1회에 100인분 식사를 제공하기 위해 식품위생 담당자와 논의 후 설치신고한 시설 C
㉣ 입소자 정원이 200명이어서 의사 1명, 간호사 8명, 조리원 8명, 위생원 2명을 채용한 시설 D

① 0개   ② 1개   ③ 2개   ④ 3개

[53~54] 다음 보도자료를 읽고 이어지는 질문에 답하시오.

공단, 필수의료 지원 강화 위한
산정특례 질환 확대와 등록기준 개선

□ 국민건강보험공단은 희귀질환자 등 건강약자에 대한 필수의료 지원 강화를 위하여 2024년 1월 1일부터 ▲산정특례 대상 신규 희귀질환 확대 및 ▲중증 간질환 환자의 산정특례 등록기준을 개선한다고 밝혔다. 주요 내용은 다음과 같다.

□ 산정특례 대상 신규 희귀질환 확대
  ○ 건강보험 본인일부부담금 산정특례제도는 암, 희귀질환 등 중증질환의 의료비 부담완화를 위하여 건강보험 본인부담을 경감하는 제도이다(개요 '붙임 1').
     * 본인부담률 입원 20%, 외래 30~60% → 산정특례 적용 시 입원·외래 0~10% 적용
  ○ 공단은 국가 희귀질환을 관리하는 질병관리청과 협업하고 학회, 전문가 등의 의견을 수렴하여 희귀질환관리위원회(보건복지부) 및 산정특례위원회(공단)의 심의·의결을 거쳐 매년 지속적으로 희귀질환 산정특례 적용대상을 확대해왔다.
  ○ 올해는 '안치지의 형성이상(Q87.0)' 등 83개 신규 희귀질환*에 대한 산정특례를 확대하여 '24년 1월 1일부터 특례를 적용받는 희귀질환은 기존 1,165개에서 1,248개로 늘어나게 된다.
     * 희귀질환 10개, 극희귀질환 46개, 기타염색체 이상질환 27개
  ○ 이번 확대로 신규 희귀질환자는 산정특례 등록 질환 및 해당 질환과 의학적 인과관계가 명확한 합병증 진료 시 진료비의 10%만 본인부담금을 납부하면 된다.
     ※ 건강보험 요양급여가 적용되는 항목에 해당되며, 비급여, 100분의 100 본인부담항목 및 선별급여 등은 적용 대상 제외

□ '간질환에 의한 응고인자 결핍(D68.4)' 산정특례 등록기준 개선
  ○ 간질환 환자의 후천성 출혈장애인 '간질환에 의한 응고인자 결핍'은 '혈우병'과는 별개의 질환으로 그동안 산정특례 고시(보건복지부 고시 「본인일부부담금 산정특례에 관한 기준」)상 혈우병의 하위 질환으로 분류되어 있었으나, 2024년 1월 1일부터 별개의 상병으로 구분된다.
  ○ 이에 공단은 응고인자 결핍 및 출혈경향을 동반한 중증 간질환 환자가 특례 적용을 받을 수 있도록 학회 등 전문가 자문을 거쳐 해당 질환의 산정특례 등록기준을 개선하였다.

['간질환에 의한 응고인자 결핍(D68.4)' 산정특례 등록기준 주요 변경 사항]

변경 전	변경 후
심한 간질환 환자의 응고인자 결핍으로 발생하는 후천출혈장애로 다음 1~3을 모두 만족	심한 간질환 환자의 응고인자 결핍으로 발생하는 후천출혈장애로 다음 1~3을 모두 만족
1. 중증 간질환으로 인한 간기능부전으로 수혈 등의 치료가 장기적으로 지속되는 경우	1. 구체적 응고인자 결핍기준 제시 및 수혈기준 삭제 　- 프로트롬빈시간(PT) > 참고범위 중간값의 1.5배(또는 INR ≥1.7) 　※ 항응고제 사용 중인 경우 중단 5일 후 평가
2. 임상적 출혈경향 동반	2. 임상적 출혈의 구체적 기준 제시(① 또는 ②) 　① 정맥류 출혈로 지혈 시술을 시행한 경우 또는 　② 혈색소 수치 7g/dL 이하 or 직전 검사 대비 5g/dL 이상 감소 　※ 1년에 최소 3개월 간격으로 2회 이상 만족
3. 교정 가능한 비타민 K 결핍에 의한 출혈장애에 해당하지 않음	3. 좌동

○ 공단 이○○ 급여상임이사는 "이번 제도개선은 기존에 지정되어 있던 산정특례 질환을 공단이 자체적으로 재검토하여 필요한 환자가 산정특례 적용을 받을 수 있도록 한 데에 의의가 있다"며, "앞으로 장기간의 고액 진료비로 부담이 높았던 중증 간질환 환자들의 의료비 부담이 완화될 것으로 기대한다"고 밝혔다.

[붙임 1] 산정특례 제도 개요

○ (목적) 중증질환자의 고액진료비에 대한 의료비 부담을 완화하여 필수의료보장을 강화함으로써 국민을 더 두텁게 지원
　※ 「국민건강보험법」 제44조 및 「동법 시행령」 제19조를 근거로 「본인일부부담금 산정특례에 관한 기준」(보건복지부 고시)을 통해 운영

○ (대상) 중증질환(암, 심장질환 등), 희귀 및 중증난치, 결핵 등으로 진단을 받아 산정특례 대상자로 등록한 자
　- 뇌혈관, 심장질환, 중증외상은 등록하지 않고 사유발생 시 병·의원에서 즉시 산정특례 적용

○ (적용범위) 산정특례 대상 질환 및 그 질환과 의학적으로 인과관계가 명확한 합병증까지 적용함

구분	시행시기	적용대상	특례기간	본인부담률
암	'05.9월	산정특례 등록 암환자	5년 ※ 재등록 가능	5%
뇌혈관질환	'05.9월	고시 해당 상병 수술·급성기 입원 뇌혈관질환자	최대 30일(입원)	5%
심장질환	'05.9월	고시해당 상병 수술·약제투여 심장질환자	최대 30일(입원·외래) 복잡선천성 심기형 및 심장이식 60일	5%
희귀질환	'09.7월	산정특례 등록 희귀질환자	5년 (상세불명희귀질환 1년) ※ 재등록 가능	10%
중증난치질환	'09.7월	산정특례 등록 중증난치질환자	5년 ※ 재등록 가능	10%
결핵	'09.7월	산정특례 등록 결핵환자	결핵 치료기간 (치료 시작~치료 종결)	0%
중증화상	'10.7월	산정특례 등록 중증화상환자	1년 ※ 재등록 가능(1회)	5%
중증외상	'16.1월	고시 해당 중증외상환자	최대 30일(입원)	5%
중증치매	'17.10월	산정특례 등록 중증치매환자	5년 (V810은 매 1년간 60일)	10%
잠복결핵감염	'21.7월	산정특례 등록 잠복결핵감염자	1년 ※ 6개월 연장 가능(1회)	0%

□ 산정특례 대상 희귀질환
  ○ 희귀질환
    - 유병률이 매우 낮지만(2만 명 이하), 비교적 명확한 진단기준이 있는 질환을 고시하여 혜택 부여 … 787개 질환 372천 명 등록('23.11월 말 기준)
      * 한국표준질병·사인분류에 등재된 질환 위주 대상 선정
  ○ 극희귀질환 … 특정기호 V900
    - 진단법이 있는 독립된 질환이며 우리나라 유병인구가 200명 이하로 유병률이 극히 낮거나 별도의 상병코드가 없는 질환 … 299개 질환 8,609명 등록('23.11월 말 기준)
    - 일정요건을 갖춘 진단요양기관의 진단의사의 확진을 받아 산정특례 등록
  ○ 기타염색체 이상질환 … 특정기호 V901
    - 과학 및 의료기술의 발달로 발견된, 질환명이 없는 새로운 염색체 이상(염색체 결손, 중복 등)질환으로 별도의 상병코드는 없지만 증상이 아닌 질환으로 규정할 수 있는 희귀질환 … 79개 질환 410명 등록('23.11월말 기준)
    - 일정 요건을 갖춘 진단요양기관의 진단의사를 통해 신청을 받아 질병관리청 희귀질환 전문위원회에서 환자별로 산정특례 적합성 여부를 심의

53
주어진 보도자료를 읽고 이해한 내용으로 옳지 않은 것을 고르면?

① 산정특례 확대 대상에 포함되는 신규 희귀질환자도 선별급여 항목은 산정특례가 적용되지 않는다.
② 중증 간질환 환자의 산정특례 등록기준을 개선하여 임상적 출혈의 구체적인 기준이 제시되었다.
③ 건강보험 본인일부부담금 산정특례제도가 적용되면 본인부담률이 최대 60%p 낮아진다.
④ 중증외상으로 진단받은 자는 산정특례 대상자로 등록해야 산정특례가 적용된다.

54
주어진 보도자료를 근거로 추론한 내용으로 옳지 않은 것을 고르면?

① 산정특례를 적용받은 심장질환과 중증화상 환자의 본인부담률은 동일하다.
② 특정기호 V901인 질환 중 46개 질환은 2024년 기준 산정특례 대상으로 확대되었다.
③ 2024년 이전에는 간질환에 의한 응고인자 결핍이 혈우병과 별개의 상병으로 구분되지 않았다.
④ 유병인구가 2만 명 이하이지만 명확한 진단기준이 있는 질환을 희귀질환이라 한다.

[55~57] 다음은 건강생활실천지원금제 시범 사업에 관한 안내 사항이다. 이를 바탕으로 이어지는 질문에 답하시오.

○ 건강생활실천지원금제 시범 사업이란

　　건강생활을 실천하고 개선되는 정도에 따라 건강생활실천지원금을 지급하는 시범 사업이다. 시범 사업에서는 건강 관리가 필요한 국민을 대상으로 하는 '건강예방형', 일차 의료 만성질환관리 시범 사업에 등록한 환자를 대상으로 하는 '건강관리형'이 있다.
- 건강예방형: 국민건강보험공단에서 주관하는 국가건강 검진을 받은 만 20~64세 중 건강 관리가 필요한 국민
  ※ 체질량지수(BMI) $25.0kg/m^2$ 이상이며, 혈압이 120/80mmHg 이상이거나 공복혈당 100mg/dL 이상
- 건강관리형: 일차 의료 만성질환관리 시범 사업에 등록하여 케어플랜을 수립한 고혈압, 당뇨병 환자

○ 시범 지역
- 건강예방형: 서울 노원구, 경기도 안산, 경기도 부천, 대전 대덕구, 충북 충주, 충남 청양, 충남 부여, 광주 광산구, 전북 전주, 전북 완주, 전남 완도, 부산 중구, 대구 남구·달성군, 경남 김해, 강원도 원주, 제주시
- 건강관리형: 서울 중랑구, 인천 부평구, 경기도 고양시 일산동구·서구, 경기도 남양주, 대전 동구, 광주 서구, 전남 순천, 대구 동구, 부산 북구, 강원도 원주

○ 지원금 적립 기준
- 지원금은 건강생활 실천(과정)에 따른 실천지원금과 건강 개선(결과)에 따른 개선지원금으로 나누어 적립
- 실천지원금 적립(걷기 및 건강관리 프로그램 이수) 없이 건강 개선 기준 충족 시 해당 지원금의 80% 적립. 다만, 건강생활 실천이 불가하여 별도로 정하는 장애인에 해당되는 경우 100% 적립

1. 예방형(실천형) 적립 기준
1) 실천지원금
  ① 걸음 수: 'The건강보험' 앱의 일일 걸음 수가 하루 8,000~9,999보인 경우, 일당 80원, 10,000보 이상인 경우, 일당 100원 적립. 연 최대 18,000원 적립
  ② 건강관리 프로그램: 대면 프로그램 이수 시 회당 1,000원 적립, 비대면 프로그램 이수 시 회당 500원 적립. 한 주에 1회만 적립(1,000원 혹은 500원) 가능하며, 연 최대 12,000원 적립
2) 개선지원금
  ① BMI $25kg/m^2$ 이상이고, 혈압과 공복혈당 모두 주의군 이상인 자가 체질량지수, 혈압, 공복혈당 모두 1단계 이상 개선하면 연 15,000원, 2단계 이상 개선하면 연 20,000원 적립
    ※ 2단계 이상 개선할 수 있는 대상자는 참여 시작 시점에 건강위험 요인이 모두 위험군이어야 함
  ② BMI $25kg/m^2$ 이상이면서 혈압(또는 공복혈당)이 주의군 이상인 자가 체질량지수와 혈압(또는 공복혈당) 모두 1단계 이상 개선하면 연 15,000원, 모두 2단계 개선하면 연 20,000원 적립
    ※ 2단계 이상 개선할 수 있는 대상자는 참여 시작 시점에 건강위험 요인이 위험군이어야 하며, 다른 건강 상태는 안전 범위어야 함

2. 예방형(개선형) 적립 기준
1) 실천지원금
   ① 걸음 수: 'The건강보험' 앱의 일일 걸음 수가 하루 8,000~9,999보인 경우, 일당 80원, 10,000보 이상인 경우, 일당 100원 적립. 연 최대 10,000원 적립
   ② 건강관리 프로그램: 대면 프로그램 이수 시 회당 1,000원 적립, 비대면 프로그램 이수 시 회당 500원 적립. 한 주에 1회만 적립(1,000원 혹은 500원) 가능하며, 연 최대 10,000원 적립
2) 개선지원금
   ① BMI $25kg/m^2$ 이상이고, 혈압과 공복혈당 모두 주의군 이상인 자가 체질량지수, 혈압, 공복혈당 모두 1단계 이상 개선하였을 때 연 20,000원, 2단계 이상 개선하였을 때 연 30,000원 적립
   ※ 2단계 이상 개선할 수 있는 대상자는 참여 시작 시점에 건강위험 요인이 모두 위험군이어야 함
   ② BMI $25kg/m^2$ 이상이면서 혈압(공복혈당)이 주의군 이상인 자가 체질량지수와 혈압(공복혈당) 모두 1단계 이상 개선하면 연 20,000원, 모두 2단계 개선하면 연 30,000원 적립
   ※ 2단계 이상 개선할 수 있는 대상자는 참여 시작 시점에 건강위험 요인이 위험군이어야 하며, 다른 건강 상태는 안전 범위어야 함

[참고1] 일반건강 검진 결과에 따른 건강 상태 분류

구분	안전 범위	주의 범위	위험 범위
체질량지수(BMI)(kg/m^2)	18.5~24.9	25~29.9 또는 18.5 미만	30 이상
혈압(mmHg)(수축/이완)	120 미만/80 미만	120~139 또는 80~89	140 이상 또는 90 이상
공복혈당(mg/dL)	100 미만	100~125	126 이상

[참고2] 단계별 건강 개선 기준

구분	체질량지수	혈압	공복혈당
1단계		위험 → 주의 주의 → 안전	
2단계		위험 → 안전	

55

건강생활실천지원금제 시범 사업에 대한 설명으로 옳은 것을 고르면?

① 건강생활실천지원금제는 만 20~64세만 참여 가능하다.
② 건강예방형 중 개선형은 실천지원금이 연 최대 3만 원이다.
③ 건강생활실천지원금제 시범 사업을 하는 지역은 건강예방형과 건강관리형 중 하나를 실시한다.
④ 체질량지수가 28.0kg/m^2인 사람은 건강예방형 중 실천형 지원금을 연 최대 4만 5천 원 지원받을 수 있다.

56

다음 [표1]은 건강예방형 중 실천형에 참여하는 A씨의 1년간 건강생활 실천 과정과 건강 개선 결과를 정리한 자료이다. A씨가 받을 수 있는 지원금을 고르면?

[표1] A씨의 사업 참여 전후 정보

구분	사업 참여 전	사업 참여 후
일일 걸음 수	–	• 8,000~9,999보: 160일 • 10,000보 이상: 70일
건강관리 프로그램 참여	–	• 대면 프로그램: 3주 참여 • 비대면 프로그램: 15주 참여 (서로 다른 주에 참여)
체질량지수(kg/m²)	32.1	26.3
혈압(수축/이완 mmHg)	142/82	116/72
공복혈당(mg/dL)	120	108

① 28,500원   ② 30,000원   ③ 43,500원   ④ 45,000원

57

다음 [표2]는 건강예방형 중 개선형에 참여하는 B씨의 1년간 건강생활 실천 과정과 건강 개선 결과를 정리한 자료이다. B씨가 받을 수 있는 지원금을 고르면?

[표2] B씨의 사업 참여 전후 정보

구분	사업 참여 전	사업 참여 후
일일 걸음 수	–	• 8,000~9,999보: 80일 • 10,000보 이상: 20일
건강관리 프로그램 참여	–	• 대면 프로그램: 5주 참여 • 비대면 프로그램: 12주 참여 (3주는 동일 주에 참여하였고, 대면 프로그램을 먼저 참여)
체질량지수(kg/m²)	30.3	24.1
혈압(수축/이완 mmHg)	145/82	117/78
공복혈당(mg/dL)	142	115

① 37,900원   ② 38,400원   ③ 47,900원   ④ 48,400원

[58~60] 다음은 직장가입자의 건강보험료 산정에 관한 자료이다. 이를 바탕으로 이어지는 질문에 답하시오.

■ 직장가입자의 건강보험료 산정 방법
1. 직장가입자의 건강보험료는 보수월액보험료와 소득월액보험료의 합으로 산정하되, 보수월액보험료는 고용주와 가입자가 각각 100분의 50씩 나누어 부담합니다.
2. 직장가입자의 건강보험료에서 가입자가 납부하는 보수월액보험료의 상한액은 391만 1,280원이고, 하한액은 1만 9,780원입니다. 그리고 해당 상한액은 가입자가 납부하는 소득월액 보험료의 상한액과 같습니다.

■ 월별 보험료 산정
직장가입자의 월별 보험료액은 다음에 따라 산정한 금액으로 합니다.
1. 보수월액보험료: (보수월액)×(보험료율)
   보수월액은 직장가입자가 지급받는 보수를 기준으로 하여 산정합니다. 휴직이나 그 밖의 사유로 보수의 전부 또는 일부가 지급되지 않는 직장가입자의 보수월액보험료는 해당 사유가 생기기 전 달의 보수월액을 기준으로 산정합니다.
2. 소득월액보험료: (소득월액)×(보험료율)
   소득월액은 보수월액의 산정에 포함된 보수를 제외한 직장가입자의 소득(이하 "보수외소득"이라 함)이 연간 2,000만 원을 초과하는 경우 다음의 계산식에 따라 산정합니다.
   - {(연간 보수외소득)−2,000만 원}÷12
   ※ 다만, 비과세소득은 제외하고, 소득이 1천만 원 이하인 경우에는 해당 이자소득과 배당소득은 합산하지 않습니다.
   ※ 직장가입자의 소득월액 산정기준에 관한 개정 규정은 2022년 9월분 직장가입자의 소득월액보험료부터 적용합니다.
3. 보험료율
   - 보험료율은 1만분의 709로 합니다.
     ※ 직장가입자의 보험료율에 관한 개정규정은 2023년 1월분 보험료를 산정하는 경우부터 적용합니다.
   - 국외에서 업무에 종사하고 있는 직장가입자에 대한 보험료율은 위 보험료율의 100분의 50으로 합니다.

■ 국민건강보험료 경감 사유 및 경감률
1. 섬·벽지지역 경감
   요양기관까지의 거리가 멀거나 대중교통으로 이동하는 시간이 오래 걸리는 지역으로서「보험료 경감고시」[별표 1]의 섬·벽지 지역에 소재하는 사업장에 근무하는 직장가입자는 보수월액보험료액의 100분의 50을 경감받을 수 있습니다.
2. 휴직자 경감
   - 휴직기간이 1개월 이상인 직장가입자의 휴직기간 중 보수월액보험료는 휴직사유 발생 전월에 적용되는 정산 전 보수월액(휴직전월의 보수월액이 없는 사람은 휴직 당월의 보수월액)을 기준으로 산정한 보수월액보험료와 휴직기간에 해당 사업장에서 지급받은 보수를 기준으로 산정한 보험료 차액의 100분의 50을 경감합니다.
   - 다만, 육아휴직자는 휴직기간 중 사업장에서 지급받은 보수와 관계없이 휴직전월 정산 전 보수월액을 기준으로 산정한 보수월액보험료와「국민건강보험법」제69조 제6항에 따른 직장가입자의 보수월액보험료 하한 금액을 적용하여 산정한 보수월액보험료와의 차액만큼을 경감합니다.

3. 요양기관 이용 제한지역 경감(군인)

   군부대가 소재하는 지역에 거주하거나 근무하는 직장가입자인 군인에 대하여는 그 가입자 보험료액의 100분의 20을 경감합니다.

4. 사업장 화재 등 경감

   소득월액보험료를 부담하는 직장가입자로서 다음의 요건을 충족하는 경우에는 소득월액보험료의 일부를 경감받을 수 있습니다.
   - 직장가입자의 소득월액보험료 산정에 포함되는 사업소득이 발생하는 사업장이 화재, 부도, 수해 등으로 운영에 막대한 지장이 있을 것
   - 직장가입자의 소득월액보험료 산정에 포함되는 사업소득이 그 소득월액보험료 산정에 포함되는 소득의 100분의 30을 초과할 것

■ 국민건강보험료 면제

1. 보험료 면제 사유

   직장가입자가 다음의 어느 하나에 해당하는 경우에는 보험료를 면제받을 수 있습니다.
   - 3개월 이상 국외에 체류하는 경우로서, 국내에 거주하는 피부양자(배우자 및 직계존·비속 등)가 없는 때
   - 「병역법」에 따른 현역병(지원에 의하지 않고 임용된 하사를 포함), 전환복무된 사람 및 군간부후보생
   - 교도소나 그 밖에 이에 준하는 시설에 수용되어 있는 경우

2. 보험료 면제 기간

   보험료의 면제는 면제 사유가 생긴 날이 속하는 달의 다음 달부터 사유가 없어진 날이 속하는 달까지 적용됩니다. 다만, 다음 중 어느 하나에 해당하는 경우에는 그 달의 보험료를 면제하지 않습니다.
   - 급여정지 사유가 매월 1일에 없어진 경우
   - 국외에 체류하는 가입자 또는 그 피부양자가 국내에 입국하여 입국일이 속하는 달에 보험급여를 받고 그 달에 출국하는 경우

   ※ 직장가입자 또는 그 피부양자가 2020년 7월에 최초로 입국하는 경우부터 적용

58

주어진 자료를 바탕으로 옳지 않은 것을 [보기]에서 모두 고르면?

┌ 보기 ┐
⊙ 직장가입자가 2023년 동안 납부하게 되는 보수월액 보험료 최대액수는 4,600만 원 미만이다.
ⓒ 군부대가 소재하는 지역에 근무 중인 직업 군인은 가입자 보험료액의 30%를 경감받을 수 있다.
ⓒ 국내에 피부양자가 없는 직장가입자가 6개월 이상 해외 파견 근무 중이면 건강보험료를 면제받는다.
② 상한액과 하한액 범위 내에서 보수월액 및 소득월액이 같은 국내 직장 근로자와 국외 체류 중인 직장 근로자가 모두 건강보험료를 납부해야 하는 경우 건강보험료의 차이는 2배이다.

① ㉠, ㉡ ② ㉠, ㉣ ③ ㉡, ㉢ ④ ㉢, ㉣

59

2023년 서울에서 직장에 다니는 이 부장의 연봉은 2022년과 동일한 8,400만 원이고, 매월 보수외소득은 400만 원이다. 이때, 가입자 기준으로 이 부장이 부담하여 2023년에 매달 내야 하는 건강보험료를 고르면?(단, 모든 계산 시 1원 단위 미만은 절사하고, 다른 조건은 고려하지 않는다.)

① 330,866원 ② 334,092원 ③ 413,583원 ④ 446,670원

60

주어진 자료와 다음 [상황]을 바탕으로 할 때, 한 대리가 납부해야 하는 월 건강보험료를 고르면?(단, 모든 계산 시 1원 단위 미만은 절사하고, 다른 조건은 고려하지 않는다.)

┌ 상황 ┐
2021년 말부터 베트남에서 근무 중인 한 대리는 입사 5년 차의 직장인이다. 그에게는 아내와 두 자녀가 피부양자로 등록되어 있고, 모두 한국에 거주 중이다. 그의 2023년 연봉은 전년과 같은 5,760만 원이고, 보수외소득은 월 180만 원이다.

① 87,443원 ② 87,649원 ③ 89,103원 ④ 89,807원

직무시험_국민건강보험법

2023년 10월 시행 기출복원 모의고사

정답과 해설 P.80

01

국민건강보험법상 행위·치료재료 및 약제에 대한 요양급여대상 여부의 결정 및 조정에 대한 설명으로 옳지 <u>않은</u> 것을 고르면?

① 요양기관, 치료재료의 제조업자·수입업자 등 대통령령으로 정하는 자는 요양급여 대상 또는 비급여대상으로 결정되지 아니한 요양급여에 대한 행위 및 치료재료에 대하여 요양급여 대상 여부의 결정을 보건복지부장관에게 신청하여야 한다.
② 요양급여대상 여부의 결정 신청의 시기, 절차, 방법 및 업무의 위탁 등에 필요한 사항, 요양급여대상 여부의 결정 절차 및 방법, 직권 조정 사유·절차 및 방법 등에 관한 사항은 보건복지부령으로 정한다.
③ 보건복지부장관은 요양급여대상으로 결정하여 고시한 약제에 대하여 보건복지부령으로 정하는 바에 따라 요양급여대상 여부, 범위, 요양급여비용 상한금액 등을 직권으로 조정할 수 있다.
④ 약제의 제조업자·수입업자 등 보건복지부령으로 정하는 자는 요양급여대상에 포함되지 아니한 약제에 대하여 보건복지부장관에게 요양급여대상 여부의 결정을 신청할 수 있다.

02

국민건강보험법상 건강보험정책심의위원회에 대한 설명으로 옳지 <u>않은</u> 것을 고르면?

① 심의위원회의 위원장은 보건복지부차관이 되고, 부위원장은 위원 중에서 위원장이 지명하는 사람이 된다.
② 심의위원회는 위원장 1명과 부위원장 1명을 포함하여 20명의 위원으로 구성한다.
③ 심의위원회의 위원은 보건복지부장관이 임명 또는 위촉한다.
④ 심의위원회의 운영 등에 필요한 사항은 대통령령으로 정한다.

03

다음 [보기]에서 국민건강보험법상 약제요양급여비용 상한금액의 감액 등에 관한 설명으로 옳은 것을 모두 고르면?

┤ 보기 ├

㉠ 보건복지부장관은 약사법 제47조 제2항의 위반과 관련된 제41조 제1항 제2호의 약제에 대하여는 요양급여비용 상한금액의 100분의 50을 넘지 아니하는 범위에서 그 금액의 일부를 감액할 수 있다.

㉡ 보건복지부장관은 요양급여비용의 상한금액이 감액된 약제가 감액된 날부터 5년의 범위에서 대통령령으로 정하는 기간 내에 다시 감액의 대상이 된 경우에는 요양급여비용 상한금액의 100분의 40을 넘지 아니하는 범위에서 요양급여비용 상한금액의 일부를 감액할 수 있다.

㉢ 보건복지부장관은 요양급여비용의 상한금액이 감액된 약제가 감액된 날부터 5년의 범위에서 대통령령으로 정하는 기간 내에 다시 약사법 제47조 제2항의 위반과 관련된 경우에는 해당 약제에 대하여 1년의 범위에서 기간을 정하여 요양급여의 적용을 정지할 수 있다.

㉣ 요양급여비용 상한금액의 감액 및 요양급여 적용 정지의 기준, 절차, 그 밖에 필요한 사항은 보건복지부령으로 정한다.

① ㉠, ㉢
② ㉡, ㉢
③ ㉡, ㉣
④ ㉢, ㉣

04

국민건강보험법에서 사용하는 용어에 대한 설명으로 옳지 않은 것을 고르면?

① 공무원이 소속되어 있는 기관의 장으로서 대통령령으로 정하는 사람은 사용자이다.
② 사용자에는 근로자가 소속되어 있는 사업장의 사업주도 포함된다.
③ 교직원이란 사립학교 및 공립학교의 경영기관에서 근무하는 교원과 직원을 말한다.
④ 공무원이란 국가나 지방자치단체에서 상시 공무에 종사하는 사람을 말한다.

05
국민건강보험법상 보험료에 대한 설명으로 옳은 것을 고르면?

① 직장가입자의 월별 보험료액을 산정할 때 보수 외 소득월액보험료는 산정한 보수 외 소득월액에 보험료율을 더하여 얻은 금액으로 한다.
② 월별 보험료액은 가입자의 보험료 평균액의 일정비율에 해당하는 금액을 고려하여 보건복지부령으로 정하는 기준에 따라 상한 및 하한을 정한다.
③ 보험료를 징수할 때 가입자의 자격이 변동된 경우에는 변동된 날이 속하는 달의 보험료는 변동된 후의 자격을 기준으로 징수한다. 다만, 가입자의 자격이 매월 1일에 변동된 경우에는 변동된 자격을 기준으로 징수한다.
④ 보험료는 가입자의 자격을 취득한 날이 속하는 달의 다음 달부터 가입자의 자격을 잃은 날의 전날이 속하는 달까지 징수한다. 다만, 가입자의 자격을 매월 1일에 취득한 경우 또는 건강보험 적용 신청으로 가입자의 자격을 취득하는 경우에는 그 달부터 징수한다.

06
국민건강보험법상 건강보험정책심의위원회에 대한 설명으로 옳지 <u>않은</u> 것을 고르면?

① 요양급여의 기준을 심의·의결한다.
② 요양급여비용 및 직장가입자의 보험료율에 관한 사항을 심의·의결한다.
③ 그 밖에 건강보험에 관한 주요 사항으로서 대통령령으로 정하는 사항을 심의·의결한다.
④ 종합계획 및 시행계획에 관한 사항을 심의 및 의결한다.

07
국민건강보험법상 다음 [보기]의 빈칸에 들어갈 금액을 모두 합한 것을 고르면?

┤ 보기 ├
행정처분을 받은 사실 또는 행정처분절차가 진행 중인 사실을 지체 없이 알리지 아니한 자에게는 (   )만 원 이하의 과태료를 부과한다. 또한, 정당한 사유 없이 건강보험증이나 신분증명서로 가입자 또는 피부양자의 본인 여부 및 그 자격을 확인하지 아니하고 요양급여를 실시한 자에게는 (   )만 원 이하의 과태료를 부과한다.

① 200   ② 400   ③ 600   ④ 1,000

08
국민건강보험법상 과징금의 용도에 대한 설명으로 옳지 않은 것을 고르면?

① 공단이 요양급여비용으로 지급하는 자금으로 사용할 수 있다.
② 과징금의 금액과 그 납부에 필요한 사항 및 과징금의 용도별 지원 규모, 사용 절차 등에 필요한 사항은 보건복지부령으로 정한다.
③ 응급의료기금의 지원으로 사용이 가능하다.
④ 재난적의료비 지원사업에 대한 지원으로 사용할 수 있다.

09
국민건강보험법상 다음 [보기]의 밑줄 친 ㉠~㉣ 중 옳지 않은 것을 고르면?

―| 보기 |―
사업장의 사용자는 다음 각 호의 어느 하나에 해당하게 되면 그 때부터 ㉠ 7일 이내에 ㉡ 보건복지부령으로 정하는 바에 따라 보험자에게 ㉢ 신고하여야 한다. 제1호에 해당되어 보험자에게 신고한 내용이 변경된 경우에도 또한 같다.
 1. 직장가입자가 되는 근로자·공무원 및 교직원을 사용하는 사업장이 된 경우
 2. 휴업·폐업 등 ㉣ 보건복지부령으로 정하는 사유가 발생한 경우

① ㉠　　　② ㉡　　　③ ㉢　　　④ ㉣

10
국민건강보험법상 선별급여에 대한 설명으로 옳은 것을 고르면?

① 요양급여를 결정함에 있어 경제성 또는 치료효과성 등이 불확실하여 그 검증을 위하여 추가적인 근거가 필요하거나, 경제성이 낮아도 가입자와 피부양자의 건강회복에 잠재적 이득이 있는 등 대통령령으로 정하는 경우에는 예비적인 요양급여인 선별급여로 지정하여 실시하여야 한다.
② 보건복지부장관은 보건복지부령으로 정하는 절차와 방법에 따라 선별급여에 대하여 주기적으로 요양급여의 적합성을 평가하여 요양급여 여부를 다시 결정하고, 요양급여의 기준을 조정하여야 한다.
③ 보건복지부장관은 요양기관이 선별급여의 실시 조건을 충족하지 못하거나 자료를 제출하지 아니할 경우에는 해당 선별급여의 실시를 제한할 수 있다.
④ 선별급여의 실시 조건, 자료의 제출, 선별급여의 실시 제한 등에 필요한 사항은 대통령령으로 정한다.

11
국민건강보험법상 심판청구에 대한 설명으로 옳지 않은 것을 고르면?

① 공단 또는 심사평가원의 처분에 이의가 있는 자와 이의신청 또는 심판청구에 대한 결정에 불복하는 자는 행정소송법에서 정하는 바에 따라 행정소송을 제기할 수 있다.
② 심판청구를 심리·의결하기 위하여 보건복지부에 건강보험분쟁조정위원회를 둔다.
③ 심판청구의 절차·방법·결정 및 그 결정의 통지 등에 필요한 사항은 대통령령으로 정한다.
④ 이의신청에 대한 결정에 불복하는 자는 건강보험심사평가원에 심판청구를 할 수 있다.

12
다음 [보기]에서 국민건강보험법상 옳지 않은 것의 개수를 고르면?

―| 보기 |―
㉠ 노동조합·사용자단체·시민단체·소비자단체·농어업인단체 및 노인단체가 추천하는 각 1명은 비상임이사가 될 수 있다.
㉡ 상임이사는 보건복지부령으로 정하는 추천 절차를 거쳐 이사장이 임명한다.
㉢ 대통령령으로 정하는 바에 따라 추천하는 관계 공무원 2명은 비상임이사가 될 수 있다.
㉣ 감사는 임원추천위원회가 복수로 추천한 사람 중에서 기획재정부장관의 제청으로 대통령이 임명한다.
㉤ 상임이사는 정관으로 정하는 바에 따라 실비변상(實費辨償)을 받을 수 있다.
㉥ 이사장은 임원추천위원회가 단수로 추천한 사람으로 보건복지부장관의 제청으로 대통령이 임명한다.

① 2개   ② 3개   ③ 4개   ④ 5개

13
국민건강보험법상 부과되는 벌금액이 다른 하나를 고르면?

① 공동이용하는 전산정보자료를 목적 외의 용도로 이용하거나 활용한 자
② 보고 또는 서류 제출을 하지 아니한 자, 거짓으로 보고하거나 거짓 서류를 제출한 자, 검사나 질문을 거부·방해 또는 기피한 자
③ 고용한 근로자가 직장가입자가 되는 것을 방해하거나 자신이 부담하는 부담금이 증가되는 것을 피할 목적으로 정당한 사유 없이 근로자의 승급 또는 임금 인상을 하지 아니하거나 해고나 그 밖의 불리한 조치를 한 사용자
④ 대행청구단체의 종사자로서 거짓이나 그 밖의 부정한 방법으로 요양급여비용을 청구한 자

14
국민건강보험법상 건강보험정책심의위원회에 대한 설명으로 옳지 않은 것을 고르면?

① 원칙적으로 심의위원회 위원의 임기는 3년으로 한다. 다만, 위원의 사임 등으로 새로 위촉된 위원의 임기는 전임위원 임기의 남은 기간으로 한다.
② 의료계를 대표하는 단체 및 약업계를 대표하는 단체가 추천하는 8명은 보건복지부장관의 임명 또는 위촉으로 심의위원회 위원이 될 수 있다.
③ 보건복지부장관의 임명 또는 위촉으로 국민건강보험공단의 이사장 및 건강보험심사평가원의 원장이 추천하는 각 1명은 심의위원회 위원이 될 수 있다.
④ 대통령령으로 정하는 지방행정기관 소속 공무원 2명은 보건복지부장관의 임명 또는 위촉으로 심의위원회 위원이 될 수 있다.

15
다음 [보기]의 밑줄 친 ㉠~㉣ 중 옳지 않은 것을 고르면?

┤ 보기 ├

Q: 가입자 및 피부양자의 자격, 보험료등, 보험급여, 보험급여 비용에 관한 공단의 처분에 이의가 있으면 어떻게 하면 되나요?
A: ㉠ 공단에 이의신청을 할 수 있습니다.
Q: 심사평가원에 이의신청을 할 수 있는 경우는요?
A: ㉡ 요양급여비용 및 요양급여의 적정성 평가 등에 관한 심사평가원의 처분에 이의가 있는 공단, 요양기관 또는 그 밖의 자입니다.
Q: 원칙적으로 이의신청은 처분이 있음을 안 날로부터 며칠 이내에 하여야 하며 처분이 있은 날부터 며칠이 지나면 제기하지 못하나요?
A: ㉢ 이의신청은 처분이 있음을 안 날로부터 30일 이내에 문서(전자문서를 포함)로 하여야 하며 처분이 있은 날부터 180일을 지나면 제기하지 못합니다.
Q: 요양기관이 심사평가원의 확인에 대하여 이의신청을 하려면 통보받은 날부터 며칠 이내에 하면 되나요?
A: ㉣ 30일 이내에 하여야 합니다.

① ㉠   ② ㉡   ③ ㉢   ④ ㉣

16

다음 [보기]에서 국민건강보험법상 보험급여의 정지 없이 요양급여를 실시할 수 있는 것을 모두 고르면?

| 보기 |

㉠ 국외에 체류하는 경우
㉡ 「병역법」에 따른 현역병(지원에 의하지 아니하고 임용된 하사 포함)
㉢ 「병역법」에 따른 군간부후보생
㉣ 교도소, 그 밖에 이에 준하는 시설에 수용되어 있는 경우

① ㉠, ㉡, ㉢
② ㉡, ㉢
③ ㉡, ㉢, ㉣
④ ㉠, ㉡, ㉢, ㉣

17

국민건강보험법상의 약재에 대한 요양급여비용 상한금액의 감액 등에 대한 설명으로 빈칸에 들어갈 ㉠, ㉡, ㉢에 해당하는 것을 고르면?

- 보건복지부장관은 「약사법」 제47조 제2항의 위반과 관련된 제41조 제1항 제2호의 약제에 대하여는 요양급여비용 상한금액의 (㉠)을 넘지 아니하는 범위에서 그 금액의 일부를 감액할 수 있다.
- 보건복지부장관은 제1항에 따라 요양급여비용의 상한금액이 감액된 약제가 감액된 날부터 (㉢)의 범위에서 대통령령으로 정하는 기간 내에 다시 제1항에 따른 감액의 대상이 된 경우에는 요양급여비용 상한금액의 (㉡)을 넘지 아니하는 범위에서 요양급여비용 상한금액의 일부를 감액할 수 있다.
- 보건복지부장관은 제2항에 따라 요양급여비용의 상한금액이 감액된 약제가 감액된 날부터 (㉢)의 범위에서 대통령령으로 정하는 기간 내에 다시 「약사법」 제47조 제2항의 위반과 관련된 경우에는 해당 약제에 대하여 1년의 범위에서 기간을 정하여 요양급여의 적용을 정지할 수 있다.

	㉠	㉡	㉢
①	100분의 20	100분의 40	3년
②	100분의 40	100분의 20	5년
③	100분의 40	100분의 20	3년
④	100분의 20	100분의 40	5년

18

국민건강보험법상 공단이 보험료 징수 및 징수금의 징수 또는 공익목적을 위하여 필요한 경우에 「신용정보의 이용 및 보호에 관한 법률」의 종합신용정보집중기관에 체납자 또는 결손처분자의 인적사항·체납액 또는 결손처분액에 관한 자료를 제공할 수 있는 사항에 해당하지 않는 것을 고르면?

① 이 법에 따른 납부기한의 다음 날부터 1년이 지난 보험료 및 그에 따른 연체금과 체납처분비의 총액이 500만 원 이상인 자
② 이 법에 따른 납부기한의 다음 날부터 1년이 지난 부당이득금 및 그에 따른 연체금과 체납처분비의 총액이 1억 원 이상인 자
③ 재정운영위원회의 의결을 받아 보험료등을 결손처분한 금액의 총액이 500만 원 이상인 자
④ 재정운영위원회의 의결을 받아 부당이득금 및 그에 따른 연체금과 체납처분비를 결손처분한 금액의 총액이 1억 원 이상인 자

19

국민건강보험법상 보험급여의 제한에 대한 설명으로 옳지 않은 것을 고르면?

① 공단은 보험급여를 받을 수 있는 사람이 업무 또는 공무로 생긴 질병·부상·재해로 다른 법령에 따른 보험급여나 보상(報償) 또는 보상(補償)을 받게 되는 경우에 해당하면 보험급여를 하지 아니한다.
② 공단은 보험급여를 받을 수 있는 사람이 다른 법령에 따라 국가나 지방자치단체로부터 보험급여에 상당하는 급여를 받거나 보험급여에 상당하는 비용을 지급받게 되는 경우에는 그 한도에서 보험급여를 하지 아니한다.
③ 공단은 가입자가 대통령령으로 정하는 기간 이상 보수 외 소득월액보험료의 보험료를 체납한 경우 그 체납한 보험료를 완납할 때까지 그 가입자 및 피부양자에 대하여 보험급여를 실시하지 아니할 수 있다.
④ 공단은 납부의무를 부담하는 사용자가 보수월액보험료를 체납한 경우에는 그 체납에 대하여 직장가입자 본인에게 귀책사유가 없다 하더라도 보험급여를 실시한다. 이 경우 해당 직장가입자의 피부양자에게도 동일하게 보험급여를 실시한다.

20

국민건강보험법상 요양급여 대상 여부의 확인 등에 대한 설명으로 옳은 것을 고르면?

① 가입자나 피부양자는 본인일부부담금 외에 자신이 부담한 비용이 요양급여 대상에서 제외되는 비용인지 여부에 대하여 공단에 확인을 요청할 수 있다.
② 확인 요청을 받은 공단은 그 결과를 요청한 사람에게 알려야 한다. 이 경우 확인을 요청한 비용이 요양급여 대상에 해당되는 비용으로 확인되면 그 내용을 심사평가원 및 관련 요양기관에 알려야 한다.
③ 통보받은 요양기관은 받아야 할 금액보다 더 많이 징수한 금액(이하 "과다본인부담금"이라 한다)을 지체 없이 확인을 요청한 사람에게 지급하여야 한다. 다만, 공단은 해당 요양기관이 과다본인부담금을 지급하지 아니하면 해당 요양기관에 지급할 요양급여비용에서 과다본인부담금을 공제하여 확인을 요청한 사람에게 지급할 수 있다.
④ 확인 요청의 범위, 방법, 절차, 처리기간 등 필요한 사항은 대통령령으로 정한다.

2023년 10월 시행 기출복원 모의고사
직무시험_노인장기요양보험법

정답과 해설 P.85

01
다음 [보기]에서 노인장기요양보험법상 장기요양기관(대표자) 결격사유로 옳은 것을 모두 고르면?

┤ 보기 ├
㉠ 파산 선고받고 복권된 자
㉡ 미성년자, 피성년 후견인, 한정후견인
㉢ 금고 이상 집행유예 선고받고 유예기간인 자
㉣ 금고 이상 실형 선고 후 집행 면제일부터 3년 안 된 자

① ㉠　　　② ㉢　　　③ ㉠, ㉡　　　④ ㉢, ㉣

02
다음 [보기]에서 노인장기요양보험법상 장기요양기관의 의무에 대한 설명으로 옳지 않은 것이 몇 개인지 고르면?

┤ 보기 ├
㉠ 장기요양기관의 장은 장기요양급여를 제공한 수급자에게 장기요양급여비용에 대한 명세서를 교부할 수 있다.
㉡ 장기요양기관은 수급자로부터 장기요양급여신청을 받은 때 어떠한 경우라도 장기요양급여의 제공을 거부하여서는 아니 된다.
㉢ 장기요양급여비용의 명세서, 기록·관리하여야 할 장기요양급여 제공 자료의 내용 및 보존기한, 그 밖에 필요한 사항은 대통령령으로 정한다.
㉣ 장기요양기관은 장기요양급여의 제공기준·절차 및 방법 등에 따라 장기요양급여를 제공할 수 있다.
㉤ 장기요양기관은 면제받거나 감경받는 금액 외에 영리를 목적으로 수급자가 부담하는 재가 및 시설 급여 비용을 면제하거나 감경하는 행위를 할 수 있다.
㉥ 공무원은 영리를 목적으로 금전, 물품, 노무, 향응 그 밖의 이익을 제공하거나 제공할 것을 약속하는 방법으로 수급자를 장기요양기관에 소개, 알선 또는 유인하는 행위 및 이를 조장하는 행위를 하여서는 아니 된다.
㉦ 보건복지부장관은 장기요양급여 제공에 관한 자료를 기록·관리하여야 한다.

① 4개　　　② 5개　　　③ 6개　　　④ 7개

03

다음 [보기]에서 노인장기요양보험법상 옳은 것을 모두 고르면?

| 보기 |

㉠ 재가급여 또는 시설급여를 제공하는 장기요양기관을 운영하려는 자는 대통령령으로 정하는 장기요양에 필요한 시설 및 인력을 갖추어 소재지를 관할 구역으로 하는 특별자치시장·특별자치도지사·시장·군수·구청장으로부터 지정을 받아야 한다.
㉡ 장기요양기관으로 지정을 받을 수 있는 시설은 노인복지시설 중 보건복지부령으로 정하는 시설로 한다.
㉢ 특별자치시장·특별자치도지사·시장·군수·구청장은 장기요양기관을 지정한 때 7일 이내에 지정 명세를 공단에 통보하여야 한다.
㉣ 재가급여를 제공하는 장기요양기관 중 의료기관이 아닌 자가 설치·운영하는 장기요양기관이 방문간호를 제공하는 경우에는 방문간호의 관리책임자로서 간호사를 둔다.
㉤ 장기요양기관의 지정절차와 그 밖에 필요한 사항은 보건복지부령으로 정한다.

① ㉠, ㉤ ② ㉡, ㉢ ③ ㉡, ㉣ ④ ㉣, ㉤

04

노인장기요양보험법상의 행정제재처분 효과의 3년간 승계자로 보기 어려운 경우를 고르면?

① 장기요양기관을 양도한 경우 양수인
② 법인이 합병된 경우 합병으로 신설되거나 합병 후 존속하는 법인
③ 장기요양기관 폐업 후 동일 장소에서 장기요양기관을 운영하는 자
④ 종전에 행정제재처분을 받은 자나 그 배우자 또는 직계 및 방계혈족

05

다음 [보기]의 과태료를 모두 합친 금액이 얼마인지 고르면?

| 보기 |

㉠ 변경신고를 미실시하거나 부정한 방법으로 변경지정을 받은 경우(2차 위반)
㉡ 폐쇄회로 텔레비전을 설치하지 않은 경우(1차 위반)
㉢ 장기요양기관에 관한 정보를 게시하지 않은 경우(2차 위반)
㉣ 노인장기요양보험 또는 이와 유사한 용어를 사용한 경우(3차 위반)

① 3,000,000원 ② 4,000,000원
③ 5,000,000원 ④ 6,000,000원

06

다음 [보기]에서 노인장기요양보험법상 청문의 공표 사항에 해당되는 것을 모두 고르면?

┤ 보기 ├
- ㉠ 거짓으로 청구한 금액이 1천만 원 이상인 경우
- ㉡ 거짓으로 청구한 금액이 장기요양급여비용 총액의 100분의 10 이상인 경우
- ㉢ 폐업 또는 휴업 신고를 하지 아니하고 1년 이상 장기요양급여를 제공하지 아니한 경우
- ㉣ 거짓이나 그 밖의 부정한 방법으로 재가 및 시설 급여비용을 청구한 경우

① ㉡   ② ㉠, ㉡   ③ ㉡, ㉢   ④ ㉠, ㉡, ㉣

07

다음 [보기]에서 노인장기요양보험법상 옳은 내용을 모두 고르면?

┤ 보기 ├
- ㉠ 재가급여 또는 시설급여를 제공하는 장기요양기관을 운영하려는 자는 대통령령으로 정하는 장기요양에 필요한 시설 및 인력을 갖추어 소재지를 관할 구역으로 하는 특별자치시장·특별자치도지사·시장·군수·구청장으로부터 지정을 받아야 한다.
- ㉡ 장기요양기관으로 지정을 받을 수 있는 시설은 노인복지시설 중 보건복지부령으로 정하는 시설로 한다.
- ㉢ 특별자치시장·특별자치도지사·시장·군수·구청장은 장기요양기관을 지정한 때 7일 이내에 지정 명세를 공단에 통보하여야 한다.
- ㉣ 재가급여를 제공하는 장기요양기관 중 의료기관이 아닌 자가 설치·운영하는 장기요양기관이 방문간호를 제공하는 경우에는 방문간호의 관리책임자로서 간호사를 둔다.
- ㉤ 장기요양기관의 지정절차와 그 밖에 필요한 사항은 보건복지부령으로 정한다.

① ㉠, ㉤   ② ㉡, ㉢   ③ ㉡, ㉣   ④ ㉣, ㉤

08
노인장기요양보험법상 재심사 청구에 대한 설명으로 옳은 것을 고르면?

① 심사청구에 대한 결정에 불복하는 사람은 그 결정통지를 받은 날부터 90일 이내에 장기요양재심사위원회에 재심사를 청구할 수 있다.
② 재심사위원회는 건강보험공단이사장 소속으로 두고, 위원장 1인을 포함한 20인 이내의 위원으로 구성한다.
③ 재심사위원회의 위원은 관계 공무원, 법학, 그 밖에 장기요양사업 분야의 학식과 경험이 풍부한 자 중에서 보건복지부장관이 임명 또는 위촉한다. 이 경우 공무원이 아닌 위원이 전체 위원의 과반수 미만으로 되어야 한다.
④ 재심사위원회의 구성·운영 및 위원의 임기, 그 밖에 필요한 사항은 보건복지부령으로 정한다.

09
다음 [보기]에서 노인장기요양보험법상의 과태료 처분에서 300만 원 이하에 해당되는 것을 모두 고르면?

| 보기 |
① 열람 요청에 응하지 아니한 자
② 수급자에게 장기요양급여비용에 대한 명세서를 교부하지 아니하거나 거짓으로 교부한 자
③ 노인장기요양보험 또는 이와 유사한 용어를 사용한 자
④ 행정제재처분을 받았거나 그 절차가 진행 중인 사실을 양수인등에게 지체 없이 알리지 아니한 자
⑤ 장기요양급여 제공 자료를 기록·관리하지 아니하거나 거짓으로 작성한 자
⑥ 폐쇄회로 텔레비전을 설치하지 아니하거나 설치·관리의무를 위반한 자

① ㉠, ㉤   ② ㉠, ㉢, ㉤   ③ ㉢, ㉣, ㉥   ④ ㉠, ㉡, ㉣, ㉤

10
다음 [보기]에서 노인장기요양보험법상 국민건강보험의 가입 자격과 동일하게 보는 장기요양보험가입 자격에 해당하는 것을 모두 고르면?

| 보기 |
㉠ 장기요양보험가입자
㉡ 장기요양보험의 피부양자
㉢ 장기요양보험가입자의 자격취득 및 상실
㉣ 장기요양보험료의 납부·징수 및 결손처분

① ㉠, ㉢   ② ㉡, ㉣   ③ ㉠, ㉡, ㉢   ④ ㉠, ㉡, ㉢, ㉣

11

다음 [보기]에서 노인장기요양보험법상 장기요양인정 신청 등에 대하여 본인 또는 가족의 동의를 받아 그 신청을 대리할 수 있는 자로 옳은 것을 모두 고르면?

─── 보기 ───
㉠ 사회복지사업법에 따른 사회복지사
㉡ 「사회보장급여의 이용·제공 및 수급권자 발굴에 관한 법률」에 따른 사회복지전담공무원
㉢ 「노인복지법」에 따른 요양보호사
㉣ 「치매관리법」에 따른 치매안심센터의 장(수급자가 치매환자인 경우로 한정)

① ㉠, ㉢   ② ㉡, ㉣   ③ ㉠, ㉡, ㉢   ④ ㉠, ㉡, ㉢, ㉣

12

노인장기요양보험법상 장기요양기관의 폐업 등의 신고 등에 대한 설명으로 옳지 않은 것을 고르면?

① 장기요양기관의 장은 폐업하거나 휴업하고자 하는 경우 폐업이나 휴업 예정일 전 20일까지 특별자치시장·특별자치도지사·시장·군수·구청장에게 신고할 수 있다.
② 특별자치시장·특별자치도지사·시장·군수·구청장은 장기요양기관의 장이 유효기간이 끝나기 30일 전까지 지정 갱신 신청을 하지 아니하는 경우 그 사실을 공단에 통보하여야 한다.
③ 특별자치시장·특별자치도지사·시장·군수·구청장은 장기요양기관이 운영하는 노인의료복지시설 등에 대하여 사업정지 또는 폐지 명령을 하는 경우 지체 없이 공단에 그 내용을 통보하여야 한다.
④ 장기요양기관의 장은 폐업·휴업 신고를 할 때 또는 장기요양기관의 지정 갱신을 하지 아니하여 유효기간이 만료될 때 보건복지부령으로 정하는 바에 따라 장기요양급여 제공 자료를 공단으로 이관하여야 한다.

13

노인장기요양보험법상 장기요양기관의 의무에 대한 설명으로 옳지 않은 것을 고르면?

① 장기요양기관은 수급자로부터 장기요양급여신청을 받은 때 장기요양급여의 제공을 거부하여서는 아니 된다.
② 장기요양기관의 장은 장기요양급여를 제공한 수급자에게 장기요양급여비용에 대한 명세서를 교부하여야 한다.
③ 장기요양기관은 면제받거나 감경받는 금액 외에 영리를 목적으로 수급자가 부담하는 재가 및 시설 급여비용을 면제하거나 감경할 수 있다.
④ 누구든지 영리를 목적으로 금전, 물품, 노무, 향응, 그 밖의 이익을 제공하거나 제공할 것을 약속하는 방법으로 수급자를 장기요양기관에 소개, 알선 또는 유인하는 행위 및 이를 조장하는 행위를 하여서는 아니 된다.

14
노인장기요양보험법상 국가 및 지방자치단체의 책무에 대한 설명으로 옳지 않은 것을 고르면?

① 국가 및 지방자치단체는 장기요양요원의 처우를 개선하고 복지를 증진하며 지위를 향상시키기 위하여 적극적으로 노력하여야 한다.
② 국가 및 지방자치단체는 노인이 일상생활을 혼자서 수행할 수 있는 온전한 심신상태를 유지하는데 필요한 노인성질환예방사업을 실시하여야 한다.
③ 국가 및 지방자치단체는 노인성질환예방사업을 수행하는 「국민건강보험법」에 따른 국민건강보험공단에 대하여 이에 소요되는 비용을 지원하여야 한다.
④ 국가 및 지방자치단체는 노인인구 및 지역특성 등을 고려하여 장기요양급여가 원활하게 제공될 수 있도록 적정한 수의 장기요양기관을 확충하고 장기요양기관의 설립을 지원하여야 한다.

15
다음 [보기]에서 노인장기요양보험법상 공표에 대한 설명으로 옳은 것을 모두 고르면?

┤ 보기 ├
㉠ 장기요양기관이 거짓으로 청구한 금액이 장기요양급여비용 총액의 100분의 20 이상인 경우에는 위반사실, 처분내용, 장기요양기관의 명칭·주소, 장기요양기관의 장의 성명, 그 밖에 다른 장기요양기관과의 구별에 필요한 사항으로서 대통령령으로 정하는 사항을 공표하여야 한다.
㉡ 보건복지부장관 또는 특별자치시장·특별자치도지사·시장·군수·구청장은 공표 여부 등을 심의하기 위하여 장기요양위원회를 설치·운영할 수 있다.
㉢ 보건복지부장관은 장기요양사업의 실태를 파악하기 위하여 5년마다 정기적으로 조사를 실시하고 그 결과를 공표하여야 한다.
㉣ 장기요양기관이 장기요양급여의 제공 기준·절차·방법 등에 따라 적정하게 장기요양급여를 제공하였는지 평가를 실시하고 그 결과를 공단의 홈페이지 등에 공표하는 등 필요한 조치를 할 수 있다.

① ㉣   ② ㉠, ㉡   ③ ㉢, ㉣   ④ ㉠, ㉡, ㉢, ㉣

16
노인장기요양보험법상 장기요양보험에 대한 설명으로 옳지 않은 것을 고르면?

① 장기요양보험사업의 보험자는 공단으로 한다.
② 장기요양보험사업은 보건복지부장관이 관장한다.
③ 국내에 거주하는 국민은 장기요양보험의 가입자가 된다.
④ 공단은 「외국인근로자의 고용 등에 관한 법률」에 따른 외국인근로자 등 대통령령으로 정하는 외국인이 신청하는 경우 대통령령으로 정하는 바에 따라 장기요양보험가입자에서 제외할 수 있다.

17
다음 [보기]에서 노인장기요양보험법상 공단이 운영하는 인터넷 홈페이지에 게시하여 안내해야 할 장기요양기관 정보에 해당하는 것을 모두 고르면?

보기
㉠ 시설
㉡ 인력
㉢ 급여의 내용

① ㉠
② ㉡
③ ㉡, ㉢
④ ㉠, ㉡, ㉢

18
노인장기요양보험법상 전자문서의 사용에 대한 설명으로 옳지 않은 것을 고르면?

① 공단은 장기요양기관의 지정신청 등에 대하여 전산매체 또는 전자문서교환방식을 이용하여야 한다.
② 장기요양사업에 관련된 각종 서류의 기록, 관리 및 보관은 보건복지부령으로 정하는 바에 따라 전자문서로 한다.
③ 장기요양기관은 재가·시설 급여비용의 청구 및 지급 등에 대하여 전산매체 또는 전자문서교환방식을 이용하여야 한다.
④ 정보통신망 및 정보통신서비스 시설이 열악한 지역 등 보건복지부 장관이 정하는 지역의 경우에도 전자문서·전산매체 또는 전자문서교환방식을 이용하여야 한다.

19
노인장기요양보험법상 관리운영기관이 관장하는 업무에 해당하지 않는 것을 고르면?

① 장기요양사업에 관한 예산 및 결산
② 장기요양사업에 관한 조사·연구 및 홍보
③ 등급판정위원회의 운영 및 장기요양등급 판정
④ 장기요양보험가입자 및 그 피부양자와 의료급여수급권자의 자격관리

20
다음 [보기]에서 노인장기요양보험법상 특별현금급여수급계좌의 신청 방법에서 특별현금급여를 직접 현금으로 지급할 수 있는 항목을 모두 고르면?

보기
㉠ 특별현금급여수급계좌가 개설된 금융기관이 폐업, 업무정지인 경우
㉡ 정보통신장애 등으로 인하여 일부만 정상영업이 가능한 경우
㉢ 수급자가 금융기관을 쉽게 이용할 수 없는 지역에 거주하는 경우
㉣ 불가피한 사유로 특별현금급여를 특별현금급여수급계좌로 이체할 수 없는 경우

① ㉠, ㉡　　　② ㉢, ㉣　　　③ ㉠, ㉢, ㉣　　　④ ㉠, ㉡, ㉢, ㉣

국민건강보험공단
법률 연습문제

100제

직렬	법률	문항 수	비고
행정직/건강직/전산직(기술직)	국민건강보험법	50문항	객관식 사지선다형
요양직	노인장기요양보험법	50문항	

국민건강보험법

법률 연습문제 100제

01
다음 용어 정의에서 옳지 <u>않은</u> 것을 고르면?

① 근로자란 직업의 종류에 따라 근로의 대가로 보수를 받아 생활하는 사람(법인의 이사와 그 밖의 임원을 포함한다)으로서 공무원 및 교직원을 제외한 사람을 말한다.
② 사용자란 근로자가 소속되어 있는 사업장의 사업주 및 공무원이 소속되어 있는 기관의 장으로서 대통령령으로 정하는 사람과 교직원이 소속되어 있는 사립학교를 설립·운영하는 자이다.
③ 사업장이란 사업소나 사무소를 말한다.
④ 교직원이란 사립학교나 사립학교의 경영기관에서 근무하는 교원과 직원을 말한다.

02
다음 [보기]의 설명에서 국민건강보험법의 목적에 들어갈 내용으로 옳은 것을 고르면?

보기
국민의 질병·부상에 대한 예방·진단·치료·재활과 (㉠)·(㉡) 및 건강증진에 대하여 (㉢)를 실시함으로써 국민 보건 향상과 사회보장 증진에 이바지함을 목적으로 한다.

	㉠	㉡	㉢
①	장애	간호	보험급여
②	장해	출산	요양급여
③	출산	사망	보험급여
④	장애	출산	요양급여

03

다음 [보기]에서 국민건강보험종합계획의 수립 내용에 관한 설명으로 옳은 것을 고르면?

보기
(㉠)은 이 법에 따른 건강보험의 건전한 운영을 위하여 (㉡) 심의를 거쳐 (㉢)마다 국민건강보험 종합계획을 수립하여야 한다.

	㉠	㉡	㉢
①	건강보험공단 이사장	이사회	4년
②	보건복지부장관	건강보험정책심의위원회	5년
③	건강보험공단	이사장	4년
④	보건복지부장관	이사회	5년

04

사업장의 신고에 관한 설명으로 옳지 않은 것을 고르면?

① 사업장의 사용자는 7일 이내에 보건복지부령으로 정하는 바에 따라 보험자에게 신고하여야 한다.
② 휴업·폐업 등 보건복지부령으로 정하는 사유가 발생한 경우에 신고해야 한다.
③ 직장가입자가 되는 근로자·공무원 및 교직원을 사용하는 사업장이 된 경우에 신고해야 한다.
④ 보험자에게 신고한 내용이 변경된 경우에도 신고해야 한다.

05

자격의 변동 시기에 관한 설명으로 옳은 것을 고르면?

① 지역가입자가 적용대상사업장의 사용자로 되거나, 근로자·공무원 또는 교직원으로 사용된 다음 날
② 직장가입자가 다른 적용대상사업장의 사용자로 되거나 근로자등으로 사용된 다음 날
③ 직장가입자인 근로자등이 그 사용관계가 끝난 날의 다음 날
④ 적용대상사업장에 사유가 발생한 날

06

자격의 상실 시기에 관한 설명으로 옳지 않은 것을 고르면?

① 사망한 날의 다음 날
② 직장가입자의 피부양자가 된 날
③ 수급권자가 된 날
④ 건강보험을 적용받고 있던 사람이 유공자등 의료보호대상자가 되어 건강보험의 적용배제신청을 한 다음 날

07

건강보험증에 관한 설명으로 옳은 것을 고르면?

① 건강보험증의 발급 및 관리는 보건복지부가 한다.
② 약국은 조제등의 급여를 실시하는 경우 보건복지부령으로 정하는 바에 따라 건강보험증이나 신분증명서로 본인 여부 및 그 자격을 확인하여야 한다.
③ 가입자 또는 피부양자는 주민등록증, 운전면허증, 여권, 그 밖에 보건복지부령으로 정하는 본인 여부를 확인할 수 있는 신분증명서로 요양기관이 그 자격을 확인할 수 있어도 건강보험증을 제시해야 한다.
④ 가입자 또는 피부양자가 요양급여를 받고 나서 요양기관에 제출하여야 한다.

08

국민건강보험공단의 임원에 관한 설명으로 옳은 것을 고르면?

① 공단은 임원으로서 이사장 1명, 이사 14명 및 감사 1명을 둔다. 이 경우 이사장, 이사 중 5명 및 감사는 상임으로 한다.
② 이사장은 「공공기관의 운영에 관한 법률」에 따른 임원추천위원회가 복수로 추천한 사람 중에서 보건복지부장관의 제청으로 국무총리가 임명한다.
③ 상임이사는 정관이 정하는 추천 절차를 거쳐 보건복지부장관이 임명한다.
④ 비상임이사는 공단 이사장이 임명한다.

09
국민건강보험공단의 임원에 관한 설명으로 옳지 않은 것을 고르면?

① 비상임이사에는 노동조합·사용자단체·시민단체·소비자단체·농어업인단체 및 노인단체가 추천하는 각 1명이다.
② 상임이사에는 대통령령으로 정하는 바에 따라 추천하는 관계 공무원 3명이다.
③ 감사는 임원추천위원회가 복수로 추천한 사람 중에서 기획재정부장관의 제청으로 대통령이 임명한다.
④ 이사장의 임기는 3년, 이사(공무원인 이사는 제외)와 감사의 임기는 각각 2년으로 한다.

10
국민건강보험법상 임원의 직무에 관한 설명으로 옳은 것을 고르면?

① 상임이사는 공단을 대표하고 업무를 총괄하며, 임기 중 공단의 경영성과에 대하여 책임을 진다.
② 상임이사는 법령에 의거 공단의 업무를 집행한다.
③ 이사장이 부득이한 사유로 그 직무를 수행할 수 없을 때에는 정관으로 정하는 바에 따라 상임이사 중 1명이 그 직무를 대행하고, 상임이사가 없거나 그 직무를 대행할 수 없을 때에는 보건복지부 건강보험정책 담당 공무원이 그 직무를 대행한다.
④ 감사는 공단의 업무를 포함한 회계 및 재산 상황을 감사한다.

11
국민건강보험법상 임원의 해임사유에 해당하지 않는 것을 고르면?

① 신체장애나 정신장애로 직무를 수행할 수 없다고 인정되는 경우
② 직무와 관련하여 품위를 손상하는 행위를 한 경우
③ 고의나 중대한 과실로 공단에 손실이 생기게 한 경우
④ 직무상 의무를 위반한 경우

12
국민건강보험공단의 이사회에 관한 설명으로 옳은 것을 고르면?

① 공단의 주요 사항을 심의하기 위하여 공단에 이사회를 둔다.
② 이사회는 이사장과 이사, 감사로 구성한다.
③ 감사는 이사회에 출석하여 발언할 수 있다.
④ 이사회의 의결 사항 및 운영 등에 필요한 사항은 정관으로 정한다.

13
국민건강보험법상 다음 [보기]의 ㉠~㉤ 중 옳은 것을 모두 고르면?

─┤ 보기 ├─
㉠ 이사장은 정관으로 정하는 바에 따라 직원을 임면(任免)한다.
㉡ 공단의 임직원은 「형법」 제129조부터 제132조까지의 규정을 적용할 때 공무원으로 본다.
㉢ 공단의 조직·인사·보수 및 회계에 관한 규정은 이사회의 의결을 거쳐 보건복지부장관의 승인을 받아 정한다.
㉣ 이사장은 공단 업무에 관한 모든 재판상의 행위 또는 재판 외의 행위를 대행하게 하기 위하여 공단의 이사 또는 직원 중에서 대리인을 선임할 수 있다.
㉤ 이사장은 공단의 이익과 자기의 이익이 상반되는 사항에 대하여는 공단을 대표하지 못한다. 이 경우 상임이사가 공단을 대표한다.

① ㉠, ㉡, ㉢, ㉣
② ㉠, ㉡, ㉣, ㉤
③ ㉠, ㉢, ㉣, ㉤
④ ㉠, ㉡, ㉢, ㉣, ㉤

14
다음 중 국민건강보험법상 재정운영위원회의 위원에 해당하지 않는 인원을 고르면?

① 직장가입자를 대표하는 위원 10명
② 지역가입자를 대표하는 위원 10명
③ 공익을 대표하는 위원 10명
④ 공단을 대표하는 위원 10명

15
다음 [보기]에서 국민건강보험법상의 요양급여에 해당하는 것을 모두 고르면?

> 보기
> ㉠ 진찰·검사
> ㉡ 약제(藥劑)·치료재료의 지급
> ㉢ 처치·수술 및 그 밖의 치료
> ㉣ 예방·재활
> ㉤ 입원
> ㉥ 간호·간병
> ㉦ 이송(移送)

① ㉠, ㉡, ㉢, ㉣, ㉤, ㉥
② ㉠, ㉡, ㉢, ㉣, ㉤, ㉦
③ ㉠, ㉢, ㉣, ㉤, ㉥, ㉦
④ ㉠, ㉡, ㉢, ㉣, ㉤, ㉥, ㉦

16
다음 [보기]에서 설명하고 있는 것을 고르면?

> 보기
> 가입자 또는 피부양자가 질병이나 부상으로 거동이 불편한 경우 등 보건복지부령으로 정하는 사유에 해당하는 경우에는 가입자 또는 피부양자를 직접 방문하여 실시할 수 있다.

① 방문요양급여　　② 상병수당급여
③ 직업재활급여　　④ 간병급여

17
다음 [보기]에서 설명하고 있는 것을 고르면?

> 보기
> 요양 급여를 결정함에 있어 경제성 또는 치료효과성 등이 불확실하여 그 검증을 위하여 추가적인 근거가 필요하거나, 경제성이 낮아도 가입자와 피부양자의 건강회복에 잠재적 이득이 있는 등 대통령령으로 정하는 경우에는 예비적인 요양급여를 지정하여 실시할 수 있다.

① 특수 급여　　② 선별 급여
③ 방문 요양 급여　　④ 예비 급여

18
국민건강보험법상 요양기관에 해당하지 않는 기관을 고르면?

① 조산원
② 한의원
③ 한국희귀·필수의약품센터
④ 노인요양시설

19
국민건강보험법상 요양급여비용의 산정 등에 관한 설명으로 옳지 않은 것을 고르면?

① 요양급여비용은 공단의 이사장과 대통령령으로 정하는 의약계를 대표하는 사람들의 계약으로 정한다. 이 경우 계약기간은 1년으로 한다.
② 제45조제1항에 따른 계약은 그 직전 계약기간 만료일이 속하는 연도의 5월 31일까지 체결하여야 하며, 그 기한까지 계약이 체결되지 아니하는 경우 보건복지부장관이 그 직전 계약기간 만료일이 속하는 연도의 6월 30일까지 심의위원회의 의결을 거쳐 요양급여비용을 정한다.
③ 제45조제1항 또는 제45조제3항에 따라 요양급여비용이 정해지면 보건복지부장관은 그 요양급여비용의 명세를 지체 없이 고시하여야 한다.
④ 공단의 이사장은 심사평가원이 계약을 체결하기 위하여 필요한 자료를 요청하면 그 요청에 성실히 따라야 한다.

20
국민건강보험법상 요양급여의 청구 및 지급에 관한 설명으로 옳지 않은 것을 고르면?

① 요양기관은 공단에 요양급여비용의 지급을 청구할 수 있다. 이 경우 요양급여비용에 대한 심사청구는 공단에 대한 요양급여비용의 청구로 본다.
② 요양급여비용을 청구하려는 요양기관은 심사평가원에 요양급여비용의 심사청구를 하여야 하며, 심사청구를 받은 심사평가원은 이를 심사한 후 지체 없이 그 내용을 공단과 요양기관에 알려야 한다.
③ 심사 내용을 통보받은 공단은 지체 없이 그 내용에 따라 요양급여비용을 요양기관에 지급한다. 이 경우 이미 낸 본인일부부담금이 통보된 금액보다 더 많으면 요양기관에 지급할 금액에서 더 많이 낸 금액을 공제하여 해당 가입자에게 지급하여야 한다.
④ 공단은 가입자에게 지급하여야 하는 금액을 그 가입자가 내야 하는 보험료와 그 밖에 이 법에 따른 징수금과 상계(相計)할 수 없다.

21
국민건강보험법상 요양급여의 적정성 평가에 관한 설명으로 옳지 않은 것을 고르면?

① 심사평가원은 요양급여에 대한 의료의 질을 향상시키기 위하여 요양급여의 적정성 평가를 실시할 수 있다.
② 심사평가원은 요양기관의 인력·시설·장비, 환자안전 등 요양급여와 관련된 사항을 포함하여 평가할 수 있다.
③ 심사평가원은 평가 결과를 평가대상 요양기관에 통보하여야 하며, 평가 결과에 따라 요양급여비용을 가산 또는 감산할 경우에는 그 결정사항이 포함된 평가 결과를 가감대상 요양기관 및 공단에 통보하여야 한다.
④ 요양급여의 적정성 평가의 기준·범위·절차·방법 등에 필요한 사항은 대통령령으로 정한다.

22
다음 [보기]의 밑줄 친 ㉠~㉣ 중 옳지 않은 것을 고르면?

┌ 보기 ┐
제48조(요양급여 대상 여부의 확인 등) ① 가입자나 피부양자는 본인일부부담금 외에 자신이 부담한 비용이 제41조제4항에 따라 요양급여 대상에서 제외되는 비용인지 여부에 대하여 ㉠ 심사평가원에 확인을 요청할 수 있다.
② 제1항에 따른 확인 요청을 받은 심사평가원은 그 결과를 요청한 사람에게 알려야 한다. 이 경우 확인을 요청한 비용이 요양급여 대상에 해당되는 비용으로 확인되면 ㉡ 그 내용을 공단 및 관련 요양기관에 알려야 한다.
③ 제2항 후단에 따라 통보받은 요양기관은 받아야 할 금액보다 더 많이 징수한 금액(이하 "과다본인부담금"이라 한다)을 지체 없이 확인을 요청한 사람에게 지급하여야 한다. 다만, ㉢ 공단은 해당 요양기관이 과다본인부담금을 지급하지 아니하면 해당 요양기관에 지급할 요양급여비용에서 과다본인부담금을 공제하여 확인을 요청한 사람에게 지급하여야 한다.
④ 제1항부터 제3항까지에 따른 ㉣ 확인 요청의 범위, 방법, 절차, 처리기간 등 필요한 사항은 보건복지부령으로 정한다.

① ㉠   ② ㉡   ③ ㉢   ④ ㉣

23
다음 [보기]의 빈칸에 들어갈 내용으로 옳은 것을 고르면?

> **보기**
>
> 제49조(요양비) ① 공단은 가입자나 피부양자가 보건복지부령으로 정하는 긴급하거나 그 밖의 부득이한 사유로 요양기관과 비슷한 기능을 하는 기관으로서 보건복지부령으로 정하는 기관(제98조제1항에 따라 업무정지기간 중인 요양기관을 포함한다. 이하 "준요양기관"이라 한다)에서 질병·부상·출산 등에 대하여 요양을 받거나 요양기관이 아닌 장소에서 출산한 경우에는 그 요양급여에 상당하는 금액을 (㉠)으로 정하는 바에 따라 가입자나 피부양자에게 요양비로 지급한다.
> ② 준요양기관은 보건복지부장관이 정하는 요양비 명세서나 요양 명세를 적은 영수증을 요양을 받은 사람에게 내주어야 하며, 요양을 받은 사람은 그 명세서나 영수증을 공단에 제출하여야 한다.
> ③ 제1항 및 제2항에도 불구하고 준요양기관은 요양을 받은 가입자나 피부양자의 위임이 있는 경우 공단에 요양비의 지급을 직접 청구할 수 있다. 이 경우 공단은 지급이 청구된 내용의 적정성을 심사하여 준요양기관에 요양비를 (㉡).
> ④ 제3항에 따른 준요양기관의 요양비 지급 청구, 공단의 적정성 심사 등에 필요한 사항은 보건복지부령으로 정한다.

	㉠	㉡
①	보건복지부령	지급하여야 한다
②	보건복지부령	지급할 수 있다
③	대통령령	지급할 수 있다
④	대통령령	지급하여야 한다

24
다음 [보기]의 빈칸에 들어갈 내용으로 옳지 <u>않은</u> 것을 고르면?

> **보기**
>
> 제50조(부가급여) 공단은 이 법에서 정한 요양급여 외에 (㉠)으로 정하는 바에 따라 (㉡) (㉢), (㉣), 그 밖의 급여를 실시할 수 있다.

① ㉠: 보건복지부령　　　　② ㉡: 임신·출산 진료비
③ ㉢: 장제비　　　　　　　④ ㉣: 상병수당

25
국민건강보험법상 장애인에 대한 특례에 관한 설명으로 옳지 <u>않은</u> 것을 고르면?

① 공단은 「장애인복지법」에 따라 등록한 장애인인 가입자 및 피부양자에게는 「장애인·노인 등을 위한 보조기기 지원 및 활용촉진에 관한 법률」 제3조제2호에 따른 보조기기(이하 이 조에서 "보조기기"라 한다)에 대하여 보험급여를 할 수 있다.
② 장애인인 가입자 또는 피부양자에게 보조기기를 판매한 자는 가입자나 피부양자의 위임이 있는 경우 공단에 보험급여를 직접 청구할 수 없다.
③ ②의 경우 공단은 지급이 청구된 내용의 적정성을 심사하여 보조기기를 판매한 자에게 보조기기에 대한 보험급여를 지급할 수 있다.
④ 보조기기에 대한 보험급여의 범위·방법·절차, 제2항에 따른 보조기기 판매업자의 보험급여 청구, 공단의 적정성 심사 및 그 밖에 필요한 사항은 보건복지부령으로 정한다.

26
국민건강보험법상 건강검진에 관한 설명으로 옳지 <u>않은</u> 것을 고르면?

① 공단은 가입자와 피부양자에 대하여 질병의 조기 발견과 그에 따른 요양급여를 하기 위하여 건강검진을 실시한다.
② 일반건강검진이란 직장가입자, 세대주인 지역가입자, 19세 이상인 지역가입자 및 19세 이상인 피부양자를 대상으로 한다.
③ 암검진이란 암관리법에 따른 암의 종류별 검진주기와 연령 기준 등에 해당하는 사람을 지칭한다.
④ 영유아건강검진이란 6세 미만의 가입자 및 피부양자가 대상이 된다.

27
국민건강보험법상 요양비등의 수급권에 관한 설명으로 옳지 <u>않은</u> 것을 고르면?

① 금융기관은 국민건강보험법 제56조의2에 따른 보험급여로 지급되는 현금을 받는 수급자의 신청이 있는 경우에는 요양비등을 수급자 명의의 지정된 계좌로 입금하여야 한다.
② 요양비등수급계좌가 개설된 금융기관은 요양비등수급계좌에 요양비등만이 입금되도록 하고, 이를 관리하여야 한다.
③ 요양비등수급계좌의 신청 방법·절차와 관리에 필요한 사항은 대통령령으로 정한다.
④ 정보통신장애나 그 밖에 대통령령으로 정하는 불가피한 사유로 요양비등수급계좌로 이체할 수 없을 때에는 직접 현금으로 지급하는 등 대통령령으로 정하는 바에 따라 요양비등을 지급할 수 있다.

28
다음 [보기]에서 국민건강보험법상 심사평가원의 업무로 보기 어려운 것을 모두 고르면?

―― 보기 ――
㉠ 요양급여비용의 심사
㉡ 요양급여의 기준
㉢ 요양급여비용에 관한 사항
㉣ 요양급여의 적정성 평가
㉤ 심사기준 및 평가기준의 개발

① ㉠, ㉤
② ㉡, ㉢
③ ㉢, ㉤
④ ㉠, ㉢, ㉤

29
국민건강보험법상 심사평가원에 관한 설명으로 옳은 것을 고르면?

① 심사평가원에 임원으로서 원장, 이사 20명 및 감사 2명을 둔다. 이 경우 원장, 이사 중 4명 및 감사는 상임으로 한다.
② 원장은 임원추천위원회가 복수로 추천한 사람 중에서 공단 이사장의 제청으로 보건복지부장관이 임명한다.
③ 상임이사는 보건복지부령으로 정하는 추천 절차를 거쳐 원장이 임명한다.
④ 감사는 임원추천위원회가 복수로 추천한 사람 중에서 공단 이사장의 제청으로 보건복지부장관이 임명한다.

30
국민건강보험법상 진료심사평가위원회에 관한 설명으로 옳지 않은 것을 고르면?

① 심사평가원의 업무를 효율적으로 수행하기 위하여 심사평가원에 진료심사평가위원회를 둔다.
② 심사위원회는 위원장을 포함하여 90명 이내의 상근 심사위원과 100명 이내의 비상근 심사위원으로 구성하며, 진료과목별 분과위원회를 둘 수 있다.
③ 상근 심사위원은 심사평가원의 원장이 보건복지부령으로 정하는 사람 중에서 임명한다.
④ 비상근 심사위원은 심사평가원의 원장이 보건복지부령으로 정하는 사람 중에서 위촉한다.

31

다음 [보기]에서 국민건강보험법상 진료심사평가위원회의 심사위원에 대한 해임 또는 해촉 사유에 해당되는 경우를 모두 고르면?

> **보기**
> ㉠ 신체장애나 정신장애로 직무를 수행할 수 없다고 인정되는 경우
> ㉡ 직무상 의무를 위반하거나 직무를 게을리한 경우
> ㉢ 고의나 중대한 과실로 심사평가원에 손실이 생기게 한 경우
> ㉣ 직무와 관련하여 품위를 손상하는 행위를 한 경우

① ㉠, ㉡
② ㉠, ㉡, ㉢
③ ㉠, ㉢, ㉣
④ ㉠, ㉡, ㉢, ㉣

32

다음 [보기]의 밑줄 친 다음의 계산식으로 옳은 것을 고르면?

> **보기**
> 제71조(소득월액) ① 직장가입자의 보수 외 소득월액은 제70조에 따른 보수월액의 산정에 포함된 보수를 제외한 직장가입자의 소득(이하 "보수 외 소득"이라 한다)이 대통령령으로 정하는 금액을 초과하는 경우 <u>다음의 계산식</u>에 따른 값을 보건복지부령으로 정하는 바에 따라 평가하여 산정한다.

① (대통령령으로 정하는 금액 - 연간 보수 외 소득) × 1/12
② (대통령령으로 정하는 금액 - 연간 보수 외 소득) × 1/6
③ (연간 보수 외 소득 - 대통령령으로 정하는 금액) × 1/12
④ (연간 보수 외 소득 - 대통령령으로 정하는 금액) × 1/6

33

국민건강보험법상 소득월액 및 보험료율에 관한 설명으로 옳은 것을 고르면?

① 국외에서 업무에 종사하고 있는 직장가입자에 대한 보험료율은 국민건강보험법 제73조제1항에 따라 정해진 보험료율의 100분의 50으로 한다.
② 직장가입자의 보수 외 소득월액은 보수월액의 산정에 포함된 보수를 제외한 직장가입자의 소득이 보건복지부령으로 정하는 금액을 초과하는 경우 대통령령으로 정하는 바에 따라 평가하여 산정한다.
③ 지역가입자의 소득월액은 지역가입자의 연간 소득을 24개월로 나눈 값을 보건복지부령으로 정하는 바에 따라 평가하여 산정한다.
④ 소득의 구체적인 범위, 소득월액을 산정하는 기준, 방법 등 소득월액의 산정에 필요한 사항은 건강보험정책심의위원회에서 정한다.

34
다음 [보기]에서 설명하는 대상자가 누구인지 고르면?

| 보기 |

국가, 지방자치단체 또는 「공공기관의 운영에 관한 법률」에 따른 공공기관으로부터 공사·제조·구매·용역 등 대통령령으로 정하는 계약의 대가를 지급받는 경우에는 보험료와 그에 따른 연체금 및 체납처분비의 납부 사실을 증명하여야 한다.

① 납부 의무자 ② 입찰 의무자
③ 구매 의무자 ④ 용역 의무자

35
국민건강보험법상 체납보험료의 분할납부에 관한 설명으로 옳지 않은 것을 고르면?

① 공단은 보험료를 3회 이상 체납한 자가 신청하는 경우 보건복지부령으로 정하는 바에 따라 분할납부를 승인할 수 있다.
② 공단은 보험료를 3회 이상 체납한 자에 대하여 체납처분을 하기 전에 제82조제1항에 따른 분할납부를 신청할 수 있음을 알리고, 보건복지부령으로 정하는 바에 따라 분할납부 신청의 절차·방법 등에 관한 사항을 안내하여야 한다.
③ 공단은 제82조제1항에 따라 분할납부 승인을 받은 자가 5회(제82조제1항에 따라 승인받은 분할납부 횟수가 5회 미만인 경우에는 해당 분할납부 횟수를 말한다) 이상 그 승인된 보험료를 납부하지 아니하면 그 분할납부의 승인을 취소한다.
④ 분할납부의 승인과 취소에 관한 절차·방법·기준 등에 필요한 사항은 보건복지부령으로 정한다.

36
다음 [보기]는 국민건강보험법상 결손처분에 관한 대화이다. 옳지 않은 내용을 말한 사람을 고르면?

| 보기 |

나라: 체납처분이 끝나고 체납액에 충당될 배분금액이 그 체납액에 미치지 못하는 경우 공단은 재정운영위원회의 의결을 받아 보험료등을 결손처분할 수 있어.
유진: 해당 권리에 대한 소멸시효가 완성된 경우도 공단은 재정운영위원회의 의결을 받아 보험료 등을 결손처분할 수 있지.
은영: 나라와 유진이가 말한 내용 이외에 징수할 가능성이 없다고 인정되는 경우로서 대통령령으로 정하는 경우도 마찬가지야.
하랑: 체납처분이 끝나고 체납액에 충당될 배분금액이 그 체납액에 미치지 못하는 경우에 따라 결손처분을 한 후 압류할 수 있는 다른 재산이 있는 것을 발견한 때에는 지체 없이 그 처분을 취소하고 체납처분을 해야 돼.

① 나라 ② 유진 ③ 은영 ④ 하랑

37
다음 [보기]의 밑줄 친 ㉠~㉣ 중 옳지 않은 것을 고르면?

| 보기 |

제86조(보험료등의 충당과 환급) ① 공단은 납부의무자가 보험료등·연체금 또는 체납처분비로 낸 금액 중 과오납부(過誤納付)한 금액이 있으면 ㉠ 대통령령으로 정하는 바에 따라 그 과오납금을 보험료등·연체금 또는 체납처분비에 우선 충당하여야 한다.
② 공단은 제1항에 따라 충당하고 남은 금액이 있는 경우 ㉡ 대통령령으로 정하는 바에 따라 납부의무자에게 환급하여야 한다.
③ 제1항 및 제2항의 경우 과오납금에 ㉢ 대통령령으로 정하는 이자를 ㉣ 가산할 수 있다.

① ㉠ ② ㉡ ③ ㉢ ④ ㉣

38
다음 [보기]에서 ㉠과 ㉡을 더한 다음 ㉢을 뺀 숫자로 옳은 것을 고르면?

| 보기 |

제87조(이의신청) ① 가입자 및 피부양자의 자격, 보험료등, 보험급여, 보험급여 비용에 관한 공단의 처분에 이의가 있는 자는 공단에 이의신청을 할 수 있다.
② 요양급여비용 및 요양급여의 적정성 평가 등에 관한 심사평가원의 처분에 이의가 있는 공단, 요양기관 또는 그 밖의 자는 심사평가원에 이의신청을 할 수 있다.
③ 제1항 및 제2항에 따른 이의신청(이하 "이의신청"이라 한다)은 처분이 있음을 안 날부터 (㉠)일 이내에 문서(전자문서를 포함한다)로 하여야 하며 처분이 있은 날부터 (㉡)일을 지나면 제기하지 못한다. 다만, 정당한 사유로 그 기간에 이의신청을 할 수 없었음을 소명한 경우에는 그러하지 아니하다.
④ 제3항 본문에도 불구하고 요양기관이 제48조에 따른 심사평가원의 확인에 대하여 이의신청을 하려면 같은 조 제2항에 따라 통보받은 날부터 (㉢)일 이내에 하여야 한다.

① 150 ② 240 ③ 300 ④ 330

39
국민건강보험법상 건강보험분쟁조정위원회에 관한 설명으로 옳지 <u>않은</u> 것을 고르면?

① 분쟁조정위원회는 위원장을 포함하여 60명 이내의 위원으로 구성하고, 위원장을 제외한 위원 중 1명은 당연직위원으로 한다. 이 경우 공무원인 위원이 전체 위원의 과반수가 되도록 하여야 한다.
② 분쟁조정위원회의 회의는 위원장, 당연직위원 및 위원장이 매 회의마다 지정하는 7명의 위원을 포함하여 총 9명으로 구성하되, 공무원이 아닌 위원이 과반수가 되도록 하여야 한다.
③ 분쟁조정위원회를 실무적으로 지원하기 위하여 분쟁조정위원회에 사무국을 둔다.
④ 분쟁조정위원회의 위원 중 공무원이 아닌 사람은 「형법」 제129조부터 제132조까지의 규정을 적용할 때 공무원으로 본다.

40
국민건강보험법상 다음 [보기]의 ㉠~㉣ 중 3년 동안 행사하지 아니하면 소멸시효가 완성되는 권리가 아닌 것을 고르면?

―| 보기 |―
㉠ 보험료, 연체금 및 가산금을 징수할 권리
㉡ 보험료, 연체금 및 가산금으로 과오납부한 금액을 환급받을 권리
㉢ 보험급여를 받을 권리
㉣ 보험료의 고지 또는 독촉을 할 권리

① ㉠   ② ㉡   ③ ㉢   ④ ㉣

41
국민건강보험법상 다음 [보기]의 빈칸에 해당하는 법으로 옳은 것을 고르면?

―| 보기 |―
제92조(기간 계산) 이 법이나 이 법에 따른 명령에 규정된 기간의 계산에 관하여 이 법에서 정한 사항 외에는 (   )의 기간에 관한 규정을 준용한다.

① 행정소송법   ② 노인장기요양보험법
③ 민법   ④ 상법

42
국민건강보험법상 신고 등에 관한 설명으로 옳지 않은 것을 고르면?

① 공단은 사용자, 직장가입자 및 세대주에게 가입자의 거주지 변경 사항을 신고하게 하거나 관계 서류(전자적 방법으로 기록된 것을 포함한다)를 제출하게 할 수 있다.
② 공단은 사용자, 직장가입자 및 세대주에게 가입자의 보수·소득, 그 밖에 건강보험사업을 위하여 필요한 사항을 신고하게 하거나 관계 서류(전자적 방법으로 기록된 것을 포함한다)를 제출하게 할 수 있다.
③ 공단은 신고한 사항이나 제출받은 자료에 대하여 사실 여부를 확인할 필요가 있으면 소속 직원이 해당 사항에 관하여 조사하게 하여야 한다.
④ 제94조제2항에 따라 조사를 하는 소속 직원은 그 권한을 표시하는 증표를 지니고 관계인에게 보여주어야 한다.

43
다음 [보기]의 빈칸에 들어갈 내용으로 옳은 것을 고르면?

> 보기
>
> 제96조(자료의 제공) ① (㉠)은 국가, 지방자치단체, 요양기관, 「보험업법」에 따른 보험회사 및 보험료율 산출 기관, 「공공기관의 운영에 관한 법률」에 따른 공공기관, 그 밖의 공공단체 등에 대하여 다음 각 호의 업무를 수행하기 위하여 주민등록·가족관계등록·국세·지방세·토지·건물·출입국관리 등의 자료로서 대통령령으로 정하는 자료를 제공하도록 요청할 수 있다.
> ② (㉡)은 국가, 지방자치단체, 요양기관, 「보험업법」에 따른 보험회사 및 보험료율 산출 기관, 「공공기관의 운영에 관한 법률」에 따른 공공기관, 그 밖의 공공단체 등에 대하여 요양급여비용을 심사하고 요양급여의 적정성을 평가하기 위하여 주민등록·출입국관리·진료기록·의약품공급 등의 자료로서 대통령령으로 정하는 자료를 제공하도록 요청할 수 있다.
> ③ (㉢)은 관계 행정기관의 장에게 제41조의2에 따른 약제에 대한 요양급여비용 상한금액의 감액 및 요양급여의 적용 정지를 위하여 필요한 자료를 제공하도록 요청할 수 있다.

	㉠	㉡	㉢
①	심사평가원	공단	보건복지부장관
②	공단	심사평가원	보건복지부장관
③	보건복지부장관	심사평가원	공단
④	공단	보건복지부장관	심사평가원

44
다음 [보기]의 빈칸에 들어갈 숫자가 다른 하나를 고르면?

> 보기
>
> 제96조의4(서류의 보존) ① 요양기관은 요양급여가 끝난 날부터 (㉠)년간 보건복지부령으로 정하는 바에 따라 제47조에 따른 요양급여비용의 청구에 관한 서류를 보존하여야 한다.
> ② 사용자는 (㉡)년간 보건복지부령으로 정하는 바에 따라 자격 관리 및 보험료 산정 등 건강보험에 관한 서류를 보존하여야 한다.
> ③ 제49조제3항에 따라 요양비를 청구한 준요양기관은 요양비를 지급받은 날부터 (㉢)년간 보건복지부령으로 정하는 바에 따라 요양비 청구에 관한 서류를 보존하여야 한다.
> ④ 제51조제2항에 따라 보조기기에 대한 보험급여를 청구한 자는 보험급여를 지급받은 날부터 (㉣)년간 보건복지부령으로 정하는 바에 따라 보험급여 청구에 관한 서류를 보존하여야 한다.

① ㉠   ② ㉡   ③ ㉢   ④ ㉣

45

다음 [보기]는 국민건강보험법상 보고와 검사에 관한 내용이다. 옳지 않은 것이 모두 몇 개인지 고르면?

> **보기**
>
> ⊙ 보건복지부장관은 사용자, 직장가입자 또는 세대주에게 가입자의 이동·보수·소득이나 그 밖에 필요한 사항에 관한 보고 또는 서류 제출을 명하거나, 소속 공무원이 관계인에게 질문하게 하거나 관계 서류를 검사하게 할 수 있다.
> ⓒ 보건복지부장관은 요양기관(제49조에 따라 요양을 실시한 기관을 포함한다)에 대하여 요양·약제의 지급 등 보험급여에 관한 보고 또는 서류 제출을 명하거나, 소속 공무원이 관계인에게 질문하게 하거나 관계 서류를 검사하게 할 수 있다.
> ⓒ 보건복지부장관은 보험급여를 받은 자에게 해당 보험급여의 내용에 관하여 보고하게 하거나, 소속 공무원이 질문하게 할 수 있다.
> ⓔ 보건복지부장관은 제47조제7항에 따라 요양급여비용의 심사청구를 대행하는 단체에 필요한 자료의 제출을 명하거나, 소속 공무원이 대행청구에 관한 자료 등을 조사·확인하게 할 수 있다.

① 0개　　② 1개　　③ 2개　　④ 3개

46

국민건강보험법상 업무정지에 관한 설명으로 옳은 것을 고르면?

① 요양기관이 속임수나 그 밖의 부당한 방법으로 보험자·가입자 및 피부양자에게 요양급여비용을 부담하게 한 경우 건강보험심사평가원은 그 요양기관에 대하여 1년의 범위에서 기간을 정하여 업무정지를 명할 수 있다.
② 업무정지 처분을 받은 자는 해당 업무정지기간 중에 요양급여를 할 수 있다.
③ 업무정지 처분을 받았거나 업무정지 처분의 절차가 진행 중인 자는 행정처분을 받은 사실 또는 행정처분절차가 진행 중인 사실을 보건복지부령으로 정하는 바에 따라 양수인 또는 합병 후 존속하는 법인이나 합병으로 설립되는 법인에 지체 없이 알려야 한다.
④ 업무정지를 부과하는 위반행위의 종류, 위반 정도 등에 따른 행정처분기준이나 그 밖에 필요한 사항은 보건복지부령으로 정한다.

47
국민건강보험법상 위반사실의 공표에 관한 설명으로 옳은 것을 고르면?

① 보건복지부장관은 관련 서류의 위조·변조로 요양급여비용을 거짓으로 청구하여 행정처분을 받은 요양기관에 대하여 그 위반 행위, 처분 내용, 해당 요양기관의 명칭·주소 및 대표자 성명, 그 밖에 다른 요양기관과의 구별에 필요한 사항으로서 대통령령으로 정하는 사항을 공표할 수 있다.
② 거짓으로 청구한 금액이 1천만 원 이상인 경우 공표할 수 있다.
③ 요양급여비용 총액 중 거짓으로 청구한 금액의 비율이 100분의 30 이상인 경우 공표할 수 있다.
④ 보건복지부장관은 이의신청위원회의 심의를 거친 공표대상자에게 공표대상자인 사실을 알려 소명자료를 제출하거나 출석하여 의견을 진술할 기회를 주어야 한다.

48
국민건강보험법상 실업자에 대한 특례에 관한 설명으로 옳지 않은 것을 고르면?

① 사용관계가 끝난 사람 중 직장가입자로서의 자격을 유지한 기간이 보건복지부령으로 정하는 기간 동안 통산 1년 이상인 사람은 지역가입자가 된 이후 최초로 제79조에 따라 지역가입자 보험료를 고지 받은 날부터 그 납부기한에서 2개월이 지나기 이전까지 공단에 직장가입자로서의 자격을 유지할 것을 신청할 수 있다.
② 제110조제1항에 따라 공단에 신청한 가입자(이하 "임의계속가입자"라 한다)는 제9조에도 불구하고 대통령령으로 정하는 기간 동안 직장가입자의 자격을 유지한다. 다만, 제110조제1항에 따른 신청 후 최초로 내야 할 직장가입자 보험료를 그 납부기한부터 2개월이 지난 날까지 내지 아니한 경우에는 그 자격을 유지할 수 없다.
③ 임의계속가입자의 보수월액은 보수월액보험료가 산정된 최근 6개월간의 보수월액을 평균한 금액으로 한다.
④ 임의계속가입자의 보험료는 보건복지부장관이 정하여 고시하는 바에 따라 그 일부를 경감할 수 있다.

49
다음 [보기]에서 국민건강보험법상 3년 이하의 징역에 해당되는 경우를 모두 고르면?

보기

㉠ 대행청구단체의 종사자로서 거짓이나 그 밖의 부정한 방법으로 요양급여비용을 청구한 자
㉡ 업무를 수행하면서 알게 된 정보를 누설하거나 직무상 목적 외의 용도로 이용 또는 제3자에게 제공한 자
㉢ 공동이용하는 전산정보자료를 목적 외의 용도로 이용하거나 활용한 자
㉣ 가입자 및 피부양자의 개인정보를 누설하거나 직무상 목적 외의 용도로 이용 또는 정당한 사유 없이 제3자에게 제공한 자

① ㉠, ㉡
② ㉡, ㉢
③ ㉠, ㉡, ㉢
④ ㉠, ㉡, ㉢, ㉣

50
국민건강보험법상 외국인 등에 대한 특례에 관한 설명으로 옳지 않은 것을 고르면?

① 정부는 외국 정부가 사용자인 사업장의 근로자의 건강보험에 관하여는 외국 정부와 한 합의에 따라 이를 따로 정할 수 있다.
② 국내체류 외국인등이 외국의 법령, 외국의 보험 또는 사용자와의 계약 등에 따라 제41조에 따른 요양급여에 상당하는 의료보장을 받을 수 있어 사용자 또는 가입자가 보건복지부령으로 정하는 바에 따라 가입 제외를 신청한 경우 가입자 및 피부양자가 될 수 없다.
③ 가입자인 국내체류 외국인등이 매월 2일 이후 지역가입자의 자격을 취득하고 그 자격을 취득한 날이 속하는 달에 보건복지부장관이 고시하는 사유로 해당 자격을 상실한 경우에는 제69조제2항 본문에도 불구하고 그 자격을 취득한 날이 속하는 달의 보험료를 부과하여 징수한다.
④ 국내체류 외국인등(제109조제9항 단서의 적용을 받는 사람에 한정한다)에 해당하는 지역가입자의 보험료는 제78조제1항 본문에도 불구하고 그 직전 월 15일까지 납부하여야 한다.

법률 연습문제 100제
노인장기요양보험법

01
노인장기요양보험법상 장기요양보험에 관한 설명으로 옳지 않은 것을 고르면?

① 장기요양보험사업은 보건복지부장관이 관장한다.
② 장기요양보험사업의 보험자는 공단으로 한다.
③ 장기요양보험의 가입자(이하 "장기요양보험가입자"라 한다)는 「국민건강보험법」 제5조 및 제109조에 따른 가입자로 한다.
④ 보건복지부장관은 제3항에도 불구하고 「외국인근로자의 고용 등에 관한 법률」에 따른 외국인근로자 등 대통령령으로 정하는 외국인이 신청하는 경우 보건복지부령으로 정하는 바에 따라 장기요양보험가입자에서 제외할 수 있다.

02
다음 [보기]의 괄호 안에 공통으로 들어갈 숫자로 옳은 것을 고르면?

| 보기 |

제16조(장기요양등급판정기간) ① 등급판정위원회는 신청인이 신청서를 제출한 날부터 (　)일 이내에 제15조에 따른 장기요양등급판정을 완료하여야 한다. 다만, 신청인에 대한 정밀조사가 필요한 경우 등 기간 이내에 등급판정을 완료할 수 없는 부득이한 사유가 있는 경우 (　)일 이내의 범위에서 이를 연장할 수 있다.
② 공단은 등급판정위원회가 제1항 단서에 따라 장기요양인정심의 및 등급판정기간을 연장하고자 하는 경우 신청인 및 대리인에게 그 내용·사유 및 기간을 통보하여야 한다.

① 7　　　　② 10　　　　③ 20　　　　④ 30

03

다음 [보기]의 ㉠과 ㉡에 들어갈 내용으로 옳은 것을 고르면?

── 보기 ├──
제10조(장애인 등에 대한 장기요양보험료의 감면) 공단은 「장애인복지법」에 따른 장애인 또는 이와 유사한 자로서 대통령령으로 정하는 자가 장기요양보험가입자 또는 그 피부양자인 경우 제15조제2항에 따른 수급자로 결정되지 못한 때 (㉠)으로 정하는 바에 따라 장기요양보험료의 (㉡)를 감면할 수 있다.

	㉠	㉡
①	대통령령	일부
②	대통령령	전부 또는 일부
③	보건복지부령	일부
④	보건복지부령	전부 또는 일부

04

다음 [보기]에서 밑줄 친 다음 각 호에 포함되지 <u>않는</u> 것을 고르면?

── 보기 ├──
제14조(장기요양인정 신청의 조사) ① 공단은 제13조제1항에 따라 신청서를 접수한 때 보건복지부령으로 정하는 바에 따라 소속 직원으로 하여금 <u>다음 각 호</u>의 사항을 조사하게 하여야 한다. 다만, 지리적 사정 등으로 직접 조사하기 어려운 경우 또는 조사에 필요하다고 인정하는 경우 특별자치시·특별자치도·시·군·구(자치구를 말한다. 이하 같다)에 대하여 조사를 의뢰하거나 공동으로 조사할 것을 요청할 수 있다.

① 신청인의 심신상태
② 신청인에게 필요한 장기요양급여의 종류 및 내용
③ 신청인의 재정상황
④ 그 밖에 장기요양에 관하여 필요한 사항으로서 보건복지부령으로 정하는 사항

05
노인장기요양보험법상 등급판정에 관한 설명으로 옳지 않은 것을 고르면?

① 공단은 제14조에 따른 조사가 완료된 때 조사결과서, 신청서, 의사소견서, 그 밖에 심의에 필요한 자료를 등급판정위원회에 제출하여야 한다.
② 등급판정위원회는 신청인이 제12조의 신청자격요건을 충족하고 6개월 이상 동안 혼자서 일상생활을 수행하기 어렵다고 인정하는 경우 심신상태 및 장기요양이 필요한 정도 등 대통령령으로 정하는 등급판정기준에 따라 수급자로 판정한다.
③ 등급판정위원회는 제2항에 따라 심의·판정을 하는 때 신청인과 그 가족, 의사소견서를 발급한 의사 등 관계인의 의견을 들어야 한다.
④ 공단은 장기요양급여를 받고 있거나 받을 수 있는 자가 고의로 사고를 발생하도록 하거나 본인의 위법행위에 기인하여 장기요양인정을 받은 경우로 의심되는 경우 제14조제1항 각 호의 사항을 조사하여 그 결과를 등급판정위원회에 제출하여야 한다.

06
장기요양요원지원센터의 설치에 관한 설명으로 옳지 않은 것을 고르면?

① 국가와 지방자치단체는 장기요양요원의 권리를 보호하기 위하여 장기요양요원지원센터를 설치·운영할 수 있다.
② 장기요양요원지원센터는 장기요양요원의 권리 침해에 관한 상담 및 지원 업무를 한다.
③ 장기요양요원의 역량강화를 위한 교육지원, 건강검진 등 건강관리를 위한 사업도 병행한다.
④ 장기요양요원지원센터의 설치·운영 등에 필요한 사항은 보건복지부령으로 정한다.

07
다음 [보기]에서 장기요양기본계획에 포함되지 않는 것을 모두 고르면?

보기
㉠ 장기요양요원의 처우에 관한 사항
㉡ 장기요양인정에 관한 사항
㉢ 연도별 장기요양기관 및 장기요양전문인력 관리 방안
㉣ 연도별 장기요양급여 대상인원 및 재원조달 계획

① ㉠　　　　② ㉡　　　　③ ㉡, ㉢　　　　④ ㉢, ㉣

08

노인장기요양보험법상 장기요양인정서에 관한 설명으로 옳지 않은 것을 고르면?

① 공단은 등급판정위원회가 장기요양인정 및 등급판정의 심의를 완료한 경우 7일 이내에 장기요양급여의 종류 및 내용이 포함된 장기요양인정서를 작성하여 수급자에게 송부하여야 한다.
② 공단은 등급판정위원회가 장기요양인정 및 등급판정의 심의를 완료한 경우 수급자로 판정받지 못한 신청인에게 그 내용 및 사유를 통보하여야 한다.
③ 공단은 제1항에 따라 장기요양인정서를 송부하는 때 장기요양급여를 원활히 이용할 수 있도록 제28조에 따른 월 한도액 범위 안에서 개인별장기요양이용계획서를 작성하여 이를 함께 송부하여야 한다.
④ 제1항 및 제3항에 따른 장기요양인정서 및 개인별장기요양이용계획서의 작성방법에 관하여 필요한 사항은 보건복지부령으로 정한다.

09

다음 [보기]의 ㉠~㉣ 중 공단이 장기요양인정서를 작성할 경우 장기요양급여의 종류 및 내용을 정하는 때 고려사항이 아닌 것을 고르면?

┤ 보기 ├
㉠ 수급자의 장기요양등급 및 생활환경
㉡ 수급자와 그 가족의 욕구 및 선택
㉢ 시설급여를 제공하는 경우 장기요양기관이 운영하는 시설 현황
㉣ 수급자의 나이 및 성별

① ㉠ ② ㉡ ③ ㉢ ④ ㉣

10

다음 [보기]의 밑줄 친 ㉠~㉣ 중 옳지 않은 것을 고르면?

┤ 보기 ├
제19조(장기요양인정의 유효기간) ① 제15조에 따른 장기요양인정의 유효기간은 최소 ㉠ 6개월 이상으로서 ㉡ 대통령령으로 정한다.
② 제1항의 유효기간의 산정방법과 그 밖에 필요한 사항은 ㉢ 보건복지부령으로 정한다.
제20조(장기요양인정의 갱신) ① 수급자는 제19조에 따른 장기요양인정의 유효기간이 만료된 후 장기요양급여를 계속하여 받고자 하는 경우 공단에 장기요양인정의 갱신을 신청하여야 한다.
② 제1항에 따른 장기요양인정의 갱신 신청은 유효기간이 만료되기 전 ㉣ 30일까지 이를 완료하여야 한다.
③ 제12조부터 제19조까지의 규정은 장기요양인정의 갱신절차에 관하여 준용한다.

① ㉠ ② ㉡ ③ ㉢ ④ ㉣

11
노인장기요양보험법상 장기요양기관의 지정에 관한 설명으로 옳은 것을 고르면?

① 제23조제1항제1호에 따른 재가급여 또는 같은 항 2호에 따른 시설급여를 제공하는 장기요양기관을 운영하려는 자는 대통령령으로 정하는 장기요양에 필요한 시설 및 인력을 갖추어 소재지를 관할 구역으로 하는 특별자치시장·특별자치도지사·시장·군수·구청장으로부터 지정을 받아야 한다.
② 특별자치시장·특별자치도지사·시장·군수·구청장은 제1항에 따라 장기요양기관을 지정한 때 지체 없이 지정 명세를 공단에 통보하여야 한다.
③ 제23조제1항제1호에 따른 재가급여를 제공하는 장기요양기관 중 의료기관이 아닌 자가 설치·운영하는 장기요양기관이 방문간호를 제공하는 경우에는 방문간호의 관리책임자로서 의사를 둔다.
④ 장기요양기관의 지정절차와 그 밖에 필요한 사항은 대통령령으로 정한다.

12
노인장기요양보험법상 장기요양급여 제공의 기본원칙으로 옳지 않은 것을 고르면?

① 장기요양급여는 노인등이 자신의 의사와 능력에 따라 최대한 자립적으로 일상생활을 수행할 수 있도록 제공하여야 한다.
② 장기요양급여는 노인등의 심신상태·생활환경과 노인등 및 그 가족의 욕구·선택을 종합적으로 고려하여 필요한 범위 안에서 이를 적정하게 제공하여야 한다.
③ 장기요양급여는 노인등이 가족과 함께 생활하면서 가정에서 장기요양을 받는 특별현금급여를 우선적으로 제공하여야 한다.
④ 장기요양급여는 노인등의 심신상태나 건강 등이 악화되지 아니하도록 의료서비스와 연계하여 이를 제공하여야 한다.

13
다음 [보기]의 괄호 안에 들어갈 숫자로 옳은 것을 고르면?

| 보기 |

제32조의4(장기요양기관 지정의 갱신) ① 장기요양기관의 장은 제32조의3에 따른 지정의 유효기간이 끝난 후에도 계속하여 그 지정을 유지하려는 경우에는 소재지를 관할구역으로 하는 특별자치시장·특별자치도지사·시장·군수·구청장에게 지정 유효기간이 끝나기 (　)일 전까지 지정 갱신을 신청하여야 한다.

① 30　　　② 60　　　③ 90　　　④ 180

14
노인장기요양보험법상 국가 및 지방자치단체의 책무로 옳지 <u>않은</u> 것을 고르면?

① 국가 및 지방자치단체는 국·공립 및 민간을 포함한 장기요양기관을 확충하기 위하여 노력하여야 한다.
② 국가 및 지방자치단체는 장기요양급여가 원활히 제공될 수 있도록 공단에 필요한 행정적 또는 재정적 지원을 할 수 있다.
③ 국가 및 지방자치단체는 장기요양요원의 처우를 개선하고 복지를 증진하며 지위를 향상시키기 위하여 적극적으로 노력하여야 한다.
④ 국가 및 지방자치단체는 지역의 특성에 맞는 장기요양사업의 표준을 개발·보급할 수 있다.

15
다음 [보기]에서 노인장기요양보험법상 300만 원 이하의 과태료를 부과하는 경우에 해당되지 <u>않는</u> 것을 모두 고르면?

| 보기 |

㉠ 노인장기요양보험 또는 이와 유사한 용어를 사용한 자
㉡ 수급자에게 장기요양급여비용에 대한 명세서를 교부하지 아니하거나 거짓으로 교부한 자
㉢ 폐쇄회로 텔레비전의 영상정보 열람 요청에 응하지 아니한 자
㉣ 행정제재처분을 받았거나 그 절차가 진행 중인 사실을 양수인등에게 지체 없이 알리지 아니한 자
㉤ 장기요양급여 제공 자료를 기록·관리하지 아니하거나 거짓으로 작성한 자
㉥ 폐쇄회로 텔레비전을 설치하지 아니하거나 설치·관리의무를 위반한 자

① ㉠, ㉥
② ㉠, ㉢, ㉤
③ ㉢, ㉣, ㉥
④ ㉠, ㉡, ㉣, ㉤

16
노인장기요양보험법상 장기요양보험료의 징수 및 산정에 관한 설명으로 옳은 것을 고르면?

① 장기요양보험료는 산정한 보험료액에서 경감 또는 면제되는 비용을 공제한 금액에 건강보험료율 대비 장기요양보험료율의 비율을 곱하여 산정한 금액으로 한다.
② 장기요양보험료율은 건강보험정책심의위원회의 심의를 거쳐 대통령령으로 정한다.
③ 장기요양보험의 특성을 고려하여 경감 또는 면제되는 비용을 달리 적용할 필요가 있는 경우에는 보건복지부령으로 정하는 바에 따라 경감 또는 면제되는 비용의 공제 수준을 달리 정할 수 있다.
④ 공단은 징수한 장기요양보험료와 건강보험료를 각각의 일반회계로 통합 관리해야 한다.

17
다음 [보기]에서 노인장기요양보험법상 장기요양기관의 의무 등에 관한 설명으로 옳지 않은 것이 모두 몇 개인지 고르면?

> ─┤ 보기 ├─
>
> ㉠ 장기요양기관은 수급자로부터 장기요양급여신청을 받은 때 장기요양급여의 제공을 거부하여서는 아니 된다. 다만, 입소정원에 여유가 없는 경우 등 정당한 사유가 있는 경우는 그러하지 아니하다.
> ㉡ 장기요양기관은 제23조제5항에 따른 장기요양급여의 제공 기준·절차 및 방법 등에 따라 장기요양급여를 제공하여야 한다.
> ㉢ 장기요양기관의 장은 장기요양급여를 제공한 수급자에게 장기요양급여비용에 대한 명세서를 교부하여야 한다.
> ㉣ 장기요양기관의 장은 장기요양급여 제공에 관한 자료를 기록·관리하여야 하며, 장기요양기관의 장 및 그 종사자는 장기요양급여 제공에 관한 자료를 거짓으로 작성하여서는 아니 된다.
> ㉤ 장기요양기관은 제40조제2항에 따라 면제받거나 같은 조 제4항에 따라 감경받는 금액 외에 영리를 목적으로 수급자가 부담하는 재가 및 시설 급여비용(이하 "본인부담금"이라 한다)을 면제하거나 감경하는 행위를 하여서는 아니 된다.
> ㉥ 정당한 사유 없이 누구든지 영리를 목적으로 금전, 물품, 노무, 향응, 그 밖의 이익을 제공하거나 제공할 것을 약속하는 방법으로 수급자를 장기요양기관에 소개, 알선 또는 유인하는 행위 및 이를 조장하는 행위를 하여서는 아니 된다.
> ㉦ 제3항에 따른 장기요양급여비용의 명세서, 제4항에 따라 기록·관리하여야 할 장기요양급여 제공 자료의 내용 및 보존기한, 그 밖에 필요한 사항은 보건복지부령으로 정한다.

① 0개 ② 1개 ③ 2개 ④ 3개

18
노인장기요양보험법상 장기요양요원의 보호에 관한 설명으로 옳지 않은 것을 고르면?

① 장기요양기관의 장은 장기요양요원이 수급자 및 그 가족이 장기요양요원에게 폭언·폭행·상해 또는 성희롱·성폭력 행위를 하는 경우로 인한 고충의 해소를 요청하는 경우 업무의 전환 등 대통령령으로 정하는 바에 따라 적절한 조치를 하여야 한다.
② 장기요양기관의 장은 장기요양요원에게 수급자가 부담하여야 할 본인부담금의 전부 또는 일부를 부담하도록 요구하는 행위를 하여서는 아니 된다.
③ 장기요양기관의 장은 보건복지부령으로 정하는 바에 따라 장기요양 수급자와 그 가족에게 장기요양요원의 업무범위, 직무상 권리와 의무 등 권익보호를 위한 사항을 안내하여야 한다.
④ 장기요양요원은 장기요양기관의 장이 제1항에 따른 적절한 조치를 하지 아니한 경우에는 장기요양기관을 지정한 특별자치시장·특별자치도지사·시장·군수·구청장에게 그 시정을 신청할 수 있다.

19
다음 [보기]의 ㉠~㉣에 들어갈 기간이 다른 하나를 고르면?

┌ 보기 ┐
제36조(장기요양기관의 폐업 등의 신고 등) ① 장기요양기관의 장은 폐업하거나 휴업하고자 하는 경우 폐업이나 휴업 예정일 전 (㉠)까지 특별자치시장·특별자치도지사·시장·군수·구청장에게 신고하여야 한다.
② 특별자치시장·특별자치도지사·시장·군수·구청장은 장기요양기관의 장이 유효기간이 끝나기 (㉡) 전까지 제32조의4에 따른 지정 갱신 신청을 하지 아니하는 경우 그 사실을 공단에 통보하여야 한다.
④ 특별자치시장·특별자치도지사·시장·군수·구청장은 제1항에 따라 폐업·휴업 신고를 접수한 경우 또는 장기요양기관의 장이 유효기간이 끝나기 (㉢) 전까지 제32조의4에 따른 지정 갱신 신청을 하지 아니한 경우 장기요양기관의 장이 제3항 각 호에 따른 수급자의 권익을 보호하기 위한 조치를 취하였는지의 여부를 확인하고, 인근지역에 대체 장기요양기관이 없는 경우 등 장기요양급여에 중대한 차질이 우려되는 때에는 장기요양기관의 폐업·휴업 철회 또는 지정 갱신 신청을 권고하거나 그 밖의 다른 조치를 강구하여야 한다.
⑤ 특별자치시장·특별자치도지사·시장·군수·구청장은 「노인복지법」 제43조에 따라 노인의료복지시설 등(장기요양기관이 운영하는 시설인 경우에 한한다)에 대하여 사업정지 또는 폐지 명령을 하는 경우 (㉣) 공단에 그 내용을 통보하여야 한다.

① ㉠   ② ㉡   ③ ㉢   ④ ㉣

20
노인장기요양보험법상 가족 요양비를 지급할 수 있는 경우로 옳지 않은 것을 고르면?

① 국민기초생활보장법상의 수급자 및 차상위자를 부양하는 가족 및 친족
② 천재지변등으로 장기요양기관이 제공하는 장기요양급여를 이용하기가 어렵다고 인정되는 자
③ 신체·정신 또는 성격 등 대통령령으로 정하는 사유로 인하여 가족 등으로부터 장기요양을 받아야 하는 사람
④ 도서·벽지 등 장기요양기관이 현저히 부족한 지역에 거주하는 사람

21
노인장기요양보험법상 500만 원 이하의 과태료를 부과하는 경우가 아닌 것을 고르면?

① 행정제재처분을 받았거나 그 절차가 진행 중인 사실을 양수인등에게 지체 없이 알리지 아니한 자
② 거짓이나 그 밖의 부정한 방법으로 장기요양급여비용 청구에 가담한 사람
③ 노인장기요양보험 또는 이와 유사한 용어를 사용한 자
④ 폐쇄회로 텔레비전을 설치하지 아니하거나 설치·관리의무를 위반한 자

22
다음 [보기]에서 등급판정위원회의 위원으로 보기 어려운 자를 모두 고르면?

―| 보기 |―
  ㉠ 노인장기요양보호법상 종합병원에 근무하는 간호사
  ㉡ 노인복지법상 노인복지관에 근무하는 사회복지사
  ㉢ 세종특별자치시 노인복지과 초임 주무관
  ㉣ 한국 대학교 법학과 A교수

① ㉠
③ ㉢, ㉣
② ㉠, ㉡
④ ㉠, ㉡, ㉢

23
노인장기요양보험법상 부당이득의 징수에 관한 설명으로 옳지 않은 것을 고르면?

① 공단은 장기요양급여를 받은 자, 장기요양급여비용을 받은 자 또는 의사소견서·방문간호지시서 발급비용을 받은 자가 월 한도액 범위를 초과하여 장기요양급여를 받은 경우 그 장기요양급여, 장기요양급여비용 또는 의사소견서등 발급비용에 상당하는 금액을 징수한다.
② 공단은 제1항의 경우 거짓 보고 또는 증명에 의하거나 거짓 진단에 따라 장기요양급여가 제공된 때 거짓의 행위에 관여한 자에 대하여 장기요양급여를 받은 자와 연대하여 제1항에 따른 징수금을 납부하게 할 수 있다.
③ 공단은 제1항의 경우 거짓이나 그 밖의 부정한 방법으로 장기요양급여를 받은 자와 같은 세대에 속한 자에 대하여 거짓이나 그 밖의 부정한 방법으로 장기요양급여를 받은 자와 연대하여 제1항에 따른 징수금을 납부하게 할 수 있다.
④ 공단은 제1항의 경우 장기요양기관이나 의료기관이 수급자 또는 신청인으로부터 거짓이나 그 밖의 부정한 방법으로 장기요양급여비용 또는 의사소견서등 발급비용을 받은 때 해당 장기요양기관 또는 의료기관으로부터 이를 징수하여 수급자 또는 신청인에게 지체 없이 지급하여야 한다. 이 경우 공단은 수급자 또는 신청인에게 지급하여야 하는 금액을 그 수급자 또는 신청인이 납부하여야 하는 장기요양보험료등과 상계하여야 한다.

24

다음 [보기]의 밑줄 친 ㉠~㉣ 중 옳은 것을 고르면?

┤ 보기 ├

제46조(장기요양위원회의 구성) ① 장기요양위원회는 위원장 1인, 부위원장 1인을 포함한 ㉠ 14인 이상 ㉡ 20인 이하의 위원으로 구성한다.
② 위원장이 아닌 위원은 다음 각 호의 자 중에서 보건복지부장관이 임명 또는 위촉한 자로 하고, 각 호에 해당하는 자를 각각 동수로 구성하여야 한다.
  1. 근로자단체, 사용자단체, 시민단체(「비영리민간단체 지원법」 제2조에 따른 비영리민간단체를 말한다), 노인단체, 농어업인단체 또는 자영자단체를 대표하는 자
  2. 장기요양기관 또는 의료계를 대표하는 자
  3. 대통령령으로 정하는 관계 중앙행정기관의 고위공무원단 소속 공무원, 장기요양에 관한 학계 또는 연구계를 대표하는 자, 공단 이사장이 추천하는 자
③ 위원장은 ㉢ 보건복지부차관이 되고, 부위원장은 위원 중에서 위원장이 지명한다.
④ 장기요양위원회 위원의 임기는 ㉣ 2년으로 한다. 다만, 공무원인 위원의 임기는 재임기간으로 한다.

① ㉠ ② ㉡ ③ ㉢ ④ ㉣

25

다음 [보기]를 바탕으로 2025년도 국민건강보험공단에 지급되는 국가지원 보조금의 총액이 얼마인지 고르면?

┤ 보기 ├

2025년도 국민건강보험공단에 지급되는 국가지원 보조금의 예산은 전년도 대비 0.8% 증액되었다. 전년도 국가지원 보조금은 분기별 2,250억 원이었다.

① 2,268억 원
② 9,000억 원
③ 9,072억 원
④ 1조 98억 원

26

다음 장기요양인정의 신청에 관한 설명으로 옳지 않은 것을 고르면?

① 장기요양인정을 신청하는 자는 공단에 보건복지부령으로 정하는 바에 따라 장기요양인정신청서에 의사 또는 한의사가 발급하는 소견서를 첨부하여 제출해야 한다.
② 거동이 현저히 불편하거나 도서, 벽지에 거주하여 의료기관을 방문하기 어려운 자 등 대통령령으로 정하는 자는 신청서를 제출하지 아니할 수 있다.
③ 의사 소견서의 발급 비용, 비용부담방법, 발급자의 범위 등은 대통령령으로 정한다.
④ 의사 소견서는 공단이 등급판정위원회에 자료를 제출하기 전까지 제출할 수 있다.

27
다음 [보기]의 ㉠~㉢에 들어갈 내용으로 옳은 것을 고르면?

> ─┤ 보기 ├─
> 제47조(장기요양위원회의 운영) ① 장기요양위원회 회의는 구성원 (㉠)의 출석으로 개의하고 출석위원 (㉡)의 찬성으로 의결한다.
> ② 장기요양위원회의 효율적 운영을 위하여 분야별로 실무위원회를 둘 수 있다.
> ③ 이 법에서 정한 것 외에 장기요양위원회의 구성·운영, 그 밖에 필요한 사항은 (㉢)으로 정한다.

	㉠	㉡	㉢
①	과반수	과반수	대통령령
②	과반수	2/3	보건복지부령
③	2/3	과반수	대통령령
④	과반수	과반수	보건복지부령

28
노인장기요양보험법상 심사청구 및 재심사 청구에 관한 설명으로 옳지 않은 것을 고르면?

① 장기요양급여 또는 장기요양보험료 등에 관하여 그 처분에 이의가 있는 자는 공단에 심사청구를 할 수 있다.
② 심사청구는 그 처분이 있음을 안 날부터 90일 이내에 문서로 해야 한다.
③ 심사청구를 하기 위하여 보건복지부에 장기요양심사위원회를 두며 위원장 1명을 포함한 50명 이내의 위원으로 구성한다.
④ 재심사위원회는 보건복지부장관 소속으로 두고, 위원장 1인을 포함한 20인 이내의 위원으로 구성한다.

29
노인장기요양보험법상 행정제재처분 효과의 승계자로 옳지 않은 것을 고르면?

① 장기요양기관을 양도한 경우 양수인
② 법인이 합병된 경우 합병으로 신설되거나 합병 후 존속하는 법인
③ 장기요양기관 폐업 후 다른 장소에서 장기요양기관을 운영하는 자
④ 장기요양기관 폐업 후 같은 장소에서 장기요양기관을 운영하는 자 중 종전에 행정제재처분을 받은 자나 그 배우자 또는 직계혈족

30
노인장기요양보험법상 관리운영기관 등에 관한 설명으로 옳지 <u>않은</u> 것을 고르면?

① 장기요양사업의 관리운영기관은 공단으로 한다.
② 공단은 장기요양보험가입자 및 그 피부양자와 의료급여수급권자의 자격관리, 장기요양보험료의 부과·징수 등에 관한 업무를 관장한다.
③ 공단은 제2항제13호의 장기요양기관을 설치할 때 노인인구 및 지역특성 등을 고려한 지역 간 불균형 해소를 고려하여야 하고, 설치 목적에 필요한 최대한의 범위에서 이를 설치·운영하여야 한다.
④ 「국민건강보험법」 제17조에 따른 공단의 정관은 장기요양사업과 관련하여 장기요양보험료, 장기요양급여 등에 관한 사항을 포함·기재한다.

31
다음 [보기]에서 요양보호사의 업무로 옳지 <u>않은</u> 것을 모두 고르면?

> **보기**
> ㉠ 수급자 기억력 향상 놀이
> ㉡ 가족들 김장 해주기
> ㉢ 수급자 속옷 빨아주기
> ㉣ 투약 지도

① ㉠, ㉡
② ㉡, ㉣
③ ㉠, ㉡, ㉣
④ ㉡, ㉢, ㉣

32
장기요양기관의 시설 및 인력에 관한 변경에 대한 설명 중 옳지 <u>않은</u> 것을 고르면?

① 장기요양기관의 장은 시설 및 인력등 중요한 사항을 변경하려는 경우에는 특별자치시장·특별자치도지사·시장·군수·구청장의 변경지정을 받아야 한다.
② 제1항에 따른 사항 외의 사항을 변경하려는 경우에는 특별자치시장·특별자치도지사·시장·군수·구청장에게 변경신고를 해야 한다.
③ 변경지정 및 변경신고가 필요한 사항은 대통령령으로 정한다.
④ 변경지정을 하거나 변경신고를 받은 특별자치시장·특별자치도지사·시장·군수·구청장은 지체 없이 해당 변경 사항을 공단에 통보해야 한다.

33
노인장기요양보험법상 공단의 장기요양사업 조직 및 장기요양사업의 회계에 관한 설명으로 옳지 않은 것을 고르면?

① 공단은 「국민건강보험법」 제29조에 따라 공단의 조직 등에 관한 규정을 정할 때 장기요양사업을 수행하기 위하여 두는 조직 등을 건강보험사업을 수행하는 조직 등과 구분하여 따로 두어야 한다.
② 다만, 제48조제2항제1호 및 제2호의 자격관리와 보험료 부과·징수업무는 그러하지 아니하다.
③ 공단은 장기요양사업에 대하여 독립회계를 설치·운영하여야 한다.
④ 공단은 관리운영에 필요한 재정은 구분하여 운영하여야 한다. 다만, 장기요양사업 중 장기요양보험료를 재원으로 하는 사업과 국가·지방자치단체의 부담금을 재원으로 하는 사업의 재정은 구분하여 운영하지 아니할 수 있다.

34
노인장기요양보험법상 다음 본인부담금에 관한 설명 중 옳은 것을 고르면?

① 급여의 범위 및 대상에 포함되지 아니하는 장기요양급여는 수급자 본인이 일부 부담한다.
② 수급자가 장기요양인정서에 기재된 장기요양급여의 종류 및 내용과 다르게 선택하여 장기요양급여를 받은 경우 그 차액은 수급자 본인이 일부 부담한다.
③ 장기요양급여의 월 한도액을 초과하는 장기요양급여는 수급자 본인이 일부 부담한다.
④ 천재지변 등 보건복지부령으로 정하는 사유로 인하여 생계가 곤란한 자에 대해서는 본인부담금의 100분의 60의 범위에서 보건복지부장관이 정하는 바에 따라 차등하여 감경할 수 있다.

35
다음 중 장기요양보험가입의 자격에 관한 사항으로 국민건강보험법의 조항을 준용하지 않는 것을 고르면?

① 피부양자의 자격취득 및 상실
② 결손처분
③ 장기보험료등의 납부 및 징수
④ 보험료 체납

36
다음 [보기]의 밑줄 친 ㉠~㉣ 중 옳지 않은 것을 고르면?

┤ 보기 ├

제63조(청문) ㉠ 보건복지부장관은 다음 각 호의 어느 하나에 해당하는 처분 또는 공표를 하려는 경우에는 청문을 하여야 한다.
1. 제37조제1항에 따른 ㉡ 장기요양기관 지정취소 또는 업무정지명령
2. 삭제 <2018. 12. 11.>
3. 제37조의3에 따른 ㉢ 위반사실 등의 공표
4. 제37조의5제1항에 따른 ㉣ 장기요양급여 제공의 제한 처분

① ㉠   ② ㉡   ③ ㉢   ④ ㉣

37
다음 [보기]에서 장기요양기관의 지정에 관한 사항으로 옳은 것을 모두 고르면?

┤ 보기 ├

㉠ 장기요양기관을 운영하려는 자는 공단의 지정을 받아야 한다.
㉡ 장기요양기관으로 지정을 받을 수 있는 시설은 국민건강보험법을 근거로 한다.
㉢ 장기요양기관을 지정한 때 지체 없이 지정 명세를 공단에 통보해야 한다.
㉣ 장기요양기관의 지정절차와 그 밖에 필요한 사항은 대통령령으로 정한다.

① ㉠, ㉡   ② ㉢
③ ㉡, ㉢   ④ ㉠, ㉡, ㉣

38
다음 [보기]에서 장기요양급여의 실시 날짜가 언제부터인지 고르면?

── 보기 ──
A씨는 현재 75세로서 1년 전 뇌출혈로 인한 수술을 하고 의식은 있는 하반신 마비 상태이며 공단에 2025년 3월 5일부로 장기요양급여 신청을 하였다. 이에 공단은 방문 조사를 실시한 후 관련 자료를 등급판정위원회에 제출하였고 동년 3월 18일 장기요양등급 2등급 판정을 내렸다. 그리고 공단은 3월 19일에 등기우편으로 장기요양인정서를 발송하였고 A씨는 3월 21일에 등기우편을 수령하였다.

① 2025년 3월 5일
② 2025년 3월 18일
③ 2025년 3월 19일
④ 2025년 3월 21일

39
노인장기요양보험법상 장기요양급여의 관리·평가에 관한 설명으로 옳지 않은 것을 고르면?

① 공단은 장기요양기관이 제공하는 장기요양급여 내용을 지속적으로 관리·평가하여 장기요양급여의 수준이 향상되도록 노력하여야 한다.
② 공단은 장기요양기관이 제23조제5항에 따른 장기요양급여의 제공 기준·절차·방법 등에 따라 적정하게 장기요양급여를 제공하였는지 평가를 실시하고 그 결과를 공단의 홈페이지 등에 공표하는 등 필요한 조치를 할 수 있다.
③ 제2항에 따른 장기요양급여 제공내용의 평가 방법 및 평가 결과의 공표 방법, 그 밖에 필요한 사항은 보건복지부령으로 정한다.
④ 이 법에서 정한 것 외에 장기요양급여의 관리·평가에 필요한 사항은 대통령령으로 정한다.

40
노인장기요양보험료의 국가 부담에 관한 설명으로 옳지 않은 것을 고르면?

① 국가는 매년 예산의 범위 안에서 해당 연도 장기요양보험료 예상수입액의 100분의 20에 상당하는 금액을 공단에 지원한다.
② 국가와 지방자치단체는 대통령령으로 정하는 바에 따라 의료급여수급권자의 장기요양급여비용, 의사소견서 발급비용, 방문간호지시서 발급비용 중 공단이 부담하여야 할 비용 및 관리운영비의 전액을 부담한다.
③ 지방자치단체가 부담하는 금액은 조례로 정하는 바에 따라 특별시·광역시·특별자치시·도·특별자치도와 시·군·구가 분담한다.
④ 지방자치단체의 부담액 부과, 징수 및 재원관리, 그 밖에 필요한 사항은 대통령령으로 정한다.

41

노인장기요양보험법상 심사청구에 관한 설명으로 옳은 것을 고르면?

① 장기요양인정·장기요양등급·장기요양급여·부당이득·장기요양급여비용 또는 장기요양보험료 등에 관한 공단의 처분에 이의가 있는 자는 건강보험심사평가원에 심사청구를 할 수 있다.
② 제1항에 따른 심사청구는 그 처분이 있음을 안 날부터 90일 이내에 문서(「전자정부법」제2조제7호에 따른 전자문서를 포함한다)로 하여야 하며, 처분이 있은 날부터 180일을 경과하면 이를 제기하지 못한다. 다만, 정당한 사유로 그 기간에 심사청구를 할 수 있었음을 증명하면 그 기간이 지난 후에도 심사청구를 할 수 있다.
③ 심사위원회는 위원장 1명을 포함한 50명 이내의 위원으로 구성한다.
④ 이 법에서 정한 것 외에 심사위원회의 구성·운영, 그 밖에 필요한 사항은 보건복지부령으로 정한다.

42

다음 [보기]의 ㉠~㉣ 중 옳지 않은 내용이 있는 부분이 포함되어 있는 것을 고르면?

─┤ 보기 ├─

제56조(재심사청구) ㉠ 제55조에 따른 심사청구에 대한 결정에 불복하는 사람은 그 결정통지를 받은 날부터 90일 이내에 장기요양재심사위원회(이하 "재심사위원회"라 한다)에 재심사를 청구할 수 있다.
㉡ 재심사위원회의 위원은 관계 공무원, 법학, 그 밖에 장기요양사업 분야의 학식과 경험이 풍부한 자 중에서 보건복지부장관이 임명 또는 위촉한다. 이 경우 공무원이 아닌 위원이 전체 위원의 과반수가 되도록 하여야 한다.
㉢ 이 법에서 정한 것 외에 재심사위원회의 구성·운영, 그 밖에 필요한 사항은 보건복지부령으로 정한다.
㉣ 재심사위원회는 보건복지부장관 소속으로 두고, 위원장 1인을 제외한 20인 이내의 위원으로 구성한다.

① ㉠ ② ㉡ ③ ㉢ ④ ㉣

43
다음 [보기]의 ㉠과 ㉡에 들어갈 내용으로 옳은 것을 고르면?

| 보기 |

제59조(전자문서의 사용) ① 장기요양사업에 관련된 각종 서류의 기록, 관리 및 보관은 (㉠)으로 정하는 바에 따라 전자문서로 한다.
② 공단 및 장기요양기관은 장기요양기관의 지정신청, 재가·시설 급여비용의 청구 및 지급, 장기요양기관의 재무·회계정보 처리 등에 대하여 전산매체 또는 전자문서교환방식을 이용하여야 한다.
③ 제1항 및 제2항에도 불구하고 정보통신망 및 정보통신서비스 시설이 열악한 지역 등 (㉡)이 정하는 지역의 경우 전자문서·전산매체 또는 전자문서교환방식을 이용하지 아니할 수 있다.

	㉠	㉡
①	대통령령	보건복지부장관
②	보건복지부령	보건복지부장관
③	대통령령	과학기술정보통신부장관
④	보건복지부령	과학기술정보통신부장관

44
노인장기요양보험법상 보고 및 검사에 관한 설명으로 옳지 않은 것을 고르면?

① 보건복지부장관, 특별시장·광역시장·도지사 또는 특별자치시장·특별자치도지사·시장·군수·구청장은 장기요양보험가입자에게 보수·소득이나 그 밖에 보건복지부령으로 정하는 사항의 보고 또는 자료의 제출을 명하거나 소속 공무원으로 하여금 관계인에게 질문을 하게 하거나 관계 서류를 검사하게 할 수 있다.
② 보건복지부장관, 특별시장·광역시장·도지사 또는 특별자치시장·특별자치도지사·시장·군수·구청장은 의료급여수급권자에게 장기요양급여의 제공 명세, 재무·회계에 관한 사항 등 장기요양급여에 관련된 자료의 제출을 명하거나 소속 공무원으로 하여금 관계인에게 질문을 하게 하거나 관계 서류를 검사하게 할 수 있다.
③ 보건복지부장관, 특별시장·광역시장·도지사 또는 특별자치시장·특별자치도지사·시장·군수·구청장은 제1항 및 제2항에 따른 보고 또는 자료제출 명령이나 질문 또는 검사 업무를 효율적으로 수행하기 위하여 필요한 경우에는 공단에 행정응원(行政應援)을 요청할 수 있다. 이 경우 공단은 특별한 사유가 없으면 이에 따라야 한다.
④ 제1항 및 제2항의 경우에 소속 공무원은 그 권한을 표시하는 증표 및 조사기간, 조사범위, 조사담당자, 관계 법령 등 보건복지부령으로 정하는 사항이 기재된 서류를 지니고 이를 관계인에게 내보여야 한다.

45

다음 [보기]의 ㉠~㉣에 들어갈 내용으로 옳지 <u>않은</u> 것을 고르면?

| 보기 |

제62조(비밀누설금지) 다음 각 호에 해당하는 자는 업무수행 중 알게 된 비밀을 누설하여서는 아니 된다.
1. 특별자치시·특별자치도·시·군·구, (㉠), (㉡), (㉢), 제37조의3제3항에 따른 (㉣), 심사위원회, 재심사위원회 및 장기요양기관에 종사하고 있거나 종사한 자
2. 제24조부터 제26조까지의 규정에 따른 가족요양비·특례요양비 및 요양병원간병비와 관련된 급여를 제공한 자

① ㉠: 급여심사위원회 ② ㉡: 등급판정위원회
③ ㉢: 장기요양위원회 ④ ㉣: 공표심의위원회

46

다음 [보기]의 ㉠과 ㉡에 들어갈 내용으로 옳은 것을 고르면?

| 보기 |

제66조의2(벌칙 적용에서 공무원 의제) 등급판정위원회, 장기요양위원회, 제37조의3제3항에 따른 공표심의위원회, 심사위원회 및 재심사위원회 위원 중 (㉠) 사람은 「형법」 제129조부터 제132조까지의 규정을 적용할 때에는 공무원으로 (㉡).

	㉠	㉡
①	공무원인	보지 아니한다
②	공무원이 아닌	보지 아니한다
③	공무원이 아닌	본다
④	공무원인	본다

47

노인장기요양보험법상 벌칙에 관한 설명으로 옳지 <u>않은</u> 것을 고르면?

① 거짓이나 그 밖의 부정한 방법으로 장기요양급여비용을 청구한 자는 3년 이하의 징역 또는 3천만 원 이하의 벌금에 처한다.
② 제31조를 위반하여 지정받지 아니하고 장기요양기관을 운영하거나 거짓이나 그 밖의 부정한 방법으로 지정받은 자는 2년 이하의 징역 또는 2천만 원 이하의 벌금에 처한다.
③ 거짓이나 그 밖의 부정한 방법으로 장기요양급여를 받거나 다른 사람으로 하여금 장기요양급여를 받게 한 자는 1천만 원 이하의 벌금에 처한다.
④ 제61조제2항에 따른 자료제출 명령에 따르지 아니하거나 거짓으로 자료제출을 한 장기요양기관 또는 의료기관이나 질문 또는 검사를 거부·방해 또는 기피하거나 거짓으로 답변한 장기요양기관 또는 의료기관은 1천만 원 이하의 벌금에 처한다.

48

다음 [보기]의 ㉠~㉣에 각각 부과되는 최대 과태료를 모두 더한 것으로 옳은 것을 고르면?

― 보기 ―
㉠ 제33조를 위반하여 변경지정을 받지 아니하거나 변경신고를 하지 아니한 자 또는 거짓이나 그 밖의 부정한 방법으로 변경지정을 받거나 변경신고를 한 자
㉡ 제37조의4제4항을 위반하여 행정제재처분을 받았거나 그 절차가 진행 중인 사실을 양수인등에게 지체 없이 알리지 아니한 자
㉢ 제62조의2를 위반하여 노인장기요양보험 또는 이와 유사한 용어를 사용한 자
㉣ 제33조의2에 따른 폐쇄회로 텔레비전을 설치하지 아니하거나 설치·관리의무를 위반한 자

① 1,200만 원   ② 1,600만 원   ③ 1,800만 원   ④ 2,000만 원

49
다음 [보기]의 대화 중 옳지 않은 내용을 말하고 있는 사람을 고르면?

> **보기**
> 형준: 장기요양급여심사위원회는 장기요양급여 제공 기준의 세부사항 설정 및 보완에 관한 사항을 심의하지.
> 현성: 형준이가 말한 것 이외에 보건복지부 장관이 필요하다고 인정한 사항도 심의해.
> 동신: 장기요양급여심사위원회는 위원장 1명을 포함하여 10명 이하의 위원으로 구성 돼.
> 정환: 노인장기요양보험법에서 정한 것 외에 장기요양급여심사위원회의 구성·운영, 그 밖에 필요한 사항은 대통령령으로 정하지.

① 형준 ② 현성 ③ 동신 ④ 정환

50
2024년 12월부로 개정된 국가 및 지방자치단체의 책무에 관한 설명으로 옳지 않은 것을 고르면?

① 국가 및 지방자치단체는 국·공립 장기요양기관을 확충하기 위하여 노력하여야 한다.
② 국가 및 지방자치단체는 장기요양급여가 원활히 제공될 수 있도록 공단에 필요한 재정적 지원을 할 수 있다.
③ 국가 및 지방자치단체는 장기요양요원의 처우를 개선하고 복지를 증진하며 지위를 향상시키기 위하여 적극적으로 노력하여야 한다.
④ 국가 및 지방자치단체는 지역의 특성에 맞는 장기요양사업의 표준을 개발·보급할 수 있다.

내가 꿈을 이루면
나는 누군가의 꿈이 된다.

– 이도준

여러분의 작은 소리
에듀윌은 크게 듣겠습니다.

본 교재에 대한 여러분의 목소리를 들려주세요.
공부하시면서 어려웠던 점, 궁금한 점,
칭찬하고 싶은 점, 개선할 점, 어떤 것이라도 좋습니다.

에듀윌은 여러분께서 나누어 주신 의견을
통해 끊임없이 발전하고 있습니다.

에듀윌 도서몰 book.eduwill.net
- 부가학습자료 및 정오표: 에듀윌 도서몰 → 도서자료실
- 교재 문의: 에듀윌 도서몰 → 문의하기 → 교재(내용, 출간)

국민건강보험공단 실전모의고사

발 행 일	2025년 8월 6일 초판
편 저 자	에듀윌 취업연구소
펴 낸 이	양형남
개발책임	김기철, 윤은영
개 발	윤나라, 김하랑, 강유진
펴 낸 곳	(주)에듀윌
I S B N	979-11-360-3867-8
등록번호	제25100-2002-000052호
주 소	08378 서울특별시 구로구 디지털로34길 55 코오롱싸이언스밸리 2차 3층

* 이 책의 무단 인용 · 전재 · 복제를 금합니다.

www.eduwill.net
대표전화 1600-6700

누적 판매량 15만 부 돌파
베스트셀러 1위 677회 달성

학사장교·항공준사관·부사관 통합 기본서

* 에듀윌 군 간부 교재 누적 판매량 합산 기준 (2016년 8월 25일~2024년 10월 31일)
* 온라인서점(YES24) 주별/월별 베스트셀러 합산 기준 (2016년 10월 4주~2024년 12월 ROTC·학사장교/육군부사관/공군부사관/해군부사관 교재)
* YES24 국내도서 해당 분야 월별, 주별 베스트 기준

2025 하반기

에듀윌 국민건강보험공단
실전모의고사
+무료특강

정답과 해설

eduwill

2025 하반기
에듀윌 국민건강보험공단
실전모의고사
+무료특강

에듀윌 국민건강보험공단
실전모의고사

정답과 해설

2025년 4월 시행 기출복원 모의고사

직업기초능력 응용모듈

01	02	03	04	05	06	07	08	09	10
②	②	④	④	④	③	①	④	②	②
11	12	13	14	15	16	17	18	19	20
②	②	③	②	④	④	③	②	④	①
21	22	23	24	25	26	27	28	29	30
②	②	③	③	④	①	②	④	③	③
31	32	33	34	35	36	37	38	39	40
①	③	②	①	①	②	④	②	③	④
41	42	43	44	45	46	47	48	49	50
④	④	③	④	③	④	③	①	②	①
51	52	53	54	55	56	57	58	59	60
④	①	③	②	④	③	②	④	④	①

01 ②   의사소통능력

Quick해설 주어진 글에서는 전용면적 $40m^2$ 초과 $60m^2$ 이하 오피스텔의 경우 일정 요건을 충족하면 주거용으로 등록 가능하며, 전입신고, 전기·수도요금 등의 항목에서 일반 주택과 유사한 행정 처리가 가능하다고 설명하고 있다. 하지만 ②는 '동일한 기준'으로 처리된다고 단정하고 있어 주어진 글의 내용과 일치하지 않는다.

[오답풀이] ① 첫 번째 문단에서 오피스텔의 법적 용도와 실제 사용 용도가 불일치할 경우 행정처분의 대상이 될 수 있다고 언급하고 있다.
③ 세 번째 문단에서 전용면적 $60m^2$를 초과하는 오피스텔은 실질적으로 주거용으로 사용되는 경우가 많고 등록 요건 충족 시 주거용 전환이 용이하다고 설명한다. 또한 용도 변경 절차 없이 거주하는 경우가 많아 위법 여부를 사전에 확인해야 한다고 하였으므로, 거주 시 자동으로 주거용 전환이 이루어지는 것은 아니며 용도 변경 절차를 거쳐야 함을 알 수 있다.
④ 네 번째 문단에서 업무용 오피스텔은 구조상 주거용 오피스텔과 유사할 수 있으나, 건축물대장상 '업무시설'로 등재된 경우 법적으로 주거가 불가능하다고 설명하고 있다.

02 ②   의사소통능력

Quick해설 전용면적 $40m^2$ 초과 $60m^2$ 이하인 오피스텔은 일정 요건을 충족하면 주거용으로 등록할 수 있다. 단순히 실사용 목적만 갖추었다고 주거용 등록이 가능한 것은 아니며, 법적으로 반드시 요건을 충족해야만 가능하다. 따라서 ㉡은 적절하지 않다.

[오답풀이] ㉠ 전용면적 $40m^2$ 이하 오피스텔은 일반적으로 「주택법」상 주택으로 인정되지 않으며 대부분 지방자치단체에서 주거용 등록을 제한하고 있다고 설명하고 있다.
㉢ 전용면적 $60m^2$를 초과하는 오피스텔은 실질적으로 주거용으로 사용되는 경우가 많으며, 등록 요건을 충족하면 주거용 전환이 비교적 용이하다고 설명하고 있다.

03 ④   의사소통능력

Quick해설 주어진 글은 임상시험의 연구계획을 주제로 하여 임상시험의 목적과 방법, 대상자 선정 기준, 평가 지표, 데이터 수집 및 분석 방법, 주의사항 등을 설명하고 있다.

[오답풀이] ① 임상시험의 역사에 대한 언급은 나타나지 않았다.
② 임상시험을 실시할 때의 주의사항이 여섯 번째 문단에 나타나지만 위험성에 관한 언급은 나타나지 않았다.
③ 임상시험의 발전 방향에 대한 언급은 나타나지 않았다.

문제해결 Tip
글의 주제는 글 전체에서 설명하고 있는 것을 골라야 한다.

04 ④   의사소통능력

Quick해설 가설을 설정하는 단계를 설명한 뒤 예시를 보여주고 있으므로 ㉠은 '예를 들어'가 적합하다.
데이터 분석에 필요한 통계적 방법을 설명하며 이 과정을 통해 연구 결과가 우연에 의한 것인지 아니면 실제 효과가 있는지를 판단할 수 있다고 하였으므로 ㉡은 '이를 통해'가 적합하다.

05 ③   의사소통능력

Quick해설 주어진 글은 만성질환 3가지를 간단히 설명하고 각각의 질환을 관리하기 위한 운동 방법을 소개하고 있다.

[상세해설] 주어진 글은 대표적인 만성질환인 고혈압, 당뇨병, 골다공증에 대해 설명하고, 해당 질환의 진행을 억제하기 위한 각각의 운동방법을 소개하고 있다.

[오답풀이] ① 운동 전후 혈당 안정화를 위한 방안에 대한 내용은 나타나지 않는다.
② 골다공증에 관한 부분은 주어진 글의 일부분이므로 주제로 보기 어렵다.
④ 고혈압 환자에게 고강도 운동이 위험한 이유를 부분적으로 짧게 언급하므로 글 전체의 주제로 볼 수 없다.

> **문제해결 Tip**
> 주제나 중심내용을 찾는 문제는 첫 문단을 주의깊게 보고 글의 전체 맥락을 빠르게 파악하도록 한다.

06 ①   의사소통능력

Quick해설 고혈압 환자에게는 갑작스러운 고강도 운동이 도움이 되지 않는다.

[상세해설] 주어진 글에서 고혈압 환자에게 갑작스러운 고강도 운동은 오히려 혈압을 급상승시킬 수 있어 주의해야 하며, 운동 전후 스트레칭과 준비운동은 필수라고 설명하고 있다.

[오답풀이]
- 을: 당뇨병 환자는 운동 전후 혈당을 확인하고 저혈당에 대비해 간단한 당분을 준비하는 것이 좋다고 언급하고 있다.
- 병: 골다공증 환자에게는 운동을 통해 뼈의 강도를 유지하고 근육을 강화해 낙상 위험을 줄이는 것이 중요하며, 요가나 태극권처럼 균형 감각을 높이는 운동이 효과적이라고 언급하고 있다.
- 정: 만성질환 환자에게 운동은 질병의 진행을 억제하고 삶의 질을 높이는 핵심 관리 수단이므로 꾸준한 실천이 필요하다고 언급하고 있다.

07 ④   의사소통능력

Quick해설
- [다]: 코로나19 팬데믹 당시 한국 보건의료 체계가 직면했던 전반적인 문제 상황과 대응 배경을 설명하고 있으며, 전체 글의 도입부 역할을 한다.
- [나]: 앞에서 언급한 문제의식 아래 열린 포럼의 개요와 주요 논의 내용을 다루고 있어 [다] 다음에 오면 자연스럽다.
- [라]: 포럼의 세부 논의 중 하나인 정보 전달 체계의 문제점과 개선 논의를 다루며, [나]의 주요 의제 중 하나로 배치된다.
- [가]: 포럼을 통해 도출된 미래 정책 방향과 공단의 입장을 정리하고 있어, 전체 글의 결론 역할을 한다.

따라서 순서대로 배열하면 [다]-[나]-[라]-[가]로, 정답은 ④이다.

08 ②   의사소통능력

Quick해설
- ㉠: 정책 방향 제시 후 그에 따른 구체적인 과제를 나열하므로 '따라서'가 적절하다.
- ㉡: 여러 대안이 논의되었다는 일반적인 진술 뒤에 구체적인 내용을 덧붙여 '예를 들면'이 자연스럽다.
- ㉢: 위기 상황 다음 긍정적 대응이 이어지므로 내용을 전환하는 '그러나'가 적절하다.
- ㉣: 주장을 뒷받침하는 사례이므로 '특히'가 적절하다.

09 ②   의사소통능력

Quick해설 주어진 글은 고진동 업종 종사자의 요추 건강에 관한 글이므로, 무거운 물건을 드는 작업에 대한 내용은 글의 주제와 연관성이 떨어진다.

[오답풀이] ① 추간판탈출증과 척추관협착증이 문제가 되는 이유를 설명하는 부분이므로 글의 흐름상 필요한 내용이다.
③ 척추관협착증에 대한 추가적인 설명이므로 글의 흐름상 필요한 내용이다.
④ 고진동 업종 종사자의 요추 건강이 위협받는다는 내용을 뒷받침하는 연구결과이므로 글의 흐름상 필요한 내용이다.

> **문제해결 Tip**
> 글의 흐름상 어울리지 않는 문장을 찾을 때에는 글의 중심내용 및 주제를 유념하고 이에 벗어나는 문장을 찾으면 된다.

10 ②　　　　　　　　　　　　　　　의사소통능력

Quick해설 주어진 글에서 버스 운전자들은 교대 근무로 인해 근골격계 건강을 관리할 여건이 부족하다고 언급하고 있다.

[오답풀이] ① 척추관협착증의 원인은 척추관이 좁아져 신경을 압박하는 것이다.
③ 허리 구부림에 대한 언급은 없으며 진동이 많은 업종에서 요통 관련 산업재해가 많다.
④ 최근 도로가 개선되며 운전자의 척추 건강 위험이 줄었다는 주장도 있으나, 실제 환자 수 추이를 보면 큰 변화는 나타나지 않았다.

11 ②　　　　　　　　　　　　　　　의사소통능력

Quick해설 주어진 글에서 고진동 업종 종사자를 위한 대책으로 예방적 물리치료를 제공한다는 언급은 나타나지 않았다.

[상세해설] 주어진 글에서는 고진동 업종 종사자에게 예방적 차원에서 물리치료를 제공하는 것이 아니라 운동을 생활화하는 것을 해결 방안으로 제시하고 있다.
[오답풀이] ①, ③, ④ 글의 마지막 문단에서 고진동 업종 종사자에 대한 근골격계 질환 예방 대책으로 진동 완화 좌석 설치, 정기적인 건강검진, 휴식 시간 확보를 언급하고 있다.

12 ②　　　　　　　　　　　　　　　의사소통능력

Quick해설 [나] 문단은 독거노인의 정서적 고립 완화와 응급상황 대응, 약 복용 관리 등 일상 돌봄을 수행하는 지능형 로봇의 보급에 초점을 두고 있다. 해당 사업은 서비스 자동화이며, 일자리 창출과는 무관하다.

[오답풀이] ① [가] 문단은 실시간 건강 데이터 분석, 맞춤형 건강관리, 복약 지도, 응급상황 대응 등을 제공하는 AI 주치의 서비스의 도입에 대해 설명하고 있다.
③ [다] 문단은 AI 진료 보조 시스템의 도입 효과로 의료 영상 자동 판독, 진료기록 요약, 진단코드 제안, 진료 오류 감소, 진료시간 단축 등을 제시하고 있다.
④ [라] 문단은 고위험군 자동 식별, 정책 우선순위 예측 등의 기능을 갖춘 AI 복지·의료 데이터 통합 플랫폼을 구축해 정책 집행력을 극대화하는 기반으로 활용할 예정임을 언급하고 있다.

13 ③　　　　　　　　　　　　　　　의사소통능력

Quick해설 주어진 글의 후반부에서 본 종합계획은 예측 기반의 예방 중심 복지 체계 구현을 지향한다고 하였다. 따라서 사후 대응에 집중하고 있다는 내용은 정책의 핵심 방향과 맞지 않는다.

[오답풀이] ① 주어진 글의 전반에서 AI 기술을 통해 복지·의료 인력 부족 문제 해소, 자동화 확대를 지향한다고 서술하고 있다.
② 마지막 문단에 초고령사회 대응은 종합계획에 포함되어 있으며, AI는 필수 기반 기술로 간주된다고 하였다.
④ [다] 문단에서 AI 진료 보조 시스템의 목표는 의료진 1인당 환자 수 증가에 대응할 수 있도록 진료시간을 단축하고 진료 오류를 줄이는 것이라고 설명하고 있다.

14 ②　　　　　　　　　　　　　　　의사소통능력

Quick해설 [나] 문단에 의하면 AI 돌봄 로봇 보급 확대 사업의 목표 수치는 약 25만 가구이다.

15 ③　　　　　　　　　　　　　　　의사소통능력

Quick해설 Y교수는 야간 인공조명이 인간의 건강에 미치는 영향에 대해 발표했다.

[상세해설] 국가결핵통합자료원(K-TB-N Cohort) 활용 계획에 대한 발표는 질병관리청 P과장이 진행했다.

16 ②　　　　　　　　　　　　　　　의사소통능력

Quick해설 주어진 글에서 연구 성과 공유, 정책 평가 및 보완, 가입자 맞춤형 서비스 제공, 업무 효율성 향상, 감염관리 체계 마련 등의 발표 사례를 통해 보건의료 빅데이터가 다양한 방식으로 활용되고 있음을 보여준다. 이를 통해 단순한 연구를 넘어 정책 및 공공서비스 개선에도 활용되고 있다는 점을 추론할 수 있다.

[오답풀이] ① 국민건강보험공단은 인공지능 기술을 보건의료 분야에 실제로 적용한 사례가 있으며 이를 1부에서 K교수가 소개하고 있다.
③ 이번 심포지엄에서는 보건의료 빅데이터를 활용한 건강보험 서비스에 관한 논의를 하였으며, 데이터 보안이나 개인정보 보호와 관련된 논의는 이루어지지 않았다.

④ 빅데이터와 인공지능 기술은 건강보험 서비스 확장에 많은 영향을 주었으므로, 향후 건강보험 운영에 큰 영향을 미칠 것으로 예상된다.

17 ④   의사소통능력

Quick해설 인공지능을 활용한 보건의료 빅데이터로 개개인에게 최적화된 서비스가 발전할 것이 기대된다고 하였으므로 그에 상응하는 내용이 들어가야 한다.

[상세해설] [대화]에서 인공지능을 이용한 발표가 인상 깊었다는 내용과 이어지는 건강보험 서비스의 정교화에 대한 흐름으로 보아, 빈칸에는 공단이 인공지능 기술을 활용하여 데이터를 분석하고 맞춤형 서비스를 제공하려는 노력을 언급한 ④가 가장 적절하다.

[오답풀이] ① 주어진 글에서 보건의료 빅데이터가 연구자들에게만 제공되고 일반인은 접근할 수 없다는 내용은 언급되지 않았다.
② 이번 심포지엄에서 해외 의료기술 소개가 중심 내용으로 다뤄지지는 않았다.
③ 주어진 글에서 건강보험 데이터가 아직 분석할 수 있을 만큼 충분하지 않아 활용이 제한적이라는 내용은 언급되지 않았다.

18 ④   의사소통능력

Quick해설 '임상심리상담사 2급 이상'이 2유형의 상담을 담당하고 있어, 임상심리상담사 1급도 2유형 서비스를 제공할 수 있다. 즉, 임상심리상담사 1급을 소지한 자와 상담하기 위해 반드시 1유형을 신청해야 하는 것은 아니다.

19 ④   의사소통능력

Quick해설 마지막 문단에 따르면 기존에 진단을 받고 현재 진료 중인 자는 사업 참여 대상에서 제외된다.

[오답풀이] ① 고위험군 점수 범위(16점 이상)에 자살 사고가 있고 전문의 상담을 희망하는 경우로, 1유형 기준에 해당한다.
② 2유형의 점수 범위(11~15점)와 희망하는 서비스 구성(전화상담, 자가 심리관리 도구)을 모두 충족한다.
③ 건강검진 결과와 관계없이 신청 가능한 스트레스 관리 상담 1회라는 조건은 3유형에 해당한다.

20 ①   의사소통능력

Quick해설 나이는 참여 자격(만 19세 이상)을 충족하지만, 최근 3년 이내 국민건강보험공단 건강검진 이력이 없기 때문에 주어진 글에 명시된 참여 자격 요건을 충족하지 못한다.

[오답풀이] ② 연령과 검진 이력 요건 모두 충족하며, 증상에 따른 유형도 적절하다.
③ 스트레스 관리 프로그램 신청을 희망하므로 3유형에 해당하며 검진 이력 요건도 충족한다.
④ 전문의 상담을 원하는 고위험군의 경우 1유형의 기준에 부합한다. 공단 검진 결과를 받았으므로 최근 3년 이내 공단 검진 이력 요건까지 모두 충족한다.

21 ②   수리능력

Quick해설 주어진 자료는 지역별 의료보장 적용인구 10만 명당 주요 암질환자 수를 나타내고 있으므로 서로 다른 지역의 암 질환자 수를 비교하기 위해서는 각 지역 의료보장 적용인구를 알아야 한다. 하지만, 같은 지역 내에서 의료보장 적용인구는 동일하므로 같은 지역에서 다른 암 질환자 수를 비교는 가능하다.
② 부산 지역의 10만 명당 위암 질환자 수(375명) > 10만 명당 대장암 질환자 수(349명)이므로 2024년 부산 지역의 위암 질환자 수는 대장암 질환자 수 보다 더 많다.

[오답풀이] ① 주어진 자료는 지역 의료보장 적용인구는 10만 명당 암 질환자 수를 의미하므로 전국 간암 질환자 수와 상위 5순위 간암 질환자 수를 비교하기 위해서는 각 지역의 의료보장 적용인구를 알아야 비교할 수 있다.
③ 의료보장 적용인구는 10만 명당 유방암 질환자 수는 서울(568명), 전북(498명)이지만, 10만 명당 질환자 수를 비교하면 70명 더 많다. 하지만, 유방암 질환자 수는 비교할 수 없다.
④ 의료보장 적용인구 폐암 질환자 상위 5순위 합은 $320+305+298+295+267=1,485$(명)이고 그 중 전남 지역(320)이 차지하는 비중은 $\frac{320}{1,485}\times100≒21.5(\%)$ 이므로 22%를 넘지 않는다.

22 ②　　　　　　　　　　　　　　　　수리능력

Quick해설 광주 지역의 의료보장 적용인구 10만 명 당 자궁암 질환자 수는 간암 질환자수(180명)보다 60명이 적으므로 120명이다.

또한, 대구 지역의 의료보장 적용인구는 220만 명이고, 광주 지역의 의료보장 적용인구는 220-100=120(만 명)이다.

이때 광주, 대구 지역의 의료보장 적용인구 10만 명 당 자궁암 질환자 수는 각각 120명, 105명이고 자궁암의 경우 여성 의료보장 적용인구만을 고려하여 집계하였으므로
광주 지역의 자궁암 질환자 수는 (120×120만)÷10만×50%=720(명)
대구 지역의 자궁암 질환자 수는 (105×220만)÷10만×50%=1,155(명)
그러므로 자궁암 질환자 수는 대구 지역이 광주 지역보다 1,155-720=435(명) 더 많다.

23 ③　　　　　　　　　　　　　　　　수리능력

Quick해설 미국은 바이오마커 분야에서 일본과 한국보다 크다.

[오답풀이] ① 한의학 분야 기술격차 한국 0년, 중국 1년으로 중국이 한국 다음으로 가장 작다.
② 재생의학 분야에서 중국과 독일은 기술격차가 5년이므로 공통적으로 가장 크다고 볼 수 있다.
④ 디지털헬스케어 분야에서 미국(0년), 중국(1년), 일본, 독일(2년)으로 모두 미국과 3년 이내이다.

24 ③　　　　　　　　　　　　　　　　수리능력

Quick해설 각 나라별 기술격차의 평균을 구하면 다음과 같다.

(단위: 년)

구분	한의학	정밀의학	바이오마커	재생의학	디지털헬스케어	평균
한국	0	5	1	4	4	2.8
중국	1	3	5	5	1	3.0
일본	3	2	0	2	2	1.8
독일	4	2	4	5	2	3.4
미국	5	0	2	0	0	1.4

따라서 기술격차 평균이 가장 작은 나라는 미국(1.4년)이고, 가장 큰 나라는 독일(3.4년)이다.

25 ④　　　　　　　　　　　　　　　　수리능력

Quick해설 재정 기준 통행료보다 현행 통행료가 더 적은 곳은 용인-서울(1,800<2,100), 안양-성남(2,000<2,100)으로 총 2곳이다.

[오답풀이] ① 민자고속도로가 가장 많은 지역은 경기도(5곳)로 서수원-평택(2,700), 평택-시흥(2,900), 수원-광명(2,600), 구리-포천(3,800), 안양-성남(2,000)이고, 1대당 현행 통행료의 총합은 14,000원이다.
② 현행 통행료와 재정 기준 통행료의 차이는 대구-부산(10,500-4,500) 6,000원으로 가장 크다.
③ 전국 18개 민자고속도로 1대당 현행 통행료 총합은 77,900원으로 77,000원 이상이다.

26 ①　　　　　　　　　　　　　　　　수리능력

Quick해설 구리-포천 노선의 이용거리는 50km이고, 광주-원주 노선의 이용거리는 57km이다. 그러므로 그래프의 명칭이 잘못 표기되어 있다.

[오답풀이] ② 인천시 현행 통행료 비중을 계산하면 다음과 같다.

노선	통행료(원/대)	비중
인천공항	6,900	46%
인천대교	5,500	37%
인천-김포	2,600	17%
합계	15,000	100%

③ 경상도 노선별 재정 기준 통행료는 다음과 같다.

노선	재정 기준 통행료(원/대)
대구-부산	4,500
부산-울산	3,400
부산신항	1,600
상주-영천	5,100

④ 경기도 현행 통행료와 재정 기준 통행료의 평균은 다음과 같다.

지역	현행 통행료(원/대)의 평균	재정 기준 통행료(원/대)의 평균
경기도	$(2,700+2,900+2,600+3,800+2,000)/5=2,800$	$(2,300+2,800+2,200+3,100+2,100)/5=2,500$

27 ③ 　　　　　　　　　　수리능력

Quick해설 ⓒ 2022년 연간 1인당 진료비가 300만 원 이하인 환자 수는 $26,585+14,736=41,321$(천 명)이므로 $\frac{41,321}{49,213}\times100≒83.96(\%)$이다.

ⓔ 2023년 연간 1인당 진료비가 500만 원을 초과한 환자 수는 $2,593+906+278+200+82+103+21=4,183$(천 명)으로 418만 명 이상이다. 이는 전체 환자 수의 $5.3+1.9+0.6+0.4+0.2+0.2+0.0=8.6(\%)$이므로 10% 미만에 해당한다. 그리고 이들의 진료비는 $175,487+124,278+67,898+68,459+36,443+68,406+32,045=573,016$(억 원)이므로 57조 원을 넘고 전체 진료비의 $15.8+11.2+6.1+6.2+3.3+6.2+2.9=51.7(\%)$이므로 50%를 초과한다.

[오답풀이] ⓖ 연간 1인당 진료비가 1억 원을 초과하는 환자 수는 2022년 18천 명이고 2023년에는 21천 명이다. 따라서 증가율은 $\frac{21-18}{18}\times100≒17(\%)$이므로 20% 미만이다.

문제해결 Tip
ⓔ에서 환자 수 4,183천 명에 10을 곱해도 전체 인원수 48,919천 명에 미치지 못하므로 환자 수가 전체의 10% 미만이라는 것은 일일이 계산하지 않아도 쉽게 알 수 있다.

28 ③ 　　　　　　　　　　수리능력

Quick해설 주어진 [표]를 통해 구간별로 2023년 환자 수 및 진료비의 비율을 확인해 보면 다음과 같다.

구분	환자 수(비율)	진료비(비율)
100만 원 이하	51.9%	9.9%
100만 원 초과 500만 원 이하	$31.1+8.5=39.6(\%)$	$24.1+14.3=38.4(\%)$
500만 원 초과 1,000만 원 이하	5.3%	15.8%
1,000만 원 초과	$1.9+0.6+0.4+0.2+0.2+0.0=3.3(\%)$	$11.2+6.1+6.2+3.3+6.2+2.9=35.9(\%)$

따라서 그래프를 바르게 나타낸 것은 ③이다.

29 ④ 　　　　　　　　　　수리능력

Quick해설 일반인 심폐소생술 시행률이 가장 높은 상위 5개 지역은 서울(35%), 대구(32%), 대전(24%), 경기(25%), 강원(20%)이다. 이 지역의 심폐소생술 총 시행 건수는 $1,440+380+140+1,390+250=3,600$(건)이다.

[오답풀이] ① 일반인 심폐소생술 시행 건수가 200건 이하인 지역은 인천, 광주, 대전, 울산, 세종, 충북, 전북, 전남, 경북, 제주로 총 10곳이다.
② 일반인 심폐소생술 시행률이 가장 낮은 지역은 전남(9%, 130건)이지만, 시행 건수가 가장 낮은 지역은 세종(14%, 35건)이므로 시행률이 낮은 지역일수록 시행 건수가 적은 건 아니다.
③ 일반인 심폐소생술 시행 건수가 가장 많은 지역인 서울(1,440)이 전국(5,600)에서 차지하는 비중은 $\frac{1,440}{5,600}\times100≒25.7(\%)$이므로 26% 이하이다.

30 ③ 　　　　　　　　　　수리능력

Quick해설 A(일반인 심폐소생술 시행률)=B(일반인에 의해 심폐소생술이 시행된 환자 수)/C(일반인에 의해 발견되거나 목격된 환자 수)×100이므로 A=B/C×100이다. 이때, A(일반인 심폐소생술 시행률)와 B(일반인에 의해 심폐소생술이 시행된 환자 수)는 제시되어 있으므로 C=B/A×100의 식을 이용하여 다음과 같이 C를 구할 수 있다.

구분	부산	인천	충북	충남
B	3.2	3.3	2.76	3.78
A	16	15	12	18
C	20	22	23	21

따라서 충북 지역의 C(일반인에 의해 발견되거나 목격된 환자 수)가 가장 많다.

31 ① 수리능력

Quick해설 ①번 그래프의 광주와 대전의 시행 건수가 서로 바뀌어 있으므로 적절하지 않다.

32 ③ 수리능력

Quick해설 ㉠ 네 발전소의 재정 점수의 평균은
$\frac{16+14+19+13}{4} = \frac{62}{4} = 15.5$(점)이므로 16점 미만이다.
㉡ 발전소별로 환경 영향 점수를 확인해 보면 K발전소는 16점, G발전소는 15점, H발전소는 17점, D발전소는 15점이므로 두 번째로 점수가 높은 곳은 K발전소이다.

[오답풀이] ㉢ 항목별 점수의 합계로 네 발전소의 총점을 구해 보면 다음과 같다.
- K발전소: 16+13+16+18+12=75(점)
- G발전소: 14+17+15+16+12=74(점)
- H발전소: 19+15+17+12+13=76(점)
- D발전소: 13+19+15+12+14=73(점)

즉, 가장 점수가 낮은 곳은 D발전소이다.

33 ② 수리능력

Quick해설 가중치를 부여하여 항목별로 점수를 구하고 총점을 계산해 보면 다음과 같다.
- K발전소: 16×0.2+13×0.3+16×0.3+18×0.2+12×0.4=3.2+3.9+4.8+3.6+4.8=20.3(점)
- G발전소: 14×0.2+17×0.3+15×0.3+16×0.2+12×0.4=2.8+5.1+4.5+3.2+4.8=20.4(점)
- H발전소: 19×0.2+15×0.3+17×0.3+12×0.2+13×0.4=3.8+4.5+5.1+2.4+5.2=21.0(점)
- D발전소: 13×0.2+19×0.3+15×0.3+12×0.2+14×0.4=2.6+5.7+4.5+2.4+5.6=20.8(점)

이때, 점수의 총합이 두 번째로 높은 곳은 D발전소이다.

[오답풀이] ① 네 발전소의 점수는 각각 20.3점, 20.4점, 21점, 20.8점이므로 모두 총점 20점 이상이다.
③ 네 발전소의 점수가 20.3점, 20.4점, 21점, 20.8점이므로 총점이 1점 이상 차이 나는 발전소는 없다.
④ G발전소의 총점은 20.4점이고 K발전소의 총점은 20.3점이므로 G발전소의 총점은 K발전소의 총점보다 0.1점 높다.

34 ① 수리능력

Quick해설 [방법 1]에 대하여 발전소별 총점을 구해 보면 다음과 같다.
- K발전소: (16+13)×0.3+(12+18)×0.2+16×0.5 =8.7+6.0+8.0=22.7(점)
- G발전소: (14+17)×0.3+(12+16)×0.2+15×0.5 =9.3+5.6+7.5=22.4(점)
- H발전소: (19+15)×0.3+(13+12)×0.2+17×0.5 =10.2+5.0+8.5=23.7(점)
- D발전소: (13+19)×0.3+(14+12)×0.2+15×0.5 =9.6+5.2+7.5=22.3(점)

따라서 [방법 1]에 의해 총점을 계산할 때 우수 발전소로 선정되어 국가 발전 지원금을 받는 곳은 H발전소이다.
[방법 2]에 대하여 발전소별 총점을 구해 보면 다음과 같다.
- K발전소: 12×0.4+13×0.3+16×0.2+16×0.1 =4.8+3.9+3.2+1.6=13.5(점)
- G발전소: 12×0.4+14×0.3+15×0.2+16×0.1 =4.8+4.2+3.0+1.6=13.6(점)
- H발전소: 12×0.4+13×0.3+15×0.2+17×0.1 =4.8+3.9+3.0+1.7=13.4(점)
- D발전소: 12×0.4+13×0.3+14×0.2+15×0.1 =4.8+3.9+2.8+1.5=13.0(점)

따라서 [방법 2]에 의해 총점을 계산할 때 우수 발전소로 선정되어 국가 발전 지원금을 받는 곳은 G발전소이다.

35 ① 수리능력

Quick해설 2023년 마 본부의 보유량은 14대이고 임대량은 10대이다. 따라서 임대율은 $\frac{10}{14} \times 100 ≒ 71.4$(%)이므로 70% 이상이다.

[오답풀이] ② 2023년 A지역의 본부별 임대율을 계산하면 다음과 같다.
- 가 본부: $\frac{12}{20} \times 100 = 60$(%)
- 나 본부: $\frac{10}{16} \times 100 = 62.5$(%)
- 다 본부: $\frac{20}{25} \times 100 = 80$(%)
- 라 본부: $\frac{9}{18} \times 100 = 50$(%)

따라서 2023년 A지역 본부 중 임대율이 가장 높은 곳은 다 본부이다.
③ [표]를 통해 두 지역의 모든 본부에 대해 연도별 덤프트럭 보유량을 확인해 보면 감소 또는 유지가 항상 존재한다. 따라서 두 지역에서 덤프트럭 보유량이 꾸준히 증가한 본부는 없다.
④ B지역의 덤프트럭은 2021년에 12+15+20+12+18=77(대)이고 2025년에는 15+16+20+15+30=96(대)이다. 따라서 2025년 B지역의 덤프트럭 보유량은 4년 전 대비 $\frac{96-77}{77} \times 100 ≒ 24.7(\%)$ 증가하였으므로 25% 미만으로 증가하였다.

36 ② 수리능력

Quick해설 ㉠ 2025년 자 본부의 덤프트럭 보유량은 30대이고 임대량은 24대이다. 따라서 2025년 자 본부의 임대율은 $\frac{24}{30} \times 100 = 80(\%)$ 이다.
㉡ 2021년 다 본부의 덤프트럭 보유량은 24대이고 임대량은 21대이다. 따라서 2021년 다 본부의 임대율은 $\frac{21}{24} \times 100 = 87.5(\%)$ 이다.
㉢ 2024년 바 본부의 덤프트럭 보유량은 18대이고 임대량은 15대이다. 따라서 2024년 바 본부의 임대율은 $\frac{15}{18} \times 100 ≒ 83.3(\%)$ 이다.
따라서 임대율이 높은 순으로 나열하면 ㉡>㉢>㉠이다.

37 ④ 수리능력

Quick해설 2025년 A지역의 임대량 총합은 18+15+24+14=71(대)이므로 본부별 덤프트럭 임대량 비중을 구하면 다음과 같다.
- 가 본부: $\frac{18}{71} \times 100 ≒ 25(\%)$
- 나 본부: $\frac{15}{71} \times 100 ≒ 21(\%)$
- 다 본부: $\frac{24}{71} \times 100 ≒ 34(\%)$
- 라 본부: $\frac{14}{71} \times 100 ≒ 20(\%)$

따라서 옳지 않은 그래프는 ④이다.

38 ③ 수리능력

Quick해설 2023년 외래 급여건수의 전년 대비 증가율은 $\frac{5,600-5,450}{5,450} \times 100 ≒ 2.8(\%)$ 이고, 2023년 약국 급여건수의 전년 대비 증가율은 $\frac{2,750-2,650}{2,650} \times 100 ≒ 3.8(\%)$ 이므로, 외래 급여건수의 증가율은 약국 급여건수의 증가율보다 낮다.

[오답풀이] ① 2016년 약국 진료비(1.2)>2017년 약국진료비(1.1)이지만, 2016년 기금부담금(1.1)<2017년 기금부담금(1.2)이므로 약국의 진료비가 클수록 기금부담금이 항상 큰 것은 아니다.
② 내원일수는 2019년 대비 2020년에 감소하지만, 요양일수는 2019년 대비 2020년에 증가하였다. 그러므로 증감추이가 동일한 것은 아니다.
④ 진료실인원 합계는 약국을 제외한 것이다. 하지만 총 진료실인원에 약국의 진료실인원을 모두 포함시켜도 2019년(63.2+14.3)이 2020년(60.1+14.2)보다 더 많으므로 총 진료실인원이 지속적으로 증가하는 것은 아니다.

문제해결 Tip
$\frac{2,750-2,650}{2,650} = \frac{100}{2,650}$ VS $\frac{5,600-5,450}{5,450} = \frac{150}{5,450}$
$\frac{100}{2,650}$ 와 $\frac{150}{5,450}$ 의 분자와 분모를 각각 비교해보면, 분자는 1.5배(좌<우)인데 분모는 1.5배 이상(좌<우)이므로 분모의 증가율이 높아 $\frac{100}{2,650} > \frac{150}{5,450}$ 라는 결론을 얻을 수 있다.

39 ① 수리능력

Quick해설 [그래프1] 연도별 환자 수(수급권자)
[그래프2] 연도별 내원일수
2023년 수급권자 1인당 내원일수=(2023년 내원일수)÷(2023년 진료실인원)이므로 주어진 [그래프1]과 [그래프2]를 이용하여 구할 수 있다.

40 ④ 수리능력

Quick해설 연도별 입원, 외래, 약국의 기금부담금은 주어진 자료와 수치가 다르다.

41 ④   문제해결능력

Quick해설 설문에 참여한 임직원은 총 50명이므로 [표]에 제시된 빈도를 통해 항목별 백분율을 구하면 다음과 같다.

1. $\frac{30}{50} \times 100 = 60(\%)$ 2. $\frac{25}{50} \times 100 = 50(\%)$
3. $\frac{48}{50} \times 100 = 96(\%)$ 4. $\frac{41}{50} \times 100 = 82(\%)$
5. $\frac{30}{50} \times 100 = 60(\%)$

따라서 ㉠~㉤에 들어갈 내용을 바르게 나타낸 것은 ④이다.

42 ①   문제해결능력

Quick해설 세미나 및 강의 만족도 조사 결과를 기반으로 내년에 △△IT 교육 업체에 강의를 계속 의뢰할 것인지 의사결정을 내리고자 하는 것이므로 국민건강보험공단은 만족도 점수의 통계 결과를 의사결정의 보조적인 수단으로 활용한다고 볼 수 있다.

[오답풀이] ② 만족도 조사 결과와는 거리가 먼 내용이다.
③ 만족도 조사 결과를 처리 가능한 자료로 변환하거나 쉽게 이해할 수 있는 형태로 축소하는 것은 아니다.
④ 관찰 가능한 자료를 통해 논리적인 결론을 추출하는 것이 아니라, 만족도 조사 결과를 통해 의사결정을 하는 중이다.

43 ④   문제해결능력

Quick해설 [3. 구비서류 관련 안내사항]에서 동의서와 위임장에는 반드시 자필 서명과 작성 날짜를 기재하도록 제시하고 있다. 따라서 도장이 찍혀 있어야 하는 것은 아니다. 실제로 병원에서 서류 발급 등의 절차를 진행할 때 환자의 동의 없이 도장이 사용될 여지가 있으므로 반드시 자필로 서명하게 되어 있다.

[오답풀이] ① 환자 본인이 아니더라도 친족 또는 지정 대리인이 위임장 및 동의서 등의 서류를 구비하면 의무기록 사본발급 및 열람이 가능하다.
② 제시된 안내문의 [2. 관련 근거]에서 '의무기록 열람 및 사본 교부는 환자의 동의가 있어야 하며 환자의 동의 없이는 그 누구도 의무기록 열람 및 사본을 발급받을 수가 없습니다.'라고 제시되어 있지만, 환자의 동의를 받을 수 없는 경우 총무팀으로 문의하여 발급받도록 안내하고 있다.
③ [1. 발급 안내]에서 '타 병원의 의무기록은 해당 병원에서만 발급 및 열람이 가능합니다.'라고 제시하고 있다.

44 ③   문제해결능력

Quick해설 ㉠ 환자 본인의 경우 의무기록 열람 및 사본발급신청서와 본인 신분증만 있으면 된다.
㉢ 며느리·사위·지인·보험회사 등의 지정 대리인의 경우 의무기록 열람 및 사본발급신청서, 환자가 자필서명 한 열람 및 사본발급 동의서와 위임장, 환자의 신분증 또는 사본, 신청자의 신분증 또는 사본이 필요하다.

[오답풀이] ㉡ 환자의 배우자, 직계존속, 비속 또는 배우자족의 직계존속의 경우 의무기록 열람 및 사본발급신청서, 환자가 자필서명 한 열람 및 사본발급 동의서, 신청자와의 가족관계증명서 또는 주민등록표 등본, 신청자의 신분증 또는 사본이 필요하다. 그런데 형제자매인 경우 형제자매 친족기준 증빙서류와 진료기록열람 및 사본발급을 위한 확인서를 추가로 제출하라고 하였다.

45 ④   문제해결능력

Quick해설 중도에 해지할 경우 이자율에 따라 지급한다고만 명시되어 있다.

[오답풀이] ① 최소한으로 가입할 수 있는 금액의 원금은 10만 원×24개월로 240만 원이다.
② 최대로 받을 수 있는 적용금리는 기본(3%)에 우대금리를 모두 적용한 경우로 3.7%이다.
③ 세후 이자액은 세전이자×84.6%로 169만 2천 원이다.

46 ②   문제해결능력

Quick해설 A씨가 납입하는 원금은 50만 원×24개월=1,200만 원이다.
적용받게 될 금리는 기본금리3%+우대금리(당행급여이체0.2%+체크카드발급0.1%+만기시납입원금1천만 원 이상 0.2%)는 0.5%로 적용 금리는 3.5%이다.
총이자=월납입액×(n(n+1)/2)×(이자율÷12÷100)로 구할 수 있다.(단, n은 개월 수)
세전이자는 500,000×24×25 / 2×(3.5 / 12 / 100)으로 437,500원이고 세후 이자는 437,500×(1−0.154)=370,125원이며, 1원단위 절상하면 370,130원이다.

47 ②   문제해결능력

Quick해설 [2. 절차]에서 사업 미실시 지역의 약사회 회원도 위촉이 가능하다고 하였고, 위촉되고자 한다면 활동 희망지역 관할 지역본부로 직접 요청하도록 안내하고 있다.

[오답풀이] ① [2. 절차]의 수행 주체별 업무흐름도에서 지역약사회는 위촉자 명단과 필요서류를 공단지역본부로 송부하라고 제시하고 있다.
③ [3. 지역본부 업무수행 절차]의 협조사항에서 '자문약사가 「개인정보보호법」을 위반하는 사례가 발생하지 않도록 개인정보 관리 철저'라고 제시하고 있다. 이에 따라 자문약사는 유선 및 방문상담을 진행할 때 정보보호에 특별히 신경 써야 한다.
④ [1. 개요]와 [3. 지역본부 업무수행 절차]에서 위촉 기간은 위촉번호 발급 신청일부터 9999. 12. 31.로 제시하고 있다. 즉, 다제약물 관리사업 지역사회모형 자문약사에 위촉되고 특별한 사유가 없다면 해촉되지 않고 지속할 수 있음을 의미한다.

48 ①   문제해결능력

Quick해설 ⊙ [1. 개요]의 위촉 요건에서 위촉 희망 약사는 '약사면허증 소지자로서 해당 분야 경력 1년 이상인 자'로 제시되어 있다.
ⓒ [3. 지역본부 업무수행 절차]의 위촉 자문약사 건강관리통합정보시스템 등록에서 위촉 자문약사에 대하여 건강관리통합정보시스템에 아이디를 생성하고 계좌를 등록해야 하고 통장 및 신분증 사본을 업로드해야 한다고 제시하고 있다. 업무흐름도상 해당 업무는 공단 지역본부가 진행한다.

[오답풀이] ⓒ 위촉 희망 약사는 필수과목을 수강해야 하고 7개의 서류를 구비하여 지역약사회에 제출해야 한다. 필요서류는 약사면허증, 신분증 사본, 통장사본, 사업참여신청서, 개인정보수집이용동의서, 보안각서, 계좌입금의뢰신고서이다.
ⓔ 위촉 명단에 해당하는 약사에게 직인을 날인하는 사람은 지역본부장이다.

49 ②   문제해결능력

Quick해설 24개월에는 A형간염 2차가 아닌 1차가 예방접종이 포함된다.

[오답풀이] ① 18개월 건강검진 항목: 자폐 선별, DTaP 4차, Hib 3차, 일본뇌염 1차 예방접종
③ 12개월 건강검진 항목: 시각, 청각, 구강 검진과 함께 MMR 1차와 수두 1차 예방접종
④ 60~71개월 건강검진 항목: 입학 전 종합검진이 이루어지며, DTaP 5차와 IPV 4차 예방접종

50 ①   문제해결능력

Quick해설 기준 개월 수가 지난 경우 마지막 검진 이후 다음 검진항목도 12개월 이내에 검진가능하기 때문에 50개월인 아이는 42개월과 48개월 항목을 받을 수 있다. 42개월 항목은 치아검사, 정서 및 사회성 평가이며, 48개월 항목은 성장/비만, 시각검사, 언어종합평가이다. 청각검사는 36개월에 받는 검사이므로 이미 받았다.

51 ④   문제해결능력

Quick해설 직전 검진 이후 최소 3개월(90일) 이후에 다음 검진이 가능하기 때문에 7개월 15일 차+3개월 이후에 검진이 가능하다. 따라서 10개월 15일 차가 최소 검진일이 된다.

52 ①   문제해결능력

Quick해설 사전 검사비는 주요 주기별로 1회만 청구할 수 있다. 주요 주기는 29세 이하가 제1주기이고, 30세부터 34세까지가 제2주기이며, 35세부터 49세까지가 제3주기에 해당한다. 따라서 제1주기에 속하는 29세 여성이면 최대 3회 지원받을 수 있다.

[오답풀이] ② 사전 검사비 지원금액은 여성은 최대 13만 원이고 남성은 최대 5만 원이다. 따라서 검사비 지원금액의 최댓값은 여성이 남성보다 많다.
③ [5. 지원 신청·청구 시 필수 제출서류]에서 내국인 배우자의 주민등록등본상 혼인관계가 확인되지 않는 경우에는 혼인관계증명서 또는 청첩장 등의 혼인 증빙서류를 제출하도록 제시하고 있다.
④ [5. 지원 신청·청구 시 필수 제출서류]에서 내국인 배우자와 결혼한 외국인인 경우 본인 주민등록등본은 제출하지 않아도 되고, 배우자의 주민등록등본만 제출하도록 제시하고 있다.

53 ③ 　　　　　　　　　　　　　　　문제해결능력

Quick해설 ㉠ 1년 전인 29세(제1주기)에 사전 검사비를 지원받았더라도 제2주기에 속하는 30세에는 다시 검사비를 지원받을 수 있다.
㉡ 내국인 배우자와 결혼 예정이면 혼인을 증빙할 수 있는 서류와 배우자의 주민등록등본을 제출하고 검사비를 지원받을 수 있다.

[오답풀이] ㉢ 40세 내국인 남성 C씨는 5년 전에 35세였다. 그때에도 제3주기였고 같은 주기에는 1번만 검사비를 지원받을 수 있기에 40세에는 지원받을 수 없다.

54 ② 　　　　　　　　　　　　　　　문제해결능력

Quick해설 김씨는 6월 12일에 검사비 지원을 신청하였고 하루 뒤인 6월 13일에 검사의뢰서를 받았다. 그리고 의뢰서를 발급받은 지 25일 뒤인 7월 8일에 검사를 받았고 7일 뒤인 7월 15일에 검사비를 청구하였다. 이때, 검사비를 청구한 지 45일 뒤에 검사비를 받았다고 하였으므로 김씨가 검사비를 받은 날짜는 2025년 8월 29일이다.

55 ④ 　　　　　　　　　　　　　　　문제해결능력

Quick해설 시행일 이전이라도 상위 30% 외래진료일수 기준을 초과한 경우 본인부담률이 10% 가산된다.

[오답풀이] ① 의료비 본인부담률은 기본 30%이고, 과다 이용자로 분류될 경우 50%로 상향되며 시행일 이전에 상위 30% 기준을 초과한 경우 10% 가산 적용되므로 최대는 60%이다.
② 20대는 60일 이상, 30대는 70일 이상, 40대는 78일 이상, 50대는 85일 이상, 60대는 91일 이상으로 연령대가 높을 수록 기준일이 높다.
③ 중증장애인이 상위 30% 기준일수에서 30일 초과할 경우 50%의 본인부담률이 적용된다.

56 ③ 　　　　　　　　　　　　　　　문제해결능력

Quick해설 C의 경우 중증장애인이므로 본인부담률이 50%가 아니라 40%로 적용된다.
C(60대, 110일 이용, 기준일 91일, 중증장애인 기준일 10일 이상 30일 미만 → 본인부담률 40%)
1,500,000 × 40% = 600,000(원)

[오답풀이] • A(30대, 75일 이용, 기준일 70일 → 본인부담률 50%)
750,000 × 50% = 375,000(원)
• B(40대, 65일 이용, 기준일 78일 → 본인부담률 30%)
1,200,000 × 30% = 360,000(원)
• D(50대, 90일, 기준일 85일, 시행일 이전 86일로 시행일 이전 기준일초과 10% 가산 → 본인부담률 60%)
1,000,000 × 60% = 600,000(원)

57 ④ 　　　　　　　　　　　　　　　문제해결능력

Quick해설 초과일수를 바탕으로 중증장애인 본인부담률을 나타내면 다음과 같다.

연령대	직전 1년간 외래진료일수	초과일수	중증장애인 본인부담률
20대	100일	40일	50%
30대	100일	30일	50%
40대	100일	22일	40%
50대	100일	15일	40%
60대	100일	9일	30%

[오답풀이] ① 중증장애인 기준일+10일 미만: 30%, 기준일+10일 이상 30일 미만: 40%, 기준일+30일 이상 50%
② 20대: 60일 이상, 30대: 70일 이상, 40대: 78일 이상, 50대: 85일 이상, 60대: 91일 이상
③ 제도 시행일 이후 - 상위 30% 외래진료일수 미만: 30%
제도 시행일 이후 - 상위 30% 외래진료일수 이상: 50%
제도 시행일 이전 - 상위 30% 외래진료일수 미만: 30%
제도 시행일 이전 - 상위 30% 외래진료일수 이상: 60%

58 ① 　　　　　　　　　　　　　　　문제해결능력

Quick해설 저탄소 에너지 기술, 친환경 소재 기술, 탄소 포집 및 저장 기술 등의 저탄소를 위한 다양한 기술 개발에 관한 내용은 적극적 대응에 해당한다.

[오답풀이] ② 인프라 구축에 관한 내용은 소극적 대응에 해당하는 내용이다.
③ 저탄소에 관한 대응은 소극적 대응과 적극적 대응을 함께 추진해야 한다고 언급하고 있다.
④ 저탄소 산업에 대한 투자와 관련한 내용은 적극적 대응에 해당하는 내용이다.

59 ④ 문제해결능력

Quick해설 ㉠ ESG 경영은 저탄소를 위한 경영 방법 중 하나이며, 이를 통해 친환경 제품을 개발하기 위해 연구 중이라고 하였으므로 저탄소 대응 전략으로 적절하다.
㉡ 기후변화 대응을 위해 녹색 채권을 발행하는 것은 저탄소 실현을 위한 국제 투자 방법 중 하나이므로 저탄소 대응 전략으로 적절하다.
㉢ 기후변화 대응을 촉진하기 위해 탈탄소 투자에 대한 인식을 제고하고 관련 투자를 활성화하는 것은 저탄소 대응 전략으로 적절하다.

60 ① 문제해결능력

Quick해설 [그래프]는 한국의 기후변화 성과지수가 점차 낮아지고 있음을 보여주고 있다. 이에 맞물려서 조사 대상국 중 한국의 순위 또한 최하위권에서만 맴돌고 있음을 보여준다. 따라서 한국은 전반적으로 저탄소에 대한 대응이 바르게 진행되고 있지 않다고 볼 수 있다.

[오답풀이] ② [그래프]를 해석해 볼 때, 2013년부터 2018년까지 한국은 저탄소 대응 전략 등을 통한 기후변화 대응에 대한 성과가 조금씩 하락하고 있고, 2018년 이후부터는 정체 중임을 알 수 있다. 따라서 저탄소 대응 전략 등을 통한 기후변화 대응에 대한 성과가 조금씩 나타나고 있다고 해석하기에는 무리가 있다.
③, ④ [그래프]를 통해서 알 수 없는 내용이다.

직무시험_국민건강보험법

01	02	03	04	05	06	07	08	09	10
③	②	④	①	④	③	③	③	③	②
11	12	13	14	15	16	17	18	19	20
④	①	②	④	①	④	③	①	①	④

01 ③

[오답풀이] 국민건강보험법 제53조(급여의 제한)
③ 공단은 가입자가 대통령령으로 정하는 기간 이상 다음 각 호의 보험료를 체납한 경우 그 체납한 보험료를 완납할 때까지 그 가입자 및 피부양자에 대하여 보험급여를 실시하지 아니할 수 있다. 다만, 월별 보험료의 총체납횟수(이미 납부된 체납보험료는 총체납횟수에서 제외하며, 보험료의 체납기간은 고려하지 아니한다)가 대통령령으로 정하는 횟수 미만이거나 가입자 및 피부양자의 소득·재산 등이 대통령령으로 정하는 기준 미만인 경우에는 그러하지 아니하다.
1. 제69조제4항제2호에 따른 보수 외 소득월액보험료
2. 제69조제5항에 따른 세대단위의 보험료

02 ②

[상세해설] 국민건강보험법 제8조(자격의 취득 시기 등)
② 자격을 얻은 경우 그 직장가입자의 사용자 및 지역가입자의 세대주는 그 명세를 보건복지부령으로 정하는 바에 따라 자격을 취득한 날부터 14일 이내에 보험자에게 신고하여야 한다.
국민건강보험법 제9조(자격의 변동 시기 등)
② 자격이 변동된 경우 직장가입자의 사용자와 지역가입자의 세대주는 그 명세를 보건복지부령으로 정하는 바에 따라 자격이 변동된 날부터 14일 이내에 보험자에게 신고하여야 한다.
③ 법무부장관 및 국방부장관은 직장가입자나 지역가입자가 제54조 제3호 또는 제4호에 해당하면 보건복지부령으로 정하는 바에 따라 그 사유에 해당된 날부터 1개월 이내에 보험자에게 알려야 한다.
국민건강보험법 제10조(자격의 상실 시기 등)
② 자격을 잃은 경우 직장가입자의 사용자와 지역가입자의 세대주는 그 명세를 보건복지부령으로 정하는 바

에 따라 자격을 잃은 날부터 14일 이내에 보험자에게 신고하여야 한다.

03 ④

[상세해설] 국민건강보험법 제4조(건강보험정책심의위원회)
② 심의위원회는 위원장 1명과 부위원장 1명을 포함하여 25명의 위원으로 구성한다.
④ 심의위원회의 위원은 다음 각 호에 해당하는 사람을 보건복지부장관이 임명 또는 위촉한다.
  1. 근로자단체 및 사용자단체가 추천하는 각 2명
  2. 시민단체(「비영리민간단체지원법」 제2조에 따른 비영리민간단체를 말한다. 이하 같다), 소비자단체, 농어업인단체 및 자영업자단체가 추천하는 각 1명
  3. 의료계를 대표하는 단체 및 약업계를 대표하는 단체가 추천하는 8명

04 ①

[상세해설] 국민건강보험법 제17조(정관)
① 공단의 정관에는 다음 각 호의 사항을 적어야 한다.
  1. 목적
  2. 명칭
  3. 사무소의 소재지
  4. 임직원에 관한 사항
  5. 이사회의 운영
  6. 재정운영위원회에 관한 사항
  7. 보험료 및 보험급여에 관한 사항
  8. 예산 및 결산에 관한 사항
  9. 자산 및 회계에 관한 사항
  10. 업무와 그 집행
  11. 정관의 변경에 관한 사항
  12. 공고에 관한 사항

국민건강보험법 제18조(등기)
공단의 설립등기에는 다음 각 호의 사항을 포함하여야 한다.
  1. 목적
  2. 명칭
  3. 주된 사무소 및 분사무소의 소재지
  4. 이사장의 성명·주소 및 주민등록번호

05 ④

[오답풀이] 국민건강보험법 제10조(자격의 상실 시기 등)
① 가입자는 다음 각 호의 어느 하나에 해당하게 된 날에 그 자격을 잃는다.
  1. 사망한 날의 다음 날
  2. 국적을 잃은 날의 다음 날
  3. 국내에 거주하지 아니하게 된 날의 다음 날
  4. 직장가입자의 피부양자가 된 날
  5. 수급권자가 된 날
  6. 건강보험을 적용받고 있던 사람이 유공자등 의료보호대상자가 되어 건강보험의 적용배제신청을 한 날

06 ③

[오답풀이] 국민건강보험법 제53조(급여의 제한)
⑥ 보험급여를 하지 아니하는 기간(이하 이 항에서 "급여제한기간"이라 한다)에 받은 보험급여는 다음 각 호의 어느 하나에 해당하는 경우에만 보험급여로 인정한다.
  2. 공단이 급여제한기간에 보험급여를 받은 사실이 있음을 가입자에게 통지한 날부터 2개월이 지난 날이 속한 달의 납부기한 이내에 제82조에 따라 분할납부 승인을 받은 체납보험료를 1회 이상 낸 경우. 다만, 제82조에 따른 분할납부 승인을 받은 사람이 정당한 사유 없이 5회 이상 그 승인된 보험료를 내지 아니한 경우에는 그러하지 아니하다.

07 ③

[상세해설] 국민건강보험법 제75조(보험료의 경감 등)
① 다음 각 호의 어느 하나에 해당하는 가입자 중 보건복지부령으로 정하는 가입자에 대하여는 그 가입자 또는 그 가입자가 속한 세대의 보험료의 일부를 경감할 수 있다.
  1. 섬·벽지(僻地)·농어촌 등 대통령령으로 정하는 지역에 거주하는 사람
  2. 65세 이상인 사람
  3. 「장애인복지법」에 따라 등록한 장애인
  4. 「국가유공자 등 예우 및 지원에 관한 법률」 제4조제1항제4호, 제6호, 제12호, 제15호 및 제17호에 따른 국가유공자
  5. 휴직자

6. 그 밖에 생활이 어렵거나 천재지변 등의 사유로 보험료를 경감할 필요가 있다고 보건복지부장관이 정하여 고시하는 사람
② 제77조에 따른 보험료 납부의무자가 다음 각 호의 어느 하나에 해당하는 경우에는 대통령령으로 정하는 바에 따라 보험료를 감액하는 등 재산상의 이익을 제공할 수 있다.
1. 제81조의6제1항에 따라 보험료의 납입 고지 또는 독촉을 전자문서로 받는 경우
2. 보험료를 계좌 또는 신용카드 자동이체의 방법으로 내는 경우
③ 제1항에 따른 보험료 경감의 방법·절차 등에 필요한 사항은 보건복지부장관이 정하여 고시한다.

08 ③

[오답풀이] 국민건강보험법 제101조의2(약제에 대한 쟁송 시 손실상당액의 징수 및 지급)
① 공단은 제41조의2에 따른 요양급여비용 상한금액의 감액 및 요양급여의 적용 정지 또는 제41조의3에 따른 조정에 대하여 약제의 제조업자등이 청구 또는 제기한 「행정심판법」에 따른 행정심판 또는 「행정소송법」에 따른 행정소송에 대하여 행정심판위원회 또는 법원의 결정이나 재결, 판결이 다음 각 호의 요건을 모두 충족하는 경우에는 조정등이 집행정지된 기간 동안 공단에 발생한 손실에 상당하는 금액을 약제의 제조업자등에게서 징수할 수 있다.
2. 행정심판이나 행정소송에 대한 각하 또는 기각(일부 기각을 포함한다) 재결 또는 판결이 확정되거나 청구취하 또는 소취하로 심판 또는 소송이 종결된 경우
② 공단은 제1항의 심판 또는 소송에 대한 결정이나 재결, 판결이 다음 각 호의 요건을 모두 충족하는 경우에는 조정등으로 인하여 약제의 제조업자등에게 발생한 손실에 상당하는 금액을 지급하여야 한다.
2. 행정심판이나 행정소송에 대한 인용(일부 인용을 포함한다) 재결 또는 판결이 확정된 경우
④ 제2항에 따른 손실에 상당하는 금액은 해당 조정등이 없었다면 공단이 지급하여야 할 요양급여비용과 조정등에 따라 공단이 지급한 요양급여비용의 차액으로 산정한다. 다만, 요양급여대상에서 제외되거나 요양급여의 적용을 정지하는 내용의 조정등의 경우에는 요양급여비용 차액의 100분의 40을 초과할 수 없다.

09 ③

[상세해설] 국민건강보험법 제44조(비용의 일부부담)
② 본인이 연간 부담하는 다음 각 호의 금액의 합계액이 대통령령으로 정하는 금액(이하 이 조에서 "본인부담상한액"이라 한다)을 초과한 경우에는 공단이 그 초과 금액을 부담하여야 한다.
이 경우 공단은 당사자에게 그 초과 금액을 통보하고, 이를 지급하여야 한다.
③ 본인부담상한액은 가입자의 소득수준 등에 따라 정한다.
④ 금액 및 합계액의 산정 방법, 본인부담상한액을 넘는 금액의 지급 방법 및 가입자의 소득수준 등에 따른 본인부담상한액 설정 등에 필요한 사항은 대통령령으로 정한다.

10 ②

[상세해설] 국민건강보험법 제9조(자격의 변동 시기 등)
② 제1항에 따라 자격이 변동된 경우 직장가입자의 사용자와 지역가입자의 세대주는 다음 각 호의 구분에 따라 그 명세를 보건복지부령으로 정하는 바에 따라 자격이 변동된 날부터 14일 이내에 보험자에게 신고하여야 한다.
2. 제9조제1항제3호부터 제5호까지의 규정에 따라 자격이 변동된 경우: 지역가입자의 세대주
국민건강보험법 제7조(사업장의 신고)
사업장의 사용자는 다음 각 호의 어느 하나에 해당하게 되면 그 때부터 14일 이내에 보건복지부령으로 정하는 바에 따라 보험자에게 신고하여야 한다.
2. 휴업·폐업 등 보건복지부령으로 정하는 사유가 발생한 경우
국민건강보험법 제43조(요양기관 현황에 대한 신고)
② 요양기관은 제43조제1항에 따라 신고한 내용(제45조에 따른 요양급여비용의 증감에 관련된 사항만 해당한다)이 변경된 경우에는 그 변경된 날부터 15일 이내에 보건복지부령으로 정하는 바에 따라 심사평가원에 신고하여야 한다.

11 ④

[오답풀이] 국민건강보험법 제95조(소득 축소·탈루 자료의 송부 등)
② 국세청장은 송부 받은 사항에 대하여 「국세기본법」 등 관련 법률에 따른 세무조사를 하면 그 조사 결과 중 보수·소득에 관한 사항을 공단에 송부하여야 한다.

12 ①

[오답풀이] 국민건강보험법 제87조(이의신청)
① 가입자 및 피부양자의 자격, 보험료등, 보험급여, 보험급여 비용에 관한 공단의 처분에 이의가 있는 자는 공단에 이의신청을 할 수 있다.

13 ②

[상세해설] 국민건강보험법 제115조(벌칙)
① 제102조제1호를 위반하여 가입자 및 피부양자의 개인정보를 누설하거나 직무상 목적 외의 용도로 이용 또는 정당한 사유 없이 제3자에게 제공한 자는 5년 이하의 징역 또는 5천만 원 이하의 벌금에 처한다.
③ 제96조의3제3항을 위반하여 공동이용하는 전산정보자료를 같은 조 제1항에 따른 목적 외의 용도로 이용하거나 활용한 자는 3년 이하의 징역 또는 1천만 원 이하의 벌금에 처한다.
④ 거짓이나 그 밖의 부정한 방법으로 보험급여를 받거나 타인으로 하여금 보험급여를 받게 한 사람은 2년 이하의 징역 또는 2천만 원 이하의 벌금에 처한다.
⑤ 다음 각 호의 어느 하나에 해당하는 자는 1년 이하의 징역 또는 1천만 원 이하의 벌금에 처한다.
  1. 제42조의2제1항 및 제3항을 위반하여 선별급여를 제공한 요양기관의 개설자

14 ③

[상세해설] 국민건강보험법 제78조의2(가산금)
① 사업장의 사용자가 대통령령으로 정하는 사유에 해당되어 직장가입자가 될 수 없는 자를 제8조제2항 또는 제9조제2항을 위반하여 거짓으로 보험자에게 직장가입자로 신고한 경우 공단은 제1호의 금액에서 제2호의 금액을 뺀 금액의 100분의 10에 상당하는 가산금을 그 사용자에게 부과하여 징수한다.
  1. 사용자가 직장가입자로 신고한 사람이 직장가입자로 처리된 기간 동안 그 가입자가 제69조제5항에 따라 부담하여야 하는 보험료의 총액
② 제1항에도 불구하고, 공단은 가산금이 소액이거나 그 밖에 가산금을 징수하는 것이 적절하지 아니하다고 인정되는 등 대통령령으로 정하는 경우에는 징수하지 아니할 수 있다.

15 ④

[상세해설] 국민건강보험법 제115조(벌칙)
② 다음 각 호의 어느 하나에 해당하는 자는 3년 이하의 징역 또는 3천만 원 이하의 벌금에 처한다.
  1. 대행청구단체의 종사자로서 거짓이나 그 밖의 부정한 방법으로 요양급여비용을 청구한 자
  2. 제102조제2호를 위반하여 업무를 수행하면서 알게 된 정보를 누설하거나 직무상 목적 외의 용도로 이용 또는 제3자에게 제공한 자
⑤ 다음 각 호의 어느 하나에 해당하는 자는 1년 이하의 징역 또는 1천만 원 이하의 벌금에 처한다.
  1. 제42조의2제1항 및 제3항을 위반하여 선별급여를 제공한 요양기관의 개설자
  2. 제47조제7항을 위반하여 대행청구단체가 아닌 자로 하여금 대행하게 한 자
  3. 제93조를 위반한 사용자

16 ①

[오답풀이] 국민건강보험법 제45조(요양급여비용의 산정 등)
① 요양급여비용은 공단의 이사장과 대통령령으로 정하는 의약계를 대표하는 사람들의 계약으로 정한다. 이 경우 계약기간은 1년으로 한다.

17 ④

[오답풀이] 국민건강보험법 제110조(실업자에 대한 특례)
④ 임의계속가입자의 보험료는 보건복지부장관이 정하여 고시하는 바에 따라 그 일부를 경감할 수 있다.

18 ③

[오답풀이] 국민건강보험법 제77조(보험료 납부의무)
② 지역가입자의 보험료는 그 가입자가 속한 세대의 지역가입자 전원이 연대하여 납부한다. 다만, 소득 및 재산이 없는 미성년자와 소득 및 재산 등을 고려하여 대통령령으로 정하는 기준에 해당하는 미성년자는 납부의무를 부담하지 아니한다.

19 ①

[상세해설] 국민건강보험법 제108조의2(보험재정에 대한 정부지원)
① 국가는 매년 예산의 범위에서 해당 연도 보험료 예상 수입액의 100분의 14에 상당하는 금액을 국고에서 공단에 지원한다.

20 ④

[오답풀이] 국민건강보험법 제100조(위반사실의 공표)
① 보건복지부장관은 관련 서류의 위조·변조로 요양급여비용을 거짓으로 청구하여 제98조 또는 제99조에 따른 행정처분을 받은 요양기관이 다음 각 호의 어느 하나에 해당하면 그 위반 행위, 처분 내용, 해당 요양기관의 명칭·주소 및 대표자 성명, 그 밖에 다른 요양기관과의 구별에 필요한 사항으로서 대통령령으로 정하는 사항을 공표할 수 있다. 이 경우 공표 여부를 결정할 때에는 그 위반행위의 동기, 정도, 횟수 및 결과 등을 고려하여야 한다.
1. 거짓으로 청구한 금액이 1천 500만 원 이상인 경우
2. 요양급여비용 총액 중 거짓으로 청구한 금액의 비율이 100분의 20 이상인 경우

직무시험_노인장기요양보험법

01	02	03	04	05	06	07	08	09	10
④	①	②	②	②	②	①	①	②	②
11	12	13	14	15	16	17	18	19	20
④	④	④	②	①	①	①	③	③	①

01 ④

[상세해설] 노인장기요양보험법 제7조(장기요양보험)
④ 공단은 제3항에도 불구하고 「외국인근로자의 고용 등에 관한 법률」에 따른 외국인근로자 등 대통령령으로 정하는 외국인이 신청하는 경우 보건복지부령으로 정하는 바에 따라 장기요양보험가입자에서 제외할 수 있다.

02 ①

[상세해설] 노인장기요양보험법 제35조(장기요양기관의 의무 등)
① 장기요양기관은 수급자로부터 장기요양급여신청을 받은 때 장기요양급여의 제공을 거부하여서는 아니 된다. 다만, 입소정원에 여유가 없는 경우 등 정당한 사유가 있는 경우는 그러하지 아니하다.

03 ②

[상세해설] 노인장기요양보험법 제10조(장애인 등에 대한 장기요양보험료의 감면)
공단은 「장애인복지법」에 따른 장애인 또는 이와 유사한 자로서 대통령령으로 정하는 자가 장기요양보험가입자 또는 그 피부양자인 경우 제15조제2항에 따른 수급자로 결정되지 못한 때 대통령령으로 정하는 바에 따라 장기요양보험료의 전부 또는 일부를 감면할 수 있다.

04 ②

[상세해설] 노인장기요양보험법 제2조(정의)
이 법에서 사용하는 용어의 정의는 다음과 같다.
2. "장기요양급여"란 제15조제2항에 따라 6개월 이상 동안 혼자서 일상생활을 수행하기 어렵다고 인정되는 자에게 신체활동·가사활동의 지원 또는 간병 등의 서비스나 이에 갈음하여 지급하는 현금 등을 말한다.

05 ②

[상세해설] 노인장기요양보험법 제2조(정의)
이 법에서 사용하는 용어의 정의는 다음과 같다.
1. "노인등"이란 65세 이상의 노인 또는 65세 미만의 자로서 치매·뇌혈관성질환 등 대통령령으로 정하는 노인성 질병을 가진 자를 말한다.

노인장기요양보험법 제12조(장기요양인정의 신청자격)
장기요양인정을 신청할 수 있는 자는 노인등으로서 다음 각 호의 어느 하나에 해당하는 자격을 갖추어야 한다.
1. 장기요양보험가입자 또는 그 피부양자
2. 「의료급여법」 제3조제1항에 따른 수급권자(이하 "의료급여수급권자"라 한다)

06 ②

[오답풀이] 노인장기요양보험법 제33조의2(폐쇄회로 텔레비전의 설치 등)
① 장기요양기관을 운영하는 자는 노인학대 방지 등 수급자의 안전과 장기요양기관의 보안을 위하여 「개인정보 보호법」 및 관련 법령에 따른 폐쇄회로 텔레비전(이하 "폐쇄회로 텔레비전"이라 한다)을 설치·관리하여야 한다.
④ 국가 또는 지방자치단체는 제1항에 따른 폐쇄회로 텔레비전 설치비의 전부 또는 일부를 지원할 수 있다.
⑤ 제1항에 따른 폐쇄회로 텔레비전의 설치·관리 기준 및 동의 또는 신고의 방법·절차·요건, 제3항에 따른 영상정보의 보관기준 및 보관기간 등에 필요한 사항은 보건복지부령으로 정한다.

07 ①

[상세해설] 노인장기요양보험법 제17조(장기요양인정서)
① 공단은 등급판정위원회가 장기요양인정 및 등급판정의 심의를 완료한 경우 지체 없이 다음 각 호의 사항이 포함된 장기요양인정서를 작성하여 수급자에게 송부하여야 한다.
1. 장기요양등급
2. 장기요양급여의 종류 및 내용
3. 그 밖에 장기요양급여에 관한 사항으로서 보건복지부령으로 정하는 사항

08 ①

[상세해설] 노인장기요양보험법 제23조(장기요양급여의 종류)
1. 재가급여
   라. 주·야간보호: 수급자를 하루 중 일정한 시간 동안 장기요양기관에 보호하여 신체활동 지원 및 심신기능의 유지·향상을 위한 교육·훈련 등을 제공하는 장기요양급여
   마. 단기보호: 수급자를 보건복지부령으로 정하는 범위 안에서 일정 기간 동안 장기요양기관에 보호하여 신체활동 지원 및 심신기능의 유지·향상을 위한 교육·훈련 등을 제공하는 장기요양급여

09 ②

[상세해설] 노인장기요양보험법 제32조의2(결격사유)
다음 각 호의 어느 하나에 해당하는 자는 제31조에 따른 장기요양기관으로 지정받을 수 없다.
1. 미성년자, 피성년후견인 또는 피한정후견인
2. 「정신건강증진 및 정신질환자 복지서비스 지원에 관한 법률」 제3조제1호의 정신질환자. 다만, 전문의가 장기요양기관 설립·운영 업무에 종사하는 것이 적합하다고 인정하는 사람은 그러하지 아니하다.
3. 「마약류 관리에 관한 법률」 제2조제1호의 마약류에 중독된 사람
4. 파산선고를 받고 복권되지 아니한 사람
5. 금고 이상의 실형을 선고받고 그 집행이 종료(집행이 종료된 것으로 보는 경우를 포함한다)되거나 집행이 면제된 날부터 5년이 경과되지 아니한 사람
6. 금고 이상의 형의 집행유예를 선고받고 그 유예기간 중에 있는 사람
7. 대표자가 제1호부터 제6호까지의 규정 중 어느 하나에 해당하는 법인

10 ②

[상세해설] 노인장기요양보험법 제33조(장기요양기관의 시설·인력에 관한 변경)
② 제1항에 따른 사항 외의 사항을 변경하려는 경우에는 보건복지부령으로 정하는 바에 따라 특별자치시장·

특별자치도지사·시장·군수·구청장에게 변경신고를 하여야 한다.

11 ④

[상세해설] 노인장기요양보험법 제10조(장애인 등에 대한 장기요양보험료의 감면)

공단은 「장애인복지법」에 따른 장애인 또는 이와 유사한 자로서 대통령령으로 정하는 자가 장기요양보험가입자 또는 그 피부양자인 경우 제15조제2항에 따른 수급자로 결정되지 못한 때 대통령령으로 정하는 바에 따라 장기요양보험료의 전부 또는 일부를 감면할 수 있다.

노인장기요양보험법 제41조(가족 등의 장기요양에 대한 보상)

① 공단은 장기요양급여를 받은 금액의 총액이 보건복지부장관이 정하여 고시하는 금액 이하에 해당하는 수급자가 가족 등으로부터 제23조제1항제1호 가목에 따른 방문요양에 상당한 장기요양을 받은 경우 보건복지부령으로 정하는 바에 따라 본인부담금의 일부를 감면하거나 이에 갈음하는 조치를 할 수 있다.

노인장기요양보험법 제23조(장기요양급여의 종류)
1. 재가급여
   가. 방문요양: 장기요양요원이 수급자의 가정 등을 방문하여 신체활동 및 가사활동 등을 지원하는 장기요양급여
2. 시설급여: 장기요양기관에 장기간 입소한 수급자에게 신체활동 지원 및 심신기능의 유지·향상을 위한 교육·훈련 등을 제공하는 장기요양급여

12 ④

[상세해설] 노인장기요양보험법 제37조의2(과징금의 부과 등)

① 특별자치시장·특별자치도지사·시장·군수·구청장은 제37조제1항 각 호의 어느 하나(같은 항 제4호는 제외한다)에 해당하는 행위를 이유로 업무정지명령을 하여야 하는 경우로서 그 업무정지가 해당 장기요양기관을 이용하는 수급자에게 심한 불편을 줄 우려가 있는 등 보건복지부장관이 정하는 특별한 사유가 있다고 인정되는 경우에는 업무정지명령을 갈음하여 2억 원 이하의 과징금을 부과할 수 있다. 다만, 제37조제1항제6호를 위반한 행위로서 보건복지부령으로 정하는 경우에는 그러하지 아니하다.

13 ④

[상세해설] 노인장기요양보험법 제46조(장기요양위원회의 구성)

① 장기요양위원회는 위원장 1인, 부위원장 1인을 포함한 16인 이상 22인 이하의 위원으로 구성한다.
② 위원장이 아닌 위원은 다음 각 호의 자 중에서 보건복지부장관이 임명 또는 위촉한 자로 하고, 각 호에 해당하는 자를 각각 동수로 구성하여야 한다.
   1. 근로자단체, 사용자단체, 시민단체(「비영리민간단체 지원법」 제2조에 따른 비영리민간단체를 말한다), 노인단체, 농어업인단체 또는 자영자단체를 대표하는 자
   2. 장기요양기관 또는 의료계를 대표하는 자
   3. 대통령령으로 정하는 관계 중앙행정기관의 고위공무원단 소속 공무원, 장기요양에 관한 학계 또는 연구계를 대표하는 자, 공단 이사장이 추천하는 자
③ 위원장은 보건복지부차관이 되고, 부위원장은 위원 중에서 위원장이 지명한다.
④ 장기요양위원회 위원의 임기는 3년으로 한다. 다만, 공무원인 위원의 임기는 재임기간으로 한다.

14 ②

[오답풀이] 노인장기요양보험법 제47조의2(장기요양요원지원센터의 설치 등)

① 국가와 지방자치단체는 장기요양요원의 권리를 보호하기 위하여 장기요양요원지원센터를 설치·운영할 수 있다.
② 장기요양요원지원센터는 다음 각 호의 업무를 수행한다.
   1. 장기요양요원의 권리 침해에 관한 상담 및 지원
   2. 장기요양요원의 역량강화를 위한 교육지원
   3. 장기요양요원에 대한 건강검진 등 건강관리를 위한 사업
   4. 그 밖에 장기요양요원의 업무 등에 필요하여 대통령령으로 정하는 사항

15 ①

[상세해설] 노인장기요양보험법 제69조(과태료)

① 정당한 사유 없이 다음 각 호의 어느 하나에 해당하는 자에게는 500만 원 이하의 과태료를 부과한다.

2. 제33조를 위반하여 변경지정을 받지 아니하거나 변경신고를 하지 아니한 자 또는 거짓이나 그 밖의 부정한 방법으로 변경지정을 받거나 변경신고를 한 자

2의2. 제34조를 위반하여 장기요양기관에 관한 정보를 게시하지 아니하거나 거짓으로 게시한 자

2의3. 제35조제3항을 위반하여 수급자에게 장기요양급여비용에 대한 명세서를 교부하지 아니하거나 거짓으로 교부한 자

4. 제36조제1항 또는 제6항을 위반하여 폐업·휴업 신고 또는 자료이관을 하지 아니하거나 거짓이나 그 밖의 부정한 방법으로 신고한 자

4의2. 제37조의4제4항을 위반하여 행정제재처분을 받았거나 그 절차가 진행 중인 사실을 양수인 등에게 지체 없이 알리지 아니한 자

8. 거짓이나 그 밖의 부정한 방법으로 장기요양급여비용 청구에 가담한 사람

16 ②

[상세해설] 노인장기요양보험법 제53조(등급판정위원회의 운영)
① 등급판정위원회 위원장은 위원 중에서 특별자치시장·특별자치도지사·시장·군수·구청장이 위촉한다. 이 경우 제52조제2항 단서에 따라 2 이상의 특별자치시·특별자치도·시·군·구를 통합하여 하나의 등급판정위원회를 설치하는 때 해당 특별자치시장·특별자치도지사·시장·군수·구청장이 공동으로 위촉한다.

17 ①

[상세해설] 노인장기요양보험법 제7조(장기요양보험)
① 장기요양보험사업은 보건복지부장관이 관장한다.
② 장기요양보험사업의 보험자는 공단으로 한다.
③ 장기요양보험의 가입자(이하 "장기요양보험가입자"라 한다)는 「국민건강보험법」 제5조 및 제109조에 따른 가입자로 한다.

노인장기요양보험법 제48조(관리운영기관 등)
② 공단은 다음 각 호의 업무를 관장한다.
 1. 장기요양보험가입자 및 그 피부양자와 의료급여수급권자의 자격관리
 2. 장기요양보험료의 부과·징수

18 ③

[상세해설] 노인장기요양보험법 제67조(벌칙)
① 다음 각 호의 어느 하나에 해당하는 자는 3년 이하의 징역 또는 3천만 원 이하의 벌금에 처한다.
 1. 거짓이나 그 밖의 부정한 방법으로 장기요양급여비용을 청구한 자
③ 다음 각 호의 어느 하나에 해당하는 자는 1년 이하의 징역 또는 1천만 원 이하의 벌금에 처한다.
 2. 거짓이나 그 밖의 부정한 방법으로 장기요양급여를 받거나 다른 사람으로 하여금 장기요양급여를 받게 한 자

노인장기요양보험법 제68조(양벌규정)
법인의 대표자, 법인이나 개인의 대리인·사용인 및 그 밖의 종사자가 그 법인 또는 개인의 업무에 관하여 제67조에 해당하는 위반행위를 한 때에는 그 행위자를 벌하는 외에 그 법인 또는 개인에 대하여도 해당 조의 벌금형을 과한다. 다만, 법인 또는 개인이 그 위반행위를 방지하기 위하여 해당 업무에 관하여 상당한 주의와 감독을 게을리하지 아니한 경우에는 그러하지 아니하다.

※ 대표자는 직원의 위반행위를 몰랐다는 사실 자체만으로는 처벌을 피할 수 없으며 면책되기 위해서는 대표자가 사전에 예방 조치를 충분히 취했다고 입증해야 하며, 이를 통해 위반행위를 방지하기 위한 관리 감독을 게을리하지 않았음을 증명해야 한다.

19 ③

[상세해설] 노인장기요양보험법 제61조(보고 및 검사)
① 보건복지부장관, 특별시장·광역시장·도지사 또는 특별자치시장·특별자치도지사·시장·군수·구청장은 다음 각 호의 어느 하나에 해당하는 자에게 보수·소득이나 그 밖에 보건복지부령으로 정하는 사항의 보고 또는 자료의 제출을 명하거나 소속 공무원으로 하여금 관계인에게 질문을 하게 하거나 관계 서류를 검사하게 할 수 있다.
 1. 장기요양보험가입자
 2. 피부양자
 3. 의료급여수급권자

20 ①

[오답풀이] 노인장기요양보험법 제37조(장기요양기관 지정의 취소 등)

① 특별자치시장·특별자치도지사·시장·군수·구청장은 장기요양기관이 다음 각 호의 어느 하나에 해당하는 경우 그 지정을 취소하거나 <u>6개월의 범위에서 업무정지를 명할 수 있다. 다만, 제1호, 제2호의2, 제3호의5, 제7호, 또는 제8호에 해당하는 경우에는 지정을 취소하여야 한다.</u>

6. 장기요양기관의 종사자 등이 다음 각 목의 어느 하나에 해당하는 행위를 한 경우. 다만, <u>장기요양기관의 장이 그 행위를 방지하기 위하여 해당 업무에 관하여 상당한 주의와 감독을 게을리하지 아니한 경우는 제외한다.</u>

　가. 수급자의 신체에 폭행을 가하거나 상해를 입히는 행위
　나. 수급자에게 성적 수치심을 주는 성폭행, 성희롱 등의 행위
　마. 폭언, 협박, 위협 등으로 수급자의 정신건강에 해를 끼치는 정서적 학대행위

2024년 10월 시행 기출복원 모의고사

직업기초능력 응용모듈

01	02	03	04	05	06	07	08	09	10
④	③	②	①	①	④	②	③	④	④
11	12	13	14	15	16	17	18	19	20
②	③	②	②	②	④	④	④	②	③
21	22	23	24	25	26	27	28	29	30
①	②	②	①	①	④	②	②	②	①
31	32	33	34	35	36	37	38	39	40
③	②	①	③	②	④	②	④	②	④
41	42	43	44	45	46	47	48	49	50
②	④	②	③	①	②	③	④	②	①
51	52	53	54	55	56	57	58	59	60
③	②	②	①	②	④	③	④	①	③

01 ④ 의사소통능력

Quick해설 [라]는 피험자 동의서 서식을 작성할 때 헬싱키 선언에 근거한 윤리적 원칙과 기준을 준수하여야 하며, 피험자에게 주어지는 동의서 서식, 피험자 설명서 및 그 밖의 문서화된 정보는 심사위원회의 승인을 받아야 한다고 설명하고 있다. 즉 피해자 보상에 대한 규약이 아니라 피험자 동의서 서식에 관한 내용이다.

[오답풀이] ① [가]에서는 피험자에 대해 정의를 내리고, 피험자의 선정 기준 및 제외 기준을 제시해야 한다고 설명하고 있다.
② [나]에서는 부작용이나 이상반응 발생 등으로 임상시험을 멈춰야 하는 중지 및 탈락에 대해 설명하고 있다.
③ [다]에서는 이상반응이 나타났을 때 보고하는 방법과 그 인과 관계에 대한 평가 기준을 제시해야 한다고 설명하고 있다.

02 ③ 의사소통능력

Quick해설 ㉠에는 '임상시험용'과 '대조시험용'을 대등하게 이어주고 있으므로 '또는'이 들어가야 한다. ㉡에는 이상반응 등에 대한 기록을 위해 평가 기준이 필요하다는 내용이 이어지므로 인과 관계를 나타내는 접속어인 '따라서'가 들어가야 한다.

[오답풀이] ① ㉠은 적절하지만 ㉡의 '그러나'는 역접의 접속어이므로 적절하지 않다.
② ㉠과 ㉡ 모두 적절하지 않다.
④ ㉠과 ㉡의 접속어가 반대로 들어가 있다.

03 ② 의사소통능력

Quick해설 의료계는 건강보험 본인 확인 의무화 제도가 국민적 불편과 행정적 부담에 비해 그 효과가 미미할 것이라 주장하고 있다.

[오답풀이] ① 건강보험공단이 밝힌 3만 5천 건의 도용 사례는 도용이 명백한 경우를 적발한 수치이므로 적발되지 않은 실제 도용 사례는 훨씬 많을 것으로 추정하고 있다.
③ 건강보험 본인 확인 의무화 제도 시행 전에 의료기관에서 본인 확인을 할 방법이 없었던 것은 아니다. 환자로부터 주민등록번호 등을 제시받아 본인 확인을 했다.
④ 건강보험 본인 확인 의무화 제도가 시행된 이후에도 '모바일 건강보험증 앱'의 인증 번호를 타인에게 전달하면 다른 사람의 휴대전화에 모바일 건강보험증이 문제없이 설치된다. 즉 다른 사람의 신분증을 도용할 방법이 전혀 없는 것은 아니다.

04 ① 의사소통능력

Quick해설 ㉠과 ㉡ 모두 앞문장과 뒷문장이 상충되는 이야기를 하고 있으므로 역접의 접속어인 '그러나'가 들어가야 한다.

[오답풀이] ② '그리고'는 앞뒤 문장을 병렬적으로 이어주는 접속어이다.
③ '그래서'는 앞의 내용이 뒤의 내용의 원인이나 근거가 될 때 쓰는 접속어이다.
④ '그러므로'는 앞의 내용이 뒤의 내용의 이유나 원인, 근거가 될 때 쓰는 접속어이다.

05 ① 의사소통능력

Quick해설 주어진 글은 AI 헬스케어의 개념과 기대효과에 대해 서술하고 있다. 이를 모두 포괄하는 제목은 'AI 헬스케어란 무엇인가?'이다.

[오답풀이] ② AI 헬스케어의 역사에 대해서는 나타나 있지 않다.
③ AI 헬스케어의 시대는 이미 도래하였다.
④ AI 헬스케어의 문제점보다는 장점을 강조하고 있다.

06 ④   의사소통능력

Quick해설 주어진 글에서 AI 헬스케어의 발전을 저해하는 요소에 대해서는 언급하고 있지 않다.

[오답풀이] ① 세 번째 문단에서 AI 헬스케어는 개인의 생활패턴을 분석하여 맞춤형 건강관리를 코칭하고, 의료 서비스를 추천하는 등의 의사결정을 지원한다고 언급하고 있다.
② 네 번째 문단과 마지막 문단에서 언급한 예측 모델링을 통한 환자 대기 시간 감소, 진료과목별 지식 공유로 의사 간의 협진 활성화, 만성질환에 대한 실시간 원격 모니터링, 의료 영상 분석을 통한 질병의 조기 진단 등은 모두 AI 헬스케어가 병원에게 제공하는 서비스이다.
③ 다섯 번째 문단에서 딥러닝 기반 자연어 처리, 영상 인식, 음성 인식 등 다양한 기술이 AI 헬스케어에 활용되고 있음을 알 수 있다.

07 ②   의사소통능력

Quick해설 치매 환자가 늘어나고 있는 까닭은 첫 번째 문단에 언급된 바와 같이 노령화가 진행됨에 따라 노인성 질병인 치매를 앓는 고령자도 증가하기 때문임을 알 수 있다. 또 다섯 번째 문단에서 파킨슨병 말기에 치매 증상을 보이기도 하며 파킨슨병 환자가 늘어남에 따라 치매 환자도 증가하는 추세라고 말하고 있다. 즉 치매 환자가 늘어나고 있는 까닭은 더 추가할 필요가 없는 내용이다.

[오답풀이] ②를 제외한 나머지 내용은 주어진 글에 나타나지 않아 더 추가해도 좋은 내용이다.

08 ③   의사소통능력

Quick해설 ㉠에는 알츠하이머 치매와 파킨슨병의 차이를 언급하는 내용이 들어가야 한다. 이러한 내용은 두 병의 발병 원인을 설명하는 ③이 가장 적절하다.

[오답풀이] ① 루이소체 치매는 알츠하이머 치매 및 파킨슨병 치매와는 다른 종류의 치매이다. 알츠하이머 치매와 파킨슨병 치매의 차이점을 먼저 설명한 후 들어갈 수 있다.
② 권투선수 알리의 파킨슨병에 대한 내용은 ㉠에 들어가기 적절하지 않다.
④ 파킨슨병 관련 통계는 ㉠에 들어가기 적절하지 않다.

09 ④   의사소통능력

Quick해설 아동치과주치의 건강보험 사업은 2021년에 도입되었는데 2024년 7월부터 시행되는 2차 시범사업부터 지역과 학년을 확대해서 실시한다는 내용이다.

[오답풀이] ① 아동치과주치의 건강보험 적용 논란에 대한 내용은 없다.
② 아동치과주치의 건강보험 시범사업이 국민건강 증진에 기여할 수 있을 것이라는 내용은 있지만 이것을 전체를 아우르는 제목으로 보기는 어렵다.
③ 아동치과주치의 건강보험 시범사업 시행은 2021년에 이미 시작되었다.

10 ④   의사소통능력

Quick해설 ㉢은 구강관리 서비스의 세부 항목을 평가하는 방법을 안내하는 내용으로, 주어진 글의 흐름과는 어울리지 않는다.

[오답풀이] ① 시범사업 확대의 주요 내용을 안내하고 있다.
② 개인의 시범사업 참여 방법과 본인부담금에 대해 설명하고 있다.
③ 치과의사의 시범사업 참여 방법에 대해 설명하고 있다.

11 ②   의사소통능력

Quick해설 [표]에 따르면 2025년에는 1·2·4·5학년으로 대상이 확대된다. 즉 1학년과 5학년은 짝수 학년이 아니므로 적절한 진술이 아니다.

[오답풀이] ① 1학기(3~8월), 2학기(9월~다음년도 2월)로 적용되지만 '24년도 1학기는 7~8월로 하기로 했다.
③ 치과주치의 이용을 원하는 아동(법정대리인)은 국민건강보험공단 누리집 등을 통해 이용할 치과의원을 찾아보고 방문하여 치과의원 주치의에게 등록을 신청하면 방문 당일에도 서비스를 이용할 수 있다.

④ 본인부담금은 구강건강관리료 비용의 10%이며 의료급여수급권자와 차상위계층의 경우 면제된다.

12 ③ 의사소통능력

Quick해설 [다]는 알레르기 피부염의 증상이 아니라 알레르기 피부염의 발생 연령에 대해 설명하고 있다.

13 ② 의사소통능력

Quick해설 [라]에서 알레르기 피부염으로 인한 가려움증은 보통 저녁에 심해진다고 언급하고 있다. [가]에 따르면, 하루 중 아침에 증상이 가장 심한 것은 알레르기 비염이다.

[오답풀이] ① [가]에서 갑작스럽고 반복적인 재채기, 맑은 콧물, 코막힘, 코 가려움증 등의 증상 중 2가지 이상이 하루 1시간 이상 나타나면 알레르기 비염을 의심한다고 했다. 즉 재채기나 콧물이 일시적으로 나타나면 알레르기 비염이 아니다.
③ [다]에서 아토피 피부염은 나이가 들수록 발생 빈도가 점점 줄어든다고 언급하고 있다.
④ 마지막 문단에서 알레르기 피부염으로 인한 2차 피부 감염증을 예방하기 위해서 필요한 경우 국소 스테로이드제, 국소 칼시뉴린 억제제, 항히스타민제, 면역조절제, 항바이러스제 등을 적절하게 사용한다고 언급하고 있다.

14 ② 의사소통능력

Quick해설 [라]에서 알레르기 피부염의 원인 중 환경 요인의 중요성이 강조되고 있다고 했다. 그리고 농촌의 도시화, 산업화 및 핵가족화로 인한 인스턴트 식품 섭취의 증가, 실내외 공해에 의한 알레르기 물질의 증가 등이 알레르기 피부염 발병과 밀접한 관련이 있다고 했다. 즉 알레르기 피부염 환자가 계속 증가하는 이유로 환경적 요인이 작용했다는 답변이 가능하다.

[오답풀이] ① 아토피 피부염을 일으키는 항원 물질에 대한 언급은 없다.
③ 알레르기 치료에 대한 정보는 있지만, 면역치료의 과정을 알 수 없다.
④ 알레르기 피부염을 치료하지 않으면 2차 피부 감염증으로 발전할 수 있는 가능성은 있으나, 어떤 질병인지는 명확히 드러나 있지 않다. 또한 알레르기 비염을 치료하지 않을 시 발생할 수 있는 질병에 대한 언급도 나타나지 않는다.

15 ② 의사소통능력

Quick해설 주어진 글에 따르면 상병수당 1단계 및 2단계 시범사업에서는 10개 지역이 해당되고, 3단계 사업에 신규로 4개 지역이 추가되었다. 따라서 3단계 시범사업에서 상병수당을 제공받을 수 있는 지역은 총 14개 지역이다.

[오답풀이] ① 상병수당 1단계 시범사업은 2020년부터가 아니라 2022년부터 시작되었다.
③ 상병수당 2단계 시범사업부터 재산 기준은 폐지되었으나 소득 기준은 폐지되지 않았다. 따라서 소득 및 재산에 관계없이 상병수당이 지급된다는 것은 틀린 진술이다.
④ 최저임금의 60%라는 지급금액 기준이 1단계와 3단계가 동일할 뿐, 구체적인 금액인 47,560원이 동일하다는 것은 아니다. 최저임금이 매년 달라지면 그에 따라 당해 지급금액도 달라질 수 있다.

16 ④ 의사소통능력

Quick해설 ㉣이 포함된 문단은 상병수당의 혜택이 확대되었다는 내용을 담고 있다. 따라서 상병수당으로 신청된 주요 질환의 종류에 대한 내용인 ㉣은 흐름상 적절하지 않다.

17 ④ 의사소통능력

Quick해설 부천은 상병수당 1단계 시범사업에 해당되는 지역으로, 근로활동불가 모형이 적용된다. 근로활동불가 모형의 경우 요양 방법에 제한이 없다. 따라서 병원에 입원하지 않고 집에서 쉬더라도 상병수당을 지급받을 수 있다.

[오답풀이] ① 종로는 대기기간이 14일이다. 따라서 15일 이상 연속하여 일을 하지 못하는 경우 상병수당 신청이 가능하다.
② 상병수당 시범사업 2단계 이상에 해당하는 모든 지역의 최대 보장 기간은 150일이다.
③ 용인은 소득 하위 50%만 상병수당을 지급한다.

18 ④   의사소통능력

Quick해설 [라]에 따르면 부당이득의 징수처분은 '부당하게 발생한 이득을 환수하는 처분'이 아니라 관련 법령에 의하여 '요양급여 비용으로 지급될 수 없는 비용임에도 불구하고 그것이 지급된 경우 이를 원상회복하는 처분'에 해당하므로 그 요건이나 행사 방법 등을 민사상 부당이득 반환 청구와 동일하게 볼 수 없다. 따라서 원고에게 실제로 이득이 발생했는지 여부는 고려할 사항이 아니다. 즉 실제로 의료행위가 있었더라도 청구 사유가 거짓이었다면 전액 환수가 원칙이다.

[오답풀이] ① 부당이득 환수가 있다는 것 자체가 속임수나 거짓말로 보험급여를 받는 사람이나 보험급여 비용을 받는 요양기관이 있다는 것을 의미한다.
② [라]에서 요양급여 비용 환수처분의 취지는 부당하게 지급된 요양급여비용을 원상회복하고자 하는 것이므로 특별한 사정이 없는 한 그 전액을 징수하는 것이 원칙이라고 했다.
③ [다]에서 의료기관이 '사위 기타 부당한 방법'으로 보험급여 비용을 받아, 이를 원인으로 요양기관의 업무를 정지하거나 과징금 부과, 요양급여 등 환수하는 처분 등에 대한 취소 소송이 있다고 했다.

19 ④   의사소통능력

Quick해설 첫 번째 문단에서는 부당이득 환수에 관한 법적 배경과 정의를 설명하고 있다. 따라서 첫 번째 문단 다음에는 부당이득 징수처분에 대한 부연 설명인 [라]가 와야 한다. 그리고 나서 의료인이 아닌 자가 의료인을 고용하여 의료기관을 개설하는 경우에 대한 설명인 [나]와, 이 경우 논란이 되고 있는 점을 설명하고 있는 [가]가 순서대로 와야 한다. 마지막으로 이 밖의 부당이득 환수와 관련된 다른 행정소송에 대한 설명인 [다]가 와야 한다. 따라서 글의 흐름상 [라]-[나]-[가]-[다] 순이 적절하다.

20 ③   의사소통능력

Quick해설 부당 청구는 부정한 방법으로 보장기관 또는 보험자 등에게 진료비를 청구하여 부담하게 하는 것이다. 이 금액을 직접 수령한 경우에만 부당 청구라고 볼 만한 근거는 없다.

[오답풀이] ① 입원 및 내원 일수를 실제보다 부풀려 청구한 경우는 실제로 입원 및 내원하지 않은 일자를 포함해 거짓 작성한 것이므로 허위 청구에 해당한다.
② 약제 및 치료 재료 실거래가를 속여 청구하는 경우는 사실 관계는 존재하나 건강보험 관련 규정을 위반한 것이므로 부당 청구에 해당한다.
④ 신고 및 검사 측정 의무를 이행하지 않은 장비를 사용하고 진료비를 청구한 경우는 검사 미필 장비를 사용한 것이므로 사위 기타 부당한 방법에 해당한다.

21 ①   수리능력

Quick해설 2018년 비타민C 섭취량은 61.3mg이고, 비타민D 섭취량은 3.4mg이다. 따라서 $\frac{61.3}{3.4} ≒ 18$(배)로 20배 미만이다.

[오답풀이] ② 2022년 콜레스테롤 섭취량은 4년 전 대비 $279.6 - 265.6 = 14$(mg) 증가했다.
③ 2022년 에너지 섭취량은 전년 대비 $1,899.5 - 1,862.8 = 36.7$(kcal) 감소했다.
④ 2018년 아연의 섭취량은 10.7mg에서 2019년 10.5mg, 2020년 10.4mg, 2021년 10.3mg, 2022년 10.0mg으로, 점차 감소하는 추세이다.

22 ②   수리능력

Quick해설 2020년 단백질 섭취량은 74.3g, 지방 섭취량은 54.2g, 탄수화물 섭취량은 267.5g이므로, 단백질, 지방, 탄수화물의 전체 섭취량은 $74.3 + 54.2 + 267.5 = 396.0$(g)이다. 따라서 단백질, 지방, 탄수화물의 섭취량 중 탄수화물의 비중은 $\frac{267.5}{396} × 100 ≒ 67.6$(%)이다.

23 ②   수리능력

Quick해설 레저용품 중 수입 실적이 가장 많은 품목은 캠핑 용품이다.

[오답풀이] ① 테니스용품의 무역수지는 야구용품의 무역수지보다 $(-10,056) - (-15,219) = 5,163$(천 달러) 더 적다.
③ 스포츠잡화의 수입 실적과 수출 실적의 전년 대비 증가율이 모두 양수이므로 증가했다.

④ 스포츠용품 중 수출 실적의 전년 대비 증가율이 가장 큰 품목은 140%인 스키용품이다.

24 ① 수리능력

Quick해설 낚시용품의 수출 실적은 123,395천 달러이고, 수입 실적은 218,506천 달러이므로 수출 실적의 비중과 수입 실적의 비중은 다음과 같다.

- 수출 실적의 비중: $\frac{123,395}{123,395+218,506} \times 100 ≒ 36.1(\%)$
- 수입 실적의 비중: $\frac{218,506}{123,395+218,506} \times 100 ≒ 63.9(\%)$

따라서 ①의 그래프는 잘못 나타나 있다.

[오답풀이] ② 당구용품의 수출 실적은 7,027천 달러이고, 수입 실적은 12,358천 달러이므로 수출 실적의 비중과 수입 실적의 비중은 다음과 같다.
- 수출: $\frac{7,027}{7,027+12,358} \times 100 ≒ 36.2(\%)$
- 수입: $\frac{12,358}{7,027+12,358} \times 100 ≒ 63.8(\%)$

③ 수상스포츠용품의 수출 실적은 12,973천 달러이고, 수입 실적은 100,450천 달러이므로 수출 실적의 비중과 수입 실적의 비중은 다음과 같다.
- 수출: $\frac{12,973}{12,973+100,450} \times 100 ≒ 11.4(\%)$
- 수입: $\frac{100,450}{12,973+100,450} \times 100 ≒ 88.6(\%)$

④ 개인여행품의 수출 실적은 26,130천 달러이고, 수입 실적은 45,622천 달러이므로 수출 실적의 비중과 수입 실적의 비중은 다음과 같다.
- 수출: $\frac{26,130}{26,130+45,622} \times 100 ≒ 36.4(\%)$
- 수입: $\frac{45,622}{26,130+45,622} \times 100 ≒ 63.6(\%)$

25 ① 수리능력

Quick해설 2024년 상반기(1~6월)에 전국에서 어획한 총 마릿수는 1,216,281+1,368,790+1,408,706+1,649,364+1,806,040+3,322,911=10,772,092(마리)이다.

26 ③ 수리능력

Quick해설 ③의 그래프를 보면 제주의 3월 어획 중량의 전월 대비 증감량은 48,922.6−38,453.7=10,468.9(kg)인데 8,468.9(kg)으로 되어 있으므로 옳지 않다.

27 ② 수리능력

Quick해설 2022년에 임금 근로자 유병자의 평균 와병일수는 0.4일로 고용주 유병자의 평균 와병일수인 0.3일보다 많다.

[오답풀이] ① 조사 기간 동안 1세대 가구의 유병률은 2020년 43.2%, 2022년 40.8%, 2024년 43.7%로 항상 40% 이상이다.
③ 2024년 중졸의 유병률은 대졸 이상의 유병률보다 44.2−20.6=23.6(%p) 더 높다.
④ 조사 기간 동안 0~9세 유병자의 평균 유병일수는 2020년 4.4일, 2022년 5.1일, 2024년 5.2일로 증가하고 있다.

28 ② 수리능력

Quick해설 ㉠ 2022년 남자 유병자의 평균 유병일수에서 평균 와병일수를 제외하면 9.6−0.4=9.2(일)이다.
㉡ 2024년 고용주 유병자의 평균 유병일수에서 평균 와병일수를 제외하면 9.0−0.3=8.7(일)이다.
㉢ 2020년 50~59세 유병자의 평균유병일수에서 평균와병일수를 제외하면 9.3−0.4=8.9(일)이다.
따라서 크기순으로 바르게 나열한 것은 ㉠>㉢>㉡이다.

29 ③ 수리능력

Quick해설 조사 기간 동안 남자 유병률은 2020년에 22.8%, 2022년에 25.7%, 2024년에 27.3%이므로 옳게 나타나 있다.

[오답풀이] ① 2022년 10~19세 유병률은 8.4%이나 그래프에는 10% 이상으로 나타나 있어 옳지 않다.
② 2020년 1세대 가구 유병자의 평균 유병일수는 11.2일이나 그래프에는 10일 미만으로 나타나 있어 옳지 않다.
④ 2022년 중졸 유병자의 평균 와병일수는 0.3일이나 그래프에는 0.4일로 나타나 있어 옳지 않다.

30 ④ 수리능력

Quick해설 조사 기간 동안 경기도의 무주택가구가 가장 많은 연도는 2,383,035가구인 2022년이다.

[오답풀이] ① 2023년 전국 주택소유가구 중 서울 주택소유가구는 $\frac{1,998,410}{12,454,684} \times 100 ≒ 16.5(\%)$로, 10% 이상이다.

② 세종을 제외하고 2019년 주택소유가구가 가장 적은 지역은 제주도이다.
③ 2021년 전라남도와 전라북도의 무주택가구의 차는 314,355-300,235=14,120(가구)이다.

31 ③   수리능력

Quick해설 2022년에 서울의 무주택가구는 2,107,473가구, 경기도의 무주택가구는 2,383,035가구, 인천의 무주택가구는 522,022가구이므로, 수도권 합계는 2,107,473+2,383,035+522,022=5,012,530(가구)이다.

[오답풀이] ① 2020년 수도권 무주택가구 수는 2,054,216+2,255,684+487,905=4,797,805(가구)이다.
② 2021년 수도권 무주택가구 수는 2,072,255+2,330,120+506,008=4,908,383(가구)이다.
④ 2023년 수도권 무주택가구 수는 2,143,249+2,382,950+534,605=5,060,804(가구)이다.

32 ②   수리능력

Quick해설 2023년 전라남도 주택소유 가구의 전년 대비 증감량은 489,842-481,045=8,797(가구)이지만, 그래프에서는 6,000가구 미만으로 잘못 나타나 있다.

33 ①   수리능력

Quick해설 2023년 구로구의 응답자 수는 915명으로, 2022년 916명과 비교해서 감소했다.

[오답풀이] ② 2023년 구별 응답자 수가 가장 많은 구는 924명인 송파구이고, 가장 적은 구는 912명인 중구이므로 응답자 수의 차이는 924-912=12(명)이다.
③ 2019년 접종률이 가장 높은 구는 45.9%인 동작구이다.
④ 조사 기간 동안 용산구의 총응답자 수는 919+915+914+919+920=4,587(명)이다.

34 ③   수리능력

Quick해설 연도별 서울시 전체 응답자 중 접종자 수는 연도별 응답자 수와 접종률을 곱한 값과 같다. 따라서 2022년 서울시 전체 응답자 중 접종자 수는 22,926×0.434≒9,950(명)이다.

[오답풀이] ① 2019년 서울시 전체 응답자 중 접종자 수는 22,881×0.400≒9,152(명)이다.
② 2020년 서울시 전체 응답자 중 접종자 수는 22,862×0.455≒10,402(명)이다.
④ 2023년 서울시 전체 응답자 중 접종자 수는 22,922×0.449≒10,292(명)이다.

35 ④   수리능력

Quick해설 ④의 그래프를 보면 2021년 광진구 응답자 수의 전년 대비 증감률은 $\frac{917-921}{921}\times100≒-0.43(\%)$인데, -0.45(%)로 잘못 나타나 있다.

36 ②   수리능력

Quick해설 2022년 대구의 유방암 환자 수는 전년 대비 11,166-10,624=542(명) 증가하였다.

[오답풀이] ① 2021년과 2022년에 암종별 전국 환자 수의 순위는 유방암, 위암, 대장암, 폐암, 간암, 자궁경부암 순으로 동일하다.
③ 2022년 대전의 대장암 요양급여 일수 대비 입내원 일수의 비율은 $\frac{75,687}{421,245}\times100≒18(\%)$이다.
④ 2021년 부산의 폐암 진료비와 급여비의 차는 93,789,394-86,719,689=7,069,705(천 원)이다.

37 ③   수리능력

Quick해설 2022년 서울시의 유방암 환자 수 대비 진료비는 $\frac{287,898,208}{52,935}≒5,430$(천 원/명)이다.

[오답풀이] ① 2022년 서울시의 간암 환자 수 대비 진료비는 $\frac{132,232,311}{14,317}≒9,230$(천 원/명)이다.
② 2022년 서울시의 대장암 환자 수 대비 진료비는 $\frac{177,385,528}{31,558}≒5,620$(천 원/명)이다.
④ 2022년 서울시의 자궁경부암 환자 수 대비 진료비는 $\frac{20,979,958}{4,739}≒4,420$(천 원/명)이다.

38 ④ 수리능력

Quick해설 ④의 그래프를 보면 2022년 광주의 간암 급여비는 19,309,257천 원≒19,309백만 원인데, 20,000백만 원 이상으로 잘못 나타나 있다.

39 ③ 수리능력

Quick해설 산지 쌀값 조사는 매월 5일, 15일, 25일에 이루어지고 있고, 2024년 1월 5일 전회 가격이 49,408원이다. 따라서 2023년 12월 25일에 조사한 산지 쌀값은 49,408원임을 알 수 있다.

[오답풀이] ① 2024년 5월 25일 산지 쌀값은 전회 가격 대비 47,372-47,179=193(원) 하락했다.
② 2024년 상반기에 조사한 산지 쌀값 중 가장 저렴한 가격은 2024년 6월 25일에 조사한 46,594원이다.
④ 2024년 2월 25일에 조사한 산지 쌀값은 15일 대비 증가했다.

40 ④ 수리능력

Quick해설 2024년 4월 조사한 산지 쌀값의 평균은 $\frac{47,926+47,868+47,608}{3}≒47,801$(원)이고, 2024년 3월에 조사한 산지 쌀값의 평균은 $\frac{48,317+48,338+48,192}{3}≒48,282$(원)이다. 따라서 2024년 4월에 조사한 산지 쌀값의 평균과 2024년 3월에 조사한 산지 쌀값의 평균의 차는 48,282-47,801=481(원)이다.

41 ② 문제해결능력

Quick해설 모집 마감일은 9월 4일이고, ESG 친환경대전 지원사업은 사업기간은 10월 10일부터이므로 약 5주 뒤 ESG 친환경대전이 개최됨을 알 수 있다.

[오답풀이] ① 지원대상은 서울 소재 사회적경제기업, 소셜벤처 등 서울에 위치한 기업에 한정된다고 하였다.
③ ESG 친환경대전 지원사업 신청은 이메일을 통해 가능하다고 하였다.
④ ESG 친환경대전의 부스 내에는 간판과 조명, 안내데스크 및 의자가 포함된다고 하였다.

42 ④ 문제해결능력

Quick해설 2X23년 친환경대전 관람객은 총 55,608명인데 이는 전년 대비 40% 증가한 수치이므로, 2X22년 친환경대전 관람인원은 55,608÷1.4=39,720명임을 알 수 있다.

43 ② 문제해결능력

Quick해설 '서비스 내용'에 따르면 치과주치의검진 또는 학생구강검진 중 어떤 서비스를 선택하여도 기본구강검사를 제공받을 수 있으므로 옳다.

[오답풀이] ① '서비스 제공 순서'에 따르면 초등학생 무료 구강검진 기간 시작 첫날인 5월 2일부터 휴대폰 앱 다운로드가 가능하다.
③ '서비스 관련 문의'에 따르면 초등학생 무료 구강검진 서비스 관련 문의는 평일인 월~금만 가능하다.
④ 시·군 관계없이 지정 의료기관이라면 전화예약 시 모두 이용이 가능하다고 하였다.

44 ③ 문제해결능력

Quick해설 사업에서 제공하는 서비스 외 치료가 필요한 경우 치료비는 보호자가 부담한다고 제시되어 있으며, 단순 치석제거는 치과주치의 소견에 따라 제공받을 수 있는 항목이나 치아스케일링은 항목에 포함되지 않는다. 따라서 무료로 제공받을 수 있는 서비스가 아님을 알 수 있다.

[오답풀이] ① '서비스 내용-구강보건교육'에 따르면 치과주치의검진 선택 시 불소 이용법을 온라인 교육으로 제공받을 수 있다.
② '서비스 내용-예방진료'에 따르면 치과주치의검진 선택 시 치과주치의 소견에 따라 파노라마 촬영을 제공받을 수 있다.
④ '서비스 내용-구강검진'에 따르면 치과주치의검진 선택 시 프라그 등 구강위생검사(PHP index)를 제공받을 수 있다.

45 ① 문제해결능력

Quick해설 '2. 대상'에 따르면 외국인근로자 장기요양보험 가입제외는 직장가입자인 외국인근로자 중 일부 체류자격을 갖춘 자에 한하며 지역가입자는 신청대상이 아니라고 하였다.

[오답풀이] ② '6. 유의사항'에 따르면 외국인근로자 장기요양보험에 가입이 제외된 자는 유지기간 동안은 장기요양보험을 재가입할 수 없다고 하였다.
③ '3. 장기요양보험 가입제외일(자격상실일)'에 따르면 외국인근로자가 직장가입자 자격취득 신고일로부터 14일 이내에 신청한 경우에는 그 자격취득일부터 장기요양보험 가입제외일(자격상실일)에 해당한다고 하였다.
④ '5. 신청방법'에 따르면 외국인근로자 장기요양보험 가입제외를 신청하기 위해서는 대상자가 사용주에게 서류를 작성하여 제출해야 한다고 하였다.

46 ②   문제해결능력

Quick해설 [직장가입자 건강보험료]에 따르면 '건강보험료(월)=보수월액×보험료율', '장기요양보험료(월)=보수월액×장기요양보험료율(0.9182%)'이다. 또한 건강보험료는 가입자와 사용자가 절반씩 부담하며, 장기요양보험료는 가입자가 모두 부담한다고 하였다. 이때, 체류자격이 H-1인 외국인근로자 A씨는 외국인근로자 장기요양보험 가입제외 대상이 아니므로 외국인근로자 장기요양보험 가입제외 신청을 하였다고 해도 장기요양보험 가입에 제외되지 않는다. 이에 따라 A씨 본인이 부담해야 하는 월 건강보험료는 $2{,}789{,}000 \times 0.03545 \fallingdotseq 98{,}870$(원)이고, 장기요양보험료는 $2{,}789{,}000 \times 0.009182 \fallingdotseq 25{,}608$(원)이다.

47 ③   문제해결능력

Quick해설 '제3조 1항'에 따르면 임대차 되는 자동변속기 차량은 총 3+2=5(대)이다.

[오답풀이] ① '제7조6항'에 따르면 임차자인 발주자가 동절기에 요청하는 경우 계약상대자가 스노우타이어나 스노우체인을 알맞은 시기에 공급해야 한다.
② '제5조1항'에 따르면 월 임차료에는 자동차의 소모품 교환 및 보충 비용이 모두 포함된다.
④ '제9조'에 따르면 자동차 대여사업자는 사고 한 번당 최고 2억 원의 무보험차 상해 보험에 가입된 자동차를 임대해야 한다.

48 ③   문제해결능력

Quick해설 '제5조3항'에 따르면 임차기간이 1개월 미만일 경우에는 일할계산(해당 월의 총일수 기준)하여 지급한다고 되어 있다. 따라서 R자동차는 1대를 임차하였고, 사용기간은 26일이므로 계약상대자에게 지불해야 할 금액은 $350{,}000 \times \dfrac{26}{30} \fallingdotseq 303{,}330$(원)이다.

49 ④   문제해결능력

Quick해설 주택용 전력의 기본요금과 전력량 요금 모두 저압이 고압보다 비싸므로 동일한 전력량을 사용했다면 저압보다 고압 전기요금이 더 저렴함을 알 수 있다.

[오답풀이] ① '주택용 전력(저압)'에 따르면 주택용 저압 전력은 계약전력 3kW 이하의 고객이므로 3kW를 초과하는 고객은 주택용 고압 전력을 공급받음을 알 수 있다.
② '전기요금 복지 할인 안내'에 따르면 장애인복지법 제50조에 따라 지원받은 차상위계층은 전기요금 복지 할인을 받을 수 있으므로 옳다.
③ '전기요금의 구조'에 따르면 연료비조정요금의 부과방식은 연료비조정단가×사용전력량이므로 사용전력량에 비례하여 부과됨을 알 수 있다.

50 ①   문제해결능력

Quick해설 '전기요금 복지할인 안내'에 따르면 출생일로부터 3년 미만인 영아가 1인 이상 포함된 가구는 출산가구이며, 출산가구는 월 16,000원 한도로 전기요금 복지할인을 받으므로 한 달에 16,000원의 전기요금 복지할인을 받는 사람에 해당한다.

[오답풀이] ② '전기요금 복지할인 안내'에 따르면 "국민기초생활보장법"제7조 1항 2호에 해당하는 수급자는 주거급여 기초생활수급자이며, 기초수급자 중 주거급여 기초수급자는 월 10,000원 한도로 전기요금 복지할인을 받으므로 한 달에 16,000원의 전기요금 복지할인을 받는 사람에 해당하지 않는다.
③ '전기요금 복지할인 안내'에 따르면 입소자에게 분양 또는 임대한 시설이거나, 입소자로부터 입소비용 전부를 수납하여 운영하는 시설인 유료노인요양시설은 전기요금 복지할인 대상에서 제외되므로 한 달에

16,000원의 전기요금 복지할인을 받는 사람에 해당하지 않는다.
④ 국민기초생활법에 의해 차상위계층으로 지원받는 H씨는 차상위계층에 해당하며, 차상위계층은 월 8,000원 한도로 전기요금 복지할인을 받으므로 한 달에 16,000원의 전기요금 복지할인을 받는 사람에 해당하지 않는다.

51 ③ 　　　　　　　　　　　　　　　문제해결능력

Quick해설 주거용 오피스텔에 거주 중인 고객은 주택용 저압 전력에 해당하며, 1월 한 달간 사용한 요금이므로 하계가 아닌 기타계절에 해당한다. 이때, 동계인 12~2월에는 포함되므로 1,000kWh 초과 전력량 요금은 736.2원/kWh이 적용되어야 한다. 기후환경요금의 단가는 9원, 연료비조정요금의 단가는 5원이므로 전기요금의 구조에 따른 각 요금을 계산하면 다음과 같다.

구분		금액
기본요금		7,300(원)
전력량 요금	200kWh 이하 사용	200×120.0=24,000(원)
	201~400kWh	200×214.6=42,920(원)
	400kWh 초과	600×307.3=184,380(원)
	1,000kWh 초과	50×736.2=36,810(원)
기후환경요금		1,050×9=9,450(원)
연료비조정요금		1,050×5=5,250(원)
총합		310,110(원)

따라서 A씨가 지불해야 할 1월 전기요금은 310,110원이다.

52 ② 　　　　　　　　　　　　　　　문제해결능력

Quick해설 '점수요건'에 따르면 산업 기여 가치 '연간소득' 점수가 10점 이상인 자도 총득점이 45점 이상이어야 해당자가 되므로 옳지 않다.

[오답풀이] ① '감점항목'에 따르면 출입국관리법 위반은 처벌여부와 상관없이 위반이 확정된 건이 4회 이상이면 평가 대상에서 제외되므로 옳다.
③ '적용대상'에 따르면 최근 10년간 5년 이상 합법적인 취업이 계속된 근로자는 평가 대상이 되므로 옳다.
④ '보유자산'에 따르면 점수제 평가 신청일 기준 1년 이상 보유 중인 본인소유 부동산(토지/주택/건물)은 국내 자산으로 인정하므로 옳다.

53 ② 　　　　　　　　　　　　　　　문제해결능력

Quick해설 A씨는 최종학력이 자국 고등학교 졸업이므로 학력 점수가 5점이고, 최근 2년 치 평균 연간소득이 (3,100+3,400)÷2=3,250(만 원)이므로 산업 기여 가치 점수가 15점이다. 또한, 나이가 만 31세이므로 연령 점수가 11점이고, 산업기사 자격증을 소지했으므로 숙련도 점수는 15점이다. 마지막으로 한국어능력이 3급이므로 한국어능력 점수가 10점이다. 따라서 A씨가 받는 기본항목에 대한 총점수는 5+15+11+15+10=56(점)이다.

54 ① 　　　　　　　　　　　　　　　문제해결능력

Quick해설 감점항목은 출입국관리법 위반 점수와 기타 국내 법령 위반 점수를 합산하여 계산하며, 신청일 기준 10년 이내 위반 횟수만 가산한다. 이에 따라 신청일인 2024년 5월 1일 기준 10년 이내에 해당하는 2017년 6월 국내 법령 위반, 2019년 2월 국내 법령 위반, 2023년 1월 출입국관리법 위반에 대한 내역만 감점점수가 적용된다. 따라서 국내 법령 위반은 2회, 출입국관리법 위반은 1회이므로 총 감점 점수는 5+10=15(점)이다.

55 ② 　　　　　　　　　　　　　　　문제해결능력

Quick해설 '2. 신청안내'에 따르면 에너지바우처의 대리신청을 위해 필요한 서류는 공통서류 2가지와 대리신청 서류 2가지로 총 4가지이므로 옳다.

[오답풀이] ① '3. 지원대상'에 따르면 24년 연탄쿠폰을 발급받은 자나 세대는 동절기 에너바우처 중복 지원이 불가하다고 하였으므로 옳지 않다.
③ '2. 신청안내'에 따르면 에너지바우처의 신청기간은 5월 29일부터 12월 31일까지 약 7개월이므로 옳지 않다.
④ '4. 지원금액'에 따르면 1인 세대의 지원 금액은 하절기와 동절기를 합해 총 55,700+254,500=310,200(원)이므로 옳지 않다.

56 ④ 　　　　　　　　　　　　　　　문제해결능력

Quick해설 '3. 지원대상'에 따르면 에너지바우처를 신청한 가구의 세대원이 모두 보장시설 수급자인 경우 지원대상에서 제외하므로 에너지바우처 지원대상인 가구가 아니다.

[오답풀이] ① 분만 후 6개월 미만인 여성이 세대원으로 포함된 경우 지원대상에 해당한다.
② 장애인복지법에 따라 등록된 장애인이 본인인 경우 지원대상에 해당한다.
③ 출생일이 1959년 12월 31일 이전 출생인 노인이 세대원으로 포함된 경우 에너지바우처 지원대상에 해당한다.

57 ③ 문제해결능력

Quick해설 '4. 지원금액'에 따르면 에너지바우처 지원 대상자에 해당하는 3인 세대의 지원금액은 하절기 90,800원, 동절기 456,900원이다. 이때, 하절기 바우처 사용 후 남은 잔액은 동절기에 사용이 가능하므로 에너지바우처를 신청한 뒤 하절기에 73,800원을 사용한 상태라면 90,800-73,800=17,000(원)을 추가로 동절기에 사용할 수 있음을 알 수 있다.
따라서 B가구가 사용가능한 최대 동절기 에너지 바우처 금액은 456,900+17,000=473,900(원)이다.

58 ④ 문제해결능력

Quick해설 2023년 친환경차 감면액은 2년 전 대비 $\frac{626-219}{219} \times 100 ≒ 185.8(\%)$ 증가하였으므로 옳지 않다.

[오답풀이] ① 전방 충돌 상황을 감지해 자동으로 정지하는 장치를 장착한 버스에 대해 통행료를 감면하는 제도는 2023년 12월까지 신청기간이었으며, 신청한 날로부터 1년간 통행료를 감면하는 제도이므로 2024년 12월까지 시행되었음을 추측할 수 있다.
② 유료도로법 시행령 개정안 전문은 11월 12일부터 국토교통부 누리집을 통해 확인할 수 있으므로 옳다.
③ 친환경차 고속도로 통행료 감면 제도는 2017년부터 시작되어 2차례 연장하여 2024년 말 종료될 예정이었으며, 올해 이후 매년 감면 비율을 점진적으로 축소할 계획이라고 하였으므로 2017년부터 2024년까지는 고속도로 통행료 감면율이 동일함을 추측할 수 있다.

59 ① 문제해결능력

Quick해설 친환경차 연도별 감면율에 따르면 2025년 감면율은 40%, 2027년 감면율은 20%이다. 2종 친환경차를 운행 중인 Y씨가 서울에서 동해까지 이동하였을 때 부과되는 기본 통행요금은 12,800원이므로 2025년에 납부해야 할 통행요금은 12,800×0.6=7,680(원), 2027년에 납부해야할 통행요금은 12,800×0.8=10,240(원)이다.

60 ③ 문제해결능력

Quick해설 심야운행 화물차 감면제도에 따르면 심야시간 이용비율 계산법은 '할인시간대 통행시간 ÷ 전체 고속도로 이용시간'이며, 폐쇄식 고속도로 기준 심야시간이 21:00~06:00이므로 18:30에 고속도로에 진입해 다음 날 02:00에 출차한 E씨의 전체 고속도로 이용시간은 7.5시간, 할인시간대 통행시간은 5시간임을 알 수 있다. 따라서 이용비율은 $\frac{5}{7.5} \times 100 ≒ 67(\%)$이므로 E씨가 감면받을 수 있는 통행료 할인율은 30%이다.

직무시험_국민건강보험법

01	02	03	04	05	06	07	08	09	10
①	④	②	②	②	②	④	②	①	③
11	12	13	14	15	16	17	18	19	20
②	②	②	③	②	④	①	②	④	③

01 ①

[오답풀이] 국민건강보험법 제41조의2(약제에 대한 요양급여비용 상한금액의 감액 등)
① 보건복지부장관은 약제에 대하여는 요양급여비용 상한금액의 100분의 20을 넘지 아니하는 범위에서 그 금액의 일부를 감액할 수 있다.
② 보건복지부장관은 요양급여비용의 상한금액이 감액된 약제가 감액된 날부터 5년의 범위에서 대통령령으로 정하는 기간 내에 다시 제1항에 따른 감액의 대상이 된 경우에는 요양급여비용 상한금액의 100분의 40을 넘지 아니하는 범위에서 요양급여비용 상한금액의 일부를 감액할 수 있다.
③ 보건복지부장관은 요양급여비용의 상한금액이 감액된 약제가 감액된 날부터 5년의 범위에서 대통령령으로 정하는 기간 내에 다시 「약사법」 제47조제2항의 위반과 관련된 경우에는 해당 약제에 대하여 1년의 범위에서 기간을 정하여 요양급여의 적용을 정지할 수 있다.
④ 요양급여비용 상한금액의 감액 및 요양급여 적용 정지의 기준, 절차, 그 밖에 필요한 사항은 대통령령으로 정한다.

02 ④

[상세해설] 국민건강보험법 제33조(재정운영위원회)
① 요양급여비용의 계약 및 결손처분 등 보험재정에 관련된 사항을 심의·의결하기 위하여 공단에 재정운영위원회를 둔다.
② 재정운영위원회의 위원장은 위원 중에서 호선(互選)한다.
국민건강보험법 제34조(재정운영위원회의 구성 등)
③ 재정운영위원회 위원(공무원인 위원은 제외한다)의 임기는 2년으로 한다. 다만, 위원의 사임 등으로 새로 위촉된 위원의 임기는 전임위원 임기의 남은 기간으로 한다.
④ 재정운영위원회의 운영 등에 필요한 사항은 대통령령으로 정한다.

03 ②

[오답풀이] 국민건강보험법 제6조(가입자의 종류)
② 모든 사업장의 근로자 및 사용자와 공무원 및 교직원은 직장가입자가 된다. 다만, 다음 각 호의 어느 하나에 해당하는 사람은 제외한다.
 1. 고용 기간이 1개월 미만인 일용근로자
 2. 「병역법」에 따른 현역병(지원에 의하지 아니하고 임용된 하사를 포함한다), 전환복무된 사람 및 군간부후보생
 3. 선거에 당선되어 취임하는 공무원으로서 매월 보수 또는 보수에 준하는 급료를 받지 아니하는 사람
 4. 그 밖에 사업장의 특성, 고용 형태 및 사업의 종류 등을 고려하여 대통령령으로 정하는 사업장의 근로자 및 사용자와 공무원 및 교직원

04 ②

[오답풀이] 국민건강보험법 제13조(보험자)
건강보험의 보험자는 국민건강보험공단(이하 "공단"이라 한다)으로 한다.
국민건강보험법 제17조(정관)
② 공단은 정관을 변경하려면 보건복지부장관의 인가를 받아야 한다.
국민건강보험법 제18조(등기)
공단의 설립등기에는 다음 각 호의 사항을 포함하여야 한다.
 1. 목적
 2. 명칭
 3. 주된 사무소 및 분사무소의 소재지
 4. 이사장의 성명·주소 및 주민등록번호
국민건강보험법 제19조(해산)
공단의 해산에 관하여는 법률로 정한다.

05 ②

[상세해설] 국민건강보험법 제85조(보험료등의 징수 순위)
보험료등은 국세와 지방세를 제외한 다른 채권에 우선하여 징수한다. 다만, 보험료등의 납부기한 전에 전세권·

질권·저당권 또는 「동산·채권 등의 담보에 관한 법률」에 따른 담보권의 설정을 등기 또는 등록한 사실이 증명되는 재산을 매각할 때에 그 매각대금 중에서 보험료등을 징수하는 경우 그 전세권·질권·저당권 또는 「동산·채권 등의 담보에 관한 법률」에 따른 담보권으로 담보된 채권에 대하여는 그러하지 아니하다.

06 ②

[상세해설] 국민건강보험법 제87조(이의신청)
① 가입자 및 피부양자의 자격, 보험료등, 보험급여, 보험급여 비용에 관한 공단의 처분에 이의가 있는 자는 공단에 이의신청을 할 수 있다.
② 요양급여비용 및 요양급여의 적정성 평가 등에 관한 심사평가원의 처분에 이의가 있는 공단, 요양기관 또는 그 밖의 자는 심사평가원에 이의신청을 할 수 있다.
③ 제1항 및 제2항에 따른 이의신청(이하 "이의신청"이라 한다)은 처분이 있음을 안 날부터 90일 이내에 문서(전자문서를 포함한다)로 하여야 하며 처분이 있은 날부터 180일을 지나면 제기하지 못한다. 다만, 정당한 사유로 그 기간에 이의신청을 할 수 없었음을 소명한 경우에는 그러하지 아니하다.
④ 제3항 본문에도 불구하고 요양기관이 제48조에 따른 심사평가원의 확인에 대하여 이의신청을 하려면 같은 조 제2항에 따라 통보받은 날부터 30일 이내에 하여야 한다.

국민건강보험법 제88조(심판청구)
① 이의신청에 대한 결정에 불복하는 자는 제89조에 따른 건강보험분쟁조정위원회에 심판청구를 할 수 있다. 이 경우 심판청구의 제기기간 및 제기방법에 관하여는 제87조제3항을 준용한다.

국민건강보험법 제90조(행정소송)
공단 또는 심사평가원의 처분에 이의가 있는 자와 제87조에 따른 이의신청 또는 제88조에 따른 심판청구에 대한 결정에 불복하는 자는 「행정소송법」에서 정하는 바에 따라 행정소송을 제기할 수 있다.

07 ④

[상세해설] 국민건강보험법 제51조(장애인에 대한 특례)
① 공단은 「장애인복지법」에 따라 등록한 장애인인 가입자 및 피부양자에게는 「장애인·노인 등을 위한 보조기기 지원 및 활용촉진에 관한 법률」 제3조제2호에 따른 보조기기(이하 이 조에서 "보조기기"라 한다)에 대하여 보험급여를 할 수 있다.
② 장애인인 가입자 또는 피부양자에게 보조기기를 판매한 자는 가입자나 피부양자의 위임이 있는 경우 공단에 보험급여를 직접 청구할 수 있다. 이 경우 공단은 지급이 청구된 내용의 적정성을 심사하여 보조기기를 판매한 자에게 보조기기에 대한 보험급여를 지급할 수 있다.
③ 제1항에 따른 보조기기에 대한 보험급여의 범위·방법·절차, 제2항에 따른 보조기기 판매업자의 보험급여 청구, 공단의 적정성 심사 및 그 밖에 필요한 사항은 보건복지부령으로 정한다.

08 ②

[상세해설] 국민건강보험법 제115조(벌칙)
④ 거짓이나 그 밖의 부정한 방법으로 보험급여를 받거나 타인으로 하여금 보험급여를 받게 한 사람은 2년 이하의 징역 또는 2천만 원 이하의 벌금에 처한다.

09 ①

[상세해설] 국민건강보험법 제96조의4(서류의 보존)
① 요양기관은 요양급여가 끝난 날부터 5년간 보건복지부령으로 정하는 바에 따라 요양급여비용의 청구에 관한 서류를 보존하여야 한다. 다만, 약국 등 보건복지부령으로 정하는 요양기관은 처방전을 요양급여비용을 청구한 날부터 3년간 보존하여야 한다.
② 사용자는 3년간 보건복지부령으로 정하는 바에 따라 자격 관리 및 보험료 산정 등 건강보험에 관한 서류를 보존하여야 한다.
③ 요양비를 청구한 준요양기관은 요양비를 지급받은 날부터 3년간 보건복지부령으로 정하는 바에 따라 요양비 청구에 관한 서류를 보존하여야 한다.
④ 보조기기에 대한 보험급여를 청구한 자는 보험급여를 지급받은 날부터 3년간 보건복지부령으로 정하는 바에 따라 보험급여 청구에 관한 서류를 보존하여야 한다.

10 ③

[오답풀이] 국민건강보험법 제53조(급여의 제한)
① 공단은 보험급여를 받을 수 있는 사람이 다음 각 호의 어느 하나에 해당하면 보험급여를 하지 아니한다.
  1. 고의 또는 중대한 과실로 인한 범죄행위에 그 원인이 있거나 고의로 사고를 일으킨 경우
  2. 고의 또는 중대한 과실로 공단이나 요양기관의 요양에 관한 지시에 따르지 아니한 경우
  3. 고의 또는 중대한 과실로 문서와 그 밖의 물건의 제출을 거부하거나 질문 또는 진단을 기피한 경우
  4. 업무 또는 공무로 생긴 질병·부상·재해로 다른 법령에 따른 보험급여나 보상(報償) 또는 보상(補償)을 받게 되는 경우

11 ②

[오답풀이] 국민건강보험법 제83조(고액·상습체납자의 인적사항 공개)
① 공단은 이 법에 따른 납부기한의 다음 날부터 1년이 경과한 보험료, 연체금과 체납처분비(결손처분한 보험료, 연체금과 체납처분비로서 징수권 소멸시효가 완성되지 아니한 것을 포함한다)의 총액이 1천만 원 이상인 체납자가 납부능력이 있음에도 불구하고 체납한 경우 그 인적사항·체납액 등(이하 이 조에서 "인적사항등"이라 한다)을 공개할 수 있다. 다만, 체납된 보험료, 연체금과 체납처분비와 관련하여 이의신청, 심판청구가 제기되거나 행정소송이 계류 중인 경우 또는 그 밖에 체납된 금액의 일부 납부 등 대통령령으로 정하는 사유가 있는 경우에는 그러하지 아니하다.
② 제1항에 따른 체납자의 인적사항등에 대한 공개 여부를 심의하기 위하여 공단에 보험료정보공개심의위원회를 둔다.
③ 공단은 보험료정보공개심의위원회의 심의를 거친 인적사항등의 공개대상자에게 공개대상자임을 서면으로 통지하여 소명의 기회를 부여하여야 하며, 통지일부터 6개월이 경과한 후 체납액의 납부이행 등을 감안하여 공개대상자를 선정한다.
④ 제1항에 따른 체납자 인적사항등의 공개는 관보에 게재하거나 공단 인터넷 홈페이지에 게시하는 방법에 따른다.

12 ②

[오답풀이] 국민건강보험법 제96조의2(금융정보등의 제공 등)
① 공단은 지역가입자의 재산보험료부과점수 산정을 위하여 필요한 경우 「신용정보의 이용 및 보호에 관한 법률」 제32조 및 「금융실명거래 및 비밀보장에 관한 법률」 제4조제1항에도 불구하고 지역가입자가 제출한 동의 서면을 전자적 형태로 바꾼 문서에 의하여 「신용정보의 이용 및 보호에 관한 법률」 제2조제6호에 따른 신용정보집중기관 또는 금융회사등(이하 이 조에서 "금융기관등"이라 한다)의 장에게 금융정보등을 제공하도록 요청할 수 있다.
② 제1항에 따라 금융정보등의 제공을 요청받은 금융기관등의 장은 「신용정보의 이용 및 보호에 관한 법률」 제32조 및 「금융실명거래 및 비밀보장에 관한 법률」 제4조에도 불구하고 명의인의 금융정보등을 제공하여야 한다.
③ 제2항에 따라 금융정보등을 제공한 금융기관등의 장은 금융정보등의 제공 사실을 명의인에게 통보하여야 한다. 다만, 명의인이 동의한 경우에는 「신용정보의 이용 및 보호에 관한 법률」 제32조제7항, 제35조제2항 및 「금융실명거래 및 비밀보장에 관한 법률」 제4조의2제1항에도 불구하고 통보하지 아니할 수 있다.
④ 제1항부터 제3항까지에서 규정한 사항 외에 금융정보등의 제공 요청 및 제공 절차 등에 필요한 사항은 대통령령으로 정한다.

13 ②

[상세해설] 국민건강보험법 제99조(과징금)
② 보건복지부장관은 약제를 요양급여에서 적용 정지하는 경우 다음 각 호의 어느 하나에 해당하는 때에는 요양급여의 적용 정지에 갈음하여 대통령령으로 정하는 바에 따라 다음 각 호의 구분에 따른 범위에서 과징금을 부과·징수할 수 있다. 이 경우 보건복지부장관은 12개월의 범위에서 분할납부를 하게 할 수 있다.
  1. 환자 진료에 불편을 초래하는 등 공공복리에 지장을 줄 것으로 예상되는 때: 해당 약제에 대한 요양급여비용 총액의 100분의 200을 넘지 아니하는 범위

2. 국민 건강에 심각한 위험을 초래할 것이 예상되는 등 특별한 사유가 있다고 인정되는 때: 해당 약제에 대한 요양급여비용 총액의 100분의 60을 넘지 아니하는 범위

14 ③

[오답풀이] **국민건강보험법 제5조(적용 대상 등)**
② 피부양자는 다음 각 호의 어느 하나에 해당하는 사람 중 직장가입자에게 주로 생계를 의존하는 사람으로서 소득 및 재산이 보건복지부령으로 정하는 기준 이하에 해당하는 사람을 말한다.
 1. 직장가입자의 배우자
 2. 직장가입자의 직계존속(배우자의 직계존속을 포함한다)
 3. 직장가입자의 직계비속(배우자의 직계비속을 포함한다)과 그 배우자
 4. 직장가입자의 형제·자매

15 ②

[오답풀이] **국민건강보험법 제41조의4(선별급여)**
① 요양급여를 결정함에 있어 경제성 또는 치료효과성 등이 불확실하여 그 검증을 위하여 추가적인 근거가 필요하거나, 경제성이 낮아도 가입자와 피부양자의 건강회복에 잠재적 이득이 있는 등 대통령령으로 정하는 경우에는 예비적인 요양급여인 선별급여로 지정하여 실시할 수 있다.

국민건강보험법 제42조의2(요양기관의 선별급여 실시에 대한 관리)
① 제42조제1항에도 불구하고, 선별급여 중 자료의 축적 또는 의료 이용의 관리가 필요한 경우에는 보건복지부장관이 해당 선별급여의 실시 조건을 사전에 정하여 이를 충족하는 요양기관만이 해당 선별급여를 실시할 수 있다.
② 제1항에 따라 선별급여를 실시하는 요양기관은 제41조의4제2항에 따른 해당 선별급여의 평가를 위하여 필요한 자료를 제출하여야 한다.
④ 제1항에 따른 선별급여의 실시 조건, 제2항에 따른 자료의 제출, 제3항에 따른 선별급여의 실시 제한 등에 필요한 사항은 보건복지부령으로 정한다.

16 ④

[상세해설] **국민건강보험법 제58조(구상권)**
① 공단은 제3자의 행위로 보험급여사유가 생겨 가입자 또는 피부양자에게 보험급여를 한 경우에는 그 급여에 들어간 비용 한도에서 그 제3자에게 손해배상을 청구할 권리를 얻는다.
② 제1항에 따라 보험급여를 받은 사람이 제3자로부터 이미 손해배상을 받은 경우에는 공단은 그 배상액 한도에서 보험급여를 하지 아니한다.

국민건강보험법 제59조(수급권 보호)
① 보험급여를 받을 권리는 양도하거나 압류할 수 없다.
② 제56조의2제1항에 따라 요양비 등 수급계좌에 입금된 요양비등은 압류할 수 없다.

17 ①

[상세해설] **국민건강보험법 제44조(비용의 일부부담)**
② 본인이 연간 부담하는 다음 각 호의 금액의 합계액이 대통령령으로 정하는 금액(이하 이 조에서 "본인부담상한액"이라 한다)을 초과한 경우에는 공단이 그 초과 금액을 부담하여야 한다. 이 경우 공단은 당사자에게 그 초과 금액을 통보하고, 이를 지급하여야 한다.
 1. 본인일부부담금의 총액
 2. 요양이나 출산의 비용으로 부담한 금액(요양이나 출산의 비용으로 부담한 금액이 보건복지부장관이 정하여 고시한 금액보다 큰 경우에는 그 고시한 금액으로 한다)에서 같은 항에 따라 요양비로 지급받은 금액을 제외한 금액

18 ②

[상세해설] 건강보험 보수월액 보험료는 (보수월액)×(건강보험료율)이며 이때 직장가입자는 회사와 근로자가 각각 50%씩 기여하므로 3.545%가 된다. 따라서 총보험료는 212,700원이고 여기에서 A씨의 납부 금액은 그 절반인 106,350원이다.

19 ④

[상세해설] **국민건강보험법 제99조(과징금)**
② 보건복지부장관은 약제를 요양급여에서 적용 정지하는 경우 다음 각 호의 어느 하나에 해당하는 때에는

요양급여의 적용 정지에 갈음하여 대통령령으로 정하는 바에 따라 다음 각 호의 구분에 따른 범위에서 과징금을 부과·징수할 수 있다. 이 경우 보건복지부장관은 12개월의 범위에서 분할납부를 하게 할 수 있다.
1. 환자 진료에 불편을 초래하는 등 공공복리에 지장을 줄 것으로 예상되는 때: 해당 약제에 대한 요양급여비용 총액의 100분의 200을 넘지 아니하는 범위
2. 국민 건강에 심각한 위험을 초래할 것이 예상되는 등 특별한 사유가 있다고 인정되는 때: 해당 약제에 대한 요양급여비용 총액의 100분의 60을 넘지 아니하는 범위

최대 과징금을 구하는 문제로 1억 원의 100분의 200은 2억 원, 5천만 원의 100분의 60은 3000만 원이다.

20 ③

[상세해설] 국민건강보험법 제70조(보수월액)
② 휴직이나 그 밖의 사유로 보수의 전부 또는 일부가 지급되지 아니하는 가입자(이하 "휴직자등"이라 한다)의 보수월액보험료는 해당 사유가 생기기 전 달의 보수월액을 기준으로 산정한다.

직무시험_노인장기요양보험법

01	02	03	04	05	06	07	08	09	10
①	④	③	③	①	①	③	④	②	②
11	12	13	14	15	16	17	18	19	20
②	②	③	④	④	④	③	①	④	②

01 ①

[상세해설] 노인장기요양보험법 제55조(심사청구)
② 제1항에 따른 심사청구는 그 처분이 있음을 안 날부터 90일 이내에 문서(「전자정부법」 제2조제7호에 따른 전자문서를 포함한다)로 하여야 하며, 처분이 있은 날부터 180일을 경과하면 이를 제기하지 못한다.
④ 심사위원회는 위원장 1명을 포함한 50명 이내의 위원으로 구성한다.

노인장기요양보험법 제56조(재심사청구)
① 제55조에 따른 심사청구에 대한 결정에 불복하는 사람은 그 결정통지를 받은 날부터 90일 이내에 장기요양재심사위원회(이하 "재심사위원회"라 한다)에 재심사를 청구할 수 있다.
② 재심사위원회는 보건복지부장관 소속으로 두고, 위원장 1인을 포함한 20인 이내의 위원으로 구성한다.

노인장기요양보험법 제67조(벌칙)
① 다음 각 호의 어느 하나에 해당하는 자는 3년 이하의 징역 또는 3천만 원 이하의 벌금에 처한다.
  1. 거짓이나 그 밖의 부정한 방법으로 장기요양급여 비용을 청구한 자

02 ④

[상세해설] 노인장기요양보험법 제22조(장기요양인정 신청 등에 대한 대리)
① 장기요양급여를 받고자 하는 자 또는 수급자가 신체적·정신적인 사유로 이 법에 따른 장기요양인정의 신청, 장기요양인정의 갱신신청 또는 장기요양등급의 변경신청 등을 직접 수행할 수 없을 때 본인의 가족이나 친족, 그 밖의 이해관계인은 이를 대리할 수 있다.
② 다음 각 호의 어느 하나에 해당하는 사람은 관할 지역 안에 거주하는 사람 중 장기요양급여를 받고자 하는 사람 또는 수급자가 제1항에 따른 장기요양인정신청 등을 직접 수행할 수 없을 때 본인 또는 가족의 동의

를 받아 그 신청을 대리할 수 있다.
1. 「사회보장급여의 이용·제공 및 수급권자 발굴에 관한 법률」 제43조에 따른 사회복지전담공무원
2. 「치매관리법」 제17조에 따른 치매안심센터의 장 (장기요양급여를 받고자 하는 사람 또는 수급자가 같은 법 제2조제2호에 따른 치매환자인 경우로 한정한다)

③ 제1항 및 제2항에도 불구하고 장기요양급여를 받고자 하는 자 또는 수급자가 제1항에 따른 장기요양인정신청 등을 할 수 없는 경우 특별자치시장·특별자치도지사·시장·군수·구청장이 지정하는 자는 이를 대리할 수 있다.

03 ③

[상세해설] 노인장기요양보험법 제6조의2(실태조사)

① 보건복지부장관은 장기요양사업의 실태를 파악하기 위하여 3년마다 다음 각 호의 사항에 관한 조사를 정기적으로 실시하고 그 결과를 공표하여야 한다.
1. 장기요양인정에 관한 사항
2. 장기요양등급판정위원회(이하 "등급판정위원회"라 한다)의 판정에 따라 장기요양급여를 받을 사람(이하 "수급자"라 한다)의 규모, 그 급여의 수준 및 만족도에 관한 사항
3. 장기요양기관에 관한 사항
4. 장기요양요원의 근로조건, 처우 및 규모에 관한 사항
5. 그 밖에 장기요양사업에 관한 사항으로서 보건복지부령으로 정하는 사항

04 ③

[상세해설] 노인장기요양보험법 제46조(장기요양위원회의 구성)

③ 위원장은 보건복지부차관이 되고, 부위원장은 위원 중에서 위원장이 지명한다.

05 ①

[상세해설] 노인장기요양보험법 제43조(부당이득의 징수)

① 공단은 장기요양급여를 받은 자, 장기요양급여비용을 받은 자 또는 의사소견서·방문간호지시서 발급비용 (이하 "의사소견서등 발급비용"이라 한다)을 받은 자가 다음 각 호의 어느 하나에 해당하는 경우 그 장기요양급여, 장기요양급여비용 또는 의사소견서등 발급비용에 상당하는 금액을 징수한다.
1. 등급판정 결과 같은 조 제4항 각 호의 어느 하나에 해당하는 것으로 확인된 경우
2. 월 한도액 범위를 초과하여 장기요양급여를 받은 경우
3. 장기요양급여의 제한 등을 받을 자가 장기요양급여를 받은 경우
4. 거짓이나 그 밖의 부정한 방법으로 재가 및 시설 급여비용을 청구하여 이를 지급받은 경우
4의2. 거짓이나 그 밖의 부정한 방법으로 의사소견서등 발급비용을 청구하여 이를 지급받은 경우
5. 그 밖에 이 법상의 원인 없이 공단으로부터 장기요양급여를 받거나 장기요양급여비용을 지급받은 경우

06 ①

[상세해설] 노인장기요양보험법 제37조의3(위반사실 등의 공표)

① 보건복지부장관 또는 특별자치시장·특별자치도지사·시장·군수·구청장은 장기요양기관이 거짓으로 재가·시설 급여비용을 청구하였다는 이유로 제37조 또는 제37조의2에 따른 처분이 확정된 경우로서 다음 각 호의 어느 하나에 해당하는 경우에는 위반사실, 처분내용, 장기요양기관의 명칭·주소, 장기요양기관의 장의 성명, 그 밖에 다른 장기요양기관과의 구별에 필요한 사항으로서 대통령령으로 정하는 사항을 공표하여야 한다. 다만, 장기요양기관의 폐업 등으로 공표의 실효성이 없는 경우에는 그러하지 아니하다.
1. 거짓으로 청구한 금액이 1천만 원 이상인 경우
2. 거짓으로 청구한 금액이 장기요양급여비용 총액의 100분의 10 이상인 경우

② 보건복지부장관 또는 특별자치시장·특별자치도지사·시장·군수·구청장은 장기요양기관이 제61조제2항에 따른 자료제출 명령에 따르지 아니하거나 거짓으로 자료제출을 한 경우나 질문 또는 검사를 거부·방해 또는 기피하거나 거짓으로 답변하였다는 이유로 제37조 또는 제37조의2에 따른 처분이 확정된 경우 위반사실, 처분내용, 장기요양기관의 명칭·주소, 장기요양기관의 장의 성명, 그 밖에 다른 장기요양기관

과의 구별에 필요한 사항으로서 대통령령으로 정하는 사항을 공표하여야 한다. 다만, 장기요양기관의 폐업 등으로 공표의 실효성이 없는 경우 또는 장기요양기관이 위반사실 등의 공표 전에 제61조제2항에 따른 자료를 제출하거나 질문 또는 검사에 응하는 경우에는 그러하지 아니하다.
③ 보건복지부장관 또는 특별자치시장·특별자치도지사·시장·군수·구청장은 제1항 및 제2항에 따른 공표 여부 등을 심의하기 위하여 공표심의위원회를 설치·운영할 수 있다.
④ 제1항 및 제2항에 따른 공표 여부의 결정 방법, 공표 방법·절차 및 제3항에 따른 공표심의위원회의 구성·운영 등에 필요한 사항은 대통령령으로 정한다.

07 ③

[상세해설] 노인장기요양보험법 제37조(장기요양기관 지정의 취소 등)
① 특별자치시장·특별자치도지사·시장·군수·구청장은 장기요양기관이 다음 각 호의 어느 하나에 해당하는 경우 그 지정을 취소하거나 6개월의 범위에서 업무정지를 명할 수 있다. 다만, 제1호, 제2호의2, 제3호의5, 제7호, 또는 제8호에 해당하는 경우에는 지정을 취소하여야 한다.
3. 제35조제1항을 위반하여 장기요양급여를 거부한 경우
3의2. 제35조제5항을 위반하여 본인부담금을 면제하거나 감경하는 행위를 한 경우
3의3. 제35조제6항을 위반하여 수급자를 소개, 알선 또는 유인하는 행위 및 이를 조장하는 행위를 한 경우
3의5. 제36조제1항에 따른 폐업 또는 휴업 신고를 하지 아니하고 1년 이상 장기요양급여를 제공하지 아니한 경우
3의6. 제36조의2에 따른 시정명령을 이행하지 아니하거나 회계부정 행위가 있는 경우
3의7. 정당한 사유 없이 제54조에 따른 평가를 거부·방해 또는 기피하는 경우

08 ④

[상세해설] 노인장기요양보험법 제33조의3(영상정보의 열람금지 등)
① 폐쇄회로 텔레비전을 설치·관리하는 자는 다음 각 호의 어느 하나에 해당하는 경우를 제외하고는 제33조의2제3항의 영상정보를 열람하게 하여서는 아니 된다.
 1. 수급자가 자신의 생명·신체·재산상의 이익을 위하여 본인과 관련된 사항을 확인할 목적으로 열람 시기·절차 및 방법 등 보건복지부령으로 정하는 바에 따라 요청하는 경우
 2. 수급자의 보호자가 수급자의 안전을 확인할 목적으로 열람 시기·절차 및 방법 등 보건복지부령으로 정하는 바에 따라 요청하는 경우
 3. 「개인정보 보호법」 제2조제6호가목에 따른 공공기관이 「노인복지법」 제39조의11 등 법령에서 정하는 노인의 안전업무 수행을 위하여 요청하는 경우
 4. 범죄의 수사와 공소의 제기 및 유지, 법원의 재판업무 수행을 위하여 필요한 경우

09 ②

[상세해설] 노인장기요양보험법 제2조(정의)
 1. "노인등"이란 65세 이상의 노인 또는 65세 미만의 자로서 치매·뇌혈관성질환 등 대통령령으로 정하는 노인성 질병을 가진 자를 말한다.
노인장기요양보험법 제30조(장기요양급여의 제한 등에 관한 준용)
「국민건강보험법」 제53조제1항제4호, 같은 조 제2항부터 제6항까지, 제54조 및 제109조제10항은 이 법에 따른 보험료 체납자 등에 대한 장기요양급여의 제한 및 장기요양급여의 정지에 관하여 준용한다. 이 경우 "가입자"는 "장기요양보험가입자"로, "보험급여"는 "장기요양급여"로 본다.
※ 갑, 을, 병의 경우 노인장기요양보험법 제2조의 1에 해당하므로 부당이득에 따른 징수 대상이 아니나, 정의 경우 보험료 체납 중이므로 노인장기요양보험법 제30조에 의거, 부당이득에 따른 징수 대상에 해당한다.

10 ②

[상세해설] 노인장기요양보험법 제69조(과태료)

① 정당한 사유 없이 다음 각 호의 어느 하나에 해당하는 자에게는 500만 원 이하의 과태료를 부과한다.
   3. 장기요양급여 제공 자료를 기록·관리하지 아니하거나 거짓으로 작성한 사람
   4. 폐업·휴업 신고 또는 자료이관을 하지 아니하거나 거짓이나 그 밖의 부정한 방법으로 신고한 자
   4의2. 행정제재처분을 받았거나 그 절차가 진행 중인 사실을 양수인등에게 지체 없이 알리지 아니한 자
② 다음 각 호의 어느 하나에 해당하는 자에게는 <u>300만 원 이하의 과태료</u>를 부과한다.
   1. 폐쇄회로 텔레비전을 설치하지 아니하거나 설치·관리의무를 위반한 자

11 ②

[상세해설] 노인장기요양보험법 제15조(등급판정 등)

② 등급판정위원회는 신청인이 신청자격요건을 충족하고 <u>6개월 이상</u> 동안 혼자서 일상생활을 수행하기 어렵다고 인정하는 경우 심신상태 및 장기요양이 필요한 정도 등 대통령령으로 정하는 등급판정기준에 따라 수급자로 판정한다.

12 ②

[오답풀이] 노인장기요양보험법 제52조(등급판정위원회의 설치)

① 장기요양인정 및 장기요양등급 판정 등을 심의하기 위하여 공단에 장기요양등급판정위원회를 둔다.
② 등급판정위원회는 특별자치시·특별자치도·시·군·구 단위로 설치한다. 다만, 인구 수 등을 고려하여 하나의 특별자치시·특별자치도·시·군·구에 2 이상의 등급판정위원회를 설치하거나 2 이상의 특별자치시·특별자치도·시·군·구를 통합하여 하나의 등급판정위원회를 설치할 수 있다.
③ 등급판정위원회는 위원장 1인을 포함하여 <u>15인의 위원</u>으로 구성한다.
⑤ <u>등급판정위원회 위원의 임기는 3년으로 하되, 한 차례만 연임할 수 있다.</u> 다만, 공무원인 위원의 임기는 재임기간으로 한다.

13 ②

[오답풀이] 노인장기요양보험법 제47조의2(장기요양요원지원센터의 설치 등)

① 국가와 지방자치단체는 장기요양요원의 권리를 보호하기 위하여 장기요양요원지원센터를 설치·운영할 수 있다.
② 장기요양요원지원센터는 다음 각 호의 업무를 수행한다.
   1. 장기요양요원의 권리 침해에 관한 상담 및 지원
   2. 장기요양요원의 역량강화를 위한 교육지원
   3. <u>장기요양요원에 대한 건강검진 등 건강관리를 위한 사업</u>
   4. 그 밖에 장기요양요원의 업무 등에 필요하여 대통령령으로 정하는 사항
③ <u>장기요양요원지원센터의 설치·운영 등에 필요한 사항은 보건복지부령으로 정하는 바에 따라 해당 지방자치단체의 조례로 정한다.</u>

14 ④

[오답풀이] 노인장기요양보험법 제37조의4(행정제재처분 효과의 승계)

① 제37조제1항 각 호의 어느 하나에 해당하는 행위를 이유로 한 행정제재처분(이하 "행정제재처분"이라 한다)의 효과는 그 처분을 한 날부터 <u>3년간</u> 다음 각 호의 어느 하나에 해당하는 자에게 승계된다.
   1. 장기요양기관을 양도한 경우 양수인
   2. 법인이 합병된 경우 합병으로 신설되거나 합병 후 존속하는 법인
   3. 장기요양기관 폐업 후 같은 장소에서 장기요양기관을 운영하는 자 중 종전에 행정제재처분을 받은 자(법인인 경우 그 대표자를 포함한다)나 그 배우자 또는 직계혈족
② 행정제재처분의 절차가 진행 중일 때에는 다음 각 호의 어느 하나에 해당하는 자에 대하여 그 절차를 계속 이어서 할 수 있다.
   1. 장기요양기관을 양도한 경우 양수인
   2. 법인이 합병된 경우 합병으로 신설되거나 합병 후 존속하는 법인
   3. 장기요양기관 폐업 후 3년 이내에 같은 장소에서 장기요양기관을 운영하는 자 중 종전에 위반행위

를 한 자(법인인 경우 그 대표자를 포함한다)나 그 배우자 또는 직계혈족
③ 제1항 및 제2항에도 불구하고 제1항 각 호의 어느 하나 또는 제2항 각 호의 어느 하나에 해당하는 자(이하 "양수인등"이라 한다)가 양수, 합병 또는 운영 시에 행정제재처분 또는 위반사실을 알지 못하였음을 증명하는 경우에는 그러하지 아니하다.
④ 행정제재처분을 받았거나 그 절차가 진행 중인 자는 보건복지부령으로 정하는 바에 따라 지체 없이 그 사실을 양수인등에게 알려야 한다.

15 ④

[상세해설] 노인장기요양보험법 제29조(장기요양급여의 제한)
① 공단은 장기요양급여를 받고 있는 자가 정당한 사유 없이 제15조제4항에 따른 조사나 제60조 또는 제61조에 따른 요구에 응하지 아니하거나 답변을 거절한 경우 장기요양급여의 전부 또는 일부를 제공하지 아니하게 할 수 있다.
② 공단은 장기요양급여를 받고 있거나 받을 수 있는 자가 장기요양기관이 거짓이나 그 밖의 부정한 방법으로 장기요양급여비용을 받는 데에 가담한 경우 장기요양급여를 중단하거나 1년의 범위에서 장기요양급여의 횟수 또는 제공 기간을 제한할 수 있다.
③ 제2항에 따른 장기요양급여의 중단 및 제한 기준과 그 밖에 필요한 사항은 보건복지부령으로 정한다.

노인장기요양보험법 제60조(자료의 제출 등)
① 공단은 장기요양급여 제공내용 확인, 장기요양급여의 관리·평가 및 장기요양보험료 산정 등 장기요양사업 수행에 필요하다고 인정할 때 다음 각 호의 어느 하나에 해당하는 자에게 자료의 제출을 요구할 수 있다.
  1. 장기요양보험가입자 또는 그 피부양자 및 의료급여수급권자
  2. 수급자, 장기요양기관 및 의료기관
② 제1항에 따라 자료의 제출을 요구받은 자는 성실히 이에 응하여야 한다.

16 ④

[상세해설] 노인장기요양보험법 제31조(장기요양기관의 지정)
③ 특별자치시장·특별자치도지사·시장·군수·구청장이 제1항에 따른 지정을 하려는 경우에는 다음 각 호의 사항을 검토하여 장기요양기관을 지정하여야 한다. 이 경우 특별자치시장·특별자치도지사·시장·군수·구청장은 공단에 관련 자료의 제출을 요청하거나 그 의견을 들을 수 있다.
  1. 장기요양기관을 운영하려는 자의 장기요양급여 제공 이력
  2. 장기요양기관을 운영하려는 자 및 그 기관에 종사하려는 자가 이 법,「사회복지사업법」또는「노인복지법」등 장기요양기관의 운영과 관련된 법에 따라 받은 행정처분의 내용
  3. 장기요양기관의 운영 계획
  4. 해당 지역의 노인인구 수, 치매 등 노인성질환 환자 수 및 장기요양급여 수요 등 지역 특성
  5. 그 밖에 특별자치시장·특별자치도지사·시장·군수·구청장이 장기요양기관으로 지정하는 데 필요하다고 인정하여 정하는 사항

17 ②

[오답풀이] 노인장기요양보험법 제33조의2(폐쇄회로 텔레비전의 설치 등)
① 장기요양기관을 운영하는 자는 노인학대 방지 등 수급자의 안전과 장기요양기관의 보안을 위하여「개인정보 보호법」및 관련 법령에 따른 폐쇄회로 텔레비전(이하 "폐쇄회로 텔레비전"이라 한다)을 설치·관리하여야 한다. 다만, 다음 각 호의 어느 하나에 해당하는 경우에는 그러하지 아니하다.
  2. 장기요양기관을 운영하는 자가 수급자 전원 또는 그 보호자 전원의 동의를 받아 특별자치시장·특별자치도지사·시장·군수·구청장에게 신고한 경우
② 제1항에 따라 폐쇄회로 텔레비전을 설치·관리하는 자는 수급자 및 장기요양기관 종사자 등 정보주체의 권리가 침해되지 아니하도록 다음 각 호의 사항을 준수하여야 한다.
  1. 노인학대 방지 등 수급자의 안전과 장기요양기관의 보안을 위하여 최소한의 영상정보만을 적법하고 정당하게 수집하고, 목적 외의 용도로 활용하지 아니하도록 할 것
③ 장기요양기관을 운영하는 자는 폐쇄회로 텔레비전에 기록된 영상정보를 60일 이상 보관하여야 한다.

④ 국가 또는 지방자치단체는 제1항에 따른 폐쇄회로 텔레비전 설치비의 전부 또는 일부를 지원할 수 있다.
⑤ 제1항에 따른 폐쇄회로 텔레비전의 설치·관리 기준 및 동의 또는 신고의 방법·절차·요건, 제3항에 따른 영상정보의 보관기준 및 보관기간 등에 필요한 사항은 보건복지부령으로 정한다.

18 ③

[상세해설] 노인장기요양보험법 제14조(장기요양인정 신청의 조사)
② 공단은 제1항 각 호의 사항을 조사하는 경우 2명 이상의 소속 직원이 조사할 수 있도록 노력하여야 한다.

19 ④

[상세해설] 노인장기요양보험법 제67조(벌칙)
① 다음 각 호의 어느 하나에 해당하는 자는 3년 이하의 징역 또는 3천만 원 이하의 벌금에 처한다.
 1. 거짓이나 그 밖의 부정한 방법으로 장기요양급여 비용을 청구한 자
 2. 폐쇄회로 텔레비전의 설치 목적과 다른 목적으로 폐쇄회로 텔레비전을 임의로 조작하거나 다른 곳을 비추는 행위를 한 자
 3. 녹음기능을 사용하거나 보건복지부령으로 정하는 저장장치 이외의 장치 또는 기기에 영상정보를 저장한 자
② 다음 각 호의 어느 하나에 해당하는 자는 2년 이하의 징역 또는 2천만 원 이하의 벌금에 처한다.
 1. 지정받지 아니하고 장기요양기관을 운영하거나 거짓이나 그 밖의 부정한 방법으로 지정받은 자
 2. 안전성 확보에 필요한 조치를 하지 아니하여 영상정보를 분실·도난·유출·변조 또는 훼손당한 자
 3. 본인부담금을 면제 또는 감경하는 행위를 한 자
 4. 수급자를 소개, 알선 또는 유인하는 행위를 하거나 이를 조장한 자
 5. 업무수행 중 알게 된 비밀을 누설한 자
③ 다음 각 호의 어느 하나에 해당하는 자는 1년 이하의 징역 또는 1천만 원 이하의 벌금에 처한다.
 1. 정당한 사유 없이 장기요양급여의 제공을 거부한 자
 2. 거짓이나 그 밖의 부정한 방법으로 장기요양급여를 받거나 다른 사람으로 하여금 장기요양급여를 받게 한 자
 3. 정당한 사유 없이 권익보호조치를 하지 아니한 사람
 4. 수급자가 부담한 비용을 정산하지 아니한 자

20 ②

[상세해설] 노인장기요양보험법 제69조(과태료)
① 정당한 사유 없이 다음 각 호의 어느 하나에 해당하는 자에게는 500만 원 이하의 과태료를 부과한다.
 4의2. 제37조의4제4항을 위반하여 행정제재처분을 받았거나 그 절차가 진행 중인 사실을 양수인등에게 지체 없이 알리지 아니한 자
 6. 거짓이나 그 밖의 부정한 방법으로 수급자에게 장기요양급여비용을 부담하게 한 자
② 다음 각 호의 어느 하나에 해당하는 자에게는 300만 원 이하의 과태료를 부과한다.
 1. 제33조의2에 따른 폐쇄회로 텔레비전을 설치하지 아니하거나 설치·관리의무를 위반한 자
 2. 제33조의3제1항 각 호에 따른열람 요청에 응하지 아니한 자

실전모의고사 [1회]

직업기초능력 응용모듈

01	02	03	04	05	06	07	08	09	10
①	③	③	①	④	④	③	②	③	②
11	12	13	14	15	16	17	18	19	20
④	②	③	②	②	④	②	②	③	④
21	22	23	24	25	26	27	28	29	30
④	④	②	①	③	④	②	④	②	②
31	32	33	34	35	36	37	38	39	40
①	③	②	④	③	④	②	③	④	②
41	42	43	44	45	46	47	48	49	50
④	③	②	②	③	④	②	④	②	④
51	52	53	54	55	56	57	58	59	60
③	①	②	③	②	④	②	④	②	④

01 ① 　　　　　　　　　　　　　의사소통능력

Quick해설 주어진 보도자료의 핵심은 2024년 11월부터 적용되는 건강보험료 산정 기준 개편 및 이에 따른 변동 사항이다. 구체적으로 소득·재산 반영 방식이 조정되고, 일부 보험료의 증가와 감소가 발생하며, 조정·정산 신청 절차가 확대되는 내용이 포함된다.

[오답풀이] ② 주어진 보도자료를 보면 '일부 세대(71만 가구)의 보험료가 증가'했다는 내용도 포함되어 있다. 즉, 보험료 감면과 관련된 정책이 일부 포함되지만, 주요 내용은 보험료 감면보다는 소득·재산 반영 기준 조정으로 보아야 적절하다.
③ 건강보험료 부과체계를 개편하는 내용이 포함되어 있지만, 체계의 문제점을 중점적으로 다루지는 않는다. 오히려 개편 후 적용 방식과 그에 따른 영향이 핵심이므로, '문제점'을 강조하는 것은 적절하지 않다.
④ 단순한 소득·재산 반영 변화만을 다루는 것이 아니라, 그에 따른 보험료 변동과 조정·정산 절차까지 포함하고 있으므로, 내용 전체를 아우르는 제목으로 적절하지 않다.

02 ③ 　　　　　　　　　　　　　의사소통능력

Quick해설 직장가입자는 보도자료에서 다루는 '지역가입자'와 보험료 산정 방식이 다르며, 보도자료는 '지역가입자'의 건강보험료 산정 방식 변경을 중심으로 설명하고 있다. 직장가입자의 경우 월급에서 일정 비율을 공제하는 방식으로 보험료가 부과되며, 이번 개편과 직접적인 관련이 없다. 따라서 직장가입자의 보험료 부담 증가를 예상하는 것은 본문 내용을 근거로 한 추론으로 적절하지 않다.

[오답풀이] ① 보험료 조정·정산 신청 제도가 확대되었으며, 휴·폐업 등으로 소득이 변동된 경우 신청할 수 있다고 설명하고 있다. 따라서 소득이 일정하지 않은 가입자가 변동된 보험료를 확인한 후 조정·정산 신청을 할 가능성이 충분하다.
② 71만 가구의 보험료가 증가했지만, 재산 기본공제 확대 및 자동차 보험료 폐지로 340만 가구의 보험료가 감소하여 평균적으로 보험료가 인하되었다고 설명하고 있다. 따라서 일부 가입자의 보험료 증가 가능성을 인정하면서도, 전체 평균 보험료가 낮아질 가능성이 있다고 예상할 수 있다.
④ 소득 중심 부과체계 개편이 지속 추진될 것이라고 언급되어 있으므로, 미래에는 소득 중심 부과 방식이 더욱 강화될 것으로 예상하는 것은 적절하다.

03 ③ 　　　　　　　　　　　　　의사소통능력

Quick해설 주어진 글은 올바른 식습관의 중요성에 대해 설명하고 있는데, 수분의 중요성에 대해 설명하고 있는 ⓒ이 들어가는 것은 흐름상 적절하지 않다.

[상세해설] ⓒ 문장의 앞에서는 폭식과 과식에 대해 서술하고 있고, 문장의 뒤에서는 고령자가 식사 시 느끼는 어려움에 대해 서술하고 있다. 따라서 '수분이 부족하면 쉽게 피로해지고 건강상 많은 위험이 생긴다.'는 문장은 글의 맥락상 적절하지 않다.

04 ① 　　　　　　　　　　　　　의사소통능력

Quick해설 두 번째 문단을 보면 서울시민 중 과일 및 채소를 1일 500g 이상 섭취하는 3인 가구는 40.7%이므로, 과일 및 채소를 1일 500g 이상 섭취하지 않는 3인 가구보다 적다는 것을 파악할 수 있다.

[오답풀이] ② 마지막 문단에서 혼밥은 고혈압과 대사증

후군 발생 위험도 높여 하루 두 끼를 혼자 식사하는 사람의 대사증후군 발생 위험은 지인과 함께 식사하는 사람의 1.3배로 집계됐다고 하였으므로 적절하다.
③ 세 번째 문단에서 한국영양학회는 과일의 경우 사과 1/2개(100g), 귤 1개(100g), 포도 15알(100g) 등을 1회 분량으로 정하고 있다고 하였으므로 적절하다.
④ 네 번째 문단에서 발효 식품은 장내 미생물들의 건강한 구성을 돕고 면역 체계, 신체의 신진대사 기능 등에도 유익하다고 하였으므로 적절하다.

05 ④ 　　　　　　　　　　　　　　　 의사소통능력

Quick해설 글 전체에서 다양한 어지럼증의 원인과 증상에 대해 설명하고 있으므로 적절하다.

[상세해설] 첫 번째 문단에서 어지럼증은 원인과 증상이 천차만별이라 하였고, 글 전체에서 빈혈, 이석증, 뇌졸중 등 다양한 어지럼증의 원인에 대해 서술하고 있으므로 적절하다.
[오답풀이] ① 세 번째 문단에서 말초성 전정질환에 의한 어지럼증에 대해 설명하고 있으나 전체 내용을 포괄할 수 없으므로 적절하지 않다.
② 네 번째 문단에서 뇌졸중 위험이 높은 만성질환 환자는 어지럼증이 발생할 경우 반드시 전문의에게 진료받아야 한다고 하였으나 전체 내용을 포괄할 수 없으므로 적절하지 않다.
③ 세 번째 문단에서 중추성 원인에 의한 어지럼증은 신속한 치료가 필요하다고 하였으나 전체 내용을 포괄할 수 없으므로 적절하지 않다.

06 ④ 　　　　　　　　　　　　　　　 의사소통능력

Quick해설 두 번째 문단에서 어지럼증은 크게 중추성 신경계 질환과 말초성 전정기관 장애로 구분하며, 귀는 말초성에 해당한다고 하였다. 따라서 귀에 이상이 발생한 어지럼증은 말초성 신경계 이상이 아닌 말초성 전정기관 이상이라고 해야 적절하다.

[오답풀이] ① 세 번째 문단에서 급성 회전성 어지럼증을 호소하는 환자의 대부분은 말초성 전정질환으로, 그 중에서도 이석증이 가장 흔하다고 하였으므로 급성 회전성 어지럼증을 호소하는 환자들은 대부분 이석증을 앓고 있음을 알 수 있다.

② 네 번째 문단에서 소뇌 등에 이상이 생겼을 때 발생하는 평형장애에 의한 어지럼증에 대해 설명하고 있으므로 소뇌에 이상이 발생하여도 어지럼증을 느낄 수 있음을 알 수 있다.
③ 세 번째 문단에서 중추성 어지럼증은 말초성과 달리 두통, 의식 변화, 어눌한 말투, 사지 감각 저하·마비, 힘 빠짐 등의 증상을 동반하는 경우가 흔하다고 하였으므로 말투가 어눌해지면서 어지럼증이 발생한다면 중추성 어지럼증인 경우가 많음을 알 수 있다.

07 ③ 　　　　　　　　　　　　　　　 의사소통능력

Quick해설 빈칸 ⓒ 앞에서 과거 흡연자들이 온전히 개인의 자율적인 선택에 의하여 흡연을 시작하고 지속했는지에 대한 의문점을 제기하였다고 하였고, [보기]의 문장에서 '과거 우리나라의 사회적 흡연 환경과 흡연자 진술을 토대로 봤을 때 담배 위해성에 대한 정확한 정보가 전달되지 않았다는 것이 핵심내용이다.'라고 하며 개인의 자율적인 선택으로 흡연을 시작하지 않았다는 주장과 연결할 수 있으므로 ⓒ이 가장 적절한 위치이다.

08 ② 　　　　　　　　　　　　　　　 의사소통능력

Quick해설 건보공단은 2023년의 지난해에 고도흡연자 30명을 대상으로 일대일 심층 면담을 진행하였으므로 적절하지 않다.

[상세해설] 두 번째 문단에서 건보공단은 2023년 8월 현재 항소심이 진행되고 있으며, 지난해 고도흡연자 30명을 대상으로 일대일 심층 면담하는 등 질적 연구를 수행하였다고 하였으므로 2022년에 일대일 심층 면담이 진행되었음을 알 수 있다.
[오답풀이] ① 마지막 문단에서 건보공단은 관련학회·전문가들과의 연대 및 다각적 홍보를 통해 흡연의 폐해를 널리 알리겠다고 하였으므로 적절하다.
③ 네 번째 문단에서 흡연과 담배소송 대상 암종은 폐암 중 소세포암·편평상피세포암, 후두암 중 편평세포암이라고 하였으므로 적절하다.
④ 첫 번째 문단에서 건보공단은 담배소송 세미나를 개최하여 '고도흡연자 흡연경험 심층분석' 연구결과를 공유하고, 관련 전문가들과 토론을 통해 흡연 폐해의 발생원인과 책임 소재를 다시 한번 확인하였다고 하였으므로 적절하다.

09 ③ 의사소통능력

Quick해설 주어진 글은 [나]-[라]-[가]-[다] 순으로 나열되는 것이 문맥상 적절하다.

[상세해설] 주어진 글의 첫 번째 문단은 소아청소년 비만이 증가하고 있으며 소아청소년에게 흔한 질환임을 밝히고 있으므로, 두 번째 문단에는 비만이 무엇인지 또 소아청소년 비만은 어떻게 진단하는지에 대한 설명인 [나]가 나오는 것이 가장 적절하다. 그리고 [나]의 부연설명 문단인 [라]가 나와야 한다. [라]는 자세한 수치를 예로 들어 소아청소년 비만 진단의 기준을 제시하고 있기 때문이다. 다음으로 소아청소년 비만의 원인을 유전적 요인과 환경적 요인으로 설명하는 [가]가 나와야 한다. [가]에서 유전적 요인에 대해 주로 이야기하고 있으므로 [가] 뒤에는 환경적 요인을 설명하는 [다]가 와야 한다.

10 ② 의사소통능력

Quick해설 주어진 글은 소아비만이 무엇인지 밝히고 그 원인과 합병증 등의 특징을 제시하고 있으므로, 주제로는 '소아비만의 개념과 특징' 정도가 적절하다.

[오답풀이] ① 소아비만에 대한 오해는 제시되어 있지 않다.
③ 우리나라의 소아비만 실태는 제시되어 있지만 전 세계의 소아비만 실태는 나와 있지 않다.
④ 소아비만을 예방하는 방법은 제시되어 있지 않다.

11 ④ 의사소통능력

Quick해설 소아청소년 비만 개선을 위해 지방흡수억제제나 식욕억제제 등의 약물 치료 방법을 사용한다는 내용은 주어진 글에 나타나지 않으며, [보기]의 의견을 반박하는 것도 아니므로 적절하지 않다.

[오답풀이] ① ,② 여섯 번째 문단을 보면 성인 동맥경화의 대부분은 어린 시절부터 시작된다는 점, 소아청소년 비만이 당뇨와 고혈압을 유발한다는 점을 알 수 있다. 또 이밖에도 소아청소년 역시 지방간 등의 성인병을 겪을 수 있다고 제시되어 있다. 즉, 성인병이 소아청소년 비만에서 비롯될 수 있음을 추론할 수 있고, [보기]의 의견을 반박하는 근거가 된다.
③ [나] 문단을 보면 영아나 소아 때의 비만은 지방세포의 수가 늘어나는 경우가 많고, 성인비만은 지방세포의 크기가 커지는 경우가 많으며, 청소년 시기의 비만은 이 두 가지 유형이 섞여 있다고 했다. 즉, 이미 늘어난 지방세포의 개수는 성인 때 식이조절 등으로 체중을 감량한다 하더라도 개수는 줄지 않아 또다시 비만이 될 수 있는 위험성이 있다고 추론할 수 있다.

12 ② 의사소통능력

Quick해설 [나]는 피싱, 스미싱, 보이스피싱 등 사회공학 해킹의 대표적인 수법을 설명하고 있다.

[상세해설] [나]는 피싱, 스미싱, 보이스피싱 등 사회공학 해킹의 대표적 수법에 대해 설명하는 내용이므로, 소제목으로는 '사회공학 해킹의 대표적인 수법' 정도가 적절하다. 유형별 피해 현황은 주어진 글에서 확인할 수 없다.

13 ③ 의사소통능력

Quick해설 주어진 글에 따르면 피싱과 스미싱은 접속을 유도하는 링크를 보내는 매체에 차이가 있다.

[오답풀이] ① [라] 문단에서 랜섬웨어의 '상당수'가 인터넷상의 개인정보를 바탕으로 사회공학을 활용해 이루어진다고 하였으므로 그렇지 않은 경우도 있음을 추론할 수 있다.
② [나] 문단에서 최근에는 보이스피싱을 통해 피싱 사이트로 유도하는 등 복합적인 수법이 쓰이기도 한다고 하였으므로 스미싱과 보이스피싱 수법 역시 동시에 사용할 수 있음을 추론할 수 있다.
④ [다] 문단에서 사회공학을 이용한 해킹은 모두 '연구-관계 형성-공격-활용'의 단계를 거친다고 하였으므로 적절하다.

14 ② 의사소통능력

Quick해설 ㉠ 빈칸 앞은 코로나19의 확산 상황을 악용한 스팸 메일과 문자가 급증하고 있다는 내용이며, 빈칸이 포함된 문장은 그 예시에 대한 내용이다.
㉡ 빈칸 앞은 사회공학을 이용한 해킹의 단계에 대한 내용이며, 빈칸이 포함된 문장 및 그 이후의 내용은 해당 단계를 예시를 통해 설명하는 내용이다.
따라서 ㉠, ㉡에는 예를 들어 설명한다는 의미의 부사인 '예컨대', '가령', '이를테면' 등이 공통적으로 들어간다.

[상세해설] ⓒ 사회공학을 통한 대표적인 수법인 피싱과 스미싱을 나열하여 설명하고 있으므로 '또한'이 들어가는 것이 적절하다.
ⓔ 빈칸이 포함된 문장은 인터넷상의 개인정보를 통해 사회공학 해킹이 이루어질 수 있으니 주의해야 한다는 내용이므로 빈칸에는 앞의 내용이 뒤의 내용의 이유나 원인, 근거가 될 때 쓰는 접속 부사인 '따라서', '그러므로' 등이 와야 한다.

15 ②　　　　　　　　　　　　　　　의사소통능력

[Quick해설] 주어진 보도자료는 개인정보를 보호하면서도 데이터 활용을 활성화하기 위해 가명처리 범위 확대 및 데이터 제공기관 책임 범위 명확화 등을 내용을 포함한 「보건의료데이터 활용 가이드라인」 개정안을 마련하였다는 내용이다. 따라서 보도자료의 제목으로는 '보건의료데이터 가명처리 방법 개선, 개인정보 보호하고 데이터 활용 활성화'가 가장 적절하다.

16 ④　　　　　　　　　　　　　　　의사소통능력

[Quick해설] NGS 기반 유전자 검사를 통해 생성된 FASTQ/SAM/BAM/VCF 파일 및 검사기록지의 경우, 염기서열 및 메타데이터 내 주요 식별정보는 제거하거나 대체하는 방식 등으로 가명처리하여 활용할 수 있다고 하였다.

[오답풀이] ① 가명정보 처리·활용 시 의도치 않게 특정 개인에 대한 식별정보가 포함되었다면 해당 정보의 처리를 즉시 중지하고, 지체없이 회수 및 파기해야 한다고 하였다.
② 유전체 데이터는 연구 목적으로 활용하더라도 데이터 접근 권한을 통제하고 폐쇄환경에서 활용해야 한다고 하였다.
③ 가명정보를 제공받은 자의 안전조치 미이행 등으로 가명정보 유출 등의 문제가 발생한 경우 그 해당 행위자만 제재한다고 하였으므로 제공 의료기관은 처벌 대상에 해당하지 않음을 알 수 있다.

17 ②　　　　　　　　　　　　　　　의사소통능력

[Quick해설] ⓒ 진료기록 등 자유입력 데이터는 자연어 처리기술 등을 활용하여 정형 데이터로 변환 후 식별정보 삭제, 대체 등의 방법으로 가명처리를 하여 활용해야 한다고 하였다.

[오답풀이] ㉠ 유전체 데이터는 데이터 파일 형태, 즉 NGS 기반 유전자 검사를 통해 생성된 FASTQ/SAM/BAM/VCF 파일 및 검사기록지의 경우 메타데이터 및 염기서열에 대한 가명처리가 가능하다고 하였다.
ⓒ 음성 데이터의 경우 관련 기술을 활용하여 문자열로 변환한 후 자유입력 데이터와 동일하게 식별정보 삭제, 대체 등 가명처리하거나 필요 시 추가로 노이즈 방식 등을 활용하도록 규정한다고 하였다.

18 ③　　　　　　　　　　　　　　　의사소통능력

[Quick해설] ⓒ 주어진 자료는 민원 편의 개선 및 업무 효율성을 높이기 위한 디지털창구 시스템 오픈에 관한 내용이다. 따라서 식품영양성분 통합 DB 적용에 관한 내용은 흐름상 적절하지 않으므로 삭제되어야 한다.

[오답풀이] ㉠ 디지털창구 시스템 오픈의 목적에 대해 밝히는 내용이므로 흐름상 적절하다.
ⓒ 디지털창구 시스템 오픈 전과 후의 변화를 비교하여 설명하는 내용이므로 흐름상 적절하다.
ⓔ 디지털창구 시스템의 전국 지사 도입 완료 시점 및 확대 구축 등 향후 일정에 대해 설명하는 내용이므로 흐름상 적절하다.

19 ③　　　　　　　　　　　　　　　의사소통능력

[Quick해설] 두 번째 문단에서 행정안전부의 연계를 통해 디지털창구 시스템에서 전자문서 수신, 기록물 보관을 모두 원스톱으로 처리할 수 있다고 하였다.

[오답풀이] ① 세 번째 문단에서 디지털창구 시스템은 23년 7월부터 4개월간 시범운영 되었다고 하였다.
② 첫 번째 문단에서 11월에 지사, 출장소뿐만 아니라 5개 외국인민원센터에서도 디지털창구 시스템이 오픈된다고 하였다.
④ 세 번째 문단에서 시스템 도입으로 종이기록물 생성, 보관, 폐기 등의 단순 행정업무가 감소하여 현장의 업무부담이 획기적으로 경감할 것으로 예상된다고 하였다.

20 ④　　　　　　　　　　　　의사소통능력

Quick해설　네 번째 문단에서 AI OCR(문자인식 시스템)은 내년에 도입될 예정이라고 하였으므로, 시범운영 기간 동안 등록이 필수적이었다고 볼 수 없다.

[오답풀이]　① 두 번째 문단에서 디지털창구 시스템을 활용하면 신청한 지사가 아니더라도 모든 지사에서 민원처리 내역을 조회할 수 있다고 하였다.
② 두 번째 문단에서 가족관계증명서는 정부24의 전자문서지갑과 디지털창구 시스템을 연계하여 바로 디지털창구에서 확인하여 첨부할 수 있도록 구현했다고 하였다.
③ 두 번째 문단에서 자격·부과·보험급여 등 다빈도 서식 11종은 종이서식 대신 전자서식으로 수기서명 대신 전자서명으로 접수하여 처리할 수 있다고 하였다.

21 ④　　　　　　　　　　　　수리능력

Quick해설　2019년에 보건소 수가 가장 많은 지역은 가장 적은 지역의 $\frac{569}{19}≒29.9$(배)이므로 30배 미만이다.

[상세해설]　조사 기간 동안 보건소 수가 가장 많은 지역은 전남, 가장 적은 지역은 세종으로, 2017년에 $\frac{567}{18}=31.5$(배), 2018년에 $\frac{569}{18}≒31.6$(배), 2019년에 $\frac{569}{19}≒29.9$(배), 2020년에 $\frac{570}{19}=30.0$(배), 2021년에 $\frac{572}{19}≒30.1$(배), 2022년에 $\frac{573}{19}≒30.2$(배)이다.

[오답풀이]　① 2018년 보건소 수가 전년 대비 증가한 지역은 서울, 부산, 광주, 울산, 경기, 강원, 충남, 전북, 전남, 제주 총 10곳이다.
② 전국 보건소 중 경북의 비중은 2020년에 $\frac{560}{3,571}×100≒15.7$(%), 2021년에 $\frac{560}{3,587}×100≒15.6$(%)으로, 2021년에 전년 대비 감소했다.
③ 2019년 경기 보건소 수의 전년 대비 증감률은 $\frac{343-339}{339}×100≒1.2$(%), 제주는 $\frac{66-65}{65}×100≒1.5$(%)이므로, 경기가 제주보다 낮다.

문제해결 Tip
② 2021년 전국 보건소 수는 전년 대비 증가했고, 경북 보건소 수는 전년 대비 동일하므로 비중은 전년 대비 감소했음을 계산없이 파악할 수 있다.
④ 조사 기간 동안 보건소 수가 가장 적은 지역은 세종으로, 2017~2018년에는 18개이고 2019~2022년에는 19개이다. 이에 대한 30배는 540개와 570개이므로 이 수치를 매년 보건소 수가 가장 많은 지역인 전남과 비교해보면 2019년에는 30배에 미치지 못한다는 것을 빠르게 파악할 수 있다.

22 ④　　　　　　　　　　　　수리능력

Quick해설　2020년 보건소 수 상위 4개 지역은 전남, 경북, 경남, 충남이고, 이 지역들의 2018년 대비 2022년의 증감률은 충남이 1.2%, 전남이 0.7%, 경북이 −0.5%, 경남이 1%로, 충남이 가장 크다.

[상세해설]　2020년 보건소 수 상위 4개 지역은 큰 순서대로 전남, 경북, 경남, 충남인데, 이 지역들의 2018년 대비 2022년 보건소 수의 증감률은 다음과 같다.

- 전남: $\frac{573-569}{569}×100≒0.7$(%)
- 경북: $\frac{557-560}{560}×100≒-0.5$(%)
- 경남: $\frac{421-417}{417}×100≒1.0$(%)
- 충남: $\frac{411-406}{406}×100≒1.2$(%)

23 ②　　　　　　　　　　　　수리능력

Quick해설　2022년의 서울과 경기의 봉사활동 횟수 차이는 5,417−4,021=1,396(회)로 1,500회 미만이다.

[상세해설]　조사 기간 동안 서울과 경기의 봉사활동 횟수 차이는 다음과 같다.
- 2018년: 15,544−10,910=4,634(회)
- 2019년: 15,117−11,351=3,766(회)
- 2020년: 4,637−2,842=1,795(회)
- 2021년: 4,408−2,866=1,542(회)
- 2022년: 5,417−4,021=1,396(회)

따라서 2022년에는 1,500회 미만이다.

[오답풀이]　① 전국 봉사활동 횟수 중 서울의 비중은 2021년에 $\frac{4,408}{21,589}×100≒20.4$(%),

2022년에 $\frac{5,417}{27,289} \times 100 ≒ 19.9(\%)$이므로, 2022년에는 전년 대비 $20.4-19.9=0.5(\%p)$ 감소했다.

③ 강원과 세종의 연평균 봉사활동 횟수는 다음과 같다.
- 강원: $\frac{2,262+2,282+686+749+951}{5}=1,386$(회)
- 세종: $\frac{189+184+55+66+61}{5}=111$(회)

따라서 강원이 세종보다 $1,386-111=1,275$(회) 더 많다.

④ 2019~2021년 동안 봉사활동 횟수가 전년 대비 매년 감소한 지역은 서울, 인천, 전남, 제주 총 4곳이다.

24 ①   수리능력

Quick해설 ㉠~㉣의 그래프 모두 옳게 나타내었으므로, 잘못된 그래프는 0개이다.

[상세해설] ㉠ 전국의 봉사활동 횟수는 다음과 같다.
- 2019년: $\frac{73,191-73,380}{73,380} \times 100 ≒ -0.3(\%)$
- 2020년: $\frac{20,591-73,191}{73,191} \times 100 ≒ -71.9(\%)$
- 2021년: $\frac{21,589-20,591}{20,591} \times 100 ≒ 4.8(\%)$
- 2022년: $\frac{27,289-21,589}{21,589} \times 100 ≒ 26.4(\%)$

㉡ 대전의 봉사활동 횟수는 다음과 같다.
- 2019년: $\frac{2,784-2,858}{2,858} \times 100 ≒ -2.6(\%)$
- 2020년: $\frac{797-2,784}{2,784} \times 100 ≒ -71.4(\%)$
- 2021년: $\frac{886-797}{797} \times 100 ≒ 11.2(\%)$
- 2022년: $\frac{1,043-886}{886} \times 100 ≒ 17.7(\%)$

㉢ 경남의 봉사활동 횟수는 다음과 같다.
- 2019년: $\frac{5,276-5,183}{5,183} \times 100 ≒ 1.8(\%)$
- 2020년: $\frac{1,445-5,276}{5,276} \times 100 ≒ -72.6(\%)$
- 2021년: $\frac{1,287-1,445}{1,445} \times 100 ≒ -10.9(\%)$
- 2022년: $\frac{1,792-1,287}{1,287} \times 100 ≒ 39.2(\%)$

㉣ 세종의 봉사활동 횟수는 다음과 같다.
- 2019년: $\frac{184-189}{189} \times 100 ≒ -2.6(\%)$
- 2020년: $\frac{55-184}{184} \times 100 ≒ -70.1(\%)$
- 2021년: $\frac{66-55}{55} \times 100 = 20.0(\%)$
- 2022년: $\frac{61-66}{66} \times 100 ≒ -7.6(\%)$

25 ③   수리능력

Quick해설 조사 기간 동안 전국의 모자세대 기초생활수급자의 전년 대비 증감률이 가장 큰 해는 2020년이다.

[상세해설] 전국의 모자세대 기초생활수급자의 전년 대비 증감률은 다음과 같다.
- 2019년: $\frac{143,810-135,862}{135,862} \times 100 ≒ 5.9(\%)$
- 2020년: $\frac{163,950-143,810}{143,810} \times 100 ≒ 14.0(\%)$
- 2021년: $\frac{176,319-163,950}{163,950} \times 100 ≒ 7.5(\%)$
- 2022년: $\frac{179,653-176,319}{176,319} \times 100 ≒ 1.9(\%)$

[오답풀이] ① 2020년 서울 기초생활수급자 수가 전년 대비 증가한 가구특성은 소년소녀가정과 조손세대를 제외한 7가지이다.

② 조사 기간 동안 서울 부자세대 기초생활수급자는 일반세대의 2018년에 $\frac{5,894}{60,256} \times 100 ≒ 9.8(\%)$, 2019년에 $\frac{6,178}{65,323} \times 100 ≒ 9.5(\%)$, 2020년에 $\frac{6,863}{77,202} \times 100 ≒ 8.9(\%)$, 2021년에 $\frac{7,235}{84,131} \times 100 ≒ 8.6(\%)$, 2022년에 $\frac{7,003}{84,986} \times 100 ≒ 8.2(\%)$이므로, 8% 이상이다.

④ 전국 기초생활수급자 중 노인세대의 비중은 2018년에 $\frac{337,788}{1,165,175} \times 100 ≒ 29.0(\%)$, 2019년에 $\frac{391,096}{1,281,759} \times 100 ≒ 30.5(\%)$이므로, 2019년에는 전년 대비 $30.5-29.0=1.5(\%p)$ 증가했다.

26 ④   수리능력

Quick해설 2018년 서울 기초생활수급자 중 모자세대의 비중은 $\frac{23,760}{197,278} \times 100 ≒ 12.0(\%)$, 그 외는 $100-12=88.0(\%)$이다.

[오답풀이] ① 2018년 서울 기초생활수급자 중 노인세대

의 비중은 $\frac{58,799}{197,278} \times 100 ≒ 29.8(\%)$, 그 외는 $100-29.8=70.2(\%)$이다.

② 2018년 서울 기초생활수급자 중 장애인세대의 비중은 $\frac{31,139}{197,278} \times 100 ≒ 15.8(\%)$, 그 외는 $100-15.8=84.2(\%)$이다.

③ 2018년 서울 기초생활수급자 중 소년소녀가정의 비중은 $\frac{311}{197,278} \times 100 ≒ 0.2(\%)$, 그 외는 $100-0.2=99.8(\%)$이다.

27 ②   수리능력

Quick해설 [보기]의 수치들을 계산해보면 ㉠은 12.0, ㉡은 10.9, ㉢은 11.4이므로, 크기가 큰 순으로 나열하면 ㉠>㉢>㉡이다.

[상세해설] ㉠ 전국 직장어린이집의 2019년 대비 2022년 증감률은 $\frac{1,291-1,153}{1,153} \times 100 ≒ 12.0(\%)$이다.

㉡ 전국 직장어린이집 중 2020년에 부산과 인천이 차지하는 비중은 $\frac{57+76}{1,216} \times 100 = \frac{133}{1,216} \times 100 ≒ 10.9(\%)$이다.

㉢ 충북 직장어린이집의 2019년 대비 2021년의 증감률은 $\frac{39-35}{35} \times 100 = \frac{4}{35} \times 100 ≒ 11.4(\%)$이다.

28 ③   수리능력

Quick해설 강원, 경기, 전남 광주의 전년 대비 증감률을 구하면 다음과 같다.

(단위: %)

구분	2020년	2021년	2022년
강원	9.8	15.6	9.6
경기	6.0	2.5	3.1
전남	9.7	5.9	0.0
광주	-9.4	-6.9	0.0

따라서 A에 들어갈 지역은 강원, B에 들어갈 지역은 광주이다.

> **문제해결 Tip**
> 직장어린이집 수가 전년 대비 2020년에 감소한 지역은 광주뿐이므로 B지역이 광주임은 계산하지 않아도 알 수 있다.

29 ④   수리능력

Quick해설 2024년의 경우 치과병원과 종합병원의 전년 대비 증가량이 2개로 같으므로 치과병원이 종합병원보다 매년 높은 것은 아니다.

[상세해설] 2021~2024년 동안 전년 대비 증가한 치과병원 수와 종합병원 수를 확인하면 다음과 같다.

(단위: 개)

구분	2021년	2022년	2023년	2024년
치과병원	3	4	5	2
종합병원	2	3	4	2

2023년까지는 전년 대비 증가한 치과병원 수가 종합병원 수보다 많지만, 2024년은 동일하므로 매년 높은 것은 아니다.

[오답풀이] ① 진료비와 급여비는 2021~2023년 동안 모두 전년 대비 증가하였다.

② 요양기관이 두 번째로 많은 해는 2023년이며, 2023년 진료비와 급여비의 차이는 $1,125,000-845,000=280,000$(억 원)$=28$(조 원)으로, 27조 원 이상이다.

③ 작성기준일이 24.09.30.이므로 표에 제시된 2024년 급여비는 2024년 1~3분기 동안을 의미한다. 이를 4분기로 고려할 경우 2024년 전체 급여비는 $654,000 \times \frac{4}{3} = 872,000$(억 원)이 된다. 따라서 급여비는 2024년까지 지속적으로 증가할 것으로 예상할 수 있다.

30 ③   수리능력

Quick해설 2020년에 진료비는 전년 대비 5.0% 증가하여 882,000억 원, 급여비는 전년 대비 2.0% 증가하여 663,000억 원이다. 이를 토대로 2019년의 값을 계산하면 다음과 같다.

- 진료비: $\frac{882,000}{1+0.05} = 840,000$(억 원)
- 급여비: $\frac{663,000}{1+0.02} = 650,000$(억 원)

따라서 2019년의 진료비와 급여비의 차액은 $840,000-650,000=190,000$(억 원)$=19$(조 원)이다.

31 ① 수리능력

Quick해설 한방병원과 한의원이 한방기관에서 차지하는 비중을 계산하면 다음과 같다.

구분	한방병원	한의원	한방기관 합계
2024년	600개 (3.9%)	14,700개 (96.1%)	15,300개
2023년	580개 (3.8%)	14,800개 (96.2%)	15,380개
2022년	540개 (3.6%)	14,500개 (96.4%)	15,040개
2021년	550개 (3.7%)	14,400개 (96.3%)	14,950개
2020년	480개 (3.2%)	14,600개 (96.8%)	15,080개

따라서 옳게 나타낸 그래프는 ①이다.

32 ② 수리능력

Quick해설 2018년 충청의 식중독 발생 건수는 $358-(54+19+10+32+5+1+6+3+77+12+50+57+10)=22$(건)이다.

[상세해설] 2018년 전체 식중독 발생 건수는 358건이고, 충청을 제외한 지역의 식중독 발생 건수는 $54+19+10+32+5+1+6+3+77+12+50+57+10=336$(건) 이다. 따라서 2018년 충청의 식중독 발생 건수는 $358-336=22$(건)이다.

[오답풀이] ① 2020년 울산에서 발생한 식중독 발생 건수는 4건이고, 2020년 울산의 원인균 규명률은 75.0%이다. 따라서 원인병원체 규명 건수는 $4\times0.75=3$(건)이다.
③ 2019년에 원인균 규명률이 가장 낮은 지역은 16.7%인 제주이다.
④ 2020년 전국의 식중독 환자 수는 전년 대비 $\frac{4,029-2,534}{4,029}\times100≒37$(%) 감소하였다.

33 ③ 수리능력

Quick해설 2021년 대전의 인구수는 $12\div8\times1,000,000=1,500,000$(명)이고, 울산의 인구수는 $5\div4\times1,000,000=1,250,000$(명)이다. 따라서 2021년 대전의 인구수와 울산의 인구수의 차는 $1,500,000-1,250,000=250,000$(명) $=25$(만 명)이다.

[상세해설] 인구 백만 명당 식중독 환자 수는 '식중독 환자 수÷인구수×1,000,000'임을 이용하여 구한다. 주어진 자료를 보면 2021년 대전의 식중독 환자 수는 12명, 울산의 식중독 환자 수는 5명인데, 2021년 대전의 인구 백만 명당 식중독 환자 수는 8명이므로 2021년 대전의 인구수는 $12\div8\times1,000,000=1,500,000$(명), 2021년 울산의 인구 백만 명당 식중독 환자 수는 4명이므로 2021년 울산의 인구수는 $5\div4\times1,000,000=1,250,000$(명)이다. 따라서 2021년 대전의 인구수와 울산의 인구수의 차는 $1,500,000-1,250,000=250,000$(명)$=25$(만 명)이다.

34 ① 수리능력

Quick해설 전국의 식중독 발생 건수당 환자 수는 2018년에 $\frac{11,343}{358}≒32$(명), 2019년에 $\frac{4,029}{280}≒14$(명), 2020년에 $\frac{2,534}{164}≒15$(명), 2021년에 $\frac{5,156}{243}≒21$(명)이다. 따라서 옳게 나타낸 그래프는 ①이다.

[오답풀이] ② 2019년 전체 식중독 발생 건수당 환자 수가 12~13명 정도이므로 옳지 않다.
③ 2020년 전체 식중독 발생 건수당 환자 수가 2019년 보다 적으므로 옳지 않다.
④ 2021년 전체 식중독 발생 건수당 환자 수가 20명 미만으로 나타나므로 옳지 않다.

35 ④ 수리능력

Quick해설 조사 지역 중 유일하게 300개 이상 차이나는 지역은 서울로, 증감폭은 $8,973-8,617=356$(개)이다.

[상세해설] 2021년 병상 수의 전년 대비 증감폭은 다음과 같다.
- 서울: $8,973-8,617=356$(개)
- 부산: $3,621-3,656=-35$(개)
- 대구: $3,923-3,800=123$(개)
- 인천: $1,379-1,406=-27$(개)
- 광주: $2,736-2,797=-61$(개)
- 대전: $2,982-3,018=-36$(개)
- 울산: $157-157=0$(개)
- 세종: $399-259=140$(개)

- 경기: 9,186-9,107=79(개)
- 강원: 3,382-3,565=-183(개)
- 충북: 2,919-2,815=104(개)
- 충남: 3,369-3,572=-203(개)
- 전북: 3,515-3,554=-39(개)
- 전남: 4,678-4,746=-68(개)
- 경북: 4,690-4,516=174(개)
- 경남: 6,213-6,365=-152(개)
- 제주: 1,429-1,467=-38(개)

[오답풀이] ① 조사 기간 동안 병상 수 상위 3개 지역은 경기, 서울, 경남으로 매년 동일하다.
② 조사 기간 동안 부산 병상 수와 충남 병상 수 차이는 다음과 같다.
- 2018년: 4,009-3,601=408(개)
- 2019년: 3,957-3,451=506(개)
- 2020년: 3,656-3,572=84(개)
- 2021년: 3,621-3,369=252(개)
- 2022년: 3,585-3,301=284(개)

따라서 차이가 100개 미만인 해는 2020년뿐이다.
③ 2020년 병상 수의 전년 대비 증감률은 경북이 $\frac{4,516-4,481}{4,481} \fallingdotseq 0.8(\%)$, 경남이 $\frac{6,365-6,340}{6,340} \times 100 \fallingdotseq 0.4(\%)$로, 경북이 경남보다 크다.

36 ③   수리능력

Quick해설 전국 의료기관 병상 수에서 서울이 차지하는 비중의 전년 대비 증감폭은 2019년에 13.3-13.0=0.3(%p), 2020년에 13.6-13.3=0.3(%p), 2021년에 14.1-13.6=0.5(%p), 2022년에 14.1-13.9=0.2(%p)이다. 따라서 증감폭이 가장 큰 해는 2021년이다.

[상세해설] 조사 기간 동안 전국 의료기관 병상 수 중 서울이 차지하는 비중은 다음과 같다.
- 2018년: $\frac{8,333}{63,924} \times 100 \fallingdotseq 13.0(\%)$
- 2019년: $\frac{8,283}{62,240} \times 100 \fallingdotseq 13.3(\%)$
- 2020년: $\frac{8,617}{63,417} \times 100 \fallingdotseq 13.6(\%)$
- 2021년: $\frac{8,973}{63,551} \times 100 \fallingdotseq 14.1(\%)$
- 2022년: $\frac{8,749}{63,133} \times 100 \fallingdotseq 13.9(\%)$

이를 토대로 전년 대비 증감폭을 구하면, 2019년에 13.3-13.0=0.3(%p), 2020년에 13.6-13.3=0.3(%p), 2021년에 14.1-13.6=0.5(%p), 2022년에 14.1-13.9=-0.2(%p)이다. 따라서 증감폭이 가장 큰 해는 2021년이다.

37 ④   수리능력

Quick해설 ④의 2022년 그래프는 2020년에 대한 수치를 나타낸 그래프로, 옳게 나타내면 다음과 같다.

38 ②   수리능력

Quick해설 조사 기간 동안의 12월과 1월의 평균 약국 진료비는 다음과 같다.
- 12월: $\frac{161,842+157,233+173,125+196,718}{4}$
=172,229.5(천만 원)
- 1월: $\frac{152,516+156,882+142,061+164,319}{4}$
=153,944.5(천만 원)

따라서 12월은 1월보다 172,229.5-153,944.5=18,285(천만 원) 더 많다.

[오답풀이] ① 2021년 3월의 약국 청구 건수는 전월 대비 $\frac{36,930-29,363}{29,363} \times 100 \fallingdotseq 25.8(\%)$ 증가했다.
③ 2022년 약국 진료비는 매월 전년 동월 대비 증가했다.
④ 약국 진료비는 매년 12월에 가장 많다.

39 ③ 수리능력

Quick해설 2022년 8월 약국 청구 건수의 2019년 동월 대비 증감률은 $\frac{43,255-39,421}{39,421} \times 100 ≒ 9.7(\%)$, 2022년 2월 약국 진료비의 2019년 동월 대비 증감률은 $\frac{154,607-125,683}{125,683} \times 100 ≒ 23.0(\%)$이다. 따라서 두 증감률의 합은 9.7+23.0=32.7(%)이다.

40 ② 수리능력

Quick해설 4월의 약국 청구 건수 1건당 진료비는 다음과 같다.
- 2019년: 154,428÷47,249≒3.3(만 원)
- 2020년: 138,898÷31,534≒4.4(만 원)
- 2021년: 160,522÷37,780≒4.2(만 원)
- 2022년: 180,638÷44,018≒4.1(만 원)

따라서 ②는 잘못 나타낸 그래프이다.

[오답풀이] ① 10월의 약국 청구 건수 1건당 진료비는 다음과 같다.
- 2019년: 156,255÷45,151≒3.5(만 원)
- 2020년: 144,435÷33,861≒4.3(만 원)
- 2021년: 161,984÷37,130≒4.4(만 원)
- 2022년: 177,035÷41,441≒4.3(만 원)

③ 9월의 약국 청구 건수 1건당 진료비는 다음과 같다.
- 2019년: 144,476÷41,014≒3.5(만 원)
- 2020년: 154,312÷35,160≒4.4(만 원)
- 2021년: 159,136÷35,263≒4.5(만 원)
- 2022년: 179,317÷40,978≒4.4(만 원)

④ 1월의 약국 청구 건수 1건당 진료비는 다음과 같다.
- 2019년: 152,516÷43,825≒3.5(만 원)
- 2020년: 156,882÷45,320≒3.5(만 원)
- 2021년: 142,061÷30,449≒4.7(만 원)
- 2022년: 164,319÷35,949≒4.6(만 원)

41 ④ 문제해결능력

Quick해설 제8조에 따르면 임원의 연봉은 여성가족부와 협의 조정하고 제9조에 따르면 직원의 연봉은 연봉기준표에 따른다고 하였으므로, 모두 원장이 정한다는 것은 옳지 않다.

[상세해설] 제8조에 따르면 임원의 연봉은 임원 연봉기준표 범위 내에서 여성가족부와 협의 조정하고, 제9조 제1항에 따르면 직원의 연봉은 직원 연봉기준표 범위 내에서 매년 협의 조정하되, 이에 필요한 사항은 원장이 따로 정한다.

[오답풀이] ① 제10조에 따르면 채용, 승진, 징계처분, 휴직, 복직 및 퇴직 등에 따른 연봉 및 기타 수당은 인사발령 일자를 기준으로 계산하여 지급하며, 보수의 일할 계산은 그 달의 일수로 나누어 계산한다.
② 제10조 제4항 제1호에 따르면 재직 중 공무로 사망하여 면직된 경우 그 달 1일자로 면직되는 경우가 아니면 면직된 날이 속하는 달의 보수 전액을 지급받을 수 있다.
③ 제17조에 따르면 출산전후휴가 중 최초 60일은 통상임금을 지급한다. 다태아의 경우에는 75일을 유급으로 하고 통상임금이 지급된다.

42 ③ 문제해결능력

Quick해설 보수를 지급받을 수 있는 경우는 ㉠, ㉡, ㉢, ㉤으로 총 4개이다.

[상세해설] ㉠ 제10조제4항제2호에 따르면 면직된 달의 1일자로 면직되는 경우가 아니면 면직된 날이 속하는 달의 보수 전액을 받을 수 있다.
㉡ 제11조제2항제2호에 따르면 연봉 계약기간 중일지라도 기책정된 연봉액의 결정사유가 허위, 부정한 방법 등으로 왜곡된 경우 연봉을 지급하지 않는 것이 아니라 조정할 수 있다.
㉢ 제14조에 따르면 연봉조정이 안 된 경우는 연봉 만료일부터 연봉조정기간까지 진흥원에서 통보한 연봉액을 지급받게 된다.
㉤ 제16조제2호에 따르면 인사규정에 따른 휴직이며, 휴직 기간이 1년 이하이므로 연봉의 70퍼센트를 지급받을 수 있다.

[오답풀이] ㉣ 제16조제1, 2호에 해당하는 경우가 아니므로 휴직기간에 대한 보수를 지급받을 수 없다.

43 ② 문제해결능력

Quick해설 평일 D과장의 오전 진료는 5일, 오후 수술도 5일이다. 나머지 세 명의 의사 모두 오전에 진료하는 날이 3일, 오후에 수술하는 날이 3일씩이다. 따라서 오전의 진료 일정과 오후의 수술 일정은 동일하다.

[오답풀이] ① 4월 15일이 수요일이므로 1일도 수요일이다. 따라서 4월의 토요일은 4일, 11일, 18일, 25일이다. D과장의 토요일 휴무일은 셋째 주인 18일이므로 병원 내부 공사 일정인 15~18일과 겹친다.
③ 기타 안내 사항에 따르면 예약 또는 재진 환자의 경우 곧바로 진료실로 찾아가 진료를 받을 수 있다고 하였다.
④ 평일의 진료 시간은 점심시간 이전이 3시간 30분, 점심시간 이후가 4시간이고, 접수 가능 시간은 각각 이보다 30분씩 짧은 3시간, 3시간 30분이다.

44 ②   문제해결능력

[Quick해설] 4월 15일이 수요일이라고 했으므로 달력을 그려 A과장과 C과장의 오전 수술 일정을 확인해 보면 다음과 같다.

일	월	화	수	목	금	토
			1 ×	2 A, C	3 ×	4 C ×
5	6 C	7 A	8 ×	9 A, C	10 ×	11 A, C
12	13 C	14 A	15 공사	16 공사	17 공사	18 공사
19	20 C	21 A	22 ×	23 A, C	24 ×	25 A ×
26	27 C	28 A	29 ×	30 A, C		

이때 수요일과 금요일은 A과장과 C과장이 모두 오전 수술 일정이 없으므로 K씨가 원하는 시간에 수술을 받을 수 없다.

[오답풀이] ① 공사가 예정되어 있는 18일을 제외한 4일, 11일, 25일에 수술 가능하므로 모두 3번 있다.
③ 평일 중 원하는 시간에 수술을 받을 수 있는 요일은 월요일, 화요일, 목요일이다.
④ 24일 금요일은 A과장과 C과장 모두 오전 수술 일정이 없으므로 수술을 받을 수 없다.

45 ③   문제해결능력

[Quick해설] 관리형 시범사업 지역은 일차의료 만성질환관리 시범사업 지역과 일치한다고 하였다. 따라서 관리형 시범사업은 109개 시·군·구를 대상으로 한다.

[오답풀이] ① 전남 목포시는 관리형 시범사업 지역에 해당한다.
② 점검평가 포인트는 연간 평가 2회 이상 참여 시 참여 기간이 종료될 때 1만 점이 지급된다.
④ 예방형은 누구나 참여할 수 있는 것이 아닌, 대상 지역의 일반건강검진 수검자 중 건강위험그룹(BMI, 혈압, 혈당)을 대상으로 한다.

46 ③   문제해결능력

[Quick해설] 항목별 총 적립포인트를 모두 더하면 5,000+5,000+2,800+24,000+24,000+16,000+10,000=86,800(점)인데, 총 적립 한도는 80,000점이라고 하였으므로 A씨에게 적립된 총 포인트는 80,000점이다.

[상세해설] 자료에 따라 항목별 총 적립포인트를 계산하면 다음과 같다.

항목		달성 여부 및 일수	총 적립 포인트
참여 여부	참여 신청	○	5,000점
	케어플랜	○	5,000점
총 출석일(로그인)		280일	2,800점
목표 걸음 수 달성 일		240일	24,000점
총 유효 자가측정 횟수		2×4×12=96회	24,000점
총 교육 참여 횟수		4회	16,000점
총 점검평가 참여 횟수		2회	10,000점

항목별 총 적립포인트를 모두 더하면 5,000+5,000+2,800+24,000+24,000+16,000+10,000=86,800(점)인데, 총 적립 한도는 80,000점이라고 하였으므로, A씨에게 적립된 총 포인트는 80,000점이다.

47 ②   문제해결능력

[Quick해설] ⓒ '3. 지원 내용'에 따르면 의료비 지원이 적용되는 진료 횟수나 지원 금액에 제한은 없다고 하였다.

[오답풀이] ㉠ '1. 지원 대상'과 '4. 신청 절차'에 따르면 2019년 1월 1일 이후 보호종료자이면서 건강보험 직장가입자에 해당하므로 신청 대상에 해당한다.
ⓒ '1. 지원 대상'에 따르면 의료급여수급자나 차상위 본인부담경감 대상자는 이미 낮은 본인부담률이 적용되므로 지원에서 제외된다고 하였다.

48 ③ 문제해결능력

Quick해설 '3. 지원 내용'에 따르면 자립준비청년 의료비 지원 대상자는 요양급여비용의 14%만 부담하면 되므로, 요양급여비용 총액이 20만 원인 경우 지원 대상자가 부담할 금액은 200,000×0.14=28,000(원)이다.

49 ④ 문제해결능력

Quick해설 청년마음건강지원 서비스는 방문 신청 또는 온라인 신청이 가능하다. 온라인으로 신청하는 경우 복지로에서 이용 신청이 가능한데, 차세대 사회보장 정보시스템과의 연계 일정에 따라서 진행되며 '추후 일정 안내'라고 기재되어 있다. 따라서 신청 후 상담 일정 확인 방법은 제시되어 있지 않아 대답할 수 없다.

[오답풀이] ① A형은 서비스 가격인 60,000원에 본인 부담금 10%만을 지불하면 되고, B형은 70,000원에 본인부담금 10%만을 지불하면 된다.
② 청년마음건강지원 서비스 신청권자는 본인, 친족 또는 법정 대리인, 담당 공무원(직권 신청)이다. 이때, 친족은 민법 제777조에서 배우자, 8촌 이내의 혈족, 4촌 이내의 인척이라고 하였으므로, 이종사촌이 대신 신청해 줄 수 있다.
③ 청년마음건강지원 서비스를 신청하면 3개월(10회)간 주 1회의 심리상담서비스를 지원받을 수 있고, A형, B형에 따라 전문상담교사로부터 심리상담을 받을 수 있는지의 여부를 확인할 수 있다.

50 ③ 문제해결능력

Quick해설 ⓒ 청년마음건강지원 서비스 B형을 주 1회씩 10회 지원받을 때의 정부지원금은 7×0.9×10=63(만 원)이므로 60만 원 이상이다.
ⓒ 상담심리학을 전공하고 석사 2년의 실무경력이 있는 사람에게 심리상담 서비스를 받았다면 A형 서비스를 받은 것이다. 이때, 3개월간 10회의 서비스를 받았으므로 본인부담금(지불액)은 6×0.1×10=6(만 원)이다.

[오답풀이] ⊙ 자립준비청년은 서비스 유형에 관계없이 본인부담금이 면제된다.
ⓔ 청년마음건강지원 서비스는 사전·사후검사를 포함한다고 하였으므로, 사전검사 이후 3회의 심리상담서비스를 지원받았을 때의 서비스 가격은 총 6×4=24(만 원)이다.

51 ③ 문제해결능력

Quick해설 이용자는 서비스를 이용하기 위해 개인정보활용동의서, 서비스제공계약서 등의 관련 서류를 작성한 후 상담기관을 직접 선택할 수 있다.

[오답풀이] ① 서비스 지원 기간은 3개월(10회)이다. 그런데 사후검사 결과에 따라 서비스가 연장될 수 있다고 하였으므로 최대 3개월이라고 할 수 없다.
② 일반청년은 우선 지원대상에서 3순위에 해당할 뿐, 서비스를 이용하지 못하는 것은 아니다.
④ 본인부담금 납부는 서비스 제공기관(상담기관)에 직접 하게 되어 있고, 납부 후에 영수증을 발급받을 수 있다.

52 ① 문제해결능력

Quick해설 잠복결핵감염 검진 사업의 검진목표 대비 검사자 수는 $\frac{56,804}{41,000} \times 100 ≒ 138(\%)$이므로 적절하다.

[상세해설] '돌봄시설 종사자 잠복결핵감염 검진 사업 – 사업 현황'에 따르면 검진목표는 41,000명이고 검사자 수는 56,804명이다. 따라서 잠복결핵감염 검진 사업의 검진목표 대비 검사자 수는 $\frac{56,804}{41,000} \times 100 ≒ 138(\%)$이다.

[오답풀이] ② '잠복결핵감염 검진 및 치료 안내 – 잠복결핵감염 치료 – 치료 대상'에서 잠복결핵감염은 감염성 질환이 아니라고 하였으므로 적절하지 않다.
③ '돌봄시설 종사자 잠복결핵감염 검진 사업 – 사업 내용'에 따르면 흉부 X선 검사는 잠복결핵감염 검사 양성자에게 활동성결핵을 배제하기 위해 진행하므로 적절하지 않다.
④ '돌봄시설 종사자 잠복결핵감염 검진 사업 – 사업 현황'에 따르면 검진 사업 결과 잠복결핵감염자이지만 결핵환자는 아닌 사람은 총 14,645명이므로 적절하지 않다.

53 ③ 문제해결능력

Quick해설 임시일용직 근로자이면서 고용계약 기간이 1년 미만인 경우가 취약계층 종사자에 해당하므로, 1년인 경우는 해당하지 않는다.

[상세해설] '돌봄시설 종사자 잠복결핵감염 검진 사업-사업 내용'에 따르면 취약계층 종사자는 임시일용직 근로자로 고용계약 기간이 1년 미만인 사람이다. 따라서 고용계약 기간이 1년인 경우 취약계층 종사자에 해당하지 않음을 알 수 있다.

[오답풀이] ① '잠복결핵감염 검진 및 치료 안내-잠복결핵감염 개요'의 참고 자료에 따르면 발열 증상이 나타나는 결핵은 잠복결핵이 아니고, 일반 결핵인 경우 감염병의 예방 및 관리에 관한 법률 및 결핵예방법에 따른 의무로 신고를 해야 하므로 적절하다.
② '잠복결핵감염 검진 및 치료 안내-치료비 지원'에서 결핵발병 고위험 성인 및 전염성 결핵환자의 접촉자는 잠복결핵감염 검사 결과 양성 여부와 관계없이 치료비를 산정특례(건보재정)로 적용한다고 하였으므로 적절하다.
④ '돌봄시설 종사자 잠복결핵감염 검진 사업-사업 현황'에 따르면 검진 사업 결과 잠복결핵감염 양성자 14,654명(양성률 25.8%)을 확인했으므로 잠복결핵감염 결과가 음성인 사람은 $100-25.8=74.2(\%)$임을 알 수 있다.

54 ③   문제해결능력

Quick해설 잠복결핵감염 검진 의무 대상자에 해당하는 사람은 ㉠, ㉡, ㉣, ㉤으로 총 4명이다.

[상세해설] '잠복결핵감염 검진 및 치료 안내-잠복결핵감염 검진-의무검진 대상'에 따르면 결핵 발생위험과 발생시 집단내 전파위험이 큰 집단시설 종사자를 「결핵예방법」에서 의무검진대상으로 규정하고 있다.
㉠ 초등학교에서 근무하는 영양사는 「초・중등교육법」 제2조에 따른 학교' 종사자에 해당한다.
㉡ 유치원에서 근무하는 유치원 보조교사는 「유아교육법」 제7조에 따른 유치원' 종사자에 해당한다.
㉣ 안과에서 근무하는 간호사는 「의료법」 제3조에 따른 의료기관' 종사자에 해당한다.
㉤ 어린이놀이터 관리자는 「아동복지법」 제52조에 따른 아동복지시설' 종사자에 해당한다.

55 ②   문제해결능력

Quick해설 '2. 도입배경'에서 기존 아이사랑카드 소지자도 카드 교체 없이 어린이집에서 계속 사용 가능하다고 하였으므로, 기존 아이사랑카드 소지자는 아이행복카드로 교체하지 않아도 어린이집 유아학비를 결제할 수 있다.

[오답풀이] ① '6. 결제방법'에서 스마트폰 결제는 아이사랑포털에 회원 가입 시에 가능하다고 하였으므로 누구나 별도의 절차 없이 결제할 수 있는 것은 아니다.
③ '6. 결제방법'에서 정부지원 보육료와 부모부담금 총액이 동시에 결제되지만 부모에게는 부모부담금만 청구된다고 하였다.
④ '4. 발급 신청장소'에서 아이행복카드는 주소지 읍・면・동 주민센터에서 발급받을 수 있다고 되어 있다. 그러나 복지로(http://www.bokjiro.go.kr)를 통한 온라인 신청도 가능하다고 하였다.

56 ②   문제해결능력

Quick해설 ㉠ '5. 발급 신청서류'에서 경우에 따라 난민인정증명서가 필요하다고 하였다. 즉, 난민으로 인정되면 아이행복카드를 발급받을 수 있음을 알 수 있다.
㉡ 아이행복카드를 발급받으려면 적어도 사회복지서비스 및 급여 제공(변경) 신청서와 바우처카드 발급 신청 및 개인신용정보의 조회・제공・이용 동의서의 2개 서류를 제출해야 한다.
㉣ '4. 발급 신청장소'에서 장애아보육료를 지원 받으려는 비등록 장애아의 경우 방문신청만 가능하다고 하였다. 따라서 아직 등록되지 않은 장애아의 보육료를 지원받으려면 반드시 주소지 주민센터를 방문해야 한다.

[오답풀이] ㉢ '5. 발급 신청서류'에서 카드연결계좌 통장 또는 통장사본은 확인만 하면 되고 제출하지는 않는다고 하였다.

57 ④   문제해결능력

Quick해설 ④의 경우 A씨는 총 $6+1+10=17$(만 원)의 할인 혜택을 받을 수 있다.

[상세해설] A씨는 지난달에 아이행복카드로 18만 원을 결제하였으므로 전월 이용실적을 만족하여 이번 달 할인 혜택을 받을 수 있다. 이번 달 옥션에서 세 차례에 걸쳐

각각 120만 원, 20만 원, 300만 원어치의 물건을 구입한다면 건당 5%의 할인율을 적용하여 $120 \times 0.05 = 6$(만 원), $20 \times 0.05 = 1$(만 원), $300 \times 0.05 = 15$(만 원)의 할인을 받을 수 있다. 그러나 건당 최대 10만 원의 할인 한도가 있으므로 총 $6 + 1 + 10 = 17$(만 원)의 할인 혜택을 받을 수 있다.

[오답풀이] ① A씨가 지난달에 아이행복카드로 50만 원을 결제하여 전월 이용실적을 만족하므로 이번 달 할인 혜택을 받을 수 있다. 그런데 이번 달에 약국에서 구입한 약 값이 3만 원 미만이므로 할인 혜택이 적용되지 않는다.

② A씨가 지난달에 아이행복카드로 8만 원을 결제하여 전월 이용실적을 만족하지 못하므로 이번 달에는 할인 혜택을 적용받을 수 없다.

③ A씨가 지난달에 아이행복카드로 11만 원을 결제하여 전월 이용실적을 만족하므로 이번 달 할인 혜택을 받을 수 있다. 이번 달 옥션에서 세 차례에 걸쳐 각각 240만 원, 180만 원어치의 물건을 구입한다면 5%의 할인율을 적용하여 $240 \times 0.05 = 12$(만 원), $180 \times 0.05 = 9$(만 원)의 할인을 받을 수 있다. 그러나 건당 최대 10만 원의 할인 한도가 있으므로 총 $10 + 9 = 19$(만 원)의 할인 혜택을 받을 수 있다.

58 ④ 문제해결능력

Quick해설 금연 껌은 금연보조제에 해당하는데, 신청자가 약국에 금연보조제에 대한 사용안내 비용을 지불할 경우 그 금액은 400원이라고 제시되어 있다.

[오답풀이] ① 신청자가 의료급여수급자 또는 저소득층인 경우에는 진료 및 상담료가 전액 지원되어 지불한 돈이 없으므로 금연프로그램을 모두 이수했을 시에 돌려받을 지원금액도 없다.

② 금연치료 지원사업 접수처는 관할지사 또는 고객센터라고 하였는데, 고객센터는 유선접수만 가능하다고 하였으므로 고객센터에는 방문이 불가하다.

③ 이수 조건을 보면 6회 상담이 완료 또는 치료제별 투약일수 만족이라고 되어 있으므로, 금연보조제나 금연치료의약품을 구입하지 않더라도 금연프로그램을 이수할 수 있음을 알 수 있다.

59 ② 문제해결능력

Quick해설 금연치료의약품인 바레니클린은 본인부담금이 정당 220원이다. 따라서 20정을 투약받았을 때 지불해야 하는 금액은 $220 \times 20 = 4,400$(원)이다.

[오답풀이] ① 의료급여수급자 또는 저소득층인 신청자는 진료 및 상담료가 전액 지원되므로 무료로 금연단독 진료를 받을 수 있다.

③ 신청자는 8~12주 기간 동안 6회 이내의 진료·상담과 금연치료의약품 또는 금연보조제 구입비용에 대하여 지원금을 받게 된다. 그리고 이를 이수하면 본인부담금을 환급받을 수 있다.

④ '2. 제공기관 및 지원대상' 항목에서 '예정된 차기 진료일로부터 1주 이상 의료기관을 방문하여 진료받지 않은 경우 프로그램 탈락으로 간주하여 1회차 지원 종료'라고 하단에서 주의를 주고 있다. 따라서 업무 때문에 2주간 참여 의료기관에 방문하지 못하면 금연프로그램에서 탈락하게 된다.

60 ④ 문제해결능력

Quick해설 최씨가 현재까지 지불한 본인부담금은 진료 및 상담 금액 $4,500 + 2,700 \times 4 = 15,300$(원), 부프로피온 $100 \times 21 \times 5 = 10,500$(원), 약국 금연관리료 1,600원이므로, 총 $15,300 + 10,500 + 1,600 = 27,400$(원)이다.

[상세해설] 5주 동안 매주 수요일마다 병원에 방문하여 진료 및 상담을 단독으로 받았으므로 최초진료 비용은 4,500원이고, 그 이후 4번의 유지상담 비용은 $2,700 \times 4 = 10,800$(원)이다. 그리고 5번에 걸쳐 약국에서 부프로피온 21정씩을 처방받았으므로 금연치료의약품에 해당하는 비용은 $100 \times 21 \times 5 = 10,500$(원)이다. 추가로 처음 처방받았을 때 약사에게 복약지도를 받았으므로 약국 금연관리료로 1,600원을 지불하였다. 따라서 최 씨가 현재까지 지불한 본인부담금은 $15,300 + 10,500 + 1,600 = 27,400$(원)이다.

직무시험_국민건강보험법

01	02	03	04	05	06	07	08	09	10
②	③	③	④	④	①	④	④	①	②
11	12	13	14	15	16	17	18	19	20
③	④	②	④	④	④	③	③	③	②

01 ②

[상세해설] 국민건강보험법 제76조(보험료의 부담)

① 직장가입자의 보수월액보험료는 직장가입자와 다음 각 호의 구분에 따른 자가 각각 보험료액의 100분의 50씩 부담한다. 다만, 직장가입자가 교직원으로서 사립학교에 근무하는 교원이면 보험료액은 그 직장가입자가 100분의 50을, 제3조 제2호 다목에 해당하는 사용자가 100분의 30을, 국가가 100분의 20을 각각 부담한다.

1. 직장가입자가 근로자인 경우에는 제3조 제2호 가목에 해당하는 사업주
2. 직장가입자가 공무원인 경우에는 그 공무원이 소속되어 있는 국가 또는 지방자치단체
3. 직장가입자가 교직원(사립학교에 근무하는 교원은 제외)인 경우에는 제3조 제2호 다목에 해당하는 사용자

② 직장가입자의 보수 외 소득월액보험료는 직장가입자가 부담한다.
③ 지역가입자의 보험료는 그 가입자가 속한 세대의 지역가입자 전원이 연대하여 부담한다.
④ 직장가입자가 교직원인 경우 제3조 제2호 다목에 해당하는 사용자가 부담액 전부를 부담할 수 없으면 그 부족액을 학교에 속하는 회계에서 부담하게 할 수 있다.

02 ③

[상세해설] 국민건강보험법 제10조(자격의 상실 시기 등)

① 가입자는 다음 각 호의 어느 하나에 해당하게 된 날에 그 자격을 잃는다.

1. 사망한 날의 다음 날
2. 국적을 잃은 날의 다음 날
3. 국내에 거주하지 아니하게 된 날의 다음 날
4. 직장가입자의 피부양자가 된 날
5. 수급권자가 된 날
6. 건강보험을 적용받고 있던 사람이 유공자등 의료보호대상자가 되어 건강보험의 적용배제 신청을 한 날

03 ③

[상세해설] 국민건강보험법 제41조(요양급여)

① 가입자와 피부양자의 질병, 부상, 출산 등에 대하여 다음 각 호의 요양급여를 실시한다.

1. 진찰·검사
2. 약제(藥劑)·치료재료의 지급
3. 처치·수술 및 그 밖의 치료
4. 예방·재활
5. 입원
6. 간호
7. 이송(移送)

04 ④

[상세해설] 국민건강보험법 제3조의2(국민건강보험종합계획의 수립 등)

② 종합계획에는 다음 각 호의 사항이 포함되어야 한다.

1. 건강보험정책의 기본목표 및 추진방향
2. 건강보험 보장성 강화의 추진계획 및 추진방법
3. 건강보험의 중장기 재정 전망 및 운영
4. 보험료 부과체계에 관한 사항
5. 요양급여비용에 관한 사항
6. 건강증진 사업에 관한 사항
7. 취약계층 지원에 관한 사항
8. 건강보험에 관한 통계 및 정보의 관리에 관한 사항
9. 그 밖에 건강보험의 개선을 위하여 필요한 사항으로 대통령령으로 정하는 사항

05 ④

[상세해설] 국민건강보험법 제63조(업무 등)

① 심사평가원은 다음 각 호의 업무를 관장한다.

1. 요양급여비용의 심사
2. 요양급여의 적정성 평가
3. 심사기준 및 평가기준의 개발
4. 제1호부터 제3호까지의 규정에 따른 업무와 관련된 조사연구 및 국제협력

5. 다른 법률에 따라 지급되는 급여비용의 심사 또는 의료의 적정성 평가에 관하여 위탁받은 업무
  6. 그 밖에 이 법 또는 다른 법령에 따라 위탁받은 업무
  7. 건강보험과 관련하여 보건복지부장관이 필요하다고 인정한 업무
  8. 그 밖에 보험급여 비용의 심사와 보험급여의 적정성 평가와 관련하여 대통령령으로 정하는 업무

06 ①

[오답풀이] **국민건강보험법 제63조(업무 등)**
① 심사평가원은 다음 각 호의 업무를 관장한다.
  1. 요양급여비용의 심사
  2. 요양급여의 적정성 평가
  3. 심사기준 및 평가기준의 개발
  4. 제1호부터 제3호까지의 규정에 따른 업무와 관련된 조사연구 및 국제협력
  5. 다른 법률에 따라 지급되는 급여비용의 심사 또는 의료의 적정성 평가에 관하여 위탁받은 업무
  6. 그 밖에 이 법 또는 다른 법령에 따라 위탁받은 업무
  7. 건강보험과 관련하여 보건복지부장관이 필요하다고 인정한 업무
  8. 그 밖에 보험급여 비용의 심사와 보험급여의 적정성 평가와 관련하여 대통령령으로 정하는 업무

07 ④

[오답풀이] **국민건강보험법 제75조(보험료의 경감 등)**
① 다음 각 호의 어느 하나에 해당하는 가입자 중 보건복지부령으로 정하는 가입자에 대하여는 그 가입자 또는 그 가입자가 속한 세대의 보험료의 일부를 경감할 수 있다.
  1. 섬·벽지(僻地)·농어촌 등 대통령령으로 정하는 지역에 거주하는 사람
  2. 65세 이상인 사람
  3. 「장애인복지법」에 따라 등록한 장애인
  4. 「국가유공자 등 예우 및 지원에 관한 법률」 제4조 제1항제4호, 제6호, 제12호, 제15호 및 제17호에 따른 국가유공자
  5. 휴직자
  6. 그 밖에 생활이 어렵거나 천재지변 등의 사유로 보험료를 경감할 필요가 있다고 보건복지 부장관이 정하여 고시하는 사람

08 ④

[상세해설] **국민건강보험법 제99조(과징금)**
⑥ 보건복지부장관은 약제를 요양급여에서 적용 정지하는 경우 또는 과징금 부과 대상이 된 약제가 과징금이 부과된 날부터 5년의 범위에 따른 과징금을 납부하여야 할 자가 납부기한까지 이를 내지 아니하면 국세 체납처분의 예에 따라 징수한다.

09 ①

[상세해설] **국민건강보험법 제70조(보수월액)**
① 직장가입자의 보수월액은 직장가입자가 지급받는 보수를 기준으로 하여 산정한다.
국민건강보험법 제71조(소득월액)
① 직장가입자의 보수 외 소득월액은 제70조에 따른 보수월액의 산정에 포함된 보수를 제외한 직장가입자의 소득(이하 "보수 외 소득"이라 한다)이 대통령령으로 정하는 금액을 초과하는 경우 다음의 계산식에 따른 값을 보건복지부령으로 정하는 바에 따라 평가하여 산정한다.

(연간 보수 외 소득 − 대통령령으로 정하는 금액) × 1/12

10 ②

[상세해설] **국민건강보험법 제42조(요양기관)**
① 요양급여(간호와 이송은 제외한다)는 다음 각 호의 요양기관에서 실시한다. 이 경우 보건복지부장관은 공익이나 국가정책에 비추어 요양기관으로 적합하지 아니한 대통령령으로 정하는 의료기관 등은 요양기관에서 제외할 수 있다.
  1. 「의료법」에 따라 개설된 의료기관
  2. 「약사법」에 따라 등록된 약국
  3. 「약사법」 제91조에 따라 설립된 한국희귀·필수의약품센터
  4. 「지역보건법」에 따른 보건소·보건의료원 및 보건지소

5. 「농어촌 등 보건의료를 위한 특별조치법」에 따라 설치된 보건진료소

11 ③

[오답풀이] **국민건강보험법 제56조의2(요양비등수급계좌)**
① 공단은 이 법에 따른 보험급여로 지급되는 현금(이하 "요양비등"이라 한다)을 받는 수급자의 신청이 있는 경우에는 요양비등을 수급자 명의의 지정된 계좌(이하 "요양비등수급계좌"라 한다)로 입금하여야 한다. 다만, 정보통신장애나 그 밖에 대통령령으로 정하는 불가피한 사유로 요양비등수급계좌로 이체할 수 없을 때에는 직접 현금으로 지급하는 등 대통령령으로 정하는 바에 따라 요양비등을 지급할 수 있다.

12 ④

[상세해설] **국민건강보험법 제41조(요양급여)**
① 가입자와 피부양자의 질병, 부상, 출산 등에 대하여 다음 각 호의 요양급여를 실시한다.
 1. 진찰·검사
 2. 약제(藥劑)·치료재료의 지급
 3. 처치·수술 및 그 밖의 치료
 4. 예방·재활
 5. 입원
 6. 간호
 7. 이송(移送)

13 ②

[상세해설] **국민건강보험법 제79조(보험료등의 납입 고지)**
① 공단은 보험료등을 징수하려면 그 금액을 결정하여 납부의무자에게 다음 각 호의 사항을 적은 문서로 납입 고지를 하여야 한다.
 1. 징수하려는 보험료등의 종류
 2. 납부해야 하는 금액
 3. 납부기한 및 장소

14 ③

[오답풀이] **국민건강보험법 제4조(건강보험정책심의위원회)**
① 건강보험정책에 관한 다음 각 호의 사항을 심의·의결하기 위하여 보건복지부장관 소속으로 건강보험정책심의위원회(이하 "심의위원회"라 한다)를 둔다.
 1. 종합계획 및 시행계획에 관한 사항('심의'에 한정함)
 2. 요양급여의 기준
 3. 요양급여비용에 관한 사항
 4. 직장가입자의 보험료율
 5. 지역가입자의 보험료율과 재산 보험료부과점수당 금액
 6. 그 밖에 건강보험에 관한 주요 사항으로서 대통령령으로 정하는 사항
② 심의위원회는 위원장 1명과 부위원장 1명을 포함하여 25명의 위원으로 구성한다.
③ 심의위원회의 위원장은 보건복지부차관이 되고, 부위원장은 제4항제4호의 위원 중에서 위원장이 지명하는 사람이 된다.
④ 심의위원회의 위원은 다음 각 호에 해당하는 사람을 보건복지부장관이 임명 또는 위촉한다.
 1. 근로자단체 및 사용자단체가 추천하는 각 2명
 2. 시민단체(「비영리민간단체지원법」 제2조에 따른 비영리민간단체를 말함), 소비자단체, 농어업인단체 및 자영업자단체가 추천하는 각 1명
 3. 의료계를 대표하는 단체 및 약업계를 대표하는 단체가 추천하는 8명
 4. 다음 각 목에 해당하는 8명
  가. 대통령령으로 정하는 중앙행정기관 소속 공무원 2명
  나. 국민건강보험공단의 이사장 및 건강보험심사평가원의 원장이 추천하는 각 1명
  다. 건강보험에 관한 학식과 경험이 풍부한 4명
⑤ 심의위원회 위원(제4항 제4호 가목에 따른 위원은 제외한다)의 임기는 3년으로 한다. 다만, 위원의 사임 등으로 새로 위촉된 위원의 임기는 전임위원 임기의 남은 기간으로 한다.
⑦ 심의위원회의 운영 등에 필요한 사항은 대통령령으로 정한다.

15 ③

[오답풀이] **국민건강보험법 제42조의2(요양기관의 선별급여 실시에 대한 관리)**
③ 보건복지부장관은 요양기관이 선별급여의 실시 조건을 충족하지 못하거나 자료를 제출하지 아니할 경우에는 해당 선별급여의 실시를 제한할 수 있다.

16 ④

[상세해설] **국민건강보험법 제90조(행정소송)**
공단 또는 심사평가원의 처분에 이의가 있는 자와 제87조에 따른 이의신청 또는 제88조에 따른 심판청구에 대한 결정에 불복하는 자는 「행정소송법」에서 정하는 바에 따라 행정소송을 제기할 수 있다.

17 ②

[상세해설] **국민건강보험법 제43조(요양기관 현황에 대한 신고)**
① 요양기관은 요양급여비용을 최초로 청구하는 때에 요양기관의 시설·장비 및 인력 등에 대한 현황을 건강보험심사평가원에 신고하여야 한다.
② 요양기관은 신고한 내용이 변경된 경우에는 그 변경된 날부터 15일 이내에 보건복지부령으로 정하는 바에 따라 심사평가원에 신고하여야 한다.

18 ③

[오답풀이] **국민건강보험법 제20조(임원)**
① 공단은 임원으로서 이사장 1명, 이사 14명 및 감사 1명을 둔다. 이 경우 이사장, 이사 중 5명 및 감사는 상임으로 한다.
② 이사장은 「공공기관의 운영에 관한 법률」 제29조에 따른 임원추천위원회(이하 "임원추천위원회"라 한다)가 복수로 추천한 사람 중에서 보건복지부장관의 제청으로 대통령이 임명한다.
③ 상임이사는 보건복지부령으로 정하는 추천 절차를 거쳐 이사장이 임명한다.
④ 비상임이사는 다음 각 호의 사람을 보건복지부장관이 임명한다.
  1. 노동조합·사용자단체·시민단체·소비자단체·농어업인단체 및 노인단체가 추천하는 각 1명
  2. 대통령령으로 정하는 바에 따라 추천하는 관계 공무원 3명
⑤ 감사는 임원추천위원회가 복수로 추천한 사람 중에서 기획재정부장관의 제청으로 대통령이 임명한다.
⑥ 제4항에 따른 비상임이사는 정관으로 정하는 바에 따라 실비변상(實費辨償)을 받을 수 있다.
⑦ 이사장의 임기는 3년, 이사(공무원인 이사는 제외한다)와 감사의 임기는 각각 2년으로 한다.

19 ③

[상세해설] **국민건강보험법 제17조(정관)**
① 공단의 정관에는 다음 각 호의 사항을 적어야 한다.
  1. 목적
  2. 명칭
  3. 사무소의 소재지
  4. 임직원에 관한 사항
  5. 이사회의 운영
  6. 재정운영위원회에 관한 사항
  7. 보험료 및 보험급여에 관한 사항
  8. 예산 및 결산에 관한 사항
  9. 자산 및 회계에 관한 사항
  10. 업무와 그 집행
  11. 정관의 변경에 관한 사항
  12. 공고에 관한 사항
② 공단은 정관을 변경하려면 보건복지부장관의 인가를 받아야 한다.

국민건강보험법 제18조(등기)
공단의 설립등기에는 다음 각 호의 사항을 포함하여야 한다.
  1. 목적
  2. 명칭
  3. 주된 사무소 및 분사무소의 소재지
  4. 이사장의 성명·주소 및 주민등록번호

20 ②

[상세해설] **국민건강보험법 제97조(보고와 검사)**
② 보건복지부장관은 요양기관에 대하여 요양·약제의 지급 등 보험급여에 관한 보고 또는 서류 제출을 명하거나, 소속 공무원이 관계인에게 질문하게 하거나 관계 서류를 검사하게 할 수 있다.

국민건강보험법 제116조(벌칙)
제97조제2항을 위반하여 보고 또는 서류 제출을 하지 아니한 자, 거짓으로 보고하거나 거짓 서류를 제출한 자, 검사나 질문을 거부·방해 또는 기피한 자는 1천만 원 이하의 벌금에 처한다.

직무시험_노인장기요양보험법									
01	02	03	04	05	06	07	08	09	10
④	④	④	④	①	①	②	④	①	④
11	12	13	14	15	16	17	18	19	20
④	③	②	④	③	④	③	④	④	②

01 ④

[상세해설] 노인장기요양보험법 제52조(등급판정위원회의 설치)

③ 등급판정위원회는 위원장 1인을 포함하여 <u>15인의 위원</u>으로 구성한다.
④ 등급판정위원회 위원은 다음 각 호의 자 중에서 공단 이사장이 <u>위촉한다.</u> 이 경우 특별자치시장·특별자치도지사·시장·군수·구청장이 추천한 위원은 7인, 의사 또는 한의사가 1인 이상 각각 포함되어야 한다.
  1. 「의료법」에 따른 의료인
  2. 「사회복지사업법」에 따른 사회복지사
  3. 특별자치시·특별자치도·시·군·구 소속 공무원
  4. 그 밖에 법학 또는 장기요양에 관한 학식과 경험이 풍부한 자
⑤ 등급판정위원회 위원의 임기는 3년으로 하되, <u>한 차례만 연임할 수 있다.</u> 다만, 공무원인 위원의 임기는 재임기간으로 한다.

02 ④

[상세해설] 노인장기요양보험법 제23조(장기요양급여의 종류)

① 이 법에 따른 장기요양급여의 종류는 다음 각 호와 같다.
  1. 재가급여
     나. 방문목욕: 장기요양요원이 목욕설비를 갖춘 장비를 이용하여 수급자의 가정 등을 방문하여 목욕을 제공하는 장기요양급여
     라. 주·야간보호: 수급자를 하루 중 일정한 시간 동안 장기요양기관에 보호하여 신체활동 지원 및 심신기능의 유지·향상을 위한 교육·훈련 등을 제공하는 장기요양급여
  2. 시설급여: 장기요양기관에 장기간 입소한 수급자에게 신체활동 지원 및 심신기능의 유지·향상을 위한 교육·훈련 등을 제공하는 장기요양급여

④ 통합재가서비스를 제공하는 장기요양기관은 보건복지부령으로 정하는 인력, 시설, 운영 등의 기준을 준수하여야 한다.

03 ④

- A씨: 제67조 제3항 제2호에 따라 최대 1천만 원의 벌금을 내야 한다.
- B씨: 제69조 제1항 제4의2에 따라 과태료 처분을 받을 수 있으나, 벌금을 내지는 않는다.
- C씨: 제67조 제2항 제1호에 따라 최대 2천만 원의 벌금을 내야 한다.
- D씨: 제67조 제1항 제2호에 따라 최대 3천만 원의 벌금을 내야 한다.
- E씨: 제69조 제1항 제2의2에 따라 과태료 처분을 받을 수 있으나, 벌금을 내지는 않는다.

따라서 내야 하는 벌금의 총합은 6천만 원이다.

04 ④

[오답풀이] 노인장기요양보험법 제7조(장기요양보험)

④ 공단은 「외국인근로자의 고용 등에 관한 법률」에 따른 외국인근로자 등 <u>대통령령</u>으로 정하는 외국인이 신청하는 경우 보건복지부령으로 정하는 바에 따라 장기요양보험가입자에서 제외할 수 있다.

05 ①

[상세해설] 노인장기요양보험법 제24조(가족요양비)

① 공단은 다음 각 호의 어느 하나에 해당하는 수급자가 가족 등으로부터 방문요양에 상당한 장기요양급여를 받은 때 대통령령으로 정하는 기준에 따라 해당 수급자에게 가족요양비를 지급할 수 있다.
  1. <u>도서·벽지 등 장기요양기관이 현저히 부족한 지역으로서 보건복지부장관이 정하여 고시하는 지역에 거주하는 자</u>
  2. <u>천재지변이나 그 밖에 이와 유사한 사유로 인하여 장기요양기관이 제공하는 장기요양급여를 이용하기가 어렵다고 보건복지부장관이 인정하는 자</u>
  3. <u>신체·정신 또는 성격 등 대통령령으로 정하는 사유로 인하여 가족 등으로부터 장기요양을 받아야 하는 자</u>

노인장기요양보험법 제25조(특례요양비)
① 공단은 수급자가 장기요양기관이 아닌 노인요양시설 등의 기관 또는 시설에서 재가급여 또는 시설급여에 상당한 장기요양급여를 받은 경우 대통령령으로 정하는 기준에 따라 해당 장기요양급여비용의 일부를 해당 수급자에게 <u>특례요양비</u>로 지급할 수 있다.

06 ①

[오답풀이] 노인장기요양보험법 제11조(장기요양보험가입자격 등에 관한 준용)
① 장기요양보험가입 자격 등에 관한 준용은 「국민건강보험법」에 따라 장기요양보험가입자·<u>피부양자의 자격취득·상실, 장기요양보험료 등의 납부·징수 및 결손처분</u> 등에 관하여 이를 준용한다.

07 ②

[오답풀이] 노인장기요양보험법 제31조(장기요양기관의 지정)
① 제23조제1항제1호에 따른 재가급여 또는 같은 항 제2호에 따른 시설급여를 제공하는 장기요양기관을 운영하려는 자는 보건복지부령으로 정하는 장기요양에 필요한 시설 및 인력을 갖추어 소재지를 관할 구역으로 하는 <u>특별자치시장·특별자치도지사·시장·군수·구청장</u>으로부터 지정을 받아야 한다.
④ 특별자치시장·특별자치도지사·시장·군수·구청장은 제1항에 따라 장기요양기관을 지정한 때 지체 없이 지정 명세를 <u>공단</u>에 통보하여야 한다.
⑥ 장기요양기관의 지정절차와 그 밖에 필요한 사항은 <u>보건복지부령</u>으로 정한다.

08 ④

[상세해설] 노인장기요양보험법 제3조(장기요양급여 제공의 기본원칙)
④ 장기요양급여는 노인 등의 심신 상태나 건강 등이 악화되지 않도록 <u>의료서비스</u>와 연계하여 이를 제공해야 한다.

09 ①

[오답풀이] 노인장기요양보험법 제13조(장기요양인정의 신청)
① 장기요양인정을 신청하는 자는 공단에 보건복지부령으로 정하는 바에 따라 장기요양인정신청서에 의사 또는 한의사가 발급하는 소견서를 첨부하여 제출하여야 한다. 다만, 의사소견서는 공단이 등급판정위원회에 자료를 제출하기 전까지 제출할 수 있다.

10 ④

[상세해설] 노인장기요양보험법 제46조(장기요양위원회의 구성)
① 장기요양위원회는 위원장 1인, 부위원장 1인을 포함한 16인 이상 22인 이하의 위원으로 구성한다.
② <u>위원장이 아닌 위원은 다음 각 호의 자 중에서 보건복지부장관이 임명 또는 위촉한 자로 하고</u>, 각 호에 해당하는 자를 각각 동수로 구성하여야 한다.
  1. 근로자단체, 사용자단체, 시민단체(비영리민간단체 지원법 제2조에 따른 비영리민간단체를 말한다), 노인단체, 농어업인단체 또는 자영자단체를 대표하는 자
  2. 장기요양기관 또는 의료계를 대표하는 자
  3. 대통령령으로 정하는 관계 중앙행정기관의 고위공무원단 소속 공무원, 장기요양에 관한 학계 또는 연구계를 대표하는 자, 공단 이사장이 추천하는 자
③ 위원장은 <u>보건복지부차관</u>이 되고, 부위원장은 위원 중에서 위원장이 지명한다.
④ 장기요양위원회 위원의 임기는 <u>3년으로</u> 한다. 다만, 공무원인 위원의 임기는 재임기간으로 한다.

11 ④

[상세해설] 노인장기요양보험법 제33조(장기요양기관의 시설·인력에 관한 변경)
③ 변경 지정, 변경 신고를 받은 특별자치시장, 특별자치도지사, 시장, 군수, 구청장은 지체 없이 해당 변경 사항을 <u>공단에 통보</u>해야 한다.

12 ③

[상세해설] 노인장기요양보험법 제37조의4(행정제재처분 효과의 승계)

① 제37조제1항 각 호의 어느 하나에 해당하는 행위를 이유로 한 행정제재처분(이하 "행정제재처분"이라 한다)의 효과는 그 처분을 한 날부터 3년간 다음 각 호의 어느 하나에 해당하는 자에게 승계된다.
1. 장기요양기관을 양도한 경우 양수인
2. 법인이 합병된 경우 합병으로 신설되거나 합병 후 존속하는 법인
3. 장기요양기관 폐업 후 같은 장소에서 장기요양기관을 운영하는 자 중 종전에 행정제재처분을 받은 자(법인인 경우 그 대표자를 포함한다)나 그 배우자 또는 직계혈족

② 행정제재처분의 절차가 진행 중일 때에는 다음 각 호의 어느 하나에 해당하는 자에 대하여 그 절차를 계속 이어서 할 수 있다.
1. 장기요양기관을 양도한 경우 양수인
2. 법인이 합병된 경우 합병으로 신설되거나 합병 후 존속하는 법인
3. 장기요양기관 폐업 후 3년 이내에 같은 장소에서 장기요양기관을 운영하는 자 중 종전에 위반행위를 한 자(법인인 경우 그 대표자를 포함한다)나 그 배우자 또는 직계혈족

13 ②

[오답풀이] 노인장기요양보험법 제59조(전자문서의 사용 비용 명세서 및 자료의 기록·관리)

① 장기요양사업에 관련된 각종 서류의 기록, 관리 및 보관은 보건복지부령으로 정하는 바에 따라 전자문서로 한다.
③ 정보통신망 및 정보통신서비스 시설이 열악한 지역 등 보건복지부장관이 정하는 지역의 경우 전자문서·전산매체 또는 전자문서교환방식을 이용하지 아니할 수 있다.

노인장기요양보험법 제60조(자료의 제출 등)

① 공단은 장기요양급여 제공내용 확인, 장기요양급여의 관리·평가 및 장기요양보험료 산정 등 장기요양사업 수행에 필요하다고 인정할 때 다음 각 호의 어느 하나에 해당하는 자에게 자료의 제출을 요구할 수 있다.
1. 장기요양보험가입자 또는 그 피부양자 및 의료급여수급권자
2. 수급자, 장기요양기관 및 의료기관

14 ④

[상세해설] 노인장기요양보험법 제63조(청문)

특별자치시장·특별자치도지사·시장·군수·구청장은 다음 각 호의 어느 하나에 해당하는 처분 또는 공표를 하려는 경우에는 청문을 하여야 한다.
1. 제37조제1항에 따른 장기요양기관 지정취소 또는 업무정지명령
2. 삭제
3. 제37조의3에 따른 위반사실 등의 공표
4. 제37조의5제1항에 따른 장기요양급여 제공의 제한 처분

노인장기요양보험법 제37조(장기요양기관 지정의 취소 등)

① 특별자치시장·특별자치도지사·시장·군수·구청장은 장기요양기관이 다음 각 호의 어느 하나에 해당하는 경우 그 지정을 취소하거나 6개월의 범위에서 업무정지를 명할 수 있다. 다만, 제1호, 제2호의2, 제3호의5, 제7호, 또는 제8호에 해당하는 경우에는 지정을 취소하여야 한다.

3의5. 폐업 또는 휴업 신고를 하지 아니하고 1년 이상 장기요양급여를 제공하지 아니한 경우

노인장기요양보험법 제37조의3(위반사실 등의 공표)

① 보건복지부장관 또는 특별자치시장·특별자치도지사·시장·군수·구청장은 장기요양기관이 거짓으로 재가·시설 급여비용을 청구하였다는 이유로 제37조 또는 제37조의2에 따른 처분이 확정된 경우로서 다음 각 호의 어느 하나에 해당하는 경우에는 위반사실, 처분내용, 장기요양기관의 명칭·주소, 장기요양기관의 장의 성명, 그 밖에 다른 장기요양기관과의 구별에 필요한 사항으로서 대통령령으로 정하는 사항을 공표하여야 한다. 다만, 장기요양기관의 폐업 등으로 공표의 실효성이 없는 경우에는 그러하지 아니하다.
1. 거짓으로 청구한 금액이 1천만 원 이상인 경우
2. 거짓으로 청구한 금액이 장기요양급여비용 총액의 100분의 10 이상인 경우

노인장기요양보험법 제37조의5(장기요양급여 제공의 제한)

① 특별자치시장·특별자치도지사·시장·군수·구청장

은 장기요양기관의 종사자가 거짓이나 그 밖의 부정한 방법으로 재가급여비용 또는 시설급여비용을 청구하는 행위에 가담한 경우 해당 종사자가 장기요양급여를 제공하는 것을 1년의 범위에서 제한하는 처분을 할 수 있다.

15 ③

[상세해설] 노인장기요양보험법 제28조의2(급여외행위의 제공 금지)
① 수급자 또는 장기요양기관은 장기요양급여를 제공받거나 제공할 경우 다음 각 호의 행위(이하 "급여외행위"라 한다)를 요구하거나 제공하여서는 아니 된다.
  1. 수급자의 가족만을 위한 행위
  2. 수급자 또는 그 가족의 생업을 지원하는 행위
  3. 그 밖에 수급자의 일상생활에 지장이 없는 행위

16 ④

[상세해설] 노인장기요양보험법 제55조(심사청구)
① 장기요양인정·장기요양등급·장기요양급여·부당이득·장기요양급여비용 또는 장기요양보험료 등에 관한 공단의 처분에 이의가 있는 자는 공단에 심사청구를 할 수 있다.
② 제1항에 따른 심사청구는 그 처분이 있음을 안 날부터 90일 이내에 문서로 하여야 하며, 처분이 있은 날부터 180일을 경과하면 이를 제기하지 못한다. 다만, 정당한 사유로 그 기간에 심사청구를 할 수 없었음을 증명하면 그 기간이 지난 후에도 심사청구를 할 수 있다.
③ 제1항에 따른 심사청구 사항을 심사하기 위하여 공단에 장기요양심사위원회(이하 "심사위원회"라 한다)를 둔다.
④ 심사위원회는 위원장 1명을 포함한 50명 이내의 위원으로 구성한다.
⑤ 이 법에서 정한 것 외에 심사위원회의 구성·운영, 그 밖에 필요한 사항은 대통령령으로 정한다.

노인장기요양보험법 제56조(재심사청구)
① 심사청구에 대한 결정에 불복하는 사람은 그 결정통지를 받은 날부터 90일 이내에 장기요양재심사위원회(이하 "재심사위원회"라 한다)에 재심사를 청구할 수 있다.
② 재심사위원회는 보건복지부장관 소속으로 두고, 위원장 1인을 포함한 20인 이내의 위원으로 구성한다.
③ 재심사위원회의 위원은 관계 공무원, 법학, 그 밖에 장기요양사업 분야의 학식과 경험이 풍부한 자 중에서 보건복지부장관이 임명 또는 위촉한다. 이 경우 공무원이 아닌 위원이 전체 위원의 과반수가 되도록 하여야 한다.
④ 재심사위원회의 구성·운영 및 위원의 임기, 그 밖에 필요한 사항은 대통령령으로 정한다.

17 ③

[오답풀이] 노인장기요양보험법 제39조(장기요양급여비용 등의 산정)
① 보건복지부장관은 매년 급여종류 및 장기요양등급 등에 따라 제45조에 따른 장기요양위원회의 심의를 거쳐 다음 연도의 재가 및 시설 급여비용과 특별현금급여의 지급금액을 정하여 고시하여야 한다.
② 보건복지부장관은 제1항에 따라 재가 및 시설 급여비용을 정할 때 대통령령으로 정하는 바에 따라 국가 및 지방자치단체로부터 장기요양기관의 설립비용을 지원받았는지 여부 등을 고려할 수 있다.
③ 제1항에 따른 재가 및 시설 급여비용과 특별현금급여의 지급금액의 구체적인 산정방법 및 항목 등에 관하여 필요한 사항은 보건복지부령으로 정한다.
※ 방문목욕은 방문 횟수를 기준으로 산정한다.

18 ④

[상세해설] 노인장기요양보험법 제69조(과태료)
① 정당한 사유 없이 다음 각 호의 어느 하나에 해당하는 자에게는 500만 원 이하의 과태료를 부과한다.
  4. 제36조제1항 또는 제6항을 위반하여 폐업·휴업 신고 또는 자료이관을 하지 아니하거나 거짓이나 그 밖의 부정한 방법으로 신고한 자
  4의2. 제37조의4제4항을 위반하여 행정제재처분을 받았거나 그 절차가 진행 중인 사실을 양수인 등에게 지체 없이 알리지 아니한 자
  8. 거짓이나 그 밖의 부정한 방법으로 장기요양급여비용 청구에 가담한 사람
  9. 노인장기요양보험 또는 이와 유사한 용어를 사용한 자

② 다음 각 호의 어느 하나에 해당하는 자에게는 300만 원 이하의 과태료를 부과한다.
1. 제33조의2에 따른 폐쇄회로 텔레비전을 설치하지 아니하거나 설치·관리의무를 위반한 자
2. 제33조의3제1항 각 호에 따른 열람 요청에 응하지 아니한 자

19 ④

[오답풀이] 노인장기요양보험법 제40조(본인부담금)
③ 다음 각 호의 장기요양급여에 대한 비용은 수급자 본인이 전부 부담한다.
1. 급여의 범위 및 대상에 포함되지 아니하는 장기요양급여
2. 수급자가 장기요양인정서에 기재된 장기요양급여의 종류 및 내용과 다르게 선택하여 장기요양급여를 받은 경우 그 차액
3. 장기요양급여의 월 한도액을 초과하는 장기요양급여

20 ②

[상세해설] 노인장기요양보험법 제13조(장기요양인정의 신청)
② 거동이 현저히 불편하거나 도서·벽지에 거주하여 의료기관을 방문하기 어려운 자 등 대통령령으로 정하는 자는 의사 소견서를 제출하지 아니할 수 있다.

실전모의고사 [2회] 고난도

직업기초능력 응용모듈

01	02	03	04	05	06	07	08	09	10
①	②	④	③	③	③	③	③	④	①
11	12	13	14	15	16	17	18	19	20
③	④	①	③	②	②	③	④	④	③
21	22	23	24	25	26	27	28	29	30
③	②	④	③	②	④	③	⑤	③	①
31	32	33	34	35	36	37	38	39	40
③	④	②	④	③	④	③	②	②	①
41	42	43	44	45	46	47	48	49	50
①	②	④	②	③	②	②	③	④	②
51	52	53	54	55	56	57	58	59	60
②	②	④	③	①	①	①	②	③	④

01 ① 의사소통능력

Quick해설 주어진 보도자료에서는 국민건강보험공단이 사용량-약가 연동 협상으로 134개 품목의 약가를 인하하였다는 내용을 주요 골자로 서술하고 있다.

[상세해설] 첫 번째 문단에서 국민건강보험공단은 사용량-약가 연동 협상을 모두 완료하였고 합의 약제의 약가는 9월 5일자로 일괄 인하될 예정이라고 하였으며, 세 번째 문단과 네 번째 문단에 걸쳐 공단과 제약업계의 약가 협상에 대한 내용을 서술하고 있으므로 전체 내용을 아우르는 제목으로 적절하다.

[오답풀이] ② 세 번째 문단에서 이번 협상의 가장 큰 쟁점은 코로나19 관련 약제 협상이라고 하였으나 전체 내용을 포괄할 수 없으므로 적절하지 않다.
③ 두 번째 문단에서 합의의 결과로 연간 약 281억 원의 건강보험 재정 절감이 예상된다고 하였으나 전체 내용을 포괄할 수 없으므로 적절하지 않다.
④ 네 번째 문단에서 공단의 약제관리실장이 코로나19라는 국가적 위기에서 적극 협조해준 제약사의 어려움에 공감과 고마움을 표한다고 하였으나 전체 내용을 포괄할 수 없으므로 적절하지 않다.

02 ② 의사소통능력

Quick해설 첫 번째 문단에서 '22년도 청구금액이 '21년도 청구금액 대비 '60% 이상 증가한 경우'에 제약사와 공단이 협상을 통해 약가를 인하하는 제도라고 하였으므로 적절하지 않다.

[상세해설] 첫 번째 문단에서 '22년도 청구금액이 '21년도 청구금액 대비 '60% 이상 증가한 경우' 또는 '10% 이상 증가하고 그 증가액이 50억 원 이상인 경우'에 제약사와 공단이 협상을 통해 약가를 인하한다고 하였으므로 22년도 청구금액이 21년도 청구금액 대비 60% 이상 증가한 경우 그 증가액이 30억 원이라도 약가를 인하할 수 있다.

[오답풀이] ① 세 번째 문단의 합의안 도출 과정에서 제약업계의 의견을 전향적으로 수용하여 기존 수급 모니터링 감기약뿐 아니라 항생제까지 보정 대상에 포함하였다고 하였으므로, 이번 합의안 도출 이전에는 항생제가 보정 대상에 포함되지 않았음을 알 수 있다.
③ 마지막 문단에서 약품비 지출 효율화 및 필수 약제의 안정적 공급은 공단 약제관리실의 존재 이유라고 하였으므로, 국민건강보험공단 약제관리실은 필수 약제의 안정적 공급을 위한 업무를 담당하고 있음을 알 수 있다.
④ 두 번째 문단에서 올해는 국민 다빈도 사용 약제가 협상 대상에 다수 포함되어 국민 약 절반에 이르는 약 2천 2백만 명의 환자가 약품비 완화 혜택을 볼 것으로 예상된다고 하였으므로, 약품비 완화 혜택을 받는 대상은 2천만 명 이상으로 예상됨을 알 수 있다.

03 ④ 의사소통능력

Quick해설 빈칸 ② 앞에서 의약품 및 의약외품을 60종까지 구비하고 있다고 하였고, [보기]의 내용은 '의약품 조제가 불가능하기 때문에 누구나 약국에서 구매가 가능한 일반의약품만 비치되어 있다.'이므로, 문맥상 [보기]의 내용이 들어갈 위치는 ②이 가장 적절하다.

04 ③ 의사소통능력

Quick해설 첫 번째 문단을 보면 공단은 산업안전보건법상 보건실 설치 의무 대상 기관이 아니라고 제시되어 있다.

[상세해설] 첫 번째 문단에서 공단은 산업안전보건법상 보건실 설치 의무 대상 기관이 아니었다고 하였고, 이후

공단이 산업안전보건법상 보건실 설치 의무 대상 기관이 되었다는 언급이 없으므로 적절하지 않은 내용이다.

[오답풀이] ① 두 번째 문단에서 2023년 개소해 한 달간 시범운영을 거친 보건실은 2023년 11월 16일 본격적인 운영을 시작했다고 하였다.
② 다섯 번째 문단에서 보건실의 시범운영 기간 동안 감기 환자가 50%를 차지했고, 소화불량, 생리통, 두통 환자가 그 뒤를 이었다고 하였다.
④ 세 번째 문단에서 두통이나 어지럼증 등으로 안정이 필요하거나 약물 복용 후 경과 관찰이 필요한 경우에는 최대 한 시간까지 보건실 내에 마련된 안정실을 이용할 수 있다고 하였다.

05 ③ 　　　　　　　　　　　　　의사소통능력

Quick해설 개방형 익명DB에 치료재료코드는 중분류단위로 구축되어 있다.

[상세해설] '[붙임] 바이오헬스 산업계 대상 익명DB 제공 사업설명회 참고자료-주요내용'에서 개방형 익명DB는 국내 급여 의약품·의료기기의 전반적인 시장 경향을 파악할 수 있도록 주성분코드(성분단위)·치료재료코드(중분류단위) 등으로 구축되었다고 하였으므로 주성분코드가 성분단위로 구축되어 있음을 알 수 있다.

[오답풀이] ① 두 번째 문단에서 사업설명회 안내문 및 참석신청서는 공단 대표 홈페이지 및 자료공유서비스 홈페이지에서 확인할 수 있다고 하였다.
② 첫 번째 문단에서 이번 사업설명회는 건강보험 빅데이터를 활용하고자 하는 제약사, 의료기기 기업, 디지털 헬스케어 기업 등을 대상으로 기획되었다고 하였다.
④ '[붙임] 바이오헬스 산업계 대상 익명DB 제공 사업설명회 참고자료-주요내용'에서 맞춤형 익명DB는 건강보험 빅데이터를 활용하여 산업계의 신청 내용에 따라 구축한 익명DB라고 하였다.

06 ② 　　　　　　　　　　　　　의사소통능력

Quick해설 2001년 관련 내용은 주어진 자료를 통해 확인할 수 없으므로 적절하지 않다.

[상세해설] '[붙임] 바이오헬스 산업계 대상 익명DB 제공 사업설명회 참고자료-설명회 개요-주요내용'에 따르면 건강보험 빅데이터는 건강보험 자격, 보험료, 보험급여, 건강검진, 장기요양 등 공단이 업무를 수행하는 과정 중 발생되는 데이터 중 일부를 연구용DB로 구축한 자료로, 2002년부터 현재까지의 자료를 전국민 코호트 형태로 구축하였다고 하였으므로 2002년 이전의 자료는 확인할 수 없음을 알 수 있다.

07 ③ 　　　　　　　　　　　　　의사소통능력

Quick해설 세 번째 문단에서 2018년에 복지부에서 '지역사회 통합돌봄 기본계획'을 발표하고 공단의 직접 참여와 지원을 요청함에 따라 조직이 신설되었다고 하였다. 따라서 자발적으로 시작했다고 한 C의 발언은 옳지 않다.

[상세해설] 세 번째 문단에서 살던 곳에서의 건강한 노후 생활을 위한 기반 마련을 위해 2018년 복지부가 '지역사회 통합돌봄 기본계획'을 발표하고 공단의 직접 참여와 지원을 요청함에 따라 2019년 5월 임시조직이 신설됐고, 올해 시범사업의 운영방향에 맞춰 조직 명칭을 '의료요양돌봄연계추진단'으로 변경, 운영하게 되었다고 하였다. 따라서 자발적이라는 표현은 적절하지 않다.

[오답풀이] ① 첫 번째 문단에서 국민건강보험공단은 한국형 노인 의료·돌봄 통합 지원 모델 정립을 위한 시범사업을 시행하고 있다고 하였고, 두 번째 문단에서 이 사업이 노인이 병원이나 시설이 아닌 살던 곳에서 건강하게 생활할 수 있도록 주거, 보건의료, 요양, 돌봄 서비스를 통합적으로 제공하는 사회서비스 정책이라고 하였다.
② 세 번째 문단과 다섯 번째 문단에서 국민건강보험공단이 데이터를 바탕으로 체계를 정립하는 등의 업무를 수행하고 있음을 확인할 수 있다.
④ 네 번째 문단에서 국민건강보험공단이 안정적인 제도화를 위해 공단-지자체 공동업무 시스템 구축, 홍보, 교육, 통계 관리 등의 업무를 수행하고 있다고 하였다.

08 ③ 　　　　　　　　　　　　　의사소통능력

Quick해설 노인 1인 가구의 가파른 증가와 국민들의 노후 불안에 대한 내용인 ⓒ은 노인 돌봄을 설명하고 있는 이 글의 흐름상 적절하지 않다.

[상세해설] ⓒ의 앞 문단에서는 한국형 노인 의료·돌봄 통합지원 서비스의 시범사업의 추진 현황에 대해 서술하

고 있고, ⓒ이 포함되어 있는 문단에서는 의료, 장기요양 또는 복지서비스의 통합적 지원의 필요성에 대해 서술하고 있다. 따라서 '세계에서 가장 빠르게 늙어가는 나라, 노인 1인 가구의 가파른 증가 등 국민이 생각하는 노후는 매우 불안하다.'는 문장은 글의 흐름상 적절하지 않다.

09 ④   의사소통능력

[Quick해설] 마지막 문단에서 암관리법을 개정하여 청소년 암환자와 가족이 거주지 인근에서 안정적으로 치료받을 수 있게 한다고 하였다.

[상세해설] 마지막 문단에서 암관리법 개정을 통해 국가나 지자체가 소아청소년 암진료 체계구축에 필요한 비용을 지원할 수 있는 근거 규정을 마련했다고 하였고, 이는 소아청소년 암환자와 가족이 거주지 인근에서 안정적으로 치료받을 수 있는 환경을 조성하고자 신설한 것이라고 하였다.

[오답풀이] ① 세 번째 문단에서 올해 1월 1일 이후 출생한 둘째 이상 아동의 첫만남이용권 지원액을 상향 지급한다고 하였고, 그 금액이 300만 원(둘째 이상)이라고 하였으므로 둘은 동일한 금액을 지원받을 수 있다.
② 일곱 번째 문단에서 통합재가서비스의 법적 근거를 신설했다고 하였고, 통합재가서비스는 방문요양·목욕·간호·주야간보호·단기보호 등 수급자가 원하는 다양한 서비스를 하나의 장기요양기관에서 편리하게 이용할 수 있는 제도라고 하였다.
③ 여섯 번째 문단에서 장애 등록을 하지 않아도 장애가 있다고 예외적으로 인정해 지원할 수 있는 아동의 연령을 9세 미만으로 확대했다고 하였으므로 9세 이상 아동에 대한 서비스가 강화된 것은 아니다.

10 ①   의사소통능력

[Quick해설] 빈칸 ⊙~ⓒ에 들어갈 말을 확인하면, ⊙에는 '또한', ⓒ에는 '특히', ⓒ에는 '더불어'가 오는 것이 적절하다.

[상세해설] ⊙ 앞 문장에서는 '첫만남이용권'에 대한 내용을 서술하고 있고, 뒷 문장에서는 이외에 다른 지원 내용을 서술하고 있으므로 앞 문장의 내용에 내용을 더하는 '또한'이 적절하다.
ⓒ 앞 문장에서는 둘째 아이부터 지원금을 인상하여 지원함으로써 다자녀 출산 가정의 양육 부담 완화에 기여한다는 내용을 서술하고 있고, 뒷 문장에서는 지원 내용 중 중요한 내용을 뽑아 서술하고 있으므로 '특히'가 적절하다.
ⓒ 앞 문장에서는 취약계층을 위한 법적 근거를 마련했다는 내용을 서술하고 있고, 뒷 문장에서는 이에 더해 추가적인 트라우마 대응에 대한 교육 및 훈련을 추가했다는 내용을 서술하고 있으므로 '거기에다 더하여'라는 의미를 갖는 '더불어'가 적절하다.

11 ③   의사소통능력

[Quick해설] 75세 이상이 운전면허를 갱신하려면 고령자 교통안전교육을 이수해야 하는데, 기존의 방법인 교육장(대면 교육) 또는 온라인 교육(비대면) 중 하나를 선택하면 된다고 하였다.

[오답풀이] ① 2020년에는 75세 미만인 사람 중 '20년 갱신(적성검사) 대상자(58만 4천여 명)의 갱신 기간 종료일을 '20년 말까지 연장하였고, 75세 이상은 '21년 말까지 연장했다고 하였다. 그러나 추가 조치 이후에는 '21년 상반기 갱신 대상자 모두 갱신 기간 종료일을 '21년 6월 말까지 최대 6개월을 일괄 연장했다고 하였다.
② 75세 이상은 치매진단검사를 받은 후 결과지를 제출하면 면허시험장에서 실시하는 '인지능력 자가진단'(1시간)을 면제할 수 있도록 시행규칙이 개정되었다고 하였다.
④ 2021년 1월 4일부터 교육장의 인원이 분산될 수 있도록 개선한다고 하였다.

12 ④   의사소통능력

[Quick해설] 치매진단검사를 받기 전에 고령운전자 의무 교육을 온라인으로 받았다면, 도로교통공단 안전교육부가 아니라 시험장 방문 후 민원부에서 치매진단검사를 실시한다고 제시되어 있다.

[오답풀이] ① 고령운전자가 운전면허를 갱신하기 위해서는 치매진단검사를 치매안심센터에서 받으면 된다고 하였다.
② 치매진단검사를 치매안심센터에서 받은 경우 결과지를 교통안전교육기관 제출용으로 발급받아 지참하면 된다고 하였다.

③ 고령자 의무 교육은 안전운전 통합민원 고령운전자 교육장에서 오프라인으로 교육받거나 도로교통공단 이러닝 센터에서 온라인으로 받을 수 있다고 하였다.

13 ①　　　　　　　　　　　　　　　의사소통능력

Quick해설 '건강보험 지불제도 개혁'에서 평가를 과정지표 중심에서 성과지표 위주로 재정비할 계획이라고 하였다.

[상세해설] '건강보험 지불제도 개혁'에 따르면 '투입·구조·과정지표' 위주에서 '성과지표' 중심으로 평가지표를 재정비한다고 하였으므로, 건강보험 지불제도 개혁을 통해 평가를 과정지표 중심에서 성과지표 위주로 재정비할 계획임을 알 수 있다.

[오답풀이] ② '건강보험재정 효율적 관리'에 따르면 유튜버 등 새로운 형태의 소득에 대한 보험료 부과방식을 검토한다고 하였다.
③ '의료서비스 지원체계 개선'에서 글로벌 공급망 위기가 발생하더라도 보건안보를 유지하기 위해서는 필수 의약품 등 안정적 공급체계 확보가 중요하다고 하였다. 이에 꼭 필요한 의약품 등을 안정적으로 공급할 수 있도록 국산 원료의 사용을 유도한다고 하였으므로 국산 원료를 사용한 의약품은 글로벌 공급망 위기가 발생하더라도 안정적으로 공급할 수 있음을 알 수 있다.
④ 두 번째 문단에 따르면 제2차 국민건강보험 종합계획은 2024년부터 2028년까지 5년간의 계획이라고 하였다.

14 ③　　　　　　　　　　　　　　　의사소통능력

Quick해설 전년도에 95만 원의 보험료를 납부한 가입자의 연간 의료 이용이 현저히 적다면 950,000×0.1＝95,000(원)의 바우처를 지원받을 수 있다.

[상세해설] 첫 번째 문단에서 연간 의료 이용이 현저히 적은 가입자에게는 전년도에 납부한 보험료의 10%에 해당하는 금액을 연간 12만 원 한도의 바우처로 지원한다고 하였다. 따라서 전년도에 95만 원의 보험료를 납부한 가입자가 연간 의료 이용이 현저히 적다면 950,000×0.1＝95,000(원)의 바우처를 지원받을 수 있다.

[오답풀이] ① '의료 혁신 지원'에 따르면 개인정보 보호를 확실히 하면서도 공익적·과학적 연구와 자기 주도 건강관리를 위한 건강보험 데이터 개방·활용은 확대할 것이라고 하였다.

② '의료서비스 지원체계 개선'에서 '급성기–회복기–만성기의 질병 단계별 의료전달체계 구조'를 확인하면 회복기 의료는 상급종합 의료기관의 진료가 아닌 전문재활의료기관 진료임을 확인할 수 있다.
④ 박○○ 복지부 제2차관의 발언에 따르면 필수의료 등 국민의 생명·건강과 직결되나 충분히 공급되지 못하고 있는 영역에는 5년 동안 10조 원 이상을 집중 지원하겠다고 하였으므로 연간 평균 2조 원을 지원할 계획임을 알 수 있다.

15 ②　　　　　　　　　　　　　　　의사소통능력

Quick해설 '산모·신생아 건강관리 지원 사업'은 의료비를 지원하는 것이 아닌, 전문 건강관리사가 가정을 방문해 산모 회복 및 신생아 돌봄을 지원하는 서비스이다.

[오답풀이] ① 건강보험 복지 정책은 단순한 의료비 지원을 넘어 건강검진, 금연·비만 예방 프로그램, 재난적 의료비 지원, 산모·신생아 건강관리 등 다양한 서비스를 포함한다.
③ '재난적 의료비 지원 사업'은 특정 질환에 한정되지 않고, 본인 부담 의료비가 가구 소득의 일정 비율을 초과하면 지원받을 수 있다.
④ '건강검진 사업'은 건강보험가입자(직장가입자, 지역가입자, 피부양자)를 대상으로 한다.

16 ①　　　　　　　　　　　　　　　의사소통능력

Quick해설 ㉠은 장기요양보험서비스에 지원 대상에 해당하는 사항으로, 재난적 의료비 지원 사업과는 무관하다.

17 ④　　　　　　　　　　　　　　　의사소통능력

Quick해설 '예방적 건강관리 사업'에서는 비만 예방 프로그램을 제공하지만, 목표 달성 실패 시 건강보험료가 할증된다는 내용은 제시되어 있지 않다.

[오답풀이] ① '본인 부담 의료비가 가구 소득의 일정 비율을 초과하는 경우 지원'된다고 명시되어 있으므로 추론 가능하다.
② 건강검진과 생활습관 개선 프로그램이 함께 제공된다고 언급되었으므로 추론 가능하다.
③ '건강관리사가 방문하여 산모 회복 및 신생아 돌봄을 지원'한다고 명시되어 있으므로 추론 가능하다.

18 ③ 의사소통능력

Quick해설 주어진 글을 문맥에 맞게 나열하면 [다]-[마]-[나]-[라]-[가] 순이 적절하다.

[상세해설] 주어진 글은 염증성 장질환에 대해 설명하는 내용이다. 먼저 염증성 장질환에 대한 개념을 설명하고 있는 [다] 문단이 나오는 것이 적절하다. [다] 문단에서 염증성 장질환을 궤양성 대장염과 크론병으로 나눠 설명하고 있으므로, 이에 대해 설명하고 있는 [마] 문단과 [나] 문단이 순서대로 나오는 것이 적절하다. 다음으로 염증성 장질환의 진단과 치료 방법에 대해 설명하는 [라] 문단이 나와야 하며, 약물 치료와 함께 지켜야 하는 생활 습관을 설명하는 [가] 문단으로 글을 마무리하는 것이 적절하다. 따라서 '[다]-[마]-[나]-[라]-[가]' 순으로 나열하는 것이 적절하다.

19 ④ 의사소통능력

Quick해설 [가] 문단에서 트랜스지방과 포화지방은 염증 반응을 일으킬 수 있으므로 이들 성분이 다량 함유된 패스트푸드, 인스턴트식품, 인공감미료, 육류 등의 섭취는 줄이는 것이 좋다고 하였다. 따라서 육류 섭취를 늘려야겠다는 D환자의 발언은 적절하지 않다.

[오답풀이] ① [나] 문단과 [마] 문단에서 대장의 벽은 점막층, 점막하층, 근육층, 장막층 등 4개 층으로 구성돼 있는데 궤양성 대장염은 가장 안쪽 층인 점막층과 점막하층에 염증이 생기며 염증 부위가 연속된다고 하였고, 크론병은 궤양성 대장염과 달리 염증 부위가 연속되지 않고 여러 부위에 떨어져 발생한다고 하였다. 따라서 A환자의 발언은 적절하다.
② [나] 문단에서 과거에는 서양에서 많이 발병했지만 최근에는 식습관, 생활 환경 등이 서구화되면서 아시아에서도 환자가 급증하고 있다고 하였다. 따라서 B환자의 발언은 적절하다.
③ [가] 문단에서 신체 면역력을 높이기 위해서는 적절한 운동과 충분한 수면을 지켜야 한다고 하였다. 따라서 C환자의 발언은 적절하다.

20 ③ 의사소통능력

Quick해설 ⓒ의 다음 문장을 보면 염증성 장질환의 치료 방법으로 약물 치료와 수술 치료가 있다는 내용이 제시되므로, 구체적인 수술 방법을 설명하는 ⓒ이 먼저 나오는 것은 글의 흐름상 적절하지 않다.

21 ③ 수리능력

Quick해설 2020년 54세 이하 퇴원환자는 $319+280+389+566+908=2,462$(천 명), 55세 이상 퇴원환자는 $1,355+1,150+1,249=3,754$(천 명)이므로, 전자는 후자보다 $3,754-2,462=1,292$(천 명) 적다.

[오답풀이] ① 2017년 75세 이상 퇴원환자의 전년 대비 증감률은 $\frac{1,247-1,136}{1,136}\times100≒9.8(\%)$, 퇴원율의 전년 대비 증감률은 $\frac{41,212-40,320}{40,320}\times100≒2.2(\%)$이므로, 전자가 후자보다 크다.
② 연령별로 2018년 퇴원율의 전년 대비 증감폭을 구하면 다음과 같다.
• 0~14세: $10,080-10,028=52$(명)
• 15~24세: $6,186-6,047=139$(명)
• 25~34세: $7,065-6,493=572$(명)
• 35~44세: $8,714-8,524=190$(명)
• 45~54세: $12,466-12,136=330$(명)
• 55~64세: $19,014-18,967=47$(명)
• 65~74세: $28,090-27,699=391$(명)
• 75세 이상: $42,128-41,212=916$(명)
따라서 증감폭이 가장 큰 연령대는 75세 이상이다.
④ 모든 연령에서 2020년 퇴원율은 2016년 대비 감소했다.

22 ② 수리능력

Quick해설 2021년의 연령별 인구는 순서대로 6,137,032(명), 5,611,719(명), 6,974,323(명), 7,614,827(명), 8,632,537(명), 8,175,443(명), 4,982,804(명), 3,583,706(명)이므로 옳게 나타낸 그래프는 ②이다.

[상세해설] [표2]에 제시된 퇴원율은 인구 10만 명당 퇴원환자 수이므로, '인구수$=\frac{퇴원환자\ 수}{퇴원율}\times100,000$'을 통해 연령별 인구수를 확인하면 다음과 같다.
• 0~14세: $\frac{292\times1,000}{4,758}\times100,000≒6,137,032$(명)
• 15~24세: $\frac{272\times1,000}{4,847}\times100,000≒5,611,719$(명)

- 25~34세: $\dfrac{402 \times 1,000}{5,764} \times 100,000 ≒ 6,974,323$(명)
- 35~44세: $\dfrac{567 \times 1,000}{7,446} \times 100,000 ≒ 7,614,827$(명)
- 45~54세: $\dfrac{892 \times 1,000}{10,333} \times 100,000 ≒ 8,632,537$(명)
- 55~64세: $\dfrac{1,329 \times 1,000}{16,256} \times 100,000 ≒ 8,175,443$(명)
- 65~74세: $\dfrac{1,217 \times 1,000}{24,424} \times 100,000 ≒ 4,982,804$(명)
- 75세 이상: $\dfrac{1,251 \times 1,000}{34,908} \times 100,000 ≒ 3,583,706$(명)

23 ① 수리능력

Quick해설 광역시는 부산, 대구, 인천, 광주, 대전, 울산인데, 이 중 2021년 자원봉사 인증요원의 전년 대비 증감률이 가장 높은 지역은 부산이다.

[상세해설] 2021년 광역시 자원봉사 인증요원의 전년 대비 증감률을 구하면 다음과 같다.
- 부산: $\dfrac{2,047-1,864}{1,864} \times 100 ≒ 9.8(\%)$
- 대구: $\dfrac{1,427-1,380}{1,380} \times 100 ≒ 3.4(\%)$
- 인천: $\dfrac{1,450-1,379}{1,379} \times 100 ≒ 5.1(\%)$
- 광주: $\dfrac{1,941-1,799}{1,799} \times 100 ≒ 7.9(\%)$
- 대전: $\dfrac{1,419-1,376}{1,376} \times 100 ≒ 3.1(\%)$
- 울산: $\dfrac{971-924}{924} \times 100 ≒ 5.1(\%)$

따라서 증감률은 광주가 아닌 부산이 가장 높다.

[오답풀이] ② 조사 기간 동안 대구 자원봉사 인증요원이 인천보다 많은 해는 2019년, 2020년, 2022년 총 3개년이다.
③ 2020년에 자원봉사 인증요원은 모든 지역에서 전년 대비 증가했다.
④ 2018~2021년 동안 전국 자원봉사 사회복지 인증요원이 전년 대비 증가한 해는 2019년, 2020년, 2021년이므로, 이 해의 증가율을 구하면 다음과 같다.
- 2019년: $\dfrac{21,055-20,301}{20,301} \times 100 ≒ 3.7(\%)$
- 2020년: $\dfrac{23,922-21,055}{21,055} \times 100 ≒ 13.6(\%)$
- 2021년: $\dfrac{25,556-23,922}{23,922} \times 100 ≒ 6.8(\%)$

따라서 증가율이 가장 큰 해는 2020년이다.

24 ③ 수리능력

Quick해설 전국 자원봉사 인증요원 중 사회복지 인증요원의 연도별 비중은 순서대로 81.7%, 86.3%, 86.0%, 86.1%, 86.0%, 87.1%이므로, 전년 대비 '증가-감소-증가-감소-증가'의 추이를 갖는다. 따라서 그래프에는 +1, -1, +1, -1, +1로 나타내어야 하므로, 이를 옳게 반영한 그래프는 ③이다.

[상세해설] 연도별 전국 자원봉사 인증요원 중 사회복지 비중을 구하면 다음과 같다.
- 2017년: $\dfrac{36,173}{44,250} \times 100 ≒ 81.7(\%)$
- 2018년: $\dfrac{20,301}{23,535} \times 100 ≒ 86.3(\%)$
- 2019년: $\dfrac{21,055}{24,479} \times 100 ≒ 86.0(\%)$
- 2020년: $\dfrac{23,922}{27,797} \times 100 ≒ 86.1(\%)$
- 2021년: $\dfrac{25,556}{29,722} \times 100 ≒ 86.0(\%)$
- 2022년: $\dfrac{19,596}{22,510} \times 100 ≒ 87.1(\%)$이다.

따라서 전국 자원봉사 인증요원 중 사회복지 인증요원 비중의 전년 대비 증감 추이는 '증가 – 감소 – 증가 – 감소 – 증가'이므로 그래프의 값은 +1, -1, +1, -1, +1로 나타내어야 한다.

25 ③ 수리능력

Quick해설 공급금액이 1조 원 이상인 급여의약품은 상위 6위권이므로, 이들의 합계는 1,679,000+1,498,000+1,225,000+1,070,000+1,036,000+1,025,000=7,533,000(백만 원)=7조 5,330(억 원)이다. 따라서 7조 6천억 원 이상은 아니다.

[오답풀이] ① 상위 5위의 공급금액 누적비가 33.2%이므로 금액 상위 100대 효능군별 공급금액의 33% 이상을 차지함을 알 수 있다.
② 상위 30위의 공급금액 누적비가 85.5%이므로 30위권 밖의 공급의약품은 100-85.5=14.5(%)를 차지함을 알 수 있다.

④ 상위 10위의 공급금액 비중이 3.1%로 3% 이상을 차지하므로, 나머지 1~9위 역시 각각 3% 이상을 차지함을 알 수 있다.

> **문제해결 Tip**
> ③은 정확한 값보다 크기를 비교하는 것이므로 상위 6위권의 합을 구할 때, 조 단위와 억 단위의 자리를 끊어서 대략적으로 더하여 비교할 수 있다.
> • 1.6조+1.4조+1.2조+1.0조+1.0조+1.0조=7.2(조 원)이고, 7.6조 원에 0.4조(400십억) 못 미친다.
> • 79십억+98십억+25십억+70십억+36십억+25십억=333(십억 원)<400십억 원이다. 그러므로 7.6조 원 이상이 될 수 없다.

26 ② 수리능력

Quick해설 ⓒ 상위 30위권 내에서 급여의약품 공급금액의 차가 가장 적은 순위는 15~16위 438,000−437,000=1,000(백만 원), 29~30위 144,000−143,000=1,000(백만 원)이다. 즉, 가장 적은 차액인 경우가 10억 원(=1,000백만 원)이므로 상위 30위권 내에서는 한 단계 낮아질 때마다 적어도 10억 원 이상은 감소했음을 알 수 있다.

[오답풀이] ㉠ 금액 상위 100대 효능군별 현황에서 품목수 16,800개는 상위 30위권의 합을 의미하는 것이 아니라 상위 100위권 전체의 합을 의미한다. 상위 30위권의 품목수의 합은 2,200+800+500+1,500+800+1,200+700+100+600+500+400+600+600+200+500+300+150+50+50+400+200+250+50+150+100+300+250+80+100+70=13,700(개)이므로, 전체에서 상위 30위권 품목수 합계를 빼면 16,800−13,700=3,100(개)이다. 따라서 혈압강하제(2,200)보다 품목수가 더 많은 품목이 있을 수 있다.

ⓒ 총 공급금액 196,160억 원(=19,616,000백만 원)은 상위 100대 효능군별 현황 전체 값을 의미하는 것이지 상위 30위권의 총 공급금액을 뜻하는 것이 아니다. 따라서 상위 30위까지의 누적비를 확인해 보아도 30위권이 100%가 되지 못하는 것을 통해 계산을 하지 않고도 파악할 수 있다.

27 ④ 수리능력

Quick해설 2019년 아동복지시설 입소자 상위 4개 지역인 서울, 대전, 대구, 인천의 연평균 퇴소자와 입소자의 차이는 서울이 147명, 대전이 21명, 대구가 17명, 인천이 13명이다. 따라서 서울이 가장 크다.

[상세해설] 2019년 아동복지시설 입소자 상위 4개 지역은 서울, 대전, 대구, 인천이고, 4개 지역의 연평균 입소자 수는 다음과 같다.

• 서울: $\dfrac{1,982+1,807+1,639+1,291+1,246}{5}$
=1,593(명)

• 대전: $\dfrac{302+239+365+282+272}{5}$=292(명)

• 대구: $\dfrac{165+207+270+197+211}{5}$=210(명)

• 인천: $\dfrac{172+210+186+131+201}{5}$=180(명)

4개 지역의 연평균 퇴소자는 다음과 같다.

• 서울: $\dfrac{2,039+1,834+1,894+1,451+1,482}{5}$
=1,740(명)

• 대전: $\dfrac{352+236+378+303+296}{5}$=313(명)

• 대구: $\dfrac{176+214+277+225+243}{5}$=227(명)

• 인천: $\dfrac{203+209+222+146+185}{5}$=193(명)

따라서 4개 지역의 연평균 퇴소자와 연평균 입소자 차이는 서울이 1,740−1,593=147(명), 대전이 313−292=21(명), 대구가 227−210=17(명), 인천이 193−180=13(명)이므로 차이 값은 서울이 147명으로 가장 크다.

28 ③ 수리능력

Quick해설 2018년 아동복지시설 전체 퇴소자 수는 1,451+295+225+146+133+303+29=2,582(명)이다. 이를 토대로 지역별 비중을 구하면 다음과 같다.

• 서울: $\dfrac{1,451}{2,582}\times100$≒56(%)

• 부산: $\dfrac{295}{2,582}\times100$≒11(%)

• 대구: $\dfrac{225}{2,582}\times100$≒9(%)

• 인천: $\dfrac{146}{2,582}\times100$≒6(%)

- 광주: $\frac{133}{2,582} \times 100 ≒ 5(\%)$
- 대전: $\frac{303}{2,582} \times 100 ≒ 12(\%)$
- 울산: $\frac{29}{2,582} \times 100 ≒ 1(\%)$

따라서 옳게 나타난 그래프는 ③이다.

[오답풀이] ① 주어진 그래프는 인천의 입소자와 퇴소자 수를 나타내고 있다.
② 주어진 그래프의 2018년의 값은 입소자 수를 나타내고 있다.
④ 주어진 그래프는 2016년 입소자 수 비중을 나타내고 있다.

29 ④   수리능력

Quick해설 2021년 상반기에 세종에 근무하는 장기요양기관 종사자 수는 117+9+13+43+8+1,672+4=1,866(명)이다. 이 중 요양보호사의 비중은 $\frac{1,672}{1,866} \times 100 ≒ 89.6$(%)으로 90% 미만이다.

[오답풀이] ① 물리(작업)치료사는 2017년 대비 2019년에 $\frac{2,350-2,024}{2,024} \times 100 ≒ 16.1(\%)$ 증가하였다.
② 2021년 상반기에 경남에 근무하는 영양사는 전체 영양사의 $\frac{94}{1,136} \times 100 ≒ 8.3(\%)$이다.
③ 서울에 근무하는 사회복지사는 전체 사회복지사의 $\frac{4,123}{32,220} \times 100 ≒ 12.8(\%)$이다.

30 ①   수리능력

Quick해설 의사, 간호사, 물리치료사, 영양사 중 2017년 대비 2018년의 종사자 증감률이 가장 작은 직종은 의사이다.

[상세해설] 의사, 간호사, 물리치료사, 영양사의 2017년 대비 2018년의 종사자 수 증감률을 구하면 다음과 같다.
- 의사: $\frac{2,210-2,198}{2,198} \times 100 ≒ 0.5(\%)$
- 간호사: $\frac{2,999-2,791}{2,791} \times 100 ≒ 7.5(\%)$
- 물리(작업)치료사: $\frac{2,122-2,024}{2,024} \times 100 ≒ 4.8(\%)$

- 영양사: $\frac{1,160-1,132}{1,160} \times 100 ≒ 2.4(\%)$

따라서 증감률이 가장 작은 직종은 의사이다.

31 ③   수리능력

Quick해설 2017년, 2018년, 2020년의 장기요양기관 종사자 비율은 옳게 제시되어 있는 반면, 2019년의 경우 사회복지사, 간호사, 간호조무사, 영양사의 수치가 잘못 제시되어 있다.

[상세해설] 2019년의 요양보호사를 제외한 장기요양기관 종사자 수는 492,125-444,525=47,600(명)이다. 이에 따른 직종별 비중을 구하면 다음과 같다.
- 사회복지사: $\frac{26,395}{47,600} \times 100 ≒ 55(\%)$
- 의사: $\frac{2,358}{47,600} \times 100 ≒ 5(\%)$
- 간호사: $\frac{3,312}{47,600} \times 100 ≒ 7(\%)$
- 간호조무사: $\frac{12,054}{47,600} \times 100 ≒ 25(\%)$
- 물리치료사: $\frac{2,350}{47,600} \times 100 ≒ 5(\%)$
- 영양사: $\frac{1,131}{47,600} \times 100 ≒ 2(\%)$

따라서 2019년의 그래프는 옳지 않다.

32 ④   수리능력

Quick해설 경남과 부산의 헌혈 건수의 차이는 2020년에는 전년 대비 줄었지만 2021년에는 다시 증가하였다.

[상세해설] 조사 기간 동안 경남과 부산의 헌혈 건수의 차이는 다음과 같다.
- 2019년: 213,561-132,957=80,604(건)
- 2020년: 197,302-131,089=66,213(건)
- 2021년: 194,786-124,647=70,139(건)

따라서 2020년에는 전년 대비 줄었지만 2021년에는 다시 증가하였다.

[오답풀이] ① 2019년에 경기의 헌혈 건수는 전북의 $\frac{211,170}{108,903} ≒ 1.9(배)$이다.
② 조사 기간 동안 전혈헌혈의 비중은 다음과 같다.
- 2019년: $\frac{1,962,045}{2,613,901} \times 100 ≒ 75.1(\%)$

- 2020년: $\dfrac{1,835,060}{2,435,210} \times 100 ≒ 75.4(\%)$
- 2021년: $\dfrac{1,847,184}{2,426,779} \times 100 ≒ 76.1(\%)$

따라서 전혈헌혈의 비중은 전년 대비 매년 늘어나고 있다.

③ 2020년 서울의 헌혈 건수는 222,024＋190,301＋231,788＝644,113(건)으로, 63만 건 이상이다.

33 ② 　　　　　　　　　　　　　수리능력

Quick해설 2019년 대비 2021년 서울의 지역별 감소율을 구하면 다음과 같다.

- 서울중앙: $\dfrac{251,035-216,484}{251,035} \times 100 ≒ 13.8(\%)$
- 서울남부: $\dfrac{214,734-176,386}{214,734} \times 100 ≒ 17.9(\%)$
- 서울동부: $\dfrac{259,856-230,555}{259,856} \times 100 ≒ 11.3(\%)$

따라서 감소율이 큰 순서로 나열하면 서울남부＞서울중앙＞서울동부이다.

34 ③ 　　　　　　　　　　　　　수리능력

Quick해설 A지역은 충북, B지역은 제주이다.

[상세해설] A지역은 증가율이 연속 음수이고, B지역은 증가율이 연속 양수이다. 먼저 주어진 자료에서 헌혈 건수가 연속 증가한 지역은 인천과 제주인데, 그 증가율을 구하면 다음과 같다.

(단위: %)

구분	2020년	2021년
인천	4.2	1
제주	15.8	0.9

이에 따라 B지역은 제주이다. B가 제주이므로 선택지에 제시된 충북과 부산의 증가율을 계산하면 다음과 같다.

(단위: %)

구분	2020년	2021년
충북	-9	-1.4
부산	-7.6	-1.3

따라서 A지역은 충북이다.

35 ② 　　　　　　　　　　　　　수리능력

Quick해설 2021년 외래진료 인원의 전년 대비 증감률은 서울이 2.5%, 경기가 3.6%이므로 서울이 경기보다 낮다.

[상세해설] 서울과 경기의 2021년 외래진료 인원의 전년 대비 증감률은 다음과 같다.

- 서울: $\dfrac{14,259-13,914}{13,914} \times 100 ≒ 2.5(\%)$
- 경기: $\dfrac{15,187-14,660}{14,660} \times 100 ≒ 3.6(\%)$

따라서 2021년 외래진료 인원의 전년 대비 증감률은 서울이 경기보다 더 낮다.

[오답풀이] ① 2022년 서울과 경기의 외래진료비 합은 18,412＋16,798＝35,210(십억 원), 나머지 15개 지역의 진료비 합은 78,578－35,210＝43,368(십억 원)이므로, 전자는 후자보다 43,368－35,210＝8,158(십억 원) 적다.

③ 조사 기간 동안 외래진료 인원이 가장 많은 지역은 경기, 가장 적은 지역은 세종으로, 2019년에는 $\dfrac{15,203}{434}≒35.0$(배), 2020년에는 $\dfrac{14,660}{444}≒33.0$(배), 2021년에는 $\dfrac{15,187}{474}≒32.0$(배), 2022년에는 $\dfrac{16,287}{542}≒30.0$(배)이다. 따라서 매년 30배 이상이다.

④ 2021년 외래진료 인원이 전년 대비 증가한 지역은 울산과 전남을 제외한 15개이다.

36 ③ 　　　　　　　　　　　　　수리능력

Quick해설 2022년의 외래진료 인원 1명당 외래진료비는 경기가 1.03백만 원, 서울이 1.21백만 원, 부산이 1.33백만 원, 경남이 1.12백만 원으로, 부산이 가장 크다.

[상세해설] 2022년의 외래진료 인원 상위 4개 지역은 경기, 서울, 부산, 경남이고, 각 지역의 외래진료 인원 1명당 외래진료비는 다음과 같다.

- 서울: $\dfrac{18,412}{15,232}≒1.21$(백만 원)
- 경기: $\dfrac{16,798}{16,287}≒1.03$(백만 원)
- 부산: $\dfrac{5,446}{4,102}≒1.33$(백만 원)
- 경남: $\dfrac{4,294}{3,818}≒1.12$(백만 원)

따라서 1인당 외래진료비가 가장 큰 지역은 부산이다.

37 ④   수리능력

Quick해설 ㉠, ㉢, ㉣의 비중이 잘못 나타나 있으므로, 잘못 나타낸 그래프는 3개이다.

[상세해설] ㉠ 2019년 서울 외래진료 인원의 비중은 $\frac{14,774}{64,797} \times 100 ≒ 22.8(\%)$, 그 외가 $100-22.8=77.2(\%)$이다.

㉢ 2021년 세종 외래진료 인원의 비중은 $\frac{474}{62,897} \times 100 ≒ 0.8(\%)$, 그 외가 $100-0.8=99.2(\%)$이다.

㉣ 2022년 광주 외래진료 인원의 비중은 $\frac{2,047}{67,066} \times 100 ≒ 3.1(\%)$, 그 외가 $100-3.1=96.9(\%)$이다.

[오답풀이] ㉡ 2020년 대구 외래진료 인원의 비중은 $\frac{3,037}{61,611} \times 100 ≒ 4.9(\%)$, 그 외가 $100-4.9=95.1(\%)$이다.

문제해결 Tip
㉢ 2021년 전국 외래진료 인원의 1%는 600명 이상이므로 세종의 비중은 1% 미만이다.

38 ②   수리능력

Quick해설 위생용품 수입액 상위 10개 수입량 중 상위 5개 수입량 합계는 2019년에 $50,718+4,263+11,097+20,702+3,588=90,368$(톤), 2020년에 $45,603+4,445+22,972+13,555+3,359=89,934$(톤)이다. 따라서 2020년 수입량은 전년 대비 감소했다.

[오답풀이] ① 위생용품 수입액 상위 5개 항목의 수입액 합계는 2020년에 $16,106+3,949+2,965+2,585+1,199=26,804$(만 달러), 2021년에 $16,666+5,912+3,286+3,245+1,321=30,430$(만 달러)이므로 증감률은 $\frac{30,430-26,804}{26,804} \times 100 ≒ 13.5(\%)$이다.

③ 2022년 일회용 종이냅킨 수입액은 전년 대비 $\frac{316-265}{265} \times 100 ≒ 19.2(\%)$ 증가했다.

④ 조사 기간 동안 매년 수입액 상위 5위 내인 위생용품은 일회용 기저귀, 세척제, 일회용 컵, 일회용 젓가락 총 4개이다.

39 ②   수리능력

Quick해설 6~10위 항목의 수입액 합계가 전체에서 차지하는 비중을 구하면, 2019년에 $\frac{1,934}{24,021} \times 100 ≒ 8.1(\%)$, 2020년에 $\frac{2,801}{29,605} \times 100 ≒ 9.5(\%)$, 2021년에 $\frac{3,381}{33,811} \times 100 ≒ 10.0(\%)$, 2022년에 $\frac{4,991}{34,942} \times 100 ≒ 14.3(\%)$이다. 따라서 비중이 큰 순서대로 나타내면 2022년>2021년>2020년>2019년이다.

[상세해설] 2019~2022년의 위생용품 수입액 상위 10개 항목 중 6~10위를 차지한 항목의 수입액 합계는 다음과 같다.

- 2019년: $843+630+177+164+120=1,934$(만 달러)
- 2020년: $1,172+1,045+250+194+140=2,801$(만 달러)
- 2021년: $1,280+1,126+454+265+256=3,381$(만 달러)
- 2022년: $1,758+1,504+1,140+316+273=4,991$(만 달러)

따라서 비중을 구하면 2019년에는 $\frac{1,934}{24,021} \times 100 ≒ 8.1(\%)$, 2020년에는 $\frac{2,801}{29,605} \times 100 ≒ 9.5(\%)$, 2021년에는 $\frac{3,381}{33,811} \times 100 ≒ 10.0(\%)$, 2022년에는 $\frac{4,991}{34,942} \times 100 ≒ 14.3(\%)$이다.

40 ①   수리능력

Quick해설 2020~2022년의 위생용품 수입액 상위 10개 항목 수입액과 수입량의 전년 대비 증감률을 옳게 나타낸 그래프는 ①이다.

[상세해설] 위생용품 수입액 상위 10개 항목 수입액의 전년 대비 증감률은 다음과 같다.

- 2020년: $\frac{29,605-24,021}{24,021} \times 100 ≒ 23.2(\%)$
- 2021년: $\frac{33,811-29,605}{29,605} \times 100 ≒ 14.2(\%)$
- 2022년: $\frac{34,942-33,811}{33,811} \times 100 ≒ 3.3(\%)$

또한, 위생용품 수입액 상위 10개 항목 수입량의 전년 대비 증감률은 다음과 같다.

- 2020년: $\frac{99{,}073-99{,}095}{99{,}095}\times 100 ≒ 0.0(\%)$
- 2021년: $\frac{106{,}898-99{,}073}{99{,}073}\times 100 ≒ 7.9(\%)$
- 2022년: $\frac{105{,}191-106{,}898}{106{,}898}\times 100 ≒ -1.6(\%)$

41 ①   문제해결능력

Quick해설 '1. 요양원 입소'에서 대부분의 요양원 및 공동생활가정의 입소 비용은 동일하다고 한 것은 등급에 따른 수가를 기준으로 하기 때문이다. 다시 말해, 장기요양등급이 같을 때, 요양원 입소 비용이 동일하다는 말이므로 등급에 따라 비용은 다르다. 특히, '3. 시설급여 이용 비용'에서 장기요양등급에 따라 비용이 다른 것을 확인할 수 있다.

[오답풀이] ② 기초생활수급자라 하더라도 식사재료비, 상급침실료, 이·미용비, 계약의사 진료비 및 약제비 등의 비급여 항목에 따라 비용이 발생할 수 있다.
③ '2. 장기요양 3, 4등급의 이용'의 항목 ③에 따르면 치매 증상이 확인된 경우 장기요양등급이 4등급이라도 시설급여를 이용할 수 있다.
④ '2. 장기요양 3, 4등급의 이용'에서 '장기요양등급이 3등급 또는 4등급인 경우에도 요양원(시설급여)을 이용할 수 있다. 다만, 국민건강보험공단 장기요양보험에 '장기요양 급여종류·내용변경신청'을 하고 시설급여를 인정받아야 한다.'라고 하였다.

42 ②   문제해결능력

Quick해설 [보기]의 각각의 경우에 대하여 본인부담 총액을 계산해 보면 다음과 같다.

㉠ 일반대상자이면 본인부담률이 20%이므로 장기요양등급이 1등급인 경우 요양원 1일 비용이 78,250×0.2=15,650(원)이다. 따라서 6개월을 이용하는 A 씨의 본인부담금 총액은 15,650×30×6=2,817,000(원)이다.
㉡ 본인부담율이 8%이므로 장기요양등급이 4등급인 경우 노인요양공동생활가정 1일 비용이 58,830×0.08≒4,706.4(원)이다. 따라서 12개월을 이용하는 B 씨의 본인부담금 총액은 4,706.4×30×12=1,694,304(원)이다.
㉢ 본인부담율이 12%이므로 장기요양등급이 2등급인 경우 요양원 1일 비용이 72,600×0.12=8,712(원)이다.

따라서 10개월을 이용하는 C 씨의 본인부담금 총액은 8,712×30×10=2,613,600(원)이다.
㉣ 일반대상자이면 본인부담률이 20%이므로 장기요양등급이 5등급인 경우 노인요양공동생활가정 1일 비용이 58,830×0.2=11,766(원)이다. 따라서 8개월을 이용하는 D 씨의 본인부담금 총액은 11,766×30×8=2,823,840(원)이다.

따라서 본인부담금 총액이 가장 적은 경우는 ㉡이다.

43 ③   문제해결능력

Quick해설 자동차재산 기준 개선사항에 따르면 다인·다자녀 가구의 승용자동차의 경우, 배기량 기준이 1,600cc 미만에서 2,500cc 미만으로 완화되었다. 따라서 다른 조건이 동일하다면 2,000cc 자동차를 소유한 다자녀 가구는 일반재산 소득환산율 적용되어 소득인정액이 감소할 것이다.

[오답풀이] ① 승합자동차의 경우 차령 10년 이상 또는 가액 500만 원 미만이어야 하는데 두 조건 모두 만족하지 않으므로 적용 대상이 아니다.
② 두 번째 문단에서 자동차재산 기준 완화로 생계급여 혜택을 받는 가구가 늘어날 전망이라고 하였다.
④ 1,500cc 생업용 승용자동차의 경우, 개선 전 자동차 가액 50% 재산범위 제외되는 것이지 재산 산정 대상에서 제외되는 것은 아니다.

44 ④   문제해결능력

Quick해설 배기량 1,998cc인 A 씨의 자동차는 개선 전 배기량 기준을 초과하여 차량가액이 100% 월 소득으로 환산되므로 ㉠은 1,000만 원이며, 개선 후 재산 산정에서 100% 제외되므로 ㉡은 0원이다.

[상세해설] 생업용 자동차의 경우, 개선 전에는 1,600cc 미만 승용자동차 1대에 대해 자동차 가액 50%를 재산범위에서 제외하고 나머지 50%에 대해 일반재산 환산율이 적용되며, 개선 후에는 2,000cc 미만 승용자동차 1대의 자동차 가액 100% 재산 산정에서 제외된다. 따라서 배기량 1,998cc인 A 씨의 자동차는 개선 전 배기량 기준을 초과하여 차량가액이 100% 월 소득으로 환산되므로 ㉠은 1,000만 원이며, 개선 후 재산 산정에서 100% 제외되므로 ㉡은 0원이다.

45 ② 　　　　　　　　　　　　　　　문제해결능력

Quick해설 경증 질환(52개)으로 상급종합병원 또는 종합병원 외래 진료 시 발급된 원외 처방에 의해 약국 조제 시 본인 부담률이 차등 적용된다고 하였으므로, 요양급여비용 총액의 30%가 아닌 질환도 있다고 볼 수 있다.

[오답풀이] ① 일반 환자의 경우 모든 요양급여비용에 대하여 정해진 요율이 적용되지만, 의약 분업 예외 환자의 경우 요양급여비용에서 약값에 해당하는 부분을 제외하고 약값에 해당하는 부분은 정해진 요율보다 다소 낮은 요율이 본인 부담금으로 적용되므로, 총 요양급여비용은 일반 환자보다 의약 분업 예외 환자가 더 낮은 요율을 적용받는다고 할 수 있다.
③ 미등록 희귀난치성 질환자는 요양급여비용 총액의 30~60%를 지불하고, 한의원에서 외래 진료를 받은 환자는 요양급여비용 총액의 30%를 지불한다고 명시되어 있으므로, 미등록 희귀난치성 질환자가 항상 더 낮은 요율의 요양급여비용을 지불한다고 볼 수 없다.
④ 장애인 만성 질환자는 등록 희귀난치성 질환자 및 정신과 입원 진료의 경우가 아니라면 일반 차상위 건강보험 만성 질환자와 동일하게 요양급여비용 총액의 14%를 지불하는 것으로 명시되어 있다.

46 ③ 　　　　　　　　　　　　　　　문제해결능력

Quick해설 요양급여 수급자 A~D의 본인 부담금을 구하면 다음과 같다.
- A: 진찰료 10만 원+(요양급여비용 15만 원-진찰료 10만 원)×0.6=13(만 원)=130,000(원)
- B: 요양급여비용 15만 원×0.45=6.75(만 원)=67,500(원)
- C: (요양급여비용 15만 원-약값 3만 원)×0.4+약값 3만 원×0.3=5.7(만 원)=57,000(원)
- D: 요양급여비용 20만 원×0.3=6(만 원)=60,000(원)

따라서 본인부담금이 가장 적은 환자는 57,000원인 C임을 알 수 있다.

47 ① 　　　　　　　　　　　　　　　문제해결능력

Quick해설
- 갑: 65세 이상 노인 가구에 해당되며, 과표재산이 6천만 원 이하 구간에 해당하므로 경감 등급 1등급에 해당되어 30%의 경감률이 적용된다.
- 을: 등록 장애인이며 장애 등급이 3등급이고, 과표재산이 13.5천만 원 이하이므로 경감 등급 2등급에 해당되어 20%의 경감률이 적용된다.
- 병: 55세 이상 여자 단독 세대 구성원이며, 과표재산이 13.5천만 원 이하 구간에 해당하므로 경감 등급 3등급에 해당되어 10%의 경감률이 적용된다.

따라서 경감률이 높은 순으로 나열하면, 갑-을-병이다.

48 ② 　　　　　　　　　　　　　　　문제해결능력

Quick해설 소득금액은 제40조의2 제2항의 규정에 의한 종합소득, 농업소득이며, 종합소득에 포함된 연금소득 중 장애연금 및 유족연금은 제외된다고 규정되어 있다.

[오답풀이] ① 65세 이상 노인 가구의 적용 대상에서는 '가입자 중 65세 이상 노인이 있는 세대'라고 규정되어 있으므로 세대원 중 만 65세 이상 노인이 1명이라도 있으면 보험료를 경감받을 수 있다.
③ 장애인 경감을 받기 위해서 필요한 구비 서류는 장애인 등록증이며, 이는 반드시 행정 기관에서 발급받은 것이어야 한다.
④ 70세 이상 노인 가구의 적용 대상을 보면, '70세 이상 노인 가입자만 있는 세대(부부인 경우 배우자가 70세 이하라도 인정 가능)'라고 규정되어 있으므로 부부 중 한 명만 만 70세가 넘어도 보험료 할인이 적용된다.

49 ④ 　　　　　　　　　　　　　　　문제해결능력

Quick해설 중증장애인근로자 출·퇴근비용 지원을 받기 위해 필요한 서류는 신청서와 근로계약서 외에 통장사본도 있으므로 적절하지 않다.

[상세해설] '[중증장애인근로자 출·퇴근비용 지원 사업 안내 세부내용]'에 따르면 중증장애인근로자 출·퇴근비용 지원을 받기 위해서는 필요한 서류는 신청서와 근로계약서, 통장사본임을 알 수 있다.

[오답풀이] ① 첫 번째 문단에 따르면 최저임금적용제외자는 장애로 근로능력이 현저히 낮아 인가 후 최저임금 적용이 제외된 자라고 하였으므로 적절하다.
② 첫 번째 문단에 따르면 이 사업은 지난 2021년에 시범 도입하였으며, 지난해 지원 대상을 최저임금적용제외자에서 기초생활수급 및 차상위계층까지 확대했다고 하였으므로 적절하다.

③ '[중증장애인근로자 출·퇴근비용 지원 사업 안내 세부내용]'에 따르면 출퇴근 교통비는 전용카드 발급 후 사용한 내역에 대해 공단에서 정산 후 익월에 지급받게 되므로 적절하다.

50 ② 문제해결능력

Quick해설 A씨가 지급받게 될 지원 금액은 3,000＋12,380＋21,850＋2,800＋2,600＋18,600＝61,230(원)이다.

[상세해설] '[중증장애인근로자 출·퇴근비용 지원 사업 안내 세부내용]－지원내용'에 따르면 버스, 지하철, 기차, 택시(장애인콜택시 포함), 자차 및 직계, 동거가족의 유류비, 유료도로 이용료가 지원됨을 알 수 있다. 이에 따라 A씨가 5월 21일 사용한 비동거가족 소유 차량 유류비를 제외한 모든 사용액은 지원 사업 대상에 해당하고, 사용 금액은 3,000＋12,380＋21,850＋2,800＋2,600＋18,600＝61,230(원)으로 7만 원 미만이므로 A씨가 지급받게 될 지원 금액은 61,230원이다.

51 ② 문제해결능력

Quick해설 '3. 직원의 자격 기준'에서는 시설장, 사회복지사, 물리치료사, 요양보호사에 대해서 법이 정하는 자격을 지닌 사람이어야 함을 언급하고 있다. 그런데, 노인요양시설에 근무하는 이외의 직원들(사무국장, 사무원, 조리원, 위생원, 관리인 등)에 대해서는 명시되어 있지 않으므로 모든 직원이 법에서 정하는 자격을 지닌 사람이어야 하는 것은 아니다.

[오답풀이] ① '2. 시설 상세 요건'의 (4)에서 노인요양시설 안에 두는 치매전담실에는 '공동으로 사용할 수 있는 화장실과 간이욕실(세면대를 포함한다. 이하 같다)을 갖출 것. 다만, 침실마다 화장실과 간이욕실이 있는 경우에는 그렇지 않다.'라고 언급하고 있다. 따라서 침실마다 화장실과 간이욕실이 있는 경우에는 공동으로 사용할 수 있는 간이욕실이 없을 수 있다.
③ '4. 인력배치 기준'을 통해 알 수 있다.
④ '1. 시설 기준'을 통해 알 수 있다.

52 ② 문제해결능력

Quick해설 ㉠ '4. 인력배치 기준'에서 사무원은 입소자 50명 이상인 경우로 한정하므로 입소자 정원이 30명인 시설 A에서는 사무원을 두지 않을 수 있다.
㉢ '2. 시설 상세 요건'의 (3)에서 '식품위생법상 1회 50명 이상(종사자 포함)에게 식사를 제공하는 경우 집단급식소 신고대상이므로 설치신고 전 관할 시·군·구 식품위생 담당과 문의하여 관련 준수사항 확인 필요'라고 명시하였다. 즉, 관할 시·군·구 식품위생 담당과 문의하여 관련 준수사항을 확인하고 설치신고한 시설 C는 기준에 맞는다.
㉣ 입소자 정원이 200명이면 의사는 1명 이상, 간호사는 입소자 25명당 1명이므로 8명, 조리원은 입소자 25명당 1명이므로 8명, 위생원은 입소자 100명 초과할 때마다 1명 추가이므로 2명 있어야 한다. 따라서 시설 D는 기준에 맞는다.

[오답풀이] ㉡ 입소자 정원이 30명 이상이므로 '1. 시설 기준'에 따라 세탁장 및 세탁물 건조장을 두어야 하며, 세탁물을 전량 위탁 처리할 경우 세탁장 및 세탁물 건조장을 설치하지 않아도 되지만 위탁에 대한 언급이 없다. 따라서 세탁장이나 세탁물 건조장을 설치하지 않은 시설 B는 기준에 맞지 않는다고 볼 수 있다.

53 ④ 문제해결능력

Quick해설 중증외상으로 진단받은 자는 등록하지 않고 사유발생 시 병·의원에서 즉시 산정특례가 적용되므로 적절하지 않다.

[상세해설] '[붙임 1]－(대상)'에 따르면 뇌혈관, 심장질환, 중증외상은 등록하지 않고 사유발생 시 병·의원에서 즉시 산정특례가 적용됨을 알 수 있다.

[오답풀이] ① '산정특례 대상 신규 희귀질환 확대'에 따르면 산정특례 확대 대상에 포함되는 신규 희귀질환자도 비급여, 100분의 100 본인부담항목 및 선별급여 등은 적용 대상 제외이므로 적절하다.
② '간질환에 의한 응고인자 결핍(D68.4) 산정특례 등록기준 개선'에 따르면 중증 간질환 환자의 산정특례 등록기준을 개선하여 임상적 출혈의 구체적인 기준이 제시되었으므로 적절하다.
③ '산정특례 대상 신규 희귀질환 확대'에 따르면 건강보험 본인일부부담금 산정특례제도가 적용 전 본인부담률은 입원 20%, 외래 30～60%이고, 산정특례 적용 시 입원·외래 0～10%이므로 본인부담률이 최대 60%p 낮아짐을 알 수 있다.

54 ② 문제해결능력

Quick해설 특정기호 V901인 질환 중 27개 질환이 2024년 기준 산정특례 대상으로 확대되었으므로 옳지 않다.

[상세해설] [붙임 1]에서 특정기호 V901인 질환은 기타염색체이상질환임을 알 수 있고, '산정특례 대상 신규 희귀질환 확대'에 따르면 기타염색체이상질환 중 2024년 기준 산정특례 대상으로 확대된 질환은 27개이므로 옳지 않다.

[오답풀이] ① [붙임 1]-(적용범위)'에 따르면 산정특례를 적용받은 심장질환과 중증화상 환자의 본인부담률은 5%로 동일함을 알 수 있다.
③ '간질환에 의한 응고인자 결핍(D68.4)' 산정특례 등록기준 개선'에 따르면 간질환 환자의 후천성 출혈장애인 '간질환에 의한 응고인자 결핍'은 '혈우병'과는 별개의 질환으로 그동안 산정특례 고시상 혈우병의 하위 질환으로 분류되어 있었다고 하였으므로 2024년 이전에는 간질환에 의한 응고인자 결핍이 혈우병과 별개의 상병으로 구분하지 않았음을 알 수 있다.
④ '[붙임 1]-산정특례 대상 희귀질환'에 따르면 유병인구가 2만 명 이하이지만 비교적 명확한 진단기준이 있는 질환을 희귀질환이라 한다고 하였으므로 적절하다.

55 ④ 문제해결능력

Quick해설 체질량지수가 28.0kg/m²인 사람은 체질량지수가 주의 범위에 속하므로 체질량지수를 한 단계 낮출 수 있다. 따라서 혈압 또는 공복혈당을 두 단계 낮추더라도 개선지원금을 최대 1만 5천 원 지원받을 수 있다. 건강예방형 중 실천형의 경우, 실천지원금이 최대 3만 원이므로 실천형 지원금은 연 최대 4만 5천 원 지원받을 수 있다.

[오답풀이] ① 건강생활실천지원금제 중 건강예방형은 만 20~64세만 참여 가능하지만, 건강관리형은 나이에 대한 조건이 없다.
② 건강예방형 중 개선형은 실천지원금이 걸음 수는 연 최대 1만 원, 건강관리 프로그램 역시 연 최대 1만 원이므로 연 최대 2만 원이다.
③ 강원도 원주의 경우 두 가지 시범 사업을 모두 실시한다.

56 ① 문제해결능력

Quick해설 실천형 실천지원금 중 일일 걸음 수 지원금이 18,000원, 건강관리 프로그램 참여 지원금이 10,500원이다. 사업 참여 전 혈압은 위험이고, 공복혈당은 주의로 모두 주의군 이상이고, 사업 참여 후 체질량지수는 1단계, 혈압은 2단계 낮추었으나 공복혈당은 낮추지 못하였으므로, 개선지원금은 받지 못한다. 따라서 총 지원금은 28,500원이다.

[상세해설] 일일 걸음 수가 8,000~9,999보인 경우 일당 80원이고, 10,000보 이상인 경우 일당 100원이다. 따라서 걸음 수에 대한 지원금은 $(160 \times 80)+(70 \times 100)=19,800$(원)이다. 한편 걸음 수에 대한 실천지원금은 연 최대 18,000원 적립되므로, 지원금은 18,000원이다.
건강관리 프로그램은 대면 프로그램 이수 시 회당 1,000원, 비대면 프로그램 이수 시 회당 500원을 적립하며, 한 주에 1회만 적립 가능하다. 따라서 건강관리 프로그램 참여에 대한 지원금은 $(3 \times 1,000)+(15 \times 500)=10,500$(원)이다.
사업 참여 전 체질량지수는 32.1kg/m²(위험), 혈압은 142/82mmHg(위험), 공복혈당은 120mg/dL(주의)이다. 사업 참여 후 체질량지수는 26.3kg/m²(주의), 혈압은 116/72mmHg(안전), 공복혈당은 108mg/dL(주의)이다. 즉, 기존에 혈압과 공복혈당이 모두 주의 이상이므로 혈압과 공복혈당을 모두 1단계 이상 낮추어야 지원금을 받을 수 있다. 그런데 공복혈당의 경우, 단계를 낮추지 못하였으므로 지원금을 지급받지 못한다.
그러므로 A씨의 지원금은 실천지원금만 적립되며, 받을 수 있는 지원금은 $18,000+10,500=28,500$(원)이다.

57 ① 문제해결능력

Quick해설 개선형 실천지원금 중 일일 걸음 수 지원금이 8,400원, 건강관리 프로그램 참여 지원금이 9,500원이다. 사업 참여 전 혈압과 공복혈당이 모두 위험으로 모두 주의군 이상이고, 사업 참여 후 체질량지수는 2단계, 혈압은 2단계, 공복혈당은 1단계 낮추었으므로, 개선지원금은 20,000원이다. 따라서 총 지원금은 37,900원이다.

[상세해설] 일일 걸음 수가 8,000~9,999보인 경우, 일당 80원이고, 10,000보 이상인 경우, 일당 100원이다. 따라서 걸음 수에 대한 지원금은 $(80 \times 80)+(20 \times 100)=$

8,400(원)이다.

건강관리 프로그램은 대면 프로그램 이수 시 회당 1,000원, 비대면 프로그램 이수 시 회당 500원을 적립한다. 대면 프로그램을 먼저 참여하는데, 대면 프로그램 5주 참여 시 비대면 프로그램 12주 중 3주는 대면 프로그램과 동일 주에 참여하게 된다. 즉, 한 주에 1회만 적립 가능하므로 비대면 프로그램은 12주에서 중복된 3주를 제외한 9주에 대한 지원금을 받으므로 건강관리 프로그램 참여에 대한 지원금은 $(5 \times 1,000) + (9 \times 500) = 9,500$(원)이다.

사업 참여 전 체질량지수는 30.3kg/m^2(위험), 혈압은 145/82mmHg(위험), 공복혈당은 142mg/dL(위험)이다. 사업 참여 후 체질량지수는 24.1kg/m^2(안전), 혈압은 117/78mmHg(안전), 공복혈당은 115mg/dL(주의)이다. 즉, 기존에 혈압과 공복혈당이 모두 주의 이상이고, 체질량지수와 혈압은 2단계, 공복혈당은 1단계 낮추었으므로 20,000원을 지원받는다.

그러므로 B씨가 받을 수 있는 지원금은 $8,400 + 9,500 + 20,000 = 37,900$(원)이다.

58 ①   문제해결능력

Quick해설 ㉠ 직장가입자가 납부하는 보수월액 보험료의 상한액은 3,911,280원이다. 따라서 2023년 1년간 납부하게 되는 보수월액 보험료 최대액수는 $3,911,280 \times 12 = 46,935,360$(원)이므로 4,600만 원 이상이다.
㉡ '군부대가 소재하는 지역에 거주하거나 근무하는 직장가입자인 군인에 대하여는 그 가입자 보험료액의 100분의 20을 경감합니다.'라고 하였으므로 30%가 아니라 20%를 경감받을 수 있다.

[오답풀이] ㉢ 3개월 이상 국외에 체류하는 경우로서, 국내에 거주하는 피부양자(배우자 및 직계존·비속 등)가 없으면 직장가입자는 건강보험료를 면제받을 수 있다고 하였다. 따라서 국내에 피부양자가 없는 직장가입자가 6개월 이상 해외 파견 근무 중이면 건강보험료를 면제받는다.
㉣ '3. 보험료율'에서 '국외에서 업무에 종사하고 있는 직장가입자에 대한 보험료율은 위 보험료율의 100분의 50으로 합니다.'라고 하였고, 위 보험료율은 일반 직장가입자의 1만분의 709를 의미한다. 따라서 상한액과 하한액 범위 내에서 같은 조건의 국내 직장 근로자와 국외 직장 근로자가 모두 건강보험료를 납부해야 하는 경우 건강보험료의 차이는 2배인 것을 알 수 있다.

59 ③   문제해결능력

Quick해설 이 부장의 건강보험료를 보수월액보험료와 소득월액보험료로 구분하여 확인하면 다음과 같다.

- 보수월액보험료: 연봉이 8,400만 원이므로 보수월액은 $8,400 \div 12 = 700$(만 원)이다. 이때 보험료율이 7.09%이므로 보수월액보험료는 700만 원 $\times 0.0709 \times 0.5 = 248,150$(원)이다.
- 소득월액보험료: 보수외소득은 월 400만 원으로 연 $400 \times 12 = 4,800$(만 원)이다. 이때, 연간 보수외소득이 연간 2,000만 원을 초과하므로 이 부장이 내야 하는 소득월액은 $(4,800 - 2,000) \div 12 \fallingdotseq 233.3333$(만 원), 즉 233만 3,333원이다. 따라서 소득월액보험료는 $2,333,333 \times 0.0709 \fallingdotseq 165,433$(원)이다.

따라서 이 부장이 매달 내야 하는 건강보험료는 $248,150 + 165,433 = 413,583$(원)이다.

60 ④   문제해결능력

Quick해설 한 대리의 건강보험료를 보수월액보험료와 소득월액보험료로 구분하여 확인하면 다음과 같다.

- 보수월액보험료: 연봉이 5,760만 원이므로 보수월액은 $5,760 \div 12 = 480$(만 원)이다. 따라서 보수월액보험료는 480만 원 $\times 0.0709 \times 0.5 = 170,160$(원)이다.
- 소득월액보험료: 보수외소득은 월 180만 원으로 연 $180 \times 12 = 2,160$(만 원)이다. 보수외소득이 연간 2,000만 원을 초과하므로 한 대리가 내야 하는 소득월액은 $(2,160 - 2,000) \div 12 \fallingdotseq 13.3333$(만 원), 즉 133,333원이다. 따라서 소득월액보험료는 $133,333 \times 0.0709 \fallingdotseq 9,453$(원)이다.

그런데 한 대리의 경우 국외에서 업무에 종사하고 있는 직장가입자이므로 건강보험료가 50% 경감된다. 따라서 한 대리가 부담하여야 하는 월 건강보험료는 $(170,160 + 9,453) \times 0.5 \fallingdotseq 89,807$(원)이다.

직무시험_국민건강보험법									
01	02	03	04	05	06	07	08	09	10
①	②	②	③	④	④	③	②	①	③
11	12	13	14	15	16	17	18	19	20
④	②	④	②	④	③	④	④	④	③

01 ①

[상세해설] 국민건강보험법 제41조의3(행위·치료재료 및 약제에 대한 요양급여대상 여부의 결정 및 조정)

① 요양기관, 치료재료의 제조업자·수입업자 등 보건복지부령으로 정하는 자는 요양급여 대상 또는 비급여대상으로 결정되지 아니한 요양급여에 대한 행위 및 치료재료에 대하여 요양급여 대상 여부의 결정을 보건복지부장관에게 신청하여야 한다.

② 「약사법」에 따른 약제의 제조업자·수입업자 등 보건복지부령으로 정하는 자(이하 "약제의 제조업자 등"이라 한다)는 요양급여대상에 포함되지 아니한 제41조제1항제2호의 약제(이하 이 조에서 "약제"라 한다)에 대하여 보건복지부장관에게 요양급여대상 여부의 결정을 신청할 수 있다.

③ 보건복지부장관은 정당한 사유가 없으면 보건복지부령으로 정하는 기간 이내에 요양급여대상 또는 비급여대상의 여부를 결정하여 신청인에게 통보하여야 한다.

④ 보건복지부장관은 신청이 없는 경우에도 환자의 진료상 반드시 필요하다고 보건복지부령으로 정하는 경우에는 직권으로 행위·치료재료 및 약제의 요양급여대상의 여부를 결정할 수 있다.

⑤ 보건복지부장관은 요양급여대상으로 결정하여 고시한 약제에 대하여 보건복지부령으로 정하는 바에 따라 요양급여대상 여부, 범위, 요양급여비용 상한금액 등을 직권으로 조정할 수 있다.

⑥ 요양급여대상 여부의 결정 신청의 시기, 절차, 방법 및 업무의 위탁 등에 필요한 사항, 제3항과 제4항에 따른 요양급여대상 여부의 결정 절차 및 방법, 제5항에 따른 직권 조정 사유·절차 및 방법 등에 관한 사항은 보건복지부령으로 정한다.

02 ②

[오답풀이] 국민건강보험법 제4조(건강보험정책심의위원회)

② 심의위원회는 위원장 1명과 부위원장 1명을 포함하여 25명의 위원으로 구성한다.

③ 심의위원회의 위원장은 보건복지부차관이 되고, 부위원장은 제4항제4호의 위원 중에서 위원장이 지명하는 사람이 된다.

④ 심의위원회의 위원은 다음 각 호에 해당하는 사람을 보건복지부장관이 임명 또는 위촉한다.
  1. 근로자단체 및 사용자단체가 추천하는 각 2명
  2. 시민단체(「비영리민간단체지원법」 제2조에 따른 비영리민간단체를 말한다. 이하 같다), 소비자단체, 농어업인단체 및 자영업자단체가 추천하는 각 1명
  3. 의료계를 대표하는 단체 및 약업계를 대표하는 단체가 추천하는 8명
  4. 다음 각 목에 해당하는 8명
     가. 대통령령으로 정하는 중앙행정기관 소속 공무원 2명
     나. 국민건강보험공단의 이사장 및 건강보험심사평가원의 원장이 추천하는 각 1명
     다. 건강보험에 관한 학식과 경험이 풍부한 4명

⑤ 심의위원회 위원(제4항제4호가목에 따른 위원은 제외한다)의 임기는 3년으로 한다. 다만, 위원의 사임 등으로 새로 위촉된 위원의 임기는 전임위원 임기의 남은 기간으로 한다.

⑦ 심의위원회의 운영 등에 필요한 사항은 대통령령으로 정한다.

03 ②

[상세해설] 국민건강보험법 제41조의2(약제에 대한 요양급여비용 상한금액의 감액 등)

① 보건복지부장관은 약사법 제47조제2항의 위반과 관련된 제41조제1항제2호의 약제에 대하여는 요양급여비용 상한금액의 100분의 20을 넘지 아니하는 범위에서 그 금액의 일부를 감액할 수 있다.

② 보건복지부장관은 요양급여비용의 상한금액이 감액된 약제가 감액된 날부터 5년의 범위에서 대통령령으로 정하는 기간 내에 다시 감액의 대상이 된 경우에

는 요양급여비용 상한금액의 100분의 40을 넘지 아니하는 범위에서 요양급여비용 상한금액의 일부를 감액할 수 있다.
③ 보건복지부장관은 요양급여비용의 상한금액이 감액된 약제가 감액된 날부터 5년의 범위에서 대통령령으로 정하는 기간 내에 다시 약사법 제47조 제2항의 위반과 관련된 경우에는 해당 약제에 대하여 1년의 범위에서 기간을 정하여 요양급여의 적용을 정지할 수 있다.
④ 요양급여비용 상한금액의 감액 및 요양급여 적용 정지의 기준, 절차, 그 밖에 필요한 사항은 <u>대통령령으로 정한다.</u>

04 ③

[상세해설] 국민건강보험법 제3조(정의)
1. '근로자'란 직업의 종류와 관계없이 근로의 대가로 보수를 받아 생활하는 사람(법인의 이사와 그 밖의 임원을 포함한다)으로서 공무원 및 교직원을 제외한 사람을 말한다.
2. '사용자'란 다음 각 목의 어느 하나에 해당하는 자를 말한다.
   가. 근로자가 소속되어 있는 사업장의 사업주
   나. 공무원이 소속되어 있는 기관의 장으로서 대통령령으로 정하는 사람
   다. 교직원이 소속되어 있는 사립학교(「사립학교교직원 연금법」 제3조에 규정된 사립학교를 말한다. 이하 이 조에서 같다)를 설립·운영하는 자
3. '사업장'이란 사업소나 사무소를 말한다.
4. '공무원'이란 국가나 지방자치단체에서 상시 공무에 종사하는 사람을 말한다.
5. <u>'교직원'이란 사립학교나 사립학교의 경영기관에서 근무하는 교원과 직원을 말한다.</u>

05 ④

[오답풀이] 국민건강보험법 제69조(보험료)
③ 보험료를 징수할 때 가입자의 자격이 변동된 경우에는 변동된 날이 속하는 달의 보험료는 <u>변동되기 전의</u> 자격을 기준으로 징수한다. 다만, 가입자의 자격이 매월 1일에 변동된 경우에는 변동된 자격을 기준으로 징수한다.

④ 직장가입자의 월별 보험료액은 다음 각 호에 따라 산정한 금액으로 한다.
   1. 보수월액보험료: 제70조에 따라 산정한 보수월액에 제73조제1항 또는 제2항에 따른 보험료율을 곱하여 얻은 금액
   2. <u>보수 외 소득월액보험료: 제71조제1항에 따라 산정한 보수 외 소득월액에 제73조제1항 또는 제2항에 따른 보험료율을 곱하여 얻은 금액</u>
⑥ 월별 보험료액은 가입자의 보험료 평균액의 일정비율에 해당하는 금액을 고려하여 <u>대통령령으로 정하는</u> 기준에 따라 상한 및 하한을 정한다.

06 ④

[상세해설] 국민건강보험법 제4조(건강보험정책심의위원회)
① 건강보험정책에 관한 다음 각 호의 사항을 심의·의결하기 위하여 보건복지부장관 소속으로 건강보험정책심의위원회를 둔다.
   1. 종합계획 및 시행계획에 관한 사항(<u>의결은 제외한다</u>)
   2. 요양급여의 기준
   3. 요양급여비용에 관한 사항
   4. 직장가입자의 보험료율
   5. 지역가입자의 보험료율과 재산보험료부과점수당 금액
   5의2. 보험료 부과 관련 제도 개선에 관한 다음 각 목의 사항(의결은 제외한다)
      가. 건강보험 가입자(이하 "가입자"라 한다)의 소득 파악 실태에 관한 조사 및 연구에 관한 사항
      나. 가입자의 소득 파악 및 소득에 대한 보험료 부과 강화를 위한 개선 방안에 관한 사항
      다. 그 밖에 보험료 부과와 관련된 제도 개선 사항으로서 심의위원회 위원장이 회의에 부치는 사항
   6. 그 밖에 건강보험에 관한 주요 사항으로서 대통령령으로 정하는 사항

07 ③

[상세해설] 국민건강보험법 제119조(과태료)
③ 다음 각 호의 어느 하나에 해당하는 자에게는 <u>500만</u>

원 이하의 과태료를 부과한다.
　　4. 행정처분을 받은 사실 또는 행정처분절차가 진행 중인 사실을 지체 없이 알리지 아니한 자
④ 다음 각 호의 어느 하나에 해당하는 자에게는 100만 원 이하의 과태료를 부과한다.
　　3. 정당한 사유 없이 건강보험증이나 신분증명서로 가입자 또는 피부양자의 본인 여부 및 그 자격을 확인하지 아니하고 요양급여를 실시한 자

따라서 빈칸에 들어갈 금액의 합은 $500 + 100 = 600$이다.

08 ②

[상세해설] 국민건강보험법 제99조(과징금)
⑧ 제1항부터 제3항까지의 규정에 따라 징수한 과징금은 다음 각 호 외의 용도로는 사용할 수 없다. 이 경우 제2항 제1호 및 제3항 제1호에 따라 징수한 과징금은 제3호의 용도로 사용하여야 한다.
　1. 제47조 제3항에 따라 공단이 요양급여비용으로 지급하는 자금
　2. 「응급의료에 관한 법률」에 따른 응급의료기금의 지원
　3. 「재난적의료비 지원에 관한 법률」에 따른 재난적의료비 지원사업에 대한 지원
⑨ 과징금의 금액과 그 납부에 필요한 사항 및 과징금의 용도별 지원 규모, 사용 절차 등에 필요한 사항은 대통령령으로 정한다.

09 ①

[상세해설] 국민건강보험법 제7조(사업장의 신고)
사업장의 사용자는 다음 각 호의 어느 하나에 해당하게 되면 그 때부터 14일 이내에 보건복지부령으로 정하는 바에 따라 보험자에게 신고하여야 한다. 제1호에 해당되어 보험자에게 신고한 내용이 변경된 경우에도 또한 같다.
1. 직장가입자가 되는 근로자·공무원 및 교직원을 사용하는 사업장이 된 경우
2. 휴업·폐업 등 보건복지부령으로 정하는 사유가 발생한 경우

10 ③

[오답풀이] 국민건강보험법 제41조의4(선별급여)
① 요양급여를 결정함에 있어 경제성 또는 치료효과성 등이 불확실하여 그 검증을 위하여 추가적인 근거가 필요하거나, 경제성이 낮아도 가입자와 피부양자의 건강회복에 잠재적 이득이 있는 등 대통령령으로 정하는 경우에는 예비적인 요양급여인 선별급여로 지정하여 실시할 수 있다.
② 보건복지부장관은 대통령령으로 정하는 절차와 방법에 따라 선별급여에 대하여 주기적으로 요양급여의 적합성을 평가하여 요양급여 여부를 다시 결정하고, 요양급여의 기준을 조정하여야 한다.

국민건강보험법 제42조의2(요양기관의 선별급여 실시에 대한 관리)
③ 보건복지부장관은 요양기관이 선별급여의 실시 조건을 충족하지 못하거나 자료를 제출하지 아니할 경우에는 해당 선별급여의 실시를 제한할 수 있다.
④ 선별급여의 실시 조건, 자료의 제출, 선별급여의 실시 제한 등에 필요한 사항은 보건복지부령으로 정한다.

11 ④

[상세해설] 국민건강보험법 제88조(심판청구)
① 이의신청에 대한 결정에 불복하는 자는 건강보험분쟁조정위원회에 심판청구를 할 수 있다. 이 경우 심판청구의 제기기간 및 제기방법에 관하여는 제87조 제3항을 준용한다.
② 심판청구를 하려는 자는 대통령령으로 정하는 심판청구서를 처분을 한 공단 또는 심사평가원에 제출하거나 건강보험분쟁조정위원회에 제출하여야 한다.
③ 규정한 사항 외에 심판청구의 절차·방법·결정 및 그 결정의 통지 등에 필요한 사항은 대통령령으로 정한다.

12 ②

[오답풀이] 국민건강보험법 제20조(임원)
① 공단은 임원으로서 이사장 1명, 이사 14명 및 감사 1명을 둔다. 이 경우 이사장, 이사 중 5명 및 감사는 상임으로 한다.
② 이사장은 임원추천위원회가 복수로 추천한 사람 중에서 보건복지부장관의 제청으로 대통령이 임명한다.

③ 상임이사는 보건복지부령으로 정하는 추천 절차를 거쳐 이사장이 임명한다.
④ 비상임이사는 다음 각 호의 사람을 보건복지부장관이 임명한다.
  1. 노동조합·사용자단체·시민단체·소비자단체·농어업인단체 및 노인단체가 추천하는 각 1명
  2. 대통령령으로 정하는 바에 따라 추천하는 관계 공무원 3명
⑤ 감사는 임원추천위원회가 복수로 추천한 사람 중에서 기획재정부장관의 제청으로 대통령이 임명한다.
⑥ 비상임이사는 정관으로 정하는 바에 따라 실비변상(實費辨償)을 받을 수 있다.
⑦ 이사장의 임기는 3년, 이사(공무원인 이사는 제외한다)와 감사의 임기는 각각 2년으로 한다.

13 ④

[상세해설] 국민건강보험법 제115조(벌칙)
① 가입자 및 피부양자의 개인정보를 누설하거나 직무상 목적 외의 용도로 이용 또는 정당한 사유 없이 제3자에게 제공한 자는 5년 이하의 징역 또는 5천만 원 이하의 벌금에 처한다.
② 다음 각 호의 어느 하나에 해당하는 자는 3년 이하의 징역 또는 3천만 원 이하의 벌금에 처한다.
  1. 대행청구단체의 종사자로서 거짓이나 그 밖의 부정한 방법으로 요양급여비용을 청구한 자
  2. 업무를 수행하면서 알게 된 정보를 누설하거나 직무상 목적 외의 용도로 이용 또는 제3자에게 제공한 자
③ 공동이용하는 전산정보자료를 목적 외의 용도로 이용하거나 활용한 자는 3년 이하의 징역 또는 1천만 원 이하의 벌금에 처한다.
④ 거짓이나 그 밖의 부정한 방법으로 보험급여를 받거나 타인으로 하여금 보험급여를 받게 한 사람은 2년 이하의 징역 또는 2천만 원 이하의 벌금에 처한다.
⑤ 다음 각 호의 어느 하나에 해당하는 자는 1년 이하의 징역 또는 1천만 원 이하의 벌금에 처한다.
  3. 제93조(근로자의 권익보호)를 위반한 사용자

국민건강보험법 제116조(벌칙)
보고 또는 서류 제출을 하지 아니한 자, 거짓으로 보고하거나 거짓 서류를 제출한 자, 검사나 질문을 거부·방해 또는 기피한 자는 1천만 원 이하의 벌금에 처한다.

14 ④

[오답풀이] 국민건강보험법 제4조(건강보험정책심의위원회)
④ 심의위원회 위원은 다음 각 호에 해당하는 사람을 보건복지부장관이 임명 또는 위촉한다.
  1. 근로자단체 및 사용자단체가 추천하는 각 2명
  2. 시민단체(「비영리민간단체지원법」 제2조에 따른 비영리민간단체를 말한다. 이하 같다), 소비자단체, 농어업인단체 및 자영업자단체가 추천하는 각 1명
  3. 의료계를 대표하는 단체 및 약업계를 대표하는 단체가 추천하는 8명
  4. 다음 각 목에 해당하는 8명
    가. 대통령령으로 정하는 중앙행정기관 소속 공무원 2명
    나. 국민건강보험공단의 이사장 및 건강보험심사평가원의 원장이 추천하는 각 1명
    다. 건강보험에 관한 학식과 경험이 풍부한 4명

15 ③

[상세해설] 국민건강보험법 제87조(이의신청)
① 가입자 및 피부양자의 자격, 보험료등, 보험급여, 보험급여 비용에 관한 공단의 처분에 이의가 있는 자는 공단에 이의신청을 할 수 있다.
② 요양급여비용 및 요양급여의 적정성 평가 등에 관한 심사평가원의 처분에 이의가 있는 공단, 요양기관 또는 그 밖의 자는 심사평가원에 이의신청을 할 수 있다.
③ 이의신청은 처분이 있음을 안 날부터 90일 이내에 문서(전자문서를 포함한다)로 하여야 하며 처분이 있은 날부터 180일을 지나면 제기하지 못한다. 다만, 정당한 사유로 그 기간에 이의신청을 할 수 없었음을 소명한 경우에는 그러하지 아니하다.
④ 제3항 본문에도 불구하고 요양기관이 심사평가원의 확인에 대하여 이의신청을 하려면 통보받은 날부터 30일 이내에 하여야 한다.
⑤ 규정한 사항 외에 이의신청의 방법·결정 및 그 결정의 통지 등에 필요한 사항은 대통령령으로 정한다.

16 ③

[상세해설] 국민건강보험법 제54조(급여의 정지)
보험급여를 받을 수 있는 사람이 다음 각 호의 어느 하나에 해당하면 그 기간에는 보험급여를 하지 아니한다. 다만, 제3호 및 제4호의 경우에는 제60조에 따른 요양급여를 실시한다.
2. 국외에 체류하는 경우
3. 「병역법」에 따른 현역병(지원에 의하지 아니하고 임용된 하사를 포함한다), 전환복무된 사람 및 군간부후보생에 해당하게 된 경우
4. 교도소, 그 밖에 이에 준하는 시설에 수용되어 있는 경우

17 ④

[상세해설] 국민건강보험법 제41조의2(약제에 대한 요양급여비용 상한금액의 감액 등)
① 보건복지부장관은 「약사법」 제47조 제2항의 위반과 관련된 제41조 제1항 제2호의 약제에 대하여는 요양급여비용 상한금액의 100분의 20을 넘지 아니하는 범위에서 그 금액의 일부를 감액할 수 있다.
② 보건복지부장관은 제1항에 따라 요양급여비용의 상한금액이 감액된 약제가 감액된 날부터 5년의 범위에서 대통령령으로 정하는 기간 내에 다시 제1항에 따른 감액의 대상이 된 경우에는 요양급여비용 상한금액의 100분의 40을 넘지 아니하는 범위에서 요양급여비용 상한금액의 일부를 감액할 수 있다.
③ 보건복지부장관은 제2항에 따라 요양급여비용의 상한금액이 감액된 약제가 감액된 날부터 5년의 범위에서 대통령령으로 정하는 기간 내에 다시 「약사법」 제47조제2항의 위반과 관련된 경우에는 해당 약제에 대하여 1년의 범위에서 기간을 정하여 요양급여의 적용을 정지할 수 있다.

18 ④

[상세해설] 국민건강보험법 제81조의3(체납 또는 결손처분 자료의 제공)
① 공단은 보험료 징수 및 제57조에 따른 징수금의 징수 또는 공익목적을 위하여 필요한 경우에 「신용정보의 이용 및 보호에 관한 법률」 제25조 제2항 제1호의 종합신용정보집중기관에 다음 각 호의 어느 하나에 해당하는 체납자 또는 결손처분자의 인적사항·체납액 또는 결손처분액에 관한 자료를 제공할 수 있다. 다만, 체납된 보험료나 부당이득금과 관련하여 행정심판 또는 행정소송이 계류 중인 경우, 제82조 제1항에 따라 분할납부를 승인받은 경우 중 대통령령으로 정하는 경우, 그 밖에 대통령령으로 정하는 사유가 있을 때에는 그러하지 아니하다.
1. 이 법에 따른 납부기한의 다음 날부터 1년이 지난 보험료 및 그에 따른 연체금과 체납처분비의 총액이 500만 원 이상인 자
2. 이 법에 따른 납부기한의 다음 날부터 1년이 지난 부당이득금 및 그에 따른 연체금과 체납처분비의 총액이 1억 원 이상인 자
3. 재정운영위원회의 의결을 받아 보험료등을 결손처분한 금액의 총액이 500만 원 이상인 자

19 ④

[상세해설] 국민건강보험법 제53조(급여의 제한)
① 공단은 보험급여를 받을 수 있는 사람이 다음 각 호의 어느 하나에 해당하면 보험급여를 하지 아니한다.
1. 고의 또는 중대한 과실로 인한 범죄행위에 그 원인이 있거나 고의로 사고를 일으킨 경우
2. 고의 또는 중대한 과실로 공단이나 요양기관의 요양에 관한 지시에 따르지 아니한 경우
3. 고의 또는 중대한 과실로 제55조에 따른 문서와 그 밖의 물건의 제출을 거부하거나 질문 또는 진단을 기피한 경우
4. 업무 또는 공무로 생긴 질병·부상·재해로 다른 법령에 따른 보험급여나 보상(報償) 또는 보상(補償)을 받게 되는 경우
② 공단은 보험급여를 받을 수 있는 사람이 다른 법령에 따라 국가나 지방자치단체로부터 보험급여에 상당하는 급여를 받거나 보험급여에 상당하는 비용을 지급받게 되는 경우에는 그 한도에서 보험급여를 하지 아니한다.
③ 공단은 가입자가 대통령령으로 정하는 기간 이상 다음 각 호의 보험료를 체납한 경우 그 체납한 보험료를 완납할 때까지 그 가입자 및 피부양자에 대하여 보험급여를 실시하지 아니할 수 있다. 다만, 월별 보

험료의 총체납횟수(이미 납부된 체납보험료는 총체납횟수에서 제외하며, 보험료의 체납기간은 고려하지 아니한다)가 대통령령으로 정하는 횟수 미만이거나 가입자 및 피부양자의 소득·재산 등이 대통령령으로 정하는 기준 미만인 경우에는 그러하지 아니하다.
  1. 제69조 제4항 제2호에 따른 보수 외 소득월액보험료
  2. 제69조 제5항에 따른 세대단위의 보험료
④ 공단은 제77조 제1항 제1호에 따라 납부의무를 부담하는 사용자가 제69조 제4항 제1호에 따른 보수월액보험료를 체납한 경우에는 그 체납에 대하여 직장가입자 본인에게 귀책사유가 있는 경우에 한하여 제3항의 규정을 적용한다. 이 경우 해당 직장가입자의 피부양자에게도 제3항의 규정을 적용한다.

20 ③

[오답풀이] **국민건강보험법 제48조(요양급여 대상 여부의 확인 등)**
① 가입자나 피부양자는 본인일부부담금 외에 자신이 부담한 비용이 요양급여 대상에서 제외되는 비용인지 여부에 대하여 심사평가원에 확인을 요청할 수 있다.
② 제1항에 따른 확인 요청을 받은 심사평가원은 그 결과를 요청한 사람에게 알려야 한다. 이 경우 확인을 요청한 비용이 요양급여 대상에 해당되는 비용으로 확인되면 그 내용을 공단 및 관련 요양기관에 알려야 한다.
③ 제2항 후단에 따라 통보받은 요양기관은 받아야 할 금액보다 더 많이 징수한 금액(이하 "과다본인부담금"이라 한다)을 지체 없이 확인을 요청한 사람에게 지급하여야 한다. 다만, 공단은 해당 요양기관이 과다본인부담금을 지급하지 아니하면 해당 요양기관에 지급할 요양급여비용에서 과다본인부담금을 공제하여 확인을 요청한 사람에게 지급할 수 있다.
④ 제1항부터 제3항까지에 따른 확인 요청의 범위, 방법, 절차, 처리기간 등 필요한 사항은 보건복지부령으로 정한다.

직무시험_노인장기요양보험법

01	02	03	04	05	06	07	08	09	10
②	④	④	④	③	②	④	①	①	④
11	12	13	14	15	16	17	18	19	20
②	①	③	④	④	④	④	④	①	③

01 ②

[오답풀이] **노인장기요양보험법 제32조의2(결격사유)**
다음 각 호의 어느 하나에 해당하는 자는 제31조에 따른 장기요양기관으로 지정받을 수 없다.
1. 미성년자, 피성년후견인 또는 피한정후견인
2. 「정신건강증진 및 정신질환자 복지서비스 지원에 관한 법률」 제3조제1호의 정신질환자. 다만, 전문의가 장기요양기관 설립·운영 업무에 종사하는 것이 적합하다고 인정하는 사람은 그러하지 아니하다.
3. 「마약류 관리에 관한 법률」 제2조제1호의 마약류에 중독된 사람
4. 파산선고를 받고 복권되지 아니한 사람
5. 금고 이상의 실형을 선고받고 그 집행이 종료(집행이 종료된 것으로 보는 경우를 포함한다)되거나 집행이 면제된 날부터 5년이 경과되지 아니한 사람
6. 금고 이상의 형의 집행유예를 선고받고 그 유예기간 중에 있는 사람
7. 대표자가 제1호부터 제6호까지의 규정 중 어느 하나에 해당하는 법인

02 ④

[상세해설] **노인장기요양보험법 제35조(장기요양기관의 의무 등)**
① 장기요양기관은 수급자로부터 장기요양급여신청을 받은 때 장기요양급여의 제공을 거부하여서는 아니 된다. 다만, 입소정원에 여유가 없는 경우 등 정당한 사유가 있는 경우는 그러하지 아니하다.
② 장기요양기관은 장기요양급여의 제공 기준·절차 및 방법 등에 따라 장기요양급여를 제공하여야 한다.
③ 장기요양기관의 장은 장기요양급여를 제공한 수급자에게 장기요양급여비용에 대한 명세서를 교부하여야 한다.
④ 장기요양기관의 장은 장기요양급여 제공에 관한 자료

를 기록·관리하여야 하며, 장기요양기관의 장 및 그 종사자는 장기요양급여 제공에 관한 자료를 거짓으로 작성하여서는 아니 된다.
⑤ 장기요양기관은 면제받거나 감경받는 금액 외에 영리를 목적으로 수급자가 부담하는 재가 및 시설 급여비용을 면제하거나 감경하는 행위를 하여서는 아니 된다.
⑥ 누구든지 영리를 목적으로 금전, 물품, 노무, 향응, 그 밖의 이익을 제공하거나 제공할 것을 약속하는 방법으로 수급자를 장기요양기관에 소개, 알선 또는 유인하는 행위 및 이를 조장하는 행위를 하여서는 아니 된다.
⑦ 장기요양급여비용의 명세서, 기록·관리하여야 할 장기요양급여 제공 자료의 내용 및 보존기한, 그 밖에 필요한 사항은 보건복지부령으로 정한다.

03 ④

[오답풀이] 노인장기요양보험법 제31조(장기요양기관의 지정)
① 재가급여 또는 시설급여를 제공하는 장기요양기관을 운영하려는 자는 보건복지부령으로 정하는 장기요양에 필요한 시설 및 인력을 갖추어 소재지를 관할 구역으로 하는 특별자치시장·특별자치도지사·시장·군수·구청장으로부터 지정을 받아야 한다.
② 장기요양기관으로 지정을 받을 수 있는 시설은 노인복지시설 중 대통령령으로 정하는 시설로 한다.
④ 특별자치시장·특별자치도지사·시장·군수·구청장은 장기요양기관을 지정한 때 지체 없이 지정 명세를 공단에 통보하여야 한다.

04 ④

[오답풀이] 노인장기요양보험법 제37조의4(행정제재처분 효과의 승계)
① 제37조 제1항 각 호의 어느 하나에 해당하는 행위를 이유로 한 행정제재처분(이하 "행정제재처분"이라 한다)의 효과는 그 처분을 한 날부터 3년간 다음 각 호의 어느 하나에 해당하는 자에게 승계된다.
 1. 장기요양기관을 양도한 경우 양수인
 2. 법인이 합병된 경우 합병으로 신설되거나 합병 후 존속하는 법인
 3. 장기요양기관 폐업 후 같은 장소에서 장기요양기관을 운영하는 자 중 종전에 행정제재처분을 받은 자(법인인 경우 그 대표자를 포함한다)나 그 배우자 또는 직계혈족

05 ③

[상세해설] 노인장기요양보험법 제69조(과태료)
① 정당한 사유 없이 다음 각 호의 어느 하나에 해당하는 자에게는 500만 원 이하의 과태료를 부과한다.
 2. 제33조를 위반하여 변경지정을 받지 아니하거나 변경신고를 하지 아니한 자 또는 거짓이나 그 밖의 부정한 방법으로 변경지정을 받거나 변경신고를 한 자
 2의2. 제34조를 위반하여 장기요양기관에 관한 정보를 게시하지 아니하거나 거짓으로 게시한 자
 9. 제62조의2를 위반하여 노인장기요양보험 또는 이와 유사한 용어를 사용한 자
② 다음 각 호의 어느 하나에 해당하는 자에게는 300만 원 이하의 과태료를 부과한다.
 1. 제33조의2에 따른 폐쇄회로 텔레비전을 설치하지 아니하거나 설치·관리의무를 위반한 자
㉠ 변경신고를 미실시하거나 부정한 방법으로 변경지정을 받은 경우(2차 위반): 100만 원
㉡ 폐쇄회로 텔레비전을 설치하지 않은 경우(1차 위반): 100만 원
㉢ 장기요양기관에 관한 정보를 게시하지 않은 경우(2차 위반): 100만 원
㉣ 노인장기요양보험 또는 이와 유사한 용어를 사용한 경우(3차 위반): 200만 원
따라서 과태료의 합은 $100 \times 3 + 200 = 500$(만 원)이다.

06 ②

[상세해설] 노인장기요양보험법 제63조(청문)
특별자치시장·특별자치도지사·시장·군수·구청장은 다음 각 호의 어느 하나에 해당하는 처분 또는 공표를 하려는 경우에는 청문을 하여야 한다.
 3. 제37조의3에 따른 위반사실 등의 공표
노인장기요양보험법 제37조의3(위반사실 등의 공표)
① 보건복지부장관 또는 특별자치시장·특별자치도지사·시장·군수·구청장은 장기요양기관이 거짓으로 재가·시설 급여비용을 청구하였다는 이유로 제37조

또는 제37조의2에 따른 처분이 확정된 경우로서 다음 각 호의 어느 하나에 해당하는 경우에는 위반사실, 처분내용, 장기요양기관의 명칭·주소, 장기요양기관의 장의 성명, 그 밖에 다른 장기요양기관과의 구별에 필요한 사항으로서 대통령령으로 정하는 사항을 공표하여야 한다. 다만, 장기요양기관의 폐업 등으로 공표의 실효성이 없는 경우에는 그러하지 아니하다.
1. 거짓으로 청구한 금액이 1천만 원 이상인 경우
2. 거짓으로 청구한 금액이 장기요양급여비용 총액의 100분의 10 이상인 경우

07 ④

[상세해설] 노인장기요양보험법 제31조(장기요양기관의 지정)
① 재가급여 또는 시설급여를 제공하는 장기요양기관을 운영하려는 자는 보건복지부령으로 정하는 장기요양에 필요한 시설 및 인력을 갖추어 소재지를 관할 구역으로 하는 특별자치시장·특별자치도지사·시장·군수·구청장으로부터 지정을 받아야 한다.
② 장기요양기관으로 지정을 받을 수 있는 시설은 노인복지시설 중 대통령령으로 정하는 시설로 한다.
③ 특별자치시장·특별자치도지사·시장·군수·구청장이 제1항에 따른 지정을 하려는 경우에는 다음 각 호의 사항을 검토하여 장기요양기관을 지정하여야 한다. 이 경우 특별자치시장·특별자치도지사·시장·군수·구청장은 공단에 관련 자료의 제출을 요청하거나 그 의견을 들을 수 있다.
④ 특별자치시장·특별자치도지사·시장·군수·구청장은 장기요양기관을 지정한 때 지체 없이 지정 명세를 공단에 통보하여야 한다. 재가급여를 제공하는 장기요양기관 중 의료기관이 아닌 자가 설치·운영하는 장기요양기관이 방문간호를 제공하는 경우에는 방문간호의 관리책임자로서 간호사를 둔다.
⑥ 장기요양기관의 지정절차와 그 밖에 필요한 사항은 보건복지부령으로 정한다.

08 ①

[상세해설] 노인장기요양보험법 제56조(재심사청구)
① 심사청구에 대한 결정에 불복하는 사람은 그 결정통지를 받은 날부터 90일 이내에 장기요양재심사위원회(이하 "재심사위원회"라 한다)에 재심사를 청구할 수 있다.
② 재심사위원회는 보건복지부장관 소속으로 두고, 위원장 1인을 포함한 20인 이내의 위원으로 구성한다.
③ 재심사위원회의 위원은 관계 공무원, 법학, 그 밖에 장기요양사업 분야의 학식과 경험이 풍부한 자 중에서 보건복지부장관이 임명 또는 위촉한다. 이 경우 공무원이 아닌 위원이 전체 위원의 과반수가 되도록 하여야 한다.
④ 재심사위원회의 구성·운영 및 위원의 임기, 그 밖에 필요한 사항은 대통령령으로 정한다.

09 ①

[상세해설] 노인장기요양보험법 제69조(과태료)
② 다음 각 호의 어느 하나에 해당하는 자에게는 300만 원 이하의 과태료를 부과한다.
1. 폐쇄회로 텔레비전을 설치하지 아니하거나 설치·관리의무를 위반한 자
2. 열람 요청에 응하지 아니한 자

10 ④

[상세해설] 노인장기요양보험법 제11조(장기요양보험가입자격 등에 관한 준용)
「국민건강보험법」 제5조(적용대상 등), 제6조(가입자의 종류), 제8조부터 제11조(자격의 취득 시기 등, 자격의 변동 시기 등, 자격 취득·변동 사항의 고지, 자격의 상실 시기 등, 자격취득 등의 확인)까지, 제69조(보험료) 제1항부터 제3항까지, 제76조부터 제86조(보험료의 부담, 보험료 납부의무, 제2차 납부의무, 보험료의 납부기한, 가산금, 보험료등의 납입 고지, 신용카드등으로 하는 보험료등의 납부, 연체금, 보험료등의 독촉 및 체납처분, 부당이득 징수금의 압류, 체납 또는 결손처분 자료의 제공, 보험료의 납부증명, 서류의 송달, 전자문서에 의한 납입 고지 등, 체납보험료의 분할납부, 고액·상습체납자의 인적사항 공개, 결손처분, 보험료등의 징수 순위, 보험료등의 충당과 환급)까지 및 제110조(실업자에 대한 특례)는 장기요양보험가입자·피부양자의 자격 취득·상실, 장기요양보험료 등의 납부·징수 및 결손처분 등에 관하여 이를 준용한다. 이 경우 "보험료"는 "장기요양보험료"로, "건강보험"은 "장기요양보험"으로, "가입자"는 "장기요양보험가입자"로 본다.

11 ②

[상세해설] 노인장기요양보험법 제22조(장기요양인정 신청 등에 대한 대리)
② 다음 각 호의 어느 하나에 해당하는 사람은 관할 지역 안에 거주하는 사람 중 장기요양급여를 받고자 하는 사람 또는 수급자가 장기요양인정신청 등을 직접 수행할 수 없을 때 본인 또는 가족의 동의를 받아 그 신청을 대리할 수 있다.
  1. 「사회보장급여의 이용·제공 및 수급권자 발굴에 관한 법률」에 따른 사회복지전담공무원
  2. 「치매관리법」에 따른 치매안심센터의 장(장기요양급여를 받고자 하는 사람 또는 수급자가 치매환자인 경우로 한정)

12 ①

[상세해설] 노인장기요양보험법 제36조(장기요양기관의 폐업 등의 신고 등)
① 장기요양기관의 장은 폐업하거나 휴업하고자 하는 경우 폐업이나 휴업 예정일 전 30일까지 특별자치시장·특별자치도지사·시장·군수·구청장에게 신고하여야 한다. 신고를 받은 특별자치시장·특별자치도지사·시장·군수·구청장은 지체 없이 신고 명세를 공단에 통보하여야 한다.

13 ③

[상세해설] 노인장기요양보험법 제35조(장기요양기관의 의무 등)
⑤ 장기요양기관은 제40조제2항에 따라 면제받거나 같은 조 제4항에 따라 감경받는 금액 외에 영리를 목적으로 수급자가 부담하는 재가 및 시설 급여비용(이하 "본인부담금"이라 한다)을 면제하거나 감경하는 행위를 하여서는 아니 된다.

14 ③

[상세해설] 노인장기요양보험법 제4조(국가 및 지방자치단체의 책무 등)
① 국가 및 지방자치단체는 노인이 일상생활을 혼자서 수행할 수 있는 온전한 심신상태를 유지하는데 필요한 사업(이하 "노인성질환예방사업"이라 한다)을 실시하여야 한다.
② 국가는 노인성질환예방사업을 수행하는 지방자치단체 또는 「국민건강보험법」에 따른 국민건강보험공단(이하 "공단"이라 한다)에 대하여 이에 소요되는 비용을 지원할 수 있다.
③ 국가 및 지방자치단체는 노인인구 및 지역특성 등을 고려하여 장기요양급여가 원활하게 제공될 수 있도록 적정한 수의 장기요양기관을 확충하고 장기요양기관의 설립을 지원하여야 한다.
④ 국가 및 지방자치단체는 국·공립 장기요양기관을 확충하기 위하여 노력하여야 한다.
⑤ 국가 및 지방자치단체는 장기요양급여가 원활히 제공될 수 있도록 공단에 필요한 행정적 또는 재정적 지원을 할 수 있다.
⑥ 국가 및 지방자치단체는 장기요양요원의 처우를 개선하고 복지를 증진하며 지위를 향상시키기 위하여 적극적으로 노력하여야 한다.

15 ①

[오답풀이] 노인장기요양보험법 제6조의2(실태조사)
① 보건복지부장관은 장기요양사업의 실태를 파악하기 위하여 3년마다 다음 각 호의 사항에 관한 조사를 정기적으로 실시하고 그 결과를 공표하여야 한다.

노인장기요양보험법 제37조의3(위반사실 등의 공표)
① 보건복지부장관 또는 특별자치시장·특별자치도지사·시장·군수·구청장은 장기요양기관이 거짓으로 재가·시설 급여비용을 청구하였다는 이유로 제37조 또는 제37조의2에 따른 처분이 확정된 경우로서 다음 각 호의 어느 하나에 해당하는 경우에는 위반사실, 처분내용, 장기요양기관의 명칭·주소, 장기요양기관의 장의 성명, 그 밖에 다른 장기요양기관과의 구별에 필요한 사항으로서 대통령령으로 정하는 사항을 공표하여야 한다. 다만, 장기요양기관의 폐업 등으로 공표의 실효성이 없는 경우에는 그러하지 아니하다.
  2. 거짓으로 청구한 금액이 장기요양급여비용 총액의 100분의 10 이상인 경우
③ 보건복지부장관 또는 특별자치시장·특별자치도지사·시장·군수·구청장은 제1항 및 제2항에 따른 공표 여부 등을 심의하기 위하여 공표심의위원회를 설치·운영할 수 있다.

16 ④

[상세해설] 노인장기요양보험법 제7조(장기요양보험)
① 장기요양보험사업은 보건복지부장관이 관장한다.
② 장기요양보험사업의 보험자는 공단으로 한다.
③ 장기요양보험의 가입자(이하 "장기요양보험가입자"라 한다)는 「국민건강보험법」 제5조 및 제109조에 따른 가입자로 한다.
④ 공단은 제3항에도 불구하고 「외국인근로자의 고용 등에 관한 법률」에 따른 외국인근로자 등 대통령령으로 정하는 외국인이 신청하는 경우 보건복지부령으로 정하는 바에 따라 장기요양보험가입자에서 제외할 수 있다.

17 ④

[상세해설] 노인장기요양보험법 제34조(장기요양기관 정보의 안내 등)
① 장기요양기관은 수급자가 장기요양급여를 쉽게 선택하도록 하고 장기요양기관이 제공하는 급여의 질을 보장하기 위하여 장기요양기관별 급여의 내용, 시설·인력 등 현황자료 등을 공단이 운영하는 인터넷 홈페이지에 게시하여야 한다.
② 제1항에 따른 게시 내용, 방법, 절차, 그 밖에 필요한 사항은 보건복지부령으로 정한다.

18 ④

[상세해설] 노인장기요양보험법 제59조(전자문서의 사용)
① 장기요양사업에 관련된 각종 서류의 기록, 관리 및 보관은 보건복지부령으로 정하는 바에 따라 전자문서로 한다.
② 공단 및 장기요양기관은 장기요양기관의 지정신청, 재가·시설 급여비용의 청구 및 지급, 장기요양기관의 재무·회계정보 처리 등에 대하여 전산매체 또는 전자문서교환방식을 이용하여야 한다.
③ 제1항 및 제2항에도 불구하고 정보통신망 및 정보통신서비스 시설이 열악한 지역 등 보건복지부장관이 정하는 지역의 경우 전자문서·전산매체 또는 전자문서교환방식을 이용하지 아니할 수 있다.

19 ①

[상세해설] 노인장기요양보험법 제48조(관리운영기관 등)
① 장기요양사업의 관리운영기관은 공단으로 한다.
② 공단은 다음 각 호의 업무를 관장한다.
  1. 장기요양보험가입자 및 그 피부양자와 의료급여수급권자의 자격관리
  2. 장기요양보험료의 부과·징수
  3. 신청인에 대한 조사
  4. 등급판정위원회의 운영 및 장기요양등급 판정
  5. 장기요양인정서의 작성 및 개인별장기요양이용계획서의 제공
  6. 장기요양급여의 관리 및 평가
  7. 수급자 및 그 가족에 대한 정보제공·안내·상담 등 장기요양급여 관련 이용지원에 관한 사항
  8. 재가 및 시설 급여비용의 심사 및 지급과 특별현금급여의 지급
  9. 장기요양급여 제공내용 확인
  10. 장기요양사업에 관한 조사·연구, 국제협력 및 홍보
  11. 노인성질환예방사업
  12. 이 법에 따른 부당이득금의 부과·징수 등
  13. 장기요양급여의 제공기준을 개발하고 장기요양급여비용의 적정성을 검토하기 위한 장기요양기관의 설치 및 운영
  14. 그 밖에 장기요양사업과 관련하여 보건복지부장관이 위탁한 업무

20 ③

[상세해설] 노인장기요양보험법 제27조의2(특별현금급여수급계좌)
① 공단은 특별현금급여를 받는 수급자의 신청이 있는 경우에는 특별현금급여를 수급자 명의의 지정된 계좌(이하 "특별현금급여수급계좌"라 한다)로 입금하여야 한다. 다만, 정보통신장애나 그 밖에 대통령령으로 정하는 불가피한 사유로 특별현금급여수급계좌로 이체할 수 없을 때에는 현금 지급 등 대통령령으로 정하는 바에 따라 특별현금급여를 지급할 수 있다.
② 특별현금급여수급계좌가 개설된 금융기관은 특별현금급여만이 특별현금급여수급계좌에 입금되도록 관리하여야 한다.

③ 제1항에 따른 신청방법·절차와 제2항에 따른 특별현금급여수급계좌의 관리에 필요한 사항은 대통령령으로 정한다.

※ 공단은 다음 각 호의 어느 하나에 해당하는 경우에는 특별현금급여를 직접 현금으로 지급할 수 있다.
1. 특별현금급여수급계좌가 개설된 금융기관이 폐업, 업무정지 또는 정보통신장애 등으로 인하여 정상 영업을 못하는 경우
2. 수급자가 금융기관을 쉽게 이용할 수 없는 지역에 거주하는 경우
3. 그 밖에 제1호 또는 제2호의 경우에 준하는 불가피한 사유로 특별현금급여를 특별현금급여수급계좌로 이체할 수 없는 경우

법률 연습문제 100제

국민건강보험법

01	02	03	04	05	06	07	08	09	10
①	③	②	①	③	④	②	①	②	④
11	12	13	14	15	16	17	18	19	20
②	③	①	④	①	②	④	④	④	④
21	22	23	24	25	26	27	28	29	30
④	③	①	②	②	①	②	③	①	②
31	32	33	34	35	36	37	38	39	40
②	③	①	①	④	④	②	①	④	①
41	42	43	44	45	46	47	48	49	50
③	③	②	①	①	④	①	③	①	④

01 ①

[오답풀이] 국민건강보험법 제3조(정의)
1. "근로자"란 직업의 종류와 관계없이 근로의 대가로 보수를 받아 생활하는 사람(법인의 이사와 그 밖의 임원을 포함한다)으로서 공무원 및 교직원을 제외한 사람을 말한다.
2. "사용자"란 다음 각 목의 어느 하나에 해당하는 자를 말한다.
   가. 근로자가 소속되어 있는 사업장의 사업주
   나. 공무원이 소속되어 있는 기관의 장으로서 대통령령으로 정하는 사람
   다. 교직원이 소속되어 있는 사립학교(「사립학교교직원 연금법」 제3조에 규정된 사립학교를 말한다. 이하 이 조에서 같다)를 설립·운영하는 자
3. "사업장"이란 사업소나 사무소를 말한다.
5. "교직원"이란 사립학교나 사립학교의 경영기관에서 근무하는 교원과 직원을 말한다.

02 ③

[상세해설] 국민건강보험법 제1조(목적)
이 법은 국민의 질병·부상에 대한 예방·진단·치료·재활과 출산·사망 및 건강증진에 대하여 보험급여를 실시함으로써 국민보건 향상과 사회보장 증진에 이바지함을

목적으로 한다.

03 ②

[상세해설] 국민건강보험법 제3조의2(국민건강보험종합계획의 수립 등)
① 보건복지부장관은 이 법에 따른 건강보험의 건전한 운영을 위하여 건강보험정책심의위원회의 심의를 거쳐 5년마다 국민건강보험종합계획을 수립하여야 한다.

04 ①

[오답풀이] 국민건강보험법 제7조(사업장의 신고)
사업장의 사용자는 다음 각 호의 어느 하나에 해당하게 되면 그 때부터 14일 이내에 보건복지부령으로 정하는 바에 따라 보험자에게 신고하여야 한다. 제1호에 해당되어 보험자에게 신고한 내용이 변경된 경우에도 또한 같다.
1. 직장가입자가 되는 근로자·공무원 및 교직원을 사용하는 사업장이 된 경우
2. 휴업·폐업 등 보건복지부령으로 정하는 사유가 발생한 경우

05 ③

[오답풀이] 국민건강보험법 제9조(자격의 변동 시기 등)
① 가입자는 다음 각 호의 어느 하나에 해당하게 된 날에 그 자격이 변동된다.
  1. 지역가입자가 적용대상사업장의 사용자로 되거나, 근로자·공무원 또는 교직원으로 사용된 날
  2. 직장가입자가 다른 적용대상사업장의 사용자로 되거나 근로자등으로 사용된 날
  3. 직장가입자인 근로자등이 그 사용관계가 끝난 날의 다음 날
  4. 적용대상사업장에 사유가 발생한 날의 다음 날

06 ④

[상세해설] 국민건강보험법 제10조(자격의 상실 시기 등)
① 가입자는 다음 각 호의 어느 하나에 해당하게 된 날에 그 자격을 잃는다.
  1. 사망한 날의 다음 날
  2. 국적을 잃은 날의 다음 날
  3. 국내에 거주하지 아니하게 된 날의 다음 날
  4. 직장가입자의 피부양자가 된 날
  5. 수급권자가 된 날
  6. 건강보험을 적용받고 있던 사람이 유공자등 의료보호대상자가 되어 건강보험의 적용배제신청을 한 날

07 ②

[오답풀이] 국민건강보험법 제12조(건강보험증)
① 국민건강보험공단은 가입자 또는 피부양자가 신청하는 경우 건강보험증을 발급하여야 한다.
② 가입자 또는 피부양자가 요양급여를 받을 때에는 건강보험증을 요양기관에 제출하여야 한다. 다만, 천재지변이나 그 밖의 부득이한 사유가 있으면 그러하지 아니하다.
③ 가입자 또는 피부양자는 주민등록증(모바일 주민등록증을 포함한다), 운전면허증, 여권, 그 밖에 보건복지부령으로 정하는 본인 여부를 확인할 수 있는 신분증명서로 요양기관이 그 자격을 확인할 수 있으면 건강보험증을 제출하지 아니할 수 있다.
④ 요양기관은 가입자 또는 피부양자에게 요양급여를 실시하는 경우 보건복지부령으로 정하는 바에 따라 건강보험증이나 신분증명서로 본인 여부 및 그 자격을 확인하여야 한다. 다만, 요양기관이 가입자 또는 피부양자의 본인 여부 및 그 자격을 확인하기 곤란한 경우로서 보건복지부령으로 정하는 정당한 사유가 있을 때에는 그러하지 아니하다.

08 ①

[오답풀이] 국민건강보험법 제20조(임원)
① 공단은 임원으로서 이사장 1명, 이사 14명 및 감사 1명을 둔다. 이 경우 이사장, 이사 중 5명 및 감사는 상임으로 한다.
② 이사장은 「공공기관의 운영에 관한 법률」 제29조에 따른 임원추천위원회가 복수로 추천한 사람 중에서 보건복지부장관의 제청으로 대통령이 임명한다.
③ 상임이사는 보건복지부령으로 정하는 추천 절차를 거쳐 이사장이 임명한다.
④ 비상임이사는 보건복지부장관이 임명한다.

09 ②

[상세해설] 국민건강보험법 제20조(임원)
④ 비상임이사는 보건복지부장관이 임명한다.
  1. 노동조합·사용자단체·시민단체·소비자단체·농어업인단체 및 노인단체가 추천하는 각 1명
  2. 대통령령으로 정하는 바에 따라 추천하는 관계 공무원 3명
⑤ 감사는 임원추천위원회가 복수로 추천한 사람 중에서 기획재정부장관의 제청으로 대통령이 임명한다.
⑦ 이사장의 임기는 3년, 이사(공무원인 이사는 제외한다)와 감사의 임기는 각각 2년으로 한다.

10 ④

[오답풀이] 국민건강보험법 제22조(임원의 직무)
① 이사장은 공단을 대표하고 업무를 총괄하며, 임기 중 공단의 경영성과에 대하여 책임을 진다.
② 상임이사는 이사장의 명을 받아 공단의 업무를 집행한다.
③ 이사장이 부득이한 사유로 그 직무를 수행할 수 없을 때에는 정관으로 정하는 바에 따라 상임이사 중 1명이 그 직무를 대행하고, 상임이사가 없거나 그 직무를 대행할 수 없을 때에는 정관으로 정하는 임원이 그 직무를 대행한다.
④ 감사는 공단의 업무, 회계 및 재산 상황을 감사한다.

11 ②

[상세해설] 국민건강보험법 제24조(임원의 당연퇴임 및 해임)
② 임명권자는 임원이 다음 각 호의 어느 하나에 해당하면 그 임원을 해임할 수 있다.
  1. 신체장애나 정신장애로 직무를 수행할 수 없다고 인정되는 경우
  2. 직무상 의무를 위반한 경우
  3. 고의나 중대한 과실로 공단에 손실이 생기게 한 경우
  4. 직무 여부와 관계없이 품위를 손상하는 행위를 한 경우
  5. 이 법에 따른 보건복지부장관의 명령을 위반한 경우

12 ③

[오답풀이] 국민건강보험법 제26조(이사회)
① 공단의 주요 사항을 심의·의결하기 위하여 공단에 이사회를 둔다.
② 이사회는 이사장과 이사로 구성한다.
③ 감사는 이사회에 출석하여 발언할 수 있다.
④ 이사회의 의결 사항 및 운영 등에 필요한 사항은 대통령령으로 정한다.

13 ①

[상세해설] 국민건강보험법 제27조(직원의 임면)
이사장은 정관으로 정하는 바에 따라 직원을 임면(任免)한다.
국민건강보험법 제28조(벌칙 적용 시 공무원 의제)
공단의 임직원은 「형법」 제129조부터 제132조까지의 규정을 적용할 때 공무원으로 본다.
국민건강보험법 제29조(규정 등)
공단의 조직·인사·보수 및 회계에 관한 규정은 이사회의 의결을 거쳐 보건복지부장관의 승인을 받아 정한다.
국민건강보험법 제30조(대리인의 선임)
이사장은 공단 업무에 관한 모든 재판상의 행위 또는 재판 외의 행위를 대행하게 하기 위하여 공단의 이사 또는 직원 중에서 대리인을 선임할 수 있다.
국민건강보험법 제31조(대표권의 제한)
① 이사장은 공단의 이익과 자기의 이익이 상반되는 사항에 대하여는 공단을 대표하지 못한다. 이 경우 감사가 공단을 대표한다.

14 ④

[상세해설] 국민건강보험법 제34조(재정운영위원회의 구성 등)
① 재정운영위원회는 다음 각 호의 위원으로 구성한다.
  1. 직장가입자를 대표하는 위원 10명
  2. 지역가입자를 대표하는 위원 10명
  3. 공익을 대표하는 위원 10명

15 ②

[상세해설] 국민건강보험법 제41조(요양급여)
① 가입자와 피부양자의 질병, 부상, 출산 등에 대하여

다음 각 호의 요양급여를 실시한다.
1. 진찰·검사
2. 약제(藥劑)·치료재료의 지급
3. 처치·수술 및 그 밖의 치료
4. 예방·재활
5. 입원
6. 간호
7. 이송(移送)

16 ①

[상세해설] 국민건강보험법 제41조의5(방문요양급여)
가입자 또는 피부양자가 질병이나 부상으로 거동이 불편한 경우 등 보건복지부령으로 정하는 사유에 해당하는 경우에는 가입자 또는 피부양자를 직접 방문하여 요양급여를 실시할 수 있다.

17 ②

[상세해설] 국민건강보험법 제41조의4(선별급여)
① 요양급여를 결정함에 있어 경제성 또는 치료효과성 등이 불확실하여 그 검증을 위하여 추가적인 근거가 필요하거나, 경제성이 낮아도 가입자와 피부양자의 건강회복에 잠재적 이득이 있는 등 대통령령으로 정하는 경우에는 예비적인 요양급여인 선별급여로 지정하여 실시할 수 있다.

18 ④

[상세해설] 국민건강보험법 제42조(요양기관)
① 요양급여(간호와 이송은 제외한다)는 다음 각 호의 요양기관에서 실시한다. 이 경우 보건복지부장관은 공익이나 국가정책에 비추어 요양기관으로 적합하지 아니한 대통령령으로 정하는 의료기관 등은 요양기관에서 제외할 수 있다.
1. 「의료법」에 따라 개설된 의료기관
2. 「약사법」에 따라 등록된 약국
3. 「약사법」 제91조에 따라 설립된 한국희귀·필수의약품센터
4. 「지역보건법」에 따른 보건소·보건의료원 및 보건지소
5. 「농어촌 등 보건의료를 위한 특별조치법」에 따라 설치된 보건진료소

19 ④

[오답풀이] 국민건강보험법 제45조(요양급여비용의 산정 등)
⑥ 심사평가원은 공단의 이사장이 계약을 체결하기 위하여 필요한 자료를 요청하면 그 요청에 성실히 따라야 한다.

20 ④

[상세해설] 국민건강보험법 제47조(요양급여비용의 청구와 지급 등)
① 요양기관은 공단에 요양급여비용의 지급을 청구할 수 있다. 이 경우 요양급여비용에 대한 심사청구는 공단에 대한 요양급여비용의 청구로 본다.
② 요양급여비용을 청구하려는 요양기관은 심사평가원에 요양급여비용의 심사청구를 하여야 하며, 심사청구를 받은 심사평가원은 이를 심사한 후 지체 없이 그 내용을 공단과 요양기관에 알려야 한다.
③ 심사 내용을 통보받은 공단은 지체 없이 그 내용에 따라 요양급여비용을 요양기관에 지급한다. 이 경우 이미 낸 본인일부부담금이 통보된 금액보다 더 많으면 요양기관에 지급할 금액에서 더 많이 낸 금액을 공제하여 해당 가입자에게 지급하여야 한다.
⑤ 공단은 가입자에게 지급하여야 하는 금액을 그 가입자가 내야 하는 보험료와 그 밖에 이 법에 따른 징수금과 상계(相計)할 수 있다.

21 ④

[상세해설] 국민건강보험법 제47조의4(요양급여의 적정성 평가)
① 심사평가원은 요양급여에 대한 의료의 질을 향상시키기 위하여 요양급여의 적정성 평가를 실시할 수 있다.
② 심사평가원은 요양기관의 인력·시설·장비, 환자안전 등 요양급여와 관련된 사항을 포함하여 평가할 수 있다.
③ 심사평가원은 평가 결과를 평가대상 요양기관에 통보하여야 하며, 평가 결과에 따라 요양급여비용을 가산 또는 감산할 경우에는 그 결정사항이 포함된 평가 결과를 가감대상 요양기관 및 공단에 통보하여야 한다.
④ 평가의 기준·범위·절차·방법 등에 필요한 사항은 보건복지부령으로 정한다.

22 ③

[오답풀이] 국민건강보험법 제48조(요양급여 대상 여부의 확인 등)
③ 제2항 후단에 따라 통보받은 요양기관은 받아야 할 금액보다 더 많이 징수한 금액(이하 "과다본인부담금"이라 한다)을 지체 없이 확인을 요청한 사람에게 지급하여야 한다. 다만, 공단은 해당 요양기관이 과다본인부담금을 지급하지 아니하면 해당 요양기관에 지급할 요양급여비용에서 과다본인부담금을 공제하여 확인을 요청한 사람에게 지급할 수 있다.

23 ②

[상세해설] 국민건강보험법 제49조(요양비)
① 공단은 가입자나 피부양자가 보건복지부령으로 정하는 긴급하거나 그 밖의 부득이한 사유로 요양기관과 비슷한 기능을 하는 기관으로서 보건복지부령으로 정하는 기관(제98조제1항에 따라 업무정지기간 중인 요양기관을 포함한다. 이하 "준요양기관"이라 한다)에서 질병·부상·출산 등에 대하여 요양을 받거나 요양기관이 아닌 장소에서 출산한 경우에는 그 요양급여에 상당하는 금액을 보건복지부령으로 정하는 바에 따라 가입자나 피부양자에게 요양비로 지급한다.
③ 제1항 및 제2항에도 불구하고 준요양기관은 요양을 받은 가입자나 피부양자의 위임이 있는 경우 공단에 요양비의 지급을 직접 청구할 수 있다. 이 경우 공단은 지급이 청구된 내용의 적정성을 심사하여 준요양기관에 요양비를 지급할 수 있다.

24 ①

[상세해설] 국민건강보험법 제50조(부가급여)
공단은 이 법에서 정한 요양급여 외에 대통령령으로 정하는 바에 따라 임신·출산 진료비, 장제비, 상병수당, 그 밖의 급여를 실시할 수 있다.

25 ②

[오답풀이] 국민건강보험법 제51조(장애인에 대한 특례)
② 장애인 가입자 또는 피부양자에게 보조기기를 판매한 자는 가입자나 피부양자의 위임이 있는 경우 공단에 보험급여를 직접 청구할 수 있다.

26 ②

[오답풀이] 국민건강보험법 제52조(건강검진)
① 공단은 가입자와 피부양자에 대하여 질병의 조기 발견과 그에 따른 요양급여를 하기 위하여 건강검진을 실시한다.
② 제1항에 따른 건강검진의 종류 및 대상은 다음 각 호와 같다.
  1. 일반건강검진: 직장가입자, 세대주인 지역가입자, 20세 이상인 지역가입자 및 20세 이상인 피부양자
  2. 암검진:「암관리법」제11조제2항에 따른 암의 종류별 검진주기와 연령 기준 등에 해당하는 사람
  3. 영유아건강검진: 6세 미만의 가입자 및 피부양자

27 ①

[오답풀이] 국민건강보험법 제56조의2(요양비등수급계좌)
① 공단은 이 법에 따른 보험급여로 지급되는 현금을 받는 수급자의 신청이 있는 경우에는 요양비등을 수급자 명의의 지정된 계좌로 입금하여야 한다. 다만, 정보통신장애나 그 밖에 대통령령으로 정하는 불가피한 사유로 요양비등수급계좌로 이체할 수 없을 때에는 직접 현금으로 지급하는 등 대통령령으로 정하는 바에 따라 요양비등을 지급할 수 있다.
② 요양비등수급계좌가 개설된 금융기관은 요양비등수급계좌에 요양비등만이 입금되도록 하고, 이를 관리하여야 한다.
③ 요양비등수급계좌의 신청 방법·절차와 관리에 필요한 사항은 대통령령으로 정한다.

28 ②

[상세해설] 국민건강보험법 제63조(업무 등)
① 심사평가원은 다음 각 호의 업무를 관장한다.
  1. 요양급여비용의 심사
  2. 요양급여의 적정성 평가
  3. 심사기준 및 평가기준의 개발
  4. 제1호부터 제3호까지의 규정에 따른 업무와 관련된 조사연구 및 국제협력
  5. 다른 법률에 따라 지급되는 급여비용의 심사 또는 의료의 적정성 평가에 관하여 위탁받은 업무
  6. 그 밖에 이 법 또는 다른 법령에 따라 위탁받은 업무

7. 건강보험과 관련하여 보건복지부장관이 필요하다고 인정한 업무
8. 그 밖에 보험급여 비용의 심사와 보험급여의 적정성 평가와 관련하여 대통령령으로 정하는 업무

국민건강보험법 제4조(건강보험정책심의위원회)
① 건강보험정책에 관한 다음 각 호의 사항을 심의·의결하기 위하여 보건복지부장관 소속으로 건강보험정책심의위원회를 둔다.
2. 요양급여의 기준
3. 요양급여비용에 관한 사항

29 ③

[오답풀이] **국민건강보험법 제65조(임원)**
① 심사평가원에 임원으로서 원장, 이사 15명 및 감사 1명을 둔다. 이 경우 원장, 이사 중 4명 및 감사는 상임으로 한다.
② 원장은 임원추천위원회가 복수로 추천한 사람 중에서 보건복지부장관의 제청으로 대통령이 임명한다.
③ 상임이사는 보건복지부령으로 정하는 추천 절차를 거쳐 원장이 임명한다.
⑤ 감사는 임원추천위원회가 복수로 추천한 사람 중에서 기획재정부장관의 제청으로 대통령이 임명한다.

30 ②

[오답풀이] **국민건강보험법 제66조(진료심사평가위원회)**
① 심사평가원의 업무를 효율적으로 수행하기 위하여 심사평가원에 진료심사평가위원회를 둔다.
② 심사위원회는 위원장을 포함하여 90명 이내의 상근 심사위원과 1천명 이내의 비상근 심사위원으로 구성하며, 진료과목별 분과위원회를 둘 수 있다.
③ 상근 심사위원은 심사평가원의 원장이 보건복지부령으로 정하는 사람 중에서 임명한다.
④ 비상근 심사위원은 심사평가원의 원장이 보건복지부령으로 정하는 사람 중에서 위촉한다.

31 ②

[상세해설] **국민건강보험법 제66조(진료심사평가위원회)**
⑤ 심사평가원의 원장은 심사위원이 다음 각 호의 어느 하나에 해당하면 그 심사위원을 해임 또는 해촉할 수 있다.

1. 신체장애나 정신장애로 직무를 수행할 수 없다고 인정되는 경우
2. 직무상 의무를 위반하거나 직무를 게을리한 경우
3. 고의나 중대한 과실로 심사평가원에 손실이 생기게 한 경우
4. 직무 여부와 관계없이 품위를 손상하는 행위를 한 경우

32 ③

[상세해설] **국민건강보험법 제71조(소득월액)**
① 직장가입자의 보수 외 소득월액은 제70조에 따른 보수월액의 산정에 포함된 보수를 제외한 직장가입자의 소득(이하 "보수 외 소득"이라 한다)이 대통령령으로 정하는 금액을 초과하는 경우 다음의 계산식에 따른 값을 보건복지부령으로 정하는 바에 따라 평가하여 산정한다.
(연간 보수 외 소득 − 대통령령으로 정하는 금액) × 1/12

33 ①

[오답풀이] **국민건강보험법 제73조(보험료율 등)**
② 국외에서 업무에 종사하고 있는 직장가입자에 대한 보험료율은 제73조제1항에 따라 정해진 보험료율의 100분의 50으로 한다.

국민건강보험법 제71조(소득월액)
① 직장가입자의 보수 외 소득월액은 보수월액의 산정에 포함된 보수를 제외한 직장가입자의 소득이 대통령령으로 정하는 금액을 초과하는 경우 보건복지부령으로 정하는 바에 따라 평가하여 산정한다.
② 지역가입자의 소득월액은 지역가입자의 연간 소득을 12개월로 나눈 값을 보건복지부령으로 정하는 바에 따라 평가하여 산정한다.
③ 소득의 구체적인 범위, 소득월액을 산정하는 기준, 방법 등 소득월액의 산정에 필요한 사항은 대통령령으로 정한다.

34 ①

[상세해설] **국민건강보험법 제81조의4(보험료의 납부증명)**
① 보험료의 납부의무자는 국가, 지방자치단체 또는 「공공기관의 운영에 관한 법률」 제4조에 따른 공공기관으로부터 공사·제조·구매·용역 등 대통령령으로 정

하는 계약의 대가를 지급받는 경우에는 보험료와 그에 따른 연체금 및 체납처분비의 납부사실을 증명하여야 한다.

35 ③

[오답풀이] 국민건강보험법 제82조(체납보험료의 분할납부)
③ 공단은 제82조제1항에 따라 분할납부 승인을 받은 자가 정당한 사유 없이 5회(제1항에 따라 승인받은 분할납부 횟수가 5회 미만인 경우에는 해당 분할납부 횟수를 말한다) 이상 그 승인된 보험료를 납부하지 아니하면 그 분할납부의 승인을 취소한다.

36 ④

[상세해설] 국민건강보험법 제84조(결손처분)
① 공단은 다음 각 호의 어느 하나에 해당하는 사유가 있으면 재정운영위원회의 의결을 받아 보험료등을 결손처분할 수 있다.
  1. 체납처분이 끝나고 체납액에 충당될 배분금액이 그 체납액에 미치지 못하는 경우
  2. 해당 권리에 대한 소멸시효가 완성된 경우
  3. 그 밖에 징수할 가능성이 없다고 인정되는 경우로서 대통령령으로 정하는 경우
② 공단은 제82조제1항제3호에 따라 결손처분을 한 후 압류할 수 있는 다른 재산이 있는 것을 발견한 때에는 지체 없이 그 처분을 취소하고 체납처분을 하여야 한다.

37 ④

[오답풀이] 국민건강보험법 제86조(보험료등의 충당과 환급)
① 공단은 납부의무자가 보험료등·연체금 또는 체납처분비로 낸 금액 중 과오납부(過誤納付)한 금액이 있으면 대통령령으로 정하는 바에 따라 그 과오납금을 보험료등·연체금 또는 체납처분비에 우선 충당하여야 한다.
② 공단은 제86조제1항에 따라 충당하고 남은 금액이 있는 경우 대통령령으로 정하는 바에 따라 납부의무자에게 환급하여야 한다.
③ 제86조제1항 및 제2항의 경우 과오납금에 대통령령으로 정하는 이자를 가산하여야 한다.

38 ②

[상세해설] 국민건강보험법 제87조(이의신청)
① 가입자 및 피부양자의 자격, 보험료등, 보험급여, 보험급여 비용에 관한 공단의 처분에 이의가 있는 자는 공단에 이의신청을 할 수 있다.
② 요양급여비용 및 요양급여의 적정성 평가 등에 관한 심사평가원의 처분에 이의가 있는 공단, 요양기관 또는 그 밖의 자는 심사평가원에 이의신청을 할 수 있다.
③ 제87조제1항 및 제2항에 따른 이의신청(이하 "이의신청"이라 한다)은 처분이 있음을 안 날부터 90일 이내에 문서(전자문서를 포함한다)로 하여야 하며 처분이 있은 날부터 180일을 지나면 제기하지 못한다. 다만, 정당한 사유로 그 기간에 이의신청을 할 수 없었음을 소명한 경우에는 그러하지 아니하다.
④ 제3항 본문에도 불구하고 요양기관이 제48조에 따른 심사평가원의 확인에 대하여 이의신청을 하려면 같은 조 제2항에 따라 통보받은 날부터 30일 이내에 하여야 한다.

39 ①

[오답풀이] 국민건강보험법 제89조(건강보험분쟁조정위원회)
② 분쟁조정위원회는 위원장을 포함하여 60명 이내의 위원으로 구성하고, 위원장을 제외한 위원 중 1명은 당연직위원으로 한다. 이 경우 공무원이 아닌 위원이 전체 위원의 과반수가 되도록 하여야 한다.

40 ④

[상세해설] 국민건강보험법 제91조(시효)
① 다음 각 호의 권리는 3년 동안 행사하지 아니하면 소멸시효가 완성된다.
  1. 보험료, 연체금 및 가산금을 징수할 권리
  2. 보험료, 연체금 및 가산금으로 과오납부한 금액을 환급받을 권리
  3. 보험급여를 받을 권리
  4. 보험급여 비용을 받을 권리
  5. 제47조제3항 후단에 따라 과다납부된 본인일부부담금을 돌려받을 권리
  6. 제61조에 따른 근로복지공단의 권리

② 제1항에 따른 시효는 다음 각 호의 어느 하나의 사유로 중단된다.
　1. 보험료의 고지 또는 독촉
　2. 보험급여 또는 보험급여 비용의 청구

41 ③

[상세해설] 국민건강보험법 제92조(기간 계산)
이 법이나 이 법에 따른 명령에 규정된 기간의 계산에 관하여 이 법에서 정한 사항 외에는 「민법」의 기간에 관한 규정을 준용한다.

42 ③

[오답풀이] 국민건강보험법 제94조(신고 등)
② 공단은 신고한 사항이나 제출받은 자료에 대하여 사실 여부를 확인할 필요가 있으면 소속 직원이 해당 사항에 관하여 조사하게 할 수 있다.

43 ②

[상세해설] 국민건강보험법 제96조(자료의 제공)
① 공단은 국가, 지방자치단체, 요양기관, 「보험업법」에 따른 보험회사 및 보험료율 산출 기관, 「공공기관의 운영에 관한 법률」에 따른 공공기관, 그 밖의 공공단체 등에 대하여 다음 각 호의 업무를 수행하기 위하여 주민등록·가족관계등록·국세·지방세·토지·건물·출입국관리 등의 자료로서 대통령령으로 정하는 자료를 제공하도록 요청할 수 있다.
② 심사평가원은 국가, 지방자치단체, 요양기관, 「보험업법」에 따른 보험회사 및 보험료율 산출 기관, 「공공기관의 운영에 관한 법률」에 따른 공공기관, 그 밖의 공공단체 등에 대하여 요양급여비용을 심사하고 요양급여의 적정성을 평가하기 위하여 주민등록·출입국관리·진료기록·의약품공급 등의 자료로서 대통령령으로 정하는 자료를 제공하도록 요청할 수 있다.
③ 보건복지부장관은 관계 행정기관의 장에게 제41조의2에 따른 약제에 대한 요양급여비용 상한금액의 감액 및 요양급여의 적용 정지를 위하여 필요한 자료를 제공하도록 요청할 수 있다.

44 ①

[상세해설] 국민건강보험법 제96조의4(서류의 보존)
① 요양기관은 요양급여가 끝난 날부터 5년간 보건복지부령으로 정하는 바에 따라 제47조에 따른 요양급여비용의 청구에 관한 서류를 보존하여야 한다. 다만, 약국 등 보건복지부령으로 정하는 요양기관은 처방전을 요양급여비용을 청구한 날부터 3년간 보존하여야 한다.
② 사용자는 3년간 보건복지부령으로 정하는 바에 따라 자격 관리 및 보험료 산정 등 건강보험에 관한 서류를 보존하여야 한다.
③ 제49조제3항에 따라 요양비를 청구한 준요양기관은 요양비를 지급받은 날부터 3년간 보건복지부령으로 정하는 바에 따라 요양비 청구에 관한 서류를 보존하여야 한다.
④ 제51조제2항에 따라 보조기기에 대한 보험급여를 청구한 자는 보험급여를 지급받은 날부터 3년간 보건복지부령으로 정하는 바에 따라 보험급여 청구에 관한 서류를 보존하여야 한다.

45 ①

[상세해설] 국민건강보험법 제97조(보고와 검사)
① 보건복지부장관은 사용자, 직장가입자 또는 세대주에게 가입자의 이동·보수·소득이나 그 밖에 필요한 사항에 관한 보고 또는 서류 제출을 명하거나, 소속 공무원이 관계인에게 질문하게 하거나 관계 서류를 검사하게 할 수 있다.
② 보건복지부장관은 요양기관(제49조에 따라 요양을 실시한 기관을 포함한다)에 대하여 요양·약제의 지급 등 보험급여에 관한 보고 또는 서류 제출을 명하거나, 소속 공무원이 관계인에게 질문하게 하거나 관계 서류를 검사하게 할 수 있다.
③ 보건복지부장관은 보험급여를 받은 자에게 해당 보험급여의 내용에 관하여 보고하게 하거나, 소속 공무원이 질문하게 할 수 있다.
④ 보건복지부장관은 제47조제7항에 따라 요양급여비용의 심사청구를 대행하는 단체에 필요한 자료의 제출을 명하거나, 소속 공무원이 대행청구에 관한 자료 등을 조사·확인하게 할 수 있다.

46 ③

[오답풀이] 국민건강보험법 제98조(업무정지)
① 보건복지부장관은 요양기관이 다음 각 호의 어느 하나에 해당하면 그 요양기관에 대하여 1년의 범위에서 기간을 정하여 업무정지를 명할 수 있다. 이 경우 보건복지부장관은 그 사실을 공단 및 심사평가원에 알려야 한다.
  1. 속임수나 그 밖의 부당한 방법으로 보험자·가입자 및 피부양자에게 요양급여비용을 부담하게 한 경우
② 제1항에 따라 업무정지 처분을 받은 자는 해당 업무정지기간 중에는 요양급여를 하지 못한다.
⑤ 제1항에 따른 업무정지를 부과하는 위반행위의 종류, 위반 정도 등에 따른 행정처분기준이나 그 밖에 필요한 사항은 대통령령으로 정한다.

47 ①

[오답풀이] 국민건강보험법 제100조(위반사실의 공표)
① 보건복지부장관은 관련 서류의 위조·변조로 요양급여비용을 거짓으로 청구하여 제98조 또는 제99조에 따른 행정처분을 받은 요양기관이 다음 각 호의 어느 하나에 해당하면 그 위반 행위, 처분 내용, 해당 요양기관의 명칭·주소 및 대표자 성명, 그 밖에 다른 요양기관과의 구별에 필요한 사항으로서 대통령령으로 정하는 사항을 공표할 수 있다.
  1. 거짓으로 청구한 금액이 1천 500만 원 이상인 경우
  2. 요양급여비용 총액 중 거짓으로 청구한 금액의 비율이 100분의 20 이상인 경우
③ 보건복지부장관은 공표심의위원회의 심의를 거친 공표대상자에게 공표대상자인 사실을 알려 소명자료를 제출하거나 출석하여 의견을 진술할 기회를 주어야 한다.

48 ③

[오답풀이] 국민건강보험법 제110조(실업자에 대한 특례)
③ 임의계속가입자의 보수월액은 보수월액보험료가 산정된 최근 12개월간의 보수월액을 평균한 금액으로 한다.

49 ③

[상세해설] 국민건강보험법 제115조(벌칙)
① 가입자 및 피부양자의 개인정보를 누설하거나 직무상 목적 외의 용도로 이용 또는 정당한 사유 없이 제3자에게 제공한 자는 5년 이하의 징역 또는 5천만 원 이하의 벌금에 처한다.
② 다음 각 호의 어느 하나에 해당하는 자는 3년 이하의 징역 또는 3천만 원 이하의 벌금에 처한다.
  1. 대행청구단체의 종사자로서 거짓이나 그 밖의 부정한 방법으로 요양급여비용을 청구한 자
  2. 업무를 수행하면서 알게 된 정보를 누설하거나 직무상 목적 외의 용도로 이용 또는 제3자에게 제공한 자
③ 공동이용하는 전산정보자료를 목적 외의 용도로 이용하거나 활용한 자는 3년 이하의 징역 또는 1천만 원 이하의 벌금에 처한다.

50 ④

[오답풀이] 국민건강보험법 제109조(외국인 등에 대한 특례)
⑧ 국내체류 외국인등(제109조제9항 단서의 적용을 받는 사람에 한정한다)에 해당하는 지역가입자의 보험료는 제78조제1항 본문에도 불구하고 그 직전 월 25일까지 납부하여야 한다.

노인장기요양보험법

01	02	03	04	05	06	07	08	09	10
④	④	②	③	③	④	②	①	④	①
11	12	13	14	15	16	17	18	19	20
②	③	②	①	④	①	②	③	④	①
21	22	23	24	25	26	27	28	29	30
④	②	③	②	②	③	①	②	③	③
31	32	33	34	35	36	37	38	39	40
②	③	④	④	①	②	④	④	②	③
41	42	43	44	45	46	47	48	49	50
③	③	②	②	①	③	③	③	②	②

01 ④

[오답풀이] 노인장기요양보험법 제7조(장기요양보험)
④ 공단은 제3항에도 불구하고 「외국인근로자의 고용 등에 관한 법률」에 따른 외국인근로자 등 대통령령으로 정하는 외국인이 신청하는 경우 보건복지부령으로 정하는 바에 따라 장기요양보험가입자에서 제외할 수 있다.

02 ④

[상세해설] 노인장기요양보험법 제16조(장기요양등급판정 기간)
① 등급판정위원회는 신청인이 신청서를 제출한 날부터 30일 이내에 제15조에 따른 장기요양등급판정을 완료하여야 한다. 다만, 신청인에 대한 정밀조사가 필요한 경우 등 기간 이내에 등급판정을 완료할 수 없는 부득이한 사유가 있는 경우 30일 이내의 범위에서 이를 연장할 수 있다.

03 ②

[상세해설] 노인장기요양보험법 제10조(장애인 등에 대한 장기요양보험료의 감면)
공단은 「장애인복지법」에 따른 장애인 또는 이와 유사한 자로서 대통령령으로 정하는 자가 장기요양보험가입자 또는 그 피부양자인 경우 제15조제2항에 따른 수급자로 결정되지 못한 때 대통령령으로 정하는 바에 따라 장기요양보험료의 전부 또는 일부를 감면할 수 있다.

04 ③

[상세해설] 노인장기요양보험법 제14조(장기요양인정 신청의 조사)
① 공단은 제13조제1항에 따라 신청서를 접수한 때 보건복지부령으로 정하는 바에 따라 소속 직원으로 하여금 다음 각 호의 사항을 조사하게 하여야 한다. 다만, 지리적 사정 등으로 직접 조사하기 어려운 경우 또는 조사에 필요하다고 인정하는 경우 특별자치시·특별자치도·시·군·구(자치구를 말한다. 이하 같다)에 대하여 조사를 의뢰하거나 공동으로 조사할 것을 요청할 수 있다.
1. 신청인의 심신상태
2. 신청인에게 필요한 장기요양급여의 종류 및 내용
3. 그 밖에 장기요양에 관하여 필요한 사항으로서 보건복지부령으로 정하는 사항

05 ③

[오답풀이] 노인장기요양보험법 제15조(등급판정 등)
③ 등급판정위원회는 제2항에 따라 심의·판정을 하는 때 신청인과 그 가족, 의사소견서를 발급한 의사 등 관계인의 의견을 들을 수 있다.

06 ④

[상세해설] 노인장기요양보험법 제47조의2(장기요양요원지원센터의 설치 등)
① 국가와 지방자치단체는 장기요양요원의 권리를 보호하기 위하여 장기요양요원지원센터를 설치·운영할 수 있다.
② 장기요양요원지원센터는 다음 각 호의 업무를 수행한다.
1. 장기요양요원의 권리 침해에 관한 상담 및 지원
2. 장기요양요원의 역량강화를 위한 교육지원
3. 장기요양요원에 대한 건강검진 등 건강관리를 위한 사업
4. 그 밖에 장기요양요원의 업무 등에 필요하여 대통령령으로 정하는 사항
③ 장기요양요원지원센터의 설치·운영 등에 필요한 사항은 보건복지부령으로 정하는 바에 따라 해당 지방자치단체의 조례로 정한다.

07 ②

[상세해설] 노인장기요양보험법 제6조(장기요양기본계획)
① 보건복지부장관은 노인등에 대한 장기요양급여를 원활하게 제공하기 위하여 5년 단위로 다음 각 호의 사항이 포함된 장기요양기본계획을 수립·시행하여야 한다.
  1. 연도별 장기요양급여 대상인원 및 재원조달 계획
  2. 연도별 장기요양기관 및 장기요양전문인력 관리방안
  3. 장기요양요원의 처우에 관한 사항
  4. 그 밖에 노인등의 장기요양에 관한 사항으로서 대통령령으로 정하는 사항

노인장기요양보험법 제6조의2(실태조사)
① 보건복지부장관은 장기요양사업의 실태를 파악하기 위하여 3년마다 다음 각 호의 사항에 관한 조사를 정기적으로 실시하고 그 결과를 공표하여야 한다.
  1. 장기요양인정에 관한 사항

08 ①

[오답풀이] 노인장기요양보험법 제17조(장기요양인정서)
① 공단은 등급판정위원회가 장기요양인정 및 등급판정의 심의를 완료한 경우 지체 없이 다음 각 호의 사항이 포함된 장기요양인정서를 작성하여 수급자에게 송부하여야 한다.
  1. 장기요양등급
  2. 장기요양급여의 종류 및 내용
  3. 그 밖에 장기요양급여에 관한 사항으로서 보건복지부령으로 정하는 사항

09 ④

[상세해설] 노인장기요양보험법 제18조(장기요양인정서를 작성할 경우 고려사항)
공단은 장기요양인정서를 작성할 경우 제17조제1항제2호에 따른 장기요양급여의 종류 및 내용을 정하는 때 다음 각 호의 사항을 고려하여 정하여야 한다.
  1. 수급자의 장기요양등급 및 생활환경
  2. 수급자와 그 가족의 욕구 및 선택
  3. 시설급여를 제공하는 경우 장기요양기관이 운영하는 시설 현황

10 ①

[오답풀이] 노인장기요양보험법 제19조(장기요양인정의 유효기간)
① 제15조에 따른 장기요양인정의 유효기간은 최소 1년 이상으로서 대통령령으로 정한다.

11 ②

[오답풀이] 노인장기요양보험법 제31조(장기요양기관의 지정)
① 제23조제1항제1호에 따른 재가급여 또는 같은 항 제2호에 따른 시설급여를 제공하는 장기요양기관을 운영하려는 자는 보건복지부령으로 정하는 장기요양에 필요한 시설 및 인력을 갖추어 소재지를 관할 구역으로 하는 특별자치시장·특별자치도지사·시장·군수·구청장으로부터 지정을 받아야 한다.
⑤ 제23조제1항제1호에 따른 재가급여를 제공하는 장기요양기관 중 의료기관이 아닌 자가 설치·운영하는 장기요양기관이 방문간호를 제공하는 경우에는 방문간호의 관리책임자로서 간호사를 둔다.
⑥ 장기요양기관의 지정절차와 그 밖에 필요한 사항은 보건복지부령으로 정한다.

12 ③

[상세해설] 노인장기요양보험법 제3조(장기요양급여 제공의 기본원칙)
① 장기요양급여는 노인등이 자신의 의사와 능력에 따라 최대한 자립적으로 일상생활을 수행할 수 있도록 제공하여야 한다.
② 장기요양급여는 노인등의 심신상태·생활환경과 노인등 및 그 가족의 욕구·선택을 종합적으로 고려하여 필요한 범위 안에서 이를 적정하게 제공하여야 한다.
③ 장기요양급여는 노인등이 가족과 함께 생활하면서 가정에서 장기요양을 받는 재가급여를 우선적으로 제공하여야 한다.
④ 장기요양급여는 노인등의 심신상태나 건강 등이 악화되지 아니하도록 의료서비스와 연계하여 이를 제공하여야 한다.

13 ③

[상세해설] 노인장기요양보험법 제32조의4(장기요양기관 지정의 갱신)
① 장기요양기관의 장은 제32조의3에 따른 지정의 유효기간이 끝난 후에도 계속하여 그 지정을 유지하려는 경우에는 소재지를 관할구역으로 하는 특별자치시장·특별자치도지사·시장·군수·구청장에게 지정 유효기간이 끝나기 90일 전까지 지정 갱신을 신청하여야 한다.

14 ①

[상세해설] 노인장기요양보험법 제4조(국가 및 지방자치단체의 책무 등)
① 국가 및 지방자치단체는 노인이 일상생활을 혼자서 수행할 수 있는 온전한 심신상태를 유지하는데 필요한 사업(이하 "노인성질환예방사업"이라 한다)을 실시하여야 한다.
② 국가는 노인성질환예방사업을 수행하는 지방자치단체 또는 「국민건강보험법」에 따른 국민건강보험공단 (이하 "공단"이라 한다)에 대하여 이에 소요되는 비용을 지원할 수 있다.
③ 국가 및 지방자치단체는 노인인구 및 지역특성 등을 고려하여 장기요양급여가 원활하게 제공될 수 있도록 적정한 수의 장기요양기관을 확충하고 장기요양기관의 설립을 지원하여야 한다.
④ 국가 및 지방자치단체는 국·공립 장기요양기관을 확충하기 위하여 노력하여야 한다.
⑤ 국가 및 지방자치단체는 장기요양급여가 원활히 제공될 수 있도록 공단에 필요한 행정적 또는 재정적 지원을 할 수 있다.
⑥ 국가 및 지방자치단체는 장기요양요원의 처우를 개선하고 복지를 증진하며 지위를 향상시키기 위하여 적극적으로 노력하여야 한다.
⑦ 국가 및 지방자치단체는 지역의 특성에 맞는 장기요양사업의 표준을 개발·보급할 수 있다.

15 ④

[오답풀이] 노인장기요양보험법 제69조(과태료)
② 다음 각 호의 어느 하나에 해당하는 자에게는 300만원 이하의 과태료를 부과한다.
1. 폐쇄회로 텔레비전을 설치하지 아니하거나 설치·관리의무를 위반한 자
2. 열람 요청에 응하지 아니한 자

16 ①

[오답풀이] 노인장기요양보험법 제8조(장기요양보험료의 징수)
③ 공단은 제2항에 따라 통합 징수한 장기요양보험료와 건강보험료를 각각의 독립회계로 관리하여야 한다.
노인장기요양보험법 제9조(장기요양보험료의 산정)
② 제1항에 따른 장기요양보험료율은 제45조에 따른 장기요양위원회의 심의를 거쳐 대통령령으로 정한다.
③ 제1항에도 불구하고 장기요양보험의 특성을 고려하여 「국민건강보험법」제74조 또는 제75조에 따라 경감 또는 면제되는 비용을 달리 적용할 필요가 있는 경우에는 대통령령으로 정하는 바에 따라 경감 또는 면제되는 비용의 공제 수준을 달리 정할 수 있다.

17 ②

[오답풀이] 노인장기요양보험법 제35조(장기요양기관의 의무 등)
⑥ 누구든지 영리를 목적으로 금전, 물품, 노무, 향응, 그 밖의 이익을 제공하거나 제공할 것을 약속하는 방법으로 수급자를 장기요양기관에 소개, 알선 또는 유인하는 행위 및 이를 조장하는 행위를 하여서는 아니 된다.

18 ③

[오답풀이] 노인장기요양보험법 제35조의4(장기요양요원의 보호)
③ 장기요양기관의 장은 보건복지부령으로 정하는 바에 따라 장기요양 수급자와 그 가족에게 장기요양요원의 업무범위, 직무상 권리와 의무 등 권익보호를 위한 사항을 안내할 수 있다.

19 ④

[상세해설] 노인장기요양보험법 제36조(장기요양기관의 폐업 등의 신고 등)
① 장기요양기관의 장은 폐업하거나 휴업하고자 하는 경우 폐업이나 휴업 예정일 전 30일까지 특별자치시

장·특별자치도지사·시장·군수·구청장에게 신고하여야 한다. 신고를 받은 특별자치시장·특별자치도지사·시장·군수·구청장은 지체 없이 신고 명세를 공단에 통보하여야 한다.
② 특별자치시장·특별자치도지사·시장·군수·구청장은 장기요양기관의 장이 유효기간이 끝나기 30일 전까지 제32조의4에 따른 지정 갱신 신청을 하지 아니하는 경우 그 사실을 공단에 통보하여야 한다.
④ 특별자치시장·특별자치도지사·시장·군수·구청장은 제1항에 따라 폐업·휴업 신고를 접수한 경우 또는 장기요양기관의 장이 유효기간이 끝나기 30일 전까지 제32조의4에 따른 지정 갱신 신청을 하지 아니한 경우 장기요양기관의 장이 제3항 각 호에 따른 수급자의 권익을 보호하기 위한 조치를 취하였는지의 여부를 확인하고, 인근지역에 대체 장기요양기관이 없는 경우 등 장기요양급여에 중대한 차질이 우려되는 때에는 장기요양기관의 폐업·휴업 철회 또는 지정 갱신 신청을 권고하거나 그 밖의 다른 조치를 강구하여야 한다.
⑤ 특별자치시장·특별자치도지사·시장·군수·구청장은 「노인복지법」 제43조에 따라 노인의료복지시설 등(장기요양기관이 운영하는 시설인 경우에 한한다)에 대하여 사업정지 또는 폐지 명령을 하는 경우 지체 없이 공단에 그 내용을 통보하여야 한다.

20 ①

[상세해설] 노인장기요양보험법 제24조(가족요양비)
① 공단은 다음 각 호의 어느 하나에 해당하는 수급자가 가족 등으로부터 방문요양에 상당한 장기요양급여를 받은 때 대통령령으로 정하는 기준에 따라 해당 수급자에게 가족요양비를 지급할 수 있다.
1. 도서·벽지 등 장기요양기관이 현저히 부족한 지역으로서 보건복지부장관이 정하여 고시하는 지역에 거주하는 자
2. 천재지변이나 그 밖에 이와 유사한 사유로 인하여 장기요양기관이 제공하는 장기요양급여를 이용하기가 어렵다고 보건복지부장관이 인정하는 자
3. 신체·정신 또는 성격 등 대통령령으로 정하는 사유로 인하여 가족 등으로부터 장기요양을 받아야 하는 자

21 ④

[오답풀이] 노인장기요양보험법 제69조(과태료)
② 다음 각 호의 어느 하나에 해당하는 자에게는 300만원 이하의 과태료를 부과한다.
1. 폐쇄회로 텔레비전을 설치하지 아니하거나 설치·관리의무를 위반한 자
2. 열람 요청에 응하지 아니한 자

22 ②

[상세해설] 노인장기요양보험법 제52조(등급판정위원회의 설치)
④ 등급판정위원회 위원은 다음 각 호의 자 중에서 공단 이사장이 위촉한다. 이 경우 특별자치시장·특별자치도지사·시장·군수·구청장이 추천한 위원은 7인, 의사 또는 한의사가 1인 이상 각각 포함되어야 한다.
1. 「의료법」에 따른 의료인
2. 「사회복지사업법」에 따른 사회복지사
3. 특별자치시·특별자치도·시·군·구 소속 공무원
4. 그 밖에 법학 또는 장기요양에 관한 학식과 경험이 풍부한 자
⑤ 등급판정위원회 위원의 임기는 3년으로 하되, 한 차례만 연임할 수 있다. 다만, 공무원인 위원의 임기는 재임기간으로 한다.

23 ④

[상세해설] 노인장기요양보험법 제43조(부당이득의 징수)
① 공단은 장기요양급여를 받은 자, 장기요양급여비용을 받은 자 또는 의사소견서·방문간호지시서 발급비용(이하 "의사소견서등 발급비용"이라 한다)을 받은 자가 다음 각 호의 어느 하나에 해당하는 경우 그 장기요양급여, 장기요양급여비용 또는 의사소견서등 발급비용에 상당하는 금액을 징수한다. 이 경우 의사소견서등 발급비용에 관하여는 「국민건강보험법」 제57조제2항을 준용하며, "보험급여 비용"은 "의사소견서등 발급비용"으로, "요양기관"은 "의료기관"으로 본다.
1. 제15조제5항에 따른 등급판정 결과 같은 조 제4항 각 호의 어느 하나에 해당하는 것으로 확인된 경우
2. 제28조의 월 한도액 범위를 초과하여 장기요양급여를 받은 경우

3. 제29조 또는 제30조에 따라 장기요양급여의 제한 등을 받을 자가 장기요양급여를 받은 경우
4. 제37조제1항제4호에 따른 거짓이나 그 밖의 부정한 방법으로 재가 및 시설 급여비용을 청구하여 이를 지급받은 경우
4의2. 거짓이나 그 밖의 부정한 방법으로 의사소견서 등 발급비용을 청구하여 이를 지급받은 경우
5. 그 밖에 이 법상의 원인 없이 공단으로부터 장기요양급여를 받거나 장기요양급여비용을 지급받은 경우

④ 공단은 제1항의 경우 장기요양기관이나 의료기관이 수급자 또는 신청인으로부터 거짓이나 그 밖의 부정한 방법으로 장기요양급여비용 또는 의사소견서등 발급비용을 받은 때 해당 장기요양기관 또는 의료기관으로부터 이를 징수하여 수급자 또는 신청인에게 지체 없이 지급하여야 한다. 이 경우 공단은 수급자 또는 신청인에게 지급하여야 하는 금액을 그 수급자 또는 신청인이 납부하여야 하는 장기요양보험료등과 <u>상계할 수 있다</u>.

24 ③

[상세해설] 노인장기요양보험법 제46조(장기요양위원회의 구성)
① 장기요양위원회는 위원장 1인, 부위원장 1인을 포함한 <u>16인 이상 22인 이하</u>의 위원으로 구성한다.
② 위원장이 아닌 위원은 다음 각 호의 자 중에서 보건복지부장관이 임명 또는 위촉한 자로 하고, 각 호에 해당하는 자를 각각 동수로 구성하여야 한다.
 1. 근로자단체, 사용자단체, 시민단체(「비영리민간단체 지원법」제2조에 따른 비영리민간단체를 말한다), 노인단체, 농어업인단체 또는 자영자단체를 대표하는 자
 2. 장기요양기관 또는 의료계를 대표하는 자
 3. 대통령령으로 정하는 관계 중앙행정기관의 고위공무원단 소속 공무원, 장기요양에 관한 학계 또는 연구계를 대표하는 자, 공단 이사장이 추천하는 자
③ 위원장은 <u>보건복지부차관</u>이 되고, 부위원장은 위원 중에서 위원장이 지명한다.
④ 장기요양위원회 위원의 임기는 <u>3년</u>으로 한다. 다만, 공무원인 위원의 임기는 재임기간으로 한다.

25 ③

[상세해설] [보기]에서 2024년도 국가지원보조금의 총금액은 9,000억 원(2,250억×4분기)이며 2025년도 국가지원보조금은 0.8% 증액된 9,072억 원이다.

26 ③

[상세해설] 노인장기요양보험법 제13조(장기요양인정의 신청)
① 장기요양인정을 신청하는 자는 공단에 보건복지부령으로 정하는 바에 따라 장기요양인정신청서에 의사 또는 한의사가 발급하는 소견서를 첨부하여 제출하여야 한다. 다만, 의사소견서는 공단이 제15조제1항에 따라 등급판정위원회에 자료를 제출하기 전까지 제출할 수 있다.
② 거동이 현저하게 불편하거나 도서·벽지 지역에 거주하여 의료기관을 방문하기 어려운 자 등 대통령령으로 정하는 자는 의사소견서를 제출하지 아니할 수 있다.
③ 의사소견서의 발급비용·비용부담방법·발급자의 범위, 그 밖에 필요한 사항은 <u>보건복지부령</u>으로 정한다.

27 ①

[상세해설] 노인장기요양보험법 제47조(장기요양위원회의 운영)
① 장기요양위원회 회의는 구성원 <u>과반수</u>의 출석으로 개의하고 출석위원 <u>과반수</u>의 찬성으로 의결한다.
② 장기요양위원회의 효율적 운영을 위하여 분야별로 실무위원회를 둘 수 있다.
③ 이 법에서 정한 것 외에 장기요양위원회의 구성·운영, 그 밖에 필요한 사항은 <u>대통령령</u>으로 정한다.

28 ③

[상세해설] 노인장기요양보험법 제55조(심사청구)
① 장기요양인정·장기요양등급·장기요양급여·부당이득·장기요양급여비용 또는 장기요양보험료 등에 관한 공단의 처분에 이의가 있는 자는 공단에 심사청구를 할 수 있다.
② 제1항에 따른 심사청구는 그 처분이 있음을 안 날부터 90일 이내에 문서(「전자정부법」제2조제7호에 따른 전자문서를 포함한다)로 하여야 하며, 처분이 있

은 날부터 180일을 경과하면 이를 제기하지 못한다. 다만, 정당한 사유로 그 기간에 심사청구를 할 수 없었음을 증명하면 그 기간이 지난 후에도 심사청구를 할 수 있다.
③ 제1항에 따른 심사청구 사항을 심사하기 위하여 공단에 장기요양심사위원회(이하 "심사위원회"라 한다)를 둔다.
④ 심사위원회는 위원장 1명을 포함한 50명 이내의 위원으로 구성한다.

노인장기요양보험법 제56조(재심사청구)
② 재심사위원회는 보건복지부장관 소속으로 두고, 위원장 1인을 포함한 20인 이내의 위원으로 구성한다.

29 ③

[상세해설] 노인장기요양보험법 제37조의4(행정제재처분 효과의 승계)
① 제37조제1항 각 호의 어느 하나에 해당하는 행위를 이유로 한 행정제재처분(이하 "행정제재처분"이라 한다)의 효과는 그 처분을 한 날부터 3년간 다음 각 호의 어느 하나에 해당하는 자에게 승계된다.
  1. 장기요양기관을 양도한 경우 양수인
  2. 법인이 합병된 경우 합병으로 신설되거나 합병 후 존속하는 법인
  3. 장기요양기관 폐업 후 같은 장소에서 장기요양기관을 운영하는 자 중 종전에 행정제재처분을 받은 자(법인인 경우 그 대표자를 포함한다)나 그 배우자 또는 직계혈족

30 ③

[오답풀이] 노인장기요양보험법 제48조(관리운영기관 등)
③ 공단은 제2항제13호의 장기요양기관을 설치할 때 노인인구 및 지역특성 등을 고려한 지역 간 불균형 해소를 고려하여야 하고, 설치 목적에 필요한 최소한의 범위에서 이를 설치·운영하여야 한다.

31 ②

[상세해설] 노인장기요양보험법 제28조의2(급여외행위의 제공 금지)
① 수급자 또는 장기요양기관은 장기요양급여를 제공받거나 제공할 경우 다음 각 호의 행위를 요구하거나 제공하여서는 아니 된다.
  1. 수급자의 가족만을 위한 행위
  2. 수급자 또는 그 가족의 생업을 지원하는 행위
  3. 그 밖에 수급자의 일상생활에 지장이 없는 행위

32 ③

[상세해설] 노인장기요양보험법 제33조(장기요양기관의 시설·인력에 관한 변경)
① 장기요양기관의 장은 시설 및 인력 등 보건복지부령으로 정하는 중요한 사항을 변경하려는 경우에는 보건복지부령으로 정하는 바에 따라 특별자치시장·특별자치도지사·시장·군수·구청장의 변경지정을 받아야 한다.
② 제1항에 따른 사항 외의 사항을 변경하려는 경우에는 보건복지부령으로 정하는 바에 따라 특별자치시장·특별자치도지사·시장·군수·구청장에게 변경신고를 하여야 한다.
③ 제1항 및 제2항에 따라 변경지정을 하거나 변경신고를 받은 특별자치시장·특별자치도지사·시장·군수·구청장은 지체 없이 해당 변경 사항을 공단에 통보하여야 한다.

33 ④

[오답풀이] 노인장기요양보험법 제50조(장기요양사업의 회계)
② 공단은 장기요양사업 중 장기요양보험료를 재원으로 하는 사업과 국가·지방자치단체의 부담금을 재원으로 하는 사업의 재정을 구분하여 운영하여야 한다. 다만, 관리운영에 필요한 재정은 구분하여 운영하지 아니할 수 있다.

34 ④

[상세해설] 노인장기요양보험법 제40조(본인부담금)
③ 다음 각 호의 장기요양급여에 대한 비용은 수급자 본인이 전부 부담한다.
1. 급여의 범위 및 대상에 포함되지 아니하는 장기요양급여
2. 수급자가 장기요양인정서에 기재된 장기요양급여의 종류 및 내용과 다르게 선택하여 장기요양급여를 받은 경우 그 차액
3. 장기요양급여의 월 한도액을 초과하는 장기요양급여

35 ④

[상세해설] 노인장기요양보험법 제11조(장기요양보험가입자격 등에 관한 준용)
「국민건강보험법」 제5조, 제6조, 제8조부터 제11조까지, 제69조제1항부터 제3항까지, 제76조부터 제86조까지, 제109조제1항부터 제9항까지 및 제110조는 장기요양보험가입자·피부양자의 자격취득·상실, 장기요양보험료 등의 납부·징수 및 결손처분 등에 관하여 이를 준용한다. 이 경우 "보험료"는 "장기요양보험료"로, "건강보험"은 "장기요양보험"으로, "가입자"는 "장기요양보험가입자"로 본다.

36 ①

[상세해설] 노인장기요양보험법 제63조(청문)
특별자치시장·특별자치도지사·시장·군수·구청장은 다음 각 호의 어느 하나에 해당하는 처분 또는 공표를 하려는 경우에는 청문을 하여야 한다.
1. 제37조제1항에 따른 장기요양기관 지정취소 또는 업무정지명령
2. 삭제 <2018. 12. 11.>
3. 제37조의3에 따른 위반사실 등의 공표
4. 제37조의5제1항에 따른 장기요양급여 제공의 제한 처분

37 ②

[상세해설] 노인장기요양보험법 제31조(장기요양기관의 지정)
① 제23조제1항제1호에 따른 재가급여 또는 같은 항 제2호에 따른 시설급여를 제공하는 장기요양기관을 운영하려는 자는 보건복지부령으로 정하는 장기요양에 필요한 시설 및 인력을 갖추어 소재지를 관할 구역으로 하는 특별자치시장·특별자치도지사·시장·군수·구청장으로부터 지정을 받아야 한다.
② 제1항에 따라 장기요양기관으로 지정을 받을 수 있는 시설은 「노인복지법」 제31조에 따른 노인복지시설 중 대통령령으로 정하는 시설로 한다.
④ 특별자치시장·특별자치도지사·시장·군수·구청장은 제1항에 따라 장기요양기관을 지정한 때 지체 없이 지정 명세를 공단에 통보하여야 한다.
⑥ 장기요양기관의 지정절차와 그 밖에 필요한 사항은 보건복지부령으로 정한다.

38 ④

[상세해설] 노인장기요양보험법 제27조(장기요양급여의 제공)
① 수급자는 장기요양인정서와 개인별장기요양이용계획서가 도달한 날부터 장기요양급여를 받을 수 있다.

39 ④

[상세해설] 노인장기요양보험법 제54조(장기요양급여의 관리·평가)
① 공단은 장기요양기관이 제공하는 장기요양급여 내용을 지속적으로 관리·평가하여 장기요양급여의 수준이 향상되도록 노력하여야 한다.
② 공단은 장기요양기관이 제23조제5항에 따른 장기요양급여의 제공 기준·절차·방법 등에 따라 적정하게 장기요양급여를 제공하였는지 평가를 실시하고 그 결과를 공단의 홈페이지 등에 공표하는 등 필요한 조치를 할 수 있다.
③ 제2항에 따른 장기요양급여 제공내용의 평가 방법 및 평가 결과의 공표 방법, 그 밖에 필요한 사항은 보건복지부령으로 정한다.

40 ③

[상세해설] 노인장기요양보험법 제58조(국가의 부담)
① 국가는 매년 예산의 범위 안에서 해당 연도 장기요양보험료 예상수입액의 100분의 20에 상당하는 금액을 공단에 지원한다.
② 국가와 지방자치단체는 대통령령으로 정하는 바에 따라 의료급여수급권자의 장기요양급여비용, 의사소견서 발급비용, 방문간호지시서 발급비용 중 공단이 부담하여야 할 비용 및 관리운영비의 전액을 부담한다.
③ 제2항에 따라 지방자치단체가 부담하는 금액은 보건복지부령으로 정하는 바에 따라 특별시·광역시·특별자치시·도·특별자치도와 시·군·구가 분담한다.
④ 제2항 및 제3항에 따른 지방자치단체의 부담액 부과, 징수 및 재원관리, 그 밖에 필요한 사항은 대통령령으로 정한다.

41 ③

[오답풀이] 노인장기요양보험법 제55조(심사청구)
① 장기요양인정·장기요양등급·장기요양급여·부당이득·장기요양급여비용 또는 장기요양보험료 등에 관한 공단의 처분에 이의가 있는 자는 공단에 심사청구를 할 수 있다.
② 제1항에 따른 심사청구는 그 처분이 있음을 안 날부터 90일 이내에 문서(「전자정부법」 제2조제7호에 따른 전자문서를 포함한다)로 하여야 하며, 처분이 있은 날부터 180일을 경과하면 이를 제기하지 못한다. 다만, 정당한 사유로 그 기간에 심사청구를 할 수 없었음을 증명하면 그 기간이 지난 후에도 심사청구를 할 수 있다.
⑤ 이 법에서 정한 것 외에 심사위원회의 구성·운영, 그 밖에 필요한 사항은 대통령령으로 정한다.

42 ③

[오답풀이] 노인장기요양보험법 제56조(재심사청구)
④ 이 법에서 정한 것 외에 재심사위원회의 구성·운영, 그 밖에 필요한 사항은 대통령령으로 정한다.

43 ②

[상세해설] 노인장기요양보험법 제59조(전자문서의 사용)
① 장기요양사업에 관련된 각종 서류의 기록, 관리 및 보관은 보건복지부령으로 정하는 바에 따라 전자문서로 한다.
② 공단 및 장기요양기관은 장기요양기관의 지정신청, 재가·시설 급여비용의 청구 및 지급, 장기요양기관의 재무·회계정보 처리 등에 대하여 전산매체 또는 전자문서교환방식을 이용하여야 한다.
③ 제1항 및 제2항에도 불구하고 정보통신망 및 정보통신서비스 시설이 열악한 지역 등 보건복지부장관이 정하는 지역의 경우 전자문서·전산매체 또는 전자문서교환방식을 이용하지 아니할 수 있다.

44 ②

[상세해설] 노인장기요양보험법 제61조(보고 및 검사)
① 보건복지부장관, 특별시장·광역시장·도지사 또는 특별자치시장·특별자치도지사·시장·군수·구청장은 다음 각 호의 어느 하나에 해당하는 자에게 보수·소득이나 그 밖에 보건복지부령으로 정하는 사항의 보고 또는 자료의 제출을 명하거나 소속 공무원으로 하여금 관계인에게 질문을 하게 하거나 관계 서류를 검사하게 할 수 있다.
1. 장기요양보험가입자
2. 피부양자
3. 의료급여수급권자
② 보건복지부장관, 특별시장·광역시장·도지사 또는 특별자치시장·특별자치도지사·시장·군수·구청장은 다음 각 호의 어느 하나에 해당하는 자에게 장기요양급여의 제공 명세, 재무·회계에 관한 사항 등 장기요양급여에 관련된 자료의 제출을 명하거나 소속 공무원으로 하여금 관계인에게 질문을 하게 하거나 관계 서류를 검사하게 할 수 있다.
1. 장기요양기관 및 의료기관
2. 장기요양급여를 받은 자
③ 보건복지부장관, 특별시장·광역시장·도지사 또는 특별자치시장·특별자치도지사·시장·군수·구청장은 제1항 및 제2항에 따른 보고 또는 자료제출 명령이나 질문 또는 검사 업무를 효율적으로 수행하기 위하여 필요한 경우에는 공단에 행정응원(行政應援)을

요청할 수 있다. 이 경우 공단은 특별한 사유가 없으면 이에 따라야 한다.

④ 제1항 및 제2항의 경우에 소속 공무원은 그 권한을 표시하는 증표 및 조사기간, 조사범위, 조사담당자, 관계 법령 등 보건복지부령으로 정하는 사항이 기재된 서류를 지니고 이를 관계인에게 내보여야 한다.

45 ①

[상세해설] 노인장기요양보험법 제62조(비밀누설금지)
다음 각 호에 해당하는 자는 업무수행 중 알게 된 비밀을 누설하여서는 아니 된다.
1. 특별자치시·특별자치도·시·군·구, 공단, 등급판정위원회, 장기요양위원회, 제37조의3제3항에 따른 공표심의위원회, 심사위원회, 재심사위원회 및 장기요양기관에 종사하고 있거나 종사한 자

46 ③

[상세해설] 노인장기요양보험법 제66조의2(벌칙 적용에서 공무원 의제)
등급판정위원회, 장기요양위원회, 제37조의3제3항에 따른 공표심의위원회, 심사위원회 및 재심사위원회 위원 중 공무원이 아닌 사람은 「형법」 제129조부터 제132조까지의 규정을 적용할 때에는 공무원으로 본다.

47 ③

[오답풀이] 노인장기요양보험법 제67조(벌칙)
③ 다음 각 호의 어느 하나에 해당하는 자는 1년 이하의 징역 또는 1천만 원 이하의 벌금에 처한다.
  2. 거짓이나 그 밖의 부정한 방법으로 장기요양급여를 받거나 다른 사람으로 하여금 장기요양급여를 받게 한 자

48 ③

[상세해설] 노인장기요양보험법 제69조(과태료)
① 정당한 사유 없이 다음 각 호의 어느 하나에 해당하는 자에게는 500만 원 이하의 과태료를 부과한다.
  2. 제33조를 위반하여 변경지정을 받지 아니하거나 변경신고를 하지 아니한 자 또는 거짓이나 그 밖의 부정한 방법으로 변경지정을 받거나 변경신고를 한 자

  4의2. 제37조의4제4항을 위반하여 행정제재처분을 받았거나 그 절차가 진행 중인 사실을 양수인등에게 지체 없이 알리지 아니한 자
  9. 제62조의2를 위반하여 노인장기요양보험 또는 이와 유사한 용어를 사용한 자
② 다음 각 호의 어느 하나에 해당하는 자에게는 300만 원 이하의 과태료를 부과한다.
  1. 제33조의2에 따른 폐쇄회로 텔레비전을 설치하지 아니하거나 설치·관리의무를 위반한 자

49 ②

[상세해설] 노인장기요양보험법 제53조의2(장기요양급여심사위원회의 설치)
① 다음 각 호의 사항을 심의하기 위하여 공단에 장기요양급여심사위원회(이하 "급여심사위원회"라 한다)를 둔다.
  1. 장기요양급여 제공 기준의 세부사항 설정 및 보완에 관한 사항
  2. 장기요양급여비용 및 산정방법의 세부사항 설정 및 보완에 관한 사항
  3. 장기요양급여비용 심사기준 개발 및 심사조정에 관한 사항
  4. 그 밖에 공단 이사장이 필요하다고 인정한 사항
② 급여심사위원회는 위원장 1명을 포함하여 10명 이하의 위원으로 구성한다.
③ 이 법에서 정한 것 외에 급여심사위원회의 구성·운영, 그 밖에 필요한 사항은 대통령령으로 정한다.

50 ②

[상세해설] 노인장기요양보험법 제4조(국가 및 지방자치단체의 책무 등)
① 국가 및 지방자치단체는 노인이 일상생활을 혼자서 수행할 수 있는 온전한 심신상태를 유지하는데 필요한 사업(이하 "노인성질환예방사업"이라 한다)을 실시하여야 한다.
② 국가는 노인성질환예방사업을 수행하는 지방자치단체 또는 「국민건강보험법」에 따른 국민건강보험공단(이하 "공단"이라 한다)에 대하여 이에 소요되는 비용을 지원할 수 있다.

③ 국가 및 지방자치단체는 노인인구 및 지역특성 등을 고려하여 장기요양급여가 원활하게 제공될 수 있도록 적정한 수의 장기요양기관을 확충하고 장기요양기관의 설립을 지원하여야 한다.
④ 국가 및 지방자치단체는 국·공립 장기요양기관을 확충하기 위하여 노력하여야 한다.
⑤ <u>국가 및 지방자치단체는 장기요양급여가 원활히 제공될 수 있도록 공단에 필요한 행정적 또는 재정적 지원을 할 수 있다.</u>
⑥ 국가 및 지방자치단체는 장기요양요원의 처우를 개선하고 복지를 증진하며 지위를 향상시키기 위하여 적극적으로 노력하여야 한다.
⑦ 국가 및 지방자치단체는 지역의 특성에 맞는 장기요양사업의 표준을 개발·보급할 수 있다.

정답과 해설

2025 하반기

에듀윌 국민건강보험공단 실전모의고사 +무료특강

고객의 꿈, 직원의 꿈, 지역사회의 꿈을 실현한다

에듀윌 도서몰
book.eduwill.net

- 부가학습자료 및 정오표: 에듀윌 도서몰 > 도서자료실
- 교재 문의: 에듀윌 도서몰 > 문의하기 > 교재(내용, 출간) / 주문 및 배송

꿈을 현실로 만드는
에듀윌

DREAM

공무원 교육
- 선호도 1위, 신뢰도 1위! 브랜드만족도 1위!
- 합격자 수 2,100% 폭등시킨 독한 커리큘럼

자격증 교육
- 9년간 아무도 깨지 못한 기록 합격자 수 1위
- 가장 많은 합격자를 배출한 최고의 합격 시스템

직영학원
- 검증된 합격 프로그램과 강의
- 1:1 밀착 관리 및 컨설팅
- 호텔 수준의 학습 환경

종합출판
- 온라인서점 베스트셀러 1위!
- 출제위원급 전문 교수진이 직접 집필한 합격 교재

어학 교육
- 토익 베스트셀러 1위
- 토익 동영상 강의 무료 제공

콘텐츠 제휴 · B2B 교육
- 고객 맞춤형 위탁 교육 서비스 제공
- 기업, 기관, 대학 등 각 단체에 최적화된 고객 맞춤형 교육 및 제휴 서비스

부동산 아카데미
- 부동산 실무 교육 1위!
- 상위 1% 고소득 창업/취업 비법
- 부동산 실전 재테크 성공 비법

학점은행제
- 99%의 과목이수율
- 17년 연속 교육부 평가 인정 기관 선정

대학 편입
- 편입 교육 1위!
- 최대 200% 환급 상품 서비스

국비무료 교육
- '5년우수훈련기관' 선정
- K-디지털, 산대특 등 특화 훈련과정
- 원격국비교육원 오픈

에듀윌 교육서비스 **공무원 교육** 9급공무원/소방공무원/계리직공무원 **자격증 교육** 공인중개사/주택관리사/손해평가사/감정평가사/노무사/전기기사/경비지도사/검정고시/소방설비기사/소방시설관리사/사회복지사1급/대기환경기사/수질환경기사/건축기사/토목기사/직업상담사/전기기능사/산업안전기사/건설안전기사/위험물산업기사/위험물기능사/유통관리사/물류관리사/행정사/한국사능력검정/한경TESAT/매경TEST/KBS한국어능력시험/실용글쓰기/IT자격증/국제무역사/무역영어 **어학 교육** 토익 교재/토익 동영상 강의 **세무/회계** 전산세무회계/ERP정보관리사/재경관리사 **대학 편입** 편입 영어·수학/연고대/의약대/경찰대/논술/면접 **직영학원** 공무원학원/소방학원/공인중개사 학원/주택관리사 학원/전기기사 학원/편입학원 **종합출판** 공무원·자격증 수험교재 및 단행본 **학점은행제** 교육부 평가인정기관 원격평생교육원(사회복지사2급/경영학/CPA) **콘텐츠 제휴·B2B 교육** 교육 콘텐츠 제휴/기업 맞춤 자격증 교육/대학취업역량 강화 교육 **부동산 아카데미** 부동산 창업CEO/부동산 경매 마스터/부동산 컨설팅 **주택취업센터** 실무 특강/실무 아카데미 **국비무료 교육(국비교육원)** 전기기능사/전기(산업)기사/소방설비(산업)기사/IT/빅데이터/자바프로그램/파이썬/게임그래픽/3D프린터/실내건축디자인/웹퍼블리셔/그래픽디자인/영상편집(유튜브) 디자인/온라인 쇼핑몰광고 및 제작(쿠팡, 스마트스토어)/전산세무회계/컴퓨터활용능력/ITQ/GTQ/직업상담사

교육문의 1600-6700 www.eduwill.net